ユーラシア帝国の興亡

世界史四〇〇〇年の震源地

EMPIRES OF THE SILK ROAD

A History of Central Eurasia from the Bronze Age to the Present

クリストファー・ベックウィズ【著】
斎藤純男【訳】

筑摩書房

ユーラシア帝国の興亡――世界史四〇〇〇年の震源地【目次】

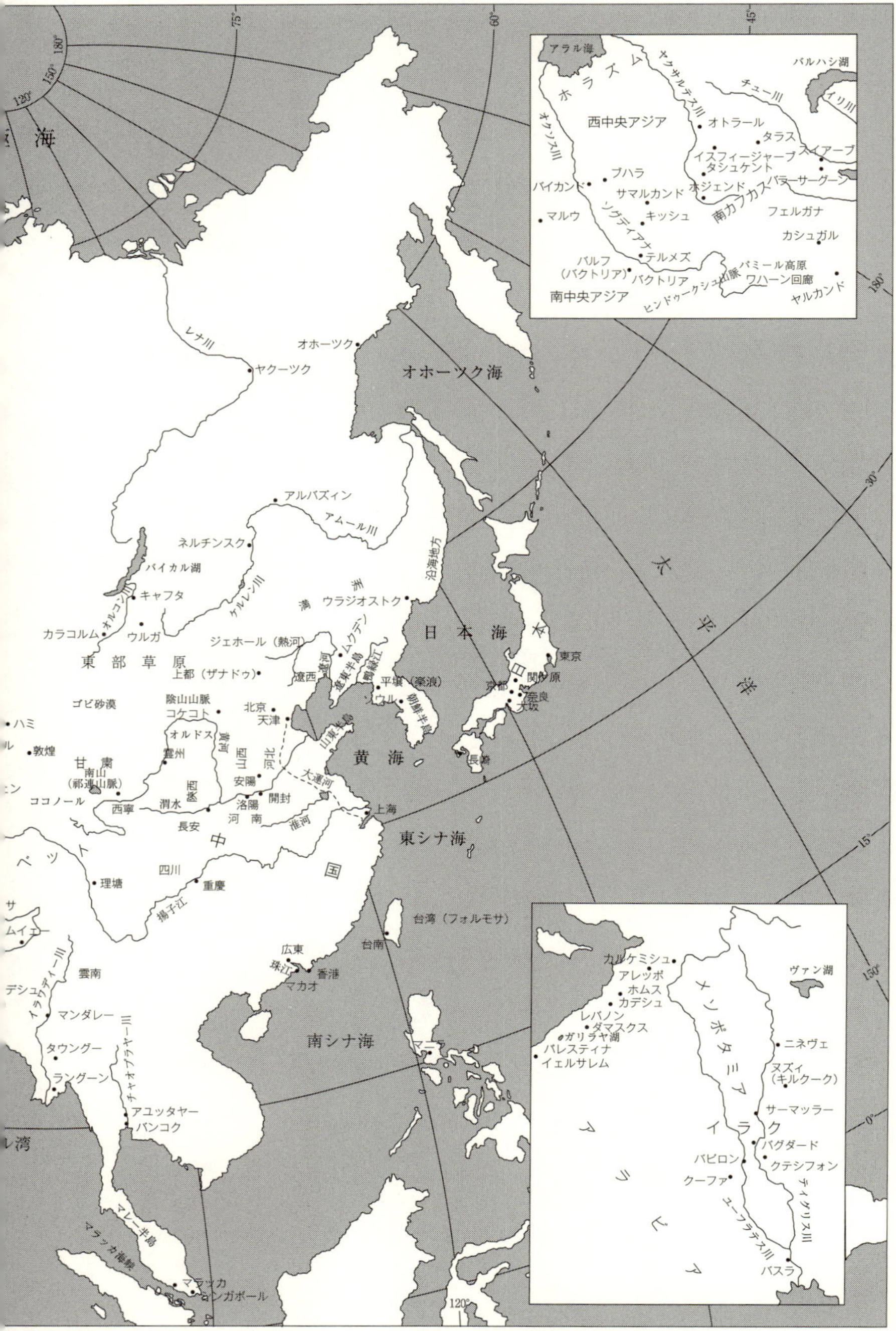

海
オホーツク
ヤクーツク
レナ川
オホーツク海
アルバズィン
アムール川
ネルチンスク
バイカル湖
オルコン川
キャフタ
ケルレン川
カラコルム
ウルガ
沿海地方
ウラジオストク
満
ムクデン
ジェホール（熱河）
東部草原
上都（ザナドゥ）
遼西
遼河
遼東半島
鴨緑江
平壌（楽浪）
ソウル
朝鮮半島
日本海
東京
関ヶ原
京都
奈良
大坂
長崎
太
平
洋
ゴビ砂漠
陰山山脈
コケコト
北京
天津
ハミ
敦煌
オルドス
黄河
寧州
山西
河北
甘粛
南山
（祁連山脈）
ココノール
西寧
渭水
陝西
安陽
開封
洛陽
河南
長安
大運河
淮河
黄海
山東半島
上海
東シナ海
中
国
四川
理塘
重慶
揚子江
台湾（フォルモサ）
台南
広東
珠江
香港
マカオ
雲南
イラワディー川
マンダレー
タウングー
ラングーン
チャオプラヤー川
アユッタヤー
バンコク
南シナ海
マニラ
マレー半島
マラッカ海峡
マラッカ
シンガポール
アラル海
ホラズム
ヤクサルテス川
バルハシ湖
チュー川
イリ川
オクソス川
西中央アジア
オトラール
タラス
イスフィージャーブ
スイアーブ
タシュケント
ブハラ
バイカンド
サマルカンド
ホジェンド
バラーサーグーン
南カフカス
ソグディアナ
キッシュ
マルウ
フェルガナ
カシュガル
テルメズ
バルフ
（バクトリア）
バクトリア
パミール高原
ワハーン回廊
ヒンドゥークシュ山脈
南中央アジア
ヤルカンド
カルケミシュ
アレッポ
ホムス
カデシュ
レバノン
ダマスクス
ガリラヤ湖
パレスティナ
イェルサレム
メソポタミア
ヴァン湖
ニネヴェ
ヌズィ
（キルクーク）
サーマッラー
イラク
バグダード
バビロン
クテシフォン
クーファ
ユーフラテス川
ティグリス川
アラビア
バスラ

近世以前の中央ユーラシア

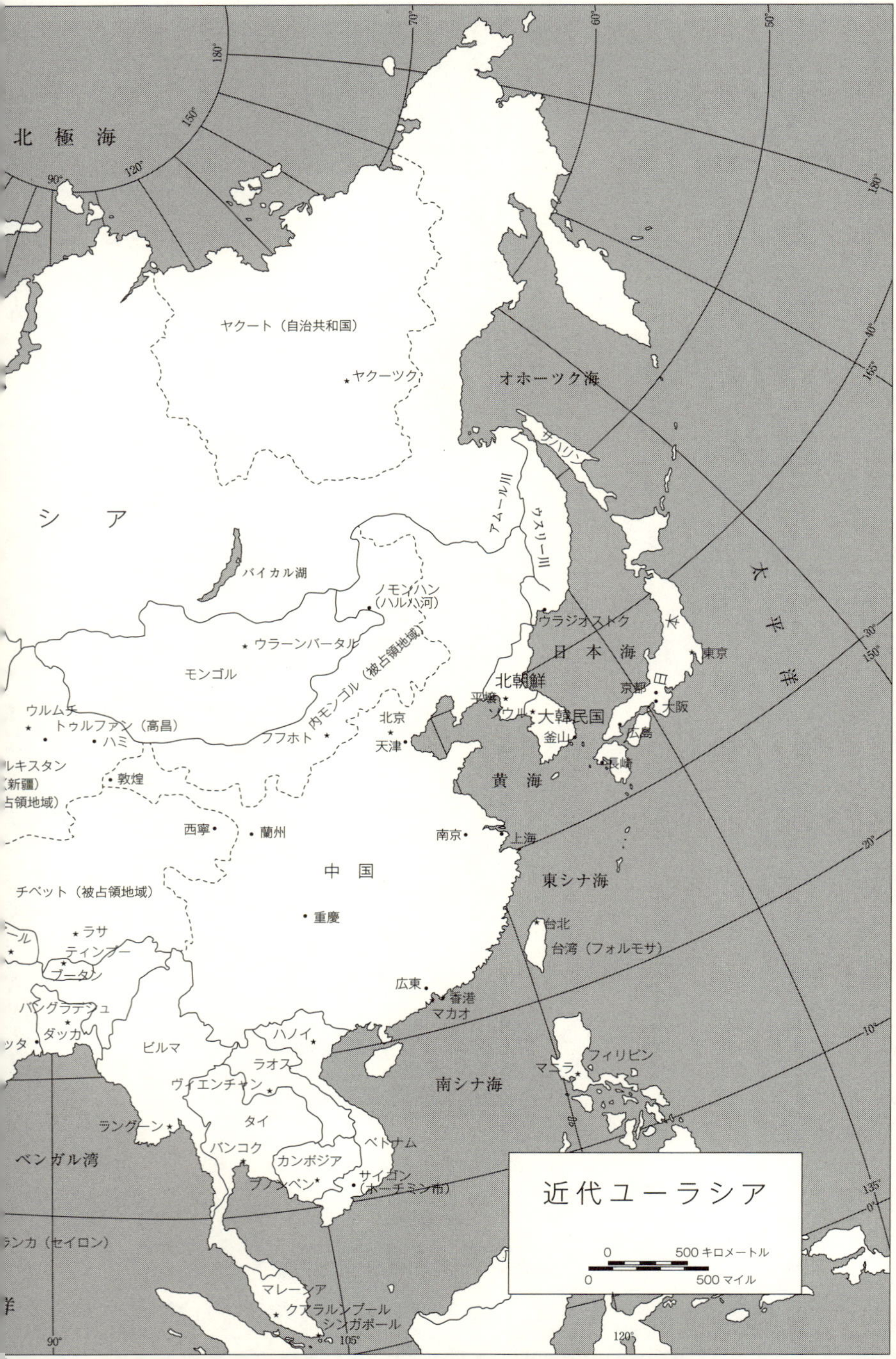

近代ユーラシア
0 500 キロメートル
0 500 マイル
北極海
オホーツク海
サハリン
ヤクート（自治共和国）
ヤクーツク
シ ア
アムール川
ウスリー川
バイカル湖
ノモンハン（ハルハ河）
ウラジオストク
日本海
太平洋
東京
日本
京都
大阪
広島
長崎
ウラーンバータル
モンゴル
内モンゴル（被占領地域）
北朝鮮
平壌
ソウル
大韓民国
釜山
ウルムチ
トゥルファン（高昌）
ハミ
フフホト
北京
天津
ルキスタン（新疆）
占領地域）
敦煌
黄海
西寧
蘭州
南京
上海
中国
東シナ海
チベット（被占領地域）
重慶
ラサ
ティンプー
ブータン
台北
台湾（フォルモサ）
広東
香港
マカオ
バングラデシュ
ダッカ
ッタ
ビルマ
ハノイ
ラオス
ヴィエンチャン
南シナ海
フィリピン
マニラ
ラングーン
タイ
バンコク
ベトナム
カンボジア
プノンペン
サイゴン（ホーチミン市）
ベンガル湾
ランカ（セイロン）
マレーシア
クアラルンプール
シンガポール
洋

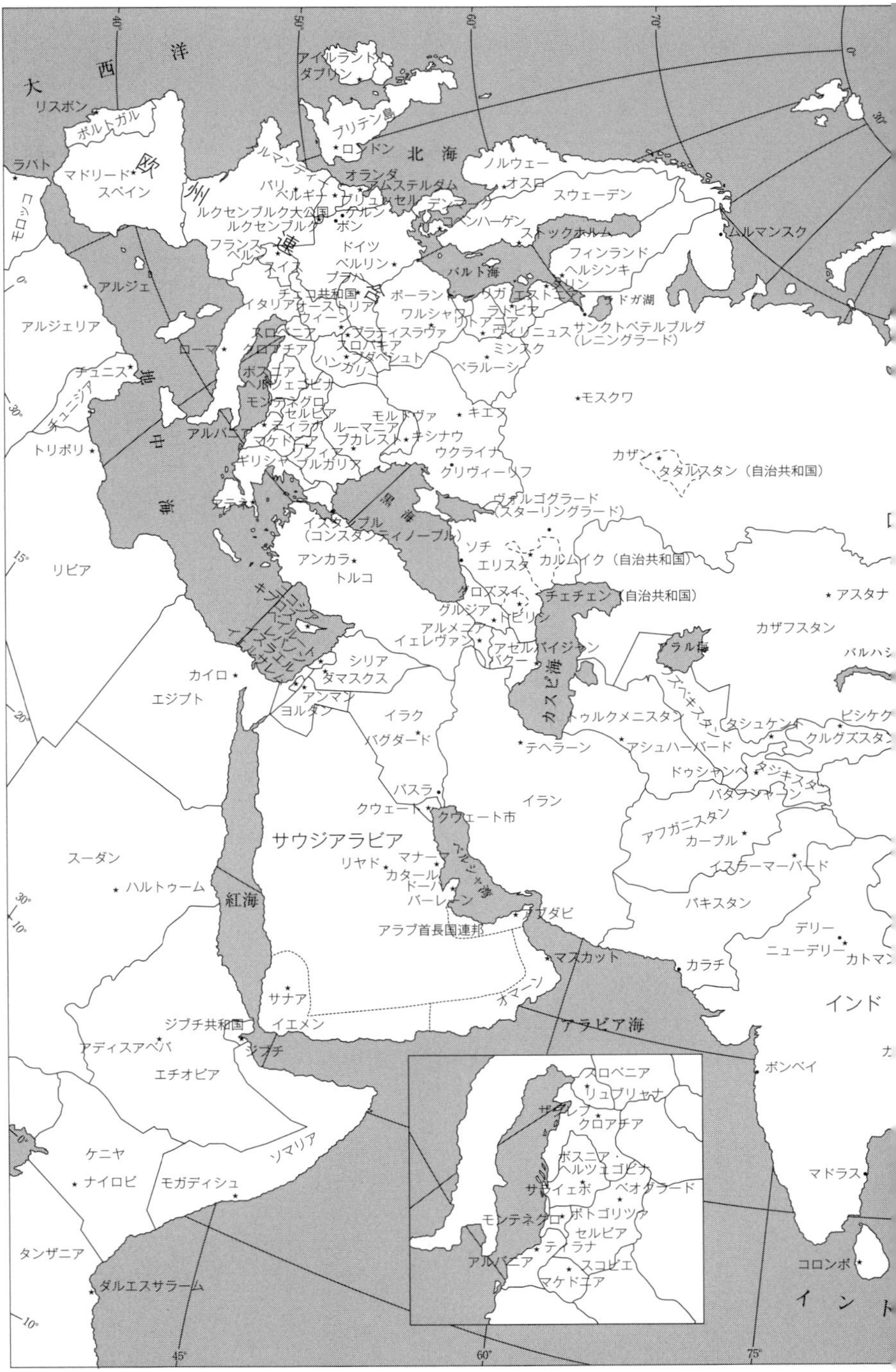

大西洋
リスボン
ポルトガル
ラバト
マドリード
スペイン
モロッコ
欧州連合
アイルランド
ダブリン
ブリテン島
ロンドン
北海
パリ
ベルギー
オランダ
アムステルダム
ブリュッセル
ルクセンブルク大公国
ルクセンブルク
ケルン
ボン
フランス
ベルン
スイス
ドイツ
ベルリン
プラハ
チェコ共和国
イタリア
オーストリア
ウィーン
ポーランド
ワルシャワ
ノルウェー
オスロ
スウェーデン
デンマーク
コペンハーゲン
ストックホルム
ムルマンスク
フィンランド
ヘルシンキ
タリン
バルト海
リガ
エストニア
ラトビア
リトアニア
ヴィリニュス
ラドガ湖
サンクトペテルブルグ
(レニングラード)
ミンスク
ベラルーシ
アルジェ
アルジェリア
ローマ
スロベニア
クロアチア
ブラティスラヴァ
スロバキア
ブダペシュト
ハンガリー
ボスニア
ヘルツェゴビナ
チュニス
チュニジア
地中海
モンテネグロ
セルビア
ティラナ
アルバニア
マケドニア
ルーマニア
モルドヴァ
キシナウ
ブカレスト
キエフ
モスクワ
ウクライナ
トリポリ
ソフィア
ブルガリア
ギリシャ
アテネ
黒海
クリヴィーリフ
カザン
タタルスタン(自治共和国)
ヴォルゴグラード
(スターリングラード)
イスタンブル
(コンスタンティノープル)
ソチ
エリスタ
カルムイク(自治共和国)
アンカラ
トルコ
リビア
キプロス
グロズヌイ
チェチェン(自治共和国)
グルジア
トビリシ
アルメニア
イェレヴァン
アゼルバイジャン
バクー
カスピ海
アスタナ
カザフスタン
アラル海
カイロ
シリア
ダマスクス
アンマン
ヨルダン
エジプト
イラク
バグダード
トゥルクメニスタン
テヘラーン
アシュハーバード
ウズベキスタン
タシュケント
ビシケク
クルグズスタン
ドゥシャンベ
タジキスタン
バダフシャーン
バスラ
クウェート
クウェート市
イラン
アフガニスタン
カーブル
イスラーマーバード
サウジアラビア
リヤド
マナーマ
カタール
ドーハ
バーレーン
ペルシャ湾
スーダン
ハルトゥーム
紅海
アブダビ
パキスタン
アラブ首長国連邦
デリー
ニューデリー
マスカット
カラチ
サナア
オマーン
イエメン
インド
ジブチ共和国
ジブチ
アラビア海
アディスアベバ
エチオピア
ボンベイ
スロベニア
リュブリャナ
ザグレブ
クロアチア
ボスニア・
ヘルツェゴビナ
サライェボ
ベオグラード
モンテネグロ
ポドゴリツァ
セルビア
ティラナ
アルバニア
スコピエ
マケドニア
ケニア
ナイロビ
モガディシュ
ソマリア
マドラス
タンザニア
ダルエスサラーム
コロンボ

ユーラシア帝国の興亡——世界史四〇〇〇年の震源地

序

本書は、中央ユーラシア、ならびにそこと歴史上直接の関わりを持ったユーラシア大陸の他の地域の歴史について新しい見方を示すものである。もともとの計画では、年代順に記述することをあまりせずに中央ユーラシアの歴史の基本的な関連事項の概略を書くつもりであった。フランスに昔からあるような、専門的でありながらも教養ある一般読者なら読むことのできる、注釈を最少限に抑えたエッセーを頭において、Esquisse d'une histoire de l'Eurasie centrale（中央ユーラシア史粗描）という書名のものを思い描いた。しかし、実際に執筆してみると、歴史上の人物や出来事はきちんと年代を追わなければ書けず、結果的に本書はユーラシア全体の歴史のコンテクストにおける中央ユーラシアの政治史や文化史の基本的な概略となっていたのであった。それには詳細な注釈を伴うこともあったし、一次史料[1]を再検討することもたまにあった。

それでもなお、自分の頭の中ではもともとの主要な目的を第一に考え続けた。それは、中央ユーラシア史の基本的な諸問題を明確にするということで、私の知る限り、それらについて正しく説明されたことはないし、場合によっては話題にされたこともない。正しい説明なしにはユーラシアの盛衰を理解することができず、ユーラシアについての記述はこれまでのほとんどのものと同じようにファンタジーとミステリーに満ちたままであろう。謎は魅力的だし、ときには謎のままであるべきこともあるが、中央ユーラシア史において多くの謎は、「お決まりの容疑者」を持ち出さなくても説明できるだけの充分な原史料がある。

このことに関連して言うと、中央ユーラシア史については史料が少なすぎてほとんど何も言えないのだという考えが広まっているが、それは誤解である。中央ユーラシアの歴史については膨大な原史料があり、特に周辺の諸文明との関連においては特筆すべきものがある。[2] その歴史は四千年に及び、その地域や時代のトピックの中にはそれに応じた多くの二次史料が存在するものもあるので、いずれにしてもそれを正当に扱うには、研究者が協力しあって一連の分厚い研究書を書く必要があろう。単独の研究者では知識、技量、体力、時間の限界が伴うので無理である。ひとりの人間がこのような大きなトピックの本を書くことができるのは、一歩後ろに下がって全体像をとらえるという非常に広い視点からの取り組みだけであろう。たまたま私はそういうことに関心があったのである。

従って、私が特に興味を持っているものを除き、本書は全般的に特定のトピック、人物、政治的単位、時代、文化に高度に焦点を合わせた扱いをしていない。（中央ユーラシア文化複合体についてもそうで、それはそれだけで一冊の本が書かれるに値する。）また、本書では出来事、名称、年代についても網羅的な説明をしているわけではない。しかし、注意深く読んでいただけると気づかれるだろうが、重要な出来事や民族については労をいとわずそのような情報を提供するよう努めた。最後に、本書は史料研究でもないし包括的な文献解題でもない。近年、著名な人物、土地、時代などのいくつかについて充分な注釈と参考文献の付いた多くの優れた研究が出されているので、興味のある読者にはそれらを推薦したい。

私がここで行なったのは、中央ユーラシアの人々や歴史について大体において一致して受け入れられている見方を再検討して、見直しを行おうという試みである。従って、註はさらなる注釈や探求が必要だと私が判断した点についての考察に当てられていることが多い。本書の歴史的流れに沿った記述部分や特定の事柄を取り上げた部分に詰め込まれた細かな点は、ほとんどの場合、どれもその時点で私にとって重要だと思われ、除外したくなかったものである。それは一方で、明らかに重要であっても当時私にとって決定的と思われなかったり単に扱うことをしなかったりした多くのものが入っていないということでもある。もともとは注釈はできる限り最少限にして、議論に焦点を合わせ続けるつもりだった。しかし、見てお分かりのように、結果としては全く最少限では済まなかった。習性を抑えるのは困難なもので、どうも私は興味深いトピックについて詳しい注釈を付けるのが好きなようだ。（長い注釈のいくつかは主に専門の学者向けであるが、本文に入れ込むと窮屈な感じになってしまうので、本書の終わりに別に注釈の章を設けた。）

しかし、本書はもう一方の論理的極にも走っていない。本書は歴史学の一般理論ではなく、そういったどんな理論も示そうとはしていない。理論を伴うタイプの著作は最近多く出されているが、本書はそういった類《たぐ》いのものではない。また、エピローグで簡単には触れたが、この数十年間に出版された中央ユーラシアの国家形成のいくつもの理論（もっと厳密には、現在あるひとつの理論の諸変異形）について詳しく検討するということも行なっていない。私の解釈も使用した専門用語もそのような理論的ないしメタ理論的著作に由来するものではない。私がしようとしたのは、自分の知る中で最も関連のある情報と思うものを率直に提示・分析し、そこから自然に自分の解釈を行うということである。この試みが成功したかどうか分からないが、どちらにせよ、世界史の理論やメタ理論は、私はほとんど知らないのだが、陰にも陽にもそれらについては意識的に言及しないようにした。

一般的な意味でのデータと歴史記述に関して、特に、近年、歴史、芸術、その他に対してとられている「ポストモダニズム」[3]的研究方法を考えると、私自身のアプローチについて何らかのコメントが必要であろう。モダニズムの規範によれば、古いものは常に新しいものに取り替えられねばならず、そこに永久革命が起る。モダニズムの論理的な発展であるポストモダニズムの観点は、それが実証主義と呼ぶもの、すなわち何らかの合意された基準に基づいて問題や対象を評価し判断する本質的に非モダニズム的なやり方を拒否する。その代わりに、ポストモダニストは全ての判断を相対的と考える。「ポストモダンの時代には我々はもはや「客観性」という神話に頼ることはできない」[4]と主張される。「疑いはこの分野の最高の権威者の間の大きな意見の違いが原因となって呼び起こされる。[5]」歴史は物の見方にすぎない。従って、有効な判断は下せない。我々は起ったことやその理由を知ることはできず、なぜ民族が新しく「アイデンティティーの構築」をし、反知性主義者や無教養者がなぜ独善的な民族主義になったかを推測できるだけである。書かれたものはすべて同じように価値があり、それらを校訂するのは時間の無駄である。さらに悪くは、文献の主たる重要性はそこに含まれる書写した者や文化的環境の情報にあり、校訂版を作ることはその価値ある情報を取り除いてしまうことであると言われる。その上、著者が本当に何を言おうとしたのかはどうやっても知ることができず、著者が実際に書いたところを見つけ出そうとすることすら意味がない。[6]芸術にいいも悪いもない。芸術は誰かがそうだと言えばみな芸術である。そのランク付けは不可能である。芸術にいいも悪いもない。全てが見方次第である。従って、形式上、芸術をよくすることは不可能で、変えることができるだけである。不幸なことに、絶えず続く義務的な変化と全ての基準の除外は必然的に静止状態と等しくなるかそれを作り出し、本当の変化というものはない。政治についても同じことが当てはまり、モダニズムの「民主主義」制度では表面的な変化しか許されず、静止状態を生み出す。人間の判断はみな見方でしかないので人間によって有効な判断は下されず、全てのデータは等しくなければならない。(結果として、ポストモダニストによる、判断の無効性についての判断もまた無効でなければならないが、ポストモダニストの考えを批判するというのは彼らの間で行われていないようである。)このようなポストモダニストの見解に従うと、言われたことを宗教的に信じる（すなわち、不信の一時停止）か全くの懐疑主義に陥る（信と不信の一時停止）かの二者択一となる。どちらの場合も結果は、[7]論理的に突き詰めれば、思考が停止するか、少なくとも批判的思考の可能性すら排除されることとなる。もし大多数の人が前者（完全に信じること）しか選べず、知識人や芸術家もそうで、みな判断を捨てることに同意したら、その結果は過去のものを遥かに凌《しの》ぐ軽信、抑圧、そしてテロの時代の到来であろう。私はそれを「よい」と思わない。それは「だめだ」と思う。私はモダニズムとその変形であるポストモダニズムを拒絶する。それらは反知性運動であり、人間の行なってきたほとんど全ての分野に大きなダメージをもたらした。若い将来の世代がこれらの動きに立ち向かい、それらを拒否し、いつか美術（少なくとも）の新しい時代が幕を開けることを希望している。

古生物学は一種の歴史学であるが、実際はハードサイエンスであり、ポストモダニストの学者の反知性主義[8]にほとんど影響されなかった。私はディノサウルスに関心があるが、本書はその歴史ではなく、人類の歴史である。しかし、私の考えでは、人類の歴史にもハードサイエンスと同じ基準が当てはまり、ポストモダンの考え方は文字通りナンセンスである（文字通りのナンセンスは、ひとつにはポストモダニストたちの目指すところである）。私自身による世界の経験は、それが単に私によって経験された主観的なものであるという理由によって、悪影響を与える意味のない誤った考えとは思わない。あらゆるものはある程度不確実であるということは確かである。科学もそうであり、そのことは科学者がよく知っている。もちろん学者は誰もが不確実性や主観性を考慮に入れなければならない。私は歴史学は現代の英米における意味での科学とは考えていないが、全ての学問研究の分野がそうであるべきなのと同様に、歴史学も科学と同じ方法で取り組まれなければならないと考える。ポストモダンの課題は科学だけでなく合理性をも放棄することを求めているので、私はそれを学者や知識人一般にとって有効なやり方として受け入れることはできない。

私はまた人間の動機の背後にある力を認めることも重要だと考えている。特に社会政治的機構、戦争、そしてこれらや芸術など他の人間活動の分野の概念化についてである。本書はサルについてであろうとヒトについてであろうと関係なく、行動学や人類学の研究ではないが、このような大きなスケールで歴史を書いて、私は人間の行動は驚くほど変わらないもののようだということに気づいた。歴史それ自体が繰り返すと言いたいのではなく、人間は繰り返し同じことをするものだということである。他方、真の偶然の一致はきわめてまれである。人々はまたよく他の人々のまねをする。例えば、車の付いた馬車の発明は一度だけであっただろう。それは前部に車の付いた「乗り物」からゆっくりと二次的に発達したもので、長い期間をかけて最終的に真の馬車となったが、それができるとその周囲の人々はすぐにそれをまねたのである。空間と時間の大きな広がりの中で人間の行動が変わらないということは、明らかに我々が共通に遺伝的に受け継いできたものにのみよっていると考えられよう。過去四千年間のユーラシアの歴史という視点から見ると、その期間に、つまり現在まで、社会政治的な組織の根底にあるものは人間も霊長類一般も大きく変わらないように私には思える。どのような言葉で隠そうとしても最優位の雄を中心とする階層制は我々の制度である。別の言い方をすれば、私の考えでは、現代の政治体制は事実単に仮面をかぶった霊長類型の階層制度なのであり、それ自体人類が考えだした他のどのような政治体制とも本質的には変わらないのである。問題を認識することが治療のための第一歩だとすれば、はるか昔にこの問題が認識されて、人類や地球にとって手遅れになる前にその治療法が発見されるか、少なくとも治療のための薬が作られ、それを制御するべきだった。

上述のことから読者の方々は本書における私の取り組みがどんなものか自分なりに理解されると思うが、ここでそれをできるだけ簡潔に分かりやすく、明確に述べておく。私の目指すところは、中央ユーラシアとその人々の歴史[9]について実際的で客観的な概説を執筆することである。広く受け入れられている見方やポストモダンのメタヒストリカルないし反歴史的な見方を繰り返してそれに注釈を付けることではない。

本書執筆の発端は、ちょうど二十年ほど前にバルバロイという概念（これについてはエピローグを参照）について論文を書き、中央ユーラシア全体の包括的な歴史を書こうと考えたときにまで遡《さかのぼ》る。そのテーマについて再び考えるようになったのは、ひとつには数年前のアニヤ・キングとの議論で中央ユーラシアの遊牧民の間で絹製品が広く個人的に使用されていたことについて彼女が話したことによる。私はその見解を追跡調査し、ある計算を行なって、贅沢品の交易が中央ユーラシアの内部経済の非常に重要な部分を構成していたに違いないと結論した。その後、中央ユーラシア史を講じたときに、シルクロード交易と中央ユーラシアに興った諸帝国は、出現、発展と衰退、そして消滅において年代的に並行していることに気がついた。私はシルクロードと遊牧帝国の歴史についての自分の見解、そして次に中央ユーラシア史全体についての自分の考えをもう一度真剣に考えはじめた。中央ユーラシア史についての新しい見方について「シルクロードと遊牧帝国」という論文をベルリン国立博物館が行なったシルクロード・シンポジウムで二〇〇四年六月三日に初めて公表した。

このテーマについての私の見解は本書執筆の間にどんどん変わっていった。実際、最終原稿の内容にはもともとの計画と大きく関連しているものはほとんどない。個々の事項だけでなく全体の構想も執筆中に変わったが、そのために個々の事項についての説明の仕方を修正することとなった。おそらくこのようにずっと改訂と書き換えをいつまでも行うことができるだろうが、私には他にもやりたいと思っていることがあるので、今あなたが手にされている本書には、基本的に、二〇〇七年初めにほぼ最終となる原稿を書き終えたときの私の考えが示されている。

私は、中央ユーラシア文化複合体を形成した、根底にある文化的要素に特別な注意を向けるように努めた。それらの要素は、中央ユーラシア史において、そしてある程度までだがユーラシアの他の地域においても、何が起り、それはなぜ起り、どういう影響があったのかという一連のことを理解するのに重要だと考える。近代を扱った範囲において私はモダニズムという現象に特別の注意を払った。モダニズムが原因で二十世紀の中央ユーラシアの文化が政治生活においても芸術においても破壊され、その支配からまだ回復していない。私の気づいたいくつかの点や私の論じたことがモダニズムをよりよく理解することに繋がり、もしかしたらさらに現在の人類の状況を改善していく道を示しているのではないかということを望んでいる。

上述したように、本書は歴史時代全体にわたる中央ユーラシア全般を扱っている。扱う範囲が広いためにほとんど触れられていない事柄も多い。しかし、中央ユーラシア研究の学問分野の全てをカバーすることができたとしても、歴史学、言語学、人類学、美術、文学、音楽といったほとんど全ての分野における重要なテーマを含む多くの事柄について、発表された研究を多くは見つけることができなかったであろう。近年、若い中央ユーラシア研究者が研究を進歩させてきたにもかかわらず、である。世界の他の地域、とりわけ西ヨーロッパと北アメリカがあまりにも注目を集めすぎており、中央ユーラシア研究の重要なテーマのほとんどが軽視され、中にはほとんど全く無視されてきたものもある。例えば、玄奘《げんじょう》の『大唐西域記《だいとうさいいきき》』のような重要な諸史料も未だ学問的な校訂版や注釈付きの現代語訳がない。他のものは言及すらされていない。

実際、多くのテーマについて専門書や主要な研究論文を内容の良い悪いは関係なくひとつも見つけることができない。詩を例にとってみても、例えば『ジャンガル』（カルムイクの国民的叙事詩）、ルーダキー（新ペルシャ語の最も初期の大詩人）、李白（中国の二大もしくは三大詩人のひとり）について毎年どのくらい新刊書が出版されているだろうか。英語では、その数はこの数十年間でゼロ（『ジャンガル』とルーダキー）か一未満（李白）である。アヴァール、テュルク（突厥）、ジューンガルの諸帝国について、またカルムイク語、バクトリア語、キルギズ（クルグズ）語の言語学的研究についてはどうであろうか。中央ユーラシア研究において重要なこれらのテーマのどれについても一つでも論文が書かれるのはまれなことである。確かに、この十年間に優れた研究が歴史学の分野で現れてはいる。言語学でもいくつか出ており、クラーク（L. Clark）の一九九八年のトゥルクメン語に関する本などはその模範である。それらの研究の多くは文献リストに挙げてある。それでもなお、あまりもしくは全く取り扱われてきていないテーマのうち、本書で扱ったものは中央ユーラシア研究の主なテーマのほんの一部分にすぎない。それらは、美術と建築、歴史、言語と言語学、文学、音楽、哲学、その他多くを含むが、その大部分はほとんど研究されていなかったり、全くと言っていいほど無視されている。

それと対照的に、チョーサー、シェークスピアなど初期の英語による作家については毎年何百もの本が出版され、何千もの学会発表がなされており、現代の英語圏の作家についてはそれより数千多いとも数万多いとも知れず、それは英米の歴史や英語学など英米のあらゆるものについて同様である。さしあたりはそれ以上必要ない。

つまり、相対的に言うと、研究されすぎたテーマについてあまりに概念化され専門化されたものをもうひとつ書くより、中央ユーラシア研究の見向きもされていない数えきれないほどのテーマのひとつについて一つの論文でも一冊の小さな本でもいいから書くことを考えようということである。それらのテーマのいくつかは本書でどれもごく簡単にではあるが触れてある。

結論として、中央ユーラシア史について考えられるあらゆる方法で多くのことがなされる必要がある。みなさんが努力して残っている多くの部分を埋めてくださることを願う。

1　近世以前における「一次資料」の意味については巻末の後註1を見よ。

2　中央ユーラシアとインド亜大陸（と、それほどではないにせよ、イスラーム化以前のペルシャと中央アジア南部）の歴史についてはかなり最近になるまで記録されることは非常に少なかった。こういったこともあるし、私自身の欠点（南アジアへの関心の欠如を含む）もあり、このテーマにはそれほど注意を払わなかった。しかし、現在、その地域のムガル帝国から十九世紀までの歴史に関して重要な興味深い研究が多く行われており、より以前の時代についても近いうちにより多くのことが分かるようになることが望まれる。

3　モダニズムとそれに関連するテーマの議論については第11章と第12章を見よ。

4　Bryant (2001)。他の分野においても同じような主張がなされている。例えば、考古学においては、「ポストモダニズムはポスト過程主義の標題のもとに考古学に影響を与えた。過程主義では、全ての真実は主観的であるから、考古学的なテクストも含めて、テクストを読む、すなわちデコードするということは全て、別のエンコードを行うということであると考える」(Bryant 2001：236)。評判の高いプロの学者によるものや国粋主義の政治家によるものなど異なった主張を比べて、ブライアント（Bryant 2001：298-310）は、人は純粋な学問とそれに代わるものとの間でどちらかにはっきりと決めることはできない、と最終的に結論する。彼の著作で扱われたテーマについては付録Aを見よ。

5　Bryant (1999：79)。付録Aを見よ。

6　もちろん、元の写本を調べてみたいという人がいれば、それは自由である。なぜ校訂本を出すかというと、オリジナルのテクストにできるかぎり近づけた原型を確立し、それによってオリジナルに加えられた改変を取り除き、著者が言おうとしたことをできる限り明らかにするためである。それはある程度科学的な方法で、ポストモダニストは科学を「実証主義」として拒否するので、校訂本は「実証主義的」と批判される。

7　この結果は、懐疑派、すなわちこの停止を公然と目指す古代の哲学者によってよく理解されていた。彼らの目指すところは批判的考察をしすぎることから出てくる不満を取り除くことによって幸福を得ることであった。

8　原理主義（極端なモダニズム）の信奉者たちは古生物学の成果にさえ反対する。

9　中央ユーラシア史について学問的な百科事典的著作が必要なことについては巻末の後註2を見よ。

ペーパーバック版への注記

本書が広く受け入れられてペーパーバック版が出ることになり、うれしく思う。この機会に本文中のさまざまな種類の多くの誤りを正した。コメントや訂正すべき箇所を寄せてくださったニコラ・ディ・コズモ、清瀬義三郎則府《のりくら》、アンドルー・シムーネク、エンディミアン・ウィルキンソンの各氏に感謝したい。ただ、残念なことに、このペーパーバック版に全てを反映させることはできなかったが、将来の版には必ず組み入れるつもりである。まだ残っている誤りについては、古いものも新しいものも含めてもちろん私の責任である。

C・I・ベックウィズ
二〇一〇年　東京にて

日本語版への序

中央ユーラシア研究者仲間である斎藤純男教授が本書の翻訳を引き受けてくださったことに対して大変感謝している。細かな点に目が行き届き明晰さを持った人と仕事ができたのは良い経験であった。また、本書を日本の読者に読んでもらえるよう日本語版の出版を引き受けてくださった筑摩書房にも感謝したいと思う。このようにして翻訳が出版されることとなり、私は大変うれしく思っている。

元の英語版が出版されたのは二〇〇九年だったが、実際の執筆が終わったのは二〇〇六年で、その後、改訂して、原稿を出版社に送ったのは二〇〇七年であった。それ以降は、後の私自身の研究によるものであっても他の研究者の研究によるものであっても実質的な部分の変更はできなかった。しかし、私は、二〇〇七年から現在まで、本書で取り扱ったり言及したりしたいくつかのテーマについてさらに研究を進め、その一部を発表したし、まだ研究を続けている。従って、本書の改訂新版を出したいと思ってきたが、残念なことに、現在はそのための充分な時間が取れず、注釈を加えるかいくつかの箇所を最新のものにするかしかできなかった。しかし、今回「日本語版のための追記」を執筆し、私自身の新しい発見のうち本書に最も関連するものいくつかについて全体的な概説をした。そこには、英語版の文献リストに既にあげられているものも含まれている。

クリストファー・I・ベックウィズ

二〇一六年四月三〇日

謝辞

本書の執筆とそのための研究は、インディアナ大学夏期教員研究奨励金（二〇〇四年）、東京での研究期間に対するフルブライト・ヘイズ教員海外研究奨励金（二〇〇四―二〇〇五年）、二〇〇五―二〇〇六年の米国ブルーミントンとスペインのデニアでの研究期間に対するグッゲンハイム財団研究奨励金（二〇〇四―二〇〇五年）による援助を受けた。まずデニアで全体の草稿を完成させ、その後、全体的に書き直して、あとはあれこれチェックをしたり細部の訂正をし、編集をし、あとは参考文献を追加すれば最終的な形になるという段階のものを用意した。私はこれらの助成機関の寛大な援助に感謝している。

また、右記の奨励金への応募に際してアドバイスをくださったり推薦状を書いてくださったりして助けてくださったすべての方々に感謝したい。特に、マサチューセッツ大学アマースト校の戦国研究部会のE・ブルース・ブルックス、プリンストン高等研究所のニコラ・ディ・コズモ、インディアナ大学のデニス・サイナー、東京外国語大学アジア・アフリカ言語文化研究所の中見立夫、インディアナ大学のロクサナ・マ・ニューマン、トイヴォ・ラウン、ローズ・ヴォンドラシェクにお世話になった。彼らのサポートがなければこの本を書く時間を得られなかったであろう。そして、さらにプリンストン大学出版局のスタッフの編集主任ロブ・テンピオ、制作編集のサラ・ラーナー、地図作製のクリス・ブレスト、イラスト担当のディミトリ・カレトニコフ、カバーデザイナーのトレーシー・ボールドウィン、編集のブライアン・マクドナルド、その他本書に対して仕事をし本書を良いものにしてくださった全ての方々に感謝したい。

私の師、同僚、学生、そして友人たちの助けがなかったら、もっとたくさんの間違いをしてしまったであろう。特に次の方々に感謝したい。ピーター・ゴルデンとシンシア・キングは全原稿を注意深く読んで多くのコメントや訂正をしてくれただけでなく、非常に多くの改善すべき点を示唆し、細かな問題について多くの時間を使って議論してくれた。アーネスト・クリスティーにも、第4章の古英語の碑文のテクスト、第6章のトカラ語の碑文のテクストを書いてもらい、大きく世話になった。さらに、クリストファー・アトウッド、ブライアン・バウマン、ヴォルフガング・ベア、ガードナー・ボヴィンドン、デヴィン・デウィース、ジェニファー・ドゥビンスキー、クリスチャン・ファッジオナート、ロン・フェルドスタイン、ヴィクトリア・ティンボア・フイ、ジョルジュ・カラ、アニヤ・キング、清瀬義三郎則府、ジョン・R・クルーガー、アーネスト・クリスティー、エドワード・ラザリーニ、劉雯玲、ブルース・マクラーレン、ヴィクター・メア、ジャン・ナティエ、デイヴィッド・ニヴィソン、クルバン・ニヤズ、デイヴィッド・パンクニル、ユーリ・パインズ、エドワード・ショネスィ、エリク・シュルセル、ミハーリ・セゲディ・マサーク、ケヴィン・ヴァン・ブラデル、そして、マイケル・ウォルターには、原稿の全てもしくは一部を読んでもらったり、扱ったさまざまなトピックについて議論をすることからアドバイスや個々の質問への回答をもらうことまで、惜しみのない助けをいただいた。愚かにもいただいたアドバイスに従わなかったところもあり、事実や解釈の誤りや漏れもあると思う。そういった誤りを他の学者が指摘してくれて将来の改訂版で訂正できることを望んでいる。いずれにせよ、残っている間違いや誤解については最終的に私に責任がある。特に、本書は中央ユーラシアと中央ユーラシア人について一般に受け入れられている見方を修正することを意図しているので、多くの学者の著作の中で間違いだと私が考えるものをしばしば指摘したが、それは私がその人たちの学識を尊敬していないことではないということを言っておきたい。現在私が誤りだと考える古い概念にかつて従った学者の中には私自身も含まれている。中央ユーラシア史の専門家は学問的にすばらしい研究を多く行なってきた。本書で扱ったトピックについて研究してきた全ての先人の助けがなかったら私は何も書けなかったであろう。私は学問的貢献をしてくれたことに対して彼らに感謝している。[1]

私は、妻のインナに支えられ、励まされた。何より彼女に感謝し、本書を捧げたい。

1　本書の最終原稿は二〇〇七年に完成し出版社に受領された。原稿完成後に、最近のものも古いものも含めて多くの出版物を知った。それらは私が見落としていたか、知ってはいたがそのときまでに入手できなかったものである。新しく得た情報に基づいて訂正が必要だと感じたごく僅かな箇所については二〇〇八年の春に編集作業が終わる前に最少限の加筆や変更を行なった。しかし、大体において新しい出版物のほとんどを取り込むことができず、文献リストに含めていない。文献は引用したものだけにしたからである。その結果、非常に関連のある新しいいくつかの本、例えばアンソニーの『馬、車輪、言語――青銅器時代のユーラシア草原の騎馬民族がどう現代世界を作ったか』（プリンストン、二〇〇七）[David W. Anthony, *The Horse, the Wheel, and Language: How Bronze-Age Riders from the Eurasian Steppes Shaped the Modern World* (Princeton, 2007)] のようなものを論じたり引用したりしていない。原稿を書き終えた後で知った、多くの優れた学者による重要な著作を全て考慮し引用することができなかったのは残念である。

略号・記号・その他

Bax. William H. Baxter. *A Handbook of Old Chinese Phonology.* Berlin: Mouton de Gruyter, 1992.（バクスター『古代中国語音韻論ハンドブック』）

CAH I. E. S. Edwards, C. J. Gadd, and N. G. L. Hammond, eds. *The Cambridge Ancient History.* Vol. I, part 2: *Early History of the Middle East.* 3rd ed. Cambridge: Cambridge University Press, 1971.（エドワーズ、他『ケンブリッジの古代史講座　第1巻第2部　中東の歴史の始まり』）

CUP Henricus Denifle. *Chartularium Universitatis Parisiensis.* Paris, 1899. Reprint, Brussels: Culture et Civilisation, 1964.（デニフレ『パリ大学憲章』）

E. I. 2 H. A. R. Gibb et al., eds. *The Encyclopaedia of Islam.* New ed. Leiden: Brill, 1960–2002.（ギブ、他『イスラーム百科事典』）

EIEC J. P. Mallory and D. Q. Adams, eds. *Encyclopedia of Indo-European Culture.* London: Fitzroy Dearborn, 1997.（マロリー、他『インドヨーロッパ文化百科事典』）

GSE *Great Soviet Encyclopedia: A Translation of the Third Edition.* New York: Macmillan, 1973–1983.（『大ソビエト百科事典』第3版の英訳版）

PIE Proto-Indo-European.（インドヨーロッパ祖語）

Pok. Julius Pokorny. *Indogermanisches etymologisches Wörterbuch.* I. Band. Bern: Francke Verlag, 1959.（ポコルニー『インドゲルマン語語源辞典』第1巻）

Pul. Edwin G. Pulleyblank. *Lexicon of Reconstructed Pronunciation in Early Middle Chinese, Late Middle Chinese, and Early Mandarin.* Vancouver: UBC Press, 1991.（プリーブランク『初期中期中国語、後期中期中国語、初期官話の再建発音辞典』）

Sta.　Sergei A. Starostin. *Реконструкция древнекитайской фонологической системы*. Moscow : Nauka, 1989.（スターロスティン『古代中国語音韻体系の再建』）

Tak.　高田時雄『敦煌資料による中國語史の研究　九・十世紀の河西方言』創文社、東京、1988.

TSFC　慧立『大慈恩寺三藏法師傳』（孫毓棠、謝方點校）中華書局、北京、2000.

Wat.　Calvert Watkins. *The American Heritage Dictionary of Indo-European Roots*. 2nd ed. Boston : Houghton Mifflin, 2000.（ワトキンズ『アメリカンヘリテージ・インドヨーロッパ語根辞典』第 2 版）

★　（語の前に付けて）言語学的に再建された形

☆　（語の前に付けて）中国の「反切」および／もしくは韻から再建された形

古代中国語　Old Chinese（時期を特定しない再建形）

中期中国語　Middle Chinese

新官話　New Mandarin（現代標準中国語）

序論

中央ユーラシアは広漠な大地で、ヨーロッパ、中東、南アジア、東アジア、そして亜北極と北極のタイガツンドラ地帯の間の、陸地に閉ざされた地域である。それは、ユーラシア大陸を構成する六つの主要な世界地域の一つである。[1][2]

地理的な境界は人類の文化や政治的変化により変わる。中央ユーラシアに含まれる地域も時代とともに変わってきた。古代の早い時代からユリウス・カエサルとその後継者によって行われたローマによる征服まで、そしてまたローマ帝国の滅亡から中世初期の終わりまで、中央ユーラシアは一般に地中海地域北部のヨーロッパのほとんどを含んでいた。従って文化的に言えば、南の端は温暖な地域まで、北は北極地域に至る、大西洋から太平洋へかけての横に長い帯状の地域であった。そのおおよその範囲は中世初期（中央ユーラシアがその絶頂期にあり最大に広がったとき）以降、ドナウ川から西のヨーロッパ、近東すなわち中東（レヴァント、メソポタミア、アナトリア、イランの西部と南部、カフカス）、南アジア、東南アジア、東アジア（日本、朝鮮、元来の中国）、北極と亜北極の北ユーラシアを除く地域であった。もちろんどの地域の間にも定まった境界はなく、すべての境界はいつの間にか次第に他の地域へと変わるのだが、それぞれの周辺地域の中心には独自性があり、明らかに中央ユーラシア的でない特徴をもつ。この従来の中央ユーラシア地域は、中世には西部草原のスラブ民族がヨーロッパ化し、十九世紀と二十世紀に漢人が満洲と内モンゴルに入植したことにより大きく縮小した。[3]

このように、中世初期以後、「伝統的な中央ユーラシア」[4]と呼べるものは、大雑把に言えば西はドナウ川下流域と東は鴨緑江《おうりょくこう》、北は亜北極のタイガ森林地帯と南はヒマラヤ山脈の間の温帯地域であった。西部（黒海）草原、北カフカス草原（現在のウクライナと南ロシア）、合わせて西トルキスタンとも言われる中央草原と西中央アジア（現在のカザフスタン、トゥルクメニスタン、ウズベキスタン、タジキスタン、キルギズスタン）、南中央アジア（現在のアフガニスタンとイラン東北部）、合わせて東トルキスタン（現在の新疆《しんきょう》）としても知られるジューンガリアと東中央アジアすなわちタリム盆地、東部草原（現在のモンゴル国と内モンゴル自治区）、そして満洲である。これらの地域のうち、西部草原の大部分、内モンゴル、そして満洲は文化的にはもはや中央ユーラシアではない。

　中央ユーラシアの人々は世界文明の成立に基本的かつ重要な貢献をした。中央ユーラシア人とその周りの諸民族との関係を考慮することなしにユーラシアの歴史を理解することは不可能なほどである。それゆえ中央ユーラシアの歴史では、かつて深く関わりがあったユーラシアの周縁地域の偉大な諸文明、すなわちヨーロッパ、中東、南アジア、東アジアの文明もある程度まで論じる必要がある。

　従来から言われている中央ユーラシアは、古代の大陸内部経済である国際交易路網（誤解を招きやすい形で概念化されシルクロードと命名された）と重なる。それは、沿岸地帯の海洋交易路網（先史時代から存在したとも言えるが、古代と中世を通して次第に重要性を増していた）とたびたび区別されてきたが、史料にそういった区別はない。大陸と海洋の交易ルートはすべて、ひとつの国際交易路網とされるべきものを構成する不可分の要素だった。その国際交易路網は、ユーラシアの大きな政治的組織体に基盤を持つユーラシアの大陸経済（およびその地域経済）へ怒濤《どとう》のごとく向かった。それらの大国家はすべて、海洋にではなく中央ユーラシアに目が向いていたのである。海洋交易網が非常に重要な独自の経済として発達したのは、第10章で述べるように、西ヨーロッパがヨーロッパと南アジア、東

南アジア、東アジアとの間の定期的な外洋貿易を確立してからで、それがシルクロードと全く切り離されたのはシルクロードが存在しなくなったときである。

中央ユーラシアの文化地理学的地域は、さまざまに定義されてきた中央ユーラシア「諸民族」や中央ユーラシア「諸言語」と区別されなければならない。本書の主題は中央ユーラシアの歴史であるが、内容は中央ユーラシアの諸民族についてである。したがって、中央ユーラシアの言語と中央ユーラシア文化複合体（これについてはプロローグを参照）を伴って、生まれた土地を離れて他の地域へと移った中央ユーラシアの人々の歴史も含んでいる。始まりから現在までのユーラシアの歴史全体はある程度まで、中央ユーラシアの人々の周辺地域への移動と中央ユーラシア文化の周辺民族への伝播、そして周辺諸民族とその文化の中央ユーラシアへの流入と見ることができる。

現代の学者は、中央ユーラシアと中央ユーラシア人について以前からある誤解のいくつかを修正するのに大きな力を注ぎ、この地域と民族に関わる資料を大きく増やしてきた。不幸なことに、なされた修正はほとんどの歴史学者に取り上げられず、非常に多くの基本的な点は注目されることがなく、ましで誤解が修正されることなどなかった。特にユーラシア史における中央ユーラシア諸民族とその役割に対する一般的な見解は、中央ユーラシア研究者による研究においても、未確認の文化的な誤解や偏見がかなり多く含まれている。その中のいくつかは近年のものだが、ルネサンス時代から受け継がれてきたものもあり、さらにそのほかに、特にバルバロイという概念のように、古代にさかのぼるものもある。詳細はエピローグで述べるが、次は主要な点いくつかの簡潔な要約である。

現代の歴史学者のほとんどは、周辺諸民族による史書などの文献に記された中央ユーラシアの人々に関するかなり否定的な見方を暗黙のうちに受け入れている。周辺民族の全く同じ文化的資料に中央ユーラシア人についての肯定的な見方も記されていたが、それを真剣に考慮することはなかった。中央ユーラシア人が周辺民族に対して持っていた見方が考慮されなかったことは言うまでもない。中世に入ってしばらくしてそれぞれの土地で中央ユーラシア人の言語で資料が書かれるようになるまで周辺諸民族の書いたものだけが事実上多くの中央ユーラシア人についての残された記録であったが、それらの文献のほとんどには歴史学者たちが作り上げたもののような偏りは全くない。中央ユーラシア人が周辺諸民族に対して抱く嫌悪感は周辺地域出身の歴史家や旅行者が記しているが、中央ユーラシア人の言語で書かれた文献が保存されている場合には彼ら自身もそれを記している。例えば、スキュタイはギリシャとペルシャを、匈奴《きょうど》は中国を、そしてテュルクは中国とギリシャ双方を嫌っていたのである。ヘーロドトスをはじめとする初期の歴史家たちの煽情的な記述は、ギリシャ人や中国人、そして中央ユーラシア人の間で暮らす他の民族による肯定的な評価、そして旅行者やその初期の歴史家たち自身が提供する中立的で純粋に記述的な大量の情報によってずっと以前に修正されるべきだった。

近世以前の中央ユーラシアに対して受け入れられている見方は、ほとんど例外なく中央ユーラシアの社会のごく一部に対する誤解を基にした固定概念であった。それは、草原地帯の民族は「純粋に」遊牧民で、定住している中央ユーラシア人とははっきりと異なっており接触がなかったという観念であった。民族言語学的に言えば、遊牧民族は歴史学的または考古学的に中央ユーラシアの都市生活者や農耕民とはっきりと区別することはできない[5]という非常に重要な問題は置いておいても、中央ユーラシアの遊牧民に対する次のような現代の見方は固定概念と誤解に満ちていると[6]いうことを認識し理解することが重要だ。

・中央ユーラシアの遊牧民族は好戦的で、猛々しく残忍な根っからの戦士であった。それは厳しい環境と困難な生活様式によるものである。この持って生まれた能力は乗馬や弓矢を用いた狩りの技能といった簡単に軍事転用できる技術によって促進させられた。
・中央ユーラシアの遊牧民が貧しかったのは生活様式によるものであった。彼らの生産物は必要を満たすのに充分ではなかったのである。そのため、必要なものあるいは欲しいものを手に入れるため周囲の豊かな農耕民たちから盗んだ。この「困窮した遊牧民」論は、中央ユーラシア人と周辺諸国家との関係についての「強奪と略奪」モデルや「貪欲なバルバロイ」モデルと関連している。
・中央ユーラシア人は生まれながらの戦士であり、また遊牧民で常に移動しているので、打ち負かすのは容易ではなかった。日頃から襲撃を受け打ち負かされていた周囲の人々にとっては恒久的な軍事的脅威であった。こうして中央ユーラシア人は近世までユーラシアを軍事的に支配した。

こうした考え方を裏付ける著述が史料にいくらかあったとしても、同じ史料を注意深く読むことによってそれらはきっぱりと否定される。こうした見方が正しくないことは、議論の余地のない歴史的事実をちょっと検討するだけで示される。こうしたものは結局、「バルバロイ」という古代ギリシャ・ローマの考え、あるいは空想の構成要素がほとんど変わることなく、そのまま伝わってきたものだ。都市部の中央ユーラシア人は「生まれながらの商人」ではなく、農村の中央ユーラシア人は「生まれながらの農民」だったのではないのと同様に牧畜遊牧の中央ユーラシア人は「生まれながらの戦士」ではなかった。遊牧民の国家も定住民の国家もどちらも複合的社会であった。前者のタイプの国家の遊牧地域では一般的にほとんどの人々が騎馬と狩猟に熟練しており、非遊牧民はそのことにいつも強い印象を受け、繰り返しそれに言及しているが、はるかに人口が多く豊かな周辺の定住民の社会にはもっぱら戦争のために訓練を受けた職業軍人が非常に多く含まれていた。これにより、ほとんどの戦いで彼らは中央ユーラシア人より有利であった。

遊牧民はまた貧しくなかった。正確に言えば、豊かな遊牧民もいれば貧しい遊牧民もおり、そしてほとんどがその中間で、それは他の文化地域とまったく同じだったが、一般の遊牧民は、周辺の農耕地域の同レベルの人々が奴隷であったり奴隷同然に扱われていたのと比較すると、全ての点で彼らよりよい暮らしをしていた。遊牧民はどんな相手であっても周辺の人々と交易をしたいと強く思っていたが、暴力や侮辱行為を受けると、一般に手荒い反応をした。しかし、それはどこにおいてもほとんどの人に見られるものであった。中でも最大の神話、中央ユーラシアの人々は周辺国家にとって非常に深刻な軍事的脅威だったというのは全くの作り話である。要するに、中央ユーラシアも中央ユーラシア史も「バルバロイ」という空想や、エピローグで詳細に述べるような、表に現れていないその現代版ともまったく関係がない。

中央ユーラシアの歴史はいくつかの異なる生活様式を実践する多くのさまざまな人々に関係している。中央ユーラシアのそれぞれの文化は、世界の他の地域とまったく同じように、異なった個性を持つ無数の個人から構成されていた。中央ユーラシア人は強い者・弱い者、理知的な者・不道徳な者、そしてそれらの中間の人々がいて、他の地域や文化圏に属する人たちとまったく同じであった。中央ユーラシア人がどういう人々かということに関して言えるほとんど全てのことは、ユーラシアの他の全ての人にあてはまることだ。歴史を記述する上では、少なくとも中立であろうとすることが必要である。

では、「バルバロイ」はどうなのか。歴史的記録が中央ユーラシア人が「バルバロイ」でないことを実際に示しているなら、彼らは何者なのか。彼らは活力に満ち、創造性に富んだ人々であった。中央ユーラシアは、海から海へとユーラシア全域に広がって世界文明となったものの基盤を築いたインドヨーロッパ人の故地であった。中世の中央アジアは世界の経済、文化、学問の中心であり、中央アジア人のおかげで現代の科学、技術、芸術の基本的な要素が作られた。中央ユーラシア人は故国と家族と自分たちの生活様式をユーラシア周縁の諸民族の容赦ない侵略や無慈悲な侵入から守るために、勝算の薄い（実際には勝ち目のない）戦いに立ち向かっていたことを史料ははっきりと示している。結局、ほぼすべてを失うのだが、中央ユーラシア人は果敢《かかん》に戦った。そういうわけで本書は、周辺諸民族が中央ユーラシア人に勝利し、中央ユーラシアでは国家が崩壊して人々は極端に貧しく絶滅寸前まで弱体化しながらも、二十世紀の終わりに、ぎりぎりのところで奇跡的な復活をとげるという、大陸全体に及ぶ中央ユーラシア人と周辺諸民族の間の戦い[7]について扱うこととなる。

　遊牧民あるいは半遊牧民が作った国家によって支配された中央ユーラシアの歴史は独特の特質と結末があるのではないかと言いたい人も依然としているかもしれない。しかし、それは違う。数でまさる中央ユーラシアの国々の、拡張を続ける周辺諸国との戦いは、アメリカインディアンと、南北アメリカ大陸のほとんどの国で公然にせよ非公然にせよ虐殺を行なってきたヨーロッパ人たちと元植民地の属国、すなわちヨーロッパ系アメリカ諸国との戦いに類似していた。北米ではインディアンたちは自分たちの土地、部族、家族を守るために戦ったが、敗れた。とうもろこし畑は焼かれ、家族は皆殺しにされ、生き残ったわずかな者たちは荒れ果てた土地へ無理やり送られ、見殺しにされた。ほんの数十年前まで、インディアンたちは不法な虐殺の勝利者たちから「未開人」とばかにされていた。最終的に、彼らが消滅しかけたときに、勝利者の中に良心の呵責《かしゃく》を感じるものが現れ、インディアンたちの歴史的扱いが真実とは全く逆だったことを示した。二千年以上にわたる周辺民族によるひどい扱いに対する中央ユーラシア人の戦いがどういうものであったかについての認識が必要とされている。中央ユーラシアの戦士たちは「バルバロイ」ではなかった。彼らは英雄であり、叙事詩では不滅の名誉が歌われているのである。

1　中央ユーラシアについての別の用語と、「中央ユーラシア」の今日の用法と意味については、後註3を見よ。

2　東南アジアは、本書ではあまり論じられていないが、通常は南アジアか東アジアの延長として扱われる。しかし、アラビア半島がそうであるように、それ自体が分割された地域である。西ヨーロッパや東北アジア（通常、日本や朝鮮半島も含み、近世以前にはそこに満洲南部が加わる）と同様に、東南アジアは山、川、そして海によって地理的に分割される。私は地理的決定論を無条件に受け入れるわけでは全くないが、これらの地域の歴史的発展において、共通する多くのものをないと言うことは難しい。

3　Rolle (1989: 16–17) を見よ。

4　この地域は北ユーラシアと呼ばれるのが適切であるが、残念なことに、この用語は一部の人によって中央ユーラシアとほぼ同義に使われてきた。

5　都市住民のソグド人は「生まれながらの商人」であるというのは、資料では好んで使われているが、その考えも捨てる必要がある。近年の研究で（Grenet 2005; Moribe 2005 と de la Vaissière 2005a を参照）、ソグド人は中央ユーラシアの他の人々と同じように戦士であったということが明らかになっているのである。

6　これら全ての点の諸側面は、現代のある学者によって鋭く批判されたが、それらの考え方はまだ続いており、そのほとんどはさらにかなり批判される必要がある。

7　二分法は決してどこにおいても常に有効であるわけではなかった。いくつかの重要な例外はディ・コズモ（Di Cosmo 2002a）らによって論じられている。その要点は、長いユーラシア史において止められなかった動向は中央ユーラシアの領土の縮小と中央ユーラシア人の勢力や富の減少、そして数えきれないほどの事例における生命の喪失であるということである。

プロローグ　英雄とその友たち

Эртиин экн цагт һаргсн,
Тәк Зула хаани үлдл,
Таңсг Бумб хаани ач,
Үзң алдр хаани көвүн
Үйин өнчи Җаңһр билә.
Эркн хө мөстәдән
Догшн маңһст нутган дээлүлж,
Өнчн бийәр үлдгсн;
Һун оргч насндан,
Арнзл Зеердиннь үрә цагт
Көл өргж мордгсн,
Һурвн ик бәәрин ам эвдгсн,
Һульжң ик маңһс хааг номдан орулсн.

—Җаңһр

遠い昔に生まれた
野生馬のズラ・ハーンの後裔
すばらしきブンバ・ハーンの孫
名高きユズュン・ハーンの息子
一代の孤児ジャンガルであった。
早くも二歳になったとき
凶暴なマンガスに故郷を攻められ
孤児として残された。
三歳のとき
アランザル・ゼールデが三歳馬であったとき
脚を高く跨《また》がり
三つの大要塞を破壊し
無慈悲な大マンガス・ハーンを従えた。

『ジャンガル[1]』より

天の神は海の神の娘を身ごもらせ、男の子が生まれるという奇跡が起きた。

ところが、邪悪な王がその王子の父を殺し、母を奴隷とし、王子は生まれてすぐに孤児となって荒野に捨てられた。

しかし、そこで王子は野獣に害されるのではなく、育てられたのであった。彼は生き延び、賢くそして力強く育った。

この驚くべき子は宮廷に連れて来られ、王に息子のひとりのようにして養われた。

彼は強靭に育ち、騎馬の技術に長け、弓の達人となった。

才能に恵まれていたにもかかわらず彼は馬小屋で働かされた。敵がその王国を襲撃してきたとき、その馬小屋の少年は強力な弓で彼らを打ち負かした。彼の英雄としての評判はあまねく伝わった。

王とその息子たちは恐れ、息子たちは彼を殺害する策略を取るよう王を説得した。しかし、王子はやがて警告を受け、うまく逃げ出した。

彼は勇敢な若い戦士の友らを支持者として得、彼らはその不誠実な王を殺害し、女性たちを解放し、公正で豊かな王国を築いた。

吟遊詩人は王子とその盟友たちの物語を彼ら英雄自身に、そして他の王子や英雄たちの宮廷で、ずっと後の時代に至るまで詠じた。そうして彼らは不朽の名声を得たのである。

†中央ユーラシアの国家創設神話

＊＊＊

神話や伝説においては、事実かどうかは別として、中央ユーラシアの大王国の創設者たちは原史時代や歴史時代初期以来この英雄のモデルに従ってきた。青銅器時代のヒッタイト[2]と中国の周《しゅう》、古典時代のスキュタイ、ローマ、烏孫《うそん》、高句麗《こうくり》、中世のテュルクとモンゴル、ルネサンス末期から啓蒙時代のジューンガル[3]と満洲がそうである。

＊＊＊

商《しょう》[4]の時代、姜嫄《きょうげん》[5]は生贄《いけにえ》を捧げたので、もう子無しではなくなろう。後に彼女は天帝の足跡を踏み、身ごもり、后稷《こうしょく》を生んだ。

その子は狭い小道に置き去りにされたが、羊や牛が愛情をもって彼を守った。彼は広い森に棄てられたが、木こりたちが彼を助けた。彼は凍てつく氷の上に置かれたが、鳥たちが翼で彼を守った。その鳥たちが去った後、后稷は泣き出した。そのとき母親は彼が超自然的存在であることを知り、連れ戻して育てた。

彼は成長して帝堯《ていぎょう》に仕え、帝堯は彼に司馬《しば》を命じた。彼は豆、穀物、瓜を植えたが、すべて豊作だった。[6]彼は商の最後の邪悪な支配者を打倒し、周を建てた。[7]

＊＊＊

天の神の息子[8]はドニエプル川の神の娘の土地の近くで牛の番をしていた。彼は馬に草を食《は》ませて寝ていた。川の神の娘はその馬を盗み、馬を返すからという約束で彼を自分と寝させた。彼女には三人の息子が生まれた。

その三人の息子が成長したとき母親は夫の指示に従って夫の大弓を与えた。その弓を引くことのできるものが王になろう。三人とも試みたが、その弓を引くことができたのは一番下の息子だけであった。

天から黄金でできた三つのすばらしいものが落ちてきた。鋤《すき》と頸木《くびき》、刀、そして盃であった。三人ともその金でできたものを取ろうとした。一番上の息子が近づくと、それらは炎を吹き出し、取ることができなかった。二番目の息子にも同じことが起った。一番下の息子が近づいたときは何も起らずたやすく取ることができた。

従って、一番下の息子スキュテス[9]が王となり、人々は彼の名から自分たちをスキュタイ人と呼んだ。スキュタイ人はマッサゲタイの攻撃を受け、アラクセス川を渡ってキンメリアに逃れた。彼らはそこを故地とし、馬と弓の技能によって偉大な民となった。

＊＊＊

ヌミトルとアムリウスの兄弟は、トロイアの難民をイタリアに導いたアイネイアースの後裔であった。ヌミトルは正統な王であったが、アムリウスによって王位を奪われた。アムリウスはヌミトルの娘レア・シルウィアに、処女であることが義務づけられていたウェスタの巫女となることを強要し、ヌミトルの後継者を生むことがないようにした。しかし、ある晩、マールス神が訪れてレア・シルウィアを犯し、レア・シルウィアは美しい双子の男の子ロムルスとレムスを生んだ。アムリウスはレア・シルウィアを投獄し、その双子を殺すよう命じた。

彼らを遺棄するよう言われた召使いはその命令を実行できず、揺りかごに入れたままティベリス川のほとりに置いた。川の水があふれ、揺りかごは下流に流され、安全なところにたどり着いた。その双子は雌狼に養われ、鳥[10]に食べ物をもらっていたが、牧民が彼らを見つけ、家へ連れ帰った。牧民とその妻は彼らを自分たちの子として育てた。

彼らは強くたくましく育ち、狩りを行うことと家畜の群れを追うことに長《た》けていた。彼らが王宮に連れてこられたときアムリウスは彼らを殺そうとしたが、彼らは逃れ、抑圧されていた羊飼いらとともにその悪い王を殺した。ロムルスとレムスの祖父で正統性を持つ支配者であるヌミトルは再び王の座についた。

その後、新しい町を築くため、双子は支持者とともにそこを去った。町の位置を巡って彼らは口論し、それは戦いとなった。ロムルスとケレレスと呼ばれた彼の三百人の騎馬親衛隊はレムスを殺し、ロムルスはローマの円形都市を築いた[11]。

＊＊＊

トゥメン（*Tumen 頭曼[12]）は匈奴[13]の最初の支配者[14]で、東部草原に強大な国を建てた。トゥメンにはモトゥン（Mo-tun 冒頓）という息子があり、後継者であった。後にトゥメンはお気に入りの妻との間に息子ができ、モトゥン[15]を追放して新しく生まれた息子を皇太子にすることに成功した。彼はトクァル（*Tokʷar 月氏[16]）と条約を結び、習慣に従って、条約を保証するためにモトゥンを人質として彼らのもとに送った。モトゥンが到着した後、トゥメンはトクァルを攻撃した。トクァルは条約の取り決めに従ってモトゥンを処刑しようとしたが、モトゥンは最良の馬を一頭盗んで、故郷に逃げ帰った[17]。トゥメン[18]は彼の強さをたたえ、一万の騎兵の指揮官である万人長にした。

そして、モトゥンは騎兵の弓の訓練のために鏑矢《かぶらや》を作成した。彼は騎兵たちに自分に従うよう命じ「鏑矢が射るものに矢を放たない者は首をはねるぞ」と言った。彼らは狩りに出て、モトゥンは、言った通りに、自分が鏑矢で射たものを射なかった者の首を切り落とした。次に、彼は自分の愛馬に鏑矢を放った。何人かが恐れてそれを射なかったので、モトゥンはすぐに彼らの首をはねた。さらに、彼は自分の最愛の妻を射た。何人かは恐ろしくて矢を射ることはとてもできなかった。彼は同様にその者たちの首を切り落とした。彼は再び狩りに出て、王の愛馬を鏑矢で射た。すると、全員がそれに矢を放った。そのとき、モトゥンは騎兵の準備が整ったことを知った。彼は父と狩りに行き、父を鏑矢で射た。彼の兵士たちは鏑矢に続いてトゥメンに矢を放ち、殺した。そして、モトゥンは自分に従おうとしない者は役人も家族も処刑し、自身が王となった。[19]

＊＊＊

アシヴィン（*Aśvin 烏孫）とトクァル（*Tokʷar）はどちらも祁連《きれん》（「天」）山脈（現在の中央甘粛[20]）と敦煌《とんこう》の間に暮らしていた。アシヴィンは小さな国であった。トクァルは彼らの王を襲撃して殺害し、土地を奪った。アシヴィンの人々は匈奴に逃れた。新たに生まれたアシヴィンの王子はクンム（K'un-mu 昆莫）という称号を持っていたが、草原に連れ出されてそこに置き去りにされた。[21]狼が彼に乳を飲ませ、鳥が口に肉をくわえて[22]彼の脇をはばたいているのが目撃された。その男の子は超自然的存在であると考えられ、匈奴の王のもとに連れてこられた。王は彼をかわいがり、育てた。

クンムが大人になったとき、王は彼にアシヴィンの人民を与え、軍の最高司令官とした。クンムは多くの戦いで匈奴に勝利をもたらした。その時トクァルは匈奴に敗れ、西へ移動し、サカを襲撃した。

すると、サカは遠く南に移動し、トクァルはサカのいた地を占領した。クンムは強くなり、匈奴の王に自分の父の仇を討つ許可を求めた。そして彼は西へ遠征しトクァルを紀元前一三三〜一三二年[23]に打ち負かした。トクァルはさらに西と南に逃れ、バクトリアの地に入った。クンムは打ち負かしたトクァルによってサカが立ち退かされた土地に人民を落ち着かせ、軍はさらに強大になった。匈奴の王が死んだとき、クンムはその後継ぎとなることを拒否した。匈奴は選り抜きの兵士からなる軍隊を派遣してクンムを討とうとしたが失敗した。そのとき、以前に増して、匈奴はクンムが超自然的存在であると考えて、近づかなかった。[24]

＊＊＊

北のサクライ（*Saklai）[25]の地に奇跡の王子が生まれた。父は太陽神、母は川の神の娘であったが、国王はその子を獣に投げやった。しかし、豚や馬、そして野山の鳥が温めたので、死ななかった。[26]王はその子を殺すことができなかったので、母親に育てることを許可した。その王子は大きくなったとき馬飼いとして王に仕えるよう命じられた。彼は弓に優れ、テュメン（*Tümen）[27]という名をもらった。

王は、テュメンは国を乗っ取るかもしれず危険だ、と息子たちから警告を受けた。彼らはテュメンを殺そうと企んだが、テュメンの母親がそれを知らせ、彼は南方に逃れた。

彼は川に出たが、渡ることができず、弓で川をたたいて叫んだ。「我は太陽の息子で川の神の孫である。追っ手が迫ってきている。どのように渡ったらよいか」と。すると、ワニ[28]とスッポンが集まってきて橋を作った。テュメンが向こう岸に渡ったとき、彼らは散っていき、敵は追いつくことができなかった。

彼はオルトゥ（Ortu）を建てて首都とし、新しい王国を築いた。その領土は四方に分かれ、それぞれに一人の領主（*ka）がいた。[29]

＊＊＊

ペルシャはパルティア最後の支配者である悪の王アルダワーン（アルタバヌス五世）の治下にあった。パールスの総督パーバグは牛馬の世話をさせるために羊飼いのサーサーンを雇った。パーバグはその羊飼いが偉大なる王の中の王ダリウスの子孫であることを知らなかったが、ある晩、サーサーンの頭から太陽が輝き、全世界を照らしている夢を見た。そこで彼は自分の娘をサーサーンに嫁にやった。男の子が生まれ、その子はアルダフシェール（アルダシール）と名づけられ、パーバグは自分の子として育てた。

アルダフシェールは若いとき非常に賢く乗馬に長けていたのでアルダワーン王の知るところとなり、王子である自分の息子たちと一緒に宮廷で暮らすよう命じられた。しかし、アルダフシェールはアルダワーンの息子たちより乗馬も狩りもうまく、弓から放った一本の強い矢でロバをしとめた。このようなすばらしいことをしたのは誰かと王が聞くと、アルダフシェールは「私です」と答えた。しかし、皇太子は「いや、私です」と嘘をついた。アルダフシェールは怒って異議を申し立てた。このことで王はアルダフシェールをよく思わず、家畜小屋で馬や牛の世話をさせた。王は以来アルダフシェールを王子である息子たちと同等に扱うことはなくなった。

その後アルダフシェールは王のお気に入りの娘と出会い、密通した。一緒に計画を立ててアルダワーンの王宮から馬に乗って逃げた。王は軍とともに彼らを追ったが、追いつく前にアルダフシェールは海に到達し、逃れた。王は引き返し、アルダフシェールは敵から逃れることができた。[30] アルダフシェールは自らの軍を編成し、戦いでアルダワーンを殺した。その後、アルダフシェールは死んだ王の娘と結婚し、彼に代わって支配者となり、偉大なるサーサーン朝を設立した。[31]

＊＊＊

突厥の人々の祖先であった子どもは荒野に捨てられ死ぬところであったが、雌狼に助けられ、育てられた。後にその狼はその男の子の子どもを身ごもり、西海を渡って敵から逃れて、トカラ人[32]の町のひとつコチョ（高昌）の北の山中の洞窟に入った。その最初のテュルク人たちはその後アルタイ山脈に移動し、スキュタイもそうであったように鉄工に優れた民として知られた。[33]

六世紀の中頃、トゥムン（*Tumïn）[34]を長とする突厥はアヴァールすなわち柔然《じゅうぜん》[35]に従属していた。アヴァールは起源は不詳だがその遊牧戦士王国は東部草原を支配していた。トゥムンは自らの力で大権力者となり、中国の拓跋魏《たくばつぎ》（北魏）と外交的・通商的なつながりを持つようになった。

敵の鉄勒がアヴァール帝国を脅かしたとき、トゥムンは兵を率いて攻撃した。彼は勝利し、鉄勒の民全てを支配下に置いた。[36]この勝利に力づけられてトゥムンは自分の価値の評価としてアヴァールに同盟を願い出た。それは、アヴァール・カガンの娘に結婚を申し入れることであった。

しかし、カガンのアナガイはその申し入れを断わった。彼はトゥムンのもとに使いを遣り、「汝は我の鍛冶奴隷だ。よくそんなことが言えたものだ」と言って戒めた。トゥムンは怒ってその使者を殺した。彼はアヴァールとの関係を断ち、代わりに中国と結婚による同盟関係を結ぶことに成功した。翌年トゥムンはアヴァールを攻撃して大戦に勝利した。アナガイは五五二年の春に自ら命を断ち、息子は中国に逃れた。[37]そしてトゥムンはカガンの称号を得た。

トゥムンはその後まもなくして死んだが、後継者たちは服従しないアヴァールを東は中国から西はコンスタンティノープルに至るまで[38]ユーラシアをくまなく追い、草原地帯全域の支配者となった。

＊＊＊

モンゴル人は天のさだめを受けた蒼き狼と雌鹿の子孫である。彼らは大海を渡り、安住の地に着いた。そこは山に囲まれた谷間で、そこで後のモンゴル人の祖先が生まれた。

十二世紀の東部草原ではモンゴルの部族長であるイェスゲイに非凡な男の子が生まれた。その子はテムジンといい、カブル・カンのひ孫に当たった。カブル・カンは華北の女真人《じょしん》と同盟を結んでいたタタル人に捕えられて殺された。イェスゲイは息子を自分が捕えたタタルの長の名を取ってテムジン(「鉄工」)と名づけた。テムジンがまだ子どものときイェスゲイはタタル人に殺された。イェスゲイの部民は血縁のタイチグート人に取られ、テムジンの母親と子どもたちは無一文の状態で残された。

彼らは貧しく、非常に困難な状況にあった。テムジンと兄弟たちはオノン河で魚を捕り、母親は葱《ねぎ》や林檎《りんご》など何でも子どもたちに食べさせるものを探して草原を歩き回った。そうして彼らは自らの力で生き延びて成長した。

テムジンの長としての資質はだんだんと人々の認識するところとなり、彼は四人の優れた戦士を私的な部下とした。彼は東部草原の部族を全てまとめあげ、チンギス・カン(「世界の支配者[39]」)と称された。彼はタタル族を征服し、女真族を打ち負かし、四方の民族を制圧しつづけた。

＊＊＊

英雄が人民のために成しとげたこれらの事業が事実でないとは誰にも言えない。中国の周王朝、ローマ帝国、烏孫王国、匈奴帝国はすべて歴史的事実で、高句麗、突厥、モンゴルなどの諸王国と同様である。これらの国々が実際どのようにして建てられたのかは長い歳月の間にはっきりしなくなってしまっており、伝説と歴史が融合している場合がほとんどである。モンゴル帝国の建国についての記述は時期的には比較的遅く多かれ少なかれ歴史的であるが、それでも伝説的・神話的要素が含まれており、それらは純粋に歴史的な出来事とともに事実として描かれているのである。だが、そこは重要ではない。重要なのは正しく生きている人々を抑圧し彼らの財産を奪った不法な大権力者が最後に倒され、それを打倒した人たちが民の英雄であったことである。

いずれの場合も被支配者はしばらくは征服者の不当な支配のもとに暮らし、臣下として彼らのために戦った。征服者の軍隊で戦うことによって被征服民は草原戦士としての生活様式を獲得した。彼らは支配者から「最初の物語」における理想的な英雄の姿を学んだ。「最初の物語」は同じぐらい古くて似た教訓を持った英雄叙事詩とともに国のあちこちでたき火を囲んで繰り返し異なるバージョンで歌われた。

被征服民は彼らを支配した権力者の草原での生活様式、軍事技術、政治文化、神話に完全に同化したあとで最終的には反逆した。うまくいった場合は彼らは物語に語られた理想のパターンに従って、自分たちの君主に取って代って草原の支配者となり、解放された。

支配されていた民族は、軍事行動が成功してその土地に権力を打ち立てることができると、今度は自らの王国の支配者となり、必然的に他の民族を支配下に入れることとなる。そして、全く同じように、それらの民族のうちの一つが支配者に仕え、彼らから学び、最終的には彼らを打倒するのである。このサイクルは少なくとも紀元前十七世紀のヒッタイト帝国の建国のころに始まった。中央ユーラシアではそれを歴史的に約二千年間にわたってたどることができる。紀元前七世紀に建国された草原地帯における最初の強大で組織化された国であるスキュタイ帝国から近世のジューンガルと満洲に至るまでの期間である。

これらの伝説的な話は、それを伝える人々によってほとんど常に歴史として示されてきた。これは、中央ユーラシアに次から次へと現れた国家が「最初の物語」の考えをそこで規定されている国家形成のモデルによって具体化しようとした事実を立証する。

「最初の物語」の本質的な要素は、実際の版では不完全だったりやや異なった順序で現れたりするが、ほぼ次のようである。

少女が天の霊もしくは神によって懐妊する。
正統な王は不当に退位させられる。
少女はすばらしい男の子を生む。
不正な王はその子を捨てるよう命じる。
その子は野獣に育てられ生き続ける。
その子は荒野で発見され、助けられる。
乗馬や弓に優れた男に成長する。
宮廷に連れてこられるが、従属的な地位にとどまる。
殺されそうになるが逃れる。
彼は誓いの戦士を従者として得る。
暴君を打ち倒して王国に再び正義を打ち立てる。
新たな町もしくは王朝を築く。

このように羅列して示される限りでは、これは枠組みの決まった民話であって、歴史ではないように見える。紀元前二千年紀の初めの人々がそのような話を実際の歴史、というか理想化された歴史、として信じていたということを現在の歴史学者を始めとする研究者たちが受け入れるのは難しいかもしれない。しかし、人間社会がイデオロギーや宗教的信念に基づいて広範囲にわたる行動を行うことがあるという説は中世研究者にとっては驚くことではないだろうし、二十世紀の終わりや二十一世紀の初めに生きる誰にとってもそうであろう。「最初の物語」における神話的信念は近世以前の中央ユーラシアの人々が共有していた文化的要素の集合体の一部で、原始インドヨーロッパ人にさかのぼる。その集合体をここでは中央ユーラシア文化複合体と呼ぶ。

†コミタートゥス

初期の中央ユーラシア文化複合体を構成する最も重要な要素は、社会政治的・宗教的な観点から言う理想の勇士としての支配者とそのコミタートゥスであった。コミタートゥスというのは命をかけて支配者を守ると誓った支配者の友らによる戦闘集団である。コミタートゥスの基本的な特徴と誓いは早くもスキュタイの時代にあったことが知られている。それを、スキュタイに関する古代の史料から中世の『モンゴル秘史』に至るまで見られる血盟の友の生涯にわたる誓いとはっきりと区別するのはむずかしい。ルキアノス（紀元二世紀）は登場人物のスキュタイ人トクサリスに次のように語らせている。

> 私たちの友情は、あなたたちのように酒を酌《く》み交わして結ばれるものでもなく、年齢がどうのとか隣人だったとかいうことを考慮して決められるものでもありません。私たちは勇猛果敢に行動

できる勇敢な男と出会うまで待ち、みなその男に目を向けるのです。私たちの友情とはあなたたちの求愛のようなものです。目的を達成できず断られて面目を失うのではなく、根気よく求め続け、常に付き添うことをいとわないのです。そしてついに受け入れられ、「共に生き、必要あらば互いのために死ぬ」という最も固い誓いの言葉によって誓約が結ばれるのです。その誓いは忠実に守られます。ひとたび友たちが血を指から盃にしたたらせ、彼らが自らの刀の先をそこに浸し、その血を共に飲めば、その瞬間から何ものも彼らを分つことはできないのです。[40]

コミタートゥスの中心メンバーは少数の戦士から成り、彼らは友[41]と呼ばれたりそう言及されたりした。チンギス・カンには四人いた。クビライ、ジェルメ、ジェベ、そしてスュベテイであり、ジャムカは彼らをチンギスの四匹の獰猛な狼ないし犬と呼んだ。コミタートゥスの戦士たちを狼や他の獰猛な動物と特徴付けるのは遥か原始インドヨーロッパの時代まで遡る。中核となるグループは、ふつう少数の男たち[42]であったが、彼らは主人が先に死ぬと彼に付き添うために殉死し（もしくは死を執行され）、ひとりひとり次の世界での戦いに備えて「完全武装」して葬られた。[43]コミタートゥス戦士は自発的に誓いを立て、その際に元々の自らの氏族や民族とのつながりを断った。[44]主人とは家族と同じかそれより親しくなり、主人の家に住み、誓いに対する見返りとして主人からふんだんな報酬を受けたのである。コミタートゥスは考古学的には墓において、歴史学的には中央ユーラシアの至る所にある文化的記述や初期の文学作品の中に実証される。最も有名なのはおそらくリグ・ヴェーダにおけるインドラの神格化されたコミタートゥスであるマルトの馬車戦士たちへの讃歌であろう。生き生きとした実例は、その主人とその友である戦士との語り合いの中に見られる。そこでは敵のアヒは蛇の怪物で、多くの中央ユーラシアの英雄叙事詩[45]のドラゴンである。

インドラは言う。

おお、マルト神群よ、アヒ退治のとき汝らは我と共に戦わず去って行った、あのとき汝らのあのいつもの本性はどこへ行っていたのか。我は実に荒々しく、強く、たくましい。我はいかなる敵の打撃をも物ともしなかった。


マルト神群は言う。

貴方は我らを友として共に多くを成した。同等の武勇を持って、おお、英雄よ。多くを成し遂げよう、おお、貴方はすこぶる強い、おお、インドラよ、我らマルト神群が望むいかなるものも。

［インドラは豪語し、さらに不満を言う。すると、マルト神群は彼を讃える。］

インドラは言う。

おお、マルト神群よ、汝の称讃で我は喜んだ、汝らが我のために詠んだ壮麗な讃歌、汝ら男が、我のために、インドラのために、喜ぶ英雄のために、我が友として汝らの友のために。


権力者とそのコミタートゥスは中央ユーラシアのあらゆる新興国家[46]の中核を形成した。中央アジアでは、典型的な支配者の完全なるコミタートゥスは、単なる総督程度の支配者のものでも何千もの戦士がおり、それを維持するにはとてつもなく金がかかった。中世には、自殺や儀礼的殺害を良しとしない世界宗教の受け入れとともにコミタートゥスも支配の概念も少しずつ変化したが、その他の点では中央ユーラシアが周辺勢力によって征服されるまで続いた。伝統的な英雄の理想像としての権力者とそのコミタートゥスは吟遊詩人が叙事詩を詠じたり歌ったりすることによって讃えられた。そのような叙事詩には「ベーオウルフ」、「ジャンガル」、「マナス」、「ケサル」のようなものがあり、書かれた文学や口承による文学として現在まで保存されてきた。その伝統は何世紀も前に本来の中央ユーラシアを離れた人々の間でも保たれて来た。フンの王アッティラやシャルルマーニュは吟遊詩人によって讃えられ、英雄叙事詩の定期的な詠唱を支援した。

コミタートゥスは直接的・間接的に史料に実証され、ヒッタイト、アケメネス朝ペルシャ[47]、スキュタイ、ホラズム・シャー朝[48]、匈奴、古代と中世初期のゲルマン系諸民族、サーサーン朝ペルシャ[49]、フン[50]、エフタル[51]、高句麗、王朝期初めの日本[52]、テュルク系諸民族（少なくとも突厥、ハザール[53]、ウイグル）、ソグド、チベット、スラブ[54]、契丹[55]、モンゴル[56]、その他[57]の記述に見られる。東ローマ帝国、中国[58]、アラブでも導入された時期があった。特にアラブではそれをイスラームに合わせ、近代初期までイスラーム文化の恒久的な特徴とした[59]。

中央ユーラシア文化複合体の初期においては、政府にではなく主人個人に忠誠を誓った護衛集団であるコミタートゥスの高度に訓練された戦士たちは、命をかけて主人を守ることを誓った。コミタートゥスの中核的メンバーは主人の盟友で、主人が先に死んだ場合は彼とともに葬られるべく、自害するか儀礼的に殺されるかした。周辺の諸文化の史料では繰り返しそのような記述がある。たとえば、イブン・ファドラーンはルーシ[60]として知られていたヴォルガ川の賊について次のように述べる。

ルーシの王の慣行のひとつは、王は自分の宮殿内に最も勇敢で信頼できる者のうち四百人を置いていることである。彼らは王が死ぬと死に、王のために殺される。

なぜこのようなことを喜んでする人がいるのだろうか。
それにはもっともな理由があった。主人は自身のコミタートゥス、特にその中核となる一団の友について、自分の家族のように扱い、自分の住居に住まわせ、財産を共有し、多くの富を与えることによって報いたのである。コミタートゥスに属する戦士たちは、彼らの社会において想像を絶するほどの富と名誉を与えられたが、それは一度きりではなく、主人に仕えている限り一生に何回も繰り返された。それは来世でも同様であった。[61] 彼らは金で刺繍《ししゅう》のほどこされた絹の服、宝石や真珠そして金の飾り物の付いた金糸織の布をまとい、主人とともに同じ宮殿の一角に住み、同じものを食べたり飲んだりしていた。[62] 主人にとって彼らは生きているときも死ぬときも連れであった。イブン・ファドラーンはハザールの君主について次のように言う。

彼が葬られたとき、彼を葬った者たちの首が切り落とされる。……彼の墓は「楽園」と呼ばれ、彼らは、王は楽園に入ったと言う。中の部屋はすべて金の織り込まれた絹の織物で敷き詰められている。[63]

死までの絶対的忠誠に対する報酬はコミタートゥスに属する者たちにとって当然のことであった。主人に対して忠実でない者たちに対する処罰もまた同様であった。

よその地の領主らが汝らの逃亡と誓約の不履行を知ったなら、
汝らの愛する故郷に喜びはなくなり、
汝らの農地は奪われ、人は孤独で土地もなくさまようだろう。

不名誉に生きるより死ぬ方がましだ。[64]

『モンゴル秘史』の話によれば、敗北したケレイト王はもはやコミタートゥス戦士に与えるべきうまい食べ物も金の服も高い地位も持たなかった。ある戦士は彼を棄て、代わりに勝者チンギス・カンのもとへ走った。チンギスは当然、自らの主人を棄てたような信用できない男は友（nöker ノケル）にはできないと言い、その男の処刑を命じた。[65]

初期のコミタートゥスのシステムについては複数の記述があり、そのメンバーについても言及がある。そのような記述は北海から日本海、亜北極からヒマラヤ山脈へ、つまり、中央ユーラシアの至る所で、少なくともヒッタイトの時代から中世に世界宗教を受け入れるまでの間の、記録を充分に持つ中央ユーラシアの民族すべてにある。それと対照的に、真のコミタートゥスは中央ユーラシアの民族以外では知られておらず、それを知らない人々はコミタートゥスについて驚きをもって記しているのが普通である。

コミタートゥスについて明確に記述した最初のもの（そしてコミタートゥスという語を最初にそれに用いたもの）は『ゲルマーニア』（紀元九八年完成）であった。そこでタキトゥスは西洋における初期のゲルマン系民族のコミタートゥスの基本的要素について記している。主人について、「名声も力も、精選された大勢の若い戦士たちに絶えず付き添われていることによって決まる。平和なときは名誉であり、戦いのときは防御である」と言う。コミタートゥスの組織については、内部に「階級」があり、メンバーについて「主人が倒れた後、生きて戦場を去ることは一生の不名誉で恥ずべきことである」と言う。また、「彼らは常に主人の気前のよさを求めていた」とも記している。[66] この説明はモンゴルのチンギス・カンのコミタートゥスについても同様に当てはまる。そこには少数のノケル、すなわち

「友」と呼ばれる中核グループと、チンギス・カンの晩年には一万を数えたケシグもしくはケシグテンと呼ばれる皇帝の大護衛団が中心の拡大コミタートゥスがあった。これはマルコ・ポーロによってかなり正確に記述され、そこには一万二千の騎兵からなるクビライのコミタートゥスは四つの単位に分けられ、各単位には「首領」がいたという付加情報がある。[67]

コミタートゥスはヨーロッパでは中世になってもかなりの間続いた。イングランドでは『ベーオウルフ』[68]にも出てくるが、そこではコミタートゥスの誓いと主人が同居している友たちに報酬として富を与えることについての言及がある。スカンディナビア[69]と草原地帯ではさらに長く続いた。

コミタートゥスに欠かせない要素のひとつは、主人の個人的な護衛団であるということである。戦士たちは昼も夜も主人のそばにおり、支配者のコミタートゥスの駐留地で国の首都であるオルド[70]の中心に建っていた主人のすばらしい金の大広間、[71]すなわちユルトのドアより離れることはなかった。

記述があってある程度知られているフン、テュルク、その他の中央ユーラシア諸民族のコミタートゥスが行なっていた具体的な日々の務めは、近世以前の草原の民族の中で最も詳しく知られているモンゴルのコミタートゥスのものと実質的には同じである。チンギス・カンのコミタートゥスは綿密に組織化されており、カン自身によって発せられる命令によって規律化されていた。

チンギス・カンは自身の軍隊を十進法で組織し、親衛隊（ケシグ）を作った。当初から構成されていたように、護衛は七十人の昼間の宿衛（トゥルガウード）、八十人の夜間の宿衛（ケブテウード）、千人を数える勇士（バアトゥル）の部隊からなっていた。ケシグは……カンのノケル[72]の中から採用され、……衛兵（ケシグテン）は同時にカンの身体の護衛者として、そしてカンの私的な世話をしカンの持ち物の管理をする奉公人として仕えた。後者の職においてケシグテンは侍従

> （チェルビ）、給仕（バウールチ）、箭筒士（コルチ）、門衛（エウーデンチ）、馬丁（アグタチ）として働いた。護衛はさらに、巫女や下位職の駱駝《らくだ》飼いや牛飼いの活動を監督し、カンの天幕、馬車、武器、楽器、カン位を象徴する品々の管理をし、カンのために食べ物・飲み物を用意し、……。そして、この護衛・家政の人員は、個人的なサービスならびに急速に増大する臣民、領土、経済的利益をチンギス・カンが管理するための仕組みを提供し、戦争であれ狩りであれどこへでもカンの伴をした。[73]

モンゴルのコミタートゥスに関して得られる詳しい情報によって中央ユーラシアのあまり知られていない民族の間で行われていたシステムについて推察することができる。[74]

コミタートゥスのシステムが古代中国と古代ギリシャの史料のあちこちに記述が見られることと中央ユーラシア全域に分布していることは、それが中央ユーラシア文化複合体の基本的特徴であったことを示している。プロコピオスはサーサーン朝ペルシャ帝国の北東の国境にいたエフタルについて次のように述べている。[75]

> さらに、富裕な国民は場合によっては二十人以上の友を自らに配する習慣があり、彼らはずっと宴会の伴となり、財産の分け前をもらい、この件に関して共通の権利を持っていた。そして、このような一団を集めた者が死んだときはそれらの人々はみな生きたまま彼とともに墓に入れられるのが習慣であった。[76]

初期のチベット帝国について中国史料には次のように書かれている。

主人と五、六人の「運命を共にする者たち」と呼ばれた臣下は互いに友人である。主人が死ぬと、彼らは自害して主人と一緒に埋葬され、主人の衣服、装身具、馬はすべて主人とともに葬られる。[77]

これらの記述内容は『モンゴル秘史』のテムジンとノケル（友）が「生涯を共にする」と誓った話を思い出させる。友情が中心であることは、そのシステムのよく知られたいくつかの変種の名称に現れている。例えば、スラブのドゥルジーナ「コミタートゥス」（ロシア語のドゥルク「友」とドゥルージバ「友情[78]」）、モンゴルのノケル（友、コミタートゥスの中核メンバー[79]）がある。同様に、マルワズィーは東部草原におけるウイグル帝国のカガンのコミタートゥスについて次のように書いている。

彼らの王はトグズ・カガンという名で、多くの兵士を持っている。昔から彼らの王には千人のチャーカルと四百人の若き女性がいた。チャーカルは王のところで一日三回食事をし、食後には飲み物が与えられていた。[80]

中国では、古典時代以降のギリシャ[81]と同様にコミタートゥスを持つ習慣がなかったが、中国の支配下に入った中央ユーラシア人たちはコミタートゥスを持ち続けた。唐の第二代皇帝太宗が死ぬと、太宗に負けて服従していたテュルク人の大将たち何人かが一緒に埋葬されるための自害の許可を求めた。許可はされなかったが、ひとりはそれを行なった。ソグドとテュルクの混血であった安禄山《あんろくさん》[82]は七五五年に唐に対して反乱を起し、もう少しで王朝を倒すところまで行った人物だが、トンラ（テュルク系）、タタブ（トゥングース系）、契丹（モンゴル系）の八千人の戦士からなる私的コミタートゥスを持っており、その戦士たちを本当の息子のように扱っていた。[83]

中央ユーラシア諸国家の支配者たちは、テュルクのカガンのような遊牧民であれ、ソグドの君主たちのような定住民であれ、ふつう何千ものチャーカル、すなわちコミタートゥス戦士を擁していた。[84]ただし、初期のゲルマン人のヨーロッパや初期のチベット帝国におけるように、相対的に少数の者のみが運命を共にする誓いによって団結していたのであろうと思われる。彼らの忠誠や献身[85]が続くかどうかは、彼らに栄誉を授け、頻繁に多くの財を与えるという契約を果たす主人によっていた。与えられる財は特に高価な絹の衣服や金の品々で、身につけたり簡単に持ち運びできる物であった。初期の中央ユーラシアの宮廷に関する記述は支配者の友らが着ているすばらしい絹織物[86]について言及している。

中国の僧、玄奘《げんじょう》は七世紀初めに中国から中央アジアを通ってインドまで旅をし、その詳細な記述を残したが、西突厥の名目上の支配者トゥン・ヤブグ・カガンが緑色のサテンの服を着、長い白の絹の布を頭につけていたと記している。彼の臣下「達官」は総勢二百人で、みな刺繡の入った絹の衣服をまとっていた。西突厥の宮廷を訪れた初期のビザンツ帝国のギリシャ人は彼らの金と絹の富について驚きをもって記述している。[87]

マルコ・ポーロはクビライ・カーンの一万二千人の護衛[88]に与えられた絹の衣服について記している。クビライはひとりひとりに十三の異なった色の衣服を与えた。それらの衣服は真珠や宝石などの装飾品で飾られており、ものすごい価値があるものであった……。その衣服は総計十五万六千着に上り、計り知れない額の財貨となっていた。[89]実際、それらの衣服を作るには百万ヤードの上質の絹に加えて膨大な量の金と宝石が必要であったに違いない。ほとんどではないにしても多くが金の織物で作られていた大量の服についてはモンゴルの宮廷を訪れた外国人のほとんど全員が言及している。[90]

それらの絹はみなどこから来たのであろうか。中央ユーラシア人は絹を手に入れるために、気の毒にも罪のない中国人、ペルシャ人、ギリシャ人を襲って略奪したという誤解が広まっている（この考えについての詳しい議論はエピローグを参照）。しかし、少なくとも漢王朝の時代以来、中国人は充分な数と質の馬を生産することができなかったため、馬を輸入しなければならなかった。唐王朝中期の初め、大帝国を築き維持するために再び馬が非常に不足し、大量に必要となった。中国史料には、テュルクと中国の間で馬と絹の取引に関する充分な資料があり、それによると、公的取引の量は大量で、二万頭以上の馬と百万反以上の生糸が取引されたという。中国の史家たちはめったにその相場を示すことはしていないが、例外はある。ほとんどの場合、公的な記録ではないが、金額が記されており、そこから輸入馬[91]の通常の金額は生糸二十五反から三十八反の間ぐらいであったことが知られる。その交易は中世初期の中国経済の重要な部分を構成し[92]、満洲人による征服によって東部草原全体ならびに他の馬の生産地（例えば、ココノール地域）が清帝国の支配下に入るまで重要であり続けた。要するに、匈奴の初期の時代[93]からモンゴル時代を経て満洲人による征服に至るまでの二千年間に中央ユーラシア人によって所有された絹の大部分は交易と徴税によって得られたものであり、戦争や強奪[94]によるものではないことが分かっている。

遊牧国家は平和を生み出し安全と輸送機関を提供することによって長距離交易を振興させるとふつう考えられる。しかし、実際は遊牧民の国家形成過程それ自体が貴金属、宝石、そして特に上質の布の需要を高め、交易を盛んにさせているのである。政治、特に帝国の政治はそのような商品無しでは不可能であった[95]。

中世に中央ユーラシア人が世界宗教に改宗した後は、中核的なコミタートゥスによる儀礼としての自害や処刑はだんだんとなくなっていったが、コミタートゥスの伝統は中央ユーラシア内において別の形で存続し、[96]メンバーに対する絹などの高価な品物の贈与は引き続き必要であった。

†イスラーム化したコミタートゥス

コミタートゥスは、アラブ帝国が近東で拡大を始めた当初からそこにもたらされた中央アジア的文化要素のひとつであった。ウバイド・アッラー・イブン・ズィヤードは中央アジア遠征軍を指揮した最初のアラブ人であるが、二千人のブハラ人射手のコミタートゥスを伴ってバスラに戻った。[97]彼の二番目の後継者サイード・イブン・ウスマーンはサマルカンドから貴族の子息である五十人の戦士を連れ帰ったが、メディナに住まわせたとき、彼らの美しい衣服を取り上げ、奴隷として扱った。彼らは主人を殺し、その後、コミタートゥスの誓いに忠実に従って自害した。[98]中央アジアで最も有名なアラブ人総督クタイバ・イブン・ムスリム・アル・バーヒリーは中央アジア人射手の大コミタートゥスを持っていた。「ソグディアナ諸王の息子たちから成るそのグループは主人を見捨てることを拒否し」、七一五年に彼が反乱を起こしたとき、彼のために死ぬまで戦った。[99]

そのアラブの様式は中央アジアから来たが、中央アジアではコミタートゥスの重要性がアラブ人と中国人の歴史家にもよく知られ認識されていた。中国史料は中央アジア人について「彼らは勇敢で強い者たちをチャーカルとして採る。チャーカルは中国語で言う「戦士」のようなものである」[100]と記している。サマルカンドのコミタートゥスについて玄奘は次のように言っている。「彼らは非常に多くのチャーカルを持っている。チャーカルである者は生まれつき勇敢で気性が荒い。彼らは死ぬことを故郷に帰ることのように考える。戦いでは立ち向かう敵がないほどである。[101]」

八世紀初頭の中央アジアの最も有名な支配者のひとりに、キッシュ（現在のシャフリ・サブズ）とナサフの王でアラブ侵攻の際に王位を失ったアル・イスカンドがいる。彼はコミタートゥスを伴って中央アジアを越えてアラブに対して少なくとも十年間軍事行動をとり、中国では「柘羯（チャーカル）の王」[102]として知られていた。七四一年にアラブの総督ナスル・イブン・サイヤールはアル・イスカンドとそのコミタートゥスを赦免し、故郷に帰ることを許した。翌年、ナスルは千人のチャーカルを得、彼らを武装させ、馬を与えた。[103]

中央アジアがアラブ・イスラーム世界に与えた影響は、七六二年に始まった新しい首都「平和の町」の完成後に中央ユーラシア人、すなわち「ホラーサーン人」からなるアッバース朝の大軍隊がバグダード周辺に住んだことによってさらに直接的なものとなった。ハーリド・イブン・バルマクの影響のもと、パルティアとサーサーン朝による中央アジアの円形王宮都市計画がモデルとして使われた。それはバグダードから南東約三〇キロにあるサーサーン朝のかつての首都クテシフォンと、もともとはサーサーン朝の王宮として中央アジアの都市バルフに建てられた仏教の僧院（ハーリドの実家）ナウバハールの計画であった。[104]その影響は、半世紀後にハールーン・アル・ラシードの息子たちの間の内乱でアル・マアムーンが勝利したときに強化された。アル・マアムーンの首都は中央アジアの都市マルウで、十年間そのイスラーム帝国の都となった。最終的に彼は中央アジア化した大勢の臣下とバグダードに戻ったが、そのときにコミタートゥスを伴っていた。中央アジアのアラブの総督の何人かは以前にそのような護衛集団を持ったことがあったが、それを行なったカリフとしてはアル・マアムーンが最初であった。中央アジアのチャーカルは、アラビア語化してシャーキリイヤ、後にはマムルークもしくはグラームと言われたが、支配者個人に忠誠を誓うという新しい形の帝国防衛隊を構成した。シャーキリイヤの前のアラブの兵士は、信用できない、プロフェッショナルではない、と見なされ、解任された。この政策はアル・マアムーンの継承者アル・ムウタスィム（在位八三三～八四二）に引き継がれたが、驚くべきことではない。後者はハールーン・アル・ラシードとソグド人の妻マーリダの息子で、カリフになるずっと以前から中央アジア人のコミタートゥスを持ち始めていたのである。[105]

アミールのアル・ハカム・イブン・ヒシャーム（在位七九六～八二二）はアル・マアムーンと同時代の人でスペインの後ウマイヤ朝の人物だが、アル・ハラス（護衛）として知られる外国人のコミタートゥスを持っていた。彼らはコルドバのキリスト教徒の西ゴート族の長でテオドゥルフの息子のコメス（伯爵）ラビーの指揮下にあった。したがって、その護衛はまさにコミタートゥスであった。西ゴート族は伝統的な古いゲルマンのコミタートゥスを持っており、護衛の戦士は命をかけて主人を護るという誓いを立てていたのである。[106]

中央ユーラシアのコミタートゥスの制度はマムルークもしくはグラームという制度としてイスラーム化され、それが伝統的なイスラーム国家の基本的特徴となり、いくつかの地域ではそのまま近代まで続いた。[107]

✝コミタートゥスと交易

コミタートゥスのメンバーに支払われる報酬は相当なものであった。金、銀、宝石、絹、金の貼られた鎧と武器、馬、その他の高価な品々で、多くの史料に如実に記されている。コミタートゥスのメンバーは大量の兵器と馬（二輪戦車がまだ戦争に使われていた初期の時代においてはそれも）とともに埋葬された。多くの財宝は死亡した主人の墓にも入れられた。墓の形態は地域や民族によっていろいろではあったが、一般的に大量の土で盛り上げられた塚であった。伝統的な中央ユーラシアの地域内では、スキュタイとそのすぐ以前の人々、アルタイ・天山地域のイラン人とテュルク人より前の人々、フン、メロヴィング朝のフランク人、テュルク人、チベット人、高句麗人、そしてモンゴル人の間でそのような墓が確認されている。本来の中央ユーラシアの外では、西北ヨーロッパのアングロ・サクソンなどのゲルマン人に加えて中国の商と中世以前の日本にもそのような墳墓が見つかっている。

富の中には戦い[108]や貢物[109]といったユーラシア全域において強国が目的を同じくして行なっていた方法によって獲得したものもあるが、その大部分は交易によって得られたものであった。交易は、他の地域の人たちが記しているように、古代から中世まで中央ユーラシア内部の経済の裏にある最も強い原動力であった。この商売は農産物や畜産物のローカルな取引から絹、香辛料、といったものの長距離交易までさまざまであった。

中央ユーラシアでは、「非都市住民」は都市近郊の肥沃な灌漑地域に住む農耕民と離れた草原地帯に住む遊牧民の両方を意味していた。農耕民は主に穀物と野菜を、遊牧民は主に肉、ミルク、羊毛などの畜産物を生産・消費していた[110]。その関係は経済的には中国の農耕・都市社会におけるものと同じであった。中国では都市住民も都市周辺の農耕地域住民もさらに離れた農耕のみの地域住民もほとんどの場合、民族言語学的にほぼ同一であった。中央ユーラシアが中国と違っているのは、末端の非都市住民である遊牧民は、都市国家の都市住民やそれと隣接の非都市住民とは民族言語学的に異なっているのがふつうであったことである。遊牧民は彼らのどちらとも交易を行ないその徴税によって緩い宗主権を行使していた。

従って、遊牧民にとっては自分たちの領土の中や近くにある中国諸都市は中央アジアの諸都市と同じように交易のために門戸が開かれていた、もしくは開かれているべきであったのである。記録された中国の歴史全体を通して、国境地域に住む中国人は遊牧民と喜んで交易を行なっていたが、国境地帯を中国の中央政府が支配するようになると交易がしばしば制約を受けた。重く課税されたり、まったく禁止されることもあったのである。予想される結果は、多くの場合、遊牧民による奇襲攻撃か完全な武力衝突で、その目的は（史料に何度も繰り返し記されているように）国境の交易都市を再び開放することであった。それらの都市は遊牧民から奪ったかつての放牧地に造られていたのである。[111] 中央ユーラシアの至る所において、遊牧民の周辺国との和平協定には常に何らかの交易権が含まれていた。

要するに、シルクロードは中央ユーラシア文化の中において、隔絶した、外から入ってきた要素ではなく、その経済の基本的な構成要素であったのである。さらに、国際的な交易を各地域の交易から分離したり、各地域を広大な地域にわたる文化交流から切り離すことは不可能に思われる。遊牧牧畜経済、農耕「オアシス」経済、中央アジアの都市経済、これらすべてがともにシルクロードを構成していたのである。その始まりと中央ユーラシア文化複合体の形成は四千年前のインドヨーロッパ人の移動までさかのぼる。

1　ここでカルムイクの民族叙事詩（編者名なし 1990: 10）から引用するにあたって、私は異常に長く文体的に変則的な第二行を除いた。その行は、おそらく厳格な仏教徒の読者の気持ちを和らげるために編集上加えたものであるようだ。

2　ヒッタイトの神話と他の民族の創設神話との類似点については後註4を見よ。ヒッタイトも制度化された護衛団を持っており、それはコミタートゥスであったようだ。以下を参照。

3　オイラトを構成する民族の多くは起源神話を持

つと言われているが、ジューンガルの起源神話は史料に残っていない。しかし、ジューンガル人とその同系のオイラト系の人々（その中でもっともよく知られているのはカルムイク人である）の民族的英雄であるジャンガルの叙事詩の初めの部分は「最初の物語」のひとつの版である。本章の見出し部分にある引用を見よ。

4　周がいつ商を征服したかについては議論があるが、現在は紀元前一〇四六年もしくは一〇四五年が学者の間で有力である。

5　「姜」（Chiang、新官話 jiāng）は、商王朝の主たる敵であった「羌」（Ch'iang、新官話 qiāng）と関係があると一般に考えられている。付録Bを見よ。私はふつう現代中国語の単語を最初は伝統的なウェード＝ジャイルズ式で声調符号無しに、次に拼音《ピンイン》で引用する。上記の語の最初のものはウェード＝ジャイルズ式で完全に転写するとchiang¹となろう。印刷するときの拼音のスタイルとしてjiâng を jiāng とするのがあるが、本書では他の多くに見られるように、通常スィルコンフレクス（ˆ）をマクロン（¯）と同じように使う。ただし、直接の引用と古代中国語の形式（マクロンは長さを表す）は別である。

6　農耕による豊穣の神としての創設者については、後註5を見よ。

7　ここに示した話は、『詩経』245「生民」の版（Legge 1935：465–472）と『論衡』の版（Yamada 1976：146）の二つを合わせたものである。

8　ヘーロドトスによるスキュタイの神々については後註6を見よ。

9　スキュタイやサカなど北イランの名称については付録Bを見よ。

10　具体的にキツツキであったと言われている。本文以下参照。

11　この概要は主にプルータルコスの（Perrin 1998：94 以降）長編によっているが、基本的な要素においては主たる別の版とリーウィウスの版（Foster 1988：56–57）と実質的には変わらない。リーウィウス（Foster 1988：56–57）に言及されているロムルスの騎兵護衛隊ケレレスは少なくとも起源的には確実にコミタートゥスであった。プルタルコスの最初の短い版における興味深い点は、邪悪な王の名前タルケティオス（Ταρχέτιος Tarchetius）である。それは、ヘーロドトスに出てくるスキュタイの起源神話における最初の支配者の伝説上の父親タルギタオス(Ταργιτάος Targitaus) と驚くほど似ており、偶然とは思えない。

12 「頭曼」T'ou-man、新官話 tóumàn＜中期中国語☆tau (Tak. 346–347; Pul. 311 ☆dəw) -☆man (Pul. 207) については後註10を見よ。

13 「匈奴」の古代中国語の発音については、後註51と52を見よ。

14 彼の匈奴の称号については、後註7を見よ。

15 Mo-tun という名称については、後註8を見よ。この話における英雄的な創設・支配者は Mo-tun であり、★Tumen（実際の創設者）ではないが、「最初の物語」の本質的な要素は、神聖に誕生して野に捨てられるというところ以外は全て存在している。

16 この民族の名前は中国語で「月氏（月支とも）」と書かれ、現代の官話で Yüeh-chih であるが、古代中国語では ★Tok^{w}ar ないし ★Tog^{w}ar と発音されていた。付録Bを見よ。ここでの版は『漢書』(94a: 3749) に従う。後註9を見よ。

17 この話の『史記』の版については、後註9を見よ。

18 トゥメン（★Tumen）という名称とその語源の諸案については後註10を見よ。

19 『漢書』(94a: 3749)。モトゥンのコミタートゥスと匈奴の埋葬の慣しについては後註11を見よ。

20 アシヴィン（★Aśvin）とその王の称号の読みについては付録Bを見よ。祁連山脈の中国語以外の名称が『史記』(Watson 1961, II: 268) にある。烏孫の起源神話については Golden (2006) が論じている。

21 これは『漢書』(61: 2691–2692) にある版であり、間違いなく正しい。『史記』(Watson 1961, II: 271; Di Cosmo 2002a: 176 参照) と『論衡』(Yamada 1976: 147) では、匈奴が攻撃者で、匈奴の王がその驚くべき子クンムを超自然的存在（神）と考え、養子とした。『史記』の版は全体の話の文脈において意味をなさない。Benjamin (2003) を参照。

22 この話はロムルスとレムスの話に非常に近い。関連の鳥については後註12を見よ。

23 Benjamin (2003)。

24 張騫の伝記（『漢書』61: 2691–2692）における彼の漢の武帝への報告に基づく。烏孫の起源神話については Golden (2006) で論じられている。

25 ★Saklai という名称の音写と漢文文献の校訂版が存在しないことについて、後註13を見よ。

26 この話の新しい版については後註14を見よ。

27 この名前の高句麗語の語源（おそらく民衆語源）については、後註15を見よ。

28 実証されるどの版にもここにワニは出てこないが、川を渡るモチーフである『古事記』の因幡《いなば》の白兎の話には助けてくれた動物としてワニが現れる。『竹書紀年』における類似の話にはワニとカメが現れる（Beckwith 2007a: 30–31）。朝鮮半島や日本列島にワニは生息していないが、ヨウスコウアリゲーター（Alligator sinensis）は華北原産で、かつてそこに広がっていた（後註16を参照）。その話の扶余高句麗版ではその知られていなかった川の動物であるワニを身近な存在の魚に変えたのは明らかだと思われる。ワニは、より古い共通日本高句麗語時代にさかのぼるであろう。その時代はひとつであった日本と高句麗の祖先が少なくとも南の黄河流域に住み、ワニを知っていた。

29 Beckwith (2007a: 29–30)。最も古い版は紀元一世紀の王充の『論衡』にあるテクストで、その次が『魏略』である。『魏略』は失われているが、紀元三世紀の『三国志』の注釈に引用されている。高句麗人自身によって書かれた最初の版は四一四年の広開土王碑に見られる。

30 アルダワーンより先に海に達していたことがなぜアルダフシェールの逃走の成功につながるのか、この原文は説明していない。この部分は、「最初の物語」のほとんどの版のある時点で現れる水に関連する要素（ふつう水の神や水上を渡ること）を反映しているのであろう。テュルクとモンゴルの水を渡る話については de Rachewiltz (2004: 231–233) を見よ。

31 Horne (1917, VII: 225–253)、Arkenberg (1998)、Grenet (2003)、Čunakovskij (1987)。

32 Golden (2006) によるテュルクの起源神話についての詳しい議論を見よ。Sinor (1982) も参照。いくつかの異なる神話が存在する。そのひとつでは、荒野で狼が双子を育てたというローマのロムルスとレムスの神話と全く同様に、最初の突厥人は狼に育てられた。（狼はその双子の父である戦いの神マールスにとって神聖な動物であった。）テュルクの版のひとつでは、狼は後に、西海を越えて、山の中の洞窟に逃げ、そこで「原始テュルク人」世代を生み、突厥は雌狼の子孫ということになった（『周書』50: 909）。その話のテュルク版とモンゴル版の関係について論じている de Rachewiltz (2004：231–233) を参照。突厥の軍旗には上に金の狼の頭がついており、突厥のコミタートゥス戦士はボリ（böri）「狼」と呼ばれていた。ギリシャと中国の史料ではどちらも突厥はサカの後裔であると言われるとしているが、それについては後註53を参照。私は Türk という綴りを特に初めの二つの突厥帝国の「王家の」テュルクのもとにほぼ統一された初期のテュルク系の人々に特定して言及するという習慣に従う。Turk という綴りは、突厥帝国の後の全てのテュルク人を含めて、テュルク系の民族、言語、その他全体を指す用語である。〔訳者註―訳では、基本的に Türk を「突厥」、Turk を「テュルク」としてある。〕

33 大規模な鉄の製錬、武器製造、そして鉄や金などの一般的な金属細工が行われたスキュタイの都市が発掘されたが、それについては Rolle (1989：119–121) を見よ。鉄は、よく知られた現在のクリヴォイ・ログの地域の鉄や鋼鉄の製錬に使われているのと同じ鉱床から得られた。

34 トゥムン（*Tumïn）という名前の古代テュルク語碑文における形ブムン（Bumïn）については、後註17を見よ。

35 アヴァールの漢文名の問題については、後註18を見よ。

36『周書』50: 908。

37『周書』50: 909。

38 ちょうどその頃にビザンツ帝国の東の国境に現れたアヴァールの残党はそこで保護を受けた。テュルク人がコンスタンティノープルに達したとき、テュルク人とビザンツのギリシャ人はすぐに友好的な関係になったが、その難民たちは引き渡されなかった。やがて彼らはパンノニア（現在のハンガリーの地域）に新しいカガン国を建て、それはシャルルマーニュのフランク人の軍に七九一年から八〇二年に破壊されるまで続いた（Szádeczky-Kardoss 1990：217–219）。

39 この称号については、後註83を見よ。

40 このルキアノスの節は Fowler and Fowler (1905) による。Rolle (1989：61–63) には血の兄弟の一杯を飲んでいる二人のスキュタイ人の発掘された肖像がある。彼らの慣行は初期のゲルマン諸民族の記述とかなり一致する。

41 モンゴル語で単数形 nökör、複数形 nököd。これに対するロシア語については、本章の註44を見よ。

42　しかし、完全なコミタートゥスは組織と階級、そして地域ごとに異なる慣行を有していた。中央アジアでは特に君主とともに埋葬された者の数が非常に多かった。

43　これは考古学的発掘物が充分に示している(Rolle 1989: 64 以降)。

44　これとは対照的に、正規軍は「民族」や氏族に従って組織された。このことに関しては、ウラディーミルツォフがモンゴルの組織を論じる中で最も明確にされた。そこでは дружина「コミタートゥス」のメンバーである дружинники「コミタートゥス戦士たち」というロシア語の用語が使われている。これらの用語はフランス語にそれぞれ la truste、les antrustions と訳されている(Vladimirtsov 1948: 110 以降、2002: 382 以降)。インドヨーロッパ語の「狼」については、EIEC 631-636 と Bruce Lincoln (1991: 131-137) の明解な分析を見よ。チンギスの四頭の「狼」についてはVladimirtsov (1948: 115-116; 2002: 386-387) を見よ。ウラディーミルツォフの扱いは彼の言うモンゴル封建制度についての自身の分析の一部をなす。理論的背景に不適切なところがあるが、本書で論じられているように、ヨーロッパ中世の封建制度との比較は適切なばかりでなく歴史的にも関連がある。モンゴルのコミタートゥスについてはオルセン(Allsen 1997: 52-55, 79, 103-104)が論じている。

45　巻1、讃歌 165 (Müller 1891: 180-181)。句読点の付け方を少し変えてある。

46　より大きな国や帝国を構成する下位の社会的単位を部族と多くの人は呼ぶが、近年、伝統的な部族という概念は近世以前の中央ユーラシアには適用できないという認識が強くなってきている。これらの下位単位に対する中国語の用語は「部」であり、古代チベット語の用語 sde と同様、「部分、下位区分」の意味である。Lindner (1982: 701) を見よ。これらの用語は使い方がラテン語の natio、複数形 nationes(これは近年多くの中央ユーラシア研究者によって使用されている)に近い。私は英語でそれに対応するいい用語を見つけられていない。何らかの用語を使用しなければならないとき、ほとんどの場合、私は people を用い、他の場合は nation を使った。〔訳者註―日本語訳においては著者のこの使い分け通りに訳を施しているわけではない。〕

47　アケメネス朝ではメディア人とペルシャ人の戦

士一万人から成る国王の精鋭護衛団がいた。彼らは「不死隊」と呼ばれ、「金糸織の衣服」を来ていた（Allsen 1997: 79）。同じ組織はサーサーン朝の時代にも存在したが、ふつう別の名前で呼ばれていた（Zakeri 1995: 77）。この後の本文を見よ。

48　紀元前三二八年にホラズムの王ファラスマネスは「千五百人の騎兵部隊を伴って」バクトリアにアレクサンドロス大王を訪ねた。これらの騎兵は確実に王のコミタートゥスであった。中世のホラズムの例も多くあり、その制度がその地で少なくとも千年間続いていたことを示している。

49　サーサーン朝のコミタートゥス存在に対する疑問については、後註19を見よ。

50　アッティラのコミタートゥスは、ギリシャ史料ではロガデス（λογάδες, logades）「選り抜かれた男たち」と呼ばれ、またエピテーデイオイ（ἐπιτήδειοι, epitedeioi）「親しい仲間」と呼ばれることもあった（Thompson 1996: 108, 179）。「アッティラの身体を守る」のがロガデスの仕事であり、「各自が一日の特定の時間帯に武器を持って自分の主人に付き添い、それによって主人と近づき言葉を交わすことができた。彼らはこの仕事をドゥーレイア（δουλεία, doyleia）「奴隷」と見なしていたが、それを非常に忠実に行うことができた……さらに彼らの間にある種の階級があったことが分かるが、それはオネーゲーシオスはアッティラの右側に、ベリフスは左側に……といった、主人とともに行う宴会のときに割り当てられた席によって示されている。ロガデスはアッティラにのみ忠誠を尽くしたが、それはもっぱらアッティラが……誰よりも多く物をくれたということによる（Thompson 1996: 181-182, 192）。」トンプソンは反フンの偏向を持っており、彼らの社会にコミタートゥスがいたことを明らかに認識していなかったが（言及しているところはない、少なくとも多く論じているロガデスとの関連においては言及していない）、彼の記述に見られるフンのコミタートゥスは中世の史料から知られる様式に近い点で注目に値する。

51　プロコピオスによる。以下を見よ。

52　第4章を見よ。

53　Golden (2001; 2002: 141; 2002–2003; 2004; 2006)。

54　Christian (1998: 342, 358, 363–364, 390)。

55　契丹とケレイトのコミタートゥスについては、後註20を見よ。

56　kešig は通常「近衛兵」、「私的護衛団」などと訳される。以下を参照。
57　上に記したように、例えば、ローマ人。
58　ビザンツと中国の事例については後註22を見よ。
59　コミタートゥス一般については Beckwith (1984a) を見よ。ソグドとテュルクのコミタートゥスがアラブに伝わったことについては de la Vaissière (2005a, 2007) を見よ。
60　Frye (2005: 70–71) は、訳においてこの名称のアラビア語の形「ルスィヤ (Rusiya)」を用いている。
61　コミタートゥスのメンバーに、特に絹、黄金、その他の贅沢品を授ける主人の多くの例については、Allsen (1997) を見よ。アル・タバリー (al-Ṭabarī) によるとテュルギシュの支配者は千五百人の部下一人一人に毎月「当時二十五ディルハムの価値のあった絹」(Allsen 1997: 55) を与えていたので、合計するとそれは一年間に四百五十万ディルハムであった。
62　タキトゥスは (Mattingly 1970: 113)「供される食べ物が質素でも彼らの食事は豊富で、給与の代わりとなっている」と言う。また、コミタートゥスのメンバーが高価な贈物を主人に繰り返し要求していたことについても記している。
63　Dunlop (1954: 112) における引用。立ち会った人たちの所見については後註21を見よ。
64　『ベーオウルフ』二八八六〜二八九一行 (Dobbie 1953: 89)、訳は Sullivan and Murphy (2004: 81, 2539–2543 行) による。
65　Allsen (1997: 53)。
66　Mattingly (1970: 112–113)。Hutton (1970: 151–152) を参照。
67　Latham (1958: 135)。オルセン (Allsen 1997) は、マルコ・ポーロの記述を完全に裏付ける豊富な資料を引用している。ディ・コズモ (Di Cosmo 1999b: 18) は「一二〇三〜一二〇四年に制定されたケシクは、始め昼間の衛兵八十人、夜間の衛兵七十人からなっていた。」と記している。ヒッタイト以降、護衛隊を (いくつか区分がある中で) 一貫して昼間の護衛と夜間の護衛に区分するやり方が取られているのは興味深く、更なる研究に値する。
68　古英語でコミタートゥスは weored (綴りは他にもある)、より多くは gedryht と呼ばれている。これについては後註24を見よ。
69　スカンディナビアのコミタートゥスの用語に関

する詳細な検討と構造についてのひとつの分析についてはLindow (1976) を見よ。

70　モンゴル語の用語については、後註23で論じてある。

71　中世のさまざまな支配者の「黄金の屋根」ないし「黄金の屋根を持つ天幕（ユルト）」のよく知られた例について論じたものとして第6章の註29を見よ。

72　ここでは、オルセンの原文にある、モンゴル語のba'atur「英雄」の複数形ba'atud、同じくnöker もしくはnökör「友」の複数形nöködの形を少し変えてある。

73　Allsen (1994 : 343–344)。

74　これを念頭に置いて「王の護衛隊のためのヒッタイトの指示書（Hittite Instruction for the Royal Bodyguard）」（Güterbock and van den Hout 1991）として知られる文章を再検討することはヒッタイトの専門家にとって有益であろう。

75　彼はエフタルのことを「白フンと呼ばれるエフタル・フン」と言っている。しかし、エフタルはフンではなかったようだ。彼らの民族言語学上のつながりは知られていない。彼らの町のペルシャ語の名称を彼はΓοργώ Gorgô ゴルゴーと書いているが、その町はゴルガーン（Gorgân）で、「狼」という意味である。コミタートゥスのメンバーが狼と呼ばれていたことに関しては上記を見よ。

76　プロコピオス I, iii（Dewing 1914, I : 12–15）。

77　『モンゴル秘史』についてはde Rachewiltz (2004) を、ゲルマンとスラブのコミタートゥスについてはLindow (1976) を見よ。

78　『新唐書』216a：6063、『旧唐書』196a：5220、『冊府元龜』961 : 15r–15v。Pelliot (1961 : 3, 81–82) を参照。さらにBeckwith (1984a : 34) を見よ。

79　コミタートゥスとそのメンバーを意味するスラブ系とゲルマン系の語の語源については、後註24を見よ。

80　Minorsky (1942 : 18)。

81　しかし、初期のローマ人は明らかにコミタートゥスを持っていた。それはケレレス（Celeres）と呼ばれ、ローマの初代の王ロムルスに常に付き添っていた三百人の騎兵隊であった。右記を見よ。

82　第6章を見よ。彼は孤児であったと言われ、どの民族だったかは養父母の民族に基づいている。従って、実際の民族的背景は知られていない。

83　安禄山のコミタートゥスの外来的な名称と中国における中央ユーラシアのチャーカルについては、後註25を見よ。

84　ソグド人、特に貴族階級の好戦的なエートスについてはGrenet (2005)を見よ。

85　『モンゴル秘史』はそれ自体は歴史ではないが、いくつかの種類があったと思われるそのような誓約で結ばれた中央ユーラシア人の原動力を知るための豊かな情報源である。

86　絹をまとうことに対して反対する中央ユーラシアの重臣（例えば、古代突厥碑文に出てくるトニュクク）による勧告もあり、それはテュルク人が絹の服を着ていたことを示している。例と文献についてはAllsen (1997)を見よ。

87　Blockley (1985: 115)。

88　完全なコミタートゥスの大部分を構成するケシグ（ないしケシグテン）「護衛隊」のメンバーがいた。その数はチンギス・カンの時代から増え続けた。

89　Latham (1958: 138, 140–141)。Allsen (1997: 19–20)を参照。

90　Allsen (1997: 16–26)にはさまざまな詳しい例が見られる。

91　テュルクの馬の質と価格についての史料編纂上の問題について、後註26を見よ。

92　Beckwith (1991)を見よ。Jagchid and Symons (1989)を参照。ただし、このテーマの議論は事実や解釈に多くの誤りがあり、残念である。

93　Hayashi (1984)。

94　モンゴル人が、絹（特に錦）などの高価な織物を獲得し、生産し、使用したことについて詳しくはAllsen (1997)を見よ。そこでは、モンゴル人が、彼らを含めた中央ユーラシア人が行なったであろうと一般に考えられている「強奪」という方法を用いたのではなく、事実上もっぱら徴税と交易により、それを強く促したという充分な証拠を示している。さらに詳しくは後註27とエピローグを見よ。

95　Allsen (1997: 104; cf. 103)。

96　西ヨーロッパではゲルマン系諸民族がローマ化（つまり「ヨーロッパ化」）するにつれて、コミタートゥスは次第に姿を消していった。スカンディナビアでの変化についてはLindow (1976)を見よ。スペインにおいて初期のムスリムによって西ゴート人のコミタートゥスが用いられたことについてはBeckwith (1984a: 40–41 n. 52)を見よ。

97　Ṭabarī ii: 170。Beckwith (1984a: 36)。
98　Beckwith (1984a: 36)。
99　Shaban (1970: 75)。
100　『新唐書』221b: 6244。
101　『大唐西域記』1: 871c。
102　『册府元龜』964: 20r。Chavannes（1903: 147）。
Beckwith（1984a: 37 および nn. 34 and 39）参照。
103　Ṭabarī ii: 1765。更なる例は Beckwith（1984a: 38) を参照。
104　ナウバハール（Nawbahâr）はサンスクリット語のナヴァ・ヴィハーラ（Nava Vihâra）「新しいヴィハーラ」のペルシャ語化した形である。この設計の学問的なことについては後註28を見よ。
105　de la Vaissière (2005a: 141) を見よ。
106　詳しい内容と文献については Beckwith（1984a: 40-41 n. 52) を見よ。
107　de la Vaissière (2005b) と Beckwith (1984a) を見よ。イスラーム化したコミタートゥスは西洋の学者によってほとんど例外なく誤解され、「奴隷兵士」制として言及され、「アラブの」制度と論じられている。この誤った見解の批判として Beckwith（1984a）と de la Vaissière (2005b, 2005c, 2007) を見よ。
108　戦利品の獲得は中央ユーラシアだけで行われていると多くの人が考えることのないように、例えば中国人やアラブ人が中央ユーラシア人に勝利したときの記録には首をはねた人間の数だけでなく（一般には指導者のみが捕えられ、後に放免されるか処刑されるかであった)、甲冑や特に牛、馬、羊など獲得した高価なものが常に記されていることを指摘しておかなければならない。牛、馬、羊などは百万頭を越えることもあったと言われている。これに関して学問的に扱ったものについては、後註29を見よ。
109　中国人やローマ人が他の人々に支払いを要求したとき、それはほとんどの歴史学者から「貢ぎ物」とか「徵税」と呼ばれるが、中央ユーラシア人が要求したときは「強奪」と言われる。
110　ハザールの経済については Noonan（1997）を見よ。
111　東方では最良の牧草地の多くは戦国時代に侵入し始めた中国人によって占領された。その領土は中国の要塞と草原を横切って築かれた長城（前から作られていた長城を繋ぎ合わせてまっすぐにした万里の長城も含む）によって保たれた。それらの長城は中国人を中央ユーラシア人から守るためではなく、中国が征服した中央ユーラシアの領土を保持するために作られたのである（Di Cosmo 2002a: 149–158）。つまり、それらは攻めの建造物であって、守りの建造物ではなかった。遊牧民はほとんど例外なく家畜と人々だけを戦利品としたという事実が示しているように（Hayashi 1984を参照）、遊牧民の中国人に対する急襲や戦闘行為は疑いなく大部分は奪われた牧草地から中国人を排除し、遊牧民による支配を回復するためであった。究極的に中国人は中央ユーラシア人の武力侵略の犠牲者で遊牧民は中国の絹などの生産物を貪欲に求める貧しさに喘ぐバルバロイであるという考えに基づいた見解は漢文史料に支持されないだけでなく、それと矛盾し、考古学的資料とも一致しない。同じことは、中央ユーラシアとユーラシア周辺部の境界地域の東から西まで当てはまる。さらにエピローグを見よ。

第1章　二輪馬車の戦士たち

युङ्गध्वं हय अरुषी रथे युङ्गध्वं रथेषु रोहितः ।
युङ्गध्वं हरी अजिरा धुरि वोळ्हवे वहिष्ठा धुरि वोळ्हवे ॥
उत सय वाज्य अरुषस तुविष्वणिर इह सम धायि दर्शतः ।
मा वो यामेषु मरुतश चिरं करत पर तं रथेषु चोदत ॥

赤い雌馬を二輪戦車に繋げ
　　二輪戦車に繋げ、血色のよいのを
二頭の黄色の駿馬を二輪戦車の轅《ながえ》に繋げ、
　　引きが一番のを轅に付けて引かせるのだ
そしてこの轟音を立てる赤い軍馬は
　　ただ称賛のために付けられたのではあるまい
汝らを遅れさせるなかれ、おお、マルト神群よ、
　　二輪戦車に乗って速く走らせるのだ
リグ・ヴェーダ[1]より

最初の中央ユーラシア人

中央ユーラシア文化複合体は四千年近くにわたってユーラシアの広い地域で優勢を誇った。それは歴史言語学の研究を通してしか知ることができない原始インドヨーロッパ人という人々の間で発展したものであった。彼らの故地がどこであったかについて確かなことが知られていないため、歴史言語学から得られた知見を利用してその故地や文化に関する仮説を立てようという試みが文化史研究のさまざまな分野においてなされてきた。ユーラシアで互いに遠く離れた地域に暮らすインドヨーロッパ系の人々の言語や文化に同じ単語が見られれば、それはその単語が表すものが彼らの祖先である原始インドヨーロッパ人から引き継がれたものであるということの証拠になる。考古学や歴史学の資料はもちろん、植物や動物などを表す語にも基づいて、原始インドヨーロッパ人の故地は中央ユーラシアで、具体的には、ウラル山脈南部、北カフカス、そして黒海の間の草原と森林の混在した地域であるとされている。[2]

約四千年前、インドヨーロッパ語を話す人たちはその故地から移動を始めた。彼らは紀元前第二千年紀の間にユーラシア大陸のほとんどの地域に広がり、それぞれの土地で土着の人々を支配し、彼らと混ざり合った結果、史料を通して知られるインドヨーロッパ人となった。

本来の中央ユーラシアからの彼らの移動にははっきりとした三つの段階があったようである。最初の移動、すなわち第一の波は紀元前第三千年紀の最後、そして第三の波は紀元前第二千年紀の終わりか紀元前第一千年紀の初めであるが、最も重要なのは紀元前十七世紀ごろに起った第二の波で、このとき、インドヨーロッパ語の話し手たちが中央ユーラシア内においてだけでなく、ヨーロッパの一部、近東、インド、そして中国に定住したのである。移住は組織的なものではなく、大量の人々の移動というより、個々の部族集団か、おそらくは戦士団から成るものであったであろう。はじめは隣国の傭兵として戦っていたにすぎなかったのが後になってその集団を乗っ取ったのだと思われる。インドヨーロッパ人たちはほぼ同じ言語を話していた。しかし、新しい地に落ち着いて、インドヨーロッパ語とは異なる言語を話す現地の女性を妻として一世代か二世代のうちにそれぞれの土地のクレオール語を発達させた。それがインドヨーロッパ語の新たな子孫言語となったのである。

紀元前第一千年紀の初めまでにユーラシアの多くの地域はインドヨーロッパ化され、残りの地域もほとんどがインドヨーロッパの文化と言語の非常に強い影響を受けていた。この千年にわたる移動は「中央ユーラシアによる最初のユーラシア征服」である。

✝インドヨーロッパ人の離散

原始インドヨーロッパ語[3]がまだひとつの言語だったとき、それは狭い地域で話されており、大きな方言差はほとんどもしくは全くなかったはずである。[4]インドヨーロッパ語から分岐した言語とその話し手が初めて史料に現れるのは約四千年前である。インドヨーロッパ語がそれよりもかなり前にいくつかの言語に分かれたとするのは言語学的に受け入れられないように思われる。古くの、そして今でも一般に信じられている説では、だいたい六千ないし七千年前にごくゆっくりとした内部変化によってその分岐が起ったとする。[5]「分岐してできた諸言語は最も古い資料においてもその違いが大きいことから、[紀元前]第四千年紀の初めを過ぎてからも原始インドヨーロッパ語が話されていたとはとても考えられない」というのである。[6]しかし、これでは世界で知られている何千もの言語すべての中でインドヨーロッパ語だけが言語変化の仕方という点で特殊なものとされてしまうことになるだろう。

このような考えはとうてい受け入れられない。これに対して、初期のインドヨーロッパ語学者たちは約四千年前の時代を想定していたが、[7] 彼らの考えは得られる資料（言語変化の類型を含めて）によって支持されているし、またインドヨーロッパ語学者のいくつかの説[8]に示された年代範囲の中で最も遅いものに対応するのである。

インドヨーロッパ人が故地を離れたとき、異なった部族の間で方言的な違いはまだごくわずかであったと思われる。[9] 彼らの離散、すなわち中央ユーラシアの故地付近からの移動は、その途中で獲得した言語的・文化的特徴に基づいて、ある程度まで再現することができる。また、それ以外にも、古代近東の初期の史料や史料の存在する時代における中央ユーラシアおよびその周辺の民族言語学的変化の類型、さらに他の民族との間の征服・被征服に言及した古代インドや古代イランの伝説も考慮することによってそれは可能である。以下に示すその再構築は、言語的事実が他のデータと矛盾しないようにして試みたものである。[10]

まず、インドヨーロッパ人はやや北のほうから移動して[11]インドヨーロッパ語とは異なる言語を話す人たちが住むカフカスや黒海の地域まで広がった。さらに移動を続けていちばん遠くまで行ったのがトカラ人とアナトリア人の祖先である。彼らはグループAの特徴を持つ。[12] 中央ユーラシアを出た人々の第一波と呼べるグループの中で知られているのは彼らのみである。彼らはそれぞれ、タリム盆地東部とアナトリア高原に、紀元前第三千年紀の末期か第二千年紀の初めと紀元前十九世紀にいたことが実証されている。[13] 原始インドヨーロッパ人は馬車を持っていたことが知られているが、第一波が故郷の中心部を離れたのは、戦闘用の二輪馬車そのものが発達する以前か、インドヨーロッパ人が二輪馬車を戦いの道具として使用することを学ぶ前であったと思われる。[14]

インドヨーロッパ人は新しい土地に落ち着いた。明らかに征服による場合もあったが（例えばギリシャ)、はじめは常に土着の人々を支配したわけではなく、傭兵としてその土地の人々に仕えたり、彼らの統治下に入ることも珍しくなかった。どちらにしても、インドヨーロッパ人の移住者たちはたいていが男であり、土地の女性と結婚し、現地の人たちと混ざり合い、独自の特徴を持つクレオール方言を発達させた。新しく生まれた方言のうち最も影響力の強かったのは原始インド・イラン語であり、その話し手であるインド・イラン人は非インドヨーロッパ系の人々から特有の信仰や宗教上のしきたりを取り入れ、言語の面で影響を受けたようである。この収束の地点はインドヨーロッパ語とは異なる言語を持つ人々による進んだバクトリア・マルギアナ文化[15]の地域で、現在のアフガニスタン北西部とトゥルクメニスタン南部を中心とした辺りであると次第に考えられるようになってきている。別のグループのインドヨーロッパ人はまた別の非インドヨーロッパの言語や文化の影響でまた異なった方言や信仰を発達させた。

原始インド・イラン人の方言と文化ができた後に、ギリシャ、イタリック、ゲルマン、アルメニアの方言話者とインド・イラン人の一部がインドヨーロッパ語とはかなり異なった音韻体系を持つ言語[16]の影響下に入った。それによって原始イラン語[17]から区別される原始インド語独自の特徴だけでなくグループBのかなり明確な特徴[18]が加わった。充分に長い年月が経ってグループBの言語的特徴が確立したとき、インド人とイラン人は敵対するようになったようである。グループBのインドヨーロッパ人も戦闘に使用できる二輪馬車を知るようになったか、グループAのヒッタイト人のように、すでにあった二輪馬車のような乗り物を戦いに使用することを学んだと思われる。ヒッタイトに二輪馬車に似た乗り物があったことはヒッタイトの本拠地の都市カネシュに考古学的な証拠(絵画)があるが、それは古代近東において最も古いものである。この武器によってインドヨーロッパ人は近隣の民より技術的に優位に立ったのである。[19]

イラン人はその後インド人を破り、彼らを中央ユーラシアの端まで追いやった。ステップ地帯とその周辺からの移住の第二の波はそのときに始まった。[20] それはグループBの方言を話すインド、ギリシャ、イタリック、ゲルマン、アルメニアの人々であった。このグループのインドヨーロッパ人は戦闘用二輪馬車を有していて、紀元前第二千年紀の中頃に彼らが周辺の文明地域に移住していったときに文化的そして民族言語的に革命的なインパクトを与えたのである。彼らは新たに征服した土地に落ち着いてその土地の女性を妻としたが、その非インドヨーロッパの言語や文化がインドヨーロッパ人に同じくらい革命的なインパクトを与え、再びインドヨーロッパ語の新たなクレオール[21]が生まれた。第二波においてはさらに二つのインドヨーロッパ系の民族が実際の歴史に記録された。それは、古代インド語を話していたミタンニ人とミュケーナイのギリシャ人であった。第二波は第一波よりもかなり大きなインパクトをユーラシア世界に与えた。

古代インド人とミュケーナイのギリシャ人は、どちらも同じような歴史的状況下で紀元前第二千年紀半ばの非常に早い時期の居住地（それぞれ上部メソポタミアとギリシャのエーゲ海地域）において初めて確認された。古代インド語の資料はインド語そのものであり、インド・イラン語ではなかった。ちょうどその時期にギリシャに現れた竪穴式墳墓文化はミュケーナイのギリシャ人のものと確認されたが、グループBの他の言語と比べてギリシャ語とインド語があるいくつかの点において特に類似していることは、それらがそれぞれの到達地に定住する少し前までいっしょに下位グループを形成していた可能性を暗示している。[22] しかし、グループBはそれぞれが定住したときには分裂していた。

第二波の時期は、イラン人が中央ユーラシアのステップ地帯全域を、そしてゲルマン人が温帯地域の中央ヨーロッパを支配したときに終わった。ゲルマン人はだいたいにおいて中央ユーラシア文化複合体を保持していたので、中央ユーラシア文化の地域を事実上拡大することとなった。[23]

最後に第三波、すなわちグループCが移住を行なった。中央ユーラシアの故地でグループBの人々の住んでいた地域の外側に残っていたケルト、バルト、スラブ、アルバニア、イランの人々である。[24] ケルト、アルバニア、スラブ、バルトの人々はイラン人から離れるように西、北西、そして北の方向に移動した。イラン人はそれでもなお拡大を続け、これらの人々を（特にケルト人とスラブ人を）支配しつづけた。それと同時に、イラン人はインド人を追って近東を越えてレヴァント（地中海東部の沿岸地帯）へ、イランを越えてインドへ、[25] そしておそらく東中央アジアを越えて中国へ移動したであろう。

伝統的な考えではインドヨーロッパ語はインドヨーロッパ人の故地において何千年紀もの間に現在われわれが実証的に知ることのできるいくつかの言語に分かれたとされているが、それは言語の変化として典型的なタイプのものとは考えられず、本質的に不可能である。近年それには異議が唱えられ、代わりに「ビッグバン」タイプの分岐が提案された。[26] それは後にテュルク系やモンゴル系の諸言語の広がりについて歴史的に実証されたものと同様の考えで、より可能性の高いものである。古い理論はまた次の事実によって本質的に反証された。すなわち、もしインドヨーロッパ語から直接分かれた子孫言語が移動の前に充分に発達していたなら、例えば初期のギリシャ語の形跡がイランやロシアに、ゲルマン語の痕跡がインドやイタリアに、トカラ語の形跡がギリシャやイランに、といったぐあいに存在しているであろう。しかし、そのような形跡は見当たらないのである。歴史的に実証されるかなり遅い時期の移動はともかくとして、アナトリア語はアナトリアでのみ、ギリシャ語はギリシャでのみ、トカラ語は東トルキスタンでのみ、ゲルマン語はヨーロッパ西北部でのみ、アルメニア語はアルメニアでのみ見つかっている、といったぐあいなのである。唯一の例外は古代インド語で、まず上部メソポタミアとレヴァントで、そして後にインドで見つかっている。イラン人がペルシャに拡大していったことによって古代インド語の話者が実証される二つの派に分かれたと仮定されているが、そうだとしてもインド語がヨーロッパとかユーラシア北部とかで話されていたという形跡はない。原始インドヨーロッパ語は中央ユーラシアの故地で話されていたが、そこから直接分れ出た実証される諸言語はそれぞれ別の実証された故地で話されていた。それらの言語はそれぞれの地に持ち込まれると、ほとんど瞬時にクレオール化したのである。ここで示したシナリオは、言語変化の類型、言語の発展と拡散の記録された歴史、そして分岐したインドヨーロッパ系諸言語について実際の実証された状況に一致する。

†クロライナ（楼蘭）の初期の人々

現在までに発見されている最も古いインドヨーロッパ人は直接には考古学的および古人類学的に知られるのみであり、発掘された遺跡の人々がどのような言語を話していたかを知ることはできない。まして方言についてはなおさらである。しかし、彼らは形質人類学的ならびに文化的な面で特定の特徴を有しており、その時点では歴史上他に知られている移住者もないため、彼らが歴史時代までそこに居続けたことは非常にはっきりしている。歴史的そして言語的な証拠により、そのインドヨーロッパ系の人々は原始トカラ人であるとされている。

原始トカラ人は白人種で、最も初期のミイラは紀元前二千年ごろのものであるが、タリム盆地東部のロプ・ノールの近くの古代のクロライナの辺りで非常に多く見つかっている。そこは中国以前の古代文化のあった地域のすぐ西に相当する。現在いちばん多く発見されている場所はケウリグル（Qäwrigul = qävrigul「墓の谷」）である。

そのミイラはウールの衣服（フエルトも織物もある）をまとっており、頭の脇に小麦の粒の入った籠、そしてヴェーダに出てくる酔いを引き起こす飲み物であるソーマ（イランのハオマ）の材料となったと思われる麻黄という植物の枝とともに葬られている。通常は遺体の顔に黄土が塗られていた。牛、羊、山羊、馬、駱駝《らくだ》といった家畜[27]の骨が残っており、それはクロライナの人々が野生の羊や鹿を狩ったり魚を捕ったりする以外に動物を飼育していたことを示している。[28]この文化的な集合体は初期のインドヨーロッパ人の特徴である。[29]

トカラ語ないしトカラ方言が古代の早い時期にクロライナとその近隣の地域で話されていたことはずっと以前から知られていた。この言語は長いことそこで話されつづけたので紀元三世紀のクロライナ地域のプラークリット文語に借用語が残った。その地域は、中国人によれば、月氏の故地であり、月氏は明らかにトカラ人と見なされる。トカラ語はアナトリア語と共通の特徴をいくつか持っている。アナトリア語はインドヨーロッパ語のグループAの言語のうちトカラ語以外に知られている唯一のものであり、実証される最も古いもので、紀元前十九世紀である。したがって、クロライナ地域に早くから住み着いた人々が原始トカラ語話者であったということはかなり確信を持って言うことができる。彼らは月氏として知られる人々であり、ギリシャ語資料に現れるトカロイ人と、それぞれ西トカラ語と東トカラ語を話したクチャとトゥルファン（高昌）の人々であることは確実とされている。[30]

✝アナトリア人

アナトリア人となったインドヨーロッパ語話者がその前はどこにいたかについてははっきりした考古学的な証拠がないために多くの議論がなされた。言語学的および歴史学的に最古の証拠は紀元前十九世紀のカネシュ[31]のアッシリア語の売買文書に残る固有名である。アナトリア人の中からインドヨーロッパ系の国ということが確実に分かっている最も古い国ヒッタイトが出た。ヒッタイトは、紀元前一六五〇年ごろ、[32]非インドヨーロッパ系のハッティ人の地に強大な国を建てて彼らに取って代わり、名前も借用した。[33]現存のヒッタイト語資料はほとんどが紀元前十四世紀から十三世紀に書かれたものであるが、中には紀元前十七世紀といった古い時代のものの写しもある。[34]

ヒッタイト人の移住の歴史は不明で、分かっている細かい事柄が示すことをもとに間接的に推察もしくは再現しなければならない。ヒッタイトが侵略軍として権力を握ったのでなかったことは確かである。つまり、外から直接征服したのではない。彼らは征服のときまでにハッティの地に長く住んで定住した土着の民となっていた。ヒッタイト人が初めてアナトリアに定住したときに二輪馬車を有していたかどうかははっきりしない。しかし、最も古い「近東の」二輪馬車のようなものの描写がヒッタイトの本拠地の町カネシュ[35]から出た印章に描かれており、それが彼らが二輪馬車を有していたことを示している。いずれにしても彼らは後にハッティを征服して自らの帝国を建てた際にはそれを持っており、使用したのである。「最初の物語」のモデルだけでなく古代から中世にかけて無数に見られる同様のケースに基づくと、侵略してくる他のインドヨーロッパ人のグループと戦わせるためにアナトリア人の中から中央ユーラシア型の戦士商人がハッティ王国に雇われ、その結果、王国に定住したということはあり得る。

ヒッタイトの支配者たちが文化的にハッティに同化したということを考えると、彼らはハッティの習慣や言語を学んで育ったにちがいない。しかし、インドヨーロッパ人として彼らは戦士商人の家父長制文化に属しており、自分たちを第一に父方の人間であると考えていた。彼らは自分たちの言語を保ち、自分たちの信仰や習慣の少なくともいくつかは失わなかった。ヒッタイトの王は十二人の戦士から成るメシェディという精鋭の護衛団を従えており、彼らは常に王に同行し、王を守った。[36]人数が少なく地位が非常に高いことから（隣のミタンニ王国における古代インド語を話すマリヤンヌのものに類似している)、事実上彼らは王のコミタートゥスであったと思われる。[37] ヒッタイトは、インドヨーロッパ的な英雄崇拝のエートスを持ち、異邦の支配者によって家畜と女性を不正にとられた抑圧された人間としての自分たちを哀れんでいたため、自分たちが不誠実な異邦の支配者に服従している身分であることに気付くのは時間の問題であった。彼らがそれに気づくだけの知識と手段を持ったとき、ハッティの支配者たちを屈服させ自分たちのリーダーを王として立てた。それは実際に存在したことが確認されている最初の王ハットゥシリ一世のときであった。ハットゥシリ一世は紀元前一六五〇年ごろにヒッタイト王国を建てたが、それは当時最も進んだ武器である戦闘用の二輪馬車[38]の使用によるところが大きい。二輪馬車はちょうどそのとき近東を越えて広まってきていた。[39]

ヒッタイトの国ができて初めてヒッタイト人は真にその国民として存在するようになった。ハッティ人の母から生まれ、親族もハッティ人の国民であった。彼らはシリアとメソポタミアを襲撃し、当時力のあった他の諸王国(エジプトを含む)と戦い、聖書に記された。

ヒッタイト人の文化はハッティ人や他の人々、特にミタンニ人(古代インド語を話す支配者層マリヤンヌ人も非インドヨーロッパ系の被支配者層フルリ人のどちらも)との混合によって根本的に変化した。ヒッタイトはメソポタミア北部からハットゥシャの東南にかけたミタンニ王国としばしば衝突した。ヒッタイト人は自らの言語を五世紀間にわたって何とか保持したが、紀元前十二世紀の初めの青銅器時代の末期に彼らの王国は動乱によって崩壊した。その動乱は、ほとんど素性の知られていない海の民によるものと伝統的には考えられている。海の民はレヴァントの多くの王国を侵略し崩壊させた。特にシリアとパレスチナであったが、エジプトとギリシャでも同様であった。[40] ヒッタイトの支配者層はカルケミシュの地でさらに何世代か生き続けたが、民族としてのヒッタイトは消滅した。[41] ヒッタイトの首都の石の記念碑ライオン門は現在でも中央アナトリアのハットゥサ遺跡[42]の入口に立っている。

†マリヤンヌ

第二波（グループB）のインドョーロッパ人でその存在の記録をはっきりと残した最初の人々はマリヤンヌとして知られている古代インド語を話す二輪馬車戦士である。彼らは北部メソポタミアと北部シリアに中心を持つミタンニのフルリ王国の支配者層を形成した。この王国の支配者たちは古代インド語の名前[43]を持っており、彼らの崇拝した神々の名前は古代インド語であったし、「二輪馬車戦士」を意味する彼らの名前マリヤンヌ（maryannu）の語根マリヤ（marya-）も古代インド語[44]、そして、二輪馬車、馬、馬の調教、その他の文化に関わる語も古代インド語である。ミタンニの文書はその土地の非インドョーロッパ語であるフルリ語で書かれている。フルリ語は侵入者の古代インド語に負けずに残ったのである。しかし、マリヤンヌは明らかにフルリ語ではなく少なくとも初めはインド語を話していた。従って、ミタンニ王国は起源的にはインド系である。[45]彼らがどのようにして王国を建て、インド語が話されなくなってからも名前や借用語に残るほど長くインド語を保ったのかは分からないが、彼らの民族言語学的起源について問題はない。ミタンニの初期の支配者たちは古代インド語を話していたに違いないし、彼らは二輪馬車戦士であったが、より相応《ふさわ》しい言い方をすれば、その古代インド語を話す支配者は二輪馬車戦士からなる大きなコミタートゥスを持っていた。[46]

さらに、彼らは二輪馬車とそれを使った戦闘の術、そして馬に関する知識をミタンニの地まで持ってきたに違いない。もしそのようなことがなく、そしてその土地の非インドョーロッパ系のフルリ人が二輪馬車を所有しその使い方を知っていたら、まずフルリ人はその古代インド系の侵略者に勝っていたであろう。次に、ミタンニの文書にはそれらのものについて古代インド語系の語を使っていなかったであろうし、支配者にも古代インド語の名前[47]を用いず、フルリ語の単語もしくは古代の近東の他の言葉を使用していたであろう。もしマリヤンヌが二輪馬車、馬、二輪馬車を用いた戦術をフルリ人から学んだのであれば、彼らはフルリ人の言語や文化にこのような形で影響することはなかったであろう。

逆もまた真である。もしマリヤンヌが二輪馬車、馬、二輪馬車を用いた戦術、馬の調教法、その他を上部メソポタミアの地に入るまで知らず、そこにやってきた後でフルリ人もしくは他の古代の近東の人々からそれらを学んだのであれば、キックリの著した有名な馬の調教書で使われているそれらの用語は非インドヨーロッパ語であったであろう。それは、フルリ語であったか、例えばアッシリア語といった別の古代の近東の言語であったろう。しかし、キックリの書では古代インド語の用語が使われており、それらはほとんどがインドヨーロッパ語から受け継いだもので、フルリ語や他の古代の近東の言語の単語ではない[48]。従って、元からその地にいた人々が二輪馬車を持っていたという説[49]は成り立たない。

同じように、ミタンニの資料にはドラビダ語、ムンダ語、その他のインド亜大陸の言語の単語も見られない。もしマリヤンヌがインド亜大陸から来たのであれば、彼らの言語では、古い時代にインドに存在していたことが知られている牛や穀物といった多くの文化的なものについてと同様に馬と二輪馬車についても非インドヨーロッパ系の単語が使われていたであろう。しかし、古代インド語はミタンニにおいてもインドにおいても文化語彙は同じで、インドヨーロッパ、すなわち中央ユーラシアに起源を持つ。

メソポタミアのインド語系の下位集団がインド亜大陸におけるインド語系の下位集団から出たということもその逆も可能性がないことから考えて、両者はともに古代インド語系の同一の祖先から出たに違いない。その祖先の領土は、南方に広がってイランに達したイラン人によって侵略されたはずである。インド語系の人々はそのときに二つの下位集団に分離されたままになったのであり、それについてはインドとイランの神話の比較研究に基づいて長く議論されてきた。[50]

ミタンニ王国は紀元前十六世紀の終わりに建国され、紀元前一三四〇年から一三二五年の間にヒッタイト王シュッピルリウマに打たれるまで独立の王国として続いた。ミタンニはその後まもなくヒッタイトの支配を抜け出したが、すぐにアッシリアの支配下に入った。王のシャットゥアラ二世は一二六五年頃ミタンニ国を再建しようとしたが、一二六〇年頃アッシリア王のサルマナサル一世（在位一二七三〜一二四四）に打ち負かされて王国を追われた。[51]

†北インド

古代インド語の話し手がインド北西部に移住したことの考古学的証拠は現在に至るまではっきりしていない。それにもかかわらず、古代インド語は他の地域からインドに入ってきたものであることは疑いなく、それはインド亜大陸の北西からである。その上、インドの地に出現した初期の古代インド語話者は彼らの子孫の最も古い伝説にはっきりと移住者として示されている。人種、言語、そして文化[52]において非インドヨーロッパ系である地元の人々を征服したというのである。このことは最も古いリグ・ヴェーダのテクストにおいて明確に記されており、インドの民族叙事詩のマハーバーラタのようにずっと後に編まれたものに引き継がれている。マハーバーラタでは特にいちばん古い中心をなす節[53]にそれが見られる。この初期の移住者は好戦的で、牛を飼い、馬に引かせた戦車に乗って戦い、高度に男性支配の社会を持っていた。彼らは、すなわち、インドヨーロッパ人であった。[54]

インドヨーロッパ人のインド征服はヴェーダに記されたもので終わりではない。それは何世紀にもわたって続き、古代インド語話者は彼らの言語と文化を北インドを通ってさらにその先へと広げた。

同時にインドの先住民は後から来た者に大きな影響を与え、彼らはありとあらゆる点で混合し、ついには独自の新たな混合文化を作り出した。[55]

†ミュケーナイ文明のギリシャ

原史時代のギリシャにおいてもっとも特筆すべき考古学上の出来事は、財宝で埋め尽くされた紀元前一六〇〇年ごろの巨大な墓が現れたことである。それは竪穴式墳墓として知られる。ミュケーナイの円形墓で見つかった武器、黄金の副葬品、その他の工芸品はギリシャではそれまでにまったく例を見ないもので、外来の文化的要素が入ってきたとしか説明のしようがない。言い換えれば、これらの考古学的物体[56]はミュケーナイのギリシャ人のものであることがはっきりと確認されており、彼らがもたらしたものである。ミュケーナイ人は、長いこと非インドヨーロッパ語の話し手が住んでいたギリシャのエーゲ海地域にやってきた最初のインドヨーロッパ人であったのである。このことはさらに言語の面からも補強される。言語学の示すところによれば、ミュケーナイのギリシャ語は後に古代ギリシャ語諸方言[57]として知られるもののどれよりも古いものである。書かれたもので最も古いのは紀元前十四世紀で、そのひとつにクレタ島のクノッソス宮殿の公文書がある。そこには多くの二輪馬車とその部品が記述され、列挙されている。さらに、戦車として使われた二輪馬車のミュケーナイ芸術の描画がミュケーナイで見つかっている。それは紀元前十六世紀から十五世紀のもので、[58]ミュケーナイ人がギリシャ征服の際に二輪馬車を使ったことは疑うことができない。

†黄河の谷

中央ユーラシア文化複合体の要素のうち、戦車として使用される二輪馬車などいくつかのものが紀元前十二世紀より少し前に中国に出現した。[59]商王朝末期の黄河北岸の首都安陽で発見された王家の墓の埋葬品には多くの二輪馬車とそれ用の馬が含まれ、馬車戦士と彼らの武器がいっしょに発見されることもよくある。それらの二輪馬車には車輪の輻がたくさんあり、古代の近東において典型的な四本や六本しかないものとは違っていた。[60]それらは同時期のカフカス[61]のものにきわめて類似している。そして、それらはステップ地帯によく見られる「北方」タイプのナイフとともに見つかることもよくある。[62]その二輪馬車は車輪付きの乗り物の先駆けとなるものが何もなかった中国の商王朝に北もしくは西北の地方からもたらされた文化財であることは現在受け入れられている。[63]二輪馬車とそれを引く馬、そして馬車に乗って弓を引いていたであろう若者[64]を武器とともに埋葬することは中央ユーラシア文化複合体に独特の特徴で、当時は明らかにまだインドヨーロッパにしかないものであった。そのような埋葬は商の遺跡ではよく見られるもので、高貴な貴族の埋葬と関連しているのが普通である。[65]すでに述べたように、古代から中世初期に至る中央ユーラシアの史料によって、コミタートゥスの戦士はその主人である貴族と自分たちの馬、武器、宝物といっしょに埋められたことが実証される。また、最初に書かれた中国語である甲骨文字の刻文が同じ頃に書かれはじめたということにも意味がある。甲骨文字と他の知られている文字体系の間に直接のつながりがあるようには思えないが、[66]二輪馬車を中国にもたらした、現在まだ確認されていないインドヨーロッパ系の人々が物を書くという発想も[67]もたらした可能性もある。

二輪馬車とコミタートゥスを伴った埋葬様式が中国にもたらされたことはひとえに中央ユーラシア人がそこに出現したことによる。「安陽の二輪馬車を伴う埋葬は紀元前十二世紀ごろから北方の人々との交流がかなりあったことを示すように思われる。それは、侵略ではなく領土をめぐる争いでもない。敵の二輪馬車をただ奪っただけでは、それを使い、保ち、再生する……という技術はもたらされなかったであろう。このはっきりと示された二輪馬車の出現は文化接触の出来事を知る手がかりで、これまで以上に注目されるに値する。[68]」当時の二輪馬車戦士で他に知られているものはすべてインドヨーロッパ人であり、ほとんどはグループBに属していた。従って、中国に来たのもインドヨーロッパ人であったにちがいない。黄河の谷の文化に侵入者がかなりのインパクトを与えたことを考えると、彼らは言語の面でも強い影響を与えたはずである。それは新たに取り入れられた工芸品や実用品を表すものに限定されない。これまでのところ、彼らの言語がどういうものであったか具体的に特定されているわけではないが、インドヨーロッパ語の中のまだ知られていない別の語派である可能性も充分にある。[69]

†周による商の征服

周王朝の神聖なる創設者である后稷《こうしょく》の伝説は中央ユーラシアの典型的な創設神話で、ローマ神話、烏孫（*Aśvin）神話、そして夫余高句麗神話とよく似ているが、最も崇高な中華王朝の起源がそのような外来の創設神話で描かれうるものであろうか。

周は中国の歴史を通じて最も理想的な王朝のモデルであるが、起源的には中国ではないと中国の学者によって昔から考えられている。それは驚くべきことかもしれないが、この考えはデータを吟味すればそう意外なものではない。周は当時の中国文化地域の西の境界から来た。后稷の母親の姜嫄は名前から見て姜族であった。姜は非中国系の民族で、商の主たる外敵である羌[70]と関係がある、もしくは羌そのものであるという可能性がより高いと一般的には考えられている。羌は商の時代において熟練した二輪馬車戦士であったことは明らかで、必然的に馬や車輪をよく知っていた。チベット・ビルマ系の言語で「馬」を表す語は究極的にはインドヨーロッパ起源であるが、そこから直接ではなく、古代中国語を通して借用された。[71] チベット語の「車」を意味する語[72]についても同様であることが示されている。これと他のいくつかの理由によって、初期の羌は（一般に考えられているような）チベット・ビルマ系の言語の話し手ではなく、インドヨーロッパ人であり、姜嫄はインドヨーロッパ起源の一族のひとりであったであろう。従って、姜嫄と周の系統の祖先であるその息子に関する中央ユーラシアの神話は結局のところ意外なものではないのである。

周の書記言語は主に金石文（宗教的儀式に使う青銅の器に刻まれた銘文）に残っているが、それは明らかに甲骨文字で書かれた商の言語から続くものであり、どちらも現代中国語につながることは確実である。中国語学者はいまだに伝統的な見方にとらわれており、中国語の発展において外部から重要な影響を被ったと見る余地はないと考えている。[73] しかし、これは正しくない。外からの影響がないとする立場とは相容れない数多くの証拠が特に考古学から出ており、後から入ってきた二輪馬車を持つインドヨーロッパ人が商の文化に強く影響し、商王朝（紀元前一五七〇～一〇四五頃）そのものの建国にも関与していたかもしれないのである。商の国は黄河渓谷のかなり小さな地域を占領しただけであった。そこは現在の河南省の北部と東部、山西省の東南部、山東省の西部に当たる。[74] そのような国は二輪馬車の戦車で武装した好戦的なインドヨーロッパ人によって簡単に支配されてしまったであろう。そういった政治的な出来事があったかどうか直接の証拠はないが、二輪馬車に乗った戦士たちが侵入し中国の物質文化に影響を与えたことは否定できない。

二輪馬車戦士が東アジアに現れたのは彼らがギリシャ（ヨーロッパ）、メソポタミア（近東、西南アジア）、インド北西部（南アジア）に現れたのとほぼ同時期である。[75] 東アジア以外のすべてのケースで彼らはインドヨーロッパ系の言語を話し、中央ユーラシア文化を有していた。東アジアの場合も、二輪馬車戦士はユーラシアの他の地域のインドヨーロッパ人と同じく中央ユーラシア文化を持っていたと思われる。従って、彼らもインドヨーロッパ系の言語を話していたはずである。

言語の面では、このインドヨーロッパ人の侵入の結果として二つの可能性がある。甲骨文字の銘文に見られる初期古代中国語はインドヨーロッパ的要素を含んだ非インドヨーロッパ系言語か非インドヨーロッパ的要素を持つインドヨーロッパ系の言語のどちらかである。[76] どちらの場合でも、青銅器銘文の言語、古典中国語、現代中国語、現代中国諸言語・諸方言は、初期古代中国語、すなわち甲骨文字銘文の言語の延長で、その初期古代中国語はすでに「中国語」であった。商の時代の甲骨文字銘文にすでにインドヨーロッパ的要素が数多く見られ、それらが明らかに原始インドヨーロッパ語と関連することは初期古代中国語に関する最近の言語学的研究が示しているところである。インドヨーロッパ語のどの語派であるかということはまだ特定されずはっきりとはしていないが、その言語は原始インドヨーロッパ語そのものに近い言語であった可能性がある。

現在のひとつの説[77]によれば、インドヨーロッパ人の二輪馬車戦士たちの小さな集団が傭兵として黄河渓谷中央部の中国文化が始まる以前の文化地域に入ったというのがいちばんあり得ることである。その集団はそこに残り、土地の人たちと結婚し、その結果、他のインドヨーロッパ系の諸言語とまったく同様に彼らの言語が現地の言語によってクレオール化された、もしくは、その土地の言語がインドヨーロッパ語によってクレオール化されたかそうでないとしてもかなりの影響を受けた（インドヨーロッパ系のミタンニのマリヤンヌの場合のように）。どちらの場合でも、その結果できた言語である初期古代中国語におけるインドヨーロッパ的要素は、包括的な意味での後期原始インドヨーロッパ語、原始インドヨーロッパ語から分かれ出た言語で知られているもの、原始インドヨーロッパ語から分かれ出てすでに独立の言語となっていたが知られていないもの、のいずれかに由来する。

中国語とチベット・ビルマ語が同系関係にあるという説、いわゆるシナ・チベット語族説は広く認められているが、最近それは両者が共通に継承してきたインドヨーロッパ系の語彙に基づいているのではないかという議論がなされている。[78] その語彙の一部は中国語を通してチベット・ビルマ語に入ったことが確実である。例えば、「馬」「車」「鉄」などは紀元前第二千年紀の初めに東アジアにもたらされたことが知られているが、それらの語はシナ・チベット語として扱われてきた。しかし、それらのもの自体が、ということはそれらを表す語も、それより何千年も前の仮説の言語である原始シナ・チベット語の時代に知られていたということはあり得ない上、それらの語形には古代中国語の影響が見られるのである。チベット・ビルマ語の中のインドヨーロッパ的要素には明らかに中国語を経由して入ったと思われるものもあるが、他の多くの場合は年代を考慮するとそのような経路を想定することは不可能ではないとしてもむずかしい。この問題については、インドヨーロッパ人の侵入によって、黄河渓谷の中国語になる以前の言語とだけでなく、さらに南西の方の原始チベット・ビルマ語の故地と推定される地において後にチベット・ビルマ語となる少なくともいくつかの言語との間でクレオールが形成されたとするのがいちばんの解決方法である。[79]

初期古代中国語が、最低限の特徴を保ったインドヨーロッパ語であるのか、また、最低限の特徴を保ったその地域の東アジア語であるのかは、言語学的研究のさらなる進展を待たなければならない。どちらの結果となるにせよ、インドヨーロッパ語とその話し手が、後に中国となったものに対して、そしてまた直接的にせよ間接的にせよチベット・ビルマ系の人々に対して大きな影響を与えたことは確かである。[80]

✝イラン人の中央ユーラシア征服

イラン人は中央アジア南部（現在のアフガニスタン）、イラン、メソポタミアに加えて中央ユーラシアの草原地帯も支配したが、その初期の歴史はほとんど分かっていない。原始インド・イラン語は、その話し手がアンドロノヴォ文化を作った人たちであることは考古学から分かっているが、それはグループBが他のインドヨーロッパ語の方言から地理的に分離する頃までに原始インド語と原始イラン語[81]に分岐した。従って、グループBの言語である古代インド語は本来の原始イラン語とはっきり区別される言語となった。それはインド語の話し手が南方へ移動するころまでに起ったグループBの分裂と関連する出来事だが、時期は紀元前一六〇〇年ごろであったにちがいない。もしこの頃にイラン人がインド人を打倒したとすると、彼らの敵と推定される者たちを南に追うのになぜそのように長い期間を要したかはっきりしない。

イランにおいてはイラン語を話す人たちが最終的にインド語の話し手に取って代わった。イランや近東の地域では、紀元前十二世紀ごろの青銅器時代の終わり以降にインド語話者がいたというさらなる直接の証拠はない。歴史学や言語学の面からの最も古い証拠も、中央ユーラシアの草原地帯と中央アジアの河川農耕地域の初期の人々がイラン語の話し手であったという考古学的な証拠をはっきりと支持している。

考古学者の間では一般的に紀元前第二千年紀の中央草原のアンドロノヴォ文化はインド・イラン人と結びつけて考えられている。これらの人々の文化は牧畜を基本としたものであっただろうが、そうだとしても、彼らは遊牧民ではなかった。彼らは定住家屋に住んでおり、最も初期の遊牧民が住んでいたような車やテントに暮らしていたのではなかった。紀元前十六世紀ごろまでにインド人とイラン人が分離したが、それはアンドロノヴォ文化から出た草原地帯のイラン人が発達させた騎馬遊牧の現れるずっと以前であった。[82]しかし、イラン系の人々が史料にはじめて現れるのは、ペルシャ人が紀元前八三五年、メディア人が紀元前八世紀であるが、それより以前から中央ユーラシア草原全域はイラン文化の地域となっていた。[83] 中央ユーラシアのイラン人は紀元前七世紀に初めて記録された。それはイラン語を話すメディア人が紀元前七世紀に一時スキュタイに従属したということと、スキュタイが東方から西部草原に移住したという考古学的に確かめられた出来事がギリシャや古代の近東の資料に記録されたときである。[84]

†馬と戦闘馬車とインドヨーロッパ人

考古学上最も古い二輪馬車は、中央ユーラシアのウラル・ヴォルガ南部草原地帯のシンタシュタ遺跡で残骸が見つかった紀元前二〇〇〇年頃のものである。[85] 実際に戦争に使われた馬車で歴史上知られている最も古いものは紀元前十七世紀半ばのものとされており、それはハットゥシリ一世（在位前一六五〇～一六二〇頃）治下のヒッタイトがアナトリアに王国を築く際に使用したものである。[86] ヒッタイトの東と南に接するミタンニ王国の馬車戦士で古代インド語を話すマリヤンヌは、戦闘用馬車の馬の調教にすぐれていた。同じ時代にヒッタイトの西隣りにいたミュケーナイのギリシャ人は、インドヨーロッパ人としては二番目に書き言葉を発達させた人たちであるが、戦闘に馬車を使用した。同様に、北西インドに侵入した古代インド語を話す人たちもおそらくこのころに戦闘用馬車を使用していた。これらの歴史的な出来事は偶然に起こったものではない。

戦闘用馬車は複雑で高度な機械である。それをうまく使うためには四つの不可分の要素が要求される。「馬車そのもの」、「高度に調教された家畜馬」、「馬車を操る御者」、そして「弓を射る射手」である。知られている最も初期の馬車戦士はすべてインドヨーロッパ人であったことから、御者と戦士は中央ユーラシアにその起源を持つ可能性が高いようだ。では、馬と二輪馬車はどこから来たのか。

馬は中央ユーラシア原産である。野生馬は更新世には南のパレスティナまで広がっていたが、その後、明らかに狩猟によって姿を消した。中国以前の文化があった地域の北の東部草原には野生馬であるプルジェヴァリスキー馬（モウコノウマ）がいたが、家畜化された馬とは遺伝的に異なっている。馬の家畜化は紀元前二千年頃までに行われており、それが具体的にいつであろうと、馬車を引かせる役畜として利用されるより前のことである。古代の近東では馬は二輪馬車とともに出現もしくは再出現したのであり、そこで家畜化されたとはまず考えられない[87]。また、ヒッタイト人、ミタンニ人、そしてミュケーナイ人が馬を使用していたことは実証されているが、馬が各地の支配者たちによって使われはじめたのはそれよりずっと後のことである。たとえば、エジプト新王国では戦闘用馬車はミタンニから入ったものであることが知られている[88]。保存されているエジプトの馬車に使われていた材料の研究によってエジプト人が南カフカスからそれを輸入していたことが確かめられている。

完成した形の戦闘用馬車は、西北方面から中国の商王朝に導入された。商はそれまで車というものを持っていなかった。導入は紀元前十二世紀頃まで、あるいは、もう少し早い時期であったかもしれない。というのは、これまでに発見されたいちばん古いものは紀元前十三世紀のもので、すでに細部にわたって商の装飾が全面に施されており、これは中国において文化的に適応するための時間があったことを示す。馬車は商の外敵との戦いにも使われた。馬車の馬は馬車に伴って入ってきたと考えられる[89]。家畜化された馬は人間と馬車とともに商王陵に葬られた。馬車を馬と御者とともに埋葬することは中央ユーラシア文化複合体に特有のものであり、その文化複合体は紀元前第二千年紀の終わりまでもっぱらインドヨーロッパ系のものであったと思われる。

家畜馬は紀元前二〇〇〇年までにアナトリアに、そしておそらく近東本土に現れただろう。それは、必然的に中央ユーラシア人がもたらしたものであった。しかし、それも紀元前十七世紀にインドヨーロッパの馬車戦士が完成された戦闘馬車をあやつって中央アナトリア（ヒッタイト人）、上部メソポタミア（ミタンニのマリヤンヌ）、ギリシャのエーゲ地方（ミュケーナイのギリシャ人）の既存の文化を掌握するまではほとんど見られなかった。古代の近東で「馬」を意味する語のほとんどはインドヨーロッパ系のある言語からの借用語である。時期的に早く、イラン人が中央ユーラシアの外に出現したのが実証されるずっと以前であることから考えると、その言語は古代インド語であるとしか考えられない。古代近東の非インドヨーロッパ系の諸王国で書かれたものは以下のことをはっきりと証拠立てる。すなわち、馬はその地域では長いこと希少で高価な輸入品であり、現地の人々は見せ物としてのスリリングな競技以外の目的で馬を扱う習慣はなかった。[90]

馬車についての明確な記述と描画で最も早いものは、弓を射るのに使う機械としてであって、王が誇示するための車としてではなかった。証拠となる信頼できる物証はどれも、馬車はどこにおいてもまず武器であり、パレードなど威信を誇示する活動に使われるようになるのは後になってからであるということを示している。[91] 書かれたものによる証拠も同様である。後には『イーリアス』におけるように戦士を戦場に運ぶために使われた記述もあるが、その場合でも戦争に使われていることに変わりはない。[92] 馬車は初めから狩猟にも使われたことは疑いない。それはおそらく御者と馬を戦いのために訓練する、そして訓練し続けさせる必要があったからであろう。中央ユーラシアのコンテクストにおける馬車に乗って行う狩猟、特に巻き狩り（grande battue）は、食糧を得るという重要な目的を果たしていたのであるが、戦争と全く同じように行われた。[93] もっとも、古代の中央ユーラシア人にとっては敵の人間への攻撃と動物への攻撃ははっきりと区別されるものではなかったようだ。

馬車の主な使用法が戦争の武器だということは英雄的特質が馬車戦士に与えられていること、そしてその逆のことの説明となる。パレードの乗り物を操ることは特別に英雄的なことでも何でもなかったであろう。また、支配権の純粋なシンボルであるものを王族以外の者、まして一般兵士が使用することを支配者が許すというのも想像しがたい。二輪馬車のレースは、馬車戦士たちが戦いのときのために馬車の操り方の練習をすることと、馬をいいコンディションに保ち戦場の混乱状態に戸惑わないように訓練することから自然に発達したものに違いない。

戦闘馬車

二輪馬車は、普通は二頭の馬に引かれ、御者と射手が乗った非常に軽い二輪のワゴンで、世界で最初の複合機械であると同時に技術的に進化した最初の武器である。[94]本物の二輪馬車は非常に軽く、片手で持ち上げられるほどであり、車輪はデリケートであるので車は長時間立てたままにはしておけず、使用しないときは高い車軸台に載せて縁が変形しないようにするか、車輪を取り外して本体とは別に保管しておくかしなければならない。[95]重いものや巨大なものを引っ張るのに使うことはできない。せいぜい二人しか乗せることはできず、[96]ひとりは常に御者でもうひとりはたいていは射手であったが、その二人がやっとである。したがって、二輪馬車は戦争、狩猟、そして後のパレード以外に実用的用途はなかった。

二輪馬車は速く走って乗っている者を高速で戦場に運ぶように設計されたので、それを高速で引くことのできる唯一の家畜である馬を使うようにできていた。騎馬戦という方法はまだ考えられていなかったので、敵にとっては、考えられないスピードで走りながら通り過ぎるときに人を殺す矢を放ち続ける戦士たちと対峙することほど恐ろしいことはなかった。これによって二輪馬車は当時の超強力兵器となったのである。

それに対して、さらに数千年前に発明された知られている最古の乗り物は信じられないほど重くて遅かった。四つの車輪は木の幹を輪切りにした中身の詰まった木材（明らかに、くりぬいていない木の幹を車軸装置として使用した加工品）であった。このような車は何頭かの牛に引かせるしかなかったので、牛が歩くよりもゆっくりで、人間が普通に歩くより遅かった。実際そういった車が役に立つのは重く大きなものを運ぶことだけであり、そのようにしてそれは現代まで使われて続けてきたのである。[97]

しかし、人間がその車の上から針路を取ることは権力を示していた。車は王の権力の象徴となり、王たちは装飾をこらした牛車に乗って民の前をゆっくりと荘厳に行進したのであった。古代の近東とその近隣の地域の他の民族はすぐに牛車を知り、それを作って同じように使用した。原始インドヨーロッパ人も牛をたくさん持っており、例外ではなかった。インドヨーロッパ世界では王室の牛車は中世まで王権のシンボルであり続けた。戦いに二輪馬車を使う敵の王から自分たちの王位を守るため支配者自身が戦士となって二輪馬車に乗って戦わなければならなくなったとき、支配者もまた二輪馬車戦士の英雄的特質を持つようになったが、それでもシンボルとしての機能においては二輪馬車が牛車に取って代わることはなかった。

ほとんどの状況証拠と同様に、物的ならびに言語的証拠も後期のインドヨーロッパ人が二輪馬車を考えだし完成させたことを示している。知られている最古の実際に戦争に使われた本物の二輪馬車は南カフカスの地域で発見されており、そこは知られている限り最も早く二輪馬車を戦いに使用したヒッタイトとミタンニの地のすぐ東である。[98] エジプト人は後期青銅器時代においても南カフカスから二輪馬車を輸入していた。二輪馬車が肥沃な三日月地帯の非インドヨーロッパの古代文明に起源を持っているとは到底考えられないが、いずれにしても馬を家畜化した人々と二輪馬車の発明者がどこのだれであるかは特別重要なことではない。重要なのはインドヨーロッパ人がそれらを組み合わせて、戦いに効果を発揮する二輪の戦車を作り出したことである。彼らは紀元前十七世紀から十五世紀までの間、それを携えてギリシャ、古代の近東、インド、中国に現れた。古代の近東にインドヨーロッパ人が出現する以前に他のどの地域においても馬に引かせた正真正銘の二輪馬車が戦いに使われたという証拠はない。

二輪馬車の戦士たち

インドヨーロッパ語を話す人たちが紀元前二〇〇〇年頃より前に中央ユーラシアの故地を出たと考える理由は何もない。移動は、始まったときそれぞれ単独で行われたのではない。ユーラシアでインドヨーロッパ語の子孫言語が話されるようになったところはすべて現生人類がすでに長い間暮らしてきていたところであることは考古学が示している。唯一の例外はタリム盆地で、そこはトカラ人として知られる人たちがたどり着いたところである。しかし、トカラ人は最終的にタリム地域に移動する前にまず途中の地域に移住したが、そこにはすでに他の民族が住んでいた。従って、知られている限りユーラシアの言語的・文化的に空白の地域に広がった初期のインドヨーロッパ人はいない。彼らは前から住んでいた人々と折り合っていかなければならなかったのである。

インドヨーロッパ人がユーラシアのどの地域においても正面から戦って侵略したという証拠は見つかっていない。その理由は、彼らが明らかにそのような方法で征服を成し遂げなかったからである。けれども、彼らはすべての人間がそうであるようにどの文化の者かは関係なく周囲の人々と戦った。そして、周辺民族との戦いにおいてそれまで戦争で使用したことのなかった新しい武器、二輪馬車を使ったのである。[99]

二輪馬車は非常に精巧で高度に調整された機械であったので、作製するにも購入するにも、馬と御者を訓練するにも、そして維持するにものすごく高価であった。使用する者は熟練していなければならなかった。第二波のインドヨーロッパ人は世界で初めて二輪馬車とその馬の維持・使用に熟練し、戦争で使うのに成功した最初の人々であった。古代の近東の非インドヨーロッパ人たちは馬を飼いならすことを知らず[100]、ましてやそれを二輪の乗り物に使うなどということは考えなかった。それについては、第二波の人々が古代の近東全域で戦いに二輪馬車を用いたときよりかなり後になるまで、さまざまな種類の書かれた証拠がある[101]。

しかし、古代の近東の諸王国は高度に組織化されており、多くは文字を持っていた。彼らは屈服して自分たちの領土にインドヨーロッパ人の移民を入れるようなことはしなかった。敵対し始めたとき、彼らは二輪馬車やそれを引かせるように特別に調教した馬、特別に訓練された御者、それに乗って戦うすべを知っている戦士を持っていなかったので、彼らがインドヨーロッパの二輪馬車戦士と戦う唯一の方法は彼らの一部を雇って自分たちのために他のインドヨーロッパ人と戦わせることであった。これによって馬と二輪馬車の専門知識をインドヨーロッパ人が占有する期間が延びることとなった。二輪馬車が中国に入ったことの一次的証拠は考古学的なものであるが[102]、まったく同じように行われたことは疑いない。

最終的には古代の近東の非インドヨーロッパ人も馬を育て調教したり、二輪馬車を作るまではいかなかったにしてもそれを使用する技能を獲得した（最も保存状態のよい青銅器時代の二輪馬車はエジプトの墓から見つかっているが、南カフカスの材料を使って作られているので、そこで作られたものであろう）。二輪馬車が戦争に使われたことを示す最も詳細できわめて保存状態のよい美術的描写は、ラムセス二世が紀元前一二七四年にシリアのカデシュの戦い[103]でヒッタイトを打破したと自ら宣言したことを祝って彫られたエジプトの壁面レリーフで、時代的には遅い。エジプト人は二輪馬車を獲得し、非エジプト人からその使い方を教わったことは確かである。同様にメソポタミアの人々も最終的に馬や二輪馬車に対する恐怖に打ち勝ち、それらを取り入れて戦いに使用した。それは後のアッシリアの壁面レリーフや他の美術的描写だけでなく歴史記述からも実証される。[104]

近東では、青銅器時代まで続く破壊活動に加わった海の民らが戦士が走りながら槍を投げて馬や二輪馬車やその御者を損傷させる戦法を獲得したときに、二輪馬車は戦争の道具としては廃れた。[105] それでも二輪馬車はレースには長く用いられた。戦争の際にも使われたが、一般にはその上から弓を射るためではなく、将軍たちや卓越した戦士たちといった指導者たちの威信を示すための乗り物としてであった。二輪馬車は事実上完全に騎馬に取って代わられたが、中世の後期まで中央ユーラシアのあちこちで皇帝の祭儀などの儀式に使われ続けた。実際には何百年も馬車を走らせたことがない場所においてさえそうであった。[106]

1 原文は http://www.sacred-texts.com/hin/rvsan/rv05056.htm の巻5、讃歌56より。

2 付録Aを見よ。

3 付録Aを見よ。

4 近年この必然性を理解しなくなってきていることとそれが暗示することについて、後註30を見よ。

5 例えば、Lehmann (1993) を見よ。マロリーとアダムズは「紀元前四〇〇〇年」(Mallory and Adams 2006：106）と「紀元前四五〇〇〜二五〇〇年頃」(Mallory and Adams 2006：449）を出している。どちらの著書も現地の非インドヨーロッパ諸言語がインドヨーロッパ諸言語に与えた影響を論じている。レーマン（Lehmann 1993：281–283）はクレオール化説に触れておらず他のところではそれに反対しているが（下記を見よ）、そこでの議論は実際はそれを支持するものとなっている。マロリーとアダムズ（Mallory and Adams 2006：463）は考察抜きでジョアンナ・ニコルズの研究を引用している。どちらも子孫言語の形成の誘因としてクレオール化を示唆していない。レーマン（Lehmann 1993：263）は「かつては言語学者と考古学者は方言や言語の変化を新しい人々が侵入してきたことが原因だとした……［紀元前］第五千年紀に民族集団はそのような大規模な変化を起す手段や人口を欠いていたということがやがてはっきりした」と言ってそれに暗に反対している。クレオール化説についてはGarrett (1999, 2006)、Beckwith (2006a, 2007c)、付録Ａも見よ。

6　Lehmann (1993: 266)。

7　紀元前第三千年紀の終わりを提示している（Lehmann 1993: 266）。

8　マロリーとアダムズ（Mallory and Adams 1997: 297–299）は主な提案について論じている。

9　Garrett（2006）とBeckwith（2006a）を見よ。地域方言、社会方言、その他の言語変異の側面の重要な歴史的影響について、Lehmann (1973)、Labov (1982) とその後の研究を見よ。

10　他の見解について論じたものとしてMallory (1989) とMallory and Adams (1997, 2006) を見よ。

11　ヴォルガ中流域はすでに一八九〇年にシュラーダーによって故地として示唆されている（Lehmann 1993: 279）。後註32を参照。

12　Hock (1999a: 13)。付録Ａも見よ。

13　付録ＡとBeckwith（2006a, 2007c）、そしてMair (1998) における研究を見よ。Barber（1999）とMallory and Mair (2000) を参照。タリム盆地での発見は原始インドヨーロッパ人と原始中国人の考古学的・歴史学的研究にとって革命的な重要性を持つもので、それについては多くの更なる学問的研究が必要である。

14　Hock (1999a: 12–13) を見よ。

15　この影響によりインド・イラン語が形成段階に入ったという説については後註33を見よ。

16　付録Ａを見よ。グループＢに特有の更なる形態音韻論的特徴（特に借用語）が見つけ出せれば、その異言語がどの言語であるか分かるかもしれない。ヴィツェル（Witzel 2003）はインド・イラン語におけるそのような借用語について論じている。

17　アヴェスターとインド・イランの問題については付録Ａを見よ。後註31と33を参照。

18　付録Ａを見よ。

19　Hock (1999a: 12–13) の論評を見よ。

20　我々に知られているのは、イラン人がインド語の話し手を、近東に移住した（もしくはすでに移住していた）西の集団とインドに移住した（もしくはすでに移住していた）東南の集団に分裂させたということだけである。Bryant (2001: 134) を参照。アヴェスターの文章はおそらくこのインド語とイラン語の話し手の複雑な相互作用の時代のものであろう。付録Aを見よ。古代のジューンガリアとその周辺のアシヴィン（*Asvin）すなわち烏孫の人々は東のインド語集団が残ったものであったかもしれない。付録Bを見よ。

21　付録Aを見よ。

22　グループBの分岐の後においても古代インド語（ヴェーダ語）とアヴェスター語が近いという伝統的な見解に従うと、そのグループの形成と分裂は非常に短い間に起ったとしなければならない。この問題は、アヴェスター語の誤った理解に基づいた妄想である。付録Aを見よ。インド語とイラン語の言語的に最も古い資料が非常に遅い時期に認められることは、理論に合わないことが多すぎるインド・イラン研究における多くの主要な問題のひとつである。

23　第二波の他の言語は、やや後に実証されるが、イタリック語（紀元前第一千年紀の初めから）、ゲルマン語（紀元前第一千年紀の終わり）、そしてアルメニア語（第一千年紀の初め）である。

24　ケルト語派とイラン語派は紀元前第一千年紀に実証され、スラブ語派は第一千年紀の半ばであるが、バルト語派とアルバニア語派は第二千年紀の後半になってやっと実証される。アルバニア語派の発達は特にはっきりしない。

25　「インド・アーリア人の移住論争」については Bryant (2001: 134) を参照。ほとんどの論争は言語学の無理解と言語学や歴史学とは無関係の政治的動機付けに基づいて行われている。インドでますます支持されている「インド・アーリア人土着」説（Bryant 1999, 2001）が科学的な言語研究から見て成立しないことについては、Hock (1999a) を見よ。

26　Nichols（1997a, 1997b）、Garrett（1999, 2006）、Beckwith (2006a)。

27　後期青銅器時代の西部草原の人々はスキュタイ人の前にいたキンメリア人を含めて、牛、羊、山羊、豚、そして馬を飼育していた。主要な家畜として牛に重点を置いていたことは、原始インドヨーロッパ人の社会状況の継続と考えられる。この重点の置かれ方は初期鉄器時代に劇的に変わり、草原の民が飼育する主な動物は羊と馬となった。ただ、森林地帯や森林ステップ地帯では豚が引き続き飼われており、飼い猫やロバがそれに加えられていた(Rolle 1989：100–101)。

28 Mallory and Mair (2000：138–139)。

29 中国地域の小麦の類、家畜羊、家畜馬は古生物学の研究から紀元前二〇〇〇年を過ぎて間もない頃に西方から入ってきたということが知られている。家畜馬の伝来については後註34を見よ。

30 付録Bを見よ。

31 CAH I.2：833。EIEC 13を参照。「カネシュ(現在のキュルテペ)の紀元前十九世紀以降のアッシリア語の文献にいくつかのヒッタイト語の単語(例えば、išhyuli「義務、契約」)」(Bryce 2005：13, 21以降)があり、それらは、「インドヨーロッパ語が第二千年紀の初めにはすでに中央アナトリアで話されていた」(Melchert 1995：2152)ことを示すと考えられている。ブライス(Bryce 2005：23)はカネシュの文献に「馬主の名前にPeruwa, Galulu, Saktanuwa, Suppiahsuといったアナトリア語の名前」が現れることに言及している。しかし、それらは実際はインドヨーロッパ語の話し手が紀元前十九世紀以前にそこにいたことを示すものではない。インドヨーロッパ人の最も早い証拠については後註35も見よ。

32 Bryce (2005：68)。

33 EIEC 15。彼らの元々の名前は知られていない。彼らの名前とクレオールとしての彼らの言語について後註36を見よ。

34 CAH I.2：831。知られている他のアナトリア諸言語(主に、ルウィ語、パラ語、リュディア語、リュキア語)はみなヒッタイト語より後に実証される。初期のアッシリア語の文献に現れる名前はルウィ語に特定されると言う人たちもいるが、そうとは思えない。

35 Drews (1988：94)。

36 Bryce (2002：21–23；cf. 2005：109)を見よ。ヒッタイトとスキュタイの埋葬習慣の類似性についてはRolle (1989：34)を見よ。

37 ヒッタイト学者による更なる研究によってこの問題は明らかにされるのではないかと思われる。

38 ヒッタイト語は「運搬用のくるま」などに対するインドヨーロッパ語の単語を持っていないようである。このことはその話し手はアナトリアに移住した後かその最中に初めて二輪馬車を獲得したことを示唆している。Hock (1999a：12)を参照。真の問題はヒッタイト語やヒッタイト人について未だ充分に分かっていないことだろう。

39 Drews (1993: 106; 2004: 49)。トロイア第六層の人々はアナトリア語の話し手で、また二輪馬車も使用していたと考えられてきた。「トロイア第六層を築いた人たちはアナトリア北西部に馬をもたらし、町が持続している間は（紀元前一七〇〇〜一二二五頃）馬車を引かせるためだけでなく食肉を得るためにも馬を飼育した（Drews 2004: 55）。中央ユーラシアの外での馬肉の消費は非常にまれであるので（古代の近東では実質上それはなかった）、そのことは馬肉を食べる人たちが中央ユーラシアから来たことを示唆する。Drews (2004: 44) を参照。

40 Bryce (2005: 333–340)、Drews (1993: 8–11)。Oren (2000) を参照。

41 Bryce (2005: 347–355)。アナトリアの他の人々はギリシャ・ローマの古典時代に入っても残っていたが、それにもかかわらずヒッタイトのようには知られていない。

42 もしくはハットゥシャ。アンカラ（以前のアンゴラ、古代のアンキュラ）の東約百五十キロの現在のボアズキョイ（ボアズカレ）の村。Bryce (2005: 43, 45, 84) の地図と写真を見よ。その町自体についての詳しい範囲についてはBryce (2002) を参照。

43 バーニー（Burney 2004: 204）は、「ミタンニの非フルリ系の一団は言語面での証拠からインド・アーリア系であったが、それが多く注目されてきた。その集団は非常に影響力が強かったが、被支配者のフルリ人に混ざって明らかにかなりの少数派であった。しかし、彼らにはインド・アーリア系の名前を持つ王家があった」と言う。この論評を否定的な観点を取り除いて書き替えると、「ミタンニにおける重要な非フルリ系の一団は言語の上での証拠から明らかにインド・アーリア系であった。マリヤンヌとして知られたこれらの人々はみなインド・アーリア系で、非常に影響力が強く、王家も含まれていた」となろう。

44 márya「若い（二輪馬車）戦士」、marut「二輪馬車戦士」、そしてこれらの関連語の語源については後註37を見よ。

45 Freu (2003)。

46 中央ユーラシア諸国では支配者だけでなく指導的人物の多くが一般的にコミタートゥスを持っていた。ミタンニの二輪馬車に乗って矢を射る戦士のコミタートゥスは、明らかに紀元前第一千年紀以降知られている馬上から矢を射るコミタートゥスの前の段階である。

47 フレ（Freu 2003 : 19）は、「全ての君主はヴェーダ語の固有名詞に特有の名前を持ち、それはサンスクリット語の範疇のみによって分析できる」と言う。

48 ヴィツェル（Witzel 2001）による同様の主張を見よ。フルリ語などの古代の中東の諸言語から他にも非常に多くの借用語がある。

49 この問題の議論についてはフレ（Freu 2003）のミタンニ史を見よ。そこには、紀元前第二千年紀に自らの名前を残しレヴァント全域に単語を広めたミタンニの諸王と二輪馬車戦士たちやその親族のインド語についての多数の文献への詳しい書誌的言及もある。EIEC 306を参照。初期のインドヨーロッパ人の侵入の証拠を無視ないし軽視する古代東アジア学者がいるが、同様に古代近東学者にもこの資料を覆い隠そうとする者がいる（例えば、Van de Mieroop 2004 : 112–117）。

50 上に記したように、古代のジューンガリアとイリ川の地域の烏孫 ⋆Aśvin の名称は、彼らが中央ユーラシアの古代インド語を話す人々が残ったものである可能性を示唆する。彼らの名称と称号はインド語との繋がりの可能性を頭に置いて再検討されるべきである。

51 Freu（2003 : 221–223）、Van de Mieroop（2004 : 121）。

52 古代インド語がインドに入ったのはインド北西部のハラッパー文明ないしインダス文明といわれる文明が紀元前第二千年紀の前半に突然崩壊した後であると一般に考えられており、ヴェーダはパンジャーブ地域で成立したと現在見なされている。しかし、これらの事柄に関する論争は事実上完全に政治化しており、書かれたもののほとんどはどう見ても信頼できるものではない。後註38の簡潔な議論と参考文献を見よ。

53 伝えられるところによると、リグ・ヴェーダが古代インド語で書かれた最古のもの（書かれたものを集めたもの）であるが、実際に確認されるのは一千年ほど前である。付録Aを見よ。

54 古代インド語の語 **márya** と **marut** については後註37を見よ。また、Witzel (2001) を参照。

55 「純粋な」インド・アーリア文化や現地における「純粋な」非インド・アーリア文化は保存されていない。どちらも初めから混合文化で、互いに混じり合った。インドの文明を築いたのはその混成したクレオール（引き続く混成化とともに）であった。

56 Drews (1988: 21-24)。マーリー（James Muhly）は「歴史以前のギリシャにおける劇的な変遷は……紀元前十七世紀の後半あたりに起り、それはミュケーナイの竪穴式墳墓によって表されている。貧しかった中期ヘラドス時代の何が豊かで光り輝く竪穴式墳墓ミュケーナイ文化に繋がったかまだ知られていない」と言っている（Drews 1988: 23, n. 16 における引用）。

57 Garrett (1999)。マロリー（Mallory 1989: 66-71）は幾分同様に「ギリシャ語の方言について現在我々が知っているところからすれば、インドヨーロッパ人は紀元前二二〇〇年から一六〇〇年の間のいつの時期かにギリシャに入り、後にギリシャ語の話し手となったというのを受け入れることができる」と結論する。ミュケーナイ・ギリシャの書記体系である線文字Bは一九五四年にマイケル・ヴェントリスによって見事に解読された。こうして突破口を開いたことによってヴェントリスとチャドウィックはミュケーナイの文書を読み始めることができた。Chadwick (1958) を見よ。その文書には何よりも二輪馬車とその部品、矢じり、その他の軍装備品の目録が含まれている。

58 二輪馬車の発明、最古の証拠、使用についてミュケーナイ・ギリシャの竪穴式墳墓とヒッタイトの本拠都市カネシュに焦点を置いた考古学的論争については後註39を見よ。

59 最古の「中国」国家の起源、位置、広がりと中国語の起源については後註40を見よ。

60 Bagley (1999: 202 以降)。

61 Bagley (1999: 207)。それらはカフカス山脈の西南のアルメニアのセヴァン湖近くのルチャシェンで見つかり、紀元前第二千年紀の半ば頃のものである。それらを驚くほど類似した商の二輪馬車と比較したBarbieri-Low（2000: 38)を見よ。古代の近東における二輪馬車と二輪馬車戦士のうち知られている中で歴史的に最も古いものはルチャシェンのすぐ西のヒッタイト王国とミタンニ王国のものである。バルビエリロウ（Barbieri-Low 2000: 37-39）は、中国の大型の二輪馬車がルチャシェンの二輪馬車の系統から派生したのに対し、近東の二輪馬車は現在のカザフスタン西北部とロシア南部のウラル山脈南部に位置するシンタシュタ・ペトロフカ文化の墓で発見され

たものの示す草原型の小型二輪馬車の系統から直接に派生したと論じている

62 Bagley (1999: 208)、Barbieri-Low (2000: 42–43)。

63 Piggott (1992: 63)、Shaughnessy (1988)。「現地発達」説については後註41を見よ。

64 Barbieri-Low (2000: 19 以降)。そこでは二輪馬車とともに埋葬された「若い男性」について述べられている。

65 バルビエリロウ (Barbieri-Low 2000: 22) は、「発掘されたもののほとんどにおいて、人間も一人から三人が犠牲とされて二輪馬車坑に入れられている……彼らは決まって男性（二十歳から三十五歳）であると言われる」と記している。さらに続けて「これらの若い男（年齢は二十から三十五）はしばしば武器、青銅の手綱ホルダー、翡翠《ひすい》や青銅の鞭の柄とともに見つかり、おそらく実際の戦士と二輪馬車を操っていた御者であった」と言う（Barbieri-Low 2000: 32–33）。中央ユーラシア型の武器については後註42を見よ。

66 青銅器の技術の重要な要素は紀元前第二千年紀に西北から伝わったと広く考えられているが、中国の学者の中には紀元前十五〜十四世紀に起った中国の青銅冶金における革命的な変化は主にその産業と青銅鋳物の技能が大きく拡大したことにあると考える人もいる（Bagley 1999: 136–142 以降）。

67 中国語の書記体系の構造と起源については後註43を見よ。

68 Bagley (1999: 207–208)。

69 Beckwith (2002a, 2006c) を見よ。

70 「姜」と「羌」の名称とその語源については後註44と付録Bを見よ。

71 「馬」を意味する古代中国語方言形の再構は後註45を見よ。

72 「車、二輪馬車」を意味する古代中国語と古代チベット語の単語の再構は後註46を見よ。

73 現在支配的な見方に対する批判は後註47を見よ。

74 Keightley (1999: 277)。

75 中国の商王朝に入ってきた人々がインドヨーロッパ系であることに反対するにはこれを含む多くの証拠を無視しなければならない。この説に反対の人々は実際その証拠を無視している。残念なことに、まだ誰もその影響がどの程度であったかを決定するのに充分なほど正確に古代中国語を再建することができていない。

76 混合言語説が誤りであることが証明され（これについては後註48を見よ）、二つの可能性だけが残された。

77 Beckwith (2006a: 23–36)、Nichols (1997a, 1997b)、Garrett (1999) を参照。

78 形態音韻論や統語論のレベルでの規則的対応が欠如していることも指摘されている（Beckwith 1996, 2006a）。

79 この状況によって他称の羌「インドヨーロッパ人」が後に「チベット・ビルマ人」を意味するように変わったことがきれいに説明される。しかし、今の時点で最も重大な問題は真のチベット・ビルマ祖語の再構が存在しないということである。ベネディクト（Benedict）の一九七二年の著作はそのままでは欠陥があるが、厳密に言語学的な資料と方法に基づいてチベット・ビルマ祖語を再構しようとした最初で現在のところ唯一の試みである。

80 関連の類型上の問題点についてはBeckwith (2006a: 1 以降、2007b: 189) を見よ。

81 つまり、アヴェスター語を含まない。付録Aを参照。

82 Di Cosmo (1999a, 2002a)、Mallory (1989)、EIEC 308–311。

83 EIEC 311。

84 EIEC 311。

85 EIEC 309, 520–521。

86 Burney (2004: 64–65)。ヒッタイトの二輪馬車に元々乗っていたのは、他の古代文化におけるのと同様に、御者と射手であったが、紀元前一二七四年のカデシュの戦いによって変わったようで（その戦いを描いたエジプトの浮き彫りの描写が歴史的に正確だと仮定すれば）、そのとき乗っていたのは御者、射手、そして彼らを守るのが役目の盾持ちであった (Bryce 2002: 111)。ヒッタイトの二輪馬車に乗っていた者はまた、紀元前十七世紀以降、軍人の記録に一覧として記録されている（Burney 2004: 64）。

87 Jansen et al. (2002: 10910) のミトコンドリアDNAの研究は「イベリア半島とユーラシア草原で馬は早くも紀元前四五〇〇年に家畜化されたという主張があるが、誰もが認める最も早い証拠はウラル草原のクリヴォエ湖（シンタシュタ・ペトロフカ文化）の埋葬された二輪馬車である」、そして、紀元前第二千年紀の半ばに二輪馬車がユーラシア全域に突然広がったことを考慮して「その知識と最初に家畜化された馬自体が途中で現地の雌馬を組み込んで地域的なミトコンドリアDNAのクラスターを形成しながら」二輪馬車とともに「広がったであろう」と結論している。現在のところ発見された中で最も早いシンタシュタ・ペトロフカ文化の二輪馬車についての学問的な議論については後註49を見よ。

88 Burney (2004: 65)。

89 上に記したように、原始トカラ人は家畜馬をおそらく食用動物として数世紀早く導入した。

90 Drews (2004)。

91 Littauer and Crouwel (2002) と反対。二輪馬車が初め王族の誇示のために使用されたことがあり得そうもないというもうひとつの理由は軍事技術の発達は他の目的の技術の使用より常に早かったということである。

92 それらの使用が詩に描かれたものは青銅器時代末期までは歴史的に正しくない。その時代、二輪馬車はまだ本格的に軍事的な武器だった。Drews (1988: 161 以降) を見よ。

93 Allsen (2006) を参照。

94 二輪馬車を組み立てるだけでも多くの専門的な技能を必要とし、最も重要なのは設計の知識とどうやって実際に動くようにするかであった。二輪馬車は輻《や》のある車輪を持ち、実質的には牛車と反対である。初期の二輪の牛車と近い関係にすらない。二輪の牛車は全く違う設計で、四輪の牛車と同じ欠点を持っていた。

95 Littauer and Crouwel (2002) を参照。Bryce (2002) には申し訳ないが、二輪馬車は平時に家財を運ぶのに使われることはできなかった。

96 後には、三人もしくは四人すら乗れるように大きく強固に作られた二輪馬車もある (Littauer and Crouwel 2002)。そのようなものは二人乗りの馬車よりもスピードが遅く操作もしにくく、ワゴン型の戦車に近かったに違いない。

97 それらの使用はモンゴル時代末期のペゴロッティのシルクロード商人のためのマニュアル (Pegolotti 1936) に一様にオプションとして挙げられている。彼はまた各輸送形式がどのくらい運べたか、旅程の定められた区間を移動するのにどのくらいの期間を要したかを記録している。

98 ギリシャのミュケーナイの竪穴式墳墓文化と北カフカス草原の文化の考古学的な繋がりはギリシャ人が早くから二輪馬車を所有していたことの説明に

なる。右記を見よ。

99 Van de Mieroop (2004: 117)。

100 Drews（1988: 74 以降）に集められている例証を見よ。

101 中国の二輪馬車についてもはっきりと同様のことが言える。バルビエリロウ（Barbieri-Low 2000: 47）らの専門家が指摘しているように、馬に引かせるこの乗り物は初心者が操作するにも複雑すぎる機械で、まねて作ることはなおさらだった。

102 言語面でのいくつかの証拠については後註46を参照。

103 その戦いは最終的には決着がつかなかったが、ムワタリ王に率いられたヒッタイトが最終的に勝利した。その戦いとそれによる影響についてはBryce (2005: 234–241) を見よ。

104 二輪馬車はあまりに優れた発明であったので完全に放棄することはできなかったのだと思われる。武器として役に立たなくなった後も高位の戦士を運ぶ軍事輸送、もしくは軍事指令本部、将軍や王のパレードやレース用の乗り物として使用されていた。

105 Drews (2004)。

106 チベットでは車は近代までほとんど知られていなかったが、スキュタイの支配者と全く同様に、死んだ皇帝が埋葬される前に車で行進して回った（Walter 2009）。発掘されたスキュタイの霊柩車の考察と写真についてはRolle (1989: 24–25) を見よ。一二四五年にモンゴルの皇帝バトゥを野営地に訪ねたポーランド人のベネディクト修道士は「皇帝の黄金の像を運んでいる馬車」を見た、「それは崇拝の慣しである」と言っている。同じような物はモンゴルのギュユグ・カンの宮廷でカルピニによって目撃されている（Allsen 1997: 62）。

第2章　王族スキュタイ

τὸν ἱππευτάν τ’ ’Αμαζόνων στρατὸν
Μαιῶτιν ἀμφὶ πολυπόταμον
ἔβα δι’ Ἄξεινον οἶδμα λίμνας,
τίν’ οὐκ ἀφ’ Ἑλλανίας
ἄγορον ἁλίσας φίλων,
κόρας ’Αρείας πέπλων
χρυσεόστολον φάρος,
ζωστῆρος ὀλεθρίους ἄγρας.[1]
— Εὐριπίδης, *Ἡρακλής*

あまたの流れの注ぎ込むマイオーティス湖のほとりの
アマゾンの騎馬軍団をめがけて
ヘッラスの地の至る所より
彼は多くの友を集め
金の刺繍の衣服
女戦士の衣を求めて
高波の黒海を進んだ
命がけで戦いのベルトを得るために[2]
エウリピデース『ヘーラクレース』

最初の草原帝国とシルクロードの形成

紀元前第一千年紀の初め頃に騎馬術が完成して騎馬遊牧の技術と生活様式が発達したことによって中央ユーラシアの中核の草原地帯は北イラン人のものとなった[3]。同じ第一千年紀の中頃には歴史上最も早い例としてよく知られた牧畜・遊牧民族であるスキュタイ人が西部草原に移住し、そこで強い勢力となった。草原地帯の他のイラン人は東に移動し、中国まで達した[4]。

スキュタイ人が最もよく知られているのは恐ろしい戦士としてであるが、彼らの成し遂げた最も偉大なことは貿易システムを発達させたことである。それについてはヘーロドトスや他の古代ギリシャの著述家が記述している。そのシステムは、ギリシャ、ペルシャ、そしてさらに東の地域をつなぎ、それによってスキュタイ人は非常に裕福になった。その動機は、古代から現代までの歴史家がしばしば中央ユーラシア人の特徴としている貪欲さによるものではなかった。より多くのことが知られている後の時代を見ると、彼らを貿易に駆りたてた大きな原動力は社会政治的な基盤を支えるための必要性にあったことは明らかである。その基盤というものは支配者とそのコミタートゥス、すなわち何千人といる宣誓護衛団を中心に構築されたものである。中央ユーラシアの活気あふれる陸上の国際的な交易は、スキュタイ人、ソグド人、匈奴、その他の早い時期の中央ユーラシア人が貿易に関心を示したことの直接の結果として発達した。こういった関心はギリシャや中国の早い時期の資料にはっきりと記されている。何千年も続いていた遠隔地貿易もあるが、スキュタイ人ら草原イラン人とその後継者たちのもとで初めて重要な経済勢力となったのである。中央ユーラシア人は境を接する人々誰とでも交易を行なったので、ヨーロッパ、近東、南アジア、東アジアの文明圏と交易し、それら周辺諸文化を中央ユーラシアを介して互いに間接的に結びつけた。
スキュタイ勢力の全盛期には太古の周辺の都市国家の文化も絶頂に達した。古代のギリシャ、インド、中国の言語で書かれた哲学の古典がほぼ同時期に現れたということは、その時代にすでにこれらの文化圏の間で思想面で何らかの交流があったことを示唆し、長く学者の関心を引いてきた。しかし、中央ユーラシアの思想家については一般に見過ごされてきた。

西部草原におけるスキュタイ人の帝国と交易ネットワークは、その後に続くさらに強力な中央ユーラシアの国々の枠組となった。中央ユーラシア人が富と力を増大させ、周辺の諸文化との接触が大きくなっていったことは、周辺諸国による侵略につながった。その侵略は中央ユーラシア人のほうが先に侵略したのだという主張によって正当化されるのがふつうであった。知られている最古の侵略は中国の周王朝によるもので、紀元前九七九年の二回の戦いで鬼方の人々を敗り、四人の武将（処刑された）を含む一万三千人を捕え、多くの戦利品を獲得した。[5] 中国はその時から近代に至るまで機会あるごとに東部草原を繰り返し侵略した。[6] アケメネス朝ペルシャはダレイオスのもとでバクトリアとソグディアナを征服し、その後、紀元前五一四〜五一二年頃にスキュタイに攻め入った。マケドニア人とギリシャ人はアレクサンドロスの指揮下で紀元前四世紀の終わりに中央アジアに侵攻した。このダリウスとアレクサンドロスの遠征は中央アジアの文化に対して非常に大きな影響を与えた。

✝中央ユーラシアとイランにおけるイラン人の国家形成

イラン人が中央ユーラシアを支配したのは紀元前一六〇〇年頃より以前のことで、グループBのインドヨーロッパ人が北メソポタミアとギリシャのエーゲ海に現れ、その一部がインドと中国に移住した頃である。草原で単純な遊牧が行われていた最古の証拠は紀元前三千年紀にさかのぼり、それは、最古の歴史的・言語的証拠と考古学的成果に基づくと、おそらくその地域の気候が集中農業に適していなかったことへの適応であったと思われる。馬に乗って家畜を飼い遊牧をするという生活様式は、草原地帯のイラン人によって紀元前一千年紀に発達させられたものであると現在は考えられている。[7]どこかで誰かが騎馬を行なったという最古の明白な証拠はそれよりも前にあるが、騎馬を向こう見ずな人間や曲芸師だけが行うものではなく通常の活動として行うようになった最初の人々は草原のイラン人であろう。[8]古代の近東の専門家の論争にもかかわらず、インドヨーロッパ人が騎馬を学んだ最後の人々であるというのはとうてい信じがたい。彼らは馬をおそらく最初に家畜化したし、いずれにしても古代オリエントの資料から馬の扱いに長けた人々であると知られている。戦闘のときにほとんどもっぱら騎馬射手にたよったと知られているのは中央ユーラシアのイラン人で、彼らは何世紀もの間この種の戦闘で優位を保った。[9]

ペルシャ人は紀元前九世紀のアッシリアの資料に登場するが、[10]イラン語を話す人々について最初の確実で明白な歴史的記述は一世紀後のメデス人とスキュタイ人と関連したものである。

紀元前八世紀の終わりにイラン系のメデス人がイラン西北のエルブルズ山脈とその東に王国を建てた。彼らは紀元前七世紀の初めにはアッシリア人と敵対したが、そのときキンメリア人とスキュタイ人がメディア王国に侵攻し、王国を影響下においたか、あるいは実際に支配権を掌握した。[11]

スキュタイ人は北（もしくは「東」）イラン人である。ヘーロドトス（前四八四生れ）は実際にスキュティアのオルビアの町（ブグ川河口に位置する）や他の地域を訪れたことがあるが、[12]ヘーロドトスによるとスキュタイ人はスコロトイと自称していたという。彼らをペルシャ人はサカ（Saka）と呼び、アッシリアではイシュクザイ（Išuzai）ないしアシュクザイ（Aškuzai）と呼んでいた。これらの名称はすべて北イラン語の *Skuδa「射手」[13] のギリシャ語形 Scytha- が基になっている。これは西のギリシャ人と東の中国人の間に住んでいた北イラン系の人々すべてを指す名称である。

キンメリア人はあまり知られていない草原の民でイラン系と考えられるが、紀元前八世紀末に古代の近東に入り、前七一四年にウラルトゥを敗った。その後、西のフリュギア人を襲い、前六九六年頃に彼らの王国を破壊した。しかし、後にアッシリア王エサルハドン（在位前六八一～六六九）に敗れた。キンメリア人は次に前六五二年の戦いでリュディア王ギュゲスを敗って殺害したが、しばらくして六三〇年代にマドゥエス王[14]のスキュタイに打ち負かされた。ヘーロドトスによれば、スキュタイ人は「キンメリア人を追ってアジアに侵入し、スキュタイ人が来る前はアジアの支配者であったメデス人の勢力を絶えさせた[15]。」この記述は匈奴とトカラ（*Tok^{w}ar）、フンとゴート、テュルクとアヴァールなど、後の中央ユーラシアの国家建設の争いについてのものと非常によく似ている。

スキュタイ人はアナトリアからエジプトまで古代の近東全域の戦争に関わったが、たいていは（おそらく常に）アッシリアなどと連合していた。「メソポタミア、シリア、そしてエジプトにおいて、紀元前七世紀から六世紀の初めにかけて特に町の要塞においてスキュタイタイプの青銅の矢じりが見つかっており、これは侵入と包囲攻撃があったことを直接示している。」スキュタイ人はまた北部ウラルトゥのカルミルブルル（イェレバン近く）の要塞を破壊し[16]、そこの土壁にも矢じりを残した。最終的に前六二〇年頃にメデス人はスキュタイ人を敗り[17]、生き残ったスキュタイ人は撤退し北へ戻っていった。

メデス人はその後バビロニア人のアッシリア攻撃に加わり、その攻撃が成功してアッシリア帝国は破滅した。前五八五年の少し前にメデス人は北西の方角のウラルトゥの国の残りの部分を破壊し、自分たちの王国を西アナトリアと北シリアまで拡張した[18]。しかし、今度は彼らが前五五三年か五五〇年にペルシャの支配者キュロス（在位前五五九～五三〇）によって征服された。キュロスはメディア王国全体を吸収し自分の王国と実質的に合併し、ペルシャ帝国を建てた。[19] キュロスのもとでペルシャ人はイランとアナトリアを手に入れ、前五三九年にバビロニアを攻撃して勝利し、エジプトとアラビア以外の近東全域を王国に併合した。その後キュロスは中央アジアに攻め入り、そこで前五三〇年か五二九年のマッサゲタイとの戦いで死んだ。マッサゲタイは北イラン系の民族で、女王は草原の習慣に従って彼の頭蓋骨でトロフィーを作った。[20]

✝西部草原——スキュタイとサルマタイ

キンメリア人は、ギリシャ人によればスキュタイ人より前に黒海草原に住んでいたとされるが、スキュタイ時代より以前からスキュタイ時代に至る古代の近東の資料に記されている。しかし、それ以外はほとんど知られていない。スキュタイはメデス人に敗北した後、北カフカス草原に戻っていった。メディア、ウラルトゥ、アッシリア、その他の古代近東の人々から多くの富、絶対君主制についての知識、そして戦争の経験を得て、彼らは自らの力を駆使して、その地の人々（おそらく自身とつながりのあるイラン系の人々も含めて）を従属させ、帝国を建てた。その帝国はすぐにカフカスから西はドナウ川まで黒海の北の西部草原全体に広がった。この領土の西の部分にはトラキア人の広大な農地が広がっていた。

スキュタイは草原に基盤を持っていたが、すでに存在していた遠隔地交易のネットワークをさらに発展させた。ヘーロドトスがそれを記述している。黒海沿岸（そして遠くのギリシャまで）の植民都市に住んでいたギリシャ人が穀物を金《きん》で買うことを知って、スキュタイ人は非常に儲かるビジネスを始めた。[21] 高級品、特に金に対する彼らの欲求は急速に大きくなった。スキュタイ王室の墓は、スキュタイ様式の動物に美しく加工された金の財宝で埋めつくされた。それらの一部は盗掘を免れて現在ロシアやウクライナの博物館を美しく飾っている。金はもともとスキュタイの地にはなかったため、全てが輸入品だった。ほとんどは遠方からのもので、考古学の成果によると中にはアルタイ山脈のものもある。[22] この特定の金の道は大陸を横断する古代の東西交易のかなりの部分を占めていた。

すでに述べたように、スキュタイの社会政治的な慣行のひとつにコミタートゥスがある。その明らかに儀礼としての犠牲の一例が、ヘーロドトスによって生き生きと描かれ、考古学によってある程度確かめられている。[23]

ヘーロドトスの記すところによれば、スキュタイ帝国はいくつかの民族（people）[24] から成っており、ヘーロドトスはそれらに異なった記述をしている。彼の物語る国の起源神話はスキュタイ人は三つの派に分かれることを説明すると主張している。[25]

当時は不毛の地であったこの国にタルギタオスという男が現れた。親はゼウスとボリュステネス川［ドニエプル川］の娘であった……と彼らは言う。タルギタオスの出自はこのようであった（と言われている）。そして、彼には三人の息子がいた。リポクサイス、アルポクサイス、そして末っ子のスコロクサイス[26] である。彼らが支配していた時代に、（と話は続くのであるが、）スキュティアの地に空から器物が落ちてきた。それらは全て金でできており、鋤、くびき、刀、そして盃[27] であった。いちばん上の兄がそれを見て近づいて取ろうとすると、そこで金が燃えだしたので、あきらめた。次に二番目の兄が近づいたが、金は同じように燃えだした。二人が燃える金から離れた後、最後に末の弟が近づいた。すると、火は消え、彼はその黄金を家に持ち帰った。そのとき二人の兄はそれを見て、全ての王権を末の弟に譲ったのであった。[28]

リポクサイスはアウカタイと呼ばれるスキュタイの氏族の祖であった、と言われる。二番目の兄のアルポクサイスはカティアロイとトラスピエスの二氏族の祖、王となった末の弟はパララタイ氏族の祖となった。これらは合わせて王の名スコロクサイス（*Skoloxaïs）からスコロトイという名で呼ばれている。「スキュタイ」というのはギリシャ人による呼び名である。[29]

ヘーロドトスの挙げているその四つの道具についての説明は、彼自身の文章に基づくと、明らかに誤っている。というのは、黄金の器物は末の息子が所有したが、その四つの器物は後に三人の息子の間で分け合った四つの人々に明らかに対応しているからだ。ヘーロドトス自身の文章で後に出てくるスキュタイの四種の人々の職業にも対応している。鋤は農耕スキュタイ、くびきは農民スキュタイ、刀は王族スキュタイを表し、盃は遊牧スキュタイということになる。[30]

ヘーロドトスをはじめ全ての資料は、国全体は富のほとんどを支配する戦士である王族が治めているということで一致している。彼らは「最も数が多く最も勇敢なスキュタイの部族で、他の部族をことごとく隷属民と見なしていた」。彼らの下に、おそらく単に遊牧を行なっていて王族に属していなかった遊牧スキュタイ、ギリシャ人からボリュステネイタイと呼ばれた農民スキュタイ、農耕民で穀物を「食べるためでなく売るために」育てていた農耕スキュタイがいた。これらの人々がスキュタイの地のどこに住んでいたかは、ヘーロドトスの記述があるとはいえ、よくは分かっていないが、クリミアとその西の地域（南ウクライナ）では現在に至るまで豊かな土壌が生産性の高さを保っていて、そこには最初に農耕民がおり、東のほうは未だ見渡す限りの草地で牧畜遊牧民がいた。

さらに、ヘーロドトスはスキュタイ王国内に住む、スキュタイ、半スキュタイ、非スキュタイの非常に多くの他の民族について記述している。「カリピダイというギリシャ系スキュタイ人、その向こうにアリゾネスという部族がいる。アリゾネスとカリピダイはスキュタイと同じような生活をしているが、穀物を育てて食し、玉葱、蒜《にら》、扁豆《ひら》、粟も栽培している。アリゾネス人の向こうには土地を耕すスキュタイ人が住んでおり、穀物を食べるためではなく売るために作っている。彼らの北にはネウロイ人がいるが、ネウロイ人の北の地は我々の知る限り無人である。[31]」考古学が示すところによれば、スキュタイ王国においては、これらの民族の一部、そしておそらく他のいくつかの民族は文化的には北イラン系ではなくトラキア系で、トラキア語か他の非イラン系言語を話していたと思われる。

実際には複雑であるが、理論上はスキュタイの社会は四つの人々と支配者に分かれていた。これは少なくともモンゴル帝国の時代まで中央ユーラシアの国々に典型的な理想の組織であった。また支配層が他の人々を「奴隷」と見なしていたというのも注目に値する。[32]この考えは後に中央ユーラシアの他の民族も持つようになった。

ヘーロドトス[33]はスキュタイ人を「純粋な遊牧民」として記述している。

> 私はスキュタイ人をどの点でも誉めないが、この最も重要な点については別である。すなわち、彼らを攻撃する者は誰も逃れ帰ることができず、彼らが見つかるまいとすれば誰も彼らを捕えることはできない、そういう方法を考え出したことである。それもそのはず、町も城塞も築かず、誰もが移動式の家屋を持ち馬に乗って弓を射、その生活は土地を耕すことではなく家畜を育てることにより、住居は車で運ぶ[34]という場合、どうして負けたり接近されたりするであろうか。このようなことは、彼らの目的に適し、味方となる川が流れている土地において考え出されたのであった。彼らの国は平らで草が生えており水も豊富で、エジプトの運河に劣らないほど多くの川が流れているのである。

中央ユーラシアの遊牧民についてのヘーロドトスの記述は、どの資料に残っているものより古いが、そこにはすでに誤解を招くステレオタイプ的な諸要素が含まれており、それらが今日まで中央ユーラシア人の歴史を支配してきた。ヘーロドトスは当時とそれ以降の周辺文化の他の著述家たちと同様に遊牧に関心を引かれていた。彼は、スキュタイ王国で広大に行われていた農業についてはあまり記していない。スキュタイの都市についても言及はしても、なぜスキュタイ人がそれらを持っていたのかという説明はしていない。特に彼が記述している多くの「スキュタイ諸国」のひとつであり草原の北端に位置するブディノイ人の地にあった都市ゲロノスについても説明がない。

ブディノイ人は人口の多い大民族である。みんな目は明るい色をし、髪は赤い。彼らはゲロノスと呼ばれる木造の町を持つ。それを囲む壁は各辺の長さが三十ハロン［スタディオン］あり、高くすべて木でできている。彼らの家や神殿も木である。彼らのところにはギリシャ風の神像や祭壇、そして木の櫃《ひつ》のあるギリシャの神々をまつる神殿がある。彼らは二年に一度祭りや酒宴を行なってディオニューソスをたたえる。ゲロノス人は元々はギリシャ人で、交易の港を離れてブディノイ人の間に暮らすようになったのである。彼らはギリシャ語とスキュタイ語を半々に用いる。しかし、ブディノイ人はゲロノス人と同じ言語を話すのでもないし、生活様式も異なる。ブディノイ人は元々その地にいた。彼らは遊牧民で、その辺りでは松の実を食べる唯一の民族である。ゲロノス人は耕作民で、穀物を食べ、菜園を持っている。彼らはブディノイ人とは体つきも顔つきも全く異なっている。しかし、ギリシャ人はブディノイ人もゲロノス人と呼ぶ。これは間違いである。彼らの地全体は、あらゆる種類の木がうっそうと茂っている。森の深くには大きな広い湖と葦に囲まれた沼地がある。そこではカワウソやビーバーが獲れる。[35]

ゲロノスもしくはほとんどそれと同じような町が草原の北端のベルスク（ビルスク）で発掘された。四十平方キロメートルの開拓地で、「威厳のある城壁〔長さ三十三キロ〕[36]とそのかなりの大きさの土地から重要な宮殿があったことが示唆される。草原と森林ステップのちょうど境目の戦略的な位置にあり、ゲロノス人は南北の貿易を支配できたであろう。工芸品工場と紀元前五～四世紀のギリシャ陶器の輸入量の多さは宮殿があったことを示している[37]」。

ペルシャ人とギリシャ人がスキュタイ人に関心を持ったのは、彼らが繁栄していたからであるに違いない。彼らの戦士としての勇ましさは明らかに彼らを侵略しないことの正当な理由になっていたとしても、関心を引く要因ではなかった。ダレイオスがスキュタイの征服を考えるようになったのは、ヘーロドトスが言うように復讐をしたかったからではなく、スキュタイは征服する価値があると考えたからである。

ダレイオス（在位前五二一～四八六）はキュロスの後継者カンビュセスとその兄弟が闘った内乱に乗じて王位を奪い取った。彼は、ペルシャ帝国の国境を大いに拡大し、南西はエジプト、南東は西北インド、そして北東は中央アジアを含めた。北方では草原のイラン人（サカ人とスキュタイ人[38]）の、西方ではギリシャ人の抵抗を受けた。前五二〇～五一九年にサカ人、すなわち「アジアのスキュタイ人」を敗ってスクカ王を捕えた後[39]、助言者の意見に従わず、ヨーロッパのスキュタイ人の本拠地であるスキュティアを侵略して支配下に置こうと決意した。ダレイオスはボスポラス海峡にトラキアまで船を並べた橋を造って準備をし、臣下のイオニアのギリシャ人をドナウ川へ航行させ、河口が分かれるところまで川をさかのぼらせ、そこに橋を架けさせた。

紀元前五一三〜五一二年にダレイオスは巨大な軍隊を進めた。ヘーロドトスによると七十万人の大軍であったという。軍隊はボスポラス海峡を渡り、トラキアを横切り、ドナウ川に達するまで行くところ行くところを征服しながら進んだ。[40] そして、自身のイオニア人軍隊に自分が戻るまで橋を守るよう命じて、川を渡って東方に進軍し、スキュティアまで行った。ペルシャ人はスキュタイ人と戦うべく彼らを追って何もない草原を行ったが、スキュタイ人は揺動や撤退を行なう中央ユーラシア古来からのゲリラ戦法を使用したため、[41] ペルシャ人はスキュタイの地の奥深くまで行軍し、しまいには征服する都市も奪い取る物資もなくなった。業を煮やしたダレイオスは、スキュタイ王イダンテュルソスにメッセージを送り、堂々と戦うかすみやかに降伏するかを要求した。スキュタイ人は、ヘーロドトスによると、次のように答えたという。

ペルシャ人よ、私のやり方はこうだ。私はいかなる者をも恐れて逃げたことはない。今、あなたからも逃げたりはしない。私がしてきたのは新しいことでも何でもなく、平時にやっていることと変わらない。私があなたと真正面から戦わない理由も教えよう。我々スキュタイ人は町も持たねば果樹園もない。占拠されたり荒らされたりすることを恐れて直ちに戦いであなたと顔を合わせなければならないということはない。しかし、もしあなたたちが直ちに戦うことしか望めないなら、我々には祖先の墓がある。来て破壊しようとしてみなさい。そのとき、我々がその墓のためにあなたたちと戦うかそうしないかが分かるであろう。そのときまで我々はいいと思わない限り戦闘はしない。[42]

ダレイオスは進軍したスキュティアの地にいくつかの要塞を築いただけで撤退した。彼は何も成し遂げず、スキュタイ人が偉大なる戦士の民族であるという評判をさらに強固にしただけであった。

　ダレイオスとその継承者たちのギリシャ人との戦いはマケドニアの王子、アレクサンドロス大王の時代まで続いた。レヴァントとエジプトを征服した後、アレクサンドロスは紀元前三三四年に矛先をペルシャに向けた。そして、最終的にダレイオス三世（在位前三三六～三三一）を敗り、紀元前三三〇年に彼が中央アジアで死ぬと、自らペルシャ皇帝を宣言した。彼はバクトリアとソグディアナを含むペルシャ帝国全体を征服した。中央アジアで支配を固めるために紀元前三二七年にバクトリアの貴族のロクサネを妻とした。

　アレクサンドロスはスキュティアに侵攻しようとは考えなかったようである。おそらく軍事的に困難だったからであろう。彼の軍隊の多くはよく訓練されたマケドニア人とギリシャ人の歩兵であり、その密集方陣はどんな敵でもかなわなかったが、騎兵隊の方は小規模であった。機動力に優れた遊牧民族を制圧するための唯一の方法は遊牧国家型の最大規模の騎兵隊を持つことであった。彼の騎兵勢力は限られており、本拠地で戦う遊牧民の強大な軍隊と対戦することはできなかったであろう。その騎兵隊は定住社会の近東での戦いにおいては側面攻撃によって戦いを有利にしたことは疑いないが、アレクサンドロスはダレイオスが遭遇したのと同じような問題に直面したであろう。

　スキュタイ人の後のサルマート人（ギリシャ語ではΣαυρομάται「サウロマタイ」）はスキュタイ語と同種の北イラン語を話していた。彼らは一般に女性が卓越しており、特に女性戦士がいたことで知られる。ヘーロドトスによれば、彼らはスキュタイ語でオイオルパタ（男を殺す者）と呼ばれていた[43]。極めて男性中心的なスキュタイとギリシャの文化とは著しく異なる女性の特異な地位はヘーロドトスによって記され、考古学的にも確かめられた。彼の語るサルマート人の起源はスキュタイの男子とアマゾン族の女性の交わりというもので、それはおそらく単におもしろい話として書かれたのであろうが、アマゾン族に関するギリシャの伝説は実在のサルマートの女性戦士に基づいている。紀元前最後の二世紀の間にサルマート人はローマ人と接触し、衝突した。

✝東部草原——匈奴

草原地帯の東の端、すなわち、モンゴル国、かつての内モンゴル、そしてタリム盆地の東部に当たる地帯には紀元前八世紀と七世紀の間に、[44]遊牧を主体とした形の中央ユーラシア文化複合体が生活様式として確立した。それは西部草原においてそれが確立するのと年代的に並行していた。この、鉄器時代初期の文化が黒海北部の西部草原から中央ユーラシアの草原地帯を通ってモンゴル高原のアルタイ地域東部に広がった年代は考古学者が年輪年代学の方法によって明らかにした。[45]また東部草原地帯の古代の諸民族が民族言語学的にどのような人々であったかについての文献学者や歴史学者の結論は考古学的に裏付けられた。その西の部分、すなわちモンゴリア西部のアルタイ山脈から[46]南のロプノール付近のクロライナ（楼蘭）の地域を通ってチベット高原の北縁の祁連山脈に至る地域を支配していた人々は人種的にはコーカソイドであった。北部の人々は北イラン語系の「サカ」諸言語・諸方言を、クロライナの地域の人々はトカラ諸言語・諸方言を話していたと思われる。東の部分、すなわちモンゴル高原の中央部と東部、内モンゴル、西南満洲を含む地域の人々は人種的にはモンゴロイドであったが、どの言語を話していたのかは知られていない。[47]漢文史料によると、中国文化地帯の北縁の諸都市は他の民族との間の交易に関わっていた。

中国は紀元前七世紀末から六世紀初めに狄《てき》に侵攻したが、戦国時代の終わりに北部の国、趙の武霊王（在位前三二五～二九九）が人民に遊牧民風の服装と習慣を取り入れ馬術の訓練をするように命じるまで、[48]狄についてそれ以上のことはほとんど知られていなかった。武霊王は中央ユーラシアの林胡[49]・楼煩という名で知られている人々を討ち、陰山（黄河の大屈曲部の北側にある山脈）の麓の代から高闕まで長城を築き、雲中・鴈門・代に郡を置いた。[50] 紀元前二九五年に中山を滅ぼした後、趙は黄河の大屈曲部全体を防御施設の輪の中に取り囲んだ。そうして国はかなり領土を広げ、その地域で最良の牧草地であるオルドス高原を含む東部草原の南の部分の支配を確立した。

秦が周の後に興った諸戦国の最後のひとつを滅ぼして秦王朝のもとに「諸夏の国」を統一した紀元前二二一年より少し前、オルドス高原を含む東部草原を支配していた人々は匈奴という名で知られていた。秦の将軍である蒙恬《もうてん》が紀元前二一五年に匈奴を討ち、秦の始皇帝は長城を築いた。彼は何十万人もの漢人を徴集した。彼らはすでにあった多くの壁をつないだのである。それらの壁は、趙や他の漢人、異民族がお互いに対して、また自分たちと隣接する人々に対して築いたものであった。長城と並んだ防御施設は甘粛省の臨洮から遼東まで延び、黄河渓谷全体を取り囲み、そこにはかつての匈奴の故地が含まれていた。匈奴は、知られている最初の指導者で創設者と考えられるトゥメン（★Tumen、頭曼）のときに北へ逃れてモンゴル高原に入った。[51] この惨敗の結果としてトゥメンの息子モトゥン（冒頓）が二〇九年に政権を握ったと思われる。[52]

匈奴とヨーロッパのフン族は、栄えた時代には数世紀の隔たりがあるし、直接のつながりを示すものはないが、しばしば同一の民族とされてきた。[53] 優れた議論がいくつか行われたが、ほとんどは名前の見かけ上の類似性に基づくもので、[54] 基本的な問題点のひとつは、匈奴という名称は中期中国語では★χoŋnʊ もしくは ★χi̯oŋnʊ であるが、[55] 北辺の中国人が彼らの名称を初めて知って書き記した時代には発音が大きく異なっていたに違いないということである。他の可能性には、北方イラン人の民族名と形が対応するのではないかというものがある。[56] その東部方言の形であるSaka、Saklaなどは、[57] 中国では、匈奴に言及した最初の記録より一世紀ほど後の記録にいくつかの形で記されている。[58] 匈奴帝国の崩壊により彼らがどうなったにせよ、「最初の物語」のモデルにあるのと同じように一時期草原地帯のイラン系の人々に服従してイラン風の遊牧モデルを学んだか（これが最もありそうなシナリオである）、移動を始めたときにイラン的要素を含めて、他の多くの中央ユーラシアの人々（例えばチベット人）と同じように、他の民族によって呼ばれた名前で知られたかである。[59]

秦の征服は長続きしなかった。秦は始皇帝の死後まもなく崩壊し、その後に起こった内乱の間に、国境地帯に送られていた徴集兵たちは持ち場を放棄して故郷に帰ってしまった。その後、匈奴は故地のオルドスに戻った。

中国人の東部草原についての知識は、次の漢王朝の時代、特に武帝（在位前一四〇～八七）の統治下で大きく増加した。中華帝国が中央ユーラシアへの拡大を長く続けたことは武帝によるのである。

✝古典古代における知の発展

紀元前五世紀から四世紀に、シルクロードができて中央ユーラシアに初期の遊牧国家が出現したのと時を同じくして、周囲にある古代の都市国家の文化が最盛期を迎え、哲学などの古典的著作が古代のギリシャ語、インド語、中国語で書かれた。ソークラテース（前四六九～三九九）、プラトーン（前四二七～三四七）、そしてアリストテレース（前三八四～三二二）は、ごく大ざっぱに言えば、ガウタマ・ブッダ（前五〇〇頃が活動期と推定）、パーニニ（おそらく前五世紀[60]）、カウティルヤ（前三二一～二九六頃が活動期と推定[61]）、そして、孔子（前五五〇～四八〇頃[62]）、老子（おそらく前五世紀の終わり）、荘子（前四世紀[63]）と同時代の人間であった。これら三つの文化がお互いに影響し合ったという考えは一般的には歴史学者によって直ちに退けられる。伝わった多くのものを「特定する」ことが極度に難しいというのが主な理由である。しかしながら、示唆するものはいくつかある。もし東アジアとエーゲ海のように遠く離れた地域に住む人々が、それも、千年前に先祖たちが読み書き能力を獲得したときからお互いについての知識が全く増えていないことが明らかな人々が、突然一斉に自分たちの現実の政権についてだけではなく「政権」一般に関して議論し、自身の存在について問い、論理について語り、人間の精神作用について探求しはじめたら、それを偶然と言う方がよほど奇妙だろう。確かに直前の千年間との対照は際立っている。その千年間は不確実なこと、たとえば王の妃が身ごもるか、神々は供された犠牲をお気に召すか、次の王国はうまく攻略できるか、といったことが問題とされた時代であった。問いそのものについて問うということは新しく、ギリシャ、インド、中国のそれぞれについて独自の発展の前例もしくは動機を見つけるのは難しい。

その三つの地域には共通した政治的な特徴がいくつかあった。特に、それぞれの文化は多くの小さな国々によって担われており、それらの国々はどこも他国を完全に支配することができなかった。それらはまた間接的にではあるが遊牧帝国の発展によってもたらされた世界交易の増加の影響も受けていた。商業の発展はほとんど常に商人階級を成長させ、外の世界の思想を広める。上述のように、古代の中国と古代のギリシャ（もしくはインド）との間に重要な直接的な知的関係があったかどうかということは示されていない。これは驚くべきことではない。というのは、これら三つの文化の間に直接的な関係はいかなるものもなかったし、これからも何も発見されないことも充分にあり得るからである。しかし、次のような疑問が生じる。すなわち、古典古代の哲学の時代はどのようにして起ったのか。遠く離れた三つの文化がほとんど同時に類似した知的関心を発展させ、いくつかの場合において類似した答えを見つけ出したということはまったくありそうもないことであろう。この問題に肯定的な解答が考えられるなら、それは中央ユーラシアを含めて考えなければならない。

この時代のこれら三つの文化の接触の唯一の方法は陸路によるものである。しかし、本書の随所で示しているように、中央ユーラシアは東アジアと西ヨーロッパの間の単なる物資の通路ではなかった。それはひとつの経済圏で、それ自体が多くの準地域、民族、国、文化を持ったひとつの世界であった。孔子は次のように言ったと伝えられている。支配者がよい政治について見識を失ったときは「それを四方の夷の人々に学ぶ[64]」べきである。紀元前四世紀にアレクサンドロス大王がバクトリアを征服し植民地化したことによってギリシャ哲学を含むギリシャ文化が中央アジアの中心部にもたらされた。最近の綿密な研究は、アレクサンドロスの征服のすぐ後にギリシャ哲学の教えに由来する特有の諸要素が中国文献に初めて現れていることを示している。[65]

初期の古典ギリシャ、インド、中国は、その当時はまだそれら三つに隣接していた中央ユーラシア文化の広大な地域の外にある小さな付属物に過ぎなかった。紀元前六世紀から五世紀の初めには、北部の草原地帯のほぼ全域と南の中央アジア地域の多くではイラン語が話されていた。少なくとも二人の重要な哲学者、すなわち宗教思想家が初期の中央ユーラシアから現れた。スキュタイ人のアナカルシスはギリシャ人の母を持ち、ギリシャ語を話し、ギリシャ語で著述した。ディオゲネース・ラーエルティオスによると、彼は第四十七オリンピアード（前五九一〜五八八）にギリシャに旅し、そこで節度のある簡潔な論評でよく知られるところとなった。[66]彼はギリシャ人によって古代の七賢人のひとりとされ、初期のキュニコス学派のひとりと見なされた。[67]（有名なデーモステネースは裕福なスキュタイ女性の孫であったが、しばしばバルバロスと非難された。[68]）ゾロアスター教の創始者であるゾロアスターは、ホラズムの地域の出身であると広く考えられているが、遊牧イラン人が暮らしていた中央ユーラシアのどこか他の地域の出身である可能性もおそらく同じように高い。彼がいつの時代の人間かは知られていないが、孔子やブッダと同時代であったであろう。[69]このような思想家は他にもいたであろうか。周辺文化の古典哲学者は自身の思想のみならず中央ユーラシアのインド・イラン人の思想をも反映しているのであろうか。中国のある古代の書によると孔子は中央ユーラシア人が答えを知っていると考えていたし、ギリシャ人の中にも同様の考えを持っていた人が何人かいたようである。そのような見解には根拠があるのだろうか。友情の重視とコミタートゥスの背後にある信念を含む中央ユーラシア人の社会的および宗教的な思想は、幸福の探求や完全な国家といった哲学上の立場や興味を暗示しているのであろうか。

✝中央ユーラシア文化複合体の遊牧形態

「シルクロード」という総称で知られている大陸を横断する有名な商業システムの、出現、繁栄、そして消滅は、年代的にちょうどスキュタイ人の勃興、独立の中央ユーラシア諸帝国の繁栄、ジューンガルの崩壊と並行する。その二千年の間、本来の中央ユーラシアのほとんどは遊牧戦士が統治する諸国家によって支配されていた。それらの国家は、主として富を蓄積するための交易に依存しており、それは中央ユーラシアの周囲に話されていた言語による古代および中世の資料によって実証されている。

交易は遊牧文化圏にとっても非遊牧文化圏にとっても重要であったが、遊牧国家にとってはなくてはならないものであった。しかし、交易の重要性は遊牧民の貧しさによるものではない[70]。その貧しさはそう考えられているだけであって、彼らは大きな農耕国家の住人よりも食べ物もよく、生活も楽で、長命であった。東部草原の諸王国へは中国から逃れた人々が常に流れ込み、遊牧の生活スタイルの優位性をほめることをためらわなかった。同様に、多くのギリシャ人やローマ人がフンなどの中央ユーラシア諸民族に加わって、故郷よりもよい生活をし、よい待遇を受けていた。中央ユーラシア人は奇襲をかけて打ち破るよりも交易をして課税したほうがはるかに利益があるということを知っていた。

歴史上見られた破壊活動は通常のことではなく例外的なことで、ふつうは正面からの戦争の結果として起るものである。

遊牧民にとって交易が非常に重要だった理由は、どちらかというと支配者とそのコミタートゥスを支える必要性にあるようだ。その費用は、古代から中央ユーラシア各地でコミタートゥスのメンバーにふんだんに与えられた財の考古学的発掘と歴史的記述によって実証されている。支配者とコミタートゥスの関係は、生活様式とは関係なく、中世に入ってしばらくするまで中央ユーラシア全体の全ての国家の社会政治的な土台であった。それなしでは支配者はこの世において王位を保てなかったであろうし、死後の世界において敵に対して無防備であっただろう。スキュタイからモンゴルまで見られる中央ユーラシアの支配者の豪華な埋葬は彼らが来世を信じていたこととそれを現世におけるのと同じように楽しみたいと考えていたことを示している。

ギリシャ人と中国人は中央ユーラシア諸都市のかなり正確な記述を提供する。前者は特にヘーロドトスの『歴史』とアレクサンドロスの遠征の記述から、後者は武帝の時代の張騫の報告に始まるものによる。ヘーロドトスは記す。スキュティアの中心都市ゲロノスは三十キロ四方で、スキュタイの交易ネットワークの商業的な中心地であった。バクトラ（後のバルフの町）はバクトリア最大の中心都市でアケメネス朝の総督の府であったが、[71] トカラ人による征服の二世紀前の紀元前三二九～三二七年にアレクサンドロスの手に落ちた。[72] アレクサンドロスはマラカンダ（ソグディアナの中心都市サマルカンド）を紀元前三二九年に占領し、勢力をフェルガナまで伸ばした。紀元前一三九年から一二二年にかけて張騫《ちょうけん》は東中央アジアを旅して多くの都市を訪れた。それらの都市については張騫もしくは彼の後の者がやや詳しく記している。中央アジアの都市はみな、ほとんどが山間部に源流を持ち砂漠で終わる中央アジアの河川の流域と扇状地での灌漑農業に主に頼っていた。しかし、都市生活をしていた人々も遊牧民と同じように好戦的な者もいればそうでない者もおり、遊牧民は都市住民と同じように交易に関心を持っていた。これら双方の人々の中で君主たちはそれぞれコミタートゥスを持っていた。ソグディアナに旅した古代の中国人は、その地について、極めてよく耕やされた農耕地帯で多くの都市とものすごい数の戦士がいると言っている。ソグド人は周りの遊牧民に劣らずコミタートゥスのメンバーに富を与えるために交易を行なう必要があり、それは明らかにその反対ではなかった。彼らは遊牧民と同じように内政的な目的のために戦士が必要であった。中世初期においてコミタートゥスは、他の中央ユーラシアのどの人々の間でよりもソグド人など中央アジア定住民の間で広まっていたのは確実である。[73] ソグド人は遊牧民と同じように中央ユーラシア内と周辺諸国における戦争に関わっていた。状況が古代と異なっていたと考える理由は何もない。

1　エウリピデース『ヘーラクレース』、マレー（Gilbert Murray）によるギリシャ語版（Perseus Digital Library, Tufts University）。さまざまな解釈が提出されている難解な箇所があることにもより、私のはやや自由な訳である。

2　サルマタイの女性戦士（アマゾン族を作り出す着想となったと思われる）は、スキュタイやサルマタイの男性戦士と同様に戦い用の重い鉄の防護ベルトをしていた。初期のギリシャ人自身もそうであった。Rolle (1989) を見よ。「金の刺繡の衣」も中央ユーラシアのものである。

3　Di Cosmo (2002a: 21–24)。

4　シベリアの大部分はモンゴリアの奥まで古代においては人類学上はユーロポイドで、紀元前第一千年紀の間に少しずつモンゴロイドになったにすぎない。その転換期は紀元前五世紀か四世紀頃であった (Rolle 1989: 56)。東中央アジア（東トルキスタン）は紀元第一千年紀の終わりまでユーロポイドで言語はインドヨーロッパ系のままであった。東部草原の初期の人々は、ほとんどは民族言語学的にどうであったのかまだ分かっていないが、それらの人々についてはDi Cosmo (2002a) を見よ。

5 Di Cosmo (1999a: 919)。

6 ディ・コズモは、翟（西の白翟と東の赤翟に別れていた）に対する戦争を詳述し、「翟に対する最も激しいいくつかの戦いは晋によって行なわれたもので、晋は全滅作戦に出、最終的に紀元前五九四年と五九三年に赤翟のいくつかの集団を滅ぼして、その作戦は成功した。飢饉と政治的な対立があった証拠があるので、この攻撃はおそらく翟の国内危機と連動して行われた」と述べる（Di Cosmo 1999a: 947–951）。また、『春秋』に記録されている紀元前五三〇年の白翟の侵攻について言及しているが（Di Cosmo 2002a: 97以降）、他の史料によれば、翟は紀元前五四一年に晋の支配下に置かれていたのである。しかし、彼らは存在し続け、紀元前三世紀の半ばまで中国と戦って、ときおり独立を取り戻した（Di Cosmo 1999a: 948, 951）。

7 Di Cosmo (2002a: 21–24)。

8 Drews (2004) の優れた扱いを見よ。

9 これと反対の論はまず本当とは思えない。しかし、中央ユーラシアにおける騎馬戦の発達がいつであったかという問題の解決には更なる考古学的研究が必要である。

10 イラン人に関するはっきりした歴史上の記述の最古のものは「紀元前九世紀で、前八三五年にアッシリアのシャルマネセル王がパルシュワシュ（Paršuwaš）の二十七の部族から貢ぎ物を受け取ったときである。パルシュワシュはペルシャ人を指すと一般に考えられている」（EIEC 311）。インド・イラン人について言及している可能性がある最古のものは、中国の羌との戦争についての商による記述および周とその同盟者の姜への言及に見られる。羌／姜という名称はトカラ語の単語の音写であろうが（付録Bを見よ）、戦闘用二輪馬車に長けていた異邦人を指す包括的な範疇名であった可能性もあるだろう。年代、そして二輪馬車との繋がりはどちらも彼らがインドヨーロッパ人、それもおそらくグループBであったことを示唆するが、それによりイラン人は除外されるだろう。

11 ヘーロドトスの描くキンメリア人については、後註50を見よ。

12 Rolle (1989: 12–13)。

13 究極的にはインドョーロッパ祖語の*skud-o「射手」から来ている (Szemerényi 1980: 17, 21)。付録Bを見よ。

14 ヘーロドトスに出てくるマデュエース Μαδύης（在位前六四五～六一五?）で、プロートテュエース Προτοθύης（バルタトゥア、在位前六七五～六四五?）の息子である。

15 Godley（1972: 198–199)。Rawlinson（1992: 58–59, 295) を参照。

16 Melyukova (1990: 100)。スキュタイ人のアッシリア人との同盟のひとつについてはある程度詳しいことが知られている。Rolle (1989: 71–72) を見よ。

17 ヘーロドトスの資料と現地の年代記の記述の解釈に基づく。

18 Van de Mieroop (2004: 254–257)。

19 メデス人は明らかに自分たちの言語の書記体系を発達させず、どの言語でも文書を保存しなかったが、それに対してペルシャ人はセム系の書き言葉である帝国アラム語と現地の別の近東の言語であるエラム語を使用していた。ダレイオスのもとで彼らは自らの言語である古代ペルシャ語に楔形文字によるアルファベット書記体系も作り出し、それで記念碑の銘文を書いた。この西イラン語は最も古いと考えられているイラン語であるアヴェスター語とはかなり違っている。アヴェスター語は実際の地域と時代を特定することはできないが、ヴェーダ・サンスクリット語と驚くほど似ている。付録Aを見よ。

20 Rolle (1989: 96)。

21 ストラボーン（Jones 1924: 242–243）はスキュタイの農民（ゲオルギ）によって耕された土地の生産性と大飢饉の際に（前三六〇頃）ギリシャに運ばれた驚くべき量の穀物についてかなり詳しく述べている。彼はまたマイオーティス湖（アゾフ海）の魚の塩漬けをギリシャ人が輸入していたことも述べている。

22 Rolle (1989: 52–53)。

23 テイラー（Taylor 2003）はスキュティア内のひとつの墳墓について、「近年の再発掘と分析によって、盛られた土の周りで複雑な儀式があったことが分かる。追加の墓（1/84）と馬の骨が集まったところがあり、それはヘーロドトスが詳しく記述しているように、おそらく埋葬（もしくは副葬）の終わりの儀式と関係があるに違いない」と述べる。

24　もしくは国（nation）。用語についてはプロローグの註46を見よ。
25　Godley (1972: 202–205)。Rawlinson (1992: 296–297) を参照。
26　公認本文ではコロクサイスColoxaïsとなっている。付録Bを見よ。
27　ゴッドレー（Godley 1972）は「酒瓶（flask）」としているが、私は通常の訳語の「盃（cup）」に変えた。
28　この神話についての議論はプロローグを見よ。
29　この節はスキュタイ人の名前と身元について多くの混乱の原因となった。付録Bを見よ。
30　ルグランはバンヴェニストを引用して「これらの物体はイラン社会の三つの階級の象徴である。盃は聖職者、斧の一種であるサガリスは戦士、鋤と結合くびき（鋤に繋ぐためのくびき）は農民である」（Legrand 1949: 50）と言う。ロール（Rolle 1989: 123）は「書かれた諸資料」に基づいて、スキュタイ人は同時に支配する三人の王を持ち、そのうちの一人がprimus inter pares（同輩中の首席）であったと言う。しかし、スキュタイの支配者は明らかに唯一の君主であり、歴史的記述によって支持されない。
31　Godley (1972: 216–219)。Rawlinson (1992: 302) を参照。
32　複雑な階層であったものに対する英語の単語は唯一slave「奴隷」で、それは近世的な含意を伴っている。その階層のほとんどのメンバーが英語でいうslaveとは解されないであろう。Beckwith (1984a) を見よ。
33　Godley (1972: 241–242)。Rawlinson (1992: 314–315) を参照。
34　ストラボーン（Jones 1924: 222–223, 242–243）は少し後で「生活を送る、荷車に乗せられた」天幕はフェルトでできていると述べる。彼らはそれらを非常にたくさん持っており、ひとつしか所有していないスキュタイ人は貧しいとされ、豊かな者は八十の荷車を持つこともあっただろう。それらのほとんどは牛によって引かれ、草食動物のゆっくりとしたスピードで移動した。更なる議論と、これらの荷車付き天幕の考古学的に復元された粘土模型（玩具のようである）の写真は、Rolle (1989: 114–115) を見よ。ストラボーンはまた、遊牧民は「草の生えている土地にときどき移動しながら」自らの家畜の乳、肉、チーズを食べて生きていると強調する。遊牧民は戦士だったが、基本は平和的で、どうしても必要なときのみ戦いに出向いた、とストラボーンははっきりと記している。エピローグを見よ。

35 Godley (1972: 308–309)。Rawlinson (1992: 339) を参照。

36 Rolle (1989: 119)。

37 Taylor (2003)。これを含めたスキュタイの都市部についてはRolle (1989: 117–122) を参照。

38 ペルシャ人はスキュタイを含む北イランの諸民族全てをサカと呼んだ（付録B参照）。現代の学者はサカという名称を主に東部草原とタリム盆地のイラン系の人々を呼ぶのに使用する。私は普通このやり方に従っている。

39 Rolle (1989: 7)。

40 この（これらの）遠征の時期や場所は争点となっている。メリュコーヴァ（Melyukova 1990: 101）によれば、ペルシャ人はドン川を渡ってサルマート人の領土に入ったのであるが、ヘーロドトスの記述に基づくとそれはありそうもないだろう。

41 スキュタイ人などの中央ユーラシアの草原民族は戦闘で鎧を身に着けていたことは現在よく知られている。そのことは文献的にも考古学的にも実証されている。Rolle (1989) には考察とスキュタイの鎧の多数の写真がある。

42 Godley (1972: 326–328)。Rawlinson (1992: 346–347) を参照。

43 Godley (1972: 310–311)。ヘーロドトスは「スキュタイ語で男はオイオル（oior）、殺すはパタ（pata）である」と説明する。スキュタイ語のオイオル（ギリシャ字による音写はおそらくスキュタイ語の [wior] を表している）はアヴェスター語の vîra「男、人間」、サンスクリット語 vîrá-「英雄、男、夫」、ラテン語 vir「男」、古英語 wer「男、夫」、ゴート語 waír「男」などと明らかに同源であり、全てインドヨーロッパ祖語の *wîr- ないし *wî-ro-「男」から来ている (EIEC 366)。

44 Di Cosmo (2002a: 57, 65, 71)。

45 Di Cosmo (2002a: 36)。

46 Di Cosmo (2002a: 39)。

47 Di Cosmo (2002a: 39, 163–166)。

48 Di Cosmo (2002a: 134–138) の広範囲にわたる議論を見よ。しかし、ズボンは取り入れたが中国が馬や騎兵に関して不充分であり続けたことは、武霊王は結局は中国の軍隊を大改革しなかったことを示している。

ている。

49　これは、北と西の異邦人を呼ぶ言葉である「胡」の、時代の特定できる早い使用のひとつである。この語は元々は民族名であったが、かなり早くから準総称的になったもののようである。

50　Di Cosmo (1999a: 961)。

51　Di Cosmo (2002a: 174–176, 186–187)。

52　Yü (1990: 120)。頭曼（★Tumen）の転覆は蒙恬に負けたたった六年後に起った。モトゥンのコミタートゥスは、高度に訓練された忠実な私的護衛団で、それが関係していたことは確かであるが、Di Cosmo (2002a: 186) に述べられているように、モトゥンが政権を握った本当の歴史が、プロローグで語った魅力的だが大いに伝説的な話に類していることはあり得そうもない。

53　工芸品に基づいて考古学的な面からいくつかの興味をかき立てられる議論が行われてきたが、厳密な年代その他の問題を解決するものではない。

54　匈奴の起源をめぐる論争とその推定されるフンとの歴史的関連性については後註51を見よ。

55　プリーブランク（Pulleyblank 1991: 346, 227）は「匈奴」を中期中国語で☆χuawŋnu と再構する。バクスター（Baxter 1992: 798, 779）は（自身の引用する同音異義語に基づいて）☆χjowŋnu とするが、プリーブランクの再構形は『切韻』の「書き方」をよりよく反映する。現代標準中国語（官話）について言えば、その名称は拼音ローマ字体系で xiōngnú と綴られるが、実際の発音は [ɕjuŋnu] である。

56　「匈奴」という音写は時期的に早く、明らかに古代中国語の国境地域の方言によって行なわれたので、元の語頭の★s- はおそらく古代中国語で★s- から★χ- への変化が起る前に音写されたであろう。詳しくは後註52を見よ。

57　付録Bを見よ。Saka という名称のユーラシア東部における形については後註53を見よ。

58　それらは使節で探検家の張騫の報告に遡ることは確かである。張騫は紀元前一三九〜一三八年に月氏（★Tok^{w}ar）に派遣されたが、行く途中で捕まって拘束され、帰路でも同様にされた。やっと紀元前一二六年に匈奴人の妻と元の随行者一人とともに脱出して中国に帰った。『史記』にある彼の旅の記録の翻訳については、Watson (1961, II: 264 以降) を見よ。

59　匈奴が民族言語的にどこに属するかという問題

は未だ解決にはほど遠い。
60 Coward and Kunjunni Raja (1990: 4)。
61 Bilimoria (1998: 220–222)。
62 これはブルックス（E. Bruce Brooks）による孔子の年譜の考察に基づいた私の推定である。Brooks and Brooks (2015) 参照。
63 これらの年代のほとんどは争点となっている。註のついていない年代は Audi（1999）から取ったものである。関連の原文のほとんどは後から書き加えられているので、それらの一部分のみがその著者によって書かれたものであろう。
64 『左伝』によれば、昭公一七年である（Yang［楊］1990: 1389）。引用文全体は「吾聞之、天子失官、學在四夷」となっている。私がここに引いた楊伯峻による標準的な『左伝』の版では「官」の字が重なっており（「吾聞之、天子失官、官學在四夷」）、楊は初期の原文と注釈からそれを支持しているが、結果は不規則な韻の非常におかしな「より難しい読み（lectio difficilior）」となっている。楊による版には、他のどの版の文が「官」の字一つだったのか、もしくは一つなのかの情報がない。また、私が気づいた限りでは、それらの文が版本系統のどの位置にあるものかについて述べられていない。繰り返しになるが、真の校訂版が欠如しているために我々は闇の中のままである。漢文文献の校訂版の例として、私がこれまでに見た唯一のものであるが、Thompson（1979）を見よ。そして、特に序文においてトンプソンの述べるところに注意せよ。
65 Brooks (1999)。
66 Hicks (1980, I: 104–111)。
67 Cancik and Schneider (1996: 639)。
68 Rolle (1989: 13)。
69 彼の「最盛」の時期についての問題は、付録Aのアヴェスター語の部分を見よ。
70 例えばヒルディンガー（Hildinger 2001）は「歴史上は遊牧民はやっと生きていられるだけのひどく貧しい生活をしてきて、その貧しさは定住民との接触によってのみ和らげることができた」と主張する。古代や中世の旅行家たちの記録（その多くは英訳がある）に指摘されているように、真実はこれとまさに正反対である。
71 帝国アラム語で書かれた紀元前四世紀のバクトリアの多くの文書が近年発見された。それらはその時代のバクトリアの現地政権や文化に関する細かな点に光を当てるだろう（Shaked 2004）。

72 Hornblower and Spawforth (2003 : 58)。

73 Grenet (2005)、Moribe (2005)、de la Vaissière (2005a)。

第3章　ローマと中国の軍団

吾家嫁我兮天一方
遠托異國兮烏孫王
穹廬爲室兮旃爲牆
以肉爲食兮酪爲漿
居常土思兮心內傷
願爲黃鵠兮歸故鄉
漢細君公主

わが家は私を世界の果てへ嫁がせました
遠く異国の烏孫王に身を託しております
天幕を家とし、毛織物を壁とし、
肉を飯とし、乳を汁としています
常に故郷を思い、心の内が痛みます
黄鵠となって飛んで故郷に帰ることを願っています
漢の公主　細君

ユーラシアにおける最初の地域帝国の時代

紀元前三世紀から紀元三世紀にかけて、古典古代の中期をもっとも特徴づけるのはローマ帝国と中華帝国の発達である。部分的に都市化したこの二つの農耕文化は大きく拡大し、ユーラシア大陸の西端と東端を支配した。そして、両者は中央ユーラシアの奥まで広がった。

西部草原においてはスキュタイの後のサルマタイ人が同じイラン系のアラン人に取って代わられた。西中央アジアでは、移動するトカラ人の連合がバクトリアのギリシャ人国家を征服し、そこからクシャーナ帝国が出現して中央アジアからインド北部まで拡大した。そして、パルティア人による新しいペルシャ帝国がギリシャの都市国家まで西方へ広がり、近東をめぐってローマ人と争った。トカラ人の古き敵である匈奴は南北に分裂するまで東部草原を支配しつづけた。中国の援護により南匈奴は北匈奴を倒し、東部草原を離れると、そこにモンゴル系の連合国家である鮮卑が満洲西部の山から移動してきて匈奴に替わった。

中央ユーラシア、すなわちシルクロードの交易量は非常に大きくなり、ふつうは蔑んで商業についてなど書かないローマと中国の著述家たちがそれについて実際に論じている。交易が行われ、遠距離の外交上の接触も少しあったにもかかわらず、ローマと中国は地理的にも文化的にも遠く離れたままであった。お互いについて、もしくは隣接する地域以外の世界については殆《ほとん》ど知らなかったし、隣接の地域についてもあまり関心を持っていなかった。その時代の終わり頃、交易ルートを通じて伝えられた思想、とりわけ仏教とキリスト教の信仰が中心にも周辺部にも影響を与えた。

†ローマ帝国と中央ユーラシア

ローマは、ユリウス・カエサル（前四四没）の後継者たちのもとで帝国となったと一般に考えられているが、実際にはそれより百年以上前から帝国と言えるレベルまで拡大していた。紀元前一〇〇年までにローマ人はすでにイタリア、南ガリア、ギリシャ、アナトリア、そして北アフリカの多くを支配し、スペインにも広がりつつあった。ケルト語地域であるガリア・キサルピナとガリア・トランサルピナの双方を征服し、ローマは、カエサルがガリアの残りの部分を征服する（前五六年）よりずっと以前にすでに中央ユーラシアに向けて順調に拡大を始めていた。[1] カエサルは紀元前五五年と五四年にブリテン島を急襲し、ゲルマーニアのゲルマン人を攻撃した。カエサルの征服は一方的で純粋に帝国主義的な拡大で、たとえば北ガリアのウェネティ族のように抵抗した場合は「激しく粉砕され、支配者たちは処刑され、全住民は奴隷として売られた[2]」。

ユリウス・カエサルの後、ローマ人は北と東の国境地帯のゲルマン人を支配下に置こうとする試みを続けた。ゲルマーニアのローマに近いところは支配下に置かれ、ローマ人に反逆しては再び支配され、といったことを西ローマ帝国が終わるまで何世紀かにわたって繰り返した。しかし、国境沿いに住んでいたゲルマン人のいくらかはフォエデラーティ（同盟者）として受け入れられ、ローマが他のゲルマン人にたいして軍事行動を起こしたときは援軍として仕えた。そのような過程において彼らは部分的にローマ文化に同化し、最終的にはどんどん衰退していくローマ人よりもローマ帝国の存続に献身した。

紀元一世紀のローマの歴史家タキトゥスの『ゲルマーニア』はゲルマン人に関する詳しい記述の最古のものである。彼らの文化の記述の中でタキトゥスはコミタートゥスに特別に注目しており、その本質的な要素がすべて存在することを述べている。すなわち、大集団の戦士が支配者に永久的に帰属しており、彼らは支配者とともに死ぬことになっているので、支配者が戦死したあと生きて戦場を後にすることは、栄誉を永久に失い、基本的に社会から見放されることとなる。タキトゥスはまた、コミタートゥスの中に「地位の等級」が存在し、コミタートゥスを維持するのに非常に金がかかるということを記している。彼らは「だれもがもらいたがる軍馬や倒した敵の血の付いた槍を求めるなどして常に主人に要求をしていた」[3]。

ゲルマン人の間でコミタートゥスが長いこと重要であったことは注目に値する。初期のフランク王国で存在したのに加え、スペインの西ゴート王国では八世紀になっても存在しており、スカンディナビアではさらに何世紀か先まで行われた。中世初期の年代記作家の中にはフランク人はテュルク人と関係があると考え、それについて歴史的・語源的説明を与えようとした者がいた。[4]そのひとつの理由は、フランク人がテュルク人と出会い、彼らがいくつかの点で互いの文化が似ていると気づいたからであろう。

クロヴィスの父、フランク王キルデリクス一世（四八一／四八二没）は、メロヴィクス（四五六／四五七没）の息子である。メロヴィクスはローマ将軍アエティウスとともにアッティラのフン族とカタラウヌムで戦って死後にメロヴィング朝の創始者とされている。[5]キルデリクス一世の墓はドナウ川流域の東ゲルマン諸王の墓に類似している。彼は豪華な金の副葬品とともに二十メートル×四十メートルの塚の下の部屋に葬られた。[6]塚の周辺には馬と人間の埋葬されたところがいくつかある。しかし、フランク人が長いことフォエデラーティとしてローマ帝国に仕え、その北部の国境沿いに住んでいたことはかなり確実で、キルデリクス自身はベルガエの属州総督のシンボルとともに埋葬された。このように、コミタートゥスを含む中央ユーラシア文化複合体の基本的な特徴は初期のフランク人の間に見られたが、それらは明らかにローマ人から得たものではない。では、どこから来たのであろうか。タキトゥスの記述など早い時期の諸記録に非常に明確に示されているが、フランク人の祖先を含む初期のゲルマン人は中央ユーラシア文化複合体に属しており、それは、アラン人など当時の中央アジアのイラン人がそうであったように、原始インドヨーロッパの時代から続いているのである。古代のゲルマーニアは文化的には中央ユーラシアの一部で、千年以上前にゲルマン人がそこに来たときからそうであった。[7]

✝西部草原

紀元一世紀の初めには、サルマタイ人やスキュタイ人と同系でイラン語を話すアラン人[8]がドン川沿いの重要な草原地帯をアゾフ海の北東まで占領した。ヨセフス（紀元三七〜一〇〇）によると、アラン人はそこからメディア王国を攻撃し占領した。紀元二世紀までにはアラン人は黒海と北カフカスの地域を支配し、西部草原地帯におけるローマ帝国の南東の国境まで支配的であった。[9]

ローマ人は残ったサルマタイ人とアラン人をダキア（現在のルーマニアにほぼ相当）から攻撃した。ダキアは、皇帝トラヤヌス（在位紀元九八〜一一七）が紀元一〇七年にかなり残虐なやり方で征服し、軍隊を駐屯させ、ローマ人を入植させたところである。ダキア人は、「多くが強制的に奴隷とされ、自殺をはかった者もおり、ローマ人は残りの州も倣うよう多くを殺して見せしめとした。トラヤヌスは剣闘士試合だけで一万人を犠牲とした[10]」。

捕虜のアラン人はガリアのローマ帝国領土の奥、ブルターニュまで移動し、そこでローマ軍に兵士として仕えた。彼らは何世紀も民族的な特徴を保ち、子孫は言語の面で現地に同化した後も草原イラン人の伝統をよく守っていた。彼らは中世ヨーロッパの民間伝承に大きな影響を与えたと考えられている。[11] 中世のかなり終わりになってもアランの騎射軍団は、いかなる敵の軍に対しても並外れた攻撃力を持っていたことで繰り返し言及された。

紀元二世紀・三世紀にはゴート人(ゴトーネース)、すなわちタキトゥスの時代にウィストゥラ(ヴィスワ)川周辺のバルト海を占領した東ゲルマン民族は、南と東に広がり、黒海まで達した。彼らは組織化された国家ではなく独立の集団であったが、それ以来、後にオストロゴート、すなわち「昇る太陽のゴート人」、つまり「東ゴート族」として知られるようになる人たちのグレウトゥンギ同盟を作ったエルマナリクが出現するまで、少なくとも黒海草原の西の部分を支配した。エルマナリクは同盟を近隣の人々を征服し支配下に置くという昔からの国家建設のやり方で行なった。その国は紀元三七〇年までに、すなわちフンによる攻撃以前に、強大な王国となった。

フン族について初めて記されたのは二世紀のプトレマイオスによってであった。彼らはサルマティアの黒海草原東部、すなわちアゾフ海の東のドン川を越えた辺りにいた。彼らについての次に重要な情報はフン族とアラン人との戦争に関するもので、フン族は指導者バランベルのもとで勝利した。フン族とアラン人はその後ドン川の西の草原地帯を占領していた東ゴート族を攻撃し、打ち負かした。[12] その地のゴート人のより以前の歴史を考慮すると、フン族のゴート族への進軍とローマ帝国への侵攻は、フン族に従っていなかったゴート人らを追って行なわれたことが明らかであるが、これはエルマナリク率いるゴート族がフン族を攻撃したことの直接の結果であるだろうと思われる。西部草原におけるサルマタイ人、アラン人、ゴート人の勢力は三七五年までにフン族によって打ち砕かれた。その後、中央ユーラシア人の大きな諸集団(主にゴート人)は安全な場所を求めて東ローマ帝国の国境に近づいた。その多くは他の多くの人たちと同様に打ち負かされてフンに服従し、彼らの軍事行動に加わった。[13]

†パルティア帝国

アレクサンドロス大王（前三五六〜三二三）は後継ぎがおらず、[14]広大な占領地を自己の軍隊に残した。将軍たちは帝国を自分たちの間で分割し、独自の王朝を建てた。ペルシャでは、アレクサンドロスの命令でソグドの総督の娘アパメと結婚したセレウコス一世（在位前三一二〜二八一）がセレウコス朝を建てた。それは本質的にはシリアからヤクサルテス川までのペルシャ帝国の領土を回復したものであった。紀元前二三八年にパルティア（現在のイラン東北部とトゥルクメニスタン南部）は、アルサケス（在位前二四七頃から二一七／二一四頃）に率いられた北イラン方言を話すパルニ族に侵略され、アルサケスはパルティアに独立の王朝アルサケス朝を建てた。[15]ペルシャにおけるセレウコス朝の支配は紀元前一二九年にパルティア人がセレウコス朝を倒し、戦いでアンティオコス七世を殺したときに終わった。ちょうどそのとき、パルティア人はトカラ人（Τόχαροι 月氏）から逃れてきたと思われるサカ人の侵入に悩まされていた。[16]トカラ人はアルダワーン（アルタバヌス二世もしくは一世、前一二八〜一二四／一二三頃）を戦いで殺し、バクトリアを征服した。しかし、パルティア人は回復し、彼らの帝国はミトリダテス二世（大王、在位前一二四／一二三〜八七頃）のもとでしっかりと確立した。

パルティア人は強大だがかなり地方分権的な王朝を築いた。彼らは騎射による軍事行動（パルティアンショット[17]で知られていた）や、残念ながら残ってはいないが口承の叙事詩など、中央ユーラシアのイラン人の習慣を多く保っていた。近東の支配を巡って絶え間なく続いたローマ人との戦いでしばしば敗北したにもかかわらず、パルティア人は一般的に伝統的なイラン的支配をイランだけでなくイラクのほとんどの地に保つことができた。その支配は彼らの存続した四世紀間、サーサーン朝の創設者アルダフシェールに殺されたアルダワーン（アルタバヌス五世もしくは四世、在位紀元二一三〜二二四頃）の治世まで続いた。

†トカラ人とクシャーナ帝国

東西の史料に記録されている注目すべき一連の出来事が、中央アジアではクシャーナ帝国の誕生につながった。その始まりは究極的には紀元前二〇〇〇年頃のインドヨーロッパ人の第一波の移動であった。それは、原始トカラ人となったグループAの方言を話す人々が甘粛の地域に到達し、敦煌の西の、ロプノールや後のクロライナ（楼蘭）王国を含む地域に住みついたときであった。それから十八世紀が過ぎた紀元前三世紀、月氏[18]、つまり★Tok^{w}ar と呼ばれていたトカラ人はまだその地域に住んでいた。

紀元前二世紀の初め、匈奴は拡大の初期の段階であったが、★Tok^{w}ar 人は彼らの西と南に住む強大な勢力であった。紀元前一七六年か一七五年、匈奴は彼らを最終的に打倒して先祖代々の地より追い出し、さらに近隣の★Aśvin（烏孫）[19]などを服従させた。[20]小月氏として知られた★Tok^{w}ar 人の一部は南に逃れ、南山の羌の人々の間に避難したが、生き延びた人々の主力、大月氏は西のジューンガリアに移動した。実証される東トカラ語と西トカラ語の話し手の祖先が前からそれぞれ高昌地域とクチャ（亀茲）・カラシャフル（焉耆）地域（後に実証された中世初期の場所）にいたかどうか、もしくはその時代の大月氏の移動のときにそこにいたかどうかは知られていない。★Tok^{w}ar 人は定住していたサカ人をジューンガリアから追い出したが[21]、わずか数年後に★Aśvin の攻撃を受け、敗北した。その後、★Tok^{w}ar は西と南に移住してソグディアナに行き、そこからパルティア人を攻撃して紀元前一二四年か一二三年にバクトリアを服従させた。彼らは少しずつオクソス川を越えて、バクトリア本土に落ち着き、そこで後に Tokhâristân[22]、すなわち「Tokhar（★Tok^{w}ar）の地」として知られることになる強大な王国を建てた。

紀元前五〇年頃、クシャーナ（Kuṣâṇa）の支配者クジュラ・カドフィセスはTokhâristânを構成する他の四つの支配地域を服従させ、クシャーナ帝国を建てた。そして、エジプトにあるローマの諸港とインドを直接結ぶ海洋交易ルートを支配することによってパルティアを迂回して彼らの税から逃れ、領土を南のインドへと拡張させてインダス川の河口まで到達した。クシャーナ人はこの交易によって大きな利益を得た。彼らの支配は東のタリム地域にも及び、そこではキュセン（Küsän）[23]の名で足跡を残した。その名は後の、トカラ語を話すクチャ（亀茲）王国の首都の現地語の形である。彼らが使用した特徴あるカロシュティー文字で書かれた統治の記録は、東はクロライナ（楼蘭）までの地域で発見されている。クシャーナ人は、パルティア・中央アジア・中国に仏教を伝えたただひとつのそして最も重要な民族である。その帝国は、数ある宗教の中でも仏教を保護した五代目の支配者カニシカ（Kaniṣka、最盛期紀元一五〇頃）のもとで絶頂期に達した。

クシャーナ帝国は残念なことに貨幣などの物質的なものが残っているだけで、他はほとんど知られておらず、かなりの部分は謎となっている。サーサーン朝の創始者アルダフシェール一世が紀元二二五年頃にクシャーナ帝国を打って降伏させた。

†中華帝国と中央ユーラシア

秦が紀元前二一〇～二〇六年に崩壊し、それによって新しく長命な王朝、西漢（前漢）（前二一〇～紀元九）が成立した。武帝（在位前一四一～八七）のもとで中国人は再び帝国の拡大を狙った。何回か遠征に失敗した後、紀元前一二七年から一一九年の間に匈奴に対していくつかの大勝利をおさめ、北はオルドス地域を取って匈奴を先祖代々の土地から再び追い出して黄河の大屈曲部のはるか向こうの北方に移動させ、また、西方を攻撃して戦略上重要な隴西（現在の甘粛の地域）の地の祁連山脈を取った。戦国時代の終わりの北方の三王国、秦、趙、燕によって作られた長城は、征服した匈奴の領土を支配するために秦によって連結されて敦煌から遼東に達していたが、修復され、その要塞は再び占領された。シルクロード諸都市の支配を匈奴から奪い取ろうと武帝も西域に遠征隊を送った。中国の使節や将軍の報告は中国の地理学者や歴史家に中央ユーラシアについて東部草原やタリム盆地から西はイランまで直接の情報を提供した。そこから先、パルティア帝国やローマ帝国といった地域についてはずっと正確さは落ちるが人づての情報をいくらかもたらした。

最も重要で生き生きとした記述は張騫（前一一三没）のものである。張騫は紀元前一三九年に★Tok^{w}arが敦煌と祁連山脈の間のかつての故地に戻るよう誘いかけるという任務を負って旅立った。彼は途中匈奴に捕えられ、そこで十年を過ごし、そこを脱出後また西への旅を続けた。紀元前一二八年ごろにはバクトリアにおり、今度は短かったが再び匈奴に滞在した後、[24] 一二二年に帰郷した。一一五年に再び派遣されたが、戻って二年後に死んだ。[25]

漢王朝の史書によると、匈奴は「純粋な」遊牧民で、草と水を求めて家畜の群れを追い、馬に乗り狩猟をして育つ「生まれながらの戦士」というものであって、[26] それはヘーロドトスによるスキュタイ牧畜遊牧民の記述と驚くほど似ている。考古学や他の多くの研究で確認されたように、この二つの民族は細部にいたるまで生活様式が同じである。

> 彼らは家畜に食べさせる草を求めて北辺を移動している。家畜の大半は馬、牛、羊である。……城郭都市を持たず定住して耕作することはないが、各自が土地を持っている。……少年は羊に乗り、弓矢で鳥や鼠を射ることができる。少し成長すると、食料となる狐や兎を射る。戦闘用の弓

を引けるだけ強くなると、みな武装して騎士となる。[27]

ヘーロドトスと同様に、匈奴に関する最も重要な情報は史書の他の部分にある。匈奴に行き、その皇帝に大いに優遇された中国人の宦官は、中央ユーラシア人が中国の絹や食べ物を好むことを批判した。

匈奴国家のすべての人々を合わせても漢帝国のひとつの省［の人口］にも達しないであろう。匈奴のその強さは彼らの食べ物や衣服が中国のものとは異なっており、漢に依存するものは何もないというところにあるのである。[28]

漢の軍隊と外交使節は最終的に匈奴の力をかなり弱め中国文化を草原地帯に広めることに成功した。

黄河の先の領土において……漢は灌漑設備を作り、駐屯農地をあちこちに設置し、五万から六万の役人や兵士を配置した。徐々に農地は領土を使い尽くして北の匈奴の地との境界まで達した。[29]

しかし、匈奴はそれまでの経験から中国に対して硬化し、反撃した。それは常に南の故地を回復し中央アジア諸都市の支配を保つためであった。実際、双方の地で漢は大成功を収めたにもかかわらず、匈奴はタリム盆地の諸都市に支配力を行使し続けた。中国の政策は平和的で公平であり得た。

今の皇帝［武帝］が即位したとき、和平同盟を再確認し、匈奴に国境の駐屯地の市場での交易を許可し、豪華な贈物をして、寛容に扱った。匈奴は単于[30]以下すべてが漢と友好的になり、長城沿いを行ったり来たりした。

中国人は匈奴をうまく罠にはめて捕え皆殺しにできると考えたとき、裏切って暴力に走ることもあった。黄河の北東の屈曲部付近の馬邑《ばゆう》の町において紀元前一二四年に匈奴の支配者を捕えようとした試みが失敗し、戦争が始まった。

この後、匈奴は……ところかまわず国境の防衛施設を攻撃しはじめた。幾度となく彼らは国境を越え、数えきれないほどの略奪攻撃を行なった。同時に、彼らはそれまでと同じように貪欲で、国境の市場を喜び漢の物品をほしがっていた。漢の方としては彼らの資源を切りくずすために市場での交易を許可した。

馬邑への遠征より五年後の［紀元前一二九年の］秋に漢はそれぞれ一万の騎兵を統率する四人の将軍を派遣し、国境の市場でそのバルバロイに対して奇襲攻撃を行なった。[31]

紀元四九年、最終的に二つの王国に分裂したにもかかわらず、より強大なほうの北匈奴は中央アジアの多くの部分を支配し続けた。彼らの影響はソグディアナまで及び、その地ではまだ名目上は宗主と見なされていた。

中国の正史では、中央アジアに軍事的支配を打ち立ててそれを保持するにあたって中国と中央アジアが距離的に遠かったことを重要な要素として訴えている。しかし、中国が東中央アジアの諸都市の支配を名目上のもの以上にしなかった主たる理由は間違いなく経済的なものであった。中央アジア諸都市の経済は、都市住民と農村住民との間の交易関係に基づいており、それは何世紀にもわたって発展してきたものである。匈奴の牧畜経済は中央ユーラシアの農業経済・都市経済と区別されるものではなく、遊牧民の積極的な参加は、匈奴にもタリム盆地諸都市の人々にも経済・政治の繁栄に不可欠なものであった。

匈奴は漢の国境の町における自由な交易を許可され、中国の宮廷の役人の中にはそれに反対するものがいたが、漢は通常はかなり利益が得られると考えた。匈奴に交易を許すことに同意したとき、それは平和を意味し、匈奴が国境地帯を「急襲」することはまずなかった。これに関連して、忘れてはならないのは、中国によって設定された国境は中央ユーラシアの領土内深くまで伸び、「中国の」交易都市は人々の多く（おそらく大部分）が民族的には中国ではない地域にあった。匈奴は最も強大であった時期においても襲撃（中国との全面戦争における攻撃とは対照的な）を行なったが[32]、その範囲は、匈奴の以前の領土の外側の境界である、かつての内モンゴル、山西北部、陝西、甘粛あたりまでであった[33]。

†東部草原の鮮卑

年々変化する国内情勢、中国の攻撃と政治工作、その他の要因によって[34]、草原における匈奴の勢力が弱まると、匈奴の支配下にあった草原の民たちは次第に自分たちが支配者になる機会を狙いはじめた。これらの変革の中で特に重要なのが鮮卑のものであった。鮮卑は原始モンゴル語を話す民族で、匈奴王国の東、現在の西満洲におり、匈奴の二番目の偉大なる支配者モトゥン（冒頓、在位前二〇九～一七四）の支配下にあった。

北匈奴帝国は紀元八三年から八七年の間に事実上崩壊した。八七年には鮮卑が戦いで匈奴を降し、支配者を殺害した。北匈奴の残党が九一年に西のイリ渓谷に移動したとき、鮮卑は北匈奴のいた場所に移り、東部草原の支配者として匈奴に取って代わり、西はアシヴィン（*Aśvin）まで拡大した。[35]

†日本高句麗人の征服

紀元前二世紀初頭より以前のいつか、米を作り魚を捕って暮らしていたと思われる原始日本高句麗人が南方から遼西（現在の遼寧省西部と内モンゴル）へ移ってきた。紀元二世紀には日本高句麗語を話す人々はまだ遼西にいたが、倭人は、その一派である原始日本語を話す人たちの残存者で、漁業を行い、農業を営んでいたのも確実で、家畜の群れを追う草原戦士ではなかった。それと対照的に、彼らと同系の高句麗人は遼西地域に住んでいると紀元一二年の史料に初めて現れるが、その頃までには騎馬戦士の民となり、草原で戦っていた。[36]高句麗人、扶余人、そして扶余高句麗系の他の人々は、建国神話（プロローグを参照）、コミタートゥス、支配者の大古墳への埋葬、地理的基準に基づいて国を理論的に四分することなど中央ユーラシア文化複合体の主要な特徴を持つようになっていた。[37]

鮮卑が拡大したことや王莽《おうもう》（在位紀元六／九～二三）のもとでの中国の圧力もあって、扶余高句麗人の一部は遼東へ移住しはじめた。そこには、同系の穢貊（もしくは濊と貊）がすでに紀元前一〇〇年までに移ってきており、その時代に遼東と朝鮮（当時は満洲東南部）の地域に住んでいると『史記』に記されている。[38]彼らは三つの王国を形成した。遼河から鴨緑江にかけての南満洲に高句麗王国、高句麗の北の満洲の南部から中央部辺りの扶余王国、[39]そして朝鮮半島の東岸に沿って南に半島南東角の朝鮮語を話す辰韓王国まで広がる濊貊王国である。[40]扶余高句麗王朝は特に中国と鮮卑によって何度も分裂させられたが、人々はそれらの地にしっかりと定着し続けた。

†古典的中央ユーラシア

ローマ帝国が地中海沿岸地域のほとんどを征服し内陸地域に向かい始める前、そして同様に中華帝国が都から四方に向かって遥か遠くの地域まで征服する前に、東西における古典古代の黄金期はすでに過ぎていた。これら二つの帝国においては古典的伝統が強いままで、双方においてそれは最大限の拡張を意味した。しかし、彼らは領土を著しく拡張するという主な目標を達成したにもかかわらず、一定の程度を超えると社会基盤がそれを維持することは物理的に不可能であった。

古典的な帝国による中央ユーラシアの政治組織に対する分割、侵攻、破壊という決まりきったアプローチは初めのうちはうまくいった。ローマは北海から黒海まで西ヨーロッパの真ん中を通る線に沿ってゲルマン人が中心の中央ユーラシア西部の深くまで侵攻した。彼らは直接支配できない人々には分裂の種をまいて非常に効果的に脆弱さを作り出した。中国はさらにうまくやった。中央アジアにおいて匈奴の宗主権を完全には排除できなかったが（これは中央ユーラシア経済にとってはよかった）、中央アジアの真ん中までかなり安全に接近することができるようになり、それが続いたのである。また、それだけでなく、匈奴を二つに分裂させ敵対関係にすることにも成功した。ほぼ完全に中国に服属した南匈奴と分裂後数十年しか続かなかった北匈奴である。長く続いた南匈奴は、時とともに中国の支配が次第に強まっていったが、北匈奴に代わって東部草原の覇者となったモンゴル系の鮮卑から中国北部を事実上遠ざけた。

中華帝国とローマ帝国の侵略的な対外政策の成功は最終的には悲惨な結果をもたらした。どちらの帝国も国境の交易を部分的に閉鎖し、中央アジアを絶え間なく攻撃したことによって不安定化し、その結果、その地域で内紛が起った。その後、シルクロード交易が著しく減少したことは、中央アジア諸都市の地域的広がりが縮小したことに表れているが、それは最終的に西ローマ帝国と東漢（後漢）帝国（および後継の晋王朝）の崩壊とそれに伴う古典文明の終焉をもたらすことになった長引く不況の原因のひとつであった。[41]

1　James (2001: 18–22)。ブリテン島は後の紀元四三年にカエサルの名目上の曾孫であるクラウディウスによって大規模に征服された。

2　James (2001: 18)。

3　Mattingly (1970: 113)。Hutton (1970: 152–153) 参照。また、本書プロローグにおける議論を見よ。

4　Beckwith (2006/7) を見よ。

5　シェルマン (Scherman 1987: 102–103) は、ほとんどのフランク人がローマ人の短髪のファッションを受け入れたとき、メロヴィング王家は伝統的なまとめない長い髪をし、よく手入れをしていた。テュルク人などさらに東の中央ユーラシア人たちは長い髪をしていたが、（後の習慣が前の時期のものを正確に反映しているとすれば）多くの編みを入れていた。ギリシャ語文献におけるテュルク人に関する初期の記録は、アガティアスによる彼らの髪に対する侮蔑的な言及である (Keydell 1967: 13)。そこでは、彼が大いに称讃していたフランク人の美しい髪と比較して、「ぼさぼさして、ばさばさで、汚く、見苦しく結んで縛っている」(Frendo 1975: 11) というのである。フランスのエレガントなスタイルは長い伝統があるようだ。

6　隔壁で仕切るのはビザンツの様式であると考えられている。その墓は一六四三年にベルギーのトゥルネーで発見され、近年、再発掘された (Kazanski 2000)。Brulet (1997) 参照。

7　ゲルマン以前のヨーロッパへの移動の時期の問題は解決したと言う人がしばしばいるけれども、今のところどの試みも全て成功していない。第1章を見よ。そして、アダムズ (Adams, EIEC 218–223)

の注意深くバランスの取れた記述を参照せよ。

8　彼らの名前と初期の歴史についてはGolden (2006)を見よ。

9　Melyukova (1990: 113)。

10　Lehmann (2006)。ダキアとその地におけるローマ人の征服については後註54を見よ。

11　Bachrach (1973)。その物語の要素の中でも、ランスロットという名前と石の中の刀の話は元々アラン人のもので、アラン人の後裔で現在カフカス地域に住むオセット人の言語と民間伝承に反映されていると広く考えられている（Anderson 2004: 13以降。Colarusso 2002。Littleton and Malcor 1994を参照）。

12　アンミアヌスは、東ゴート族の王エルマナリクはそのとき「民を導いてフンの囚われの身とするよりよい」というので三七五年頃に自殺した、と言う(Burns 1980: 35)。

13　Sinor (1990c)。

14　彼の中央アジアの妻Roxana (Roxane)は紀元前三二三年に男の子を産んだが、アレクサンドロスは三二三年六月十日に死んだので、継承をめぐって争うには遅すぎた。

15　Bivar (1983a: 28–29, 98)。

16　漢文史料によれば、月氏（★Tokʷar）はイシク・クル湖の近くに住んでいたサカ（インド史料ではシャカ Śaka）を紀元前一六〇年に攻撃した。一二八年に張騫がその地にいたとき、トカラ人は既にバクトリアを征服してサマルカンドとオクソス川の間に本拠を置いていた。パルティア人は漢文史料では「安息」新官話 ânxî で、通常の再構によれば、中期中国語 ☆ansik（Pul. 24, 330)、古代中国語で★ansək もしくは★arsək であるが（Sta. 577, 552)、それよりもおそらく古代中国語の★arśək、すなわち★arśăk から来たもので、完璧に王朝の名称 Aršak（ʾršk と書かれる）のパルティア語形を音写したものであろう。

17　馬に乗って移動しているときに追っ手に向かって後ろ向きに矢を放つ中央ユーラシアのやり方。

18　これは漢文に現れる形で、再建形★Tokʷar については付録Bを見よ。

19　付録Bを見よ。

20　どの記録もアシヴィン（★Aśvin）はジューンガリアに侵攻し、前にサカ人がいた土地に住んでいた★Tokʷar を攻撃したとする（Bivar 1983b: 192 参照）。彼らは勝利するとその地に落ち着いた。クリスチャン（Christian 1998：210）ら多くの研究者には申し訳ないが、それはアシヴィンが*Tokʷar の後にジューンガリアに到達したことを意味する。
21 サカ（Saka）もしくはシャカ（Śaka）の人々はそれから長い移住を始め、それはインド北部を征服したときに終わった。そこで彼らはインド・スキュタイ人としても知られた。
22 この地名は初期のアラブの記録に Ṭukhâristân と現れ、それは他の地域に現れる Tukhâristân や Tokhâristân を表すが、より古い [kʷar]～[χʷar] という音節が [χa:r] となっている。
23 これは古代ウイグル語の形である。古代チベット語では Guzan と書かれ、[küsan] ないし [küsän] と発音されていた。現在もクチャとカシュガルの間に Küsen という名の町がある。
24 Yü（1986：458 n. 260）。
25 Loewe（1986：164）、Yü（1967：135–136）。
26 『史記』の版の訳については Watson（1961, II：155 以降）を見よ。『史記』は『漢書』より古いが、どちらの史書も同じ記録資料を利用していることが明らかにされており、『漢書』が単に『史記』を写したとは限らない。中国人の間で『史記』の名声が高いのは、それが標準的な漢文で最初に書かれた「近代」史であったからではなく、むしろその文語体による。
27 『漢書』（94a：3743）。Watson（1961, II：155）を参照。鎧について明確に述べた部分に注意せよ。
28 Watson（1961, II：170）。その宦官は匈奴に素朴だがしっかりした優れた現地の匈奴の生産物を用い、輸入品は拒否して中国に頼らないことを勧め続けた。この話は、中国人が匈奴のような中央ユーラシア人にとって交易が最も重要であることを知らなかっただけでなく交易に対して偏見を持っていたことを示しているだろう。しかし、古代テュルクのトニュク碑文に類似したことが書かれているのを考慮すると、中央ユーラシア諸国の中での昔からの保守的な傾向を表しているのかもしれない。
29 Watson（1961, II：183）。
30 匈奴の支配者を表す称号「単于」Ch'an-yü（伝統的な読み方は Shanyü）の再建形は明らかではない。後註7を見よ。
31 Watson（1961, II：177–178）。異邦人を表す中国語の単語を「バルバロイ」とする誤訳についてはエピローグを見よ。

32 また、中国で内戦があったとき、中国北部の国境近くにいた中央ユーラシア人はしばしば中国のいずれかの閥の傭兵や同盟者として戦った。

33 Yü (1986: 389)。

34 Yü (1986: 404–405)。

35 Yü (1990: 148–149)。

36 記録によると（『漢書』99: 4130）、中国は高句麗に匈奴を攻撃させたかったが、高句麗はそれを拒否した。遼西の総督が高句麗の支配者を殺害したとき、人民は中国に「反発して」その総督から逃れて草原に入った。そのとき以降、彼らは遼東と満洲南部に移住し始めた。この記述が高句麗についての最古の歴史的記録である。より古いと推定される地理的な証拠は彼らが朝鮮半島の近くにいたとするが、それは後の紀元一世紀に後から書き加えられたものの一部である（Beckwith 2007a: 33–34 n. 12）。それはおそらく武帝による征服を飾る意図で行われたのであろう。

37 史料に見られる高句麗の精鋭戦士たちはおそらく王のコミタートゥスであっただろう。ただ、残念なことにこの点に関して史料がはっきりしない。しかし、三国時代の朝鮮半島で戦った日本の武士がコミタートゥスを含めた中央ユーラシア文化複合体を完全に獲得して日本に持ち帰り、日本の武士はそれを扶余高句麗の人々から学んだということは意見が一致しているので、彼ら自身コミタートゥスを持っていたに違いない。

38 彼らは交易に関する章「貨殖列傳」の「中立的な」文脈でだけでなく匈奴に関する章でも記述されている（Watson 1961, II: 163, 185, 487）。

39 Byington (2003) を見よ。

40 Beckwith (2007a, 2006e, 2005a)。Yemaek は同じ文字の朝鮮漢字音による読みである。

41 中央ユーラシア人の次の移住は入植した中央ユーラシアの諸地域のみならず周縁諸国の本拠地域にも広がった。ローマ帝国では、それはガリア、ゲルマーニアのほとんど、ダキアだけでなく、実質的にはスカンディナビアより南の西ヨーロッパ全域で、地中海を越えて北アフリカさえ含んでいた。中国では、その移住は植民地化されたかつての中央ユーラシアの領土であるオルドスと陝西、山西北部、満洲南部に加えて、古くから中国の地域であった黄河の東の屈曲部の南と淮河《わいが》渓谷の関中地域にある長安やその周辺の周、秦、漢の王朝の本拠地に広がった。

第4章　フン族の王アッティラの時代

Sele hlifade
heah ond horngeap. headowylma bad
ladan liges, ne wæs hit lenge þa gen
þæt se ecghete aþum sweorian
æfter wælnide wæcnan scolde.
Ða se ellengæst earfodlice
þrage geþolode. se þe in þystrum bad
þæt he dogora gehwam dream gehyrde
hludne in healle: þær wæs hearpan sweg
swutol sang scopes.

館は破風を広げて高く聳《そび》え立った、
来たるべき戦いの炎を、忌まわしき炎を待って。
血にまみれた殺戮の後に、
　誓い合った者たちの死闘が起るのに
　長い時は要さなかった。
そして、強大なる物《もの》の怪《け》、暗闇に住まう魔物が
日ごとに館に大きく響き渡る楽の調べを
　聞いて、苦しみ、耐えていた、
竪琴の音色を、詩人の朗唱を[1]。

『ベーオウルフ』より

民族大移動

紀元二世紀が過ぎ、古典古代の大帝国が崩壊しはじめたとき、北方ユーラシアの諸民族は南に向かって移住を始めた。民族大移動（ドイツ語のVölkerwanderung）として知られるこの広範囲にわたる歴史上の出来事においては、主にゲルマン人たちがかつてのローマ帝国の西半分に、ヒョーンやエフタルなどあまり知られていない人々がペルシャ帝国の中央アジア地域に、モンゴル系を主体とした人たちがかつての中華帝国の北半分に移動した。移動の理由はまだ分かっておらず、見つけるのも難しいが、その結果は西ヨーロッパにとって革新をもたらすものであり、最終的にはユーラシアや世界の文明全体にとってそうであった。

注目すべき移動のひとつに、以前には知られていなかった人々、フン族の移動があった。フンはアラン人とゴート人から伝統的な草原式のやり方で西部草原の支配をつかみ取ったのである。服従しない者を追い、ヨーロッパの奥深くまで入って行った。数ある中でもアラン、ゴート、フンの突然の出現によってヨーロッパ人はそれまでよりも密接に草原文化と接触するようになった。フンが西部草原と西ヨーロッパの一部を支配し、それ自体は長続きはしなかったが、彼らの支配は良くも悪くもヨーロッパ人の意識に永続的な影響を残した。

民族大移動は西ヨーロッパのほぼ全域を中央ユーラシア文化複合体の一部として再構築した。当時、中央ユーラシア文化複合体は日本にも広がっており、従って、ユーラシアの北温帯地域をブリテン島から日本まで覆っていた。政治的に、そして言語学的に言うと、移動によってゲルマン系の言語とモンゴル系の言語を話す人々が優位に立ち、それぞれユーラシアの西と東の端を大きく占めていた。ゲルマン系とモンゴル系の人々のローマ帝国そして中華帝国への移動は、中央ユーラシア人の視点から見ると、人口統計学的には、通常の状態の復元であった。すなわち、中央ユーラシアとその周辺地域の間に境はなく、民族言語的ならびに政治的区分にかかわらず人々は都市部と非都市部の間を自由に行き来できたのである。しかし、結果は東西で異なっていた。それはおそらく華北では中国人の人口比率がかなり高かったのに対して西ローマ帝国ではローマ人の人口が相対的に少なかったことによるのであろう。

†フン族と西ローマ帝国の崩壊

フン族は紀元二〇〇年頃にはアゾフ海の北東、すなわち西部草原の東部に定住した。それ以前の彼らについては知られておらず、歴史・政治・言語その他の面での関係は分からない。[2] バランベル（もしくはバリンベル、最盛期三七〇～三七六頃[3]）に率いられたフン族は三七〇年もしくはその前後に黒海草原本土に入った。彼らの移住は、エルマナリクがそこに東ゴート帝国を建てようとしていた際に彼らを攻撃したことに反応したものであった可能性がきわめて高い。[4] フンはアラン人や東ゴート族を三七五年までに粉砕して西へ進んだ。三七五年はエルマナリクが自殺を図った年である。三七六年にはフリティゲルン（最盛期三七六～三七八[5]）を軍事的指導者とする西ゴート族（テルヴィンギ）がフンから逃れてローマに保護を求めた。そのとき彼らはドナウ川を越えて東ローマ帝国に入ることを許された。彼らはトラキア中央部に住むことになっていたが、そこに到着する以前よりローマ人からひどい扱いを受けた。それは、意図的にでもあったし、外の民族の大きな部分を帝国に入れることによって問題が生じた結果によるものでもあった。

これを担当したローマ人は、これらの問題を行政的に充分に処理できなかったし、ゴート人難民の持っていた大変な財宝によって金持ちになる機会を黙って見ていることができなかった。その上、利用できる輸送手段を休みなく使ったにもかかわらず、その大勢の人々にドナウ川を渡らせるためには充分ではなかった。ローマ人が考えた乗船順序はゴート人の家族や氏族構造を破壊したり脅かしたりするものであった。食糧もきちんと供給されず不足していた。それは必ずしも意図的なものではなかったが、そのこともあってその飢えた人々を鎮めることはできなかった。実際にそれを見たローマ人はテルヴィンギたちの悲惨さを書き記し、不正な役人や司令官によって彼らが搾取されていると訴えた。絶望的状況によって、自ら奴隷となったり、家族が離ればなれになったり、貴族の子供ですら引き渡させたりといったことが起った。[6]

当然のことながら、三七八年にフリティゲルンは反逆した。西ゴート人はハドリアノポリス近くで彼らを襲ったローマのワレンス皇帝（在位三六四〜三七八）の軍隊を打ち負かし、戦いで皇帝を殺害した。ローマ人は二年後にゴート人、アラン人、そしてフン族の一部にパンノニアの地（現在のハンガリー）を与え、フォエデラティ、すなわち「同盟民族」とした。三八二年一〇月三日、ローマ人とゴート人の間に新たな条約が締結された。この新しい同盟民族は早くも三八八年にはローマ軍に仕え、皇帝テオドシウス一世（三七九〜三九五）が反逆者マクシムスを倒すのを助け、自分たちの価値を証明した。[7]

そのときからフンはローマと戦うより帝国から金をもらって働くことのほうが多くなった。彼らはまた三九五〜三九六年に黒海草原の地域からカフカス山脈の近くを通ってアルメニア、シリア、パレスティナ、メソポタミア北部へとペルシャ帝国への侵略を始めた。フンがこのペルシャの領土へリスクを伴う遠征を行なったのは戦利品を求めてのことだと一般には考えられているが、あるシリアの年代記にはその侵略はあるローマ人官吏の横暴な行動が原因だったと記されている。[8] フンはこの遠征でサーサーン朝ペルシャの首都クテシフォンを襲撃したがうまくいかず、ペルシャに敗退し、注意をヨーロッパに向けた。右の年代記の編者が示す侵略の理由はおそらく正しくないであろう。フンがローマではなくペルシャに侵攻したのでこのような疑いを抱いたのだろうが、実際のところ侵攻の理由はわからないであろう。とは言っても、侵攻の本当の原因が横暴なローマ人官吏だか誰だか、また何か他のものかどうかは重要なことではない。年代記編者の意見が重要なのは、侵略に苦しんだ周辺の民族でさえその侵略には何らかの理由があったと考えており、それには正当な理由があったということである。フンは残忍なバルバロイで自分を抑えられなかったから攻撃したということではない。[9]

謎に包まれたバランベルの後に現れる、名前の知られているフンの初期の支配者たちはフン王国全体を統制していなかった。従って、フンがローマと結んだ条約は基本的に各地の長が結んだものであった。フンが攻撃を始めると、ローマ人はフンが条約を守っていないと言って非難したが、それはいつも、条約の調印者ではなく、何らかの襲撃の理由を持っていたと考えられる人々もしくはグループがとった行動であったと思われる。統一されたフンの国家が発展しはじめるのは、ルガもしくはルア(四三四没)のもとで中央集権化を達成したときであった。

ルガが死ぬと、甥のブレダとアッティラが後を継いだ。兄のブレダは東部の諸地域を、アッティラは西部を支配した。東ローマ帝国皇帝テオドシウス二世はそのときフンとの間で新しい講和条件を協議し、「ローマとフン双方の人々が平等の権利を持つ安全な市場があるべきだ」と約束して、[10] フンの支配者たちに毎年七百ローマポンドの金《きん》を支払うことに合意した。その条約は双方に都合の良いものであった。「ローマと講和すると、アッティラ、ブレダと彼らの軍隊は部族を制圧しながらスキュティア[西部草原]を進軍した」[11]。

テオドシウス二世がフンへのその定期的な支払いをやめたとき、アッティラとブレダは四四〇年と四四一年にローマに向けて遠征を行なった。ドナウ川を渡るとき、彼らは帝国部隊を粉砕し、都市を占拠し、ローマ軍をコンスタンティノープルの城壁の下手で打ち破った。コンスタンティノープルはテオドシウスが首都としていた町であった。[12] 皇帝は再び講和を求めアッティラの要求に応じた。要求には更なる領土の割譲、未払金の支払い、毎年の金《きん》による貢納を以前の三倍の二千百ローマポンドとすることなどが含まれていたが、貢納金はローマの基準からすれば実際にはまだわずかな額であった。[13]

五年後、ローマはアッティラに再び攻撃の理由を与えてしまった。四四七年にアッティラは南に向かった。自身に向けて送られたローマ軍を打ち破り、テルモピュライに到達した。ローマは和平交渉を始めたが、政治的な陰謀で暗殺を企てたものであり、それについては四四八年にアッティラのもとに送られたローマの使節団の一員だったプリスクスがやや詳しく記述している。四五〇年、交渉がまだ続いているときにテオドシウス二世は死んだ。マルキアヌス（在位四五〇～四五七）が後を継ぎ、貢納金の支払いをやめてしまった。

しかし、四四五年頃に兄が死んだ後、フン帝国の唯一の支配者となっていたアッティラは、予想に反して、報復として東ローマ帝国に侵攻した。彼には東ローマ帝国を侵略する理由ないし口実があった。それは、ワレンティニアヌス三世（在位四二五～四五五）の姉のホノリアから自身の指輪とともに手紙が送られてきたときであった。ホノリアはワレンティニアヌス三世に恋人を処刑され、自身も監禁され、アッティラに助けを求めた。アッティラは彼女の頼みを結婚の申し出と受け取り、彼女を解放し自身が公告したもの、すなわち西ローマ帝国の半分を持参金とすることを要求するために、主にフン人、ゴート人、アラン人からなる大軍を従えて西へ向かった。史料によれば、その軍は推定で三十万から七十万の兵からなっていたというが、おそらくそれよりずっと少なかったであろう。

四五一年にフンはガリアとゲルマーニアのライン川沿いの西ローマ帝国北部のいくつかの町を占拠し略奪した。それからガリアの中心に向きを変え、ガリア北西部の戦略上重要な都市オルレアンを襲撃した。しかし、フンの攻撃のさなかにローマの将軍フラウィウス・アエティウスは主にローマ人、フランク人、西ゴート人からなる大軍を率いて進軍した。アッティラは撤退し、戦いの準備をした。

フンは馬に乗ってヨーロッパになだれ込み、遊牧民の軍隊との戦いに慣れていなかったローマ人を簡単にやっつけたと一般には考えられている。しかし、フンは黒海草原を支配し続けたが（アッティラの息子のひとりが黒海近くの諸民族を支配した）[14]、西ヨーロッパ内では馬に必要な牧草地はほとんどなかった。パンノニア平原の比較的限られた草地では、遊牧民が中央ユーラシアで維持していた膨大な家畜群を養うことはできなかった。フンは補助的な騎兵部隊のための馬しか保持できなかった。結果として、彼らはガリアとイタリアでほとんど歩兵としてローマと戦った[15]。

四五一年六月二〇日頃、カタラウヌムの戦い[16]で両軍は対戦した。激しい交戦で、双方とも多くの犠牲者を出した。史料では二十万から三十万の兵士が死んだと推定されている。アエティウスはその戦いで主たる同盟者の西ゴート王テオドリックを失ったが、自身も高い指揮能力を持ち、また四〇八年のスティリコの死の後にフンの人質として暮らした際にフンの戦術について直接知識を得ていたこともあり[17]、フンに勝利した。ローマは勝利したにもかかわらず、軍隊は疲弊し、西ゴート族が撤退したので、アエティウスはフンを追わなかった。同様にアッティラは、軍はまだ力を充分に残していたが、パンノニアに撤退した。

四五二年、フンは再びガリアを攻撃するのではなく、アルプスを越えてイタリアに下った。そして、ポー平原の諸都市やイタリア北部の他の場所を獲得し、当時西ローマ帝国の首都であったラウェンナに向かって南下した。西ローマ帝国皇帝ワレンティニアヌス三世はそこを出てさらに南のローマへ逃れた。ローマ教皇レオ一世を含むローマの派遣団は北のポー川まで行き、そこでアッティラと会見し、教皇はラウェンナへの攻撃をやめるよう説得しようと試みた。

しかし、その頃までにはアッティラに説得をする必要はあまりなくなっていた。彼の軍隊は飢えと現地の疫病で苦しんでおり、東ローマ帝国皇帝マルキアヌスの送った軍はフンの故地パンノニアを攻撃していたのである。アッティラは撤退して故郷に戻った。翌年の初め、新しい美しい花嫁イルディコとの結婚式の夜、アッティラは原因不明の死を遂げた。[18] 彼は伝統的な草原式のやり方で葬られた。[19]

アッティラの三人の息子は王位の継承を巡って戦ったが、だれも唯一の支配者とはなれなかった。フンの臣下のゲルマン人は立ち上がり、反乱を起した。四五五年にゲピド族の王アルダリクはフン族をパンノニアにて打ち負かし、アッティラの長男エラクを含む大勢を殺害した。生き残った者の大多数は南東に逃れて黒海地域に帰還し、エルナク（またはイルナク）が指揮を執った。フン帝国はなくなったが、エルナクの兄デンギジクのもとでのフン族は彼が四六九年に死ぬまでヨーロッパ東南部で強国であり続け、エルナクの率いるフン族も、最終的には民族としては消滅してしまったが、西部草原において数世代にわたって有力な民族集団であった。[20]

アエティウスは、当時の政治家たちの妨害を受けたにもかかわらずほとんど独力で西ローマ帝国を救った人物だが、四五四年に皇帝ワレンティニアヌス三世自身によって殺された。皇帝は翌年アエティウスの支持者たちによって暗殺されたが、ダメージはその前から受けていたのだった。もはやローマ人を率いることのできる者は残っていなかった。

東ゴート人がイタリアを侵略した四七三年までに西ローマ帝国はほとんど名ばかりとなっていた。パンノニア出身のローマ人でアッティラの右腕となっていたオレステスは四七五年に皇帝ネポスを退陣させ、自身の小さな息子ロムルス・アウグストゥルスを皇帝とした。その子が帝位にあったのはスキリア族の王オドアケルに四七六年に退陣させられるまでの一年あまりであった。オドアケルは自らをイタリアの王と宣言した。従って、ロムルス・アウグストゥルスは西ローマ帝国の最後の皇帝となったのであった。オドアケルはビザンツ帝国から派遣された東ゴート族のテオドリックに殺される四九三年まで王位にあった。[21] テオドリックは王位を奪い取って、東ゴート王国を建て、最終的に領土をイタリア、シチリア、ダルマチア、そして北部諸地域へ拡大した。彼は東ローマ帝国の名目上の宗主権を受け入れたが、オドアケルとは異なり教養人であった。彼は平和をもたらし、自ら支配する領土においてローマとゴート双方の文化を振興した。

✝西ヨーロッパにおける初期のゲルマン系諸王国

多くのゲルマン系諸民族が西ローマ帝国の地に移住した。それは帝国崩壊後も続いた。

遥か北西、ブリテン島にあったかつてのローマのコロニーは、四一〇年には軍事的に放棄された。皇帝ホノリウスは窮地に立たされていた市民に防衛は自ら行うように言い渡した。[22] 四世紀から六世紀の民族大移動の時代にアイルランドの諸民族は海を渡ってブリテン島、特にスコットランドの西海岸に定住した。それに対してゲルマン系の人々、主としてアングル人、サクソン人、ユート（ジュート）人はイギリス海峡を渡ってブリテン島に定住し、そこに大陸における最新の形の中央ユーラシア文化複合体をもたらした。[23] ブリテン島においてゲルマン系諸民族はすぐに支配的な勢力となった。[24]

ヴァンダル人らは破壊を繰り返しながらガリアとスペインを通って南に進み、海を渡って北アフリカに到達した。そこで彼らはカルタゴに本拠を置く王国を建て、その王国は七世紀中葉のアラブ人による侵略まで続いた。

西ゴート族はヴァンダル族に続いてガリアのアクイタニアに移住し、イベリア半島の支配権を握った。フランク人によって次第にガリアから南西に追いやられて、スペインに強大な王国を築いたのであった。それは八世紀初めにアラブ人に征服されるまで続いた。ブルグンド人、ランゴバルド(もしくはロンバルド)人といった他の集団も歴史に痕跡を残すくらい長く続いた王国を建てたが、それらは最終的には大きな国に吸収されてしまった。

西ヨーロッパにおけるゲルマン系の人々の中で最も重要なのは最終的にはフランク人であった。彼らはライン川のすぐ東の地域からやってきたと考えられているが、パンノニアかさらにその東から来たと考えられているという記録がある。[25] 活力に満ちた初期のメロヴィング朝の王キルデリクス一世(四八一没)と、特にその息子のクロヴィス(在位四八一~五一一)のもとでフランク族は次第にガリア全体に支配を広げた。そして、中世初期の時代には地中海の北のヨーロッパに本拠を置く最初の農業都市の帝国を建設した。[26] 彼らの侵略、またゴート人、アングロサクソン人、その他のゲルマン人の侵略により、中央ユーラシア文化複合体は地中海の北側のヨーロッパのかつてのローマの領土にしっかりと再建された。しかし、ローマ人やローマ化した人々も残っており、非常に影響力が強かった。その結果、中央ユーラシア的なゲルマン人とそのローマ化した人々の文化が融合して、いずれ新しい独特のヨーロッパ文明となるものの基礎が作られた。

†東ローマ帝国とサーサーン朝ペルシャ帝国の発展

三世紀以降、西ローマ帝国は急速に衰退し、五世紀初めに崩壊したが、興味深いことに、東ローマ帝国の中核は経済的にも政治的にも衰退せずにかなりうまく保たれた。東ローマ(すなわちビザンツ)帝国は、言語の面ではギリシャ語がますます広まり、文化的には近東を志向し、外交政策的にはペルシャに向いていた。
二二四年にアルダフシェール（アルダシール一世、在位二二四〜二四〇頃）はパルティアの支配者アルダワーン（アルタバヌス五世）を打倒してサーサーン朝を建てた。彼は瞬く間に昔からのペルシャの領土、すなわちイラン高原とメソポタミア東部を支配した。しかし、ペルシャ人は、メソポタミアの支配を巡ってパルティアと長いこと争ってきていた東ローマ帝国と衝突した。サーサーン朝は、何世紀も前にアケメネス朝によって支配されたことのあるメソポタミア西部、アナトリア、そして残りの近東の多くの部分を含む領土を再び治めようと決意した。彼らはローマ人と何度も戦争をした。二つの帝国の境界は通常メソポタミアのどこかにあったが、何回かにわたって押されたり戻されたりされた。

サーサーン朝はまた東に進軍した。クシャーナ朝を攻撃し、バクトリアとトランスオクスィアナを獲得し、クシャーナ帝国の残党を支配下に置いた。

五世紀にはエフタル、すなわち「白いフン」がサーサーン帝国の中央アジアの領土を攻撃し、四八三年にペルシャを破り、貢ぎ物を要求した。エフタルはバクトリアとトランスオクスィアナのあたりに定住し、約一世紀の間独立を保った。彼らは勢力を東のタリム盆地のトゥルファンまで延ばし、華北の北魏王朝に使者を送った。[27]

サーサーン朝ペルシャ帝国は、五六一年に東ローマ帝国との長引いた戦争が成功裏に終わり、ホスロー一世（アヌシルヴァン公正王、在位五三一〜五七九）のかなり平和な治世のもとで絶頂期に達した。[28]

✝中華帝国の衰退と鮮卑の華北への移動

後漢（東漢）（紀元二五〜二二〇）は、前漢（西漢）（紀元前二一〇〜紀元九）の延長で再興されたものであるが、最後には相次ぐ王朝内部の原因によって崩壊した。帝国の領土はいくつかの王国によって分割されたが、半世紀にわたる内戦によってどれも短命であり、最終的には晋王朝（二六五～四一九）が建てられた。晋は軍事的には弱かったが、実質上あらゆる点において後漢の延長であった。

統一された中華帝国の侵略的で拡大主義的な政策に対する北方諸民族の反応はかなり遅れていたが、晋が衰退してくると、そこに攻撃を仕掛けた。南満洲にいたモンゴル系の一派である鮮卑は長いこと中国と断続的に戦争を繰り返していたが、南の晋に勢力を伸ばした。彼らはタグバチ（*Taghbač、拓跋）「世界の主」[29]という名を取り、中国スタイルの新しい王朝北魏（三八六～五三四／五三五）を建て、華北を二世紀近くにわたって支配した。

北方の諸王朝が栄えている間、漢王朝時代の中国の南部（本質的には揚子江の南の地域）は、民族的には漢である諸王朝によりいくつかの国に分かれていた。二世紀の間、東アジアの中国文化圏はいくつもの王国に分かれており、北では主に外から来た王朝が民族的には主として漢系の人々を支配し、南では漢系の民族による王朝が漢系・非漢系の人たちを支配していた。

✝アヴァール人、そしてテュルク人の出現

タグバチが華北を征服したのと同じ頃、アヴァール人[30]は東部草原を征服し、タリム盆地の北西部のカラシャフルから東の高句麗王国の境界まで広がる帝国を築いた。[31]中国では柔然[32]として知られるアヴァール人の民族言語的な関係は確定していない。[33]漢文史料には、アヴァールは初めタグバチの奴隷であったとある。[34]もしアヴァールが実際にそのように従属していたのであれば、その間に中央ユーラシア文化複合体のうちの草原戦士文化を学んだであろうし、「最初の物語」の原動力に沿ってだんだんと支配者を打倒するに充分な力を持つようになったのだろう。拓跋魏（北魏）王朝の建国者拓跋珪《たくばつけい》

（在位三八六～四〇九）の治世にアヴァール人はシャロン（社崙）の支配のもとで東部草原とタリム盆地北部に帝国を打ち立てた。[35] タグバチらによる侵略といった多くの重大な局面があったにもかかわらず、約二世紀の間、彼らは勢力を保った。そして、アヴァール人はかつての匈奴の国土をある程度まで回復させ、テュルクを含む多くの民族を支配下に入れた。長いこと不安定で分裂状態が続いたが、五二四年頃にアナガイがアヴァールのカガン（皇帝[36]）となり、国を再び強国に立て直し始めた。

†扶余高句麗の朝鮮半島への移動

紀元後最初の数世紀の間に扶余王国と高句麗王国が満洲南部にあり、彼らは元からいた人々を奴隷として支配していた。高句麗は朝鮮半島北部の楽浪にある中華帝国の最も東の郡と何度も紛争を起こした。高句麗が何回かにわたって隆盛したにもかかわらず、中国は漢王朝滅亡後もその地に勢力を保った。それは、ひとつには高句麗と西の鮮卑の慕容《ぼよう》氏との間に何回か戦争があり、鮮卑が二回にわたって高句麗を徹底的に打倒したからである。

四世紀に高句麗は最終的に楽浪を占領した。そこをピアルナ（☆Piarna）「平らな地」（朝鮮漢字音ではPyong'yang《ピョンヤン》）と自らの言語で改称してそこに遷都し、扶余高句麗系の他の人々とともに朝鮮半島のほとんどを制圧した。百済王国は半島西南部のかつての馬韓の国の地に扶余氏によって建てられた。他の扶余高句麗の氏族は半島の最も東南のかつての辰韓の国の地に新しい新羅王国の王朝を建てたが、そこでは朝鮮語が使用し続けられた。扶余高句麗の人々による国家建設を免れ、彼らの言語の影響も受けなかったと思われるのは、朝鮮半島の南部海岸の中央部のかつての弁韓の国である。そこは伽羅もしくは任那[37]として知られ、半島の他の王国とは政治的に対等とはならなかった。[38] 伽羅についてはほとんど知られていないが、日本の強い影響下にあり、完全な植民地ではないにせよ、日本の属国であったことも何度かある。朝鮮の三国時代は、半島のどこかでほとんど常に武力衝突があったにもかかわらず、人口が増え文化的にも高まりを見せた時代であった。

†日本における中央ユーラシア文化複合体

ユーラシアの遥か東の端には倭人がいた。彼らは原始日本語の話し手で、弥生時代（紀元前四世紀から紀元四世紀頃）の初めに[39]アジア大陸（おそらく遼西地域[40]）から日本列島と朝鮮半島[41]の南端に移住した人々で、明らかに中央ユーラシア文化複合体には属していなかった。彼らは朝鮮半島からの影響を部分的に受けながら日本列島で独自の文化を発達させた。

倭人は朝鮮半島の国々と盛んに交易をし、政治的関係を持った。交易の多くは鉄の獲得に重点が置かれた。鉄は半島南部の非常に重要な産物であったのである。扶余高句麗語を話す人々が朝鮮半島全域を南に移動したのに続いて日本列島の住人は半島で建国された国々の間の戦いに巻き込まれた。

日本が朝鮮半島において軍事的に関わっているとき、日本の兵士は中央ユーラシア文化複合体に属する扶余高句麗の戦士たちによって建てられた諸王国により幾度となく倒された。[42]「最初の物語」のパターンに沿って、扶余高句麗の支配者たちに仕えて戦った日本の戦士たちは、彼らから草原における形態の中央ユーラシア文化複合体、特にコミタートゥスを獲得したに違いない。そのメンバーは古代日本語で舎人《とねり》[43]として知られる。日本の初期の騎兵射手である武士は、その組織としての後裔である後の侍と同様、「中東と草原地帯で優勢であったアジア式の騎兵射手のひとつの変異体にすぎなかった。日本の歴史の初めの何世紀かにおける戦士の間の類似性は相違を遥かに上回る[44]」。初期の日本において支配者と親密な友であった戦士もまた支配者とともに葬られるために自害すること（殉死）を望まれ、通常そうした。朝鮮半島で戦った日本の戦士が現地の人々を伴って帰郷すると、そこで中央ユーラシア文化複合体が日本に伝えられ、[45]文化的・政治的な変革が起った。その時代は古墳時代として知られる。この変革によって王朝ができ、日本列島の征服と統一を始めた。[46]以来その島国は文化を取り入れるためにますます大陸に目を向けるようになった。

†民族大移動と中央ユーラシア

中央ユーラシア人がなぜ古典帝国がかつて支配していた地域に移動したのかは分かっていない。[47]移動の事実しか知られていない。しかし、それ自体が重要なのである。中央ユーラシア内では移動が頻繁に行われたが、それがふつうの状態であった。草原地帯の中央ユーラシア人はほとんどが遊牧民、もしくは、事実上、一年の間に畑が変わり「作物」である動物が絶えず移動する農民である半遊牧の牧畜民であった。一年の特定の時期における特定の場所の放牧権と水利権をだれが「所有している」かを人々は知っていたが、一般的にはある人たちの放牧地と隣の人たちの放牧地との間に標識はなかった。こういった理由により定住が行われない中央ユーラシアは大規模な流動性によって特徴づけられる。国は、人々が住んでいる土地によってではなく、誓いによって結びついた人々によって規定された。

歴史的記録が始まったときから中央ユーラシア全域を含むユーラシア全土にはすでにさまざまな民族が居住していた。争いによらない政治と人口の調整が起ったが、歴史的記録は戦争でだれが領土の支配者となったかに関心を持つのが一般的で、それ以外のもののほとんどは明らかに記述に含められなかった。敗者の支配氏族で殺されなかったり勝者の氏族に服従しなかった者は逃亡し、場合によっては、ローマや中国といった周辺の帝国に逃げて保護を願ったり求めたりすることもあった。しかし、敗北した側の生き残った一般の人々は、多くがほとんどは牧民（牧畜農耕民）と農耕民で、ふつうは新しい国の民と融合した。ローカルなレベルでは必ずしも変化が起ったわけではなく、多くの人々は支配者がかわっても何世紀もの間言語や伝統を維持したのであった。中央ユーラシアでは歴史的な記録が始まった頃から近代に至るまでこのようなパターンが繰り返し起った。これは、ヨーロッパや中国の周辺的農耕都市文化の歴史を特徴づける政権の交代と領土の拡大・縮小とちょうど同じプロセスである。

支配者が遊牧民の王朝であれ農耕民の王朝であれ、帝国の建設者はみな四方にできるだけ拡大しようとした。上記のように、草原地帯では移動を妨げる物理的な障壁は何もなかったし、中央ユーラシア人の観点からすれば国境に意味はなかった。結果として、勝った氏族が大きく成功すれば、新しい国家は、広大な中央ユーラシアの草原地帯全体において周辺の帝国の城壁や砦に到達するまで急速に拡大していくだろう。こういったことは中央ユーラシアの歴史で少なくとも三回起った。スキュタイ人（すなわち北イラン人）、テュルク人、そしてモンゴル人の支配下でである。

これと対照的に、ユーラシアの周辺農耕地域では国と国との境は、帝国を構成する安定した小宇宙である耕作地と耕作地の間の境の拡大版である。帝国の内部における局所的な政治的秩序の調整は反乱に対する帝国の対応なしには起り得ないだろう。国境を越えた範囲での調整は帝国同士の戦争を意味した。国境は双方の世界の商人らを交易都市へと引きつけた。交易都市は周辺の国々が支配しているときは厳しく管理され徴税されていた。中央ユーラシアの多くの集団は国境地域で半ローマ、半ペルシャ、半中国の文化を発達させた。

移動を推進するのに確実に助けとなった特定の要素のひとつは、少なくとも最初は、ローマと中国の経済的衰退であった。それらの帝国の国境地域は、より多くの富を集め蓄えていた中心部よりも経済危機の影響を遥かに強く受けていた。資金不足によって国境諸都市と富裕な王族の豪華な別邸が減少したり、単に放棄されたりしたとき、外国人交易商人や移民労働者として生計を立てるのはますます難しくなったに違いない。

中央ユーラシアの支配者たちはコミタートゥスのメンバーや盟邦に分け与えるために豪華な品々を始めとする富を継続的に得る必要があったので、経済危機は彼らにとっても困難を引き起こしたであろう。国境地帯の市場が崩壊したり、全体的状況が悪化してますます壊滅的になった戦争でそれが破壊されたりしたとき、交易を必要としていた人たちはまだ商売の可能な地域の近くへ移っていかなければならなかった。

ローマと中国の古典帝国が滅びたとき、政府によって長いこと閉鎖されていた国境は穴だらけとなった。その地の半ローマ化・半中国化した中央ユーラシア人は生活をより安全に続けることを希望して帝国に頼るようになり、帝国のさらに奥の方まで移住した。これら最初の移民は大体において帝国の諸文化に敬意を抱いており、それらを保ちたいと思っていた。

例えばヨーロッパでは、彼らはローマ人の傍《かたわ》らで、外の中央アジアから来たゴート人やフンといった人々と戦った。しかし、これらの人々も実際は同じものを求めていた。ローマの国境市場で交易をしたいというフンの要求は明確で一貫しており強固であったのである。

地域の政治や人口の秩序の調整は長いこと阻止されてきたが、それが生じたとき、中央ユーラシア内のより深いところでの他の調整も連鎖反応のように起った。この反応の総体が民族大移動である。この移動が革新的に重要なのは西ヨーロッパに影響を与えたことである。

†ヨーロッパの再中央ユーラシア化と中世革命

西ローマ帝国の長い衰退とともに半ローマ化した人々が北欧と東欧から少しずつ入ってきた。東ローマ帝国にもかなりの移住があったが、そこは人口も多かったし経済も活力があったので、移民は大体において支配的なギリシャ人の中に吸収されていたと思われる。西ローマ帝国ではローマ人の作った新しい都市の多くは征服地の北の端にあったが、そこはゲルマン人やケルト人の領土だったところで、その地の人々は、数百年にわたってローマ帝国が発展してきた地中海・古代近東の「ヘレニズム」文化にではなく、中央ユーラシア文化複合体に属していた。西ローマ帝国が内部から弱体化したとき政権は帝国部隊を帝国の中心近くの北イタリアとローマに引き揚げることを余儀なくされた。国境近くの人々は半ローマ化した文化を発展させていたが、彼らの基本的な文化は中央ユーラシア文化で、交易は絶対に必要で、市場で交易ができないとなると戦いも辞さないのであった。中央ユーラシア人は西ローマ帝国諸都市の衰退によって帝国のより奥の方まで移動して有望な市場を見つけた。それによる必然的な結果は、衝突とローマ人のさらに南方への後退であった。

西ローマ帝国（何らかの国内的な理由によって人口が減少した地域があったと考えられる）に国境地帯の人々が移住したことは今度は中央ユーラシアのさらに外側の人々の西方と南方への移動を誘発した。移動全体はさまざまな人たちが自分たち自身の王国や帝国を中央ユーラシアやローマ帝国の国境地帯に建設しようとする努力を伴った。その頂点は四世紀と五世紀に起きたゴート人、フン族、そしてフランク人の大集団での移動で、そのときローマ化された西ヨーロッパのほとんどすべての地域が侵略された。五世紀の終わりまでに中央ユーラシア文化複合体は、以前にローマ化されていなかった北ヨーロッパ、中央ヨーロッパ、東ヨーロッパだけでなく、北アフリカのかつてローマ化されていた地域、イベリア半島、イングランド、フランス、ベルギー、スイス、イタリア北部、ゲルマーニア、そしてバルカン半島のほぼ全域に定着した。

西ヨーロッパの中世とその文明は「蛮族による征服」によってではなく、イスラームの地中海征服と西ローマ帝国であった地域の孤立化と貧困化によって始まったというアンリ・ピレンヌの魅力的な議論[48]は有名だが、いくつかの重大な誤りに基づいており、全体としても細かな点においても完全に反証されている。[49]にもかかわらず、ほとんどの中世研究者はそれに従っており、それには多くの理由があるが、納得できるものはひとつもない。そのため、中世ヨーロッパ文化の始まりと発展は現在歴史上の大きな謎となっており、それを解こうと多くの提案がなされている。

「蛮族による征服」が古典古代と中世を分ける転換点であると歴史家は以前考えていた。それは民族大移動の時代に生きていた著作家によって書かれたものに暗示されている。その考えは中央ユーラシア文化複合体の観点から再検討されるに値する。そのゲルマン的な形式のものが西ヨーロッパに再導入されてだんだんと現在「中世」文化として知られるものへと発展してそこで支配的な社会政治システムとなったことは疑いない。そこには「封建」制度もしくは封建的な諸制度、貿易都市の特別な地位、戦士階級の特別な地位が含まれていた。なかなか消えずに残ったギリシャ・ローマ的要素があったこと（最も顕著だったのは西ヨーロッパにおける共通の書き言葉として幅を利かせていたラテン語である）と南部において古代の非都市部の小さな地域がいくつか孤立して長い間残っていたことによって、西ローマ帝国領だった地域のどこにおいても古代の地中海の高度な文化が復興することはなかった。しかし、その文化も消えなかった。ローマ人とローマ化した人々は新しいゲルマン人の諸王国に住み、その二つの民族の融合がほぼ一から始まった。ローマ化した西ヨーロッパの再中央ユーラシア化の第一の結果は、中世という平凡な呼び名で知られる文化革命であった。[50]

1　この引用は、英雄ベーオウルフによって打倒された魔物グレンデルの導入部分である。原文にある問題点については後註55を見よ。

2　匈奴ではないかということがまだしばしば議論されているが（例えば、de la Vaissière 2005d）、その説には多くの問題がある。第2章ならびに後註51と52の匈奴に関わる部分を見よ。

3　残念だが、バランベルについては他に何も知られていない。

4　エルマナリクが広範囲にわたる拡張主義的な戦争を繰り返したことが知られているが、そのことはフン族の到来に関するどの議論においても無視することができない。にもかかわらず、現代の歴史書は未だにアラン人とゴート人に対するフンの攻撃を突然で一方的と描いている。史料にフンの動機は見当たらないが、東ゴート族の歴史を考慮すると侵略が一方的であったということはありそうもない。エルマナリクの帝国と初期のゴート人一般については、Wolfram (1988) を見よ。

5　Wolfram (1988: 133)。

6　Wolfram (1988: 119)。

7　Wolfram (1988: 135–136)。

8　Sinor (1990c: 182–183) を参照。そこではその理由を疑問と考えているが、フンの攻撃について充分な情報が得られる場合は、彼らには正当な理由があったように思われる。後註56と57、エピローグを見よ。

9　Sinor (1990c: 184)。フンがエフタルなどとよく混同されることについては後註56を見よ。

10　ローマの国境係官の不正な行為がフンのローマに対する不満の原因であるということについては後註57を見よ。

11　Blockley (1983, II: 227)。

12　「テオドシウスはコンスタンティノープルを永住地とした皇帝の中で最初の人物であった……他の皇帝は非常に多くの前任者がしたようにひとつのところに定住しない生活様式を保った」(Howarth 1994: 61)。

13　金《きん》による支払いによって行われた和平調停は、史料においても事実上全ての現代の記述においても義務負担であると主張されているが、実際は帝国の国庫のうちの極めてわずかな部分であった。関連する別の点では「四千ポンドの金《きん》は、最もとは言わないまでも裕福な部類の階級の元老院議員の年収に相当する額であった」(Wolfram 1988: 154) ことが注意される。トレッドゴールド (Treadgold 1997: 40, 145) によれば、ユスティニアヌスはノミスマ (ラテン語のソリドゥス)、すなわち金貨の割合を一ローマポンド当たり七十二枚に変えた。彼は四五〇～四五七年の毎年の国家予算が七百七十八万四千ノミスマと見積もった。二千百ポンドの金は十五万千二百ノミスマと等しかったであろうから、フンに支払った補償(ローマ人はその罰に充分値する)は帝国の予算の一・九パーセントとなった。この補償金を支払うためにコンスタンティノープルの金持ちが極貧に陥ったというのは作り話である。

14 Blockley (1983, II: 275)。

15 詳しい検討についてはLindner (1981) を見よ。

16 正確な場所は分からない。シャンパーニュの地域のどこかで、現在のシャロンの近くであると広く考えられているが、これも確かではない。

17 それより数年前、アエティウスはゴート族の人質となっていたので、これら二つの民族の戦術に関する知識において彼に並ぶものはなかったに違いない。

18 説明がいくつか提案されている。プリスクスによれば(テオファネースに要約されたヨルダネスより)、夜間に鼻からの出血により窒息死したという(Blockley 1983, II: 316–319)。鼻の出血の話は普通ではないので、真実みを帯びているように思えるが、アッティラは暗殺されたという議論もある。それもあるかもしれないが、アッティラの側近のエデコとオレステスによって殺されたというバブコック (Babcock 2005) の論は全くありそうにない。

19 殺されてアッティラとともに埋葬された者たちは、ヨルダネス (Blockley 1983, II: 319) によると、儀礼として殺されたことは確かで (Sinor 1990c: 197参照)、コミタートゥスのメンバーだろう。その埋葬を実際に見てそれについて記述した人たちが殺されなかったという事実を考えると、墓の場所を隠すために処刑が行われたと考えることはまずできない。

20 西部草原のフン族は後のドナウ・ブルガル族の一部を構成したように思われる。ドナウ・ブルガル族はテュルク系の民族で、アスパルフのもとで六八〇年にバルカン半島に移動し、後にブルガリアとなる強大な王国をそこに築いた (Sinor 1990c: 198–199)。中世初期までのスキュタイという名称と同様に、フンという名称は後の時代に実際そうであったかどうかとは関係なく草原戦士ないし敵対民族に対する総称的な（たいていは軽蔑的な）用語となった。

21 Wolfram (1988)。

22 Blair (2003: 3)。

23 ゲルマン人より前のケルト人は、ブリテン諸島に移住したときに、戦闘馬車を持つ、より以前の形の中央ユーラシア文化複合体を既にもたらしていた。

24 Blair (2003: 1–6)。

25 Beckwith (2006/7)、Wood (1994: 33–35)、Ewig (1997)。

26 Wood (1994: 38–42)。

27 Millward (2007: 30–31)。後註56を見よ。

28 Frye (1983: 153–160)。

29 ★Taγβač、現代の官話ではT'o-pa、古代テュルク語では音位転換を起こしてTaβγačである。この名称は一部はモンゴル語、一部はインド語である（と理解されている）(Beckwith 2005b。Beckwith 2006/7 参照)。

30 名称をめぐる論争と柔然とアヴァールの同定については後註18を見よ。

31 Sinor (1990c: 293)。

32 「蠕蠕」「茹茹」などとも書かれる。

33 アヴァール人はモンゴル系ではなかったと思われるが、民族言語的に何系かということに関しては後註58を見よ。

34 Sinor (1990c: 293)。

35 Sinor (1990c: 293) ではアヴァール（柔然）についてはほとんど知られていないと記している。とは言っても、漢文史料には一冊の本を書くのに充分なだけの資料がある。

36 古代テュルク語の**qaγan**という語は同じ意味の女性形**qatun**がある。それは同様にモンゴル語系でもなければテュルク語系でもないというおかしな形態的特徴を持つ。称号の**qaγan**は三世紀の半ばに鮮卑系の民族のひとつにおいて最初に実証された (Liu 1989)。鮮卑系の人々で言語が分かっている人たちはみなモンゴル系の言語を話していたが、この二つの単語は構造がモンゴル語ではなく、その起源と形態は分からないままである。これらの語を単純に分節すると語根★**qa-**が得られ、それはユーラシア東部に一般に見られる「支配者」を表す語で、最も古くは古代末期に朝鮮半島の辺りで、ずっと後になって早い時期のモンゴル語の史料（契丹語と中期モンゴル語）に見られた。Beckwith (2007a: 43–44,

46–47 n. 46)を見よ。アヴァール人はモンゴル系のタグバチ（*Taghbač）に明らかに強い影響を受けている。

37 伽羅という地名は外からそう呼ばれたもので、「固有の」名称は任那であった可能性がある。Kayaというのはその地名に使われた漢字の現代朝鮮漢字音である。/kara/（ローマ字転写では☆kala）という発音は確かである（Beckwith 2007a: 40 n. 27)。

38 Beckwith (2006c)を見よ。

39 弥生時代の年代をめぐる論争については後註60を見よ。

40 遼西は、倭人のアジア大陸本土における知られているかぎり最後の居住地である。

41 初期の朝鮮半島地域の民族言語上の歴史についての現代の論争については後註59を見よ。

42 存在する断片的な歴史記録においても悲惨な敗北がいくつか記録されている。もっとたくさんの敗北や勝利があったであろうが、それらの記録は残っていない。

43 「舎人」はファリス（Farris 1995: 27–28）によって「royal retainer（王の家臣）」と訳されている。コミタートゥス戦士がしばしば「奴隷」などと呼ばれた大陸における中央ユーラシア的諸文化におけるのと同様に、少なくとも初期のひとつの事例では「舎人」は主君の「奴隷」と呼ばれている。

44 Farris (1995: 7)。

45 中央ユーラシア式の埋葬がもたらされたこととその時代に作られた墳墓の大きさと壮麗さが非常に増大していたことはこの新しい特定の影響があったことの明確な印である（日本のこの考古・歴史時代の名称は独特の巨大な「古墳」から付けられている)。もうひとつの印はコミタートゥス戦士の、殉死と言われる儀礼としての自殺である。それは、後に行われなくなったが、武士により近年まで続けられた。これについての詳しい研究はTurnbull（2003)を見よ。

46 しばしば議論されるのは、その王朝は起源的には朝鮮であるということで、百済と特定することもある。そういった議論は、日本語のであれ他の言語のであれ、史料によって実際に支持されない。江上波夫による昔の騎馬民族日本征服説は英語版が一九六四年に出て、他の人たちによって簡略化された形で引き継がれ（例えばLedyard 1975）、大陸のアルタイ系の草原戦士民族が日本列島を征服して王朝を設立したと説かれる。その考え自体は誤りであることが考古学の面から証明されたが（Hudson 1999）、朝鮮半島で中央ユーラシア文化複合体を取り入れた戦士（日本人の帰還兵）によって国を築く新しい活力のある王朝が建てられたことは疑いない。半島の民族が征服したということを支持するものがないのに対して、中央ユーラシア化した日本人によって日本が「征服された」ことはかなりの支持（一部は江上 1964 によって非常に慎重に示された資料を通して）がある。Beckwith (2007a) を見よ。

47 ここに示したシナリオは多くの可能性の中のひとつである。民族移動に対する、ステレオタイプで実際にありそうもない、根拠のない説明については後註61を見よ。

48 Pirenne (1939)。

49 この説はかなり議論されてきた。ライアン（Lyon 1972）は批判的な文献を全て注意深く概観し、この説の重要な要素はどれひとつとして科学的な検証に耐えられないということを示した。しかし、ピレンヌ説の重要な点とその説による中世の始まりの年代が広く受け入れられ続けていることはその説の妥当性を示しているという予想外の結論を導いている。詳しい批判についてはBeckwith（1987a/1993：173 以降）を見よ。

50 アラブ・イスラームの知識と技術が中世盛期の間にその新しいヨーロッパ文化に導入されたことは、そこに必要以上のパワーを供給し、近代科学の始まりの原因を作った要素のひとつであると思われるが、ヨーロッパ文化における中央ユーラシア的要素が排除されることはなかった。このことは大航海時代の歴史から完全に明らかである。第9章を参照。

第5章　突厥帝国

天馬來出月支窟
背爲虎文龍翼骨
嘶青雲振綠髮
蘭筋權奇走滅沒
騰崑崙歷西極
李白　天馬歌

天馬はトカラの洞窟から来た
背は虎の文様と竜の翼骨
青雲にむかって嘶《いなな》き　黒いたてがみを振る
蘭筋があって優れ　走ると姿が見えない
崑崙山《こんろんさん》にのぼり　西の果てをすぎる
李白「天馬の歌」

ユーラシアにおける第二地域帝国の時代

六世紀中葉、ペルシャ帝国と東ローマ帝国は戦っていた。当時、東アジアも西ヨーロッパも反目し合う王国によって分割されていた。東部草原では中央ユーラシア文化複合体の神話のパターンの通りに、テュルク人は支配者のアヴァール人を倒し、その残党をユーラシアの端まで追った。その際に彼らはユーラシアの中核の都市化していた中央アジアを介してユーラシアの周辺諸文明を全てつないだ。中央アジアは急速に中央ユーラシアのみならずユーラシア世界全体の商業的・文化的中心となった。テュルク人は交易に熱心であり、他の民族に彼らとの交易を促すほどの軍事力を持ち、中央アジアのほとんどの地域を支配していたので、中央ユーラシア経済、すなわちシルクロードはかつてなかったほど繁栄した。

六世紀の終わりまでに中国は隋によって再統一され、再び中央ユーラシアに勢力を伸ばそうとしていたが隋は短命に終わり、そのすぐ後にペルシャ帝国と東ローマ帝国の崩壊が起ると、それらの地とかつて周辺地域であった他の地域に新しい帝国の建設が起った。西欧のフランク、近東のアラブ（後にアラビアに加えてインド西北部、中央アジア西部、イラン、北アフリカ、スペインも含まれる）、中央ユーラシア東南部のチベット帝国、中央ユーラシア東部や他の隣接地域に急速に拡大した中国の唐、ハザール王国とまだ東部草原に存在していた突厥帝国に加えてテュルク人が中央ユーラシアに築いたいくつかの国々、そして古来からの東ローマ帝国（新しいよりコンパクトな、ギリシャ語を公用とする帝国に再構成された）である。ユーラシアの第二地域帝国時代は、一般には中世前期と呼ばれているが、その時代に中央ユーラシアとその経済的繁栄は主要なユーラシア諸国全ての関心を集めた。

これらの国々はみな中央ユーラシアに注目し、少なくとも自分たちとの国境に近い部分を征服しようと試みた。そのため、中世前期（紀元六二〇〜八二〇頃）の文化的繁栄はその地域にほとんど継続的に戦争をもたらした。ユーラシアの主要な帝国が隣接するようになったという事実を直接反映して、戦争にいくつかの新しい特徴が見られた。帝国間の大きな同盟が作られ、他の同盟と対抗した。絶えず続く武力衝突は増大し、八世紀の中頃には中央アジアにおけるテュルギシュの同盟とパミール地域の支配に関わる戦争が起り、アラブ・中華同盟が中央ユーラシア人に勝利した。その後にユーラシア地域の多くで続いた景気の後退は、世界がすでに経済的に相互につながっており、中央ユーラシア経済、すなわちシルクロードの繁栄にたよっていたということを示している。

✝東部草原のアヴァール帝国

四世紀終わりから五世紀初めにかけて、以前は鮮卑に従属していた起源不詳のアヴァール人、すなわち柔然[1]の帝国が北方の草原をタリム盆地東北部から朝鮮半島にかけて支配していた。それと同時期に鮮卑モンゴル系のタグバチ[2]（*Taghbač）が華北のほぼ全域と草原地帯の南端を支配していた。その二つの集団は常に戦争状態で、それは六世紀初めにその頃にはかなり中国化していたタグバチがアヴァールのカガン（すなわち皇帝）であるアナガイに講和を申し入れるまで続いた。タグバチの北魏王朝が東西に分裂したあと、東魏はアヴァールと同盟関係を保ったが、西魏はアヴァールに隷属していた突厥のヤブグ（「従属王」の意）トゥムン[3]（*Tumïn）と五四五年に同盟を結んだ。

五四六年頃、トゥムンはモンゴルの北にいた連合である鉄勒がアヴァール王国を攻撃しようと計画しているのを知り、鉄勒に先制攻撃を行なって打倒した。そしてトゥムンはアヴァール・カガンのアナガイに王女との結婚を求めた。しかし、アナガイは突厥を「鍛冶屋奴隷」と呼んで侮辱した。トゥムンは怒って中国に向きを変え、その年、西魏に王室結婚を求めてそれを得た。五五二年にトゥムンはアヴァールを攻撃して倒した。アナガイは自殺を図った。[4] 突厥はアヴァールの残党をユーラシアの隅々まで追い、行く先々で征服を繰り返し、中央ユーラシア草原全体を統一してテュルクの支配下に入れ、中華帝国、ペルシャ帝国、東ローマ帝国と直接接触するようになった。[5]

アヴァール人は東ローマ帝国に逃げ込んだ。他の民族と巧みに同盟をしたこともあってパンノニア平原に進み、そこに留まって自分たちの支配者を引き続きカガンと呼び、突厥を大いにいらだたせた。

✝突厥による征服

テュルクの権力の中心はオテュケン・イシュ、すなわち「樹木に覆われたオテュケン山」ということになっており、それはアルタイ山脈のどこかにあった。[6] テュルクの先祖の洞窟がそこにあり、毎年、儀式や式典が洞窟の中で執り行われ、オテュケン山を支配する者が全テュルクの最高権力としての威厳を持ったのである。[7] 実際のところは、東部草原の支配者がカガンの称号と他のテュルク系民族に対する形の上での優位性を持った。事実突厥が野営していた本拠地はオルコン川の地域（現在のモンゴル国の中北部）で、そこはそれ以前も以後も東部草原に興った帝国の中心であった。

古典ラテン語の史料に突厥についての最初の言及があるが、そこではアゾフ海の北の森林に住んでいるとある。[8] テュルク人についての次の言及は、フン連合のメンバーについてのものであると考えられ、それはテュルク語風の名前に基づいている。遅くとも漢文史料に記録される六世紀半ばまでに彼らは牧畜遊牧民となり、草原での戦いの術を身につけていた。彼らはまた優れた鍛冶技術を獲得し、それを磨き続けた。彼らの持つアヴァール式の称号システムから考えると、彼らは草原の帝国の建国と維持についてアヴァール人から学んだに違いない。

突厥の宗教的信仰は天の神テンリと地の女神ウマイにあった。[9] テュルク人の一部、特にトカーリスターンの西テュルク人は非常に早い時期に仏教に改宗し、仏教は彼らの間で重要な役割を果たした。他の宗教、特にキリスト教とマニ教も影響を与えた。マニ教はソグド人（国際的交易に長け、突厥と友好関係にあった）の間で信仰されていたものである。ソグド人は定住の都市住民であったが、彼らも突厥と同様コミタートゥスの伝統が浸透した中央ユーラシア戦士の精神を持ち、どちらの民族も交易に非常に関心が高かった。

トゥムン（*Tumïn）はカガンの称号を得て王国の東部を治めたが、その年に死んだ。息子のクオロが後を継いだが、数か月後に死んでしまった。その後はトゥムンの別の息子ブハン[10]（ムハン、在位五五三〜五七二）が継いだ。トゥムンの弟のイシュテミ（在位五五二〜五七六）は王国の西部を下級のカガン（ヤブグ、もしくはヤブグ・カガン）として治め、カラシャフル（アグニ）の近くに冬営地を持った。[11] これが次第に事実上独立した西テュルク人の王国となり、トゥムンの後継者は突厥、すなわち東テュルク人を統治し帝国の完全な尊厳を持ち続けた。[12]

アヴァール人を追ってイシュテミの軍は五五五年にはアラル海の辺りに到達し、ほどなくしてヴォルガ川下流域に達した。五五八年には、テュルクの最初の使節団が服従していなかったアヴァールの残党を追うとともに、東ローマ帝国との交易同盟を求めて、コンスタンティノープルに到達した。

拡大を続ける間にテュルク人はエフタルと衝突した。エフタルは、六世紀初頭までにはソグディアナを征服し東はタリム盆地からアヴァールと華北のタグバチ（北魏）の国境まで達した。こうしてエフタルは初期のテュルク人にとって中央アジアの主要なライバルであった。

イシュテミ・カガン治下のテュルク人がペルシャ帝国の北の国境に到達するとすぐ、ホスロー一世（アヌシルヴァン公正王、在位五三一～五七九）はエフタルに対抗するために彼らと同盟関係を築いた。五五七年から五六一年の間にペルシャとテュルクはエフタルを打ち、その王国を崩壊させ、オクソス川を境として双方で分け合った。[13]

五六八年より前のあるとき、テュルクはソグド人のマニアフを長としたソグド人商人の交易使節をペルシャ帝国に派遣し、ペルシャでの絹の販売許可を求めたが、ペルシャ人はその絹を買ってその商人たちの目の前で公然と燃やした。この侮辱的な返答を得てテュルクはテュルク人からなる使節団を送ったが、ペルシャ人は今度は昔からの国際外交特権の規範に違反して彼らを殺害した。[14] そのとき以来、テュルクとペルシャの間に戦争状態が続いた。

テュルク人はソグド人の助言によりペルシャを取り囲むために東ローマ帝国との同盟を築こうとした。五六九年、ローマはテュルクに使節を送った。使節は翌年、キャラバンいっぱいの絹を持って帰国した。このようにテュルクはローマ側を外交によって固めたが、ペルシャの砦を攻略することはできなかった。ペルシャ人はテュルクと自由に交易することを拒否し続けたので両帝国の関係は敵対したままであったが、両者は五七一年に講和した。

西テュルク人は、五六七年と五七一年の間に北カフカス草原の、五七六年に西部草原の支配権を握った。両地域は少なくとも部分的には以前からテュルク系の人々が居住していたようだが、今やテュルク人が中央ユーラシアの草原地帯全体を支配したのである。このときはひとつの家系もしくは王朝によって統一が達成されたわけだが、その地帯がひとつの民族言語的集団によって支配されるのは歴史上二回目であった。[15] テュルク人は政治的にはアヴァールの継承者で、その前には匈奴がいたが、それらを遥かに凌《しの》いだ。

帝国内で二つに分かれていた部分は時間とともに次第に分離していった。東突厥王国は東部草原と満洲西部を本拠地とし、ブハン・カガンの後は弟のタトパル・カガン[16]（在位五七二～五八一）が継いだ。西テュルクの国ではイシュテミの後はその息子のタルドゥ（在位五七六～六〇三頃）が継いだ。五八三年までにタルドゥは西テュルクのヤブグ・カガンとして知られるようになっていた。彼の帝国はタリム盆地北部、ジューンガリア[17]、トランスオクスィアナ、トカーリスターン[18]を含んでいた。

西テュルクの国は次第にさらに分裂した。西テュルク人のオン・オク（「十本の矢」の意）からなり、ジューンガリア、タリム盆地北部、トランスオクスィアナ東部を本拠とする東部、中央アジア南部のトカーリスターンのヤブグの王国、六三〇年頃までにヴォルガ川下流域と北カフカス草原からドン川にかけての地域を中心として発展したハザール・カガン国、六八〇年頃にアスパルフによってハザールの西のドナウ川下流域とその西の地域に建てられたドナウ・ブルガル・カン国、そして、七世紀の終わりにハザールの北のヴォルガ・カマ地域に移住したヴォルガ・ブルガルである。

東部草原における帝国の設立から始まるテュルクの異なる集団間の方言的差異は非常に小さく、古代テュルク語の初期の段階では言語上の大きな区分はなかったと一般に考えられている。しかしながら、ブルガルとハザールはすぐにテュルク語の他の方言とははっきりと異なる方言もしくは言語を話すようになり、他のテュルク人には通じにくかったかもしくは通じなかった。

✝ローマ・ペルシャ戦争とアラブによる征服

サーサーン朝ペルシャは約三世紀にわたって東ローマ帝国と断続的に戦争状態にあったが、六世紀の終わりまでに勢力をだんだんとアラビア半島南部へと広げていった。五九八年頃、その地を支配していたヒムヤル王国を倒し、獲得した領土をサーサーン朝帝国の州とした[19]。そうしてペルシャはインドやさらに東の地域との間の海上の国際交易を手中に収め、陸上の交易路も支配した。

六〇二年に東ローマ皇帝マウリキウス（五八二～六〇二）は打倒され、家族ともども殺されてしまった。反乱の主導者フォカス（在位六〇二～六一〇）は皇帝となることを宣言した。しかし、一部のローマ人のみならずペルシャ皇帝のホスロー二世もフォカスが皇位を強奪したと見なした。ホスロー自身の王位はマウリキウスの援助で回復し、彼はサーサーン朝の領土の一部を犠牲にしてローマと講和を結んだ。ペルシャは直ちにローマを攻撃した。最初は小さな勝利だけであったが、六〇七年にはローマ領のメソポタミアとアルメニアに侵攻し、以前にローマに取られたアルメニアの領土のほとんどを獲得した。六〇八年に疫病がコンスタンティノープルを襲ったとき、ペルシャはローマ領のメソポタミアとアルメニアに深く行軍した。六〇九年に彼らはアナトリアをずっとカルケドンまで襲撃し、コンスタンティノープルからボスポラスを越えた。[20] ローマ帝国の北アフリカ総督がカルタゴでフォカスに対して反乱を起こし、その軍勢はエジプトを取るのに成功した。エジプトを含む北アフリカは首都に対する穀物の主な供給源であった。その総督の息子ヘーラクレイオス（在位六一〇～六四一）はアフリカの属州とエジプトの属州から艦隊と部隊を率いてコンスタンティノープルへと海を渡った。彼はフォカスを処刑し、六一〇年に皇帝となった。

しかし、ペルシャは前進を続け、ヘーラクレイオスが中央権力を回復する前にメソポタミア、シリア、パレスティナ、アナトリアの一部といった首都地域外の帝国領土の多くを占領した。六一四年にはイェルサレムを取り、「真の十字架」をクテシフォンへ持ち去った。それと同時期にアヴァール人とスラブ人が北から帝国に進軍し、トラキアの大部分と帝国領土の他の多くの部分を占領した。六一五年には東ローマ帝国は首都地区、アナトリアの一部、エジプト、アフリカを保つのみとなっていた。明らかにペルシャと同盟を結んでいたアヴァールは六一七年に北から首都を攻撃し、包囲した。六一八年にはペルシャがエジプトを侵略し、六一九年にアレクサンドリアを手中に収め、コンスタンティノープルへの穀物供給を断った。ローマ帝国は史上最悪の事態に陥り、陥落する運命にあると思われた。[21]

しかし、ヘーラクレイオスはあきらめなかった。六二二年にはアヴァールと停戦し、まだ彼のもとに残っていた軍を再編成した。[22]以前の現地援助と兵士駐屯の制度を発展させ、後に「封建的な」軍管区制となるものに兵士を配置したのだった。彼は自ら軍を東方のアルメニアに進め、そこでペルシャ軍を襲撃・打倒した。アヴァールが停戦を破りトラキア南部に進軍したというニュースが届くと、彼は急いで引き返した。アヴァールと別の協定を結ぶと、六二四年に向きを変えて再び東に行軍した。そして、アルメニアを奪い、ペルシャ人をさらに東に追って、六二五年には向かってきたペルシャの主力部隊を破った。そして帰郷せずにヴァン湖の近くで部隊とともに冬を越した。

ローマの進軍に反撃するためにホスローはアヴァール人と連合してコンスタンティノープルを攻撃した。[23]しかし、優れた諜報員の助けによってヘーラクレイオスはペルシャの攻撃をくじき、打倒した。アヴァールは首都を包囲したが、彼らもくじかれた。六二七年に転換の時が来た。ヘーラクレイオスは北カフカス草原とヴォルガ川下流域に強大な国を建てたテュルク系のハザールと同盟を結び、[24]その同盟は中世初期の時代を通じて帝国に非常に重要なものとなったのである。秋に同盟軍は進軍し首尾よくアゼルバイジャンを越えた。ハザールは冬の間軍を引き揚げたが、ヘーラクレイオスは慣例に従わず遠征を続けた。彼はメソポタミアを占領し、十二月にはニネヴェ近くでペルシャ軍を破った。そして、クテシフォンの東のダスタギルド（現在のダスカラ）の王宮に進軍し、六二八年にはそこを占拠し略奪した。そのすぐ後、ホスローは息子のカヴァード二世（在位六二八）に倒され、双方は講和を結んだ。六二九年にヘーラクレイオスはかつてローマ領だったメソポタミア、シリア、そしてパレスティナの返還をペルシャの将軍と交渉し、それを得て、「真の十字架」とともに勝ち誇って六三〇年にコンスタンティノープルに帰った。[25]

ヘーラクレイオスはペルシャに対する成功を喜んで終わりというわけにはいかなかった。長いペルシャ・ローマ戦争の間、アラビア半島のアラブ人にとって状況は次第に危機的になった。かつて栄えた多くの町が荒廃したり、遊牧民の野営地となったりした。アラビア半島西部の商人たち（メッカのクライシュ族もいた）は入念に維持されてきた部族連合制度を支配していた。その制度は、巡礼と交易の保安を含んでおり、少なくともアラビア半島の南西の端から北はシリアにおける東ローマ帝国との国境まで、そして、おそらくそこから北東へユーフラテス川下流域近くのペルシャとの国境まで広がっていた。ローマとペルシャが北のアラブとの国境を不安定化し、戦争でペルシャ人とアビシニア人によって南アラビアが破壊されたため、交易[26]は国内・対外ともにかなり縮小し、部族連合制は窮地に陥った。アラビアへの外部からの侵入はアラブ人の間に激しい内部混乱をもたらす最終的な触媒となると思われた。[27]危機が深刻になったとき、クライシュ族の若い後継ぎのムハンマドが抜本的な解決策を提案した。アラビアの人々と彼らのすべての神々をひとつの神「アッラー」（唯一神）のもとにひとつの共同体「ウンマ」として統一しようというのである。ムハンマドの考えは社会に大きな変革を与えるものと見なされ、彼は六二二年にメディナに生涯にわたって追放された。そこで彼とその支持者たちであるムスリム「（アッラーの意思に）従う者」はすぐにその町の指揮権を得て、アラビアを統一する計画を推し進めた。[28]

ペルシャの新しい皇帝カヴァード二世は、一年も統治しないうちに、疫病によって死んだらしい。その後は多くの親戚や将軍が継いだが、どれも一年も続かなかった。最終的には六三二年にホスロー二世の孫ヤズデギルド三世（在位六三二〜六五一）が王位に就いた。しかし、サーサーン朝は組織が乱れ、戦争と王位継承を巡る内乱で著しく弱体化した[29]。

それと同じ年にムハンマドが死んだ。できて間もないムスリム共同体は後継者の準備ができていなかった。預言者ムハンマドには男の後継ぎがなく、他に従うべき習わしもなかったので、彼のお気に入りで最も尊敬を集めていたアブー・バクル（在位六三二〜六三四）を「ハリーファ」（後継者）、すなわちカリフとした。彼の議長のような統治のもと、ムハンマドの死後に起った反乱はすぐに鎮圧された。しかし、ムハンマドのもとでの統一戦争と反乱の戦いの後、そのときまでに、半島内の交易は事実上停止した。最も優れたムスリム将軍ハーリド・イブン・アル・ワリードは反乱を鎮めるのに大きな役割を果たした人物であったが、その軍は最終的には六三三年に北東のサーサーン朝との境界に達した。そこでは地元のムスリムたちがすでにサーサーン朝を襲撃していたのであった。ハーリドはそれに加わって、経済危機の解決策と自己の軍隊にいた忠実なアラブ人に報いる手段を提供した[30]。

翌年、アブー・バクルはパレスティナ南部のビザンツ人に対して遠征軍を送った。しかし、ビザンツ人は比較的よく組織化されていて小さな敗北を被っただけであった。そこで、カリフはハーリドに遠征軍に加わるよう命じた。彼はシリア砂漠を五日で横断し、指揮を執り、シリアのアジナーダインの大戦闘でビザンツを破った[31]。

第二代カリフのウマル・イブン・アル・ハッターブ（在位六三四〜六四四）のもとで、かつてアラビアで反逆を起した者たちは北部での軍事行動に参加することを許された。しかし、サーサーン朝は六三四年の「橋の戦い」で象を使ってアラブ軍を粉砕した。ビザンツも国境を強化した。アラブはすべての軍を送り、総力を挙げて戦った。六三七年に彼らはカーディスィーヤ（ユーフラテス川沿いのクーファの近く）の戦いでペルシャに対して決定的な勝利を収めた。アラブはクテシフォンを占領し、サーサーン朝の王権象徴物や他のペルシャの財宝を得た。ホスロー二世の王冠はカアバ（Ka'ba）に送られた。

同じ年、アラブはビザンツの大反撃も南シリアのヤルムークの戦いで打破し、彼らをシリアから撤退させた。アラブはこのすばらしい勝利を皮切りに近東では勝利に続く勝利であった。彼らは六四〇年にエジプトを占領し、続いて北アフリカ征服に進んだ。[32] ムハンマドの死から十年経たないうちに東南ヨーロッパ、アナトリア、アルメニア以外の東ローマ帝国の属州は事実上すべてアラブの手に落ちた。

ヘーラクレイオスはペルシャとその同盟国から守るために東ローマ帝国をわずか数年前に再編成し、政権に対する人々の支援も増大させたところであった。今、彼は帝国の最も生産性の高い領土が再び取られてしまったのを目にしたのである。しかし、ペルシャ帝国が完全にアラブに落ちたとき、[33] 彼は帝国をテマ（軍管区）に再組織し、テュルク系のハザール王国と同盟を結び、それらがビザンツ帝国の長期にわたる存続の基礎となった。ビザンツ帝国は、彼と孫のコンスタンス二世（在位六四一〜六六八）が東ローマ帝国の残されたところから作り上げた新しい民族国家であった。[34]

六三七年にペルシャ帝国が決定的な敗北を喫して崩壊すると、ヤズデギルド三世は残った軍勢とともに北東のホラーサーンに逃げた。六四二年にアラブはサーサーン朝最後の軍をニハーヴァンドの戦いで破った。中央アジアでヤズデギルドはマルウにある本拠地から地域の貴族の支持を集めようとしたが、アラブが近づくと、六五一年にマルウのマルズバーンとバードギースのエフタルの王子は彼を襲い、その軍を壊滅させた。皇帝自身は逃亡したが、その後すぐにマルウ近郊で殺された。[35] 同じ年にアラブはマルウを攻撃して占拠し、次にニーシャープールも同様にした。

六五二年にアラブはバルフを含むトカーリスターン北部の諸都市を占拠した。バルフは大商業都市で仏教の最も北西にある中心地で、中国の旅僧玄奘（六〇〇頃〜六六四）が六二八年か六三〇年に[36]一か月滞在して師プラジュニャーカラのもとで学んだという有名な円形寺院ナウバハール（「新しいヴィハーラ」の意）がある。[37]かつてのサーサーン朝ホラーサーンとエフタル諸国の都市住民は貢ぎ物をし、アラブの駐屯軍を受け入れ、家に彼らを置くことを強制された。ほぼ同じ頃、他のアラブ軍はケルマーンを通ってスィースターン（スィジスターン、現在のアフガニスタン西南部の町）に行軍し、もっとも西の部分を占領した。[38]マルウは大商業都市であったが、アラブの軍事行動の中央アジアにおける主要な基地となった。第四代カリフのアリー（在位六五六〜六六一）とシリア総督のムアーウィヤとの間に内戦があったが、それはアリーが死に、ムアーウィヤがカリフとなって六六一年にウマイヤ朝を建てたときに終結した。[39]アラブ人は、その内戦のときに一時的な後退を余儀なくされたが、権力の再建を素早く進め、拡大を続けて中央アジアの深くまで達した。

†中国の再統一と帝国の拡大

隋（五八一〜六一八）による再統一とともに十六国時代、南北朝時代などとさまざまに呼ばれる時代が五八九年に終わった。それより七百年前の秦とよく似て、隋による再統一は巨大な公共事業を伴った大変な出来事であった。隋の場合は大運河の建設で、それによって初めて中国の南部と北部の間に確実な交通手段がもたらされ、また東部海岸沿いの諸州が結ばれた。中国に長い分裂状態が再び起ることはなかった。

秦と同様に隋は短命の王朝であった。それには多くの要因があったが、最も重要なのは第二代皇帝煬帝《ようだい》（在位六〇四〜六一七）[40]の高句麗王国に対する破滅的な軍事行動であった。高句麗は遼河から東は日本海まで、そして南は朝鮮半島の半ば辺りまで広がっていた。しかし、また秦と同様に隋は次に続く安定した強大な長命な王朝のために固い基礎を築いた。

唐（六一八～九〇七）は、唐の君主の高祖（李淵《りえん》、在位六一八～六二六）が六一八年に建てた。李淵は、隋の太原郡（現在の山西省北部の町）の駐屯軍の指令官（留守）であったが、六一七年に隋への反乱軍を率いて首都を攻撃した半年後に自らの王朝を建てた。[41] 李一族は北部の出身で、北周（五五七～五八一）と隋の王室と親類関係にあり、北魏の貴族タグバチ一族と通婚していた。彼らは中央ユーラシアの文物について知識があり、強い関心を持っていた。唐の基盤そのものは、一部、高祖が東突厥の支配者であった始畢《しひつ》カガン（在位六〇九～六一九）との同盟を成功させたことによる。始畢カガンは唐を支援するため馬と五百人の突厥戦士を提供し、唐軍は隋を破ったのである。[42]

このとき突厥が中国に対する脅威であったとする神話は、隋を滅亡に導いた内戦において彼らが何らかの反乱に関わったことに基づく。突厥の軍は同盟軍支援のために隋の国境地帯に何回か侵入したのだった。「東テュルク人とその同盟者による攻撃の脅威[43]」があったとか、彼らの支配者ヘルリグ★Hellig（エルリグ★Ellig、頡利《けつり》）・カガン（在位六二〇～六三〇）は「全く厄介で危険な人物となった[44]」から、東突厥帝国を崩壊させたのもしかたがない、というのは正しくない。確かに突厥は、建国直後の不安定な唐に対して何年間かはさまざまな反乱をまだ支援していたが、このときもそれらの勢力から要請を受けたからであって、中国を侵略したのではない。北の国境から非常に遠い地域も含めて一般に中国の領土とされているところのあちこちで起った反乱を抑えるのに初代皇帝高祖は治世のほとんどを要した。想定された突厥の侵入について念入りに作られた話は、結局のところは、唐が後に中国の当時の国境地帯において突厥や他の民族すべてに対して行なった激しい武力侵略を正当化するための偽情報であった。史料は突厥について、ただいついつどこどこで「国境を突然攻撃した」と述べるだけである。突厥は貪欲で凶暴であるといういつもの固定観念が述べられるだけで事実に基づいた歴史的な理由は何も書かれていない。歴史上の情報がもっと得られれば、彼らはいきなり襲ってくるのではなく、その行動には通常正当な理由があったということが明白になる。[45]

唐はそれ以前の中国王朝と同様に、歴史上最大の帝国を作ろうとしていた。突厥は自分たちの帝国を大きくしたいという願望において全く同じであったが、彼らが広がろうとしていた「中国」地域は中国が占拠し駐屯軍を置き要塞を作り城壁で守っていた中央ユーラシアの草原地帯であった。中国の言明していた意図は中国に加えて中央ユーラシア全土を支配するまで四方八方に拡大を続け「四夷」を征服することであった。要するに、唐は初期に対突厥の経験をしたことによって自己の権力基盤の近くに強大な国を存在させておくことは危険であると考えたという見方は事実とほとんど反対である。唐は偉大なる古典時代の王朝である漢の歴史をはっきりと認識しており、古典時代の中国による征服に倣いたいという願望を表明していた。正史によれば、漢王朝は匈奴を打破し、タリム盆地の諸都市を征服し、朝鮮を占領することにも成功した。このどれもが完全に真実ではないが、唐の支配者たちは自分たちを漢の後継者と見なし、古典時代を復興させるだけでなく、漢王朝を凌ぐことさえ望んでいたのである。

高祖の息子の太宗（李世民《りせいみん》、在位六二六〜六四九）は王朝内のクーデターによって実権を握った。その過程において、二人の兄弟が殺され（太宗は自ら皇太子の首をはねた）、高祖は実権を受け渡さざるを得なかった。[46] 太宗はすぐさま注意を突厥に向けた。

塞外民族に対する中国の伝統的な政策は、分裂させ、支配し、破壊することであった。この目的のために唐は東突厥、西突厥の両帝国における混乱と内部分裂を積極的に煽った。太宗は梁師都《りょうしと》の攻撃により開戦の口実を与えられた。梁師都は隋滅亡のときからの反逆者の最後の残党でオルドス北部に本拠を構えていた。梁は突厥の大軍に援助を求めて建国されたばかりの唐を攻撃させた。突厥は六二六年に首都長安の西十五キロの渭水まで迫った。太宗はヘルリグ・カガンに貢ぎ物を贈って撤退させるしかなかった。
しかし、この後、運命はヘルリグにとって過酷だった。六二七年にウイグル、バヤルク、薛延陀《せつえんだ》といった東突厥に服従していたいくつかの中央ユーラシアの民族が反乱を起こし、その年の終わりには天候も悪くなり、異常な積雪で非常に多くの家畜が死に、草原を飢饉が襲った。突厥の援助が得られなくなって、梁師都の軍勢は弱体化した。太宗はその機会に飛びついた。六二八年の初め、唐軍は梁の陣営を襲い、梁は部下の一人に殺された。唐はまた突厥に対して反逆していた人々によって選ばれた新しいカガンを強く支持した。六二九年にヘルリグ・カガンは中国に服従を願い出た。太宗はそれを拒否し、代わりに大軍を送り、ゴビ砂漠の南側にあった突厥の野営地を攻撃し、多くを殺害した。ヘルリグは六三〇年に捕えられ長安に連れて行かれた。彼は監禁されてそこで六三四年に死んだ。

　唐の初期に中華帝国は四方八方に拡大した。つまずきはほとんどなく、玄宗（六八五～七六二［在位七一二～七五六］）の時代に領土は最大に達した。[47]八世紀の前半、中国、特に西の首都長安は二十世紀後半以前の中国において最も国際的であった。町は当時、世界中のどこよりも大きく、人口が多く、豊かであった。外国人の数も多く、永住者やさまざまな目的の訪問者がいた。そういった人々を含めておそらく百万人が暮らしていたと思われる。玄宗は唐の初期にホータンから入ってきた西域の音楽とそれに影響を受けた詩、西域の影響を受けた画風を保護した。この時代には多くの大詩人が現れて、漢詩の最高の黄金期であった。その中には最も優れた二人の詩人、[48]李白と杜甫《とほ》がおり、彼らは存命中から有名であった。李白は中央アジア生まれで、中国の血は一部しか入っていなかったかもしれない。社会的にはアウトサイダーであり、「根本的に人と群れない独自の人物であり続けた」のは、おそらく「異国風の」行動により、またある程度は詩の中に投影した一般に外来のものを好むやや非中国的な人物のイメージによるのであろう。[49]

しかしまだ唐は、特に玄宗の治下において、是が非でも領土を拡張したいと切望しており、それは中国の偉大な歴史家司馬光が後に「四夷を併呑[50]」しようとしていると唐を非難したほどである。終わりのない徴兵と情けのない徴税による中国北部の内部荒廃は、詩人や歴史家によって書かれているが、実際にその報いを受けることとなる。

†チベット帝国

チベット帝国の興隆の場合には、他の歴史上の事例にみられるような、強大な新しい勢力の出現の背後にある経済、文化、外交、その他の面での刺激は見られない。知られているのは、中央ユーラシア文化複合体の文化の社会政治的な特徴だけである。[51]

七世紀初頭、チベット南部で氏族の長たちの一団が自分たちの中の最も優れた者をツェンポ（「皇帝」の意）と呼んで忠誠を誓った。彼らは協力して、当時チベット高原の大部分を支配していた謎のシャンシュン王国の臣下であったと思われるズィンポルジェを打倒しようと企てた。ズィンポルジェは外部から来た圧政的な支配者であった。彼らは計画をうまく実行し、皇帝から報いられた。彼らは皇帝をプギェル[52]とも呼んだ。皇帝は領土を与えて彼らに報い、各氏族から若者が出て皇帝のコミタートゥスのメンバーとなり、氏族の皇帝への繋がりを強固にした。自分たちの本拠地で地位を確立した後、その新しい人々は、すぐ北側の地のツァンとポー（現在の中央チベット）の支配者を打倒した。彼らは古代の名称ポーを自分たちの国名としたが、外の世界には他称の「チベット[53]」で知られるようになった。

チベットが初めて[54]中国と争うようになったときの状況は知られている。六三四年に唐はココノール地域の吐谷渾《とよくこん》王国に大遠征軍を送った。吐谷渾は鮮卑モンゴル系の民族であったが、三世紀にココノール周辺の牧草地を占領し、[55]中国と中央アジアを結ぶ南の交易路を支配しようと甘粛を通って東トルキスタンの東部まで拡大した。唐の軍事行動は成功したが、それは中国がチベットと争う原因となった。チベットは吐谷渾を臣下と見なしていたのである。歴史上初めて有名となったチベット皇帝のティ・ソンツェン（ソンツェン・ガンポ、在位六一八〜六四九）は、中国に政治的にはねつけられた後、六三八年に襲ってきた唐軍を打倒した。次に唐に小さな敗北を喫したとき、チベットは唐に婚姻による協定を要求した。太宗は同意し、唐の王女をチベット皇帝の息子か弟に嫁がせる[56]ということでチベットと講和を結んだ。唐は吐谷渾に確固たる支配を得ることはできず、実際上は河西回廊以外の領土の領有権をチベット人に認めた。河西回廊は唐がタリム盆地の諸都市を攻撃するために必要としていたのであった。

　こうして左翼を固めると、太宗は西のタリム盆地へ拡大し、そこの都市国家を順に征服していった。トゥルファン・オアシスでは東トカラ人[57]の主要都市コチョすなわち高昌を（六四〇）、西トカラ人の主要都市で商業と仏教の説一切有部《せついっさいうぶ》の中心地であるアグニすなわちカラシャフル（六四八）とクチャ（六四八）を征服したのであった。タリム盆地西部のサカすなわち東イラン人の中心都市カシュガル、ヤルカンド、ホータン[58]は六三二年から六三五年に自ら進んで中国の支配下に入った。太宗は主要な大臣たちの忠告を受け入れずその地域に植民地政府である安西都護府[59]を置いた。それは略して安西と呼ばれ、また安西四鎮とも言われた。その中心地は六四九年にコチョから西のクチャへ移された。こうして唐は中央ユーラシア東部のほとんどを支配した。

　六四九年にティ・ソンツェンも太宗も死んで、両帝国の関係はだんだんと冷えていった。

　六五七年に太宗の息子で後継者の高宗（在位六四九〜六八三）の軍は西テュルク人の政権を打破した。ホル（賀魯）カガンは捕えられて中国の都に連れて行かれた。中国がタリム盆地とジューンガリアで西テュルク人を敗ったので、その地域（他の中央ユーラシア人たちにすでにトルキスタンと呼ばれていた）はそのとき建前上は唐の統治下に入った。しかし、西テュルク人全体としては事実上中国の支配下に入らなかった。[60]そのかわり、支配氏族を追いやったことで大権力闘争が起った。

それと同時期にチベット人がチベット高原西部のかつてのシャンシュン王国の領土へと拡大し、さらにパミール地域まで進んだ。パミールは東中央アジアのタリム盆地から西中央アジアのトカーリスターンまでの交易路にまたがっていた。六六一年から六六三年までにパミールのバルール（ブルシャ）とワハーンの王国、そしてカシュガル周辺の地域を征服した。六六三年にはまたガル・トンツェン征服王は吐谷渾を決定的に破って、その領土と人々をチベット帝国に組み込んだ。吐谷渾カガンとその中国人の王女、それと吐谷渾の数千の家族が中国に逃れた。チベットは六六五年にはホータンを制圧し、西テュルク人は止まない中国の攻撃を撃退して二年後に名目上チベットの支配を受け入れた。この関係はチベットと西テュルクの同盟に発展し、双方の政権が何度か変わったが、この同盟は一世紀近く続いた。

六六八年にチベットは中国からの攻撃を予想して、防衛のための要塞をかつての吐谷渾王国にある川、ジマコル（大非川）沿いに建設した。六七〇年の初春、チベットはホータンの軍とともにアクスを襲い占拠した。それによって四鎮のうちクチャとカラシャフルの二つが中国の手に残ったことになる。唐は反撃せずに撤退し、東トルキスタンをチベットに譲ったかのように見えた。しかし、その春の終わりに唐は反応した。かつての吐谷渾王国の地のチベット人に対して大軍を送り、攻撃したのである。ジマコルにおける大戦闘で中国はガル・トンツェンの息子ガル・ティディンに敗北した。唐は安西都護をコチョに戻した。その後の二十二年間、東トルキスタンは建前としてはチベットの支配下にあった。実際、ホータンとその西の地域はチベットの直接の統治下にあったようであるが、タリム盆地のほとんどの国はその期間、少なくとも半独立の状態であった。

六八〇年代はアラブ帝国、チベット帝国、中華帝国はそれぞれの本土で国内情勢が不安定であった時期である。中央アジア地域はほとんど以前のままで、名目上これら三つの帝国のいずれかの支配下にあった。変化は六八〇年代の終わりにチベットがクチャとその北の諸地域を攻撃したときに始まった。唐の抵抗にもかかわらずチベットの支配は増大し、それはチベット皇帝ティ・ドゥソンがひとつの国内問題に全神経を注ぐことになるまで続いた。その問題とは、皇帝が幼かったときに実権を握ったガル一族の権力者たちから政権を奪い取ることであった。それと同じ頃、唐は、実際には六九〇年からは皇位を奪取した女帝の武曌《しょう》(武則天、在位六九〇~七〇五)[61]の治下にあって周と呼ばれていたが、四鎮を取り返そうと計画していた。六九二年に再び中国の管理下にあったクチャの中国人都護が中国人とテュルク人からなる軍隊を率いてチベットを攻撃し打破し、四鎮を回復した。チベットは従属する西テュルクの同盟国の助けを借りてその地域を維持しようと試みたが、六九四年にチベットの中央アジアへ入る二つの戦略的な拠点の双方において唐に決定的な敗北を喫した。

チベットの内部では、皇帝ティ・ドゥソンが冷酷にもガル一族をすべて虐殺した。[62]その後、皇帝は南詔王国(現在の四川と雲南に位置する)に遠征するために軍をチベット帝国の東の国境に率いたとき、その地で七〇四年に殺された。事実上の支配は母親のティ・マローに移り、ティ・マローは武曌(武則天)とその後を継いだ女帝たちが中国を支配したのとほぼ同じ時期にチベットを治めた。チベット帝国は数十年かけてゆっくりとしか回復せず、唐に対して次第に防御的になった。

✝突厥第二帝国の建国

東部草原では、突厥は中国の支配下で不満を募らせていた。何回か反乱を起したが、エルテリシュ・カガン（在位六八二〜六九一）のときまで成功しなかった。エルテリシュ・カガンはヘルリグ・カガンのずっと後の子孫で、草原でたゆまぬ努力を続け、散り散りになって弱くなっていた人々を自分の旗のもとに統合した。六八二年に突厥は再び反乱を起し、成功した。エルテリシュは東部草原に再び独立の突厥帝国を建てた。弟のカプガン・カガン「ブク・チョル（默啜）」（在位六九一〜七一六）がその後を継ぎ、国をさらに強大にし拡大した。八世紀に入ったばかりの頃、ジューンガリアとトランスオクスィアナ東部に本拠を置いていた西テュルク人の領土はテュルギシュとして知られる新たな民族連合の支配下に入った。七一二年に東テュルク人はエルテリシュの息子のキョル・ティギン（キュル・ティギン）の治下にあり、テュルギシュ・カガンのサカルを破った。彼らは長いこと失われていた東突厥の西テュルク人支配を取り戻し、拡大してテュルギシュに代わってフェルガナ、タシュケント、そしておそらくソグディアナの大部分も支配した。

✝アラブの西中央アジア征服

中央アジアのホラーサーンの反乱は六七一〜六七三年にアラブによって再び鎮圧された。六七三年にムアーウィヤはホラーサーンの統治を分離し、ウバイド・アッラー・イブン・ズィヤードを最初の総督として任命した。後者は六七四年にオクソス川を渡り、ブハラ王国の商業都市バイカンド（パイカンド）を襲い、貢ぎ物を強制した。六八一年にムアーウィヤが死ぬと、後継者問題が起り、内乱に発展した（六八四〜六九二）。その内乱の間に、ホラーサーンの大部分が事実上再び独立した。暴動など国内のトラブルの後、アブド・アル・マリク（在位六八五〜七〇五）がカリフとなり、ホラーサーンのアラブに近い部分は最終的に支配を回復した。六九五年に彼はイラクと東方に新しい総督アル・ハッジャージ・イブン・ユースフを任命したが、ホラーサーンはスィースターンとともに別の統治を保った。反逆は激しく、総督は弱かったために、六九七年にアブド・アル・マリクはスィースターンとホラーサーンをアル・ハッジャージ総督のもとに置いた。これにより、アル・ハッジャージはアブド・アル・マリクの残りの治世とその息子のアル・ワリード一世（在位七〇五～七一五）の治世の間、アラブ帝国の半分を牛耳ることとなった。

アラブ人は七世紀の終わりにはホラーサーンの諸都市に住んでいるだけではなかった。土地を得て、現地の人間に同化しつつある者もいた。中には、同化が進んで、税を免除されたアラブ人の資格を失う者も出た。マルウでは他のどこよりも現地人との結びつきが強かった。アラブ政権は六九六年のソグディアナ遠征軍のためにマルウのソグド人から金を借りるほどであった。[63] 八世紀になる頃、マルウの商業団体のリーダーのうち、サービットとフライス・イブン・クトゥバの兄弟二人はそれぞれが自己のコミタートゥスであるチャーカルを持っていた。最終的に彼らはテルメズの反逆者ムーサー・イブン・アブド・アッラー・イブン・ハーズィムに加わり、トランスオクスィアナ、トカーリスターン、バードギースのエフタルの王子たちとウマイヤ朝に対する反乱で連合した。連合は分裂し、その兄弟は二人とも殺され、アル・ハッジャージはアル・ムファッダル・イブン・アル・ムハッラブを総督に任命し、総督はテルメズにおけるムーサーの反乱を七〇四年についに粉砕した。そして、アル・ハッジャージはクタイバ・イブン・ムスリム・アル・バーヒリーをホラーサーンの総督（七〇五～七一五）に任命した。

クタイバはアル・ハッジャージ自身から教えを受け、マルウにやってきたときその州のアラブ政権を再編成した。また、アラブのトカーリスターン支配を確固たるものとし、何年かのうちに中国交易の中心地パイカンドとブハラを獲得した。ブハラは最終的に七〇九年に征服された。[64] 七〇九～七一〇年にはキシュとナサフを取り、また、アラブの当時の都ダマスクスに派遣されたトカーリスターンのヤブグを捕え、トカーリスターンとエフタルの反乱を鎮圧した[65]。七一二年には策略によりホラズムを占拠し、そこにアラブの居留地を作った。その年、彼はまたサマルカンドを包囲した。そこの王はタシュケントに助けを求め、タシュケントの支配者として東突厥は支援のためキョル・ティギンの率いる軍をソグディアナに送った。しかし、クタイバは勝利した。突厥は撤退を余儀なくされ、アラブはサマルカンドに軍を配置した[66]。

七一四年にクタイバはトランスオクスィアナに侵攻し、深くフェルガナまで達した。そのときまでに彼は弓兵として知られた個人のコミタートゥスを持つようになっていた。クタイバはシャーシュ（タシュケント）への遠征から戻るときに自分の擁護者ハッジャージの死を知った（七一四）。しかし、彼はアル・ワリードによって総督として承認された。七一五年にクタイバはヤクサルテス諸州へ再び侵攻した。そのときはチベットとフェルガナ王家の一派と連合した。彼らは協力してフェルガナの支配者バーシャクを打倒し、代わりに他の王家の一員であるアルタールを立てた。

同じ年、クタイバがまだフェルガナにいたとき、アル・ワリードが死に、スライマーン（在位七一五〜七一七）がカリフを継承した。解任されるだろうということを知ってクタイバは反乱を起した。しかし、彼の軍は離反した。コミタートゥスの弓兵のみが最後までクタイバを支えたが、全員殺された。

その頃、バーシャクはクチャの中国人のもとに逃れた。そこにいた唐の安西都護は遠征軍を組織して、バーシャクとともに同じ年の十二月にフェルガナを侵略し、アルタールを退陣させ、バーシャクを復位させたが、今度は中国への従属者としてであった[67]。

カプガン・カガンは七一六年の遠征でテュルギシュの領土から撤退した直後に殺された。後は甥でエルテリシュの息子のビルゲ・カガンが継いだ。ビルゲ・カガンは弟のキョル・ティギンに大いに助けられた。黒姓テュルギシュの長スルク（★Suluk）が西突厥の領土でカガンとなった。[68] 彼は素早くテュルギシュの勢力を回復し、急速に以前よりも領土を広げた。テュルギシュはトランスオクスィアナとトカーリスターンの地に対するかつての西テュルク人の覇権を主張した。そうして彼らはアラブとイスラームに反抗する現地民を支援し、またチベットの友好同盟国となった。

中国はテュルギシュがチベットの同盟国になったのを北と南の連結が実現したと見た。それは中国を西域から切り離すとして漢の時代から恐れていたことであった。[69] 唐は意識的に漢に倣おうとしていたので、その同盟を崩そうと試みなければならなかった。彼らはアラブに彼ら自身の秘密の同盟を結ばせ、テュルギシュとチベットの失墜を計画した。

✝唐・新羅の高句麗征服

隋と初期の唐が満洲南部と朝鮮半島北部に漢王朝の支配を復興しようという記念碑的な試みは、高句麗王国の恐るべき軍勢によって打ち負かされ、次々と失敗した。しかし、六四二年にユル・ガプ・ソムン（★Ür Ghap Somun 淵蓋蘇文）[70] が権力を強奪したとき高句麗を国内問題が襲った。ユル・ガプ・ソムンは王と数百人の貴族[71] を殺害し、殺した王の息子を傀儡《かいらい》として王位に就けた。それでもなお、六四五年、彼の摂政時代に高句麗はさらにもう一回の中国の大規模な侵略を撃退した。そのときは唐の皇帝の太宗自身が軍を率いていた。[72]

高宗（在位六四九～六八三）のとき唐は朝鮮半島東南部の王国である新羅《しらぎ》と同盟を結んだ。新羅は朝鮮半島の南で他の王国を追いやって拡大を続けていた。百済《くだら》は最も高度な文明を持ち朝鮮半島で二番目に強かったが、同盟国はその百済を陸と海から共同で攻撃した。高句麗の軍隊と日本の艦隊が百済を支援したにもかかわらず、唐と新羅は六六〇年に百済とその連合国を破り、六六三年に百済を征服し占領した。

そして、六六六年にユル・ガプ・ソムンは死んだ。息子のナムセン（男生）が摂政の地位を継いだが、二人の兄弟が継承を争い、ナムセンは彼らと対抗するために中国に助けを求めた。唐は戦略的にチャンスと見た。そして、新羅とともに二方向から高句麗に大攻撃を行なった。高句麗は果敢に抵抗したが、六六八年に打破され、高句麗王とともに約二十万人が中国の捕虜となった。残った高句麗人は六七〇年に唐に対して反乱を起したが、四年後に容赦なく制圧された。指導者たちは処刑され、残った者は中国中央部深くへ追放された。六七六年に唐の植民地政府は平壌から遼東へと撤退を余儀なくされ、数年のうちに新羅がかつての百済と高句麗の領土であったところの唐の支配権を奪い取った。ただし、高句麗北部は別で、そこは新しい渤海王国[73]に組み込まれていた。高句麗語は八世紀の半ばにはまだ少数の人々によって話されていたが、それから間もなく高句麗人も高句麗語も完全に消滅した。高句麗語は日本琉球諸言語と同系であることが唯一充分に実証される大陸の言語であった[74]。

✝フランク人

西ヨーロッパで民族大移動が最終的に終わった後、ガリア北部とゲルマーニア西部を支配していたのはフランク人であった。彼らが成功したのは何人かの優れた指導者のおかげであった。一番有名な指導者は、キルデリクス（四八一／四八二没）の息子でメロヴィクス（四五六か四五七没）の孫であるクロヴィス一世（フルドヴィクス、在位四八一～五一一）である。クロヴィスは五〇八年、パリにフランキアの都を建てた。彼は主にフランク諸族の指導者たちを殺すことによってフランク人を統一し、ガリア北部とその周辺で争う者のない支配者とした。彼の息子たちは、ガリア、ベルギー、ゲルマーニア西部の大部分と現在のスイスの一部の征服を完了した。彼らの統治はメロヴィング朝を悩ませた内部の継承争いのためにしばしば緩んだが、ダゴベルト一世（在位六二九〜六三九）は父のクロタール二世（ロタイル、在位五八四〜六二九）から統一王国を相続した。彼とその継承者たちは宮宰ピピンの一族の強い影響下にあった。ピピン家の人々はひとつの分家から次第にメロヴィング王国の実権を支配するようになった。[75] ダゴベルトの死後、メロヴィング朝の支配者たちは「カロリング朝以前の」ピピン家とアルヌルフ家の宮宰の王朝の傀儡であった。七世紀初めまでに政権は完全にその一族の支配するところとなっていた。宮宰カルル（シャルル・マルテル、在位七一四〜七四一）は王国の至る所にいた反逆者を制圧し、アキテーヌのウードも七二五年に倒された。しかし、アラブが七一一年に北アフリカからスペインに侵入し、そこを征服し、ウード（ガスコーニュかバスクの出身）はピレネーに本拠地を持っていた隣接のベルベルの指導者ムンヌザと同盟を結んだ。新しいスペイン総督アブド・アル・ラフマン（在位七三一〜七三三／七三四）のもとでアラブはピレネーのムンヌザを襲撃して倒し、ガリア南部へと進み、そこでガロンヌ川の北でウードを倒した。彼らはボルドーとポワティエを占領し、トゥールを攻撃したが、七三三年か七三四年にそこでカルルに倒された。[76] カルルとその兄弟のヒルデブランド（ニーベルングの父）は、同様にアラブと同盟していたナルボンヌとプロヴァンスも支配下に置いた。[77] カルルの死後、宮宰は息子のピピン三世（ピピン短軀王、ペパンとも、在位七四一／七五一〜七六八）に平和的に引き継がれた。ピピン三世は父親の政策を続行し、フランク王国を南はスペイン、地中海、イタリアへ、北はザクセンへ、東はパンノニアのアヴァールの地へと広げた。

†シルクロードと中世初期の政治的イデオロギー

中世初期のユーラシア全体についての史料に関することで最も注目すべきかつ最も正当に評価されていないのは、それらの史料が中央ユーラシア、特に中央アジアに圧倒的な重点を置いていることである。特に、中国、古代チベット、そしてアラブの史料は中央アジアについての詳細な記録でいっぱいである。視野の狭いギリシャ語やラテン語の史料でさえ自分たちの王国にとって中央ユーラシアがいかに重要かを強調している。このように注意を向けた理由は現代の歴史学者が想像するように遊牧戦士による征服を恐れたからでないことは明らかで、実際そのようなことは史料には書かれていない。その理由はむしろ繁栄するシルクロード経済とほとんど継続的に争いをもたらしていたユーラシア共通の政治イデオロギーであると思われる。

この共通のイデオロギーは、突厥による征服から始まる中世初期のユーラシア国家の拡大すべての背後にある政治的イデオロギーの推進力のひとつであった。[78] どの帝国も自分たちの支配者を独自の名称で呼んでおり、公的な文書では自分たち以外の支配者をその名称で呼ぶことはなかった。[79] どの国も自分たちの皇帝が唯一の正当な「天下」の支配者で、服従した忠実な者であれ未だ従属していない反逆的な「奴隷」であれ、それ以外のだれもが皇帝の臣下となるべきだと信じていた。反逆したり従属を拒否したりすることに対する罰は戦争であったが、中世初期のユーラシア全体を通じて当時はどこも帝国主義的な政治的イデオロギーを持っていたし、有史以前から戦いが習慣的になっている生活は普通のことであったので、どちらにしても戦争は避けられないものであった。

そういうことであるから、それぞれの皇帝は四方を実際に支配すると宣言し、それを行なおうとした。その四方は建前上は臣下ひとりずつに割り当てられていた。中央ユーラシアの理想的な政治構造は、しばしば「カンと四人のベイの制度」という的確な言い方で表現される。[80] その最も明確な例は、次のところに見られる。扶余王国と高句麗王国、[81] 突厥帝国（ビザンツ帝国の使者マニアフが四人の「君主」[82] とアルシラシュ（*Arsïlaš）[83] 一族に属する支配者[84] を持っているとローマ皇帝に伝えた）、チベット帝国（四翼体制[85] はかなり形だけのものであったが、このようにすると一番よく説明できると思われる）、唐帝国

（安西都護府だけでなく他の三方面にも都護府を置いた）、契丹帝国、そして、後の時代のモンゴル帝国[86]とその継承国家である。[87]

このイデオロギーもあって、中世初めの帝国は全てあらゆる方向へ拡大しようと試みた。これは他の時代、他の地域の帝国と異なるものではなかったが、中世前期に史上初めて大帝国が互いに直接接するようになり、それぞれが自分たちだけが帝国ではないことを知った。各帝国は実際には同等のもののの中のひとつであるという事実に直面させられた。最初、いずれもがこの事実を受け入れることができなかったが、他の帝国に対応するに当たって実際上必要なことを扱うために外交儀礼が発達した。ある帝国から別の帝国への特命使節は相手国の宮廷において支配者に敬意を表し、特命使節の示した敬意はその地で本国の訪問国への従属を表す表現で記録され、そして、帰国の際、特命使節はふつう訪問国からの使節に同行されるが、同行した使節も同様に相手の皇帝に敬意を表したのであった。[88]

八世紀初めにユーラシアの文化と民族国家が拡大し互いに衝突したとき、それぞれは他が自分たちと同じぐらい中央ユーラシアの支配を望んでいるということを知っていた。それぞれが他の帝国から産物、知識、人間を熱心に探し求めていた。彼らはみな政治的に同盟し、細部に至るまで軍事行動を統合させ、自分たちの行動や考えを変えるまでして他国と合せたり異なるようにした。この時代、ユーラシア全体で戦争が日常的に臆面もなく続けられていたにもかかわらず、シルクロード経済は繁栄し、少なくとも八世紀の半ばまで力強く成長した。ユーラシア世界は、主に中央ユーラシア人の努力によって政治的、文化的、そして特に経済的にそれまで以上に緊密に結びついた。[89]

1 アヴァールと柔然が同じであることの論は後註18を見よ。

2 この名称についてはBeckwith (2005b) を見よ。

3 「土門（T'u-men）」と書かれる*Tumïnという名称と古代突厥碑文のBumïnという形については後註10と17を見よ。

4 『周書』50: 909。

5 資料において歴史的事実として示されている神話的と思われる要素の考察については、プロローグにある突厥の建国神話とその注釈を見よ。

6 Sinor (1990c: 295)。

7 この伝統と、突厥が実際に冶金の技術に優れていたこと（中国とギリシャの史料によって裏付けられている）は、洞窟が実際に鉄の採鉱場であったことを示していると考えられてきた。Sinor（1990c: 296)を参照。高句麗に、洞窟（これもまた国土の東部の山にある）が穀物神の住まいであるというよく似た神話があることを考慮すると、これはどうであろうか。

8 Turcae「テュルク人」は、紀元一世紀の半ばにポンポニウス・メラによって言及されている。また、大プリニウスの『博物誌』にもTyrcae「テュルク人」と言及されている（Sinor 1990c: 285)。しかし、六世紀以降、テュルク人は東から西へと着実に移動していった。Czeglédy (1983) を見よ。Golden (1992) を参照。

9 彼らの信仰はスキュタイを始めとする初期の草原の民や後の他の民族のものと類似している。その信仰は中央ユーラシア文化複合体の重要な要素であり、宗教史学者の注目を受けるに値する。

10 メナンドロスに出てくるテュルク人の支配者Βώχαν（Bōkhan ボーハン）と同じ名前で、古代テュルク語のBuqanに対応するものであることは明らかである（Blockley 1985: 178–179, 277 n. 235)。プリーブランク（Pulleyblank 1991）には悪いが、標準「中期中国語」では、母音の前のm-は規則的にmb-と発音されていた（Beckwith 2002a, 2006b。Pulleyblank 1984 参照)。この音節頭音が古代テュルク語のb-で始まる語の音写に使用された例はたくさんある。

11 yabghu（すなわちyaβγu）という称号はバクトリアのトカーラ国を構成する五つの地域の総督の称号に遡る。その総督のうちのひとりは最終的に権力の座に就き、クシャーナ帝国を築いた（Enoki et al.

1994: 171)。

12 Türk という民族名は英語化した Turk と実質的に同じである。その名称は [tyrk]、すなわち Türk と発音され、現在でも現代トルコ語や他のほとんどのテュルク系の言語でそう発音されている。伝統的な学問上の慣例では、Türk という綴りはテュルク人による最初の二つの帝国についてのみ使用するが、ここでもそれに従っている。この名称の中国語や他の言語による音写については Beckwith (2005b, 2006/7) を見よ。〔訳註—原文の Türk は「突厥」、Turk は「テュルク」と訳してある。〕

13 Frye (1983: 156)、Sinor (1990c: 299–301)。

14 Sinor (1990c: 301–302)。

15 スキュタイ人、つまり北イラン人は拡大を始めた頃には文化的にも民族言語的にも単一の集団だったが、より早く草原地帯全体を支配した。後のテュルク人と同様、彼らは時間とともに分岐していった。

16 彼の名前は以前はタスパルと読まれていた。Yoshida and Moriyasu (1999) と Beckwith (2005b) を見よ。

17 この名称は時代に合わないが、この地域に対する地理上の名称で他に定着したものがない。これは Jungharia 以外に、モンゴル語ハルハ（カルカ）方言の発音に基づいて Dzungaria と綴られることもある。ジューンガルという名称とその変異形については Beckwith (2007d) における考察を見よ。

18 この時代のトカーリスターンは現在のアフガニスタンとその隣接地域にだいたい相当する。

19 Frye (1983: 158)。

20 Treadgold (1997: 231–241)。

21 Treadgold (1997: 239–241, 287–293)。

22 トレッドゴールド（Treadgold 1997: 315 以降）によれば、帝国をテマ、すなわち防御した土地に兵士たちが住む軍管区に明確に再組織化したのは彼の孫のコンスタンス二世（在位六四一〜六六八）であるが、この改革の基幹はヘーラクレイオス自身によってさらに以前の基盤の上に築かれたようである。オストロゴルスキー（Ostrogorsky 1968: 96 以降）の考察を見よ。この「封建的な」制度はユーラシア全体に広く行われており、ゲルマン人、アラブ人、ビザンツ帝国の周りのテュルク諸民族、そして北アフリカにいたゲルマン系のヴァンダル族の間にも見られた。

23 アヴァール人と彼らのこの戦争への関与につい

ての詳細はPohl (1988) を見よ。

24 ハザール人については、ダンロップ（Dunlop 1954）、ゴルデン（Golden 1980）、ゴルデンやノーナン（Thomas Noonan）による多くの論文など、優れた研究がたくさんある。

25 Treadgold (1997: 293–299)、Frye (1983: 168–170)。

26 クローン（Crone 1987）はこの交易とイスラームの隆盛についての以前の諸説について注意深く再度評価を行なった。アラブ人は高価な贅沢品の交易には関わっていなかったというクローンの主張は麝《じゃ》香《こう》の取引によって否定される。麝香貿易はクローン自身が言及しており、イスラーム以前からアラブ人が支配していたと思われる。この交易と麝香一般についてはKing (2007) を見よ。

27 Crone (1987: 246, 250)。

28 イスラーム拡大の初期における交易の役割をめぐる論争については後註62を見よ。

29 Frye (1983: 170–171)。

30 征服と関連した、イスラームと初期のムスリムについての疑わしい見解については後註63を見よ。

31 アラブ人がペルシャとギリシャの図書館を破壊したという、一般に信じられている誤った考えについては後註64を見よ。

32 Shaban (1971: 24–34)。

33 マルギアナ、バクトリア、トランスオクスィアナを含む、イラン系諸言語が話されていた中央アジアの諸地域はペルシャの領土であり、それらの人々はペルシャ人である、というイラン中心主義的な考え方は誤りである。後註65を見よ。

34 ラテン語は行政上の言語としては放棄され、代わりにギリシャ語が帝国の公用語となった（Ostrogorsky 1968: 106）。しかし、ビザンツ人は一四五三年の「ローマ帝国」の終焉まで自分たちをローマ人と言っていた。アラブによる征服の後、近東の非イラン系言語の地域のほとんど全てと北アフリカがアラブ化したことを考慮すると、ヘーラクレイオスはギリシャの人々と言語を消滅から救ったのかもしれない。

35 Shaban (1970: 18–19)。彼の息子ペーローズは最終的に中国に逃れた。マルズバーンというのは「国境監視人、辺境伯」で通常はサーサーン帝国末期とアラブ・イスラーム帝国の初期における知事もしくは軍政府長官をいう（Kramers and Morony 1991）。ヤズデギルドはヒジュラ暦三一年（紀元六三四年）

にマルズバーンのマフーイー・スーリーに殺されたと言われている（Yakubovskii and Bosworth 1991）。

36 通常六三〇年とされている。陳（Ch'en 1992: 42-53）によれば玄奘は六二八年にそこにいた。玄奘がそこで研究したことについては後註66を見よ。

37 その複合施設は元々はサーサーン朝の州都として建てられたことは当時知られていた。その構造と、ナウバハールとクテシフォンの基本的設計に基づいたバグダードにあったアッバース朝の首都「平安の町」の設計図については、Beckwith（1984b）を見よ（そこではクテシフォンは誤って除外されている）。

38 六五三年にそこで全面的な暴動が起った。送られた軍隊は反乱を鎮圧できたが、その地域は直後に分離した。ムアーウィヤはカリフを継いだときスィースターンに大遠征隊を送った。アラブ人はザランを奪回し、カーブルを取った。しかし、征服された地域のほとんどは事実上は長いこと独立の状態であった。

39 Shaban (1971: 70–78)。内戦については後註67を見よ。

40 煬帝はその王朝の創設者と非漢系貴族の家系の独孤伽羅の息子であった。

41 Wechsler (1979a: 150–153)。

42 Wechsler（1979a: 159）。これは東突厥「に対する外交攻勢」と言えるものではなかった（Wechsler 1979a: 187、強調は筆者）。

43 Wechsler (1979a: 157)。

44 Sinor (1990c: 308)。

45 さらなる考察についてはエピローグを見よ。

46 Wechsler (1979a: 185–186)。

47 Dillon (1998: 360)。

48 しかし、彼らは玄宗には支持されなかった。乱を起こす前においても安禄山にどう対処したか、また多くの似たようなケースを考慮すると、玄宗は一般に人を見る目がなかったとしか言いようがない。

49 Owen (1981: 143)。李白（七〇一～七六三頃）は中央アジアで生まれ、スーイアーブ（現在のキルギズスタンのトクマク近く）で暮らしていた。若いときのある時点で家族が四川に移住し、李白はそこで育った。一家は商人だったかもしれない。そして、李白は純粋の漢人ではなかったのではないかと考えられている。Eide（1973: 388–389）を見よ。Owen (1981: 112) を参照。李白は同時代の重要な詩人（その中で最も有名なのは杜甫）に影響を与えたが、存命中は他のほとんどの詩人から見向きもされなかった。

50『資治通鑑』216: 6889。

51 チベットの場合、その要素には、支配者とその英雄的な友らである社会の頂点としてのコミタートゥス、支配者の、コミタートゥス、馬、個人の財産を伴った大墳墓への埋葬、そして交易に対する強い関心が含まれていた。

52 プギェルという称号と現在の一部の学者による歴史を無視したその使用については後註68を見よ。

53「チベット」は他称、すなわち外の人たちがその国を呼んだ名称である。その名称はモンゴル系の拓抜、すなわち *Taghbač と関係があり、自称による国名ポー(Bod)とは全く関係がない。詳しい議論は Beckwith (2005b) を見よ。

54 実際にはチベット人はより以前に全く同様の不快な状況のもとで隋朝の中国人と遭遇している。彼らの国は中国では当時「附国」として知られていた(Beckwith 1993: 17-19)。「附」による音写は多くの人が示唆するように Spu もしくは Bod を反映していたかもしれないが、どちらの場合もかなり不規則的である。

55 Molè (1970: xii)。

56 Beckwith (1993: 23)。この結婚について誤解が続いていることに関しては後註69を見よ。

57 しかし、そこではそのころには西トカラ語を話していたと思われる。東トルキスタンのトカラ語の正確な時代区分(と地域の特定)はまだ確定していない。

58 ホータンは北部の諸都市と違って大乗仏教の一大中心地であった。

59 Protectorate General of the Pacified West もしくは Pacify-the-West Protectorate。

60 これについて書かれたものは事実上全てが彼らは実際中国の支配下に入ったという主張を繰り返しているが、それは中国の正史に大げさに書かれていることをそのまま受け取ったものである。

61 事実上武曌が唐を廃し中国の最初で最後の女帝として即位した(武后と呼ぶことが行われているが、それは正しくない)にもかかわらず、武曌は自分が帝位を簒奪した唐の君主、すなわち中宗(在位六八四、復位し七〇五~七一〇)と睿宗(名目上の統治六八四~六九〇、復位し七一〇~七一二)を殺さなかった。王莽と同様、武曌は帝位の簒奪者とされてきた。両者とも中国をうまく統治したが、どちらも正統性を得ることはなく、帝位を奪われた一族が復活したとき、彼らの歴史上の運命は封印された。

62 中国に逃れた者もおり、彼らは唐の軍隊で働いた。

63 シャバン（Shaban 1970: 48）は、それは dâr al-harb（敵の地）というより dâr al-salâm（平和の地）であったであろう彼ら自身の国への課税を減らすためであったと示唆している。

64 Shaban (1970: 66)。

65 Shaban (1970: 67)。

66 Shaban (1970: 67–75)。

67 Beckwith (1993)。

68 以前の支配者たちは黄姓に属していた。

69 この恐れについては漢と唐の正史にはっきりとかなり詳しく書かれている。中国人は国際貿易は必要なく、興味がなかったという主張が（当時の中国人とそれ以降の歴史学者によって）頻繁に表明されたが、彼らがそれを必要とし、強い興味を抱いていたのは明らかである。

70 彼の古代高句麗語のフルネームの最初の二音節は ★Ür と ★Ghap（☆ɦaip～☆ɣap）である。Beckwith (2007a: 46, 62–63) を見よ。第二音節は、☆kaj³ (Pul. 102)（中期中国語の形で後の時代の Kai、朝鮮漢字音の Kae）ではない。その読み方は中世の誤りだと思われる。彼の名は不詳だが慣例では朝鮮漢字音の形によって Somun と音写される。古代高句麗語の ★ɦaip「大きな山」は上古高句麗語の ★ɦapma「大きな山」から来ており、古代日本語の ★yama「山」と同源である（Beckwith 2007a: 46, 121）。

71 これらの人々はおそらく王のコミタートゥスであったが、史料が簡潔すぎてそれ以上のことを言えるだけの充分な情報がない。

72 Wechsler (1979b: 232–233)。

73 Twitchett and Wechsler (1979: 282–284)、Beckwith (2007a: 46–49)。

74 高句麗語（ないし扶余高句麗語）が日本琉球諸言語と関係があることについては Beckwith (2005a, 2006e, 2007a) を見よ。

75 Wood (1994: 146–147)、Scherman (1987: 232–233)。

76 これは昔のポワティエの戦い［トゥール・ポワティエ間の戦い］である。Wood (1994: 283) を参照。

77 詳細と問題については Wood (1994: 273–274,

281–284)を見よ。

78 このイデオロギーはモンゴルの時代まで持続し、モンゴル人支配者が他国の支配者に降伏を求めて宛てた手紙に明確に表れている。

79 Beckwith (1993: 14–15, 19–20)。フランク人とアヴァール人の皇帝の称号については後註70を見よ。

80 主にモンゴル帝国とモンゴル以降の時代について記述しているSchamiloglu (1984a)を見よ。このシステムは中央ユーラシアのほとんどの地域における「理想の」政治組織制度で、最も古い時代の史料にも多く記されている。それが全ての地域において「現実の場で」実際にどの程度行われたかは注意深く検討されねばならない。

81 初期の扶余王国についての中国の記述は君主と四つの部を挙げている。高句麗については五つの方角ないし部の名称が挙げられ、真ん中の黄部は王族のものであった（『三国志』30：843、『後漢書』85：2813、Beckwith 2007a：41–42）。これは後に見られる契丹（遼王朝）の制度に類似している。

82 これはブロックリー（Blockley 1985：114–115）によってprincipalities（諸侯国）と訳されたメナンドロスの用語 ἡγεμονία（hêgemonia ヘーゲモニア）が本来意味するものであろう。

83 ⋆Aršilaš（中国語 A-shih-na）という名称の語源については後註72を見よ。

84 Blockley (1985：115)。突厥の王族の名称⋆Aršilašについては後註71を見よ。

85 Uray (1960)を見よ。

86 マンズ（Manz 1989：4）は「チンギスは自らの草原帝国を四つの領土にわけ、それらは後に四つのウルスとして知られた。彼はそれらを軍隊とともに息子たちに分け与えた」と述べる。チンギス一族は四つの領域からなる国家構造で知られている(Schamiloglu 1984a)。

87 そのうちのひとつである安南は現代でもベトナムの古名Annamとして残っている。首都の長安は概念上中央であったであろうが、それは古代の名称であり、四つの地理的単位との関連で呼ばれたものではないと思われる。中国語で通常使われる「中国」の意味は元々は「中心の（Central）諸国」であると考えられており、「中央の（Middle）王国」というのは後からの再解釈である。

88 九世紀初頭にユーラシア東部で初めて中華帝国とチベット帝国の間で真の二国間条約が結ばれるま

でこのような装った行動は公的にはどのレベルにおいても続けられた（Beckwith 1993)。しかし、帝国のイデオロギーはユーラシアから完全には消えなかった。チンギス・カンのもとでモンゴル人は十三世紀においてまだそれに従っていたし、中国人は近代に至るまでそうであった。

89 de la Vaissière (2005a: 186) を参照。

第6章　シルクロード、革命、そして崩壊

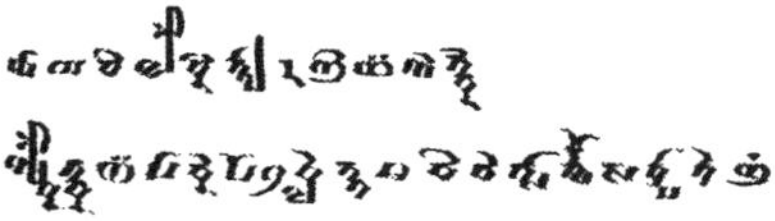

あの人はあなたを遠くへ導き
　　あなたを私から引き離した
あの人は私にすべての苦しみを分かち合わせ
　　私のよろこびを奪い去った
　　　　　――作者不明のトカラ語の詩[1]より

八世紀半ばの十三年間の間にユーラシアの帝国はみな大きな反乱、革命、ないし王朝の交替を経験した。その混乱は七四二年に始まった。東部草原において突厥王朝が倒されソグドの影響を受けたウイグルが勃興し、同時にビザンツ帝国では大きな反乱があった。これらの後、短い間にいくつもの変革が続いた。アラブ帝国では中央アジアの貿易都市マルウにおいて商人たちが組織したアッバース革命、フランク王国ではカロリング革命が起った。七五五年にはチベット帝国で大反乱があり、同じ年の終わりには中華帝国において唐の節度使で突厥とソグドの混血であった安禄山による大きな反乱が起った。

平和が回復した後、新しい帝国政権によって綿密な計画のもとに文化を象徴する中心地が作られた。バグダードにおいては、「平安の町」が造られたが、それはアラブの円形都市計画による宇宙論を表した宮殿とモスクの複合体で、中央アジアのイラン人の思想に従ってデザインされ、中央アジア人が住んでいた。ブラグマルでは、チベットの円形の寺院複合体サムイェー、そして、フランク王国の新都アーヘンでは、十六面体の[2]大聖堂が作られた。これらの国々や他の新興の帝国はそれぞれが特定の世界宗教やその宗派を公に支援すると宣言した。

次の世紀のもっとも重要な発展は、ユーラシア中で国民の間に読み書きが広まったこと、世界の商業・文化・科学の中心がさらに移って西中央アジアへ行ったこと、貿易ルートが北方へ移っていったことである。貿易ルートについて言えば、西方ではイスラーム帝国とヨーロッパの間のルートが中央アジアからヴォルガ川を越えてスターラヤ・ラドガとバルト海に至る北のルートにシフトして北欧の経済発展を促す一方、東方では中国と中央アジアの間のルートが北に移ってウイグルの領土を通過するようになった。アル・マアムーン統治下のアラブ帝国の首都は十年間中央アジアのマルウにあった。カリフが最終的に首都をバグダードに戻したとき、カリフとともに再び中央アジア人と中央アジア文化の流入があった。このことによってアラブ帝国内において知的・科学的文化がみごとに融合することとなった。その時期に達成されたことのいくつかは後にイスラーム治下のスペインを通じてヨーロッパに伝わり、科学革命の基盤となった。

✝八世紀中葉の革命と反乱

八世紀中葉のユーラシアにおける大変動の原因はこれから立証されなければならない。そのときまでのユーラシア世界の相互の結びつきを考えると、七三七年から七四二年の間に中央アジアと東部草原で起った変化が大陸全体に広がるドミノ効果を引き起こしたことはひょっとしたら考えられるかもしれない。しかし、このことは七五一年のカロリング革命や七五五年のチベットの反乱を説明できないと思われる。共通の要素はわずかしか知られていないのである。その中で圧倒的に重要なのは、東部草原で起ったよく知られている反乱や革命は一番最初のものから全て商人ないし商人や国際的な取引に密接に関係している人々によって率いられていたという事実であることは確かである。

中央アジアと東部草原のテュルク人

西テュルク人の地にいたテュルギシュ人はシルクロード商業システムの中心であった中央アジアの交易都市を支配していた。アラブや中国の史料に見られる多くの明確な言及によると、彼らはジューンガリアと他の中央アジアのほとんどの地域における商業の保護者であり支援者であった。[3] しかし、七三〇年代の中国とアラブによる執拗《しつよう》な攻撃が最終的に功を奏し、テュルギシュ・カガン国は七三七年から七四〇年にかけて完全に破壊された。[4] これによって政権の空白状態ができ、そこでは氏族どうしの争いが続いたことによって、中国とアラブが思いのままに中央アジア諸都市に対する支配力を強めるようになった。

東部草原では、七三一年にキョル・ティギンが、七三四年にビルゲ・カガン(在位七一六〜七三四)が死去してから突厥帝国が急速に衰退した。その二人の兄弟は二十年間果敢に戦って多くの勝利をあげたが、最終的には突厥の勢力を東部草原を大きく越えて維持することはできなかった。七四二年にウイグル、バスムル、カルルクによるテュルクの同盟は突厥を倒した。ウイグルが数の上でも力の上でも圧倒的であったが、その三者はその後互いに戦い始めた。バスムルが最初に倒され、次にカルルクが打倒され、七四四年にウイグル・カガン国ができた。ジューンガリアと中部草原の東部全般では、カルルク人は以前は東側でテュルギシュと境を接していたが、そのテュルギシュの地はすぐにカルルク人でいっぱいになった。カルルクはテュルギシュの残党を取り込んだが、以前の政治的・軍事的な勢力には達しなかった。東部草原ではウイグル人が自分たちの前にいた突厥と同じようにソグドの非常に強い影響下にあった。

ビザンツ帝国

七四一年か七四二年に新たに皇帝となったコンスタンティノス五世(在位七四一〜七七五)は、積極的な聖像破壊者(イコノクラスト)で、ハザール・カガンの娘のチチャク王女[5]と結婚したが、義理の兄でアルメニア系の将軍アルタヴァスドスに攻撃されて敗北した。アルタヴァスドスはコンスタンティノープルで皇帝となり、そこの統治者となったが、七四三年にコンスタンティノス五世に打ち負かされ、皇位の強奪者として退位させられた。

アルタヴァスドスはアルメニア系で聖像崇拝を支持したため、聖像崇拝者（反イコノクラスト）から支持されたが、史料でも現代の歴史書でも他のことにはほとんど注意が払われていない。アルタヴァスドスは（自分ではなく）コンスタンティノスが皇位を継承したことに対して不快感を持っていた可能性があるが、それで反乱は説明できない。反乱の根底にある原因は知られていないようだ。ひょっとすると七三七年のハザールの地へのアラブの激しい侵攻や当時のアルメニアに近い地域で起った他の衝突がその反乱[6]と関連しているかもしれない。

アラブ帝国

アッバースの蜂起は七四七年に当時のユーラシアにおける最大の商業都市のひとつマルウで勃発した。それはアラブと中央アジア出身の商人たちによって率いられた。[7]彼らはウマイヤ朝を七五〇年に倒し、アブー・アル・アッバース（アル・サッファーフ、在位七四九／七五〇〜七五四）を初代カリフとして新たなアッバース朝を宣言した。

その武装蜂起の著しく商業的な中央アジア的特徴を無視することはむずかしい。アラブ化した中央アジア人[8]よりも中央アジア化したアラブ人[9]に重点を置こうとする人もいるが、この意見の相違は次の疑うべくもない事実を変えるものではない。すなわち、反乱は主に中央アジアの都市において中央アジア人によって中央アジア人のために組織され、その中央アジア人にはアラブ系も非アラブ系もいた。反乱は中央アジアの都市マルウで公然と宣言されたが、そこにはソグドの市場と、ブハール・フダー（ブハラ王[10]）の宮殿を含むブハラ地区があったのである。そして、ウマイヤ朝の打倒は中央アジアの軍隊フラーサーニーヤによって企てられ成し遂げられた。[11]

フランク帝国

七五一年にフランク王国[12]の宮宰ピピン三世（在位七四一／七五一〜七六八）は、数十年間名目のみとなっていたメロヴィング朝を倒した。そして、カロリング朝を建て、その正当性を多くの宣伝活動と公共事業で示した。フランク王国はカロリング朝になって安定した支配者を得た。彼らがメロヴィング家を打倒した背景はかなりよく理解されており、それはまったく国内政治によるもののようであった。

しかし、他の要素もあったかもしれない。カロリング朝はユダヤ人商人を保護し支援したため、そこでは彼らが非常に大きな影響力を持っていた。[13]カロリング家はまた、アラブの銀貨を模してドゥニエ銀貨を鋳造し、フランク帝国とイスラーム世界の間の国際交易を発展させることにかなり努力した。彼らはアッバース家と良好な関係を作り、北東のサクソン人と南東のパンノニアのアヴァール人を征服して中央ユーラシアへの交易ルートへと拡大した。[14]

チベット帝国

七五五年に大反乱がチベット帝国を揺るがした。支配者のティデ・ツクツェン皇帝（メエ・アクツォム、在位七一二〜七五五）が暗殺され、王子のソン・デツェンは一年間王位に就けなかった。[15]ティソン・デツェンとして最終的に王位には就いたが、二十年間は政治的に弱い立場にとどまった。

控えめな言い方をすれば、その反乱の理由は知られていないと言える。しかし、次の二つのことが明らかである。その反乱は正当性と何らかの関連がある。また、唐がチベットに対して軍事的に成功し、それによってチベットの形勢がかなり不利になり帝国そのものが非常に危険な状態にあったことも確実に関係がある。国の東北地域にいたチベットの臣下が七五五年の初めに唐に屈した。反乱を率いた高官たちはもしかしたらチベット帝国を崩壊と中国による征服から救おうとしていただけかもしれない。[16]

中華帝国

七五〇年に唐の高句麗系の将軍、高仙芝《こうせんし》はパミール高原でチベット人に対する軍事行動を行い、彼らをそこで打ち負かした。彼はその成功に続いてフェルガナとシャーシュ（チャーチュ、現在のタシュケント）の戦争に介入した。彼とフェルガナ王は七五〇年にシャーシュを占領した。シャーシュ王は平和的に降伏したのだが、高は協定を破った。彼は自分の軍隊を送って強姦、殺人、強奪を行なった。王は長安に連行され、そこで玄宗によって処刑された。その町の皇太子はサマルカンドのアラブ人のところに逃れ必死に助けを求めた。アッバース朝は軍を派遣し、七五一年七月にタラスの近くのアトラフの戦いで高仙芝の軍と対戦した。戦いの最中に、唐軍の一部をなしていたカルルク・テュルク人は中央アジア人とアラブ人の側に寝返った。唐軍は粉砕されアラブが勝利した。[17]

この戦いで敗北し、また絶えず行われる軍事遠征によって国内問題が次第に深刻化していたにもかかわらず、玄宗は拡大政策を続けた。七五三年までに唐はチベットの中央アジア領のすべてを占拠し、さらにチベット高原へ深く進んでいった。チベット王国は大反乱によって七五五年に分裂した。帝国が唐に打倒されるのは目に見えていた。

その後、七五五年の終わりにソグド・テュルク商人の出[18]の唐の将軍、安禄山[19]は長年の擁護者であった玄宗に対して公然と謀反を起し、もう少しで唐を打倒するところまでいった。彼は多くのソグド人やテュルク系ソグド人の援助を得ていた。彼らも戦士商人であった。[20]そして、ソグド人やテュルク人の大支配者と同様に、彼は契丹人などの中央ユーラシア人からなる大きな私的コミタートゥスを持っていた。[21]

しかし、驚くべきことは、安禄山とその共謀者たちが八、九年間にわたって反乱を準備した際に華北とその近隣の中央ユーラシアの領土の商人ネットワークを使用したことである。言い換えれば、中華帝国内のソグド人は、アラブ帝国のソグド人がウマイヤ朝に対する反乱を計画していたのと全く同時期に唐に対する反乱の計画に密かに関与していたのである。安禄山と他の戦士商人[22]の活動の記録は、マルウを本拠とする中央アジアの陰謀家たちがウマイヤ朝に対するアッバースの反乱の準備に行なっていたことの鏡像のように読める。少なくともこの二つの事例において、陰謀を企んだ者たちは互いのことを知っており、ソグド人の支配していたシルクロード交易システムによる国際的なつながりを通して連絡を取り合っていたという可能性がある。東部草原の突厥帝国を倒したウイグル人の間でソグド人が圧倒的な影響力を持っていたことはよく知られている。従って、七五五年のチベットの反乱がユーラシアの大部分で起ったソグド人による諸反乱と何らかの関係があったのかどうか考えられねばならない。もう一つの疑問は、反乱や革命を連繫させていた何らかの中央組織があったのかどうかである。

七五七年になってやっとウイグルの軍事援助で唐は長安と洛陽の二つの都を何とか奪回し、華北中央部の支配を取り戻した。しかし、中国東北部のほとんど、特に反乱の中心であった湖北は反独立状態となり、唐は最も重要な占領地の多くを失った。そこにはチベット帝国の東の国境地帯と、朝鮮半島に近い東北の遼西、遼東の地域も含まれていた。反乱の後、中国の軍事および経済の勢力の弱まりは厳しいものになり、唐はまたすぐに東トルキスタンの多くとゴビの南の土地をチベット人とウイグル人に奪われた。

†革命後の宗教と国家

アラブ人は商業に関心がありそれを発展させたので、アッバース朝下のアラブ帝国は次第に豊かになった。第二代カリフのアブー・ジャアファル・アル・マンスールは古代都市バグダードの近くのティグリス河畔に新しい帝都を建設した。そこはティグリス川とユーフラテス川が接近するあたりに近く、かつてのサーサーン朝の首都クテシフォンのやや上流であった。この宮殿と都市の複合体である「平安の町」は、サーサーン朝のいくつかの帝都の設計に基づいたすばらしい円形のデザインであった。そのサーサーン朝の帝都には、古都のクテシフォン、元々はサーサーン朝の州都複合体としてバルフに作られた中央アジアの仏教の僧院ナウバハール（「新しいヴィハーラ」）が含まれる。円形のサーサーン風の設計は、その前にペルシャを支配した中央アジアのイラン人であるパルティア人から採用された。「平安の町」の設計は、かつての高官でナウバハール[23]最後の仏教の僧院長の息子、ハーリド・イブン・バルマクによるものであった。「平安の町」の中心にはカリフの宮殿があり、その上には大きな「天の」スカイグリーンのドーム[24]があった。首都の建造物の周りにアブー・ジャアファルはアッバース朝の中央アジア軍フラーサーニーヤを置いた。

チベットの反乱はすぐに鎮圧され、帝国は拡大して元の征服地の多くを回復した。七六三年に唐の首都長安を短期間占拠したり[25]、オルドス南部やその地の万里の長城沿いの諸都市を占領したりといった軍事的成功を収めて約二十年後、新しい皇帝のティソン・デツェン（在位七五六〜七九七）は政治的に充分に安定しており、仏教を国教と宣言した。彼は大きな円形の僧院の複合体サムイェー（Bsam-yas）をチベット南部中央の皇帝の私有地のひとつであるダクマルに建てた[27]。それは仏教の宇宙観、正統な仏教徒の支配者としての皇帝の地位、そしてチベット帝国の国教としての仏教の確立を象徴していた。最終的に決定された仏教形式はインドの大乗仏教で、説一切有部の制度的基盤を有していた。中央チベットにいた師と仏典翻訳者は、現在のネパール、インド、カシミール、アフガニスタン、中央アジア、中国[28]といったチベット帝国の支配下のほぼ全ての方面およびさらに離れた朝鮮やセイロンから来ていた。

ウイグル人はマニ教を受け入れ、七六三年にそれを国教としていたが、首都のカンバルク（カラバルガスン）を大都市に築きあげた。国の政治的中心はすばらしい金の天幕によるドーム型のユルトで、そこにはカガンが「金の玉座に座していた」[29]。キルギズはウイグルの最大の敵で、その金の天幕を取ると言っていた。ウイグル人は首都に住んだ者もいたが、帝国の崩壊まで、国際的な交易[30]に強い関心を持った伝統的な中央ユーラシアの草原の民であり続けた。マニ教は平和主義的で、彼らの政治にほとんど影響を与えなかった。

ユーラシアの反対側では、シャルルマーニュ（カロルス・マグヌス、七六八〜八一四）治下のフランク人がアヴァール王国を含む西ヨーロッパの大陸部分のほとんどを征服した。大要塞都市であるアヴァールの首都「アヴァールの輪」を攻略し、その後、パンノニアを征服した。伝記作家によれば、これはザクセンの征服とともにシャルルマーニュの最大の偉業であるという。両方の地域は戦略的に最も重要な、中央ユーラシアへの陸上交易ルートに当たっていた。カロリング朝はメロヴィング朝と違って、真に正統な「ローマ」カトリックであると主張した。シャルルマーニュは、新しい首都アーヘン（エクス＝ラ＝シャペル）に大きなドーム[31]と中央に配置された玉座のある十六角形の（基本的には円形の）教会を建設し、聖母マリアに捧げた。カロリング朝はまたカトリック教皇と非常に緊密な関係にあり、教皇たちはピピン短軀王とシャルルマーニュをフランク王国の正当な支配者として祝福しており、自分たちの敵をフランク王国が抑えることによって見返りを得ていた。教皇たちはまたカロリング朝がフランク王国教会を抑制しようとするのを支持した。

ビザンツの友好同盟国であったハザールは、おそらく七四〇年に[32]ユダヤ教を国教とした。マルワーン・イブン・ムハンマド指揮下のアラブによる侵略の三年後であった。マルワーンはハザールの使節をだましてうまくハザールの領土内に入った。そして、攻撃の意図を表明し、ハザールの領土深く入り込み、その後やっと使節を解放した。アラブ人は馬群を壊滅させ、ハザール人ら多くを捕虜とし、人口の多くを強制的にウラル山脈に追いやった。マルワーンの条件は、カガンをはじめハザール人がイスラームに改宗することであった。他に選択の余地がなく、カガンはそれに同意し、アラブは勝ち誇って戻って行った。[33]アラブが去るとカガンはすぐにイスラームを捨てた。想像がつくように、その棄教は激しいものであった。ハザール王朝がユダヤ教に改宗したのには、八世紀中葉はヨーロッパの主な国は独特の世界宗教との結びつきを宣言した時代であったのと合わせてこのような歴史的背景があったからだというのが最良の説明である。ユダヤ教を受け入れたことはまた政治的に巧妙であった。それは、ハザールがアラブのカリフやビザンツの皇帝を支配者（建前でも）として受け入れることを避けたことを意味するのである。[34]

唐帝国とビザンツ帝国は反乱から立ち直り、かつての王朝を復興した。しかし、唐の弱体化は深刻であった。ユーラシアの新しい帝国の革命後の支配者たちとは違って、中国とビザンツの支配者が行なった唯一正当な活動は、輝かしい前任者たちの黄金時代に立ち返り、その宗教政策を続けることであった。この政策はどちらの場合もその後非常に悲惨な方向に展開した。

この点において、この二つの古い帝国が中世初期を通して特有の国教政策を保ったことは、その他の点では歴史のほとんどにおいて厳密に正統的であったということを考えると、特に注目に値する。

道教は中国の他の時代においては支配者たちの間で好まれず、国政を司っていた正統派の儒学者たちから一般に良しとされていなかったが、唐王朝は公式に道教を支援した。唐の支配者の多くが仏教を信仰していたにもかかわらず、唐は仏教を含めた他のすべての宗教に対する扱いを次第に厳しくしていった。

同様に、ビザンツ帝国は、他の点ではほとんどの時代において厳密に正統的であったが、何らかの異端の教義を公式に支持した。最も注目すべきはイコノクラスムで、中世初期の間ずっと続いた。政府はそれを拷問と死によって強制した。特に八世紀のコンスタンティノス五世の長い治世においてそうであった。

†後期中央ユーラシア文化複合体

コミタートゥスの儀礼としての自殺や処刑は、コミタートゥスの中核的メンバーとしての誓いをした者たちの持つ来世の考えと切り離すことができない。彼らは主人のために戦場で死ぬことは「故郷へ帰るようなこと」[35]で、また死後においてもすべてが生きていたときと同様だと考えていた。少なくとも主人のために戦うというコミタートゥスのメンバーの務めと、報酬として富を与えるという主人の務めについては、そうであったようだ。主人は死後の世界で豊かであるために多くの富とともに葬られ、戦士たちは馬と武器を必要としたのでそれらも一緒に埋葬された。

中央ユーラシアを支配していた人々はみな初期中世の初めにおいてはコミタートゥスを持っていたが、八世紀に世界宗教を受け入れて死後の世界についての考え方が変化した。世界宗教においては自殺と殺人は罪なのである。コミタートゥスを持ち続けることが有用であることは誰の目にも明らかで、そのためには結果的にメンバーの自殺と儀礼的処刑をやめる必要があった。[36]

コミタートゥスの主な実際的目的は主人の個人的な護衛団、つまり国にではなく主人に忠誠を誓った親衛隊として仕えることであった。その制度は金がかかるが重要で廃止することができず、近世に中央ユーラシア諸国が独立するまで何らかの形で保たれた。しかし、それが被った変化は重大であった。

ソグド人などの西中央アジア人の場合、コミタートゥスは最も高度に発達していて多くのメンバーを抱えているのがふつうで、実際上ほとんど変化はなかった。イスラームの受容によって中央アジアのコミタートゥスはグラームというシステムに変わったが、それは本質的には昔からのコミタートゥスから兵士の儀礼的自殺や処刑が除かれただけであった。[37]

チベット帝国では、仏教受容後どのくらい長くコミタートゥスが続いたのかは資料が不足していて分からないが、少なくともある程度は変化して修道的形式になっていたことは確かなようである。チベット人が受け入れたタイプの仏教では宗教上の師に対する献身が強調された。この献身はコミタートゥスのメンバーの主人に対するものとほとんど変わらなかった。[38] チベットの皇帝が仏教の支配者、すなわちダルマラージャ（宗教の王）もしくはチャクラヴァルティン（「転輪聖王《てんりんじょうおう》」、仏法の輪を転ずる者）であると宣言されたとき、僧侶は基本的に皇帝に奉仕することになっていた。帝国時代の終わりに僧侶が軍に加わって戦ったのは驚くことではないのである。[39] 初期中世の終わりまでにチベット帝国では大きな僧院が建てられた。

ウイグル人はマニ教を、ハザール人はユダヤ教を受け入れた。それらの世界宗教を受け入れた後もコミタートゥスは何らかの形で長く保たれたことは確かであるが、最終的にどうなったかは分からない。[40] ハザール人より北、主にノース人や最終的にハザールを滅ぼしたスラブ人の間では変化しなかった。またウイグル人の北と東でも、特にウイグルのあと東部草原の支配者となった契丹やモンゴルでも続いた。これらの民族はすべて何世紀も後にもコミタートゥスの一形態を持っていたことが知られている。スラブ人は彼らのコミタートゥスであるドゥルジーナが歴史的記録や他の文献に記される頃までには建前上はキリスト教徒になっていたから、それは儀礼として死ぬことや主人とともに埋葬されることのない護衛団となりつつあったか、既になっていたと思われる。

†中央アジアの仏教文化と初期イスラーム文化

イスラームの最初の一世紀の間、アラブの首都は何度も移った。八世紀半ばのアッバース革命によってホラーサーニーヤ（ホラーサーン人、東方人）と言われる中央アジア化されたアラブ人もしくはアラブ化された中央アジア人の巨大な軍隊がアラブ帝国の中心地に進軍した。彼らは、アル・マンスールがバグダードに新たな首都「平安の町」を建てたときに最終的にバグダード周辺に定住した。首都はそのままバグダードに置かれ続けたが、ハールーン・アル・ラシードの息子のアル・マアムーン（在位八〇八／八一三～八三三）の在位中だけは中央アジアのマルウにあった。それは八一八年にマアムーンがそこを離れるまでの十年間で、マアムーンはその後、時間をかけてバグダードに戻ったのであった。[41] アラブはトカーリスターンとその中央アジアの隣接諸地域を征服したが、そのときまで完全に仏教文化圏であったそれらの地はイスラーム文化の形成に対して大きな影響を与えた。中央アジアの思想家たちは、当時は多くがムスリムではなかったが、アラブ帝国がますます国際的になっていく中で彼らの知識と実践的能力が高く評価されたに違いなかった。

アッバース朝の初期のカリフたちのもとでは、宰相はハーリド・イブン・バルマク（七八一／七八二没）以来、バルマク家のだれかがなるのがふつうであった。バルマク家はインドの科学を奨励し、インドに何度か遠征隊を派遣して書物や学者をバグダードにもたらした。そうして獲得した学問の中にはアラビア語に訳されたものもあった。[42] イスラーム神学と形而上学は原子論を発達させたが、その原子論は「九世紀半ばまでには神学の諸領域でしっかりと確立し」、基本的な考えはギリシャの原子論にではなく「インドの影響」によっていた。インドの影響というのが具体的に何であるかを示すのは未だにむずかしいところだが、原子論を顕著な特徴とする中央アジアの仏教を介して直接アラブ人たちに伝わったのは確かである。[43]『ブラーマスプタ・スィッダーンタ』はブラーマグプタが七世紀に著した天文学に関するインドの偉大な著作であるが、ムハンマド・イブン・イブラーヒーム・アル・ファーザーリー（八〇六没）らによってアラビア語に訳されて『スィンドヒンド』として知られ、イスラームの天文学と数学の基礎のひとつとなった。[44]この時代の他に並ぶ者のない最も優れた科学者であるムハンマド・イブン・ムーサー・アル・フワーリズミー（アルゴリトゥムス、活動期八〇七〜八四七）はアル・マアムーンの治下で著作活動を行なった。彼は著作のうちの二冊により現代数学の基礎を築いた。ひとつは中世ヨーロッパで翻訳されて『アルゴリトゥムスの書』として知られるもので、インドの位取り記数法と「アルゴリズム」による数学的な計算を導入した。西洋で『アルジブラ』として知られるようになったもうひとつの著作では、インドの天文学で使われていた代数学的計算方法を改良し体系化した。[45]同じ頃に、古典アラビア語の緻密な記述がスィーバワイフ（スィーバワイヒ、*Sēbōe*、活動期八世紀末）によって著された。それは言語科学の記念碑的な著作で、世界で最も早いもののひとつであった。スィーバワイフはバスラで学んだ非アラブ系の学者で、出はおそらくペルシャ系であった。この著作における音韻の分析方法はインドの言語研究の伝統[46]に基づいていると思われる。特に『アル・キターブ』（「書物」）という今日まで伝えられている本の中身はスィーバワイフの一番弟子であるアル・ムジャーシイー（アル・アフファシュ・アル・アウサットという名前での方がよく知られている）が著したものである。彼は中央アジアのバルフの出身で、その生涯において、師の考えを実に多くの点で変えてしまったと非難されている。[47]

中央アジアの学者はイスラーム式の高等教育システムも発展させたが、それは仏教の精舎《しょうじゃ》、すなわち寺院学校をモデルとしたものであった。税を課されていなかった宗教団体が学僧や精舎で学僧とともに暮らす師の経済的援助を行なって精舎を支えていた。教育の主な方法は口頭による講義と議論で、主たる学習科目はダルマ、すなわち仏法と、宗学であった。これらの基本的な要素はそのままアラブ人に引き継がれた。アラブ人は、精舎建築の中央アジア特有の様式さえも取り入れた。それは、大きな中庭のある四角い建造物で、それぞれの側面に学僧と師のための部屋、そしてイーワーンと呼ばれる通路のような形の大きな半開の広い空間を持つ。この精舎が八世紀・九世紀に中央アジアでイスラーム化してマドラサとなったのだと思われる。ただし、それが史料に記されるのはやや後の時代になってからである。[48]

カリフのアル・マアムーンのもとでギリシャの科学や哲学の文献の翻訳が本格的に始まった。初めはシリア語の訳を通してであったが、やがて直接ギリシャ語から行われるようになった。ギリシャのものを取り入れたことによってインドから引き継がれてきたものが陰に隠れてしまったが、それでもなお天文学、言語学、数学、形而上学、瞑想的神秘主義哲学、そしてある程度までは医学もであるが、イスラーム文化におけるそういった多くの学問分野は、マドラサの教育システムと教育方法と同じように、基のところは大体においてインドのものであった。アラブ人は七五一年のアトラフの戦い（タラス河畔の戦い）の後、捕虜となった中国人兵士たちからサマルカンドで秘伝の製紙技術を教わった。それで、書物の生産は容易かつ安価になり、図書館が増えた。

†ユーラシアにおける読み書きと知識の普及

独自性を持つ組織的な世界宗教が国家の支持を得たことによって読み書きが普及し、特有の文字文化が発達し、それによって帝国の境界が変わって、近世以前の旧世界における民族言語的な地域がほぼ定まった。中世前期より以前はユーラシアのほとんどの領域は基本的に空白地帯であり、中央ユーラシアのほぼ全ての領域もそこに含まれていた。その中の諸地域についてはほとんどの場合どんな言語が話されていたのか分かっていない。多くの場所においては異国の言語で書かれることもなかったので、その土地の歴史や文学などの文化についての記録はない。厳密な意味で文字言語を持っていたイラン世界やインドといったいくつかの大きな地域においてさえも歴史的情報のほとんどは貨幣、旅行者の記録、隣国で書かれた歴史の注釈といったものから得なければならない。北極や亜北極地域、東南アジアの山岳地帯のジャングルというような最も遠隔の地を除けば、中世前期が終わるまでにはほとんどの地域でそれぞれの土地の書き言葉による文化を持っていた。もちろん全ての人が教養を持ち読み書きができたわけではなかったが、ユーラシアのほとんどの王国や帝国では、読み書き能力を必要とする人はいずれかの言語でそれを身につけることができた。

文字言語を持つ地域や文化には次のようなところがあった。ラテン語に加えて古アイルランド語による書き言葉を持っていたアイルランド。古英語とラテン語のイングランド。古ウェールズ語とラテン語のウェールズ。ルーン文字による古ノルド語のスカンディナビア諸国。アラビア語とラテン語のスペイン。ラテン語、古フランス語、古高地ドイツ語が使用されたフランク帝国の諸地域。古ロシア語のキエフ大公国。ギリシャ語のビザンツ帝国。アラビア語のアラブ帝国。アラビア語とヘブライ語のハザール・カガン国[49]。アラビア語、バクトリア語、ソグド語、そして新ペルシャ語の西中央アジア。ソグド語、西トカラ語、東トカラ語、古ホータン語、古代チベット語、古代テュルク語、中国語の東中央アジア。古代チベット語などいくつかの言語のチベット[50]。サンスクリット語、パーリ語、さまざまな種類のプラークリット語、ドラビダ系諸言語のインド。パーリ語、ピュ語、古モン語、クメール語、チャム語、古ジャワ語の東南アジア。中国語の中国。古代テュルク語とソグド語の東部草原。中国語の朝鮮。そして、古代日本語と中国語の日本。

このように読み書きができるようになったのは、ほとんどの場合、人々がひとつもしくはそれ以上の大きな世界宗教を信仰するようになったことによる。これらの大宗教はみな書かれた文章の上に成り立っていたからである。聖なる書を原典で読む、人の住むところにあまねくその言葉を広めるために写本を作る、またその言語がその土地の言葉と大きく異なったものであった場合は聖典を翻訳する、といったことが必要であった。西ヨーロッパではカロリング朝下で大写本事業が行われ、古典ラテン語の書物やギリシャ語の書物のラテン語訳が写された。イスラーム世界においては、サンスクリット語、シリア語、ギリシャ語、中世ペルシャ語の書物がアラビア語に訳され、チベット帝国ではサンスクリット語と中国語の書物がチベット語に訳された。テュルク化した中央アジアではトカラ語とプラークリット語の書物が古代テュルク語に訳された。日本では中国語の本の写しが作られた。この伝達活動は恒久的な意義を持つものであった。写したり翻訳されたりした書物は文化や時代を超えて伝わり、中世盛期の知的開花のみならず近世以前のユーラシア文明全体の基盤を築いたのである。

これらの言語で物を書く人たちは、自由に読み書きができる能力を持ち、古代や隣接の他文化から書き言葉の様式を取り入れて、それ以前には古代文明にしか見られなかった文芸[51]というものを発達させた。特に日本語、中国語、アラビア語、そして英語の詩は、前にも後にもほとんど見られないほど完成度が高かった。詩とともに音楽が発達した。それは、詩は単に読まれるものではなく、詠じたり歌ったりされるのが常だったからである。中央アジアの音楽は、長安に派遣されたり連れて来られたりした楽団によって中国に広がった。それはすぐに以前の伝統的な中国の音楽に完全に取って代わり、日本にも伝わった。[52]言葉は書かれ、書くことそのものが高度に発達した芸術、すなわち書であるため、書かれたものが伝播することにより芸術的スタイルやモチーフも伝わった。したがって、中世前期は詩、音楽、書芸の最も創造性に富んだ時代のひとつであった。

†政治的弱体と経済的衰退

アッバース朝のイスラーム帝国は初めはウマイヤ朝のときよりもやや小さかった。それはスペインが引き続きウマイヤ朝下にあったからである。しかし、帝国はすぐに以前よりも大きくなった。中央アジアの奥にまで広がり、南東はインドまで達し、このいずれの方角においてもアラブ人はチベット人と遭遇した。

八世紀の終わりごろ、チベット人は失った領土をすべて中国人から取り返し、さらに拡大して、その影響は西はカーブル、北はジューンガリアに達し、北東は遠くオルドス全域に広がっていた。七九〇年までに中国人はタリム盆地の残された領土から手を引き、東トルキスタンをチベット人とウイグル人に委ねた。そこをめぐる彼らの争いは次第に激しくなり、支配者が二回以上変わった都市もいくつかあったほどである。八二〇年代までにチベット人はタリム盆地の南部を完全に支配し、ウイグル人はジューンガリアとタリム盆地北部の諸都市を掌握した[53]。

中央アジアの国際交易は戦争が続いたことによって深刻な打撃を受けたと一般には考えられているが、実はそうではない。七世紀から八世紀初めにかけての中央アジアでは、より激しい破壊的な戦争が続いていたにもかかわらず、経済はずっと繁栄していた。中国、チベット、ウイグルの三帝国やさらに離れた地域の経済を次第に蝕んでいった不況の原因はまだわかっていないが、確かなことは、安禄山の乱(安史の乱)を鎮圧した後、中国はソグド人の男、女、子ども、そしてわずかでも中国人と見えない者は皆殺しにしたが、それによって中国の国際貿易はよくはならなかったということである。

生き延びた者は素性を隠そうと中国人となった。[54] このことが国際貿易システムを保つのに益することはほとんどなかったであろう。

唐は少なくとも名だけは回復し、北方ではウイグル帝国を通して、東南の遠隔の地では広東からの海上航路を通して国際交易に参画したが、[55] 中国の支配層と唐政府自体は長安のウイグル人金融業者に大きな債務を負った。経済状態は九世紀初頭に悪化した。中国の経済は、それまでにも充分には貨幣化されてはいなかったが、ますます物々交換に頼るようになり、役人の給料は金銭ではなく現物で支払われた。中国の経済的な困難は、その原因が何であれ、ユーラシア東部全体に重大な影響を及ぼした。中国はすでに人口が非常に多くなっており、経済全体の規模が大きかったからである。

九世紀の二〇年代までにチベットとウイグル・唐連合軍との間の戦いは、三者とも続けることができなくなっていた。理由は急に平和を望むようになったからではなく、戦争を続けるための資金を調達することができなくなったからであろう。三国は八二一〜八二二年に和平を結んだ。チベットと唐は二言語による条約の碑を立て、ウイグルは唐とは再び唐の王女とウイグルのカガンの結婚によって同盟関係を改めて確認し、チベット人とはまた別の条約を交わしたのである。[56] ついに中央ユーラシアの大部分を平和が支配した。しかし、それは遅すぎた。

†中世前期の世界秩序の崩壊

八三〇年代終わりの気候変動が中国の史料に記されているが、[57] それによってユーラシアの大部分の地域における経済状態は一層悪化したか、あるいはその悪化自体がその気候変動によって引き起こされ、経済は衰退し続けた。西方でもイスラーム帝国の内部においてさえ商業が著しく衰退した。ハールーン・アル・ラシードの治世と中央アジア時代のアル・マアムーンの治世は非常に繁栄しており、多くの新しいディルハム銀貨が鋳造されたが、八二〇年以降、新しい貨幣の数は大きく落ち込み、何十年かの間はほとんど鋳造されなかった。[58]

八三〇年代の終わりにウイグルの支配者一族の間で内紛があった。それは明らかに経済的状態によって重大化したのだが、その争いによってひとりがウイグルの不倶戴天の敵であるキルギズに逃れた。彼はキルギズの軍を率いてウイグルの守りを突破し、都に攻め入った。ウイグル人は不意を突かれて八四〇年に完全に壊滅し、生き残った者は四方八方に散ったのである。キルギズは、東部草原地帯を支配することができなかったのかそうする気がなかったのか、ウイグルの去った後に新しいテュルク王朝を建てることはなく、[59]草原は東から移ってきたモンゴル語を話す人々によって次第に支配されていった。

生き残ったウイグル人の一部は自らの領土の西部に逃れ、そこでコチョ（高昌）とベシュバリク[60]を本拠とする小さな王国を保った。しかし、大半を占める何千もの人々は八四〇年の終わりに同盟国中国に助けを求めて黄河が向きを変えるオルドス付近の北側の境界地帯へ逃れた。中国国境の役人のひとりによれば、ウイグル人のユルト（テント式家屋）が地平線を覆い、それは「東西六十里にわたっており、端が見えなかった[61]」という。

武宗（在位八四〇〜八四六）の宰相であった李徳裕《りとくゆう》はウイグル人たちを北方に帰そうとしたが、彼らにとってそれは無理な話であった。李はウイグル人たちが腹を空かせ、混乱し、危険な状態でそこに留まるつもりでいることをすぐに悟った。また、難民として受け入れてもらうためには通常従属を受け入れなければならないが、彼らは中国に従うことを拒否した。難民たちのカガンはますます支配を受けつけない好戦的な構えを取りつづけた。おそらく唐からさらなる援助と譲歩を引き出そうと狙っていたからであろうが、この服従拒否は唐の宮廷に彼らが中国を襲ってくるのではないかという危惧を抱かせることになっただけであった。唐は、北辺の軍事力を強化している間、ウイグルからの攻撃を避けるために彼らに食糧と衣服を与えた。最終的に中国は過激な手段に出た。八四三年のはじめに軍を派遣してウイグル陣営を攻撃し、ほとんどのウイグル人を殺したのであった。[62]

同盟国であり対抗国であるウイグルの勢力が壊滅したことは充分に分かっていたが、中国は自分たちと異なる人々に恐怖を抱くようになっていた。ウイグル難民を大量殺戮した一か月後、唐の支配者は中国内のマニ教を抑圧した。それによりマニ教寺院（ウイグルの要請により建てられた）をすべて閉鎖し、財産を没収し、僧侶たちを処刑した。[63] これが有効だということが分かると、皇帝とその追随者たちによって既に迫害を受けていた仏教に対しても同様の手段が取られはじめた。悲劇は八四五年にピークを迎えた。唐は仏教寺院の財を没収し、中国にある僧院のほとんどを閉鎖した。この迫害は僧侶や尼僧が殺戮されるといったかなりの残虐行為を伴った。[64] この動きは中国における仏教の勢力を絶っただけでなく、中国の歴史において唐が特別に優れた文化を誇っていた時代を終わらせた。唐自体は勢力をどんどん失いながらもさらに半世紀以上続いたが、失われた名声、力、富、文化を回復することはなかった。

シャルルマーニュの息子で後継ぎのルイ敬虔王（在位八一四～八四〇）は偉大であった父とは対照的で、フランク帝国を何とかまとめるのがやっとだった。彼が八四〇年に死ぬと、三人の息子が王位継承を巡って争った。内戦はストラスブールの宣誓として知られる合意によって八四三年に終わった。その誓いの文は古フランス語、古高地ドイツ語、ラテン語の三言語で書かれた。フランスになったものの核はシャルル禿頭王の国であり、ルイ・ドイツ人王がドイツとなる領土を受けた。ロタールについては書かれていないが、皇位継承者としての彼のものとなったのは真ん中の後にロタリンギア（現在のロレーヌ）と呼ばれるようになったところであった。そのとき、そこはイタリア北部とフランス東南部から北海まで広がり、首都のアーヘンを含んでいた。

チベット帝国は経済的に弱かったので政府は巨大で非常に金のかかるようになった仏教僧院設立の援助をやめた。八四二年に密教僧のラルン・ペルギ・ドルジェが統一されたチベット帝国を支配した最後の皇帝ティ・ウィ・ドゥム・ツェン（ラン・ダルマ、在位八三八〜八四二）を暗殺した[65]。皇位継承が争われ、チベット帝国は分裂した。領土のうち中央アジアのいくつかの部分、特に北東部は八六六年に帝国の残党が滅びるまでのチベットそのものより長く続いた。

ビザンツ帝国はエネルギッシュなテオフィロス（在位八二九〜八四二）によってうまく統治されていた。彼が死んだとき、熱心な聖像崇拝者であった妻のテオドラが当時三歳だった息子ミカエル三世（飲んだくれ王、在位八四二〜八六七）の摂政として事実上の権力を握った。彼女は宗教改革を行い、帝国全体に聖像崇拝を復活させ、イコノクラスムを容赦なく徹底的に抑圧した。周囲の民族が次第に弱体化していくに従って、ビザンツは経済的・政治的に回復し、かつての東ローマ帝国の部分に自分たちの影響をだんだんと広げていった。

アル・マアムーン統治下のアラブ帝国は、カリフの「第二アッバース革命」の指導者の一人であったターヒル・イブン・アル・フサインをホラーサーン総督に任命したとき、帝国内の最も豊かで人口の多い地域の一つである中央アジア西部のほとんどの領土の直接支配を断念した。従って、ターヒルとその後任者たちはカリフの代理のホラーサーンの合法的な支配者として役目を果たした。そしてゆくゆくはイランやイラクの一部も治めた。ターヒルの統治下でアラブの中央アジアは急速に半独立化した。彼は自分の名前を刻印した硬貨を鋳造し、彼の地位は世襲となって、自治を持つターヒル「王朝」へと発展したのであった。それにもかかわらず、西中央アジアは依然イスラームで、成長を続けた（八二〇年代に始まった不況の後）。成長の理由は、広大なイスラーム世界に含まれていたということもあるが、大陸を横断する交易が継続していたのに加えて主に地域農業と地域内の交易にしっかりとした基礎をおいていた中央アジアの地域経済の力による。[66]

バグダードの中央政府はイスラーム化した中央アジアのコミタートゥスであるシャーキリーヤ、すなわちチャーカル[67]の影響を次第に受けるようになった。コミタートゥスは支配者からそのままその後継者に受け継がれた。従って、より大きく、強く、費用がかかり、信頼の置けない存在となり、ついにはカリフたちがその手に落ち、コミタートゥスは次第に世襲の役人となっていった。[68]名ばかりではない実質的な支配を行なった最後のカリフであったアル・ムウタスィム（在位八三三～八四二）は自分のコミタートゥスとバグダード市民との間の衝突を取り除くためと称して八三六年に都をバグダードの北百二十キロのサマッラ（サーマッラー）[69]に移したが、主たる理由はおそらくバグダードでの流血を伴う政治と社会的混乱から自分を解放しようということであっただろう。彼が死ぬと、息子のアル・ワースィク（在位八四二～八四七）が継いだが、政治にはほとんど関心がなく、そうでなくてもそれを充分に行うことはできなかった。その政府はかつてのアラブ帝国のほとんどの地域に公式に主権を行使し続け、実際アッバース朝のカリフは名目上さらに何世紀か存続したが、八四二年のアル・ムウタスィムの死はアラブ帝国が実際の国としての事実上の終わりを意味するものであった。

1　これは元の詩（Nr. 496 = T III. MQ 17.39ʼ Sieg et al. 1953 : 307–308 参照）の最後の何行かをやや自由に訳した。完全な訳はマローリ（Mallory and Mair 2000 : 273）にある。

2　実際にはその教会の外側が十六面体であったのであり、内側は支柱によって面の数は八に減らされていて、円い外観と八角形の内部を持つ印象を与えている。

3 Beckwith (1993) を見よ。上述の東突厥の、サマルカンドのアラブに対する軍事行動を参照。

4 Beckwith (1993: 111-124)。

5 Tzitzak は古代テュルク語の Čičäk [ʧiʧɛk]「花」のギリシャ語の綴りである。彼女はキリスト教徒として洗礼を受け、エイレーネー（Eirênê）という名前を授かった。

6 その反乱に関するひとつの詳細な研究（Speck 1981）は専ら宗教的問題を扱っている。その反乱の原因についてはアラブの史料に精通したビザンツ研究者によって研究されるべきである。アラブとハザールの戦争については Golden (2006) を見よ。

7 アッバース革命は商人と商人を装った人たちによって組織され、指導された。

8 Daniel (1979)。

9 Shaban (1970)。

10 de la Vaissière (2005a: 282) を見よ。

11 よく知られて争う余地のないこれらの点は、原資料を支配する政治的プロパガンダ以上のものが革命にはあるということを示しており、現代の歴史学者からかなりの注目を集めた。

12 ヨーロッパの歴史用語の kingdom（王国）と empire（帝国）はローマとビザンツでの用法に基礎をおいているが、フランク王国の場合には意味がない。フランク王国は現代の用語に従えば帝国であった（Scherman 1987: 258 参照）。

13 Bachrach (1977)。

14 八世紀半ばの変革が全ユーラシア的なものであったことを考えると、メロヴィング朝の最後の王を退位させようというピピンの決意に影響したか更にはそれを駆り立てた要素があったかを研究するのも価値があるだろう。

15 残念ながら、古代チベットの主要な歴史資料である『古代チベット編年記』はちょうどこの部分が断片的で、その反乱の正確な原因と直接の結果を決定することは不可能である。

16 史料によって示唆された問題のいくつかについては、後註73を見よ。

17 Beckwith (1993: 139)。これは一般にはタラス河畔の戦いとして知られている。その戦いによる間接的な結果のひとつとして紙製法の技術（中国の発明）が捕虜となった中国人兵士によってサマルカンドのアラブ人に伝わった。捕虜のひとり杜環《とかん》はアラブの首都まで行った。彼は最終的には帰国して『経行記』という旅行記を書いたが、残念なことに散佚している。その本の一部は杜環の親族である唐の学者、杜佑《とゆう》が著した百科事典『通典』に引かれて残っている。

18　安禄山の実際の生まれははっきりしない。どうやらソグド人の父親とテュルク人の母親にもらわれて育てられたようである（Beckwith 1993: 142 n. 212。Des Rotours 1962: 1–2。de la Vaissière 2005a: 215–216 参照。Pulleyblank 1955 参照）。

19　「禄山」は彼のソグド語の名前 Roγšan「輝ける者」の漢字音訳である。この同じ語はアレクサンドロス大王と結婚した有名な中央アジア女性 Roxana（Roxane）の名前の語根である。

20　安禄山の乱と中国におけるソグド人戦士商人については de la Vaissière (2005a: 217–220) と Moribe (2005) を見よ。ソグド文化における戦士と商人については特に Grenet (2005) を見よ。

21　後註25を見よ。de la Vaissière (2005a: 219; 2005b: 142–143) を参照。

22　de la Vaissière (2005a: 217–220) を見よ。

23　Beckwith (1984b) を見よ。その設計がどこから来たものかについてのそこでの考察はここで示した考えと一致するように変えられなければならない（私がその論文を執筆したとき、昔のパルティアの都市クテシフォンの設計が元々円形だったことを知らなかった）。後註28を参照。ハーリドは以前はウマイヤ朝カリフのチャーカルであったと言われている。「バルマクはヒシャーム・イブン・アブド・アル・マリクの前で五百人のチャーカルの集団に入れられた。ヒシャームは彼を敬意を持って扱い、地位を高め、好意的に思った。そして、バルマクはムスリムになった」（de la Vaissière 2005b: 146–147 の引用による Bosworth 1994: 274。アラビア語の「シャーキリーヤ」は中央アジアの「チャーカル」のアラビア語化されたものであるが、ボスワースの「奴隷」という訳はここでは訂正してある。）

24　カリフがその都市を計画したときの儀式の記述の考察と翻訳については Beckwith (1984b) を見よ。

25　Beckwith (1993: 146)。

26　Beckwith (1987b)。

27　アブー・ジャアファル・アル・マンスールのようにティソン・デツェンは象徴的な複合僧院の設計

を儀式の中で計画した。その儀式は、細部に至るまで注意深く記述され（翻訳はBeckwith 1984bを見よ）、それは実質的にはロムルスによる最初の円形都市ローマの建設の儀式の記述と同一である。

28 仏教のチベットへの伝播における史料研究上の問題についてはWalter (2009)と後註74を見よ。

29 Allsen (1997: 65)。同様に、ハザールのカガンは金の円屋根を持っており（Dunlop 1954: 98）、それはおそらくウイグルのカガンが所有していたようなユルトであった。チベットの皇帝もすばらしい金のテントを持っており、そこには数百人を収容することができた（Demiéville 1952: 202-203。Beckwith 1993: 168 n. 160参照）。アッバース朝のカリフも同様のものを持っており、その黄金宮殿の天の円屋根はその下、すなわち円形都市である首都のちょうど真ん中にカリフの玉座があった（Beckwith 1984b）。フランク王国の皇帝シャルルマーニュの場合もそうで、玉座は今もアーヘンの大聖堂の大円屋根の下にある。これらの円屋根についてこれまでだれも詳しい研究をしていないようである。なぜ円屋根はユーラシア全域において歴史上のその時期においてそのように重要であったのだろうか。ケレイトのカンの宮廷には「金の器と特別な人員を持つ壮麗な黄金のテント宮殿（オルド）があった」。それはチンギスがケレイトを敗ったときに占拠された（Atwood 2004: 296）。Dunlop (1954 n. 38)を参照。オルセン（Allsen 1997: 13-15）は後の中世のモンゴルのカンたちの黄金のテントについて詳しく記述しているが、それらは金襴（nasij）で内張りされていた。

30 Beckwith (1991)を見よ。

31 当時、そしてその後も長い間、西ヨーロッパで最も高いドームであった。

32 ハザールがユダヤ教に改宗した時期について議論があることは後註75を見よ。

33 Dunlop (1954: 80-86)。

34 後註75を見よ。多くのユダヤ人が黒海近くのハザールの領土内で長く暮らし、さらに多くがビザンツによる迫害を逃れてそこに移民した。

35 プロローグにおける詳しい議論と引用を見よ。

36 これが一夜にして起ったことではないのは確かである。「既にユダヤ教徒となっていた十世紀のハザールのカガンたちは犠牲となった人たちとともに埋葬されていたし、イスラーム化した初期のオスマン朝の支配者たちもそうであった」（Peter Golden 口頭伝達 2007)。
37　アラブ帝国における護衛隊については過去二十年間に多くのことが書かれた。残念なことに、学者の中には、史料が語りかけるものに異常なほど注意を払わず、現代の民族主義的その他の意図に基づいた議論を推し進める者がいる。既に Beckwith (1984a) にやや詳しく示したが、中央アジアのアラブ人はアッバース朝のカリフより一世紀以上前に地元のコミタートゥスを「そのまま」取り入れた。コミタートゥスからグラーム制への変化について、ドゥ・ラ・ヴェシエールは、直接借用された形であるシャーキリーヤ（もしくはチャーカル）の制度と発展したグラームの制度の間の推移にはある程度時間がかかったかもしれないと述べる。de la Vaissière (2005b, 2007) と Golden (2001, 2004) を見よ。
38　帝国崩壊後まもなく、チベットの精神的指導者は政治的な権力と、認められている生まれ変わり、すなわち sprulsku（英語圏の仏教徒の間では借用語として一般に tulku と綴られる）のシステムを通じた一種の不死性を得た。
39　Beckwith (1993: 169–170 n. 174; 1983: 11 以降) と Uray (1961) を見よ。
40　ゴルデン（Golden 2002: 141–144; 2006）によるハザールのコミタートゥスについての考察を見よ。
41　Daniel (1979: 174–182)、Shaban (1976: 47)。彼はそこに八一九年に到着した。
42　現代の学問における「イスラームのインドの半世紀」については後註76を見よ。
43　Fakhry (1983: 33–34, 213 以降)。中央アジアの仏教思想の初期イスラームへの伝播については後註77を見よ。
44　Fakhry (1983: 7–8)、Sezgin (1978: 116 以降)。
45　Vernet (1997: 1070)。その書名の一部から取られた algebra「代数学」という語はアラビア語の al-jabr「復元」である。
46　初期のアラブの言語学は異国のものが元になっているということについての学問的論争は後註78を見よ。
47　Sezgin (1984: 43–54, 68)。
48　Pedersen et al. (1986: 1136) のR・ヒレンブランドによる項目に引用されたバルトリドの文章。Litvinsky and Zeimal (1971) 参照。十世紀以後、マドラサはイスラーム世界全域に瞬く間に広がった。イスラームのマドラサとそれがコレッジとして西ヨーロッパへ広がったことについてはMakdisi (1981) を見よ。マクディスィの議論の要点は正しいと思われるが、細かな点についてはまだ多くの研究が必要である。

49 ハザール人、ブルガル人、その他その時代の中央ユーラシア西部の人たちもルーン文字を使用したが、それはまだ完全には解読されていない。Kyzlasov (1994) とShcherbak (2001) を見よ。

50 古代チベットのアルファベット系文字で記録されたチベット・ビルマ系諸言語がある。そのうちのいくつかはThomas (1948) によって出版されたもののように長いテクストである。書かれたものの判読は難しくなく、近年それらに取り組んだ学者も少しいるが（例えばTakeuchi 2002)、今のところそれらの言語そのものは解読されたりどの言語であるか確実に特定されたものはない。

51 現代における伝統的芸術の崩壊もしくは破壊については第11章を見よ。

52 その「新しい」伝統は、口頭で伝えられたもので、楽譜を見て行うということは、あったとしてもほとんどない。非常に多くの点で変化したとはいえ（最も著しいのはテンポである)、日本の古典的な楽団宮廷音楽である雅楽として現在まで残っている。Picken (1981, 1985–2000) による重要な研究を見よ。

53 Beckwith (1993, 1987b)。

54 de la Vaissière (2005a : 220 以降)。

55 Beckwith (1991)。

56 Szerb (1983)。

57 Mackerras (1990 : 342)。

58 ノーナン (Noonan 1981/1998 : 55–56)。彼は「比較的数の少ない八二〇〜四九年のディルハム銀貨はヨーロッパ地域のロシアの宝庫にみられる。おそらくイスラーム世界ではほとんど鋳造されなかったからであろう」(Noonan 1981/1998 : 79) と言う。八六九年に新しい硬貨鋳造の割合は再び上がった。

59 Drompp (2005 : 200–201)。

60 ベシュバリクは、現在の東トルキスタン北部のジムサルの近くに位置していた。チベット帝国の東北部に逃れそこに住み着いたウイグル人はよりよい暮らしができた。彼らの後裔は今日に至るまでそこに残り、ユグルないし「黄ウイグル」と呼ばれている。古代ウイグル人の直接の生き残りである。

61 Drompp (2005 : 42)。

62 Dalby (1979 : 664–665)。その危機、また中国に

おける外来宗教の抑制を担当していた宰相、李徳裕の書いた一次文書の翻訳を含め、詳しくはDrompp (2005)を見よ。

63 Weinstein (1987: 121)。

64 Weinstein (1987: 121–128)。その迫害は、それが起った会昌年間（八四一～八四六）の後、「会昌の廃仏」と呼ばれている。武宗の次の皇帝は即座に迫害をやめ、残っていた主たる加害者を罰した。しかし、仏教を復活させようと試みたにもかかわらず、仏教は中国では制度としては回復しなかった。ただし、そのとき以来、知的・精神的な面では以前にも増して栄えた。

65 この話の中核部分は真実に思えるし暗殺者の名前も歴史上存在したもののようであるが、ラン・ダルマの暗殺に関する伝承は象徴的なもので歴史とは関係ない多くのものを含んでいる。チベット帝国末期の政治史については実際に知られていることはほとんどなく、その後どうなったのかについてはさらに分からない。

66 シャバン（Shaban 1976）は、ターヒル一族は「昔からの支配者で、主な関心は自らの地域において長く定着した家族にあった。言い換えれば、彼らは「アラブによる」征服の際にその土地のディフカーンらと結んだ降伏条約を実行することで満足していた。そのディフカーンたちは大土地所有者であったので、経済はほとんど農業に基盤をおいていたと結論することができる」と言う。

67 現代の歴史書のほとんどにおいて彼らはテュルク人と言われているが、多くはソグド人か他の中央ユーラシア人であった。プロローグ、Beckwith (1984a)、de la Vaissière (2007)を見よ。

68 従って、現実政治（Realpolitik レアルポリティーク）の観点からすると、コミタートゥスの初期の形のほうが優れていた。

69 そこは八九二年まで公式の首都であった(Northedge 1995: 1039)。

第7章　ヴァイキングとカタイ

Братие и дружино
Луче же бы потяту быти
　　　　　неже полонену быти
а въсядѣмъ братие
　　　　　на своѣ бързыъ комонѣ
да позьримъ синего Дону
　　　　—Слово о пълку Игоревѣ[1]

兄弟よ、友よ
とらわれの身となるより殺されたほうがよい
兄弟よ、自分の駿馬に跨《また》がって
青きドンを見にゆこう
　　　　　　　　　　『イーゴリ遠征物語』より

君主の時代

中世初めの世界秩序が崩壊した後、新たな国々が出現したが、それらは以前のものに比べると規模の上でかなり小さいものであった。唯一の例外はビザンツ帝国で、アラブに奪われた領土のほとんどは回復しなかったが、他の領土を失うことなく存続しており、少し拡張すらした。国の数が増えたからかもしれないが、中央ユーラシアでもその周辺地域でも世界経済は回復し再び成長し始め、最終的にはユーラシア全域に文化の復興をもたらした。

中世前期とは異なり、この時代の高度な文化の始まりは主として宗教で、それによって更なる発展の方向性が決定された。ユーラシアの主たる地域の全てにおいて修道院が急速に発展し読み書き能力がさらに広まった。同時に、ユーラシアの多くの地域で強力な修道会が発展し、それは厳格な正統主義の影響と支配が大きく増大することも意味した。

アラブ帝国崩壊後の時代、特に中央アジアにおいて、イスラーム世界の文化の輝きは隆盛を極めた。実際、古典的イスラーム文明の偉大な哲学者や科学者はみな中央アジア出身か中央アジアにルーツを持つ者であった。しかし、まだ若かったイスラームの知的伝統は原理主義者から批判を受けた。彼らは神秘主義を好んで哲学を否定し最終的にはイスラーム世界全域で思考を教理に取って替えることに成功したのであった。

中央草原は遊牧民に支配され続けたが、西部草原と東部草原において遊牧地帯と非遊牧地帯にまたがる国々が出現したことは草原地帯に農耕民の影響を増大させることとなった。ヴァイキングとスラブのルーシ・カガン国はヨーロッパの農耕・都市文化を西部草原に拡大し、中国は中央ユーラシア人による王朝の庇護のもとに自分たちの農耕的・都市的様式を東部草原に広げた。

†小さな覇権の形成

中世初めの大帝国の崩壊の後、当時の明らかな気候の悪化と関連して中央ユーラシア北端の人々が南に向かって移動を始め、民族大移動の小規模なものが再び起った。

西部草原

ハザール人は、八三〇年代に何者によってかは分からないがおそらく同盟者か従属者であったハンガリー人（オノグル）[2]に脅かされて、ビザンツに助けを求めた。八四〇〜八四一年にハザール人がドン川下流域に大要塞都市サルケルを建設するのをギリシャ人技師が支援した。[3] ハンガリー人は八三九年までには西部草原にいたことが知られている。そこからドナウ川の上流方向に攻め入って八六二年にパンノニアに入り、八七〇〜八八〇年にスラブ人を攻撃した。[4]

八八九年に[5]ハザール人とグズ人はペチェネグを中央草原の西の部分であるヴォルガ川とウラル川の間の彼らの故地で襲った。ペチェネグは西部草原に逃れ、オノグルを倒して彼らの土地を占領した。ハンガリー人はドナウ盆地からさらに北のパンノニアに移動した。八九二年にアールパード（最盛期八九五）のもとでモラヴィア王スヴァトプルクに対抗するために東フランク王国の王アルヌルフと同盟し、八九四年には再びパンノニアとモラヴィアを襲撃した。八九五年にブルガリア人に敗北し、領土の草原地域でペチェネグに押されて、アールパードに率いられたハンガリー人は以前のフンとアヴァールと同様にパンノニアに落ち着いた。彼らはそこから一般にはヨーロッパの君主の傭兵ないし同盟者として中央ヨーロッパと西ヨーロッパを襲い、八九九年にイタリアに到達した。[6] 彼らの活動はさらに数十年続いた。行く先々で同盟を結び、打ち負かした支配者たちからは貢ぎ物を得て（すなわち、伝統的なやり方で帝国を築いて）最終的には九四二年にスペインまで達した。[7] 彼らは、ついにアウグスブルグの近くのレヒフェルトの戦いで九五五年八月一〇日に敵のゲルマン人オットー一世（大帝、九七三没）に敗れた。[8] オットー一世はハンガリー人と同様のやり方で自身の帝国を建設しているところであった。彼はこの勝利によって帝国建国の成功を確かなものにした。ハンガリー人はその後パンノニアに落ち着き、ハンガリー王国を建てた。一〇〇〇年のクリスマスの日にハンガリーの支配者イシュトゥヴァーンはハンガリー王となり、人々のキリスト教への改宗を始めた。[9]

ハザール人は他からも脅かされていた。フランク王国の継承国家は文化的には次第に地中海的になったが、スカンディナビア人の大部分はまだ中央ユーラシア文化複合体に属し、最も北西の飛び地を形成していた。その文化複合体に属していた他の人々と同様に、ヴァイキングは、一般的には戦士と思われているが、現在は第一に交易者であったということが分かっており、より南の文明国に主に交易のために移動した。彼らは北海を通って行って行なったイギリス諸島やフランク王国での軍事行動で有名、いや悪名高き人々で、それらの国々の一部に永住したが、最終的には東への移動がより大きな重要性を持った。ヴァイキングはバルト海を東に進んでフィン人の地域に、東南に川を下ってハザール・カガン国の西のスラブ人の地に達した。

九世紀初めにヴァイキングはロシアの川を通って行う近東のイスラーム地域との交易に熱心となった。その交易ルートは最初ハザール人、ユダヤ人、ムスリムによって開発され、その後でヴァイキングの支配下に入ったのである。[10] リューリクに率いられた三人のヴァイキングの長は八六二年頃ノヴゴロドの辺りにルーシ・カガン国[11]を建て、八八二年頃リューリクの後を継いだオレグがキエフを征服し、ルーシ・カガン国をバルト海から黒海に広がる帝国として確立した。[12] ルーシは、黒海を西に進んで、ギリシャ正教の国々のビザンツ連合に達した。その連合にはスラブ化されたブルガリア王国と帝都コンスタンティノープルが含まれていた。以前からフェルガナ人とハザール人のコミタートゥスを得ていた[13]ビザンツの皇帝たちはすぐさまヴァイキングが役に立つと見、彼らを傭兵として雇い、有名なヴァリャーギ護衛団を編成した。

ヴァイキングはヴォルガ川を通ってカスピ海に出、そこを越えてイスラームの地に達したが、ヴォルガ川下流域を支配していたハザール人と衝突した。まもなくしてハザール人とルーシの間で戦争が勃発した。九六五年から九六八／九六九年にキエフ・ルーシの王スヴャトスラヴはハザールに圧勝し、サルケルを占拠し都のアティル（もしくはイティル、ヴォルガ川下流域）などの都市を破壊した。ルーシは遠征の後キエフに戻った。ハザール人は敗れた後も民族としては長い間存続したが[14]、ハザール王国は以前の勢力を取り戻すことはなく、次第に縮小して他の敵にやられ、最終的にハザール民族は消滅した。

中央アジアの西部と南部

アラブ帝国が弱体化して崩壊したとき、西中央アジアはアッバース家の名のもとで世襲の支配者が続いて半独立状態となった。ターヒル朝（八二一〜八七三）、サッファール朝（八七三〜九〇〇）、サーマーン朝である。すべてがイラン系中央アジアに起源を持つものであった。サーマーン朝は、王国はイスマーイール（在位八九三〜九〇七[15]）によって築かれたが、カルルク・テュルクと同系でヤクサルテス川から天山山脈までの広大な領土を拠点としていたカラハン人によって次第に圧迫を受けた。彼らは十世紀にイスラームに改宗した[16]。サーマーン朝は九九九年に滅亡し、初代と同じイスマーイールという名の最後の支配者は一〇〇五年にカラ・クム砂漠で殺された。その後、カラハン朝は、イスラーム帝国の絶頂期にもほとんどの間独立を保っていたホラズムを除くトランスオクスィアナのほとんどを支配下に入れた。

カラハン朝が西中央アジアに拡大していく間、南中央アジアの東の地域はサーマーン朝の総督でグラームの出のアルプティギン（アルプ・テギン、君主アルプ）の支配下に入った。アルプティギンは九六二年あたりにガズネ（ガズナ、現在のアフガニスタン南東部）で身を立てたが、依然としてサーマーン朝の宗主権を認めていた。かつてアルプティギンのグラームであり、カルルクの出身であったであろうと思われるセビュクティギン（セビュク・テギン、君主セビュク、在位九七七～九九七頃）は九九四年にオクソス川の南のサーマーン家の諸州の反乱を鎮圧し、事実上ガズナ帝国となっていたところに彼らの領土を加えた。息子のマフムード（ガズネのマフムード、在位九九七～一〇三〇）はサーマーン朝からの独立を宣言した。彼は九九八年に彼らの元の領土を併合し、一〇一七年にホラズムを侵略して全地域を自己の帝国に加え、その結果、カラハン朝が西方と南方にさらに広がるのを阻止した。彼はまたインド西北部にも領土を広げ、晩年にはイラン北部を占拠した。[17] マフムードの死後、ガズナ朝は特に本拠地から離れた地域において急速に多くの支持を失った。

十世紀の終わりに、セルジューク（サルジューク）に率いられたトゥルクメン（テュルクメン）[18]の人々はホラズムのヤクサルテス川のデルタ地帯に移動した。セルジュークの父は以前にハザールの王に仕えており、その死後、セルジュークは宮廷に上った。セルジュークの息子たちは、ムーサー（モーゼ）、ミカーイール（ミカエル）、イスラーイール（イスラエル）と旧約聖書の響きのある名前を持っており、これはハザールの背景を持つことの証拠である。[19] 彼らは到達して間もなくイスラームに改宗し、しばしばトランスオクスィアナにおける対抗する君主の傭兵となってその地にいたトゥルクメンなどの非ムスリムを襲った。十一世紀の二〇年代に同じ地の敵に敗北した後、彼らはだんだんと南に移動してソグディアナに向かった。セルジューク人は中央アジア本土では新参者で、その勢力はほとんど知られていなかったが、ガズナ朝が腐敗し、欲に走り、軍事的・政治的に急速に衰退したので、ホラーサーンの都市は次から次へと自らセルジューク人に降伏した。スルタンのマスウードはついに大軍をもってセルジューク人を攻撃することを決めたが、一〇四〇年にマルウの西の砂漠で彼らに決定的な敗北を喫した。二年後、セルジューク人はホラズムに戻った。彼らは敵を倒し、その地域にセルジューク人の総督を任命した。ガズナ朝は本拠地であるガズネとインド西北部の辺りにおいては勢力を保ち、セルジュークが自分たちの領土にさらに広がるのを食い止め、一時的に彼らを北西に押し戻すくらいに勢力を回復しさえした。しかし、アルプ・アルスラン（在位一〇六三～一〇七二）とその息子マリク・シャー（在位一〇七二～一〇九二）のもとで西方のカラハン人と同盟することによってセルジュークは東の国境を守った。カラハン人の帝国は一〇四一／四二年に分裂していたのであった。[20]西方へは、セルジューク人はイラン、イラク、アルメニアを通ってアナトリアの深くまで広がった。そこでアルプ・アルスランはビザンツ皇帝ロマノスの軍を一〇七一年にマンツィケルト（マラーズギルト）の戦いで徹底的に打ちのめした。このとき以降、アナトリアはトゥルクメンなどセルジュークの支配下に入っていなかったオグズ人の移住によって次第にテュルク化された。テュルク人はそれより以前にもアナトリアを攻撃したことがあったが、ビザンツの支配が強固で、その地域はほとんどがギリシャ語とアルメニア語の世界のままであった。今度はそこにトルコ語が根付き始めた。

チベット

何があったかほとんど知られていない一世紀間が過ぎた十世紀半ば以降、制度化された仏教の復興という形での文化復興がかつてのチベット帝国の地で始まった。帝国の後のチベットに関する史料はほとんど完全に宗教的な関心からのもので、僧侶によって書かれ、[21]仏教再生を支えた政治的実体についてはほとんど知られていない。僧院を持つ仏教は常に国の支援があってのみ広がったという見解が一般的に受け入れられており、事実、仏教を再び導入しようという最も早い運動は西チベットのグゲ王国のイェシェー・オー王によって始められた。その王はカルルク・テュルク人に対する軍事遠征中に捕えられて死んだ。従って、ユーラシアの他の地域でもそうであったように宗教の再生は政治的な拡張の後に続くものであることは明らかである。[22] グゲ王朝はチベット皇族の家系であると称しているが、それが正しいにせよそうでないにせよ、そのことは、彼らの第一の目標は長いこと失われていた自らの家系の皇帝権力を復活させることであったという仮定を強く支持する。

中央チベットの外では、三つの地域で仏教運動が始まった。東部（近代のカム省）、東北部（近代のアムド省）、西北のグゲ王国（近代のガリ省）でである。チベットに再び広まった仏教の種類はおそらくチベット帝国の間にそこで発展し国境地域の僧侶によってかろうじて保たれ続いていたものであろう。しかし、インドで学んだグゲ王国の偉大な師リンチェン・サンポ（九五八〜一〇五五）の影響のもとで、特にアティーシャ（一〇五四没）が来た後、新しい形の仏教が古い教えに代わって広まった。アティーシャは、インドのマガダのヴィクラマシーラー僧院の師であるインド人で、新しい王オー・デの兄弟であるチャンチュプ・オーの招聘を受けて一〇四二年にグゲ王国に入ったのである。この密教形式の仏教はとりわけリンチェン・サンポとアティーシャによって訳された新タントラに基づいていた。[23] アティーシャは後に中央チベットに移り、死ぬまでそこで教えを説いた。彼の移動に伴ってグゲ王国の擁護者の政治運動もそこに移ったのであろう。

しかし、当時のチベットで最も重要なただ一つの政治的・宗教的な発達は、アティーシャと同じ時期に生きヴィクラマシーラーで八年間学んでチベットに戻ったドクミによるものであった。彼は一〇四三年に中央チベットのツァン省に僧院を建て、インドから師を連れてきて勢力の強いコン氏族の人たちを含めた修行僧を受け入れた。一〇七三年にはサキャの僧院を設立したが、そこはコン氏族の一支派の支配下にあり、おじから甥へと独身の院長が後を継ぐのが通例であった。コン一族の勢力はそのサキャ派の人々とともに発展し、十三世紀初めにはチベット仏教の主導的な宗派になり、おそらく支配的な政治勢力となった。

その頃、チベット仏教の宗派への大きな分裂が進行していた。実践者の多数派は正統性のためにサンスクリット語から訳された経典によっており、仏教をチョー[24]と呼び、他の者はそれをボン[25]と言った。チョーの中に多くの宗派が現れた。[26]新しい形の仏教はチベット全土に急速に広がり、以前の形式のものに取って代わった。

華北と東部草原

賊行為から発展した黄巣《こうそう》（八八四没）の乱は、残っていた唐の領土のほとんどを壊滅させようとするもので、はるか南東の広東の港でも主にアラブ人、ペルシャ人など外国商人推定十二万人が虐殺された。その乱の後、唐の勢力は事実上終わり、中国の外のさらに南の沿岸部の商業港が重要性において広東に取って代わった。[27]中国の支配下にあった北方と西方の地域は、東部草原の南の部分と中央アジアの東端が含まれるが、中央ユーラシア人によって中国式の半独立の諸国家に分かれて支配され、それらの多くは次第に完全に独立した。[28]独立した諸国家は中央ユーラシアの一部と華北の一部を含む地域を支配し、互いに、そして中国人支配の南の国々と競い合った。

唐が滅亡し、その領土だったところにかつての統治者や将軍によって非常に多くの小王朝が建てられた。早いうちに形成された中国・中央ユーラシアの諸国家のうち最初の大きなものは黄河の大屈曲部の東の河東地方に基盤をおいていた。それは、八八三年に黄巣を破って華北から追い出したテュルクの沙陀族の将軍李克用《りこくよう》（在位八八三〜九〇七）の支配する半独立の地方として始まった。九一三年に李克用の息子の李存勗《りそんきょく》（在位九〇七〜九二六）は安禄山の勢力基盤で長く独立を続けた東北の地方の盧龍道の支配者を破った。彼は九二三年に後梁（九〇七〜九二三）を滅ぼした。後梁は、唐に壮絶な最後をもたらした黄巣のかつての同盟者によって建てられた大国であり、かつての唐の二つの都を有していた。[29] 李存勗はその後、後唐（九二三〜九三七）の建国を宣言した。沙陀族が華北本土に加えて満洲の西の中国と中央ユーラシアの国境地域のほとんど（西に黄河を横切る長城に沿ったオルドス東部のタングートの支配地域以外）を統一したことによって、後に後晉（九三七〜九四六）、後漢《こうかん》（九四七〜九五〇）と続く沙陀族はかつての同盟国で今力を伸ばしている遼と対峙することとなる。遼はモンゴル系の契丹が彼らの北と北東に建てた王朝で、九四〇年代には彼らを繰り返し攻撃した。[30]

　西夏はオルドスに本拠を置き、そこにいたチベット・ビルマ語の話し手であるタングート（ミニャク）の後裔によって建国された。彼らのほとんどは、拡大するチベット帝国の圧力のもと、チベット東北部の故地を離れて移住してきた。唐の時代の初期にはオルドスの東の地域に落ち着いた。安禄山の乱の頃までにタングート人はその地域で支配的な勢力となっていた。唐の末期、彼らの長の拓跋思《たくばつし》恭《きょう》（在位八八一〜八九五頃）は、タングートの古くからの有力な一族の長であったが、反乱を起した黄巣を首都の長安から追い払って、その報酬として夏、綏《すい》、銀三県の節度使に任命された。彼の後継者たちのもとでタングートはゆっくりと南東の彼らの故地チベット東北部の方角へ、そして西の中央アジア方面へ拡大していった。一〇〇二年には彼らは故地の夏州の西方の霊州を占拠し、そこを最初の首都とし、翌年、西平府と改名した。彼らは一〇三八年に正式に王朝を宣言した。タングートは繁栄し、国が成長し続けたので、黄河を越えたすぐ西に新たな都を建設した。[31] 彼らは少しずつ領土を加え、甘粛の半分とかつてのチベット帝国の領土であった西寧の南を青唐王国あたりまで手に入れ、豊かで安定した帝国を建てた。南西ではチベット人などと、南東の国境では宋（北宋九六〇～一一二七、南宋 一一二七～一二七九）[32]の中国人と頻繁に戦争をしたにもかかわらず、その帝国はモンゴル時代に入るまで続いた。タングート人は中国から中央アジアの東西交易を支配するようになった（以前に吐谷渾王国が支配していたのとある程度同様に）が、彼らは中国と東部草原の間の南北交易も一部支配した。それは帝国がオルドスを越えて東にも拡大したからであり、そこで彼らは北方と東方で契丹と対峙した。

中国人、ウイグル人、チベット人によって建てられた多くの小王国は、チベット帝国のドメ地区の中心部を構成した甘粛と青海（ココノール）地域に興った。これらのうち最も重要なものは青海地域の青唐王国であった。その王国は東中央アジアと宋朝の中国の間を通る商人たちの代替経路の役目を果たしたため、繁栄した。そして、青唐の国境まで拡張したタングートが大きな圧力となったので、宋とタングートの戦いでは軍事面で宋を支援したこともあった。[33]

契丹はモンゴル系の言語[34]を話す民族で、祖先は古代末期に鮮卑連合から出たが、唐の初期に中国の東北地域を支配し始めた。[35]唐が崩壊した後、遼（九一六～一一二五）の建国者である阿保機《あぼき》（在位九〇七／九一六～九二六、廟号は太祖）のもとで中国東北部、東部草原（九二四）[36]、南満洲[37]に広がった。契丹はこのようにかつての華北と中央ユーラシアに部分的に重なる国境の東の地帯を支配した。タングートはその国境の西の地帯を支配した。二つの国は主に中国人が住んでいた地域と主に中央ユーラシア人が住んでいた地域を含んでいた。東北のいくつかの中央ユーラシア民族と同様に、契丹は少なくとも形成期においては未だ伝統的なコミタートゥスを持っており、彼らの国は「カンと四人のベイ」の制度を中心に組織化されていたが、これは特別興味深い種類のもので、契丹は四方にひとつずつと中央にひとつの五つの都、すなわちオルドを持っていた。[38]契丹は遊牧の生活様式を維持したい保守派による漢化への反対もあって、東部草原に強い存在感を保っていた。草原の契丹と定住した契丹の両者はともに華北におけるモンゴルの成功にとって後に非常に重要となった。契丹は遼の時代、ウイグルと非常に近い関係にあった。[39] 一一二〇年と一一二三年の間に遼は長いこと契丹の敵であったトゥングース系の女真に倒された。

女真は、起源的には南トゥングース語を話す森林の民で、満洲の最も東（近代のロシアの沿海州）から出た。モンゴル系の契丹や後のモンゴルのような草原の遊牧民ではなかったのである。しかし、契丹に従属していた長い間に草原スタイルの戦いや国家形成をよく知るようになった。満洲において自分たちに向けられた契丹軍を完全に打破した後、一一一五年に金王朝下の帝国を宣言した。そして、弱体化した遼をどんどん攻めて満洲南部の彼らの残りの領土を占領した。一一一七年に宋は協力して遼の領土を攻撃し分割しようという協定を金と結ぼうと試みた。それによって宋は北方でかつて唐によって統治されていた地域の多くを再び中国が支配することを望んでいた。しかし、女真はすでに充分に強大となっていたので宋を必要とせず、宋の遼攻撃は失敗した。金と宋は一一二三年に条約を結び、それによって金は宋が遼の領土のわずかな部分を奪い返すことを認めたが、それは問題の領土からの損失利益の賠償として毎年二十万両の銀と三十万反の絹を払うことの見返りであった。女真は一一二五年に遼の最後の君主を捕えて退位させ、契丹に代わって中国北部と満洲の支配者となった。しかし、宋の女真との関係は悪化し、一一二五年に女真は宋に侵攻し、山西と河北を奪い、黄河を越えて洛陽の真東の宋の首都開封を包囲した。

宋は金の講和条件を受け入れ、失った地方を断念し、毎年三十万両の銀と三十万反の絹と百万貫の青銅貨を賠償として支払うことに同意した。一一二六年に高麗王はタングートの西夏がそうしたように、金に服属することを受け入れた。宋が条約の条項のいくつかを破ったとき、金は再び攻撃し、今度は開封を占拠し破壊した。皇帝と太上皇の徽宗《きそう》（中国史上最も偉大な画人、書家のひとり）、そして宮廷の他の多くの人たちが囚われの身となった。徽宗は退き、宋は新たな皇帝を立てたが、王朝は実質的に倒されていた。衰えた宋は一一三八年に首都をさらに南の杭州に移させられたが、金はその宋を見捨てて一一二七年に故地に戻った。しかし、宋は女真が考えていたよりも強く、失った領土の一部を回復した。一一四二年についに別の条約が結ばれ、国境は淮河に設定され、毎年二十五万両の銀と二十五万反の絹が金への貢物として支払われることが決められた。[40]

遼が女真に敗れたとき、契丹の指導者耶律大石《やりつたいせき》は一一二四年に自身を「王」と宣言し、契丹の最後の無能な支配者を見限った。[41] 耶律大石は北に逃れ、草原を越えてオルコン川流域のケドゥンにある契丹の駐屯地に行き、そこに残っていた軍勢を集めた。一一三〇年に彼は契丹人、モンゴル人、中国人らからなる追随者を率いてケドゥンを出て北西に向かった。一一三一年か一一三二年に[42]難を避けて次第に西方に向きを変えた移動となったが、その間にギュル・カン（世界の支配者[43]）という革新的な称号を取り、中国式の元号を宣言し、タリム盆地北部のウイグル王国に対する契丹の昔からの支配を延長した。[44] 一一三四年に東カラハン朝の支配者はイシク・クル湖の近くのチュー川流域のバラーサーグーンにおり、領土内にいた部族カルルクとカンクリとの戦いに際して耶律大石に支援を求めた。耶律大石はそれを受け入れ、何の抵抗も受けずにバラーサーグーンに進軍し、瞬く間にカラハン人を隷属させた。耶律大石はそこに新しい契丹式の皇帝の野営地クズ・オルドという自身の都を建て、かつての東カラハン朝の領土全域に自分の知事を派遣した。一一三四年に女真を打ち負かそうと試みたが失敗し、それ以後かつての東方の領土に契丹を再建しようという試みを捨てた。そのような後退があったにもかかわらず、彼は自らの帝国を広げ続け、東方でカシュガル、ホータン、キルギズ、ベシュバリクに支配権を打ち立てるに至った。西方では一一三七年五月に西カラハン朝の支配者をホジェンドに打ち破り[45]、次に一一四一年九月九日にサマルカンド近くのカトワーンの戦いにてセルジュークの支配者スルタン・サンジャルを倒して勝利を強固なものとした。その結果、耶律大石はトランスオクスィアナを領土に加え、支配をホラズムまで広げ、ホラズムの支配者に貢ぎ物を強制した(一一四二年から)[46]。彼の新しい帝国はカラ・キタイ、すなわち「黒い契丹」、また中国式に西遼として知られるようになった。一一四三年のギュル・カン耶律大石の死後、カラ・キタイは、自分たちの新しい帝国にもっぱら注意を集中した。その帝国は、東は東トルキスタンとジュンガリアを含んでモンゴル西部まで達し、西はトランスオクスィアナを含み発展中のホラズム王国まで延びていたのであった。

東部草原では女真が契丹を破った後、政治的な情勢が変化した。女真は契丹やタングートよりも中国のかなり広い地域を征服して、その重心はかなり中国にあった。女真は、契丹の五京制度を含めた北方民族の伝統をいくらか維持したものの、かなり漢化した。草原における存在は初期においても消えゆく程度でしかなく、間接的に影響を及ぼすぐらいでよく、真剣に東部草原を支配しようという考えはすぐに捨てたのであった。この政策はその地に不安定をもたらした。その地域の多くの民族はその不安定性を是正しようとした。彼らは民族言語学的に異なっていたが、ほとんどがモンゴル人かテュルク人であった。最も勢力の大きい単独の民族であったタタルは勃興勢力のモンゴルに対して女真の援助を受けていた。実際に金はモンゴル人を従属させようとして草原に侵攻したが失敗し、一一四六/一一四七年までにはモンゴルを国と認めた。モンゴルの指導者カブル・カンは「祖先皇帝」と称された。金は彼に服属を暗示する称号を与えたが、「惜しみなく多くの贈り物[47]」も与えた。このようにモンゴルは東部草原において台頭したが、タタルは女真の支援を受けており、政治情勢では大体においてまだ優位に立っていた。

†中世盛期における知の発展

中世前期とモンゴルによる征服の間の時期においては国々の大きさが限られていたことによって、政府や政治家が個人に対して行なう害悪には限度があった。特に、西ヨーロッパ、イスラーム世界、チベット、そして東アジアでは、哲学者や科学者など創造性を持った人たちは本国で危険にさらされたとき、より受け入れてくれる別の国に逃れることができるようになった。その結果、国と国の間の移動が多くなり、それとともに知の発展が続いた。

このとき、イスラーム世界は科学と数学、哲学と形而上学が絶頂期に達した。これらの分野の最も偉大な学者には、アル・ファルガーニー（アルフラガヌス、活動期八三三～八六一、フェルガナ出身）、アル・ファーラービー（アルファラビウスまたはアヴェンナサル、九五〇没、ファーラーブ［オトラール］出身）、イブン・スィーナー（アヴィケンナ、九八〇～一〇三七、ブハラ近郊のアフシャナ出身）、アル・ビールーニー（九七三～一〇五〇頃、ホラズムのカス出身）、アル・ガザーリー（またはアル・ガッザーリー、アルガゼル、一〇五八～一一一一、ホラーサーンのトゥース出身）などを始めその他多くおり、彼らのほとんどは中央アジア出身であった。歴史上最初のスーフィー神秘主義者アブー・ヤズィード・アル・ビスターミー（八七四没）はホラーサーン西部のビスタームの出であった。彼は非ムスリムの師アブー・アリー・アル・スィンディーから学んだインドのヨガの修行と教義を導入した。[48] そうして中央アジアはスーフィズムの拠点となり、多くのスーフィー教団の発祥の地となった。

中央アジアの大都市は文化、書物、教育の中心であった。サーマーン朝は偉大な詩を初めて新ペルシャ語で書いた詩人ルーダキーとダキーキーを支援したことで有名である。一方、ガズナ朝も新ペルシャ語文学を保護した。最も有名な作品は『シャーナーメ（王の書）』で、それは、フィルダウスィー（一〇二〇没）がイランの口承叙事詩を部分的に基にして書いた叙事詩である。[49] 偉大な詩人ニザーミー（一一四一～一二〇九／一二一三）もこの時代に生きた。この文芸活動がイラン（ペルシャ）ででなく、中央アジアで中央アジアの支配者たちの保護下で行われたことは注目に値する。

絶頂期であったアルプ・アルスランとマリク・シャーの統治下のセルジューク朝の裏で指揮を執っていたのはニザーム・アル・ムルク（一〇一七／一〇一九～一〇九二）であった。彼は明敏な政治家で、ときには非情な戦略家であった。彼の最も知られた著作は『スィヤーサト・ナーメ（君主の書）』で、より優れた専制君主になるにはどうしたらいいかを支配者に説こうとするものであった。彼はまた学問を篤く保護し、ニザーミーヤ学院として知られる標準化された大きなマドラサをいくつも建設し資金を援助した。そして、それによって近東のほとんどの地域に高等教育のマドラサの制度が広まった。彼の動機には政治的なところもあったが、これらのマドラサは二世紀間その地域ならびにそこから広がったイスラーム世界の他の地域において文化の繁栄に貢献した。弁証法的討論の学問的方法が中央アジアで発達し、イスラーム世界全体に広がった。それはコルドバのアブー・アブド・アッラー・アル・アズディー（九六九没）[50]によってスペインにももたらされ、そこで栄え、大哲学者アヴェロエス（イブン・ルシュド、一一九八没）を輩出するまでになった。

中央アジアのイスラーム諸都市は全体でその時代のユーラシアの優れた商業的・知的中心を構成したが、宗教的保守派の間で反知性主義的反応が出てきた。それは、中央アジアの哲学者で神学者であったアル・ガザーリーの強い支持を得た。アル・ガザーリーは一時バグダードのニザーミーヤ学院で教えていたことがあった。彼は究極的には保守的な形のスーフィズムをよしとして哲学自体を否定し、ニーシャープールに自分と弟子のためにスーフィーの修道場（ハーンカー）を建て、晩年の数年間そこで教えた。彼を含めた保守派は教義以外の思想の自由を抑圧するという明確な目的をもって、ギリシャやイスラームの偉大な思想家の考えや方法を使用して彼らに対抗した。彼の最も有名な著作『タハーフト・アル・ファラースィファ（哲学者の自己矛盾）』[51]は一〇九五年に完成したが、それは哲学の抑圧のために書かれたもので、その哲学者たちの立場を頑固に支持する者は殺されるべきであると主張した。アル・ガザーリーの議論はその後まもなくアヴェロエス（イブン・ルシュド）によって著書『タハーフト・アル・タハーフト（自己矛盾の自己矛盾）』で否定されたが、彼はそれをスペインで書いたし、時間的にも既に遅すぎた。アヴェロエスはヨーロッパ思想に強い影響を与えたが、イスラーム世界では全くそうではなく、著作は近代になるまでほとんど知られなかった。[52]彼は過激な宗教的保守派によってイスラームの知的生活が破壊されていることを自分の存命中に見たのであった。保守派による、スコラ哲学の弁証法的討論（聖典の公認本文を含む思想が論理的分析や公開討論の対象となっている）の抑圧は、彼らの目的である自立的思想の抑圧を主眼としていた。アル・ガザーリーと保守派が勝利した。次第に硬直した教義となったものに疑問を持った思想家は迫害を受けたか身を隠したかし、哲学のみならず科学を含むほとんど他の何についても自由に考える可能性がイスラーム世界のほとんどにおいてだんだんと消えていった。[53]

イスラーム支配下のスペインとパレスティナとの接触による直接の結果として中世西ヨーロッパの文化が知的に発展した。アラビア語の書物のラテン語への翻訳は、新しく刺激的でときに論争を呼ぶ考えをもたらした。『アルゴリトゥムスの書』と訳されたアル・フワーリズミー[54]（アルゴリトゥムス）の著作は、ゼロを含むアラビア数字とともに「アルゴリトゥムスの」アラビア数字と十進法を使った計算法を紹介した。一方、『アルジブラ』は先進的な代数学指向の数学であった。それらは西ヨーロッパの科学志向の精神にとって革命的であった。それ以前は知られていなかったアリストテレースの哲学や論理学に関する著作の翻訳はイスラームのアリストテレース派の偉大な哲学者の著作とともに西ヨーロッパの思想を根本的に再編させた。その思想は少なくともひとつの重要な機関を伴った。ヨーロッパの最初のコレッジであるコレージュ・デ・ディズュイト[55]、すなわち「十八人の学者のコレッジ」はロンドンのヨキウス（ヨキウス・デ・ロンディニイス）が聖地から戻った後、一一八〇年にパリに設立された[56]。それは創設時のパリ大学を形成していたコレッジの中で最古のものであった。コレッジはその直接の元となったマドラサとヴィハーラの本質的特徴のほとんどを保っており、それには寄宿生と師[57]をサポートする宗教的基盤が含まれ、おそらく建築形態もそうであっただろう[58]。イスラームの知識、技術、制度の西洋への伝播は中世盛期の知的革命をもたらした。

チベット帝国の崩壊から回復するのに一世紀間を要したが、その後、チベットには多くの小王国が形成された。その王国は大体が都市ではなく要塞と要塞化された新しい大寺院を中心に据えていた。寺院では中世のチベット仏教文明が発展した。多くの新しい教団の間の教義上の違いは活発な討論を促し、それは口頭で行われる場合も書面上で行われる場合もあり、論点は仏教の寺院法、教義、その他に及んだ。物を書く習慣がしっかりと根付いていて、チベット人は比較的少数であったがすぐに膨大な書物を著した。それらは主に形而上学、神秘主義、儀礼に関するものであったが、歴史、医学、その他の分野のものもあった。この時代の政治史はまだほとんど分かっていない。諸国は寺院の権力と緊密に結びついていたようだが、その関係ははっきりしていない[59]。

西夏王朝のタングート人はチベット人仏教徒と近い関係となった。仏教徒の中にはタングートの宮廷に居住していた者もあった。タングート人はチベット語（タングート語と関係のある言語）や簡単で明瞭なチベット語のアルファベットをよく知っていたと推定されるが、漢字をモデルとした複雑な独自の文字を作った。彼らは中国の古典を翻訳し、さまざまなテーマの書物を著した。彼らはよく知られた漢訳仏典をタングート語に翻訳したので、残存するタングート語文献の多くを読むことは可能である。[60] 契丹人も漢字をモデルとした文字を作成したが、ほとんど使われなかった。最後に、金帝国においては中国語が一番重要な書き言葉であったが、女真はタングートと契丹に続いて漢字に似た自分たち独自の文字を作って自らの言語を書き記した。[61] その言語は満洲語の直接の祖先であった。

中国のほとんどは宋のもとに統一されたが、東部草原や中央アジアと重なる、つまりそういった地域に広がった北方の領土は独立を保ち、非中国系王朝の支配下にあった。それらの国の中には他の国を支配できた国はなく、そのことにより中国は多かれ少なかれ対等な立場で国際関係に取り組む方法を発展させることを余儀なくさせられた。中国人の古い排外主義と優越感は長いこと問題を起してきた。どの王朝でもそれらは政治家の間で主流の考え方であった。しかし、中国統一に成功した王朝の場合に比べると、中国にいくつかの国が存在している場合のほうが支配者の行うテロ行為の度合いは低かった。

宋は中央アジア、すなわち草原地帯とは直接の接触はなかった。従って、ユーラシアの他の地域のほとんどと接触がなかった。このように比較的孤立した状態にあったためと思われるが、エリートのうち著述家などの知識人は内向きになった。画家は中国美術の最高傑作を制作した。最も有名な作品は、英雄的・帝国的テーマではなく、自然や隠遁を重視している。

中国人が木版印刷を完成させ、[62] 活字も作り出したのはこの時期である。書物や紙幣が本格的に印刷され始めた。その対極では、中国人は五代と宋の時代に爆弾、のろし、銃の先駆けとなるものを発明した。[63]

最後に、宋が政治的に中央ユーラシアから離れていたということもあると思われるが、その反対側の地域で中国の海上交易が栄えた。ただ、それは公的に支えられた動きではなかった。事実、南部とそこの人々は文化的に低く見られ続けており、ほとんどの動きは中国の政治とは無関係に行われた。

従って、南のほうに中国文化を広めたのは中国のエリート層ではなく、自立の精神を持った商人たちで、彼らは南シナ海沿岸から東南アジアと南太平洋に至る海沿いの地帯に交易の拠点を作った。

1　パルソン（Sigurdur H. Pálsson, Vienna 1994）を元としたロマン・ヤコブソン（Roman Jakobson）の一九六四年版のギッペルト（Jost Gippert）によるTITUS版に基づくオンライン版（http://titus.uni-frankfurt.de/texte/etcs/slav/aruss/slovigor/slovi.htm）の第十・第十一段落。

2　テュルク人とフィン・ウゴル人の混合民族で、史料ではテュルク人とされていることが多いが、パンノニアに移住した頃にはフィン・ウゴル系のマジャール人がテュルク人より優位に立ち、ハンガリーの言語として残ったのはマジャール語であった。ハンガリーという名称はテュルク語の名称「オノグル」が起源であると一般には考えられている。

3　Zuckerman (1997)。ダンロップ（Dunlop 1954: 186–187）はその要塞はおそらくルーシに対して作られたのではないかと言う。ルーシのハザールに対する攻撃は（なかったということはまずないが）そのような早い時期の史料には記されていない。しかし、もしその敵がルーシであったら、彼らは起源的には一部ヴァイキングで航行に長けており、通常船を利用して交易や襲撃をし、ハザール人の北西にいたので、要塞を築くのにはドン川下流域が最適であったのだろう。

4　Sinor (1959: 17)。

5　Sinor (1959: 17)。

6　Sinor (1959: 21–22) を見よ。そこでは、修道士ヘリバルドゥスがコンスタンツ湖の南のザンクト・ガレン修道院（現在のスイスにある）の年代記に「ハンガリー人が自分の修道院に滞在しているときよりいい時代」はなかったと記していることが書かれている。

7　Schamiloglu (1984b: 216)。

8 Sinor (1959: 27–28)。
9 Sinor (1959: 28–36)。
10 Noonan (1981/1998: 53)。
11 Golden (1982) を見よ。ルーシの王にカガンという称号を使用したことについてはDunlop (1954: 237) を見よ。
12 Christian (1998: 334)。
13 プロローグを見よ。
14 Dunlop (1954: 254 以降)。
15 Christian (1998: 313–319)。
16 彼らの前はおそらくカルルクで、アル・ヤアクービーによれば、そのカガンは八世紀か九世紀初頭にイスラームに改宗した (Beckwith 1993: 127 n. 114)。カラハン人の起源に関する別の見解はKochnev (1996) を見よ。
17 Bosworth (1968: 6–8, 12)、Christian (1998: 370)。
18 彼らはテュルク人の中のオグズ族に属していた。一部は、アラブの使節イブン・ファドラーンがヴォルガ・ブルガルの地への旅の途中で九二一〜九二二年に通ったとき、北カフカス草原の近くで遊牧生活をしていた (Bosworth 1968: 16)。その魅力的な旅行記にはいくつかの翻訳があり、最も新しいのはFrye (2005) である。
19 Dunlop (1954: 260)。ボスワース (Bosworth 1968: 18) はいくつかの史料に出てくるテュルク人の王はホラズムにおける現地のオグズ人支配者であるヤブグであったと言うが、それはハザールのカガンと混同した結果のようである。というのは、セルジューク族はハザールの地からヤクサルテス川下流域に移住したが、そこはヤブグという称号を持つオグズの王に支配されていたからである。多くの史料は、ハザールに仕えていたセルジュークの父（まだ元気で存命であった）について明確に言及しており、また彼の息子たちの名前が特別だったので、ハザールの君主の宮廷で実際に昇進したという史料に書かれている内容を疑う理由は何もないと思われる (Dunlop 1954: 260–261 参照)。
20 東半分は初めバラーサーグーンに、次にカシュガルに本拠地を置いたが、西半分はまずウズカンド（フェルガナ東部）に、後にサマルカンドに置いた。
21 また、それを研究した少数の現代の学者も関心はほとんど宗教的なことにのみあった。
22 その王の軍事遠征と死についての話は完全に宗教的な形式で提示され、一般にはそのまま受け取られているが、史料によれば彼は軍事遠征中に捕えられた。

23 Hoffmann (1961: 112–122)。

24 チョーはもっと一般的な「慣例的な信仰」といったほどの意味だったであろうが、すでに古代チベット語においてサンスクリット語のダルマと同じ意味でも用いられ始めた。チベット語のチョーの元来の意味については結論が出ていないが、「つくる」という意味の動詞から派生したものかもしれない。

25 チベット語の単語ボン（bon）とボン教徒（Bon ならびに Bonpo）という名称は問題があるが、それについては後註79を見よ。

26 チョーの教えは最終的に大きく二つに分れたが、それは古タントラに主に従う者たち（最終的にニンマ派に発展する）と主に新タントラに従う者たち（他の全ての宗派）であった。

27 唐は公式には九〇七年に滅亡したとされるが、黄巣の乱の後まもなく首都地区以外では消滅し名声を残すだけとなった。

28 東部草原と華北における唐以後の国々についての最新の概観は Drompp (2005: 197 以降) を見よ。

29 Somers (1979: 760–765)。

30 Francke and Twitchett (1994: 6)。

31 その中国語の名称は興州で、後に興慶府（一〇三三）、さらに中興となった。モンゴル語ではエリカヤ（エリガヤ）として知られた（de Rachewiltz 2004: 552, 968。Dunnell 1994: 178 参照）。ここでのタングートに関する記述はほとんど Dunnell（1994）による。Dunnell (1996) 参照。

32 Dillon (1998: 294)。

33 青唐の交易についての最良の記述は Shiba (1983) で、その時代のユーラシア東部一般における交易について多くの貴重な情報が書かれている画期的な論文である。その王国の政治史については Petech (1983) を参照。

34 契丹の言語上の関係については後註80を見よ。

35 安禄山は契丹に対して頻繁に軍事行動を起こしたが、たいてい失敗した。契丹人などの戦士からなる彼のコミタートゥスは総勢八千人以上で、安は彼らを自分の息子として扱っていたが、そのコミタートゥスの名称については後註25を見よ。

36 Biran (2005: 15)。

37 Twitchett and Tietze (1994: 60–62)。ドロンプ（Drompp 2005: 200–205）はキルギズはウイグル帝

国に代わるような草原帝国を形成しなかったことを示している。

38　このテーマと契丹に関する他の多くのことについては古典的研究である Wittfogel and Fêng (1949) を見よ。契丹は、五つの首都のうちのひとつで帝国の農耕地域の行政上の中心となった燕京（現在の北京）を築いた。それは、その町が著名になる始まりであった（Francke and Twitchett 1994: 16）。レッケル（Johannes Reckel）は、契丹は征服した渤海国（満洲の東南部と朝鮮半島北部）からその複数首都制度を取り入れたが、それは高句麗の伝統の一部を引き継いだものであったと言う（Di Cosmo 1999b: 10 n. 29 における引用）。

39　遼が滅亡した後でもカラ・キタイはその関係をモンゴルによる征服の直前まで保った。

40　金とその遼と宋との戦争についてのこの記述は Francke (1994) に基づく。

41　Biran (2005: 25–26)。

42　Biran (2005: 36)。

43　この称号についての考察は後註83を見よ。Biran (2005: 39 n. 146) 参照。

44　Biran (2005: 32–38)。

45　Biran (2005: 39)。

46　Biran (2005)。

47　Francke (1994: 238)。

48　初期の神秘主義のスーフィズム（通常区別されていないが、初期の他のタイプのスーフィズムとははっきりと区別されなければならない）を一般的に取り扱った最も均衡のとれたものは Fakhry (1983: 241) であるが、西洋の学問において長いこと伝統的にインドの要素をヒンドゥー教と同一視していることは疑問である。それは主に昔のヨーロッパの学者の仏教に関する知識が南アジアと東南アジアの上座部仏教に関するもの以外には欠けていたことの結果である。上座部仏教はムハンマドの時代には他の形式の仏教とはかなり違っていたのである。イスラーム研究と仏教研究の双方において有能な専門の学者がずっと以前に扱っておくべきだった。ビスターミーの故郷であるホラーサーンの近くの中央アジアの地域はイスラーム以前に何世紀もの間仏教地域であり、少しずつムスリム地域になったことを考えると、彼が「インドの」思想に影響されていたのは決して偶然ではなかった。

49　マフムードはフィルダウスィーを不当に扱い、

風刺詩による激しい復讐を受けた。

50 Makdisi (1981 : 131)。

51 書名は『哲学者たちの破壊』や『哲学者たちの崩壊』とも訳されている。Fakhry (1983、特に222以降）における更なる考察を見よ。

52 Bergh (1954)。

53 Makdisi (1981 : 136–139) を参照。そこでは抑圧を荒れ狂う討論と負傷した参加者のせいにしている。イスラーム世界の知的衰退はこのように、ヨーロッパ人の到来は言うまでもなく、モンゴルの到来以前でも既に進行していたのである。この問題に関する近年の反歴史的主張については後註81を見よ。

54 第6章を見よ。

55 寄宿生と師に費用を支払う宗教的な寄付基盤であるコレッジは自治団体であるユニヴァーシティーと区別されなければならない。後者はヨーロッパで発展したものである。

56 Makdisi (1981 : 226, 228) では、「イェルサレムにおけるマドラサの存在は知られていなかったが、一一八〇年にはその近隣地域に非常に多く存在していた」と言う。元の憲章（CUP I: 49）は、ロンドンのヨキウスがイェルサレムから戻ったとはっきりと言及しているが、その内陸の都市にたどり着くにはもちろんその「隣接地域」を通らなければならなかった。マドラサは近東イスラーム地域には至る所にあり、ヨキウスが一つのマドラサにも出くわさず、またおそらく実際にそこに宿泊することによってそれが何かを知ることなしに聖地を旅するのは難しかったであろう。

57 コレージュ・デ・ディズュイトの憲章は簡潔なもので、師については書かれていないが、パリのコレッジはわずか数年後の次の世紀の初めまでには「師に管理される学生集団」からなっていたことが知られており（Makdisi 1981 : 236 に引用された Rashdall)、模範となる最初のコレッジもこのような構造になっていたことを示唆している。

58 この可能性は私自身がオックスフォードのいくつかの古い修道院の構造をざっと観察したところに基づく。似たような構造のものはもっとたくさんあるであろう。この考えが正しいかどうか、この問題は慎重に研究される必要がある。

59 最も優れた研究はおそらく Wylie (1964) である。

60 タングートの書記体系とその解釈については後註82を見よ。

61　女真文字は、タングート（西夏）文字と契丹文字と異なって音声的にかなり体系的である。また、女真語はタングート語や契丹語と違って近世・近代に実証される満洲語という近い親族語がある。そのため、女真語は非常な正確さをもって再建されている。Kiyose (1977) を参照。

62　Gernet (1996: 335)。木版術は何千もの文字を持つ中国語の印刷には安上がりで効果的であることが分かったので、中国では活字がそれに取って代わることは近代までなかった。

63　Gernet (1996: 311)。火薬そのものは唐の時代に中国で錬金術師によって開発された。

第8章　チンギス・カンとモンゴルの征服

In Xanadu did Kubla Khan
A stately pleasure dome decree:
Where Alph, the sacred river, ran
Through caverns measureless to man
Down to a sunless sea.
—S. T. Coleridge, *Kubla Khan*

ザナドゥでクブラ・カンは
壮麗な歓楽宮殿を命じた
そこから聖なる川アルフが
人には数えることのできないほどの洞窟を通って
陽の光の当たらぬ海へと流れていた
S・T・コウルリッジ『クブラ・カン』

モンゴルの平和

女真から東部草原における最高の支配者と認められていたカブル・カンが死ぬと、誕生したばかりのモンゴル国は分裂した。激しい内乱が起り、それはカブル・カンのひ孫のテムジンがモンゴル人を新しい民として築くまで続いた。テムジンはチンギス・カンとして一連の電撃作戦でモンゴル人を指揮し、それによって中央ユーラシアのほとんどとその周辺の一部も統一した。息子たちも征服を続行し、最盛期には帝国は東ヨーロッパから東シナ海、シベリアからペルシャ湾まで広がった。モンゴル人は中央ユーラシアのすべてと沿岸地帯の一部を征服することによって中央ユーラシアを再び統一し拡大させた。そこには、草原地帯、ロシア、ペルシャ、中央アジア、チベット、中国が含まれた。モンゴル帝国は世界最初の陸の超大国であった。

チンギス・カンの後継者たちはすぐに互いに戦い合い始めたが、ユーラシアのほとんどをひとつの商業地帯にすることができ、商業に携わったモンゴル人や他の人々に驚くほどの量の富をもたらした。しかし、十四世紀には黒死病が大陸に広がり、多くの地域、特に西ヨーロッパが荒廃し、モンゴルの継承国家はお互いの間の争いで弱体化し、モンゴルによる平和は終わりを迎えた。

中央アジアのモンゴルの継承国家が弱体化したのに乗じてモンゴルの血を引く有能な将軍タメルランが現れ、近東からインド、ロシアからペルシャ湾に至る帝国を獲得した。彼の死後、帝国は瞬く間にそれを構成していた部分に分裂したが、その中心部分であった西中央アジアはタメルランとその後継者のティムール家のもとで文化的栄華の最後の輝きを経験した。

モンゴル帝国は、契丹が女真によって滅ぼされた後の、東部草原における部族間の駆け引きと闘争にその始まりを見ることができる。トゥングース系の言語を話す女真人は契丹のような草原の民ではなく、草原に軍事的存在感を示さなかった。その代わりに、その地で最も強大だった一つの民族タタルを支援した。東部草原の民族は分割され、強大なタタルの前では他を支配するような力を持つことはできなかった。ボルジギン一族の長カブル・カンがモンゴル連合をうまくまとめあげ、女真が力でそれを撃退することができなかったとき、女真は彼を傑出したモンゴルの支配者と認めた（一一四六／一一四七）が、公式には隷属者と考えていた。彼の死後、後を継いだ従兄弟のアンバガイはタタルに捕らえられて金の宮廷に送られ、そこで女真人に殺された。そこでモンゴル人はカブル・カンの四男クトゥラを後継ぎに選び、アンバガイの後裔はクトゥラとその子孫に恨みを持った。クトゥラはタタルを攻撃したが、ほぼ失敗で、最後どうなったかは分からない。彼の後、統一モンゴル国へと向かっていた初期の動きは崩れて内紛となった。ボルジギン連合を再編し始めたカブル・カンの孫イェスゲイ（一一七五／一一七六没）がタタルに殺され、彼の民と羊の群れが継承者と主張する者に連れ去られ、妻子が草原に残されたとき、内紛は東部草原を覆った。

　東部草原におけるモンゴルの勃興は、西方ではモンゴル系のカラ・キタイの衰退期に当たっていた。最後のギュル・カンであるマーニー（在位一一七七／一一七八～一二一一[1]）は弱く、ホラズム帝国の拡大を止めることができなかった。特に最も好戦的だった支配者ムハンマド・ホラズムシャー（在位一二〇〇～一二二〇）のときがそうであった。ムハンマド・ホラズムシャーはカラ・キタイの隷属者であったが、一二一〇～一二一二年、彼らからトランスオクスィアナを奪い取った。富と勢力の多くを失って、他の従属国は離れた。

　東部草原ではイェスゲイの長男テムジン（一一六七～一二二七）とその兄弟たちが母親とともに荒

野でその土地のわずかな物を食べて暮らしていた。[2] テムジンは成長し、策略に長け、勇敢で、たくましくなった。散り散りになった彼の氏族の残党が少しずつ彼の旗の下に再び集まってきた。最終的には他の氏族も加わり、彼は強い同盟者を得た。一一九六年、テムジンとケレイト族の長はタタルと関係を絶っていた女真と同盟を結び、彼らは協力してタタルを攻撃し、破った。褒美として、金はケレイトの長にオン・カンという称号を与えたが、[3] テムジンはそれより低い称号しかもらえなかった。一二〇二年にテムジンは自己の軍を率いて再びタタルを攻撃し、今度は父ら祖先を殺したことへの復讐として成人男子をすべて処刑し、彼らを粉砕した。[4]

テムジンは最後の大ライバルでときには友であり同盟者であったジャムカを破った。ジャムカは一二〇一年にギュル・カン（世界の支配者）を宣言していた。テムジンは東部草原の諸民族を統一して一二〇六年にモンゴルの族長の大会議でチンギス・カン（世界の支配者）の称号を与えられた。[5] 天により力と権力が授けられたと彼とその息子たちは信じていたが、彼はそれにより四方の非従属の民を従属させはじめた。

女真人の強大な金王朝はその大部分が彼とは縁のない中国にあったので、チンギスは、すぐに金を攻めるのではなく、その南と南西の隣にいたタングートに向けて一二〇九年に軍を率いた。タングート人の西夏王朝は、東部草原の西の部分から中央アジアと中国にかけての地域の南北交易ルートのみならず、中国と中央アジアの間の大きな東西交易ルートも支配していた。モンゴルによるタングートの首都の包囲攻撃が成功したわけではなかったが、一二一〇年に西夏の王はチンギスを君主と認め、将来のモンゴルの軍事行動のために軍隊を提供することに同意した。その条約はタングートの王女がチンギスに嫁ぎ、モンゴル軍が撤退することによって結ばれた。

チンギスが台頭してきたとき、タングートの西ではカラ・キタイ帝国が大勢力であった。ホラズムシャー朝の攻撃を受けてかなり弱体化したが、それでもトランスオクスィアナの東の中央領域で力を保った。ナイマン部族[6]の指導者キュチリュグ（ギュチュリュグ）は最後までテムジンが権力の座につくのに反対し、西のカラ・キタイの領土に逃れ、一二〇八年に入国を許された。そして、支配者マーニーの顧問となり、一二一一年にその地位を利用して政変を起して自ら政権を握った。[7]

その年、タリム盆地北部にいたウイグル人[8]が自主的にチンギスに降伏し、カルルクも同様にした。どちらもカラ・キタイの属国で、[9]国内の混乱とかつての君主を打倒しようとする外からの攻撃に対してモンゴルの保護を求めたのであった。こうしてモンゴルはじゃまされることなく東中央アジアへアクセスできるようになり、その一部を間接的に支配するようになった。

その年、チンギスはついに女真を攻撃したが、予期せぬ問題にぶつかった。モンゴル軍は戦場で金軍を簡単に破ったが、中国の都市への攻撃はほとんどうまくいかなかった。大きな壁に囲まれて要塞化していたからである。しかし、モンゴル人は金国の中に役に立つ同盟者がいることにすぐに気がついた。遼王朝のもとでその地に落ち着き、女真の支配下でもそこに住み続けていた契丹人[10]がいたのである。契丹人と軍に取り込んだ中国人、そしてまたウイグル人の助けを借りてモンゴル人は都市を占拠するために攻城兵器の使い方を学んだ。チンギスは、女真が行政上の都を開封に移したと知って、中都（現在の北京）を攻撃した。チンギスはより以前の金への攻撃で既に中都攻略に着手していたのであるが、一二一五年五月三十一日、中都はモンゴルの手に落ちた。[11]

十二世紀ならびに十三世紀の初め、ホラズムの支配者たちは中央アジアとイランを越えてイラクに軍事遠征をすることによって自分たちの王国を帝国に拡張した。ホラズムはこの広大な領土全体に駐屯地を配置して新しい征服地を維持した。支配者であったホラズムシャーのアラー・アル・ディーン・ムハンマド（在位一二〇〇～一二二〇）[12]は一二一五年までにはイランと西中央アジアと南中央アジアのほとんどすべてを領土に加えた。しかし、自分の君主から取ることのできなかったかつてのカラ・キタイ帝国の残りは別であった。拡大の過程において彼は都をホラズムからもっと中央に位置していたサマルカンドに移した。彼の軍は大きく、強く、戦いで鍛えられていた。彼はすでに当時のイスラーム世界で最も強い支配者となっており、その王国はまだ拡大していた。彼の目が注視していたのは主にバグダードに政治的に復興したイスラーム帝国であった。そこの支配者は初期のアッバース朝の直接の後継者で、イスラームの支配者に正当性を授ける者であった。しかし、同時に、彼は弱体化してきたカラ・キタイを狙っていた。東部草原が新しく統一されたのを知り、一二一五年にモンゴルに使節を送った。

一二一六年にチンギスはキュチリュグを追って将軍ジェベを西に送った。ジェベは進軍してきたカラ・キタイ軍を破り、いくつかの町を占拠した。キュチリュグは仏教への改宗者でムスリムを迫害したため、ほとんどがムスリムであった現地の人々に憎まれていた。ジェベがキュチリュグの宗教政策を転換すると宣言すると、大喜びしたムスリムたちは彼の元へ走り、キュチリュグは一目散に逃亡した。[13] ジェベの軍はキュチリュグをバダフシャン（アフガニスタン北東部）に追い、キュチリュグは一二一八年にそこで殺された。[14] こうしてモンゴルは西中央アジアに戦略拠点を確保した。

その年、チンギスはホラズムに使節団を送り、講和条約を提案した。それは彼らの到着の数日以内に結ばれた。それからまもなく約四百五十人のムスリム商人からなるモンゴルの大貿易使節団がオトラールに到着した。それはホラズムシャー朝の総督によって止められた。総督はその商人たちにモンゴルのスパイだと言いがかりをつけ、財産を没収し、処刑した。しかし、ひとりがモンゴルに逃げ帰った。チンギスはホラズムシャー朝に使節を送り、殺された者たちの贖罪金と暴行を行なった総督の処罰を要求した。要求に応えたり交渉のために別の使節を送ったりする代わりにホラズムシャー朝はモンゴル人を侮辱して使者たちを殺害した。

そこで、チンギスは、ホラズムシャー朝と取り組むために女真との戦いはひとまず中止した。一二一九年、モンゴルは三つの巨大な軍隊でホラズム帝国に侵攻した。ホラズムシャーは新しく征服した領土のまわりの駐屯地に軍隊を配置していた。モンゴルに対抗するためにそれらの軍隊を集めるのではなく、彼はそれらをそこに配置したままにしていた。モンゴルは守備隊駐屯都市をひとつずつ簡単に攻略し、熟練した巨大なホラズム軍をこのようにして打ち負かし、一二二三年までに西中央アジアと南中央アジアのほとんどを支配下に入れた。ホラズムシャーを国中追跡したが捕えることはできなかった。[15] しかし、彼の帝国は征服した。モンゴル人はホラズムシャーの座につけたままにし、モンゴル人の徴税官をそこに配置した。服従した現地の支配者たちはその都市が反乱を起こし、モンゴル人の使節を殺害したとき、モンゴル人はその都市を取り戻し、アジアの戦争の伝統にしたがって住民のほとんどを処刑した。[16]

一二二三年にチンギスはモンゴリアに戻った。今度はタングートに目を向けた。タングートはモンゴルの服従者として一二一八年のホラズム遠征の際に戦士を派遣すると約束したがそれを果たさなかった。タングートも一二二二年に金国遠征から軍隊を引き揚げており、[17] チンギスが使節を送って、行いを改めて条約を守るよう警告したとき、彼らはチンギスを罵ったのである。チンギスはこの遠征が終わる前に死んだが、タングート王国は一二二七年に征服され、モンゴル帝国に完全に取り込まれ、最も重要な領地ないし領土のひとつとなった。それが重要であった理由のひとつはタングート帝国は中国と同じくらい洗練された文化を発達させ、いくつかの点では中国のものに似ていたがはっきりと非中国的であった（また女真の金とも異なっていた）ことである。モンゴル人は支配下にあった中国の領土を治めるにあたって必要に迫られて中国人の助けに頼ったが、彼らは一般に中国人を信用しておらず嫌っていて、特に宗教や国家組織に関することにおいては仲間である中央ユーラシア人のほうにずっと傾いていた。

チンギスには四人の息子がおり、そのうち三人がチンギスより後まで生きた。息子のオゲデイ(在位一二二九～一二四一)はチンギスの後を継いで大カンとなった。モンゴルは女真への攻撃を続け、一二三四年には金を滅ぼした。同時にオゲデイは西方への大遠征を組織した。それより前、ホラズムシャー朝への遠征の際にモンゴル人はロシア南部を通過した。彼らは今度はそこを完全に征服してバトゥの継承地とするために出陣した。バトゥは、一二二七年にチンギスより先に死んだ長男ジョチの息子である。[18] バトゥを名目上の指揮官としてオゲデイの息子ギュユク、トルイの息子モンケ、そしてモンゴルの最も優れた将軍スュベデイが向かった。一二三六年にモンゴルはヴォルガ・カマ地域のフィン・ウゴル系とテュルク系の民族を攻撃し、それから北西に向かってロシア人を襲い、一二三八年にヴラディーミル(モスクワの東)、一二四〇年にキエフを取り、その地域を一二四一年までに服属させた。スュベデイは遠征をさらに西に進めてポーランドとドイツ東部に入り、そこでシロンスク公ヘンリクのポーランド人とドイツ人の軍をレグニツァで、南に向かってハンガリー人とオーストリア人を打ち負かし、その後冬を越すためにハンガリーに戻った。[19] しかし、大カンのオゲデイがその年の十二月に死に、モンゴル人たちはそれを知るとすぐに引き返した。[20]

バトゥは大規模な軍隊を持って西方に居続けた。彼はヴォルガ川下流域のサライに都を建設し、黒海とカフカス北部から北はモスクワ大公国、そして東はヴォルガ・カマ地域に至るまで、中央ユーラシア西部をすべて支配した。彼の軍隊の多くは古都ブルガールから遠くないカザンに駐屯した。そこで彼らはすぐに軍隊の中の多数派民族集団の言語キプチャク・テュルク語にシフトした。それは後にタタル語として知られるようになる言語である。後に金帳カン国と呼ばれるようになるこの王国は事実上すぐに独立した。しかし、バトゥは祖父のモンゴル世界帝国という構想に力を注ぎつづけ、帝国の統治と帝国の軍事遠征に全力で参加した。

オゲデイの息子ギュユク（在位一二四六〜一二四八）の短い治世の後、トルイの息子モンケ（在位一二五一〜一二五九）が後を継いで次の大カンとなって、[21]権力争いは終わった。モンケは中央アジアと近東の地に確固としたモンゴル支配を打ち立ててモンゴル帝国の国境を夕日に向かって押し広げるために、非常に大規模な遠征隊を組織した。モンケの弟ヒュレギュ（フレグ）は帝国軍を指揮し、一二五三年に進軍した。彼らは一二五六年に、イラン北部のエルブルズ山脈に本拠を置きイスラーム世界に長いこと脅威を与えてきた暗殺集団のイスマーイール教団を攻撃し粉砕した。一二五七年までにモンゴルは教団の主要な城塞アラムートを取り、指導者を捕えた。教団の指導者はモンケ自身の命令で処刑された。それからモンゴルはイラクに進み、一二五八年にバグダードを攻撃した。モンゴルが妥当な提案を示し、それを拒否したらどういうことになるかを説明したにもかかわらず、カリフは投降を拒否した。町は包囲され最終的に屈服した。町の破壊で推定二十万人が殺され、カリフも殺害された。[22]

モンゴル人は西進してマムルーク朝下のシリアに行った。モンケの訃報が届いてヒュレギュが帝国軍のほとんどを撤退させるまで、彼らは順調に進んでいた。マムルークは残ったモンゴル人を一二六〇年九月六日にガリラヤのアイン・ジャルートの戦いで壊滅させた。[23]これはモンゴル人にとって西南アジアでの初の敗北であった。

それでもヒュレギュはすぐに引き返し、モンゴルは近東のほとんどの地域に権力を確立することに成功した。彼らは最終的に本営をイラン西北部のタブリーズの近くに置いた。そこには良好な放牧地が広がっていた。ヒュレギュはイル・カン国を建て、イラク、イラン、そしてその近隣の領土を支配し、北の金帳カン国とチンギスの息子チャガタイの後継者たちによる中央アジアのチャガタイ・カン国と繰り返し戦い、自身の影響をチベットまで広げた。

✝クビライ・カン、チベット、そして元朝

トルイの受け継いだ地にはかつてのタングート王国が含まれていた。オゲデイの治下で次男のコデン（ゴダン、一二五三／一二六〇没）はタングートを所領として与えられていたが、ほとんど無血でチベットを征服した。一二四〇年、コデンはドルダ・ダルハン治下のチベットに小規模な軍を送った。チベットの寺院はそれに対抗したようだが、二つの寺院が攻撃され損傷し、何人かの僧侶が殺されたと言われる。[24] モンゴルは最終的にはチベットの最高の宗教的指導者サキャ・パンディタ（一二五一没）と話をするように言われて撤退した。コデンは一二四四年に彼に手紙を書いて、モンゴル陣営に呼び出した。先に甥のパクパ（ロド・ギェルツェン、一二三五〜一二八〇）[25] とチャクナ・ドルジェ（一二六七没）の二人を送って、その老僧は一二四六年に涼州に到着した。一二四七年にチベットはモンゴルに屈した。モンゴルのもとでサキャ・パンディタはチベットの総督に任命され、チャクナ・ドルジェがコデンの娘と結婚して条約が結ばれた。一二五一年にサキャ・パンディタが死ぬと、モンゴルはコリダイという人物の指揮で別の遠征軍を送り、一二五二〜一二五三年に中央チベットの支配を回復した。[26] コデンには持病があり、サキャ・パンディタが治療していた。その持病のために即位が見送られ兄のギュユクが皇帝となっていたが、その頃には死んでいたと思われる。[27]

クビライ（一二一五年九月二三日生、在位一二六〇／一二七一〜一二九四年二月一八日）はトルイの息子の一人であった。熱心な仏教徒のチャビと結婚した。一二四〇年に長男が生まれたとき、チベット仏教の戒名のドルジ（チベット語の rdorje 'vajra「雷電」）と名付けられた。一二四二年までにすでにク

ビライは河北の邢州にある自分の所領に中国人とチベット人の師を集め始めていた。[28] 一二五一年に兄のモンケが大カンとして即位すると、クビライは次のカン位継承候補者となった。兄はクビライに華北に別の所領をいくつか与え、クビライの力を強め、クビライを事実上この豊かで人口の多い地域の総督にした。一二五三年にクビライはパクパとその弟に来るように命じた。彼らは到着し、そのモンゴルの君主から歓迎された。クビライはまもなく大理王国（現在の雲南省にあった）征服のための帝国遠征軍を指揮して出発した。それは北のモンゴル領を繰り返し攻撃していた巨大で好戦的な宋を侵略する前の予備的な行動であった。

一年間準備を行い、クビライ軍はスゥベデイの息子ウリヤンカダイを将軍として一二五三年の終わりに出陣した。大理軍を攻撃する前に彼は使節を送って、降伏すれば安全を保障するという最後通告をした。彼らが使節の処刑によってそれに応えると、モンゴルは彼らを攻撃し打倒し、彼らを自分たちの都に撤退させた。モンゴル人はその町の人々に、降伏すれば危害を加えないと伝えた。彼らは降伏し、クビライはその町を取り、最少の流血で大理にモンゴル勢力を確立した。将軍のウリヤンカダイはモンゴル軍の遠征を南西方向に続け、かなりの成功を収めた。そして、最後は南東に行軍し一二五七年には安南（現在のベトナム北部地域）に達したが、そこでモンゴル軍は暑さと虫に悩まされた。そこの王が朝貢を申し出て、ウリヤンカダイは撤退した。

クビライは大理での勝利の後、自分の所領に戻っていたが、一二五六年に夏の都開平（一二六三年に「上都（ザナドゥ）」と改名）の建設に取りかかった。そこは中都（北京）から北に十日の道のりにあり、農耕地も牧草地も存在する地域にあった。[29] 一二五八年に陰謀による非難に宮廷で応酬した後、モンケは宋への新たな遠征においてクビライを軍の四翼のうちのひとつの指揮官に据えた。一二五八年に侵略は開始された。モンケ自身は四川で遠征軍を指揮し、一方クビライは東にある自分の所領から南へ攻撃を進めた。

モンケが四川の重慶の郊外で熱病で死ぬと(一二五九年八月十一日)[30]、宋への遠征は中断された。末弟のアリク・ボケは本拠地を守るためにカラコルムに残されていたが、継承を勝ち取るために自らの軍を集め始めた。ヒュレギュは、大クリルタイでクビライを支持するためにシリア遠征を中断して急いで戻ったが、アリク・ボケもかなりの支持を得てクビライの所領を攻撃すべく軍を進めた。クビライが自分の都の開平に戻ったとき、クリルタイが一二六〇年五月に開催され、クビライが大カンとして選ばれた。その結果にアリク・ボケが猛反対した。彼にはバトゥの後継ぎのベルケ、中央アジアのチャガタイ・カン国の支配者アルグを含めた強い支持者がいたのである。彼らは一二六〇年六月にアリク・ボケを大カンと宣言し、内紛が始まった。アリク・ボケには支持者が多くいたにもかかわらず、クビライはあらゆる局面でアリク・ボケを打ち負かした。アルグは一二六二年にアリク・ボケと決裂し、アリク・ボケは翌年クビライに降伏した[31]。内乱は終わった。一二六六年にクビライは新しく冬の都、大都の建設を始めた。それは古都、中都(現代の北京の一角[32])のやや北東にあったが、大カン国の権力基盤をさらに中国内に動かし、そこの支配を固めた。

次の何年間か大カン国内の業務を処理した後、クビライは宋問題に再び取り組み始めた。まず、宋に使節を送って(一二六〇年五月)平和的な解決を提案した。しかし、宋の宰相はその使節を拘留し、軍を送ってモンゴルを攻撃した(一二六〇年八月)。一二六一年初めにクビライが応酬すると、宋は一二六一年に三回にわたって侵攻した。中国人はもちろんクビライの使節の解放を拒んだ。とうとうモンゴルは大軍で宋を攻撃した。一二六五年の初めには四川で完全な勝利を収め、続いて一二六八年には全面的な侵略を行なった。宋との戦争は簡単なものではなかった。モンゴルが勝利を収めたのはやっと一二七六年で、宋の皇太后が降伏し、伝国璽とレガリア(王権を象徴する物品)を引き渡した。

一二七九年に最後の抵抗が終わった。

新しい中国式の元王朝は公式には一二七二年一月十八日に始まった。[33] 中国の元日に当たる日であった。王朝建設や行政体制の多くにおいて昔からのやり方がとられたにもかかわらず、その新しい政府はまぎれもなくモンゴル的であった。華北ではそれ以前に女真の王朝があったが、モンゴルはそれとは異なり一般に中国人を信用しなかった。クビライ自身は重要な中国人顧問を何人も持っていたが、クビライ以後は行政上の重要な地位にはすべてモンゴル人、中央アジアのムスリム、チベット人、タングート人などの非中国人が置かれた。大カン国は存在し続け、そこには中国ではないと認識されていたモンゴルとチベットを主要な構成部分として含んでいた。多くの点で元朝の中国はモンゴル帝国に統合されていたが、大カン国はより大きな単位であり続けた。その二つは一致するものではなかった。

その時期にモンゴル史上最も重要な出来事のひとつが起った。初期のモンゴル人はすでにさまざまな世界宗教の影響下にあり、国を構成する民族のいくつかは少なくとも建前上はそれらのひとつに改宗していた。たとえば、ナイマンとケレイトは少なくとも名目上はネストリウス派のキリスト教徒になっていたし、クビライの世代のモンゴル人はウイグル人や特にチベット人の影響で既に仏教徒となっていた。しかし、全体としてモンゴルは以前から多神教であり、組織的宗教のどれもを疑わしいと長いこと思っていた。昔のヨーロッパ人旅行者の記述にはあらゆることにおいてモンゴル人がどれだけ占い師に頼っていたかが書かれている。しかし、マルコ・ポーロの時代には大カン国のモンゴル人は、国教となっていたわけではないが、熱心に仏教、特にチベット仏教を受け入れていた。[34] そのダルマラージャ、すなわち法王という考えによってクビライの統治は正当性を与えられ、またモンゴル人は中国のものではない膨大な知識と知恵を得ることができるようになった。

クビライはモンゴル帝国で話されるすべての言語を書き表す統一的な「モンゴル」文字を持とうと考え、チベット仏教の指導者パクパにその任務を命じた。パクパはクビライ政権の国師でチベットの総督であった。[35] その新しい文字はチベット文字に基づいており(ただし、漢字やウイグル・モンゴル文字のように縦書き)、一二六九年に公の文字として交布された。それは現在パクパ文字として知られるが、事実上世界初の多言語音写文字体系である。モンゴル帝国のいくつかの言語が書かれたものが残っており、それには中国語も含まれている。[36] そして、その文字は後の朝鮮のハングル作成に影響を与えたと考えられている。パクパはまた他の知的事業も担当した。サンスクリット語から翻訳された各聖典の集成である漢訳大蔵経とチベット大蔵経の目録の編纂もそのひとつである。

✝黒死病

一三三一年に華北の一部で伝染病が発生し、人口の九割が死亡した。[37] それは黒死病の最初の大発生で、歴史に記録された最悪の大流行であった。ペルシャでは、最後のイル・カンであるアブー・サイードがペストにかかって死んだことが分かっている。一三三五年のことであった。[38] 一三三八〜一三三九年には中央アジアのイシク・クル湖近くのネストリウス教徒の商人社会が腺ペストによって全滅した。[39] ペストは一三四六年には黒海沿岸のクリミアの港町カッファを包囲していたモンゴル軍を襲った。伝染病は町へ広がり、そこから船によって野火のように地中海全体、そしてヨーロッパに広がった。以前には知られていなかったこの病によって少なくともヨーロッパの人口の三分の一が死亡し、その病は腺ペストとして知られるようになった。[40]

現在、この病は一般にはモンゴルによる征服によってもたらされたものとされている。それが発生したのは満洲中央部の平原やゴビ砂漠と考えられており、そこからモンゴル人によって気づかないうちに西方および南方に運ばれたというのである。しかし、征服の時代が終わってから中国でペストが発生するまでには一世紀近くとかなりの時間的隔たりがあるので、モンゴルによる征服そのものはペストの広がりとは明らかに無関係である。[41] ただし、「モンゴルによる平和」のもとで中央ユーラシアを介した東アジア、西アジア、南アジアの間の直接の交通が増えたことは、ユーラシア全域やさらにその外の地域への通り道をネズミやノミに提供し、病気が運ばれる結果となったということは考え得る。いずれにせよ、黒死病はモンゴルの継承国家にとっても当時の他の国々にとっても同じように悲惨なものであった。

†モンゴルの政治的遺産

十四世紀は疫病、飢饉、洪水といった世界の歴史に先例を見ない災害に悩まされた。各地で反乱や王朝の崩壊が起ったが、世界の大部分が大きな苦悩に陥っていた時代だったので、それは驚くべきことではない。モンゴル王朝は、自然災害に対処するべく奮闘したにもかかわらず、イランのイル・カン国も中国の元朝も崩壊した。よい時代であったらどちらももっと長く続いたのではないかと思われる。

中国ではモンゴル人は外からやってきた悪魔のような支配者とされており、彼らに対する反乱が勃発した。一三六八年には元の首都である大都は明朝（一三六八〜一六四四）の創始者朱元璋《しゅげんしょう》の率いる軍によって攻め落とされた。最後の大カンで元朝の皇帝であったトゴン・テムル（中国とモンゴルを版図として在位一三三二〜一三七〇）は多くの臣下とともに馬でモンゴルに逃れ、一三七〇年に死ぬまで東部草原の縮小した大カン国を支配し続けた。[42]

中央草原と西部草原では金帳カン国がさらに二世紀の間安定的に続いたが、それに対して、イル・

カン国は最後の大イル・カンであるアブー・サイードが一三三五年に死んでから部族や派閥による戦いが起って分裂状態となった。

中央アジアでは、チャガタイ・オルダがかなり早い時期にいくつかの派閥に分れて闘争し、不安定な状態となった。タルマシリン・カン（在位一三三一〜一三三四）の死後、チャガタイ・オルダは東西に分裂した。西はトランスオクスィアナに中心をおき、チャガタイという名を保ったのに対し、遊牧民の割合が高かった東は、モグリスタン（モンゴルの地）として知られるようになった。西は、オクソス川から南方にかけてバルフやヘラートなどその頃の最も重要な都市のいくつかを獲得した。

チンギス・カンの一族であるということは中央アジアにおいて指導者を擁立する際にその正統性を認めるための要素となった。しかし、チャガタイ家は、中央アジアでしっかりとした支配を確立することができなかったため、一三四六／一三四七年にカザンがカラウナス部族のエミールであるカザガン（在位一三四六／一三四七〜一三五七／一三五八）に殺害されたときにその直系は途絶えた。カザガンとその後継者たちはチャガタイ家の名のもとに支配を行なっているように見せかけ、自分たちの統治に正当性を持たせるために傀儡のカンを立てたが、実際は独立支配を行なっていた。

†タメルランとティムール家

タメルラン（跛者のテミュール／ティムール）は一三二〇年代か三〇年代に大都市サマルカンド近郊にある西中央アジアの定住農耕地域キッシュ（現在のシャフリ・サブズ）で生まれた[43]。生まれはバルラス部（Barlas）で、その起源はモンゴルのバルラス（Barulas）である。しかし、タメルランを含むバルラス人は、中央アジアに定住した他のモンゴル系の人々と同様に、モンゴル語ではなく中央アジアのテュルク語とペルシャ語を話す人々であった。タメルランはまた遊牧民でもなく、草原地帯を征服しようとしたこともなかった。当時のその地域の指導者や戦士のほとんどと同じように城壁都市に完全に馴染んでいた。[44]

一三五七／一三五八年にエミール・カザガンが暗殺されるときまでにタメルランは個人のコミタートゥス[45]を持つようになっており、おそらくそれに加えて自身の小軍隊もあったであろう。[46]モグリスタンのモグル人（ムガル人、すなわちモンゴル人）が一三六〇年はじめにチャガタイ王朝の領土を侵略したとき、タメルランは彼らに服従して、バルラス部とキッシュ地域の統治権を与えられた。モグル・カンは、再統合されたチャガタイ王朝の領土のうちのトランスオクスィアナ部分の統治を自身の息子イリヤース・フワージャ（ホジャ）に命じていたが、タメルランの統治も二年後に追認した。しかし、タメルランら多くの地方指導者は、モグル人を専制的であるとし、彼らの領土から退いた。

暗殺されたエミール・カザガンの孫のエミール・フサインはタメルランより強大な軍を持っており、そのためタメルランはフサインと同盟した。一三六四年にふたりはモグル人を攻撃し倒したのであった。失敗もあったが、彼らはモグル人をチャガタイ支配の中央アジアから排除することに成功した。その後、優れた指導力と巧妙な策略によってタメルランはチャガタイの領土の指導者のほとんどをまとめあげ、フサインを倒した。一三七〇年四月九日までにタメルランは唯一の支配者となっていた。彼は次の十年余りでチャガタイの領土の実質的支配を固めた。

同時代に実際に目撃した人によれば、タメルランは知的で寛大な支配者で、戦いにおいては勇敢で、反逆者や臣下にするに値しないと判断した者すべてに対してはどんな理由があろうとまったく無慈悲であった。彼は自身の軍隊よりもかなり大きな軍隊を何度か破っており、歴史上最も偉大な将軍のひとりである。タメルランは、かなう者がいないほどの支配を西および南中央アジアに確立して、[47]本拠地のトランスオクスィアナから軍隊を率いて広範囲にわたる征服に出た。それは、北イランとマーザンダラーンを取った一三八二／一三八五年に始まった。

金帳カン国のカンのトクタムシュはタメルランからの決定的な支援があってカンになれたのだが、一三八五／一三八六年にアゼルバイジャンにあるティムール朝の都市タブリズを攻撃した。一三八六年にタメルランはイランとカフカスに遠征した。彼はイラン中央部、アゼルバイジャン、グルジアで権力を確立した。その地域の支配者たちは自らタメルランに服属した。

一三八七年にトクタムシュが再びカフカス攻撃に出ていたときに、タメルランは軍を送って彼を打ち破った。その後、トクタムシュはタメルランが南のイランに遠征に行っているときにトランスオクスィアナを攻撃し、南方へオクソス川まで侵攻した。タメルランは本拠地が脅威にさらされていることを知らず、ヴァン湖周辺のトゥルクメンの黒羊朝へ、その後クルディスタンを通ってファールスへと遠征に出ていた。ファールスではイスファハーンとシーラーズが服属した。イスファハーンが反逆するとタメルランはその町を再び占拠し、住民を処刑するよう命じた。そのとき彼はトクタムシュがトランスオクスィアナを侵略したことを知った。

それに反応して、タメルランは北に向きを変え、トクタムシュに加担したホラズムを打って完全に支配下に置いた。一三八八／一三八九年にタメルランはトクタムシュの攻撃をはね返し、一三九〇年の晩秋にトクタムシュに対する大遠征を準備した。一三九一年六月にトクタムシュ軍と遭遇し、打ち負かし、金帳カン国の首都を占拠して略奪し、トクタムシュをヴォルガ川まで追った。

一三九二年の秋、タメルランは再びイランに遠征した。彼と息子たちは一三九二年と一三九三年にそこを征服し、一三九三年の夏、彼らはバグダードを取った。彼はイラン西部とアナトリアのトゥルクメンも自分に服従することを要求した。

一三九四年の終わりに彼はトクタムシュが再びカフカスにある自分の領土を急襲したことを知った。

彼はもう一度金帳カン国に遠征し、トクタムシュを破り、モスクワまで進軍した。そして、途中、金帳カン国の諸都市を略奪しながら引き返した。これはトクタムシュを打倒した金帳カン国の人々にとってはひどすぎるものであった。金帳カン国はひどく弱体化し、タメルランにとってもはや脅威ではなくなった。

一三九八年にタメルランはインド西北部を侵略し、一三九八年十二月にデリーを占拠し略奪した。そこで彼の軍隊はコントロールが利かなくなったようで、何千人もの住民を殺して大きなダメージを与えた。タメルランは一三九九年に故地に戻った。その秋、彼は反乱を鎮圧し、グルジアを再び占拠し、バグダードを再び占拠するために、イラン西部に向かった。

同じ年に、またシリアのマムルーク遠征にも出た。彼らはタメルランの使者を殺害し、また、彼に対する反逆者をかくまい、引き渡しを拒否していたのであった。[48] 一四〇〇／一四〇一年に彼はアレッポ、ホムス、ダマスクスを占領したが、シリアには永続的な政権を打ち立てなかった。一四〇二年の七月二〇日に彼の軍隊はアンゴラ（古代のアンキュラ、現在のアンカラ）の戦いで、より大きいオスマン軍と遭遇し、彼らを粉砕し、スルタン・バーヤズィードを捕えて捕虜とした。[49] タメルランはオスマンの領土を進軍し、撤退する前に主な都市で貢ぎ物を出させた。シリアでと同じようにアナトリアでも永続的な政権は築かなかった。[50]

一四〇四年にサマルカンドに戻り、タメルランは外国使節に会った。その中にはカスティリアとレオンの王エンリケ三世の使者ルイ・ゴンザレス・デ・クラビホもいた。その後、タメルランは自己の最大の遠征、中国征服の準備を始めた。彼は膨大な軍を集め、一四〇四年の晩秋に出発した。オトラールに着くと、そこで冬を過ごしたが、彼は既に病気で、一四〇五年二月一七日に死んだ。[51] 彼の遺体はサマルカンドに戻され、現在グーリ・アミール（君主の墓）として知られる美しい霊廟に黒檀の棺で葬られた。

タメルランの遠征は、概して言うと、ヨーロッパ、ペルシャ、中国の王朝創設者のものと区別がつかない。騎兵隊による広大な土地の電撃的な攻撃はなかったし、もちろん海軍による大遠征もなかった。彼は軍の中に騎兵を持っていてそれをかなり有効に使っていたが、圧倒的多数は歩兵であり、彼の目標は都市だけで、その攻略に長けていた。

彼は敵が降伏すると満足した。自ら降伏してきたときは特にそうで、税を納め、反逆を行わない限り支配者はほとんど常に王座についたままにした[52]。彼は、大きな都市を掌握して守備隊を置くこと、自分の居住している領土の官吏を使って税を徴収し税制を再編すること、そしてそれらの領土の兵士をさらなる遠征に使うことに関心を持っていた[53]。

タメルランの支配は中央アジアの都市部が文化と政治の両面でユーラシアの中心であった最初で唯一の時代である。彼がかつてのモンゴル帝国の領土を再征服しようとした試みは成功した部分もあったが、自らの帝国内に安定した皇帝統治体制を築けなかったことと、子供たちに自分の継承者計画を受け入れられなかったことで彼の努力は失敗に終わった。要するに、タメルランはすばらしい将軍であったが、それは争いが絶えない故郷の中央アジアと都市・農耕世界の生活による所産なのである。

後継者たちは彼が割り当てた帝国の取り分に満足していなかった。彼らは約十五年間戦い、最後に末の息子のシャー・ルフ（一三七七／一四〇五〜一四四七）だけが生き残った。そのころまでにトランスオクスィアナとその隣接地域以外の帝国領はそれを構成していた部分部分に分かれていた。タメルランとティムール家が後世に遺したものは芸術を保護したことにあった。

✝中央アジアとシルクロードの最盛期

モンゴル人は、オルタクと呼ばれる国際的な貿易と徴税の大規模なシステムを作り上げたか、少なくともそれを保護した。[54] そのシステムは、知られる限り世界で初めてのもので、その本質は商業組合やカルテルであった。主にムスリムによって運営され、隊商などの事業に金を貸し、支配者に対しては税徴収の業務も請け負った。政府の利子補給もあって、かなり利益の上がるシステムであった。[55] オルタクに対する政策は、政権によって、深く関わったり関わりが強すぎたりというものから（オゲデイ・カンの治世）かなりの制限を行なったものまで（モンケ・カンの治世）さまざまであった。[56] モンゴル帝国は商業に寛容であり、また、商人や職人には願ってもない先例のない治安の良さを維持していたので、ユーラシアの隅々から商人を引きつけた。ポーロ家のようなイタリア商人はモンゴルの首都との間を行ったり来たりしてビジネスを行い、大きな利益を上げていた。[57] 彼らはユーラシア東部の文化の高さや富の大きさに感銘を受けた。マルコ・ポーロ（一二五四〜一三二四）は一二七一年に大カン国に向けて発ち、二十年ほどそこに滞在し、一二九五年になってようやく故郷のヴェネツィアに戻ったのであった。彼は後に自分の体験談をピサの作家ルスティケッロに話し、ルスティケッロはそれを書き上げて世に出した。[58] ルスティケッロが脚色したマルコ・ポーロの物語[59]は当時のヨーロッパ人を魅了し、結果的にヨーロッパの船乗りたちに東洋への直行ルート探しを促す要因となった。

モンゴル人も「異教徒」であったため、接触を持った宗教組織の布教のターゲットとなった。彼らを改宗させるために宣教師が派遣された。モンゴル人は、ゆくゆくはチベット仏教だけは信じるようになるのだが、どの宗教にも宗派にも関心を示さなかった。しかし、宣教師たちは布教を試みつづけた。この活動による最も注目すべき結果は、モンゴル人らに接した宣教師たちによって直接見聞きしたことが文字によって記録されたことである。[60]

モンゴルによる征服は世界の歴史において重大な事件であった。多くの人は、それが世界を根本から作り直す出来事でユーラシアの歴史を前後に分ける転換点であったという考えを持っている。[61] しかし、それは実際の史実とは一致しない。最も重要なことは、ユーラシアの主な民族言語的境界は、モンゴル帝国の後の時代においてもその前の時代においてもすべてできあがっており、実質的にはそれが二十世紀まで変わらずに続いたということである。モンゴルによる征服によってもたらされた明らかな副次的効果は、中国の文化と技術のうち実用となるもののいくつかが西ヨーロッパに伝わったことである。それらの中で最も重要なものは火薬と銃である。[62] 他に、マルコ・ポーロによって記述された魅惑的な地についてもっと知りたいという気持ちに西ヨーロッパ人をさせたという効果もあった。

イル・カン国の皇帝は芸術と科学を大いに保護した。後に廃墟となってしまったが、モスクなどのすばらしい建造物を数多く建立した。最も優れた功績は「ペルシャの」細密画を創り上げたことであった。それは、モンゴル人がイル・カン国統治の助けにと非常に多くの中国人文官を連れてきたことによって発達した。中国人は筆で字を書き、絵も筆で描いた。そして、モンゴル人やお互いのために絵を描きはじめた。ムスリムたちは中国式の絵画技法を学んだ。そして、それをまねることによって、ビザンティン美術、アラブ書道、近東の伝統的な画法に中国式の画法を融合した新しいハイブリッドな画法を発達させた。このようにして、世界の美術の偉大な伝統のひとつであるイスラームの細密画が生まれた。元朝の宮廷もまたイスラーム世界から天文学者・物理学者といった人々を連れてきたり、医薬品などの物を持ってきたりした。[63]

タメルランはサマルカンドを首都とした。モンゴル人によって壊された城壁を作り直し、宮殿や庭園や宗教施設を建てて美しい町を作った。さらにサマルカンドをモデル都市、それも並外れて美しい都市にしようと改良を続けた。そのために、遠征で征服した都市から得た戦利品を供したり、その時代の最高の芸術家や建築家を支援したりしたのであった。ティムール朝の建築様式はペルシャ・ムガル様式の基となる中央アジア起源のものであったが、それを特徴づける刷新の多くは彼の時代に建てられた建造物に現れており、最も有名なのはサマルカンドにある彼自身の廟となったものであった。タメルランとそのすぐ後の後継者の時代には世界で最も優れた建築や都市計画があっただけでなく、タメルランも会ったことがあり賞賛していたペルシャ最高の詩人ハーフィズ（一三二〇頃〜一三八九／一三九〇）がいた。

1 Biran (2005: 58)。

2 これを含めた中央ユーラシアの国家創設者についての「歴史的」記述についてはプロローグを見よ。しかし、タタルやその後援者である女真によるテムジンの父親と祖先の殺害は歴史的なことと思われる。タタルは殺害すべき敵を無情にも女真に引き渡していたのである（Atwood 2004: 529）。

3 オン（Ong）は中国語の「王（wang）」のモンゴル語の発音である。オン・カンは一一九〇年代初めにカラ・キタイ帝国（西遼）に庇護を求めたが、カラ・キタイも既に彼を助けることはできなくなっていた。そこでオン・カンはモンゴリアに戻り、テムジンと同盟した。『モンゴル秘史（元朝秘史）』によれば、オン・カンもギュル・カンの称号を持っていたか取ったかした（Biran 2005: 64–65）。

4 （草原だけでなく）どこにおける帝国建設者とも同じように、テムジンは最も和解しがたい敵を粉砕したが、通常は敗北した人々が降伏すれば自分の国の服従者として受け入れ、戦士は自らの軍に組み込んだ。

5 Allsen (1994: 331–343)。その時期と称号は明らかに偶然ではない。それを宣言したのはタタルの打倒が終わったときで、特にテムジンの主たるライバルのジャムカを捕えて処刑したときであった。ジャムカの称号ギュル・カン（もしくはギュル・カ）「世界の支配者」はジュワイニーとジューズジャーニーによって khân-i khân「カンの中のカン」と定義されている（Bosworth 2007）。それはカラ・キタイの君主の称号と同じであった。テムジンの新しい称号であるチンギス・カンについては後註83を見よ。

6 ナイマンは、モンゴル語の名前で「八（氏族、血統）」を意味するが、民族的にはおそらくモンゴルではなくテュルクであった。Atwood（2004：397）を見よ。

7 Biran (2005: 75–78)。

8 彼らの支配一族はチャガタイ・カン国の圧力により、東方に退かざるを得ず、一二八三年頃の甘粛の元の領土に入った（Allsen 1997: 41）。

9 Allsen (1994: 350)。

10 契丹も中国の行政制度を理解しており、モンゴル人が征服した華北の領土だけでなく急速に成長していたモンゴル帝国全体を支配するのを援助した。チンギス・カンと息子のオゲデイの最も重要な顧問の一人は耶律楚材（一一八九～一二四三）で、契丹の皇室の子孫であった（Biran 2005: 6）。

11 Francke (1994: 254)。

12 統治は一二二〇年十二月か一二二一年一月までであった（Boyle 1968: 310）。

13 Boyle（1968：305）。キュチリュグ（もしくはギュチュリュグ）という名前はテュルク語の küčlüg「強い」であり、「ナイマンの王族のメンバーが持っていた」名前もしくは通称である（de Rachewiltz 2004：699）。前の註を見よ。ジェベがキュチリュグに勝ったという話はそのまま信じるにはやや単純化されすぎているように思える。

14 Biran (2005: 74 以降)。カラ・キタイはトランスオクスィアナにおけるかつての領土を保ち続けようと戦ったがうまくいかず、ほとんどがモンゴルに加わった（Biran 2005: 87）。

15 ホラズムシャーは一二三一年にクルド人の賊に殺された。

16 ユーラシアのほとんどの地域において古代から中世にかけて反乱を起した都市が通常どのような運命になったかについてはエピローグを見よ。

17 Allsen (1994: 359)。

18 ジョチはテムジンの本当の息子ではなかった。これがジョチと（異父）兄弟の間の反目の主な理由であったと思われる。

19 ベーラ四世（在位一二三五～一二七〇）は国外に逃れたが、モンゴル人がいなくなると戻って、死ぬまで支配を続けた。

20 Allsen (1994)。

21 本書におけるモンゴルの記述の多くがそうであるように、これも主にAllsen (1994) に基づく。モンケの統治に関する優れた記述（Allsen 1987）を参照。

22 Allsen (1994: 404)。そのカリフの死についてはいくつかの記述があり、いずれも興味深い。最も魅力的なのは、モンゴル人がカリフをその宝物庫に拘留し、その宝物を食してもよいと言ったという、マルコ・ポーロによるものである。しかし、最も可能性が高いのは、モンゴルの伝統的な慣習に従ったというもので、君主の血を大地に垂らしてはいけないというタブーを犯さないために、カリフを絨毯でくるんで窒息死させたというものである。

23 Rossabi (1988: 54–55)。

24 Atwood (2004: 320)。Petech (1983: 181) を参照。そこには、ギェル・ラカンのカダンパ寺院で「五百人が虐殺された」という付加情報がある。しかし、チベット仏教に関する記述において五百人という数は伝統的なもので、繰り返し現れ、多くの場合、偽善的なでっち上げである。

25 一般に知られているチベット語の通称はパクパ・ラマ「高貴なラマ」である。

26 Atwood (2004: 539)。

27 Atwood (2004: 321, 539)。

28 Rossabi (1988: 14–17)。

29 その位置は現在の内モンゴルのドローン・ノールの六十キロ西である。

30 Atwood (2004: 364)。

31 アリク・ボケは捕えられて数年後に死んだ (Rossabi 1994: 424)。

32 テュルク語で都市はカンバルク（Khanbalïk）「王の都」と呼ばれた。マルコ・ポーロのCambalucと同じである。クビライは夏の都を万里の長城の北の上都に置いていた。上都はコウルリッジの有名な詩に出てくるザナドゥ（Xanadu）である。

33 王朝設立を宣言した勅令の完全な訳はMote (1994: 616)、Langlois (1981: 3–4) を参照。

34 Beckwith (1987b) を見よ。

35 後に帝師（帝国全土における全仏教徒の長）を命じられた。モンゴルの言語と習慣を学び、コデンの宮廷においてタングートの思想を身につけ、同郷の民が欲するよりも非「チベット的」になった。

36 パクパ文字で書かれた中国語の辞書 Coblin

(2006) を見よ。

37 Atwood (2004: 41, 610) には河南とある。それによれば、その病は沿岸の地区まで広がった（一三四五～一三四六）。「最終的に、一三五一年に大規模な流行が中国全土を襲い始め、それは一三六二年まで毎年続き、壊滅的な人口減少をもたらした」(Atwood 2004: 41)。McNeill (1977: 143, 263) 参照。

38 Boyle (1968: 412)。

39 現代において実際に行われた考古学と疫学からの調査に基づく（McNeill 1977: 145–146)。

40 McNeill (1977: 147 以降)。

41 McNeill (1977)。

42 Atwood (2004: 609)。

43 マンズ（Manz 1989: 13）は「テミュールの時代のユーラシアの政治では、チャガタイ・ウルスは強大ではないが中心的な位置を占めていた。定住民も遊牧民もその中にしっかりと根ざしており、国境は草原国家にも定住民国家にも接していた。ユーラシアの重要な地域でチャガタイ・ウルスが接触を持たなかったところはほとんどない。東の国境ではチャガタイ家の東部とシルクロードの諸都市に隣接し、北部ではジョチ家の勢力と、南はイラン系の王国と接していた」と言う。

44 タメルラン、そしてタメルランが権力の座に登っていく際の彼の味方も敵も遊牧民であったという考えはマンズ（Manz 1989）を含む多くの人によって繰り返されているが、それは誤りである。彼らは家畜の群れと遊牧生活をしていたのではなく、中央アジアの農耕・都市地域とその周辺に住んでいた。マンズ自身「チャガタイの遊牧民は城郭都市に頻繁に逃げ込んでいた。テムールはその一年か二年後にウルスを支配したとき、すぐにサマルカンドに城壁を築いたことにさらに留意すべきである」と記している（Manz 1989: 55)。

45 これらはマンズ（Manz 1989）が通常タメルランの「個人的支持者」とか「仲間」と呼ぶ「部族の別をなくした」男たちであった。マンズはイスラーム化したコミタートゥス、すなわちグラーム制度を他の言い方で呼ぶことはない。

46 イスラームの史書は（ほとんどがタメルランのことになると辛辣な批判ばかりであるが)、彼を乱暴な盗賊としている。名声への道を歩み始めたとき彼は好戦的な若者の一団のリーダーであったと言われている。どのような行為を行なっていたのかほとんど知られていないがそのような多くの集団が当時の中央アジアにはあり、タメルランの一団もそのひとつであった。従って、クラビホも語っている話であるが、彼は羊を盗んだときに矢が当たってびっこになったことからタメルラン（Timur-i leng「びっこのティムール」）というあだ名がついたと広く言われている。しかし、この話は作り話である。タメルランはその傷を一三六四年にスィースターンでの遠征中に負ったのである（Manz 1989: 48）。おそらくその話は究極的にはタメルラン自身の時代にはすでに広まっていた、失われた神話的な国家起源物語（プロローグで示されたような）を反映しているのだろう。彼の若い頃については実際にはほとんど知られていない。

47 Manz (1989: 58–62, 67)。

48 Manz (2000: 511)。

49 Manz (2000: 511)。バーヤズィードは実際はタメルランから良い待遇を受けたが、捕えられた数か月後に死んだ。

50 これは、（Manz 1989 には悪いが）明らかに、それらを併合したくなかったからではなく、両政権とも強く、彼の本拠地から比較的遠かったからであった。

51 Manz (1989: 13)。タメルランの遠征についての右記の概略は Manz (1989: 70–73) に基づいている。

52 Manz (1989: 16)。

53 Manz (1989: 12–13)。

54 モンゴル語はオルトグ（ortoγ）。テュルク系のオルタク（ortaq）は「パートナー」を意味する。モンゴル人は制度とともにその言葉を借用した（Allsen 1989: 112, 117。Endicott-West 1989: 129 以降参照）。

55 Rossabi (1981: 275, 282–283; 1988: 122–123)。Endicott-West (1989) 参照。この重要な効力のある制度は更なる研究の価値がある。

56 Allsen (1989) は、オルタク商人に対するモンゴル人支配者の政策変更の概観を示し、商人への課税について論じている。

57 ペゴロッティ（最盛期一三四〇頃）による西のシルクロードの商人のための案内書 *La pratica della mercatura*（商業指南）（Pegolotti 1936）も見よ。

58 すぐれた翻訳がいくつかあり、最も正確なものは Moule and Pelliot (1938)、最も読みやすく入手しやすいものは Latham (1958) である。非常に詳しいすばらしい注釈にPelliot (1959–1963) がある。〔訳者註―高田英樹訳『マルコ・ポーロ／ルスティケッロ・ダ・ピーサ　世界の記「東方見聞録」対校訳』名古屋大学出版会、二〇一三。月村辰雄・久保田勝一訳『マルコ・ポーロ　東方見聞録』岩波書店、二〇一二。愛宕松男訳注『完訳　東方見聞録1、2』平凡社、二〇〇〇。〕

59　マルコ・ポーロの旅の史実性については、後註84を見よ。

60　ヨーロッパ人による主な記述の読みやすい翻訳は、Dawson (1955) を見よ。

61　これが支配的な見解である（Di Cosmo 1999b: 5 参照）。その簡潔な批判は後註85を見よ。

62　知られている最古の大砲は、かつてモンゴルの領土であった中国の黒竜江省で発見された一二八二年のものである（Atwood 2004: 354）。

63　簡潔な考察と更なる参考資料についてはAllsen (1997: 9) を見よ。

第9章　中央ユーラシア人、ヨーロッパの海へ

اگر آن ترک شیرازی بدست آرد دل ما را
بخال هندویش بخشم سمرقند و بخارا را
حافظ

そのシーラーズのトルコ人が
私の心を彼女の手に受けるなら
私は彼女のほくろ[1]と換えよう
サマルカンドとブハラを
ハーフィズ

十五世紀中頃から、中央ユーラシア人によって新しい大帝国がつくられた。それらの帝国は、中央ユーラシアとその周辺部ほぼ全域（西ヨーロッパと東南アジアと日本を除く）を含むユーラシアの大部分からなっていた。同じ頃、ポルトガル人がアフリカを回ってアジアへ直接到達する海洋ルートを発見し、そのすぐ後に他の西ヨーロッパ人が続いて昔からの海洋交易ルートを別個の経済圏である海洋交易網へと発展させた。このように近世以前の世界は、中央ユーラシアを起源とする「大陸」ユーラシア人の帝国と、元来グローバルで世界中の海洋ルートを知って支配していた「沿岸」ヨーロッパ人の帝国からなっていた。

中央ユーラシア人の二回目のユーラシア征服[2]は大陸の民オスマントルコがビザンツ帝国を征服しその昔からの海洋圏を回復したときに始まった。サファヴィー朝に率いられたトゥルクメンは、カフカスからペルシャ湾へ広がるペルシャ人の本拠地であるイラン高原に新たなペルシャ帝国を建国した。一方、ムガル人はインド北部を征服し、ティムール朝ペルシャの文化が南アジアとインド洋へと広がった。十六世紀中頃から十七世紀中頃の間に、大陸のロシア人が金帳カン国の継承国家を破って東に広がり、シベリアを通って太平洋へと達した。満洲人は中国を征服し、ジューンガル人は中央ユーラシアに草原の帝国を建てた。ロシアも、バルト海沿岸にサンクトペテルブルグを建設し、ロシア帝国の首都をそこに移すことにより海運国となり、さらに大きな野望をもち、中央ユーラシアを取り込むことも考えていた。[3]

一四九八年、ヴァスコ・ダ・ガマはインド洋を横断してインドに到達した。その後の半世紀でポルトガル人はペルシャ湾から、ベンガル湾、マラッカ、南中国を経由して日本へと繋がる交易拠点を建設した。ポルトガル人、そして同様にスペイン人も、依然としてほとんどの面で基本的には中世的であったから、中央ユーラシア型の商業原則に従っていた。それはスキュタイ人ら初期のイラン人がシルクロード経済を確立したときのものとほとんど同じであった。ただ一つの重要な違いは、交渉が決裂した際に交易を強制的に開始させるために、中央ユーラシア人は馬と複合弓を使用したがヨーロッパ人は船と大砲を用いたことだ。中央ユーラシアのモデルを見てポルトガル人は発見の旅へと駆り立てられ、東洋に到達したが、彼らは交易権確立のために時には力ずくであり[4]、要塞と政治的出先機関となる「在外商館」(交易基地)を建設し、最後にはその結果としてアジア大陸の強国や他のヨーロッパの競争相手たちと争いとなった。中央ユーラシアの遊牧民のように、進出を展開するあらゆる場所でポルトガル人はアジア人の案内人、地図製作者、商人など地元の専門家の助言におおいに頼った[5]。スペイン人は別の方角へ航海を行なって、アメリカとフィリピンを経由する直接の東西交易網を確立した。東洋とアメリカへの公海ルートの発見と征服は、西ヨーロッパ人による政治的、軍事的、文化的な世界支配の始まりであった。ヨーロッパのどの一国も他の国々や伝統的な地元の沿岸輸送を完全に排除することはできなかったが、十九世紀までにはイギリス人は新たにヨーロッパ人が作った海洋交易網とインドと中国との公海貿易のほとんどにおいて優位を占めた。

†中央ユーラシア人の二回目のユーラシア征服

後期ルネサンス時代の征服によって近世以前のユーラシア大陸の大帝国が建設された。それは、タメルランによる征服とは関係がない。ほとんどの地域でタメルランの征服は通常の発展を中断したり遅らせたりしただけであった。一四〇五年のタメルランの死で、オスマントルコは自らの帝国を即座に元の状態にもどし、長期間にわたる拡大を再開し、[6]一四五三年にビザンツ帝国の残党を滅亡させた。オスマン帝国の復興は他の帝国と比べて比較的早かった。時代は異なるものの、それは一般にユーラシア西部の他の地域が勢力的に弱い時期に拡大が行われたという点でビザンツ帝国の拡大とよく似ている。その早い復興は明らかに、かなりの部分、その地域が海洋的な性格を持っていたことによる。オスマントルコの支配地域は、千年前の東ローマ帝国の支配地域とほとんど重なる地中海東部の沿岸領土に広がっていた。オスマントルコ以外の初期の帝国は、タメルランの一世紀後になってようやく形成され始めた。それは、一五〇一年にトゥルクメン(オグズ・テュルクであり、民族言語学的にはオスマンと関係がある)がペルシャでサファヴィー朝を興し、同じ頃にアフガニスタンとインドでバーブルとその臣下の中央アジアのテュルク人がムガル帝国を築いたのに始まる。

こうした国々が建国の過程にある一方で、ユーラシアの権力の中心はその千年紀のちょうど真ん中で始まった世界規模の大きな変革と並行して海の方へと移り始めていた。ヨーロッパの海洋支配は沿岸地域から全ユーラシア大陸へと広がっていたのである。ある歴史学者が述べているように、オスマン帝国とムガル帝国においては「中心部の崩壊は周辺部の出現と合致していた[7]」。

この変化はヨーロッパ内部でも起っていた。スペインの「レコンキスタ」では、一四九二年にムスリム国家の首都グラナダが占領されてアラブによるスペイン支配の最後の残党が粉砕されたが、それは中央ユーラシアの大きな動きの小型版と見ることもできる。グラナダは内陸というだけでなく、周囲を山々に囲まれており、宮殿であり支配者たちの住まいであったアルハンブラ[8]は、高い丘ないし高原のてっぺんに位置し、周囲の大きな谷を見渡す要塞であった。スペイン人の勝利は沿岸地域が大陸を破ったという一例であった。キリスト教徒たちは陸で成功をおさめた戦士というだけでなく、熟練した船乗りでもあったのである。それに続くヨーロッパ人の植民地探査と帝国建設の歴史は、大西洋沿岸の主要な国家、すなわち、ポルトガル、スペイン、オランダ、イギリス、そしてフランスが、他の競争相手をほぼすべて排除して手に入れた成功によって特徴づけられている。スウェーデンの植民地も、ドイツの植民地も、オーストリア・ハンガリー帝国の植民地も、イタリアの植民地も、その他の国々の植民地も重要なものではなかったのである。[9] こうした国々もすべて海洋国家[10]であったにもかかわらず、その航海は伝統的には事実上ほとんどその周辺の海域に限られていた。これらの国々は第一に大陸の国家であり、大陸的であり続けたが、沿岸国家は拡大した。まず海を渡り、後に近隣の大陸国家に対抗したのである。

オスマンの復活

一四〇二年にオスマン朝がタメルランに壊滅的な敗北を喫した後に続いた内乱が一四一三年に終息した。勝者であるメフメド一世（在位一四〇二／一四一三～一四二一）は曾祖父ムラド一世が征服した領土を回復し、バルカン半島の一部も支配下に置いた。

孫のメフメド二世（征服帝、在位一四五一～一四八一）のもとで、トルコ人は、ビザンツ帝国の残っていた領土にあった首都コンスタンティノープルを包囲した。かつて大都市だったその町にはその時点で二万人ほどしかおらず、その城壁の内側のほとんどの領地は農地に変わっていた。唯一町を守るものは大きな城壁であり、昔からビザンツの敵を幾度も阻止してきたのだった。しかし、ビザンツが技術的に敵を上回って、その海軍がエーゲ海と黒海を支配していた時代は遠い過去のことであった。今度の侵略者は進んだ武器を持っていた。トルコ人はイタリアなどのヨーロッパ諸国から軍事技術者を雇い、城壁を大砲で砲撃した。すぐに防御は破られ、一四五三年五月二十九日、メフメド二世はコンスタンティノープルに入城した。彼はコンスタンティノープルをオスマン帝国の首都とすると宣言し、即座に町の再建に着手し、再び人を住まわせはじめた。

ローマ帝国の首都コンスタンティノープルの陥落は象徴的な意味において画期的な出来事ではあったが、実際にはそれほど大きな意味はなかった。オスマントルコは縮小したビザンツ国の小さな飛び地をいくつか除くほぼ全域をすでに征服し、[11] さらにビザンツの支配が何百年も及んでいなかった土地へと領土を広げ始めていたのである。メフメド二世の治世のもと、オスマントルコはギリシャとバルカン半島の残りの地域のほとんどを手中に収め、一四六一年、トラビゾンド王国を破ってアナトリアを征服し、帝国に併合した。さらに一四七三年、ペルシャ北西部の厄介な白羊朝を破り、南方はマムルーク朝下のシリア国境まで征服した。セリム一世（冷酷帝、在位一五一二～一五二〇）は最終的にマムルーク朝を滅ぼし（一五一六～一五一七）、クルディスタン、メソポタミア北部、シリア、エジプトを取り、オスマンの勢力をアラビア半島の沿岸地域のメディナやメッカまで広げた。彼の後継者スレイマン壮麗帝（在位一五二〇～一五六六）はハンガリーのほとんどを征服し、ウィーンを包囲し（失敗に終わった）、直接支配したとまではいかないがオスマンの政治的影響力を北アフリカのほぼ全域から紅海まで広げた。オスマン帝国は地中海の西部に進んでいったがそれは一五七一年のレパントの海戦でヨーロッパのキリスト教国の連合軍によって最終的に阻止された。しかし、オスマン帝国はアラブによる征服以前のヘーラクレイオス統治時代の東ローマ帝国の領土をほとんどカバーしていた。[12]

サファヴィー帝国

イラン北部ではティムール家の後継者たちが崩壊し、白羊朝のトゥルクメンが再び勢いを増してきた。白羊朝がサファヴィー家（サファヴィーヤ）の好戦的なスーフィー教団を迫害し、それによってサファヴィー家は奮い立ち、革命運動を起した。そのスーフィー教団は過激なシーア派の一派[13]で、クズルバシュ（赤い頭）としても知られ、大部分はトゥルクメン人であった。オスマン帝国は一四七三年に白羊朝を攻撃して弱体化させ、それがサファヴィー家に道を開いた。サファヴィー家は、多くの敗北があったにもかかわらず、指導者に対してコミタートゥスのような献身さがあり[14]、最終的には勝利を確かなものとした。一五〇一年、イスマーイール一世（一四八七生、在位一五〇一～一五二四）の軍が白羊朝を破り、タブリーズを占拠した。サファヴィー家は自分たちのシーア主義の宗派をペルシャの国教と宣言した[15]。シャー・イスマーイールは治世の最初の十年間でイランの北部と東南部、ファールス地方（イラン中南部）、イラク東部を征服した（一五〇八）。ペルシャ人は一五一〇年にマルウでウズベク人を打破し、その指導者のシャイバーニー・ハンを戦闘で殺した。しかし、ウズベク人はトランスオクスィアナで優勢となり、サファヴィー朝は彼らを追い払うことはできなかった。一五一四年、オスマン朝はサファヴィー朝軍を銃と大砲で打ち負かし、アナトリア東部とイラク北部をオスマン帝国に取り戻した。それらの地域は帝国領として残ることになる。

シャー・イスマーイールの息子シャー・タフマースプ（在位一五二四～一五七六）はオスマン帝国とムガル帝国と戦った強い指導者であったが、その後に続いた二人は無能で好戦的な指導者で、多くの領土をオスマン帝国に奪われ、イラン北東部へのウズベク人の襲撃を避けることはできなかった。シャー・アッバース大王（在位一五八八～一六二九）は王位に就くとすぐに前の王のときにオスマン、ウズベク、ポルトガルに取られた領土の回復に取りかかった。

一五一五年にポルトガルはペルシャ湾のホルムズ（ホルモズ）島に植民地の交易所と海軍基地を築いたが、ペルシャ人はそれらを排除できなかった。一世紀後、ペルシャ湾とインド洋全域でイギリスとオランダが支配を強めたとき、シャー・アッバースは動いた。ペルシャ経済を強いものにする、そしてその国家管理、特に絹貿易の国家管理を強める[16]という企てに沿って、彼は準政府組織であるイギリス東インド会社がイスファハーンとシーラーズに交易センターを築くことを認めた。一六二一年にはオランダ東インド会社がペルシャ湾の港町バンダレ・アッバースに交易センターを作ることを許可した。翌年、シャー・アッバースはイギリスの船の助けを借りて軍隊をホルムズ島に渡してもらい、ポルトガルを打ち負かして島から追い出した。イギリスは港町バンダレ・アッバースに交易センターを開く許可を得た。その港町はみるみる発展して、あまり大きくはないが重要な商業港となった。その後すぐにイギリスはオランダに負けて、ほとんどオランダに取って代わられた。オランダは最終的にはイギリスに追い出されることになるが、十七世紀後半ペルシャ湾交易を支配した。

シャー・アッバースはまたイラン中南部のイスファハーンに美しい帝国の首都を新しく建て、そこを豊かにするために商人とともに詩人、画家、絨毯職人などの人々を移り住まわせた。うまくいかなかったのは自分の後継者問題であった。彼は息子たちが自分に対して陰謀を企んでいると疑い、全員を殺したり盲目にしたりした。王位を継いだのは能力のない孫のシャー・サフィー（在位一六二九〜一六四二）で、その後はもっと能力のあったアッバース二世（在位一六四二〜一六六六）であった。サファヴィー朝は次第にかたくなで偏狭になり、急速に勢力を失っていった。最終的にアフガン人の一団が一七二二年に首都を包囲して占拠し、王朝は終わった。[17]

ムガル帝国

タメルランの末の息子シャー・ルフはティムール朝の王位継承を争った者の中で最後まで残ったが、王位継承の戦いが終わる頃には父親の征服した広大な領土はトランスオクスィアナとホラーサーンの向こうにはあまり残っていなかった。中央アジアにおいてさえ分離独立戦争が続いて起り、ティムール朝の領土は確実に減っていった。

フェルガナの君主バーブル（一四八三／一四八四～一五三〇）はティムール家の王族の家系とチンギス家のムガル（モグル、モンゴル）の王家の家系を受け継いでいた。一五〇四年、彼は軍を南方に率いて現在のアフガニスタンに行き、そこでカーブルを攻撃して獲得し、ガズニーを間接的に支配し、一五二二年にはカンダハルを占拠した。デリーのローディー朝の王位継承戦争に関わって、一五二六年にバーブルは兵士一万二千の小規模な軍隊を率いてインドに進軍した。アフガン騎馬隊に援護された、より大きなインド人の軍隊と遭遇したが、中央アジアの騎馬兵と敵が所有していなかった大砲とマスケット銃にかなり助けられてデリーの近くのパーニーパトの戦いでそのデリーのスルターン朝を倒し、デリーを占拠した。彼はアーグラも占領し、そこを首都とした。一五二八年までにはラージプートの勢力を砕き、ラージャスターンも取った。彼がアーグラで一五三〇年に死んだときには、アフガニスタンのほとんどとインド西北部に広がるムガル帝国が築かれていた。[18]

バーブルの息子フマーユーン（在位一五三〇～一五四〇、一五五五～一五五六）はムガル支配に対する四方八方からの抵抗に直面した。アフガニスタンを継承した弟のカムランからの抵抗もあった。フマーユーンはその新しい王国の自分の領土の支配を確たるものとすることができず、一五四〇年にビハールとベンガルのアフガン人支配者シェール・カーン・スール（在位一五四〇～一五四五）の軍に惨敗した。シェール・カーン・スールはインドの北部全域を獲得し、自身をシャーとした。フマーユーンはラージャスターンとスィンドを経由してサファヴィー朝ペルシャに逃れ、そこでシャー・タフマースプに保護された。

✝海からユーラシアへ拡大するヨーロッパ

一四九八年五月二十日、ポルトガルの探検家ヴァスコ・ダ・ガマがアフリカを回ってアジアに至る海洋航海をヨーロッパ人として初めて成功させて、インド西南部のマラバール海岸のカリカット（現在のケララ州のコーリコード）港の近くに上陸した。ヨーロッパ人が東洋への直接の海洋ルートを発見したことと、ペルシャ、インド、東南アジアとヨーロッパの間に直接の貿易が始まったことは、西ヨーロッパにとってだけでなく、ユーラシアの至る所、特に南アジア、東南アジア、東アジアにやがてできることとなる海洋交易網の発達にとっても革命的なものであった。

ヴァスコ・ダ・ガマは交易で得た品物のほとんどを奪われて命からがら逃げだしたが、投資者の支払ったコストの三千倍の値打ちがあるインドの交易品を持ってカリカットからポルトガルに戻った。[19] 次に到着するポルトガルの探検隊はペドロ・アルヴァレス・カブラルに率いられたものであった。カブラルは途中ブラジルを発見したが、ポルトガル人はカリカットのヒンドゥーの君主ザモリンからさらに本格的な攻撃を受ける結果となった。ザモリンはカリカットとのインド洋貿易を支配していたムスリムたちと結束していたのである。その攻撃で多くのポルトガル人が殺された。カブラルは報復としてムスリムの船を破壊し、町を砲撃して大きなダメージを負わせた。しかし、任務を充分には達成できず、最終的にはインド往復の航海の十二隻の船のうち六隻を失ってポルトガルに戻った。[20]

一五〇二年にヴァスコ・ダ・ガマは大挙してカリカットに戻り、ムスリムたちを攻撃した。大砲で町を砲撃し、ほとんどを破壊したのである。一五一〇年にアフォンソ・デ・アルブケルケのもとでポルトガル人はムスリムの支配者たちからゴア港を奪った。ポルトガルはアジアの沿岸地帯に電撃的な前進を続け、一五一一年にマレー半島のマラッカ港を獲得した。一五一五年にはペルシャのホルムズ島を取り、そこを貿易の中心地および海軍基地とした。ポルトガル人は一五一八年にセイロンのコロンボに砦を築き、政治同盟を通じて一五三五年に西北インドの海岸にあるディーウ港を獲得した。中国人は一五三五年に彼らにマカオへの上陸とそこでの交易を許可し、一五七七年までにカピタン・モールの命令のもと、ポルトガル人は居留地と交易センターを建設した。[21] 一五四三年までにポルトガル人は日本に到達し、一五五〇年には長崎に着いた。一五七一年までには毎年定期的に長崎に訪れるようになっている。品物は中国のマカオから運ぶのがほとんどであったが、遠いインドのゴアから運ぶこともあり、中にははるばるヨーロッパから運ばれるものもあった。[22] それらのルートを先駆けて開発し、ときには武力を持って道を開拓した。そして、ポルトガルの貿易商は、アジアの支配者たちによってではなく、自分たちの宣教師たち（日本におけるその強引な政治的戦法は最終的に日本の支配者たちを反ポルトガルにした）や同伴した他のヨーロッパ人によって脅かされていることに気がついた。

インドへの一番最初の航海のときでさえポルトガル人は交易を行なって安全に国に帰るために最終的に武力を使うということがときどきあった。これは中央ユーラシアの歴史から見れば驚くことではない。知られている中で最古のシルクロードの交易者スキュタイ人、そして文化的に彼らと関係のある匈奴も荒々しい戦士であった。一般に見落とされているが、彼らの隣人のギリシャ人、ローマ人、ペルシャ人、アラブ人、中国人などが荒々しかったことを考えれば、中央ユーラシア人もまた荒々しくなければならなかった。中央ユーラシアの人々は交易よりも戦いのほうで有名で、彼らの帝国はどの帝国もそうであるように主に征服によって建てられたのは事実であるが、歴史的に最もよく知られているテュルク、ルーシ、モンゴルの中央ユーラシアにおける帝国主義的拡大もヨーロッパの大航海時代の海洋進出もその背後にある第一の誘因は交易と税の徴収であり、略奪や破壊ではないことは史料がはっきりと示している。

ポルトガル人は初めの頃は、最初にアラビア海において海運業の支配を確立する際にかなり一貫して武力を行使したが、実際には概して節度があった。[23] ヨーロッパ人たちはアジアにおいて通常その土地の支配者の許可を得て自分たちの貿易港を作り、要塞を築いた。その支配者たちは何らかの理由で

（通常は近隣の国との間の紛争）それを許可し、奨励することさえあったのである。[24] これも中央ユーラシア人が拡大したやり方と類似している。

では、なぜアラビア海では通常と異なるほど多くの武力を使う必要があったのであろうか。語り継がれた史実、ヴァスコ・ダ・ガマの日記のような当事者による記録、といった原資料が充分にある事例を見ると、交易商人に対する反発は、既にその地域で国際的な交易を行なっていた地元の商人と、ポルトガル人が交易を望んでいた港町の支配者からのものであったことが分かる。それぞれの地域の支配者は、地点から地点を結んでいく昔からの海洋交易ルートの特定の部分を管理するのが習慣的となっていたが、商人たちの営業権に依存してもいたのである。これらの港の統治体制は、ヨーロッパ人が現れる前は通常は自由交易を支えることになっていたが、実際のところ地元の商人とその政治上の盟友者たちは、自分たちの事実上の独占事業と張り合う者がやってきたらそれを追い返すのに武力を行使することを全くいとわなかった。ヴァスコ・ダ・ガマはそのことを一番最初のカリカットへの航海のときに知ったのであった。それに加えて、アラビア海では交易はムスリムがほぼ完全に支配していた。ムスリムでない者は歓迎されなかったが、ポルトガル人は自分たちがキリスト教徒であることを全く隠していなかったのであった。[25]

それにもかかわらず、ヴァスコ・ダ・ガマは一番最初に海上からインドに到達したヨーロッパ人であったので、現地のムスリムやヒンドゥー教徒は、ひとりのヨーロッパ人キリスト教徒が自分たちの交易を奪ったり港を占領したりするのではないかと恐れる理由がまずなかった。彼らは単に競争しなければならないのがいやで、新たな競争相手を追い出すためには不正、窃盗、殺人を躊躇しなかった。「〔ムスリム〕商人の間では競争はすさまじく、非情でさえあった。外部の人間は、その確立した準独占的なルートのどこかに誰の助けもなしに入り込むのはほぼ完全に不可能だと分かるであろう。税関で強奪や現地の役人の独裁的な振る舞いがあった証拠がある。さらにひどいことには、［十六］世紀初めのインド洋では海賊行為が至る所で見られ、地上兵力はわずかしか対策を講じなかったし、その対策も海賊行為を取り締まるのにほとんど効果がなかった。[26]」ヨーロッパ人の新来者は、必要とあらば軍事力をもって応えようという気持ちが満々であった。

しかし、武力は通常必要ではなかった。ヨーロッパ人のアジアへの進出が圧倒的に商業的性格が強かったということをはっきりと示す印として、ポルトガル人の後、進出はほとんど全て民間の貿易会社によるものであったという事実がある。[27] 彼らは、自国政府の後ろ盾があり、必要な場合は武力を行使する権利と手段を持っていたが、何よりもまず営利事業であった。従って、海上ルートを支配した最初の二世紀の間、ヨーロッパ人がアジアに対して政治的もしくは文化的にほとんどインパクトを与えなかったのも驚くことではない。[28]

ポルトガルなどのヨーロッパ諸国の支配者、商人、軍事的指導者たちとアジアのそういった人たちの間での競争は、アラビア海で軍事的に決着をつけるという結果となった。ポルトガル人に対する主たる抵抗は、初め、ペルシャのサファヴィー朝、デリー・スルターン朝、ムガル帝国といった近隣の帝国の支配者からではなく、ムスリム商人と現地の支配者からであった。彼らは、インド西海岸のカリカット、ディーウなどの港からペルシャ、アラビア、エジプトの港に至るまでの西と北西方面の交易、またインド東南海岸からベンガル湾を横切ってマラヤのマラッカまでの交易を支配していた。これらのルートは日本から近東の陸橋と地中海を経由してヨーロッパの南海岸まで延びる昔からの海洋交易ルートの真ん中に位置する利益の大きい部分である。近東を通らないで直接東洋へ行けるルートをポルトガルが発見したことは、ムスリム商人、特にヨーロッパとインドの間で活動している商人たちによって自分たちの繁栄にとって大きな脅威であるということがすぐに理解されるはずであった。

ポルトガル人はこれらの競争相手とその政治的後援者との争いにおいて、インドから紅海までの海上ルートを遮るために意図的に自分たちの制海力を行使した。マムルークらのムスリムは、カリカットの支配者も含め、ベネツィア人の支援を受けてポルトガルを止めようとした。一五〇七年と一五〇九年にマムルークはポルトガル人に向けて大艦隊を送ったが、一五〇九年のディーウの海戦でポルトガルは相手に決定的な敗北を与えた。一五三五年にポルトガルがディーウの町そのものを実際に獲得したとき、インド洋西部の貿易支配を巡る競争は頂点に達した。このときにはオスマン帝国はこの状況に重大な関心を示していた。一五三八年にスレイマン壮麗帝はオスマン軍の大艦隊を送ってディーウを包囲した。しかし、ポルトガルはオスマン帝国を破ってインド西海岸での存在をさらに強固なものとした。一五四六年にはオスマン帝国がイラクを取り、同時にバスラも占領して、そこから一五五一〜一五五二年に近隣のホルムズを包囲したが、海を支配して拡大し続けるポルトガル人を追い出すことはできなかった。西ヨーロッパ人が優れた海洋船舶と航海術と武器を発達させたことを考えると、ポルトガルが勝つのは当然であった。[29]

インド洋に初めて現れてからたったの五十年しか経っていない十六世紀の中頃までに、ポルトガル人は西ヨーロッパから日本に至る海洋ルートの支配を確立し、途中の主な中継地に要塞や交易所を作った。その際、内陸部を支配したり主要国を大きく脅かすことはなかったが、そうしたいと思ってもできなかったであろう。[30]

ムスリム商人とその商売上の同盟者のイタリア人の間での競争がおさまらなかったというのは確かに事実である。ポルトガル人は失敗に苦しんだ。もし自分たちの新しい海洋帝国をもっとうまく管理できていたら、そして後に自分たちの偉大なる世紀において景気循環が深刻な悪化をしていなかったら上げられていたはずの利益を得られなかった。[31] しかし、ヨーロッパと東アジアの間の海洋ルートをポルトガルが征服して以来、アジア沿岸地帯のヨーロッパ勢力は時間とともに増大する一方であったというのもまた同じくらい事実である。近東とベネツィアを経由する昔の交易ルートが一時的に復活したにもかかわらず[32]、ヨーロッパ人が外海ルートを支配したことは、近東と地中海を南ヨーロッパに結びつけた昔からのスパイスと絹の交易体制を衰退させる結果となった。

東洋への海洋ルートを発見しようというヨーロッパ人の意欲は、絹やスパイスなど貴重な品々の生産者と交易をしたいという欲望によって完全に加速された。それらの品物のヨーロッパでの価格はアジアでのものに比べると天文学的であった。全ての商人の夢はそこにあったのである[33]。従って、経済歴史学者が「贅沢品[34]」として片付けてしまうものは、新しく発展しつつあった海洋交易網において、大陸のシルクロードにおいてそうであったのと同じぐらい基本的な経済上の重要性を持っていた。

沿岸地域の交易にヨーロッパ人が参入することに対してアジア人が反発すると、ヨーロッパ人はすぐに海上ならびに陸地の周辺に海軍を配置した。初めは沿岸地域のみであった。このことは現代の歴史学者によってどちらかと言うと倫理的な面から非難されたが[35]、ヨーロッパ人のアジアの陸上での軍事行動の動機は十九世紀の終わりまではだいたいにおいて性質上純粋に帝国主義的なものではなかった[36]。そのときでさえ、ヨーロッパの商人が対応しなければならなかったアラビアから日本までの政府に対して深く同情するのは非常に難しい[37]。

まず、諸帝国の政府は海上貿易に関心を示さなかったので[38]、ヨーロッパ人が直面した問題は主に現地の商人グループと現地の権力者が新参者の参入による競争に対して反対したことである。大帝国は全体として海上その他の貿易に関心がなく、それをほとんど完全に無視した。たとえば、「サファヴィー朝イランの交易に関する現存の文書のほとんどは西洋の会社の人間の筆によるもので、……ほとんどのペルシャ語資料は現地のものも国家間のものも一様に交易については事実上全く情報がない[39]」。

なぜこのように関心がなかったかについてムガル朝下のインドの場合はおそらく説明がつく。そこでは、海上交易は歳入全体のわずかで、（多く見積っても）おそらく五パーセントほどしか占めておらず、収入のほとんど全ては土地の管理から得たものであったのである。[40]「ムガル人はアジアの内陸から来た。王朝の初代皇帝バーブル（在位一五二六〜三〇）は海を見たことがなかった。」同様に、同時代のインド南部の政治紛争では「海事が何らかの関与をした」ことはない。[41]

ヨーロッパ人は、海と沿岸部の基地の支配を確立した後、次第に強国（サファヴィー朝およびガージャール朝のイラン、ムガル朝インド、満洲人の清朝、徳川家の日本）の直接の代表者に対応しなければならなくなった。初期の交易商兼探検家の残した詳しい記録によると、彼らはしばしばアジアの支配者たちを平和的な外交ルールおよび商業関係のルールに強制的に従わせる必要があった。例えば、ヨーロッパ人の海洋に対する関心の核心を打ち砕く海賊行為が蔓延していたが、その多くが許されていただけでなく現地の港町の支配者たちから援助されていることすらあった。その支配者たちは陸で賊行為を頻繁に行なっていたのであった。アジアの港町の現地政府の役人や軍人の間ではひどい汚職や勝手な暴行が普通に行われていたが、ヨーロッパの貿易商人にも中央ユーラシア人のようにそれぞれの政府の後ろ盾があり、一般的にはそういったことを黙認する必要はなかった。

要するに、国家間の取引に加わるためにヨーロッパ人は政治的支配を確立することによって貿易ルートと港湾都市を安定的なものとする必要があった。それは中央ユーラシア人が中央ユーラシア経済が栄えた二千年間、つまりシルクロードが存在した間、繰り返しさせられてきたことと全く同じである。その結果、ヨーロッパはアジアの支配者たちを軍事的に打倒したり圧力をかけたりし、アジアにおけるヨーロッパの政治勢力が強まった。アジアの主な国家が充分に強大でヨーロッパの技術的優位がわずかである限り、ヨーロッパ人にとっては沿岸地域の陸地に足がかりを得る以上のことは不可能であった。[42] 彼らはその地域における海上交易の権利を獲得し、交易所に砦を築いて交易を保護し、外海の支配権を握った。[43] アジア周辺部の大帝国が十九世紀に実際上の勢力をほとんど失ったときヨーロッパ人が介入してその力の空白を埋めた。しかし、最初、ヨーロッパ人の主な目的は、まだ新たな帝国を作るということではなく、単に安全で利益の上がる貿易が確実に続けられるよう政治情勢を安定させることであった。これもまた中央ユーラシア人が周辺の国々との関係において繰り返し行なったことと全く同じである。中央ユーラシア人は都市・農耕型の強大な統一帝国を攻撃したことはほとんどなく、また普通はそのようなことをする機会もなかった。それはそういった帝国のほうが拡大しているときに初めに彼らを攻撃したからである。衰退してきたときでさえその都市・農耕帝国は小さくて弱い中央ユーラシアの国々が攻撃するには一般に強大すぎた。中央ユーラシア人が新たな政権を築いたり、そうでなくても情勢を安定させるために介入を試みたりしたのは周辺の帝国が弱体化したか現に崩壊したときであった。これは十九世紀から二十世紀初めにかけてヨーロッパ人がインドと中国で行なったことと同じである。シルクロードの場合も海洋交易網の場合もそれぞれ中央ユーラシア人とヨーロッパ人が直接の支配に関わり始めたのは徐々にであった。

ヨーロッパの大航海時代の予期しなかった別の結果は、スペイン支配下のアメリカから東アジアへの直接の貿易ルートを開いたことであった。スペイン帝国の富はほとんどその新世界の植民地に基づいていた。そこでは何よりも銀を産出していたのである。他のヨーロッパ人と同様にスペイン人も絹、香辛料、磁器、宝石など東洋の高価な品物をほしがっていた。彼らはガレオン船を太平洋を越えてマニラへ、そしてさらに中国へ送った。そこで彼らは新世界で得た銀の二〇パーセントを使った。この貿易はスペイン人をさらに豊かにして彼らの帝国のヨーロッパでの戦争の資金にしただけでなく、中国に膨大な量の銀を流入させた。[44]

最後に、ヨーロッパ人は自分たちの宗教を持ち込んだ。彼らはアジア人に現地の宗教よりもキリスト教のほうが優れていると自分たちが考えていることを理解させようとしていた。ヨーロッパの拡大の最初の何年間かでは最初にイエズス会の修道士が日本人と清朝初期の支配層に大きな影響を与えた。しかし、後の宣教師たちにはイエズス会の宣教師ほどの高い教育と規律がなく、それほどうまくはいかなかった。アジア人のほとんどはすでに何らかの世界宗教を受け入れており、ヨーロッパのキリスト教徒と同じくらい他の宗教を低く見ているのが一般的であったから、キリスト教にあまり影響を受けなかった。特にイスラームと仏教の文明においては支配者層の教養ある人々は信仰の基本的要素以上のことを理解しており、宣教師たちの布教が成功したのは現地の宗教をよく知らない貧しく無教養な階級の人々の間でであった。さらに、アジアの支配者や宗教的指導者はヨーロッパの宗教が広まることとヨーロッパの政治勢力が広まることとの関連性を正しく理解していた。

新しい海洋貿易

ポルトガル人とそれに続く者のもとで国際貿易が非常に急速に発展したことの衝撃はまだ充分には認識されていない。ヨーロッパはインド、東南アジア、東インド諸島、中国、そして日本と海路で直接つながったのである。[45]

ポルトガルはヨーロッパから布、ワイングラス、水晶製品、レンズ、プリズム、そしてフランドルの時計などの機械装置を銃や剣などの武器とともに東洋へ持ち込んだ。それらの品物の中には遠く日本まで売られたものがある。[46]

ポルトガルの交易船は母港のゴア（インド）を出発し、マラッカ、マカオなど極東の港を経由して長崎まで行って、約三年後に最終的にゴアに戻った。日本がポルトガルから買った品物には生糸、絹織物、綿と羊毛の生地、象牙、珊瑚、砂糖があった。日本からの輸出品は主に銀であったが、鉄、屏風などの工芸品、そして刀も含まれていた。中には虎のように、輸入品としては風変わりなものもあった。[47]

途中、アジアの領域内で交易を行いながらポルトガル船はヨーロッパ製品とインドの産物、特に胡椒《こしょう》を持ってマカオに入港した。マカオでは絹（織物、生糸、真綿）、磁器、麝香《じゃこう》、そして金を得た。そこからさらに長崎まで船を進めて（一五七一年以降）自分たちの品物を売って、銀、漆器、飾り棚、絵屏風、着物、刀、金などの品物を購入した。マカオに戻った際に銀で金、銅、絹、麝香、磁器、象牙、真珠をさらに買ってゴアへ向かった。

ポルトガル人は拡大にあたって排外主義の中国にずいぶん助けられた。明朝は中国商人が日本と取引をするのを禁じた海禁政策を行なっていたので、ヨーロッパ人は実質上、海運業を独占した。彼らは絹、金、麝香、磁器といった中国製品を長崎に運び、そこでそれらを売って銀や銅を得た。「ポルトガル人は中国から出荷された絹の三分の一から二分の一を船で運んだと推定されている。一六三〇年代までに日本の絹輸入は金よりも重要になっていた。[48]」

交易によって利益が生まれるだけでなく、ユーラシアの遠い国の商人が生産者と消費者と密接に接触するようになって、以前は珍しかった品物が入手しやすくなり、またよく知られるようになった。そして、かつては話に聞くだけのところであった東洋が現実のものとなった。東洋に魅了されたヨーロッパの旅行家たちはインド、中国、日本、そしてそれらの間の地域について詳細に記述した。彼らは異なった言語を聞き、それらを学び、記述した。世界に対するヨーロッパ人の好奇心は既に強くなっていたが、それが最高潮に達した。まもなく、自然科学や技術においてのみならず、アジアに関する歴史、文学、言語学、人類学などの分野においてもヨーロッパ人の研究は発展し、多くの点でアジア人自身の伝統に関するアジアの土着の最高の学問すらも上回るまでになった[49]。

ムガル帝国の復活

難民としてペルシャにいたフマーユーンは、サファヴィー朝の圧力のもとでシーア派に改宗することに同意した。そこで初めてサファヴィー朝の支配者はフマーユーンの大義に手を貸すことに同意した。そのために戦争が八年間続いたが、最終的にペルシャ・ムガル連合軍がカンダハルを、一五五三年にはカーブルを回復し、カーブルでフマーユーンは弟を退陣させ失明させた。シェール・シャーの息子のイスラーム・シャー・スルが一五五三年に死ぬと、北インドは後継者の間で分割され、旱魃《かんばつ》で弱体化した。一五五四年の終わり、フマーユーンはインドに戻った。彼はパンジャーブ地方のスール家の支配者の軍と遭遇したが、それを粉砕し、一五五五年半ばにデリーに入り、ムガル朝を復活させた[50]。

フマーユーンは数か月後に事故で死に、まだ若かった息子アクバル（在位一五五六～一六〇五）に帝国が任された。アクバルは大ムガル帝国君主の中で最も偉大であった。アフガンのスール家の残党、カーブルにいた弟、反乱を起したウズベク人を制圧し、グジャラート、カシミール、インド南部のデカン高原の北部を含むインド北部の他の地域を征服した。彼はイスラームとヒンドゥー教の文化的融合を進め、ある程度までは宗教的な融合も推進させた。そして、彼の治下でムガル帝国はその繁栄と文化が頂点に達した。

アクバルの息子ジャハーンギール（在位一六〇五～一六二七）が王位を継承し、その後をシャー・ジャハーン（在位一六二八〜一六五八）が継いだ。この二人の君主は大体においてムガルの政策を引き継ぎ、芸術、特に建築を促進した。アウラングゼーブ（在位一六五八〜一七〇七）は父親が病に倒れた一六五七年九月に始まった継承紛争の間に王位に就いた。シャー・ジャハーンは回復したが、そのときにはアウラングゼーブは、アーグラを占拠し父親のシャー・ジャハーンを捕える過程において、既に帝国軍ならびに王位を争った最大のライバルの軍を打ち破っていた。シャー・ジャハーンはアーグラ城塞に幽閉され、五年後にそこで死んだ。アウラングゼーブは頑固者で前任者たちの自由放任の考え方を拒否し、ヒンドゥー教徒を迫害し、インド南部の諸王国とほとんど常に戦争をしていた。彼はムガル帝国の領土を最も拡大したが、帝国民の多くを遠ざけた。ますます頻繁に反乱が起るようになり、オランダとイギリスの東インド会社がインドの国際海洋貿易を支配するようになった。イギリスは一六六一年にボンベイの島と港を獲得し、アウラングゼーブとしばらく争ったが、イギリスの交渉人がムガルに保証金を支払うことで解決した。しかしながら、英領ボンベイは、要塞が築かれ、急速な成長が続いて、イギリス支配のマドラスのようにインドの主要な港のひとつとなった。そのときアウラングゼーブでさえ彼らを追い出すことはできなかった。彼が死ぬと、国の半分が反乱を起した。彼に長い間圧迫されていたためである。ムガル帝国は復興せず、インド亜大陸においてイギリスが事実上の大勢力のひとつとなった。[51]

ロシア帝国

タメルランがロシアに侵攻したとき、モスクワ大公国の君主たちは金を払ったか、そうでなければ彼らが信じているように奇跡的に破壊を免れた。ジョチ家（より広く知られている言い方では金帳《カン》国）の継承国家はあまり幸運ではなかった。トクタムシュが愚かにもタメルランを攻撃したので、タメルランは金帳カン国の地を南から北まで徹底的に破壊した。金帳カン国は、十五世紀の半ばに[52]、ヴォルガ川とカマ川の合流地域のカザン・カン国、カスピ海のヴォルガ川河口のアストラカン・カン国、シビル・カン国のノガイ・オルダすなわち青帳カン国などいくつかの小さなカン国に分裂し、それらの人々はウラル山脈の南のヴォルガ川の東からシベリアのイルティシュ川までの中央草原で遊牧生活を送っていた。

一五四七年にモスクワ大公イヴァン四世(雷帝、在位一五三三〜一五八四)はロシアの最初のツァーリ(「カエサル」)すなわち「皇帝」として戴冠した。ロシア人はビザンツの正教の継承者で、ロシア王国は今やロシア帝国となり、東ローマ帝国の後継であると宣言した。ロシアはすでにカザンの内紛に関わっていた。ロシア人はカザンの町に平和的に入る準備を整えていたが、最後の最後になってまたそこでの力のバランスに変化があった。そこでイヴァンはロシア軍を指揮してカザンを包囲し、一五五二年十月に[53]占拠した。一五五六年にアストラカンを取り、そのカン国の領土も自分たちの国に併合した。

一方、一五六三年にノガイ・オルダのカン、クチュムは、金帳カン国の継承国家のひとつでウラル山脈の東にあったシビルのカンを破って殺害した。シビルのカンは名目上はイヴァン四世に隷属していた。クチュムは、ロシアの臣下としての前任者の地位に即座に就き、使節を送って貢ぎ物をした。ロシアのツァーリはそのときリヴォニア戦争でかかりっきりになっており、クチュムがその地位を獲得したことに異議を唱えなかった。その代わり、彼は民間のストローガノフ家に、ウラル山脈の東に開拓地を築き、それらの守備のためにコサックを雇う権利を与えた。ストローガノフ家は、シベリア西部に銀と鉄の鉱脈を発見し、土地保有拡大の許可を願い出て、それを得た。そして彼らはイェルマーク(エルマーク)・ティモフェーイェヴィチの指揮下に五百人から六百人のコサックを雇った。一五八一年九月一日に銃で武装した八百四十人のコサック兵[54]はクチュム・カンを襲い、その軍を壊滅させた。一五八三年十月二十五日、イェルマークは首都シビル[55]を占拠した。クチュム・カンは南に撤退してノガイ・オルダにある本拠地に戻り、ロシア人を討つために軍を招集した。一方、イェルマークはイヴァン四世に増援を要求した。皇帝はそれに応えて、資金と五百人の兵士からなる軍隊を送った。クチュムは北へ進軍し、ロシア人と戦った。イェルマークはその戦いで死に、ロシアは撤退しなければならなかったが、彼らはそれでもかつてのシビル・カン国の領土を維持した。彼らは一五八七年にイルティシュ川の河畔にトボリスク（既に破壊されたシビリの近く）とタラの町を建設し、一五九八年に再びクチュムを討ち破った。クチュムはその後すぐに自国の民に殺された。彼のカン国はロシアに併合された[56]。

現地の主要な敵がいなくなってロシアの東方進出にはほとんど障害がなくなった。ロシアの拡大を促したものは第一に商業、中でも毛皮貿易であった。また、ロシア人は、森林ならびに森林と草原の入り交じった地帯の人々であった。彼らは、中央ユーラシア北部のそういった地帯を通って東方に拡大することによって強大な草原の民の領土で彼らと衝突することを避けた[57]。主要な河川とその支流を利用して彼らは東へ進み続けた。レナ川を北東に辿って一六三二年にヤクーツクを建設し、東に向きを変えて太平洋に達し、そこにロシア最初の入植地オホーツクを一六四七年に築いた[58]。ロシア人はバイカル湖の東のアムール川流域にも進んだ。一六五一年にアムール川上流の川が南に向きを変えるところにあった町アルバズィンを襲撃し、その地に砦を建設して軍隊を駐屯させ、入植者を入れ始めた。満洲人はそのとき中国に政権を確立したばかりであったが、その地は一六四一年から一六四三年にホン・タイジの軍事遠征によって自分たちの領土になっていると考えていた[59]。彼らはロシアの行動に強硬に反対した。外交的な解決ができず、満洲人は一六八五年にとうとうアルバズィンを攻撃し占拠した。ロシアは一六八九年のネルチンスク条約でその領土を満洲人に割譲させられたが[60]、彼らから貿易特権を得て太平洋沿岸のオホーツクに留まり続けた。

他の方角では、ロシア帝国は北西に進みフィン系の言語が話されるバルト地方東部の地域に進出した。ピョートル大帝（一六七二～一七二五［在位一六八二／一六九六～一七二五］[61]）は一七〇三年にそこでスウェーデンを破り、サンクトペテルブルグを建設してロシア人民に西の港を与え、またそこを帝国の首都とした。バルト海に面したその地を足場に即座に大艦隊の建造を命じた。ロシアはその大艦隊で一七一四年に強大なスウェーデン海軍を破り、その地域の所有を確実化し拡大した[62]。一七六九～一七七〇年に陸海の双方でオスマン帝国軍を破り、ロシア帝国は最終的にクリミアを併合した（一七八三）。黒海がロシアの南の国境となった[63]。ロシアはドニエプル川河口の新しい港ヘルソンを母港とする黒海艦隊を作った。

黒海、バルト海、北極海、オホーツク海の四つの沿岸を支配下に入れて、ロシアはその後南方のカフカスと草原地帯へと拡大を始めた。

清朝の満漢帝国

一六一六年に遼東の北の満洲南部の女真族の指導者ヌルハチ（一五五九～一六二六）は中国式の王朝である後金を建てた。その名称は女真の先祖の建てた金王朝にちなんで付けられた。一六一八年に明朝の漢人から遼東を獲得し、一六二五年に都を南のムクデン（瀋陽）に移した。一六三六年に息子で後継ぎのホン・タイジ（一五九二～一六四三）は王朝の名前を「清」と変え、一六三五年に新しい民族名マンジュ（満洲）を採用した。マンジュは文殊菩薩《もんじゅぼさつ》、マンジュシュリから採られたようだ[64]。

その年、崩壊しかけた明に対する反乱が起き、北京は反乱者によって陥落させられた。明の政府は満洲の摂政王ドルゴンに反乱の鎮圧を手伝ってくれるよう求めた。ドルゴンは反乱者たちを討ち、一六四四年に北京を占拠したが、明は華北において既に崩壊していることが分かり、満洲に帰ることなく中国征服を開始し、一六六二年に完了した。[65]

満洲人は、少なくとも中国をよりよく支配するやり方を学ぶために、中国文化を進んで取り入れた。この点は、金を建てた祖先の女真と同じで、モンゴル人とは異なっていた。[66]彼らは一般に漢人を満洲帝国の行政の最高位におくことを認めなかったが、漢人官吏は中国内の地方の知事の位まで上ることは許されていた。満洲人は彼らの前のモンゴル人と同じように「中国」と「帝国全土」を区別していたが、モンゴル人や元朝と違って満洲人と漢人は清朝は帝国全体を支配するものと考えていた。それにもかかわらず、満洲人は中央ユーラシア人との関係を強固なものにするために王朝間の結婚、服属への個人の誓い、宗教上の繫がりを使用した。中央ユーラシア人の領土は、ずっと後になって明らかな例外となった東トルキスタンを例外として、ほとんどが清朝の体制に省として組み込まれていなかった。東トルキスタンは王朝が滅びる直前に新疆(「新しい領土」)省となった。満洲人と漢人の融合は急速で最終的には全面的なものとなり、この結合によって強大な満漢の国家ができた。[67]

満洲人は有能で精力的な支配者であった。清の支配のもと中国は人口がみるみる増え、中央ユーラシア征服によって王朝が支配する領土は大きく広がった。モンゴル帝国時代に陸路で中国に到達したヨーロッパ人のように、明末と清初に海路でやってきた最初のヨーロッパ人は、国の繁栄ぶりと高度な文化を見てヨーロッパよりも遥かに進んでいると驚いた。しかし、その頃までにヨーロッパ人は中国で知られている技術よりも進んだある技術を持っていた。おそらく満洲皇帝の中で最も賢かった康《こう》熙《き》帝はこれを知って、ヨーロッパ人、特にイエズス会士を何人かひいきにした。彼らは十七世紀にヨーロッパの最新の数理天文学を紹介したのであった。[68]満漢勢力がついに衰退し始め、アジアにおけるヨーロッパの勢力が増大したとき、清はヨーロッパを軍事的・政治的脅威として見るようになった。

ジューンガル帝国

ロシアによるノガイ・オルダの攻撃の後、その連合の一部をなしていた西モンゴル人、すなわちオイラト人は自由になり、その領土の中へ拡大し始めた。一五九一年にロシアはロシア領のシベリアにおいてオイラトの北部国境地帯のタラなどの町で免税で交易できる権利をオイラト人に与え、一六〇六年には一部がタラに到達した。一六〇七〜一六〇八年には西オイラトの何人かの支配者が自分たちを敵のカザフ人や東モンゴル人から守ってくれることを期待してロシア皇帝に服従した。しかし、前の世紀に一時的にオイラト人をまとめたエセン・タイシ（在位一四三八〜一四五四、カン一四五三〜一四五四）の子孫であるジューンガルの首領カラ・クラ・カン（一六三四もしくは一六三五没）は、一六〇八〜一六〇九年に始まった新しいオイラト連合の中で次第に名声と権力を築いた。[69] ロシアが政治的に不安定な、いわゆる「動乱時代」にあったので、オイラトの指導者たちはロシアから離れた。ロシアは数年後に立ち直ると（ミハイル・ロマノフを新しい皇帝に選び、ロマノフはロマノフ朝を建てた）、彼らはコサック軍を送ってオイラトを攻撃し、一六一二〜一六一三年に南方に退陣させた。悲惨な冬と東モンゴル人の大勝利の後でオイラトは多くの領土を失い、和平と保護を求めて再びロシアに服従した。オイラト人は、東モンゴル人に対抗するための援助を期待していたが、ロシアはそれを行わず、一六二三年にオイラトはロシアとの協定を破棄した。その年、オイラト連合軍は強大なホシュート族の長で名だけのカンであったバイバガスの指揮のもとにオンボ・エルデニ・カン（一六五九没[70]）率いる東モンゴルを攻撃して勝利を得たが、決定的なものではなかった。このとき、オイラトの一部、特にトルグート部は統一国家を作ることにはしつこく反対し続けていた。彼らは西へ移住しヴォルガ川下流域に達し、川を越えて北カフカス草原に入った。そこで彼らはロシア皇帝と属国関係になった。オイラト連合軍のオンボ・エルデニに対するもうひとつの遠征は一六二八〜一六二九年で、勝利に終わり、ジューンガリアと東トルキスタンにあるオイラトの領土は再び彼らの支配下に入った。[71]

一六三〇年にオイラトのカンであるバイバガスが死に、ホシュート部の長グーシ・カン（一六五五没）が後を継いだ。彼とカラ・クラ・カンはグーシ・カンの娘をカラ・クラの息子で後継ぎのバアトゥル・ホンタイジ（在位一六三四〜一六五三）に嫁がせて姻戚関係を固めた。カラ・クラ・カンは一六三四年に自らカンと称したが、チンギスの家系に属していなかったため、多くのモンゴル人はこれに反対し、翌年、彼を殺害した。[72] これは当初は姻戚関係に影響しなかったと思われた。一六三四〜一六三五年、グーシ・カンとカラ・クラの息子で後継ぎのバアトゥルが一緒にカザフ遠征に出た。[74] しかし、[73]チンギス裔であったグーシ・カンはバアトゥルのジューンガル帝国の統一達成という目標にはじゃまになっていた。リグダン・カン（一六三四没）の追随者でココノール地域のゲルク派の僧院を襲撃したことのあるチョグトゥ・タイジがラサを討つために息子に進軍させたとき、ダライ・ラマ五世は助けを求めた。そこで、一六三六年にグーシ・カンは約十万のホシュート兵を率いてチョグトゥ・タイジとの対戦に向かい、[75] 一六三七年初めに彼の軍を粉砕した。その年、彼は中国の満洲皇帝に使節を送り、[76] そして一六四二年に功績に報いられてダライ・ラマ五世にチベットのカンに任命された。[77]

南部のモンゴル人は一六三四年までには満洲帝国に組み込まれ、一六三五年に満洲人は後に内モンゴルとなる地域にモンゴルの旗《き》を築いたが、[78] 満洲人自身はまだ中国にやっと定着したばかりだった。一六六二年に明の正統な皇位を主張する最後の人物を捕えて処刑するまで、[79] 満洲人は中国において自分たちに逆らうもの全てを排除することに集中し続けた。当時の彼らの中央ユーラシアに対する政策はほとんど全ての閥に対して平和主義で不干渉主義であった。

大陸横断の交易を含めた中央ユーラシアの経済はジューンガルのもとで再び繁栄した。[80] バアトゥルは一六四一年にロシアとの紛争の解決交渉を行い、トボリスク、タラ、トムスクにおいて無税で交易ができるようになった。これらの町は交易で栄え、イスラーム圏中央アジアから、仲介人として役目を果たしていた「ブハラ」商人を引きつけた。[81] 彼はまたヤミシュ湖とイルティシュ川の間にあるクバク・ザルに砦で囲まれた小さな都と仏教寺院、そして他にもいくつか町を築き、中央アジアから農民を連れてきてそれらの町の周りの農地を耕作させた。ジューンガルの都は大商業中心地に成長し、馬、中国の産物、奴隷、金属、織物、ガラスなどの商品が売買された。ヤミシュ湖の周辺の入植地は「一六八九年にキャフタが中国の貿易中心地と指定されるまでシベリア最大の貿易中心地となった」。[82] バアトゥルは生涯でずいぶんと功績を上げたが、一六五三年に死んだとき息子で後継者のセンゲとその兄弟が争った。ジューンガル国は内紛と増大するセンゲのロシアに対する戦争行為で弱体化した。[83] ついにセンゲは一六七〇年に殺された。仏教の僧侶でチベットの寺院に長く暮らした弟のガルダン（一六四四生、在位一六七一〜一六九七・四・四）は還俗して故郷に戻り、センゲを殺した兄弟たちを処刑した。彼はまたホシュート部の首長であった義父を一六七六年か一六七七年に打ち負かして殺害し、それに続いた反乱を鎮圧、政権の支配を確実にし、ロシアとの良好な関係を回復した。[84] オイラト人は最終的にジューンガル帝国建設に成功した。それはチンギス・カンのモンゴル以来初めての大草原国家であった。

✝ユーラシアのルネサンス

ルネサンスは西ヨーロッパだけでなくユーラシア大陸全域で起った。多くの点でそれは中央ユーラシアの芸術と学問の絶頂期を表している。芸術、建築、音楽においてヨーロッパ人のなした功績はよく知られているが、イスラーム世界の功績、特に西中央アジア、ペルシャ、インド北部のもの、そして、仏教世界の、特にチベットの功績は知られているものがずっと少ない。

イスラーム世界においてルネサンスはタメルランの時代に始まり、それはハーフィズの作品においてペルシャの詩が完成の域に達したときであった。イスラームの細密画も偉大なイスラーム細密画家でへラートのティムール派のビフザード（一四五〇／一四六〇頃から一五三五頃）らの時代に最高に達した。シャー・イスマーイールは、芸術全般を保護したが、中でも特に細密画と建築を重視し、一五二二年にビフザードをヘラートからタブリーズに連れてきたのであった。ビフザードはティムール派の細密画を紹介し、新しい世代の画家を養成した。彼らはともにイスラーム細密画の大傑作のうちのいくつかを作り上げた。シャー・タフマースプもイスラーム細密画、文学、写本制作を保護した。シャー・アッバースの最も長くかかった功績はイラン中南部のイスファハーンにおける新しい首都の建設であった。その計画はティムール朝の都市計画に基づいており、中央に美しいモスク、バザール、宮殿に囲まれた広い公共広場、すなわちマイダーンがあった。

ティムール朝の建築様式のうちのペルシャ風建築はイスファハーンの宝石のような建築群で完成の域に達した。同様に、オスマン人はイスラームとビザンツの建築形式を融合させてオスマン帝国に大モスクなどの建造物を建てた。イスラーム世界全体を通して教団の数が増え影響が増し、それに伴って修道場ハーンカーなどの建物が建設された。托鉢僧教団や聖者廟への巡礼も広まり、キャラバンサライの建設や聖者廟の増築や美化が必要となった。

ムガル帝国においては、アクバルがデリーなどの都市、特にアーグラに建造物を造った。アーグラはバーブルがラムバーグの庭園を造った町であるが、アクバルの長い治世における四つの都のひとつで、ムガル帝国の主たる都となった。彼とそのすぐ後の後継者たちの保護のもとで造られた芸術作品は彼がインドでイスラームとヒンドゥー教を融合させようとした試みを反映している。ティムール朝のムガル風建築、すなわち「ペルシャ・ムガル」建築様式は彼の息子シャー・ジャハーンの治下で最高に達した。その頂点をなすものはタージ・マハル（マハルの王冠）で、シャー・ジャハーンが愛する妻ムムターズ・マハルのために建てた霊廟であった。それは多くの建築史家により世界で最も完成された記念建造物であると考えられている。ムガル人はインド北部において文化全般のすばらしい開花を擁護した。ムガル風の建築、絵画、文学、そして音楽は帝国が滅びた後も続いた。

中央ユーラシア東部のチベット語、モンゴル語、テュルク語、満洲語を話す仏教徒の間で、大きな知の復興が起った。それは化身ダライ・ラマ一族の統率するチベット仏教のゲルク派の支配が固まった後に起った。チベット、モンゴル、トゥヴァ、中国、そしてその隣接地域出身の仏教学者たちは仏教哲学などのテーマで主に古典チベット語を用いて膨大な文献を生産した。チベット語は「高地アジア」の「中世ラテン語」となった。チベットの画家は独自のチベット様式を発展させ、世界で最も荘厳な絵画のいくつかが描かれた。[85] 一方、チベットの建築家たちは空に高くそびえる建物を建てた。そのうち最も有名なのはラサのポタラで、世界で最も驚くべき記念碑的建築物のひとつである。

1 文字通り、「ヒンドゥーのほくろ」(bindi) はインド女性が額に付ける。

2 第一回は初期のインドヨーロッパ人によるものである。第1章を参照。

3 その頃、北の草原地帯全域における軍事活動と商活動を結びつけたオレンブルク要塞線の建設はアジア、「特にブハラ・カン国」(Levi 2007b: 105以降) との交易に対する積極的な姿勢と結びついていた。

4 「大抵の場合、交易所の設立、すなわち要塞の建設は、現地の権力者との議論と交渉の後で行われた。」主な例外のひとつはグジャラートであった。

「ポルトガルがディーウに要塞を築く許可を得ることに成功するまで（一五三五）、グジャラートとポルトガルの関係は非友好的であった」（Russell-Wood 1998: 21）。

5 ヴァスコ・ダ・ガマは自分の船団がインド洋を渡る際、ムスリムの案内人アフマド・イブン・マジードに頼った（Russell-Wood 1998: 18）。

6 オスマントルコの起りに関してはかなり議論がある。近年の主要な見方については Kafadar (1995)、Lindner (2005)、Lowry (2003) を見よ。オスマントルコは中央ユーラシアの君主とコミタートゥスの集団から始まったもののようである。

7 Matthee (1999: 10)。

8 この名前はアラビア語の al-ḥamrâ「赤いもの」である。

9 いくつかの例外（例えば、インド東南部の海岸のトランケバルにあったデンマークの植民地やアメリカ大陸やアフリカのさまざまな短期間しか存続しなかった植民地）があることは規則があることの証拠である。

10 例えばルーシ・ヴァイキングの故郷であるスウェーデンのようないくつかの事例では、彼らは以前は成功を収めた、船に乗った征服者であった。スウェーデン人はバルト海の沿岸をさらに何世紀かの間支配し続けた。

11 オスマントルコの成功の理由のひとつは征服した人々に対して寛大であったことである。特に、扱いが公正で統治も良いという評判により、ビザンツ帝国の臣民は専制的なビザンツ政権から逃れるためにテュルク人に門を開放した。

12 この部分はほぼ Bosworth et al. (1995) によっている。

13 彼らはサファヴィー朝の支配者は神であり、その息子は神の子であるという信念を公然と宣言したと言われる（Savory et al. 1995: 767）。

14 Savory et al. (1995: 767) は、サファヴィー朝軍のこの三つの主要な要素についての考察において「サファヴィー教団のスーフィーの信奉者（ムリード）は精神面での指導者であるムルシーディ・カーミル……（教団の長）に絶対服従であった」と述べる。

15 他のイスラーム世界におけるのと同様に、ペルシャのほとんどのムスリムはスンニー派であったため、これによって長く続く問題が生じた。

16 マスィー（Matthee 1999: 7）は「サファヴィー朝の絹貿易は……その終焉まで常に国を巻き込み、サファヴィー国は絹の集荷、販売、国内生産、流通において重要な役割を持ち続けた」と言う。国家による管理は、ペルシャの経済が近代に向かって一貫して衰退していったことをよく説明する。ペルシャの文化面での衰退には明らかに別の原因がある。

17 Savory et al. (1995)。

18 この部分は主に Richards (1993) によっている。

19 ヴァスコ・ダ・ガマの日誌 http://www.fordham.edu/halsall/mod/1497degama.html。

20 フェルナン・ロペス・デ・カスタニェーダの史書の第2巻第6章第3節より。それは探検家たち自身のポルトガル語による原文のほぼ逐語的な引用からなっている（http://www.columbia.edu/itc/mealac/pritchett/00generallinks/kerr/vol02chap06sect03.html を見よ）。カスタニェーダの著作は一五五二〜一五五四年にコインブラで出版され、一五八二年に初めて英訳が出版された（http://www.columbia.edu/itc/mealac/pritchett/00generallinks/kerr/vol02chap06sect01.html）。

21 Wills (1998: 343)。

22 交易品については以下を見よ。

23 Russell-Wood (1998: 21)。著しい対照は、ポルトガル・スペイン・オランダ・イギリスなどのヨーロッパ人はアジア人に対しては相対的に自制していたのに、アジアにおいて、そして特に本拠地のヨーロッパにおいてお互いの間で常に暴力を振るっていたことである。

24 Russell-Wood (1998: 21)、Pearson (1987: 31 以降)。後者の文献は、例えば、「もうひとつの大きな港町ディーウは一五三五年に占拠された」というようにポルトガル人を攻撃的な征服者と描いている。しかし、すぐ次の段落では「ディーウ、バセイン、ダマンは条約によって獲得された」（Pearson 1987: 32）としている。また、ディーウが「大きな」町ではなかったことも注意せよ。

25 もしインドの船が一九四八年にリスボン港に入り、ポルトガル人と種々雑多なものを取引し、その乗組員が地元のムスリムを探して自分たちがムスリムであると公然と宣言したとしたら起ったであろう大混乱を想像できるだろう。

26 Pearson (1987: 29)。

27 ポルトガルの王国政府も関係していたが、ポルトガル人もほとんど完全に交易によって動かされていた。

28 マスィー（Matthee 1999: 9）は、「ヨーロッパ人が近世のアジアに与えた政治的・文化的影響はわずかであったという主張は、中国や日本に対してと同様にサファヴィー朝にとっても事実であった」と述べる。

29 ポルトガルが成したことは歴史的に見ればたいしたことではないというピアソン（Pearson 1987）の論については、後註86を見よ。

30 マスィー（Matthee 1999: 9–10）は、問題となっている近代以前の初期の時代において「海岸から内陸に比較的接近しやすい自然環境のインドと違って、イランはその首都と最も生産性の高い地域から一千キロにわたる半砂漠地帯と困難な山岳地帯によって隔てられている南部の港からしか接近できなかった。政治勢力が小さく分れていたセイロンやインドネシアの島々を含む東南アジアのほとんどと違って、イランは中央集権国家、少なくとも中央が力を持つ国家であった」と言う。ポルトガルとその後継国は多くの場合現地の政治情勢に巻き込まれ、遅かれ早かれ、港町に直接隣接している領土を支配した。しかしながら、最終的にヨーロッパ人がインドの内陸部まで進出していくのはポルトガルがインドの沿岸に最初に交易の中心地を築いてから二世紀以上も後で、ムガル帝国が衰退してからであった。言及した他の地域の内陸に対しても同様であった。

31 この部分はほぼPearson（1987: 30以降）に基づいている。

32 ピアソン（Pearson 1987）に描かれているように、これもおそらく景気循環と結びついていて、実際は景気の回復というより衰退の兆しであった。

33 ピアソン（Pearson 1987: 41）は、「商品の盗難、破損、船の沈没、輸送費」やさらに「マラバール地域の町々の要塞の経費」を計算してもリスボンにおけるポルトガルの利益は他のものに比べて九〇パーセントないし「それ以上でさえ」あったと記している。

34 広く行われているこの誤解（パソコンや携帯電話は現代の「贅沢品」である）については、後註87を見よ。

35 例えば、Pearson (1987)。

36 当時、アジアの周辺部の政権は腐敗し脆弱であったことによりヨーロッパ人商人の介在（次の註を見よ）は避けられず、それによって、獲得した権力をヨーロッパ人が後に乱用することとなった。

37 定まった法律による支配がアジアになかったためにかえってそれが顕著に見えたことがしばしばであったが、当時のヨーロッパの政権がずっとよかったと言っているわけではない。

38 Pearson (1987 : 26–27)。

39 Matthee (1999 : 6)。

40 「一五〇〇年の段階ではインドの主な国々はどこも海事において重要な役割は果たしていなかった。北部ではローディー・スルターン朝が衰退し、新たに拡大していたムガル帝国は資源においても精神においても全くの陸地国家であった。ムガル国の収益の大部分は陸上からのものであった。……おそらくたった五パーセントほどが関税によるものであった。……ムガル帝国の財源は陸地からのものが圧倒的だったのである」（Pearson 1987 : 26–27）。

41 Pearson (1987 : 26–27)。

42 Pearson (1987 : 45 以降)。

43 このことはロシアの陸上における拡大についても本質的に言えることであった。ロシアは、初期においてはシルクロード交易網の一員であったが（例えば、キエフ大公国）、そこからコサック主導の毛皮貿易、シベリアから太平洋にかけての要塞建設競争を経て最終的に沿岸交易網のヨーロッパ勢力としての参入へと次第にシフトした。

44 Wakeman（1985, I : 2–6）では、中国に銀が流入したことの理由の一部は中国では銀が比較的高価であったからであると記している。

45 同時に、ヨーロッパの船は明らかにこれらの地域のひとつひとつを結びつけたが、奇妙なことに、そうして結ばれたアジア人の間では近代に至るまでほとんど何の効果も及ぼさなかった。

46 Russell-Wood (1998 : 133)。

47 http://www1.city.nagasaki.nagasaki.jp/dejima/en/history/contents/index001.html。ポルトガル人は生きた虎をどこで買ったのであろうか。日本人はそれをどうしたのだろうか。

48 Russell-Wood (1998 : 135)。

49 アジアにおける西洋科学受け入れの変遷とアジア研究に携わる西洋の学者に対するモダニストによる反知性的反応については、後註88を見よ。

50 Richards (1993)。

51 このムガルの歴史の概観は多くを Richards

(1993) によっている。

52 Golden (1992: 317–330)。

53 Perdue (2005: 81)。

54 Perdue (2005: 86)。

55 これは伝統的・歴史的な名称である。近年においてはさまざまな名前がつけられた。

56 この部分は多くをHosking (2001)、Perdue (2005)、Bergholz (1993) によっている。

57 Bergholz (1993: 27)。

58 そこにコサックの冬営地が一六四七年に作られた。囲いの柵ができてから二年後のことであった (GSE 19: 116)。オホーツクの建設に関しては一六四七年説（Perdue 2005: 95）、一六四八年説（Hosking 2001: 143）、一六四九年説（Perdue 2005: 87）、一六五〇年説（Bergholz 1993: 27）がある。私は『大ソビエト百科事典』はこの点に関して信頼できると見なす。Spence (2002: 151) によると、ネルチンスクは一六五八年、アルバズィンは一六六五年に建設されている。

59 Bergholz (1993: 27)。

60 一八六〇年の北京条約（清露条約）では、ロシアはアムール川の北とウスリー江の東を朝鮮の北東部の国境まで清の領土を獲得した（Fletcher 1978: 347）。その条約によりモンゴリアと海の間のロシアと中国の現代の国境が事実上確定した。満洲より東の地域はプリモールスキー・クライ「沿海州」もしくは単にプリモーリエ「沿海地方」として知られる。第10章を参照。

61 Millar (2003: 1168)。

62 Hosking (2001: 186–187)。

63 Hosking (2001: 231)。

64 満洲人の仏教への改宗、そして新しい国名をめぐる論争については、後註89を見よ。

65 以下を見よ。明政府支持者の部隊は一六六二年にオランダからフォルモサ島（台湾）を占拠し、数十年にわたって海岸を襲った。その島は最終的に一六八三年に獲得された（Struve 1984: 256 n. 99）。満洲語と中国語でいくつかの記念碑が立てられ、それらは現在でも台湾に立っている。

66 モンゴル系の人々、テュルク人、チベット人は中国文化に強い反発を示したが、女真人と満洲人はそれを受容した。そのことは女真が草原の民ではなく、中央ユーラシアの東の縁に住み、他の人々より農業により多く依存していたということによって説明できるかもしれない。

67 私はManchu-Chinese（満漢人）という用語をほとんどの場合清朝の支配民族に対して一種の結合民族名として使用した。類似の中国語表現「満清」（満洲と清）や「満漢」と並行的である。

68 しかし、既に明の時代の十六世紀にイエズス会士（最も有名なのはマテオ・リッチ）が中国の科学に大きな影響を与えていた。

69 彼の国は絶頂期には「東はウリヤンカイと女真から西はハミまで広がった」（Perdue 2005: 59)。

70 ロシアのコサックにアルトゥン・カンとして知られ、チンギス裔であった（Atwood 2004: 310)。

71 ジューンガルという名称、そのさまざまな綴りと語源、そしてジューンガル人の歴史編纂上の扱いについてはBeckwith (2007d) を見よ。

72 前任のジューンガル人のエセンもチンギスの血を引いておらず、同じ地位に就いたとき同様の運命に苦しんだ。

73 Ahmad (1970: 187)。

74 この節はほぼPerdue（2005: 101–107）に基づいている。

75 Perdue (2005: 105)。

76 Bergholz (1993: 48)。

77 Atwood (2004: 550, 633)。

78 Di Cosmo and Bao (2003: 14)。初期の旗は牧地の供与と国からの報酬によって支えられた三百人であった。

79 Struve (1988: 710)。

80 Gommans（2007: 46–47)。ゴマンスはヴォルガ川流域のトルグート（カルムイク）の馬は遠く現在の華北のフフ・ホトまで売られたと指摘する。

81 Perdue (2005: 106)。パーデューはジューンガル人は交易品として「馬、牛、羊皮、布製の手工芸品のための毛皮、皮革、絹、銀、セイウチの牙、金属」を扱っていたという。

82 Perdue (2005: 106–107)。

83 Bergholz (1993: 60–61)。

84 Perdue (2005: 108–109)、Bergholz (1993: 66–67)。

85 しかし、これらの絵画（Combs 2006 参照）はチベット学者からほとんど無視されている。彼らは他のところに関心があり美学には興味をもっていないのである。同じことがチベットの音楽や文学についても言える。

第10章　道は閉ざされた

Vois se pencher les défuntes Années,
Sur les balcons du ciel, en robes surannées;
Surgir du fond des eaux le Regret souriant;
Le Soleil moribond s'endormir sous une arche,
Et, comme un long linceul traînant à l'Orient,
Entends, ma chère, entends la douce Nuit qui marche.
—Charles Baudelaire, *Recueillement*

ご覧なさい、過ぎ去った歳月が
古びたドレスをまとって空のバルコニーで身をかがめ
未練は微笑みながら水底から姿を現し
瀕死の太陽が橋のアーチの下で眠っている
そして、東洋にたなびく長い屍衣のように
お聞きなさい、愛しい人よ、やさしい夜の足音を
シャルル・ボードレール『内省』

周辺地域の征服と中央ユーラシアの分割

中央ユーラシアの最後の大草原国家ジューンガル帝国はかろうじて築かれたが、ネルチンスク条約によってその土台はぐらついていた。その条約は一六八九年にロシアと満漢の清朝との間で結ばれたもので、その二つの大国間で中央ユーラシアを都合のいい具合に分割したのである。一七五六〜一七五七年に清がジューンガル人の大部分を虐殺したため、彼らは重要な民族ではなくなった。十八世紀には清が東部草原、東トルキスタン、チベットなどの中央ユーラシア東部を、十九世紀にはロシアがカフカスと最後まで残っていた中央アジアのカン国を征服した。モンゴルとチベットはまだ清の省に組み込まれておらず半独立のままであったが、中央ユーラシア全土ではアフガニスタン王国のみが完全な独立国家として残り、ロシア、満漢、英領インドの間の緩衝国となっていた。

イギリスは世界の海洋超大国になった。世界に数多くの植民地を持ち、そこにはインドのほとんど、アフリカと北アメリカの多く、そしてオーストラリアとニュージーランドも含まれていた。しかし、ヨーロッパ自体の中で同盟のネットワークが変わってきていたので、イギリスでさえ公海の支配を独り占めすることはできなかった。

西ヨーロッパの管理下で、アジア沿岸部では人、文化、技術が港町に集まり、商業は量も額も途方もなく増大した。十九世紀までにヨーロッパの商業、富、そして勢力は海洋交易網に完全にシフトし、ヨーロッパ人の支配する港湾都市は大きさにおいても経済的・政治的重要性においても成長し続けた。これはロシア帝国内でさえも起った。ロシアは中央ユーラシアの広大な土地を征服したが、首都はバルト海に面しており、十九世紀末において戦略上最も重要な新しい都市は日本海に面したウラジオストクで、そこでは長いこと主に海路で物資が補給されていた。ロシアとは異なって、ヨーロッパ人以外の中央ユーラシア人によって建てられた昔からの周辺部の帝国は滅亡を回避するほど速くは変わることができず、ひとつまたひとつと滅びていった。ムガル朝のインドは大英帝国に組み込まれ、ペルシャではアフガン人による支配の後ガージャール朝がサファヴィー朝に取って代わったが、国の大部分はロシアとイギリスの占領区域に分割された。清朝の中国はヨーロッパ諸国の勢力圏に分けられた。ユーラシアの経済は大陸に基盤をおいたシルクロード網を中心としてユーラシア沿岸部の海洋網を補助的とするものから沿岸部の海洋交易網だけに変わった。中央ユーラシアは消滅したのである。

†中央ユーラシアにおける満洲人による征服

満洲人は、モンゴル人に征服されるという同じ運命を辿ることなく祖先の女真人の帝国、金王朝を再建するのが夢であった。彼らはその征服が行われた状況や背景が全く異なるということを認識していなかったようであるが、その夢を達成するためには、モンゴル人を中立化させるか、さらによいのは服従させることだということを知っていた。満洲人が注意深く練り上げた戦略ではモンゴル人を一般の服属者としてではなく参加者として自分たちの国に取り込むことが必要であった。モンゴル人は改宗したばかりの熱心な仏教徒で、ダライ・ラマに強く傾倒していた。満洲人はモンゴル人の師を通したこともあって同じ宗派のチベット仏教を受け入れ、モンゴル人と同じ菩薩、同じ守護神、すなわち文殊師利と大黒天を選んだ。前に述べたように、彼らはマンジュ（満洲）を新しい国の名称[1]として選びさえした。モンゴル人は満洲人を退けようとしたが、それは、モンゴルの相次ぐ内紛、新たに建国された中国の満洲帝国の清王朝の国力、清とロシアの同盟によってくじかれた。

一六七九年十月にはガルダンはジューンガルによる東トルキスタンの征服を東はココノール地域（ホシュート部の支配が続いていた）まで完了し、清にメッセージを送ってココノール地域を「取り戻したい」[2]と伝えた。また、満洲皇帝にダライ・ラマ五世からボシュグトゥ・カン「持教受命王（天命を授かったカン）」の称号を受けたことを知らせた。満漢にとってこれはジューンガルの君主が自分が清の君主と同等であると宣言したことを意味した。[3]しかし、彼らはジューンガルが脅威だとはまだ思っていなかった。

一六八〇年代には満漢人はアムール紛争を巡ってロシアと戦争になりそうであったし、一六八四年と一六八六年にはロシアのアルバズィン要塞を襲撃したこともあった。彼らは東部草原においてモンゴル人に対する支配を保ちまた拡大したいとも考えていた。満漢人はアムール川地域で軍事的に強い立場にあったが、ジューンガルがロシアと友好的であることを知っていた。

東部草原でモンゴル人の間で長期にわたる内紛があったことと関連して、一六八七年にガルダン・カンの弟がカルカの傑出した指導者であったトゥシイェトゥ・カンに殺された。その復讐としてガルダンはジューンガル人をモンゴリアの奥まで率い、そこでカルカ軍を粉砕した。彼らはまたモンゴリアにおける最も重要な僧院建築物のエルデニ・ジュー（カラコルムにある）を攻略し略奪した。その表向きの理由は、その僧院長でトゥシイェトゥの弟ジェブツンダンバ・クトゥクトゥがダライ・ラマ（ガルダンのかつての先達で、僧としてチベットで長く暮らした）と位が同じであると主張したことである。カルカは粉砕され、清、ロシア、ジューンガルの領土へと四散した。[4]ジューンガル帝国の支配者ガルダンが東モンゴル人を打倒したことによってモンゴリアにおける清の勢力は脅かされた。

ガルダンが一六八七年にモンゴリアで最初の勝利を、そして一六八八年にトゥシイェトゥ・カンに対する勝利をあげた後、[5]清にとって、ジューンガルがモンゴリアを征服して本質的にチンギス・カンの草原王国の再興である真に強大な草原の帝国を建てるのを防ぐには、ロシアと確固たる和平協定に達するしか道がなかった。ロシアも極東では勢力が弱かったということや本拠地の近くではクリミア・タタルに敗北したこともあり、和平を望んでいた。清もロシアも得るものは多く失うものはほとんどなかったので、すぐに合意に達し、一六八九年八月二十九日にネルチンスク条約を結んで、その二つの帝国間の国境を確定し、国際貿易に対して厳しい規則を設定した。[6] その条約は十九世紀半ばまで清・ロシア関係の基礎となった。

ロシアと戦う必要、そしてジューンガルがロシアと同盟を築く可能性がなくなって、満漢はモンゴル問題に向かった。トゥシイェトゥ・カンならびに弱体化して満洲人に服属し満洲の盟旗制度[7]に組み込まれ始めていた東モンゴル人のほとんどとともに、康熙帝《こうき》（在位一六六一〜一七二二）は、ダライ・ラマにジューンガルとカルカの間の和平調停を行うことを公式に要請した。事実上だれにも知られていなかったが、ダライ・ラマ五世は一六八二年に死んでいたため、[8] この要請は何の効果もなかった。摂政（デスィ）のサンギェー・ギャムツォ（一七〇五没）はダライ・ラマの死を秘密にしており、事実上の支配者であった。彼はモンゴリアのカルカとココノール地域のホシュートと対立するジューンガルを支持した。

その頃までにガルダンの甥ツェワン・ラブタン（ガルダンの暗殺された兄センゲの息子）が成長し、カルガルダンの勢力を脅かし始めていた。ガルダンは一六八八年にその甥を殺そうとしたが失敗し、カルカに対する遠征のためにモンゴリアに行っていたときにツェワン・ラブタンはハミを攻撃した。このことによりガルダンは西に戻らざるを得なくなり、そこの支配を回復するため一六八九〜一六九〇年にその地に留まった。最終的に一六九〇年六月九日にガルダンは兵を率いて東へ向かい、トゥシイェトゥ・カンとその同盟者を再び攻撃し、[9] 一六九〇年以降ツェワン・ラブタンをジューンガリアとその周辺の事実上の支配者のままとした。ガルダンは明らかに強かったが、もはや立場は弱く、満漢人から条約を守るよう言われていたロシアは、ガルダンから軍隊をさらに派遣してくれるよう要請があったがそれを拒否した。

ガルダンは、中国を脅かそうとする気はなかったようで、平和な隣人として振る舞い続けたが、ケルレン川に沿って東へ、そして南東へジェホール(熱河)に向けて移動したとき、北京を攻撃する位置まで来たと言われている。[10] しかし、実際には相当の距離があり、かなりの人が住んで防備が固められている満洲と中国の領土が介在していたので、彼にそのような意図が持てたとはとうてい考えられない。正反対に、ガルダンの位置は清軍が彼を攻撃するのに都合のいい距離にあり、実際、清の諜報員はそのことに飛びついた。ガルダンは弱くて攻めやすいと説いたのである。恐れではなく好機が満漢のジューンガル攻撃決定の誘因であった。康熙帝はモンゴリアのジューンガルに対して三個軍団による大軍事遠征を行うと即座に発表し、自ら軍を率いて北へ向かった。しかしながら、遠征は失敗した。八月にジューンガルにやられ、続いて九月には決着のつかない戦いがあり、その頃には皇帝は明らかに病気でそのために北京に戻っていた。しかし、満漢の軍はまだかなりがガルダンと戦っており、援軍も向かっていたから、そのジューンガルの王は清の国境から撤退すると公に誓約した。その誓約は皇帝に知らされ、皇帝は公的にはそれを受け入れたが、個人的にはまだガルダンを捕えることができると望んでいた。しかし、そのときまでにガルダンは敵の届かないところまで移動しており、皇帝は規模を拡大しすぎて必要物資が不足していた清軍を撤退させる命令を下した。

その後の十年間の平和は、少なくとも満漢の視点からは、一時的な休戦状態にすぎなかった。ジューンガルを再攻撃するための勢力回復の時期だったのである。[11] 一六九六年、清の政府ではガルダンに対する全面戦争の準備が整っていた。再び皇帝自らが軍を率いて北へ向かった。軍の一翼が一六九六年六月十二日にウルガ（現在のウラーンバータル）近くのジョーン・モドの戦いでガルダン軍と戦った。清はジューンガルを粉砕し、ガルダンの妃は戦死した。ガルダン自身は残った少数の兵士とともに脱出した[12]。清軍はジューンガルを追ってガルダンの後を休むことなく西に進んだ。この圧迫は、抵抗するガルダン勢力が縮小し、ガルダンが一六九七年四月五日に殺害されるまで続いた[13]。

満漢人がガルダンを敗北させたにもかかわらず、ジューンガルは中央ユーラシアで大きな勢力を保った。甥のツェワン・ラブタン（在位一六九七～一七二七）がガルダンの後を継ぎ、ジューンガリアと東トルキスタンを含むジューンガルの地の中心部を支配し続けた。

しかし、チベットでは事は悪い方に向かっていた。ガルダンに対する軍事遠征との関連では、康熙帝は、ダライ・ラマ五世が一六八二年に死んでいたこと、そしてそのときからチベットはダライ・ラマの息子でガルダンの強い擁護者であるサンギェー・ギャムツォが摂政となって支配していたことを一六九三年[14]か一六九六年[15]に知った。皇帝は激怒したが何もできなかった。あらゆる方面から圧力がかかり、摂政は最終的に、正式に選定され秘密裏に教育を受けていたダライ・ラマ六世ツァンヤン・ギャムツォ（一六八三～一七〇六）を即位させた。しかし、その若いダライ・ラマは、外見上はほとんど変わったところはなかったが、自由思想の持ち主ないし考え方が自由な神秘主義者で[16]、ラブソング[17]を作る才能があった。彼に対する反発が宗教的保守派の間で高まり、一七〇五年にホシュートのラサン・カンは満洲人の支援を得てラサに侵攻した。若いダライ・ラマ六世は捕えられてココノール地方に連れて行かれ、一七〇六年にその途中で不可解な死を遂げた。ホシュートは清の支援を得て自分たちの偽の王位継承者を王位に就けたが、チベット人はそれを拒否した。一七〇六年にチベット東部のリタン（理塘）で男の子が生まれ、ダライ・ラマの生まれ変わりであると特定されたとき、その子は満漢人に捕えられて西寧で監禁され続けた。

その一方で、チベット人はホシュートの行動に反対して、ジューンガルに助けを求めた。ツェワン・ラブタンは従兄弟のツェレン(ツェリン)・ドンドゥブを派遣した。ドンドゥブは一万人のジューンガル人を率いて人を寄せ付けない崑崙山脈を越えて北西方向からチベットに侵攻した。一七一七年のことであった。彼らはホシュートを敗北させ、ラサン・カンを戦死させた。

ジューンガルが自分たちをダライ・ラマの擁護者と考えていたことは確かである。[18] 彼らはダライ・ラマのゲルク派のあまりにも熱心な信奉者だったので、ジューンガルがチベットを占領したとき、ツェワン・ラブタンの高僧は他の宗派を圧迫し、混乱が広がった。さらに悪いことに、一七一七年十一月三十日に、以前ラサのライバル都市シガツェで僧侶をしていたツェレン・ドンドゥブがラサとそこの僧院略奪の命令を下したのである。清が西寧から送った解放軍は近くに達する前に一七一八年九月にジューンガルに粉砕された。[19]

一七二〇年の春、清の新たな軍隊がチベットに進軍し、そのすぐ後にダライ・ラマが続いた。ジューンガルは満漢にチベットを明け渡した。満漢は一七二〇年九月二十四日に抵抗もなくラサに入って公式にダライ・ラマ七世ケルサン・ギャムツォ(一七〇八〜一七五七)を即位させたのであった。[20] 彼らはそのすぐ後にチベットに保護権を確立し、[21] それによってジューンガル支配の東トルキスタンとジューンガリア以外の中央ユーラシア東部の満漢による支配が固められた。

一七二七年にツェワン・ラブタンが死ぬと、息子のガルダン・ツェレン(在位一七二七〜一七四五)がジューンガルの支配を継いだ。彼は帝国を再建し、一七三〇年と一七三一年には清と講和の地から満漢人を追い出そうと試みた。しかし、二回とも敗北し、最終的には一七三九年に清と講和を結んだ。その後、ジューンガルを遥か西のヴォルガ川下流域にいる同系のトルグート(カルムイク)から切り離していたカザフを攻撃した。ジューンガルは西中央アジアの深くまで支配を確立した。

満漢人との協定には同時に交易の認可も含まれており、ジューンガルはそれを最大限に利用した。ジューンガルの公式の貿易使節団は隔年でしか認められていなかったが、国境の町にいた満漢の政府代表者は寛容な態度で臨むように言われていたので、実際のところはジューンガルは毎年国境で取引をしていた。ジューンガルの交易商人のかなりの割合は民族的にはモンゴルではなく、職業的にも遊牧民ではなく、東トルキスタンないしさらに西の町から来たテュルク系ムスリムであった。隊商は「古代のシルクロードにそって大量の物と貨幣を運んだ経験豊富な中央アジアの商人によって管理されていた。例えば、一七四八年には合計百三十六人のうち四十六人がモンゴル人で九十人がテュルク系ムスリム（纏頭回）で、隊商の四人の首長のうち三人がテュルク人であった[22]」。これらの公式の貿易使節団のひとつがどれだけの量の交易を行なったかを示そう。一七五〇年にジューンガルは「それまでの最高の量の十八万六千テールの価値の品物を運び、それらを十六万七千三百テール[23]の価値の布と茶と交換し、残りは銀で受け取った」。関係した町の人間や商人もそうであるが、ジューンガルはその貿易で明らかに利益を得た。

中央ユーラシアの遊牧民の支配者がみなそうであるように、ジューンガルは貿易を発展させることに非常な関心を持っており、そのために独自の貨幣を鋳造し、東トルキスタンの自分たちの領土内にある小さな国々の異なる通貨を統一した[24]。中央ユーラシアの繁栄は、ジューンガルのもとで少なくとも十八世紀半ばまで著しく進んだ[25]。一七四五年のガルダン・ツェレンの死、その後継者の一七五〇年の死の後も、ジューンガル帝国内で継承紛争や内紛があったにもかかわらず、それは続いた。

しかし、ジューンガルは内紛によってだけでなく自然災害や天然痘の流行によっても打撃を受けた。ついにジューンガルの一派の首領アムルサナーが清の上層部に自分をジューンガルの長に指名してくれたら服属すると提案したとき、満漢人は機をうかがった。清の二個軍団が到着する頃にはジューンガルはばらばらとなっており、カザフなどの同盟国や服属国の支持を失っていた。清軍はたちまちジューンガルを撃ち破り一七五五年にジューンガリアを占領した。[26] 続いてジューンガルはアムルサナーのもとで再度独立しようと試みた。彼は残っていた独立の意志を持つジューンガル人を率いて満漢人に対する「反乱」を起した。満漢人は二年間の協調努力をしたが、彼を捕まえられなかった。乾隆帝《けんりゅう》は怒りと落胆で気が狂いそうになった。一七五六～一七五七年の冬、皇帝はジューンガルを壊滅させるよう命令を出した。彼の軍はジューンガル人の半分近くを男も女も子どもも含めて殺戮した。残りの多くは天然痘や飢えで死んだ。残ったのはたった一割ほどで、主に女と子どもであった。彼らおよび以前から清に服従していたジューンガル人はジューンガリアから移動させられて、より忠誠心があると考えられていた民族のところに定住した。アムルサナーは、疲れ果てて弱っていたジューンガル人から充分な支援を得られず、トボリスクでロシアからの支援を求めていたときに天然痘にかかり、一七五七年九月二十一日に死んだ。[27] ジューンガル人は虐殺され、トルグート（カルムイク）人は、ヴォルガ川流域にいた者たちはロシアに、後に（ロシアから逃れるために）東のジューンガリアに戻った者たちは満漢人に服従させられた。これらによって最後の自由な草原の民であった西モンゴル人の勢力は破壊された。

東トルキスタンの支配者たちは保護者のジューンガルを奪われて、清の直接の圧力にさらされた。しかし、ジューンガルに倣って満漢を撃退しようという勇猛な試みをしたにもかかわらず、一七五九年に打ち負かされた。こうして清の勢力は東中央アジア全域において確立し、[28] 満洲人がその地に遠征しているときにそこは中国語で新疆、すなわち「新しい領土」と呼ばれるようになった。[29] 満漢は東トルキスタンのジューンガル帝国貨幣を一七五九年にヤルカンドで鋳造が始められた満漢の貨幣に換えた。しかし、かつて強かった、東トルキスタンの経済は、ユーラシア東部の諸帝国がそれをめぐって二千年近く戦ってきた粋であったが、すでに傾き始めていた。清による征服の後、東トルキスタン（新疆）のみならず、中央ユーラシアに隣接する甘粛その他の漢人の多い地域も、実際は中国の主要な、より豊かな省から徴収した税で援助されなければならなかった。[30] 中央ユーラシアの経済と文化の破滅は始まっていた。

†ヨーロッパ人の海からのユーラシア支配

満漢人による中央ユーラシア東部の征服の後の世紀には、イギリスがムガル人に代わってインド亜大陸のほとんどを支配する一方、ロシアは西中央アジアを征服し植民地化した。三つの勢力がそれぞれの帝国の周りにきっちりと管理された国境を確立した。これにより事実上中央ユーラシアは閉ざされた。[31] 草原の帝国ジューンガルの滅亡は中央ユーラシアのシルクロード経済への打撃であったが、それは本質的に致命的な打撃とはならなかった。最後の一撃はロシアと満漢の政治家によってもたらされた。彼らは一六八九年にネルチンスク条約、一七二七年にキャフタ条約をうまく結んで、国際貿易に対して厳しく排他的な管理を確立した。

一六八九年以後、難民、逃亡者、部族民はロシアか中国どちらかの臣民と決められなければならなかった。彼らの身元と移動は地図、測量技師、国境警備隊、民族誌学者によって決定され始めた。それらの条約は国境をまたいだ移動を一定にし、帝国が決めた領土に入らない集団を抑圧できるようにすることによって、どちらの帝国に対しても国内的にそして対外的にうまく働いた。[32]

実際、国境が閉鎖され、国際貿易に厳しい制限が課され、中央ユーラシアの重要な政治組織が全て排除されて、中央ユーラシア経済は崩壊した。シルクロード経済を構成する内部の交易と長距離の交易の大部分は行えなくなった[33]。必然的にこれは中央ユーラシア、特にその中心部である中央アジアの激しい貧困化を招き、技術をはじめとする文化のあらゆる面で急速に暗闇に逆戻りさせることとなった。

周辺の諸帝国は一部国際交易に頼っており、昔からその非常に重要な部分は中央ユーラシアを通る陸上のものであったため、自分たちも被害を受けた。しかし、そのころにはシルクロードに代わるものがあった。急成長していた新しい海洋交易網である。満漢人は海上貿易に本気で参入しようとは思っていなかったが、スペインとの間の銀貿易によって既に利益を得ていた。ロシアは中央アジアの西まで進出しており、そこから直接東洋の品物を得ることができたが、中国との条約により東アジアの産物も直接手に入れることができ、国土周辺の海に港を持っていたので、発展しつつあった海洋交易網にアクセスすることができた。

アジアの大陸部の周縁の強国はヨーロッパのような高度に発達した海軍技術・航行技術を持っていなかったのでヨーロッパ人と海上で戦うことはできなかったが、それは驚くべきことではない。これは彼らが中央ユーラシアに起源を持ち、昔から大陸的な方向性を持っていることで説明できるだろう。しかし、大陸の国々はまた技術を獲得しようとせず、また少なくともお雇いヨーロッパ人を使って沿岸交易の管理を援助してもらおうともしなかったようである。彼らは海洋ルートの商業にほとんど注意を払っていなかった[34]だけでなく、それを理解しておらず、自分たちの陸上における政治力を利用してそれを支配したりそこから利益を得たりしようともしなかったことは確かである[35]。その結果、西ヨーロッパの沿岸国であるポルトガル、スペイン、オランダ、イギリス、フランスは、ペルシャから日本までのユーラシア東部全域で貿易港と海軍基地をほとんど意のままに獲得したり開いたりした。それらの港は全体としてアジアの主要な大中心地に発展し、イタリアとオスマン帝国が地中海のほとんどを支配したのと相まって十九世紀までに海洋交易網をユーラシアの国際経済で唯一機能するものとして確立した。

†日本、そしてユーラシア沿岸支配の完了

約二千年の間、各沿岸地域の海洋交易はヨーロッパ西北部からアジア東北部までユーラシアの沿岸に広がり、その終点は日本列島であった。日本は、紀元前第一千年紀のある時期に海を渡って列島を植民地化した移住者たちによって建国された。彼らはアジア東北部の隣接地域、特に朝鮮半島と交易を続け、最終的には海流に逆らって航行する技術を発展させ、中国やさらにその先まで出向いていた。最初に日本に到着したヨーロッパ人は一五四三年に中国船で渡った二、三人のポルトガル人であったが、[36]ヨーロッパ人が初めて到達するころまでに日本は高度に文明化し、人口も多く、絹や刀などヨーロッパ人のほしがるものを生産していた。ヨーロッパ人の持ち込んだ交易品はほとんどが近くの中国からのものであったが、銃など日本では知られていなかった品物もあった。日本人はヨーロッパ人によるもの以前の古くからある沿岸地域の海洋交易の一部をになっていたので国際貿易には慣れており、進んで交易を行なった。しかし、ヨーロッパ人が持ち込んで歓迎されなかった新しいものがあった。それは、キリスト教であった。

ポルトガルのイエズス会士は日本に上陸してまもなくキリスト教を持ち込んだが、彼らの考え方が偏狭であったことと分離主義的政治団体がキリスト教に引きつけられたことによって、ついに過剰な反応が引き起こされた。十六世紀に日本を苦しめた内戦は一五九〇年代に武将豊臣秀吉によって日本のほとんどが再統一されることによって終わった。[37]秀吉は一五八七年にキリスト教布教の禁止令を出

し、イエズス会の宣教師に追放を命じたが、その命令を実行はしなかった。[38] しかし、宣教師、特に新来のスペインのフランシスコ修道会の宣教師何人かは粘り強く、帝都京都で伝道活動をしていたが、スペイン政府の日本に対する明らかな企みが発覚した。そこで、秀吉は思い切った処置をした。フランシスコ会士、イエズス会士、日本人の改宗者を含む二十六人のキリスト教徒を処刑したのである。そして、一五九七年二月五日にキリスト教禁止令を出した。[39] 日本と朝鮮・明との戦争（文禄・慶長の役、一五九二〜一五九八）の間の一五九八年に秀吉が突然死ぬと[40]継承争いが勃発し、最終的に、一六〇〇年の関ケ原の戦いで徳川家康（一五四二〜一六一六）が勝利した。続く分離主義の動きは強いキリスト教的要素を持つようになり、最後には徳川は一六三九年にポルトガル人を追放し、全てのカトリック教国との関係を断った。一六三五年以降、外国に出た日本人は死刑に処された。日本は事実上閉ざされた。[41]

そのときからヨーロッパ人が日本に行くことはほとんど完全に不可能だったが、プロテスタントであったオランダ人による交易所がひとつ長崎の出島に残ることが許された。出島はそのために特別に造られた人工の島であった。そこを通じてヨーロッパの進歩した科学や技術のいくつかとヨーロッパ人が得た他の世界についての知識の一部がゆっくりと日本に浸透していった。

二世紀以上に及ぶ日本の孤立状態はアメリカによって壊された。日本で難破したアメリカ船の乗組員だけでなく、アメリカで難破した日本船の乗組員の返還交渉も日本が拒否したことに腹を立てたアメリカは、提督マシュー・C・ペリーの率いる海軍遠征隊を派遣し、一八五三年に江戸湾に着いた。日本は一八五四年に条約に署名させられ、アメリカ船の入港が事実上認められた。その後同じ一八五四年にイギリスが同様の条約を結び、一八五五年にはロシアも同様にした。[42] その結果、突然欧米の人間、思想、技術が入ってきて革命運動が起った。一八六八年一月のクーデターにより幕府が倒され、皇族が再び権力を握った。徳川幕府の本拠地の江戸は帝都となり、東京と改名された。[43] 明治天皇[44]（在位一八六七―一九一二）の見識ある統治のもとで日本は欧米のやり方を取り入れた。四十年にも満たない驚くほど短い期間で日本は産業を近代化し、ヨーロッパ式の陸軍と海軍を作り、一九〇五年に日露戦争に勝利したことによってロシアと世界を驚かせた。[45]

日本が非常に速く「近代化」すなわち「西洋化」を行い、ともすれば十九世紀末から二十世紀初頭に世界のほとんどを欧米の国々が支配してしまった中にアジアの国として唯一そこに加わることができた理由はいくつかある。日本は島国であったので、船、海、海洋貿易をよく知っていた沿岸地域文化であった。中央ユーラシア人によって建てられた大陸アジアの諸帝国の人々と比べると、日本人にとってはヨーロッパの海運国に追いつくために概念的にも実践的にも越えなければならないギャップがそれほどなかったのである。また、日本は「寺子屋」があったこともあって識字率が異常に高かった。そして最後に、鎖国は実は完全なものではなく、長崎港のオランダ商館を通じて得た書物の翻訳による「蘭学」を通してヨーロッパの科学の最も重要な成果の一部をゆっくりと吸収していた。

†都市の沿岸地域への大推移

ヨーロッパが南アジア、東南アジア、東アジアに直接の海洋ルートを確立したため、西南アジアは完全に素通りされることとなった。当初、約二千年間国際交易で潤っていたペルシャを始めとする近東はあまり失うものはなく、初期のサファヴィー朝ペルシャの時代はまだかなり強大だった。ペルシャ湾の小さな町バンダレ・アッバースにおいてシャー・アッバースの認可を受けたイギリスとオランダの商館で貿易はしばらくの間栄えた。バンダレ・アッバースは、一六二二年にイギリスとペルシャがホルムズからポルトガルを追い出した後にそこに代わってペルシャの主要な港となったのであった。[46]

しかし、いくつもの理由で[47]ペルシャ貿易はヨーロッパ人にとって相対的に利益性の低いものであった。イギリスはオランダからの圧力で商館をペルシャ湾の奥に位置する水深の深いバスラ港に移した。バスラは七世紀にアラブ人によって築かれ、ヨーロッパ人がアフリカ大陸を回る海洋ルートを発見する前は地元の昔からの海洋ルートの船舶にとって西の最も重要な終着点のひとつであった。十七世紀後半、オランダはバスラにあるイギリスの商館を攻撃して破壊し、ペルシャ湾を完全に支配したが、十八世紀初頭にサファヴィー帝国が衰退しその地域での海賊行為の増加とともにペルシャへの船舶輸送は減少した。[48]

オスマン帝国と中東全般では既に文化、政治、経済の長くゆっくりとした衰退が始まっていた。その地域の南部の港は取り残されて、昔から続くインド、ペルシャ、アラビア、エチオピア、エジプトの間のローカルな地点間交易の中心地にすぎないものと既になっていたかそうなった。大量の商品を扱う海洋交易網の新しい巨大な国際商業は経済的に縮小していた中東をますます素通りしていくようになった。十八世紀の終わり頃にはペルシャは経済的に非常に貧しくなっていた。イギリス東インド会社は「ペルシャの過去と現在を比べることは、全ての面において悲惨であることが分かるだろう」[49]と報告している。バスラはその地域では重要であり続けたが、大沿岸都市には成長しなかった。バンダレ・アッバースは再び活気のない小さな町となり、ペルシャのどの新しい港もそれに代わるものに成長することはなかった。ペルシャは長い海岸線を持っていたにもかかわらず、完全に内陸に向いた断固として保守的な大陸国家のままであった。[50]

中東の歴史とペルシャより東のアジア沿岸地帯の歴史は著しく対照的である。十六世紀にはペルシャ湾の東にはアジアの大港湾都市となるものは存在しておらず、あったのは漁村か小さな町であった。昔からある海洋交易ルート上の主要な港でさえ非常に小さく、それらの支配者たちも重要ではなかったので帝国勢力からはほとんど相手にされていなかったし、カリカットなどの多くの町は独立しているかのようであった。それがポルトガルが東方への海洋ルートを征服してから三世紀間の間に完全に変わった。実質上全ての場合において、十九世紀末までにアジアの海岸沿いに発達した大都市は、ヨーロッパ人によって築かれたか、彼らの影響下で海洋貿易の急速な発展によって村から都市に成長したものであった。内陸の都市は次第に過去に焦点を合わせ、保守ないし反動運動の中心地となったが、新しい沿海都市は文化と技術の伝達地点で、アジアの政治と経済の主要な中心地となった。

インド

北インドのムガル帝国後期の内陸の首都であったデリーは、初期のイギリス東インド会社の拠点であったボンベイや後のイギリスの植民地の首都カルカッタ（現在のコルカタ）に追い越され、なおざりにされて旧態依然とした町であった。デリーが復興し始めたのはやっと一九一一年にイギリスが首都をそこに遷《うつ》してからであった。

水深の深いボンベイ（現在のムンバイ）の港はインド西海岸では数少ないもののひとつであったが、ポルトガルがボンベイからディーウまでの北西海岸の大部分とともにそこを一五三四年にグジェラートのスルタンから獲得するまでは、ほとんど知られていなかった。イギリスは、チャールズ二世のポルトガル人花嫁カタリナの持参金の一部として一六六一年の英葡条約によってボンベイを得たが[51]、その後、そこでの商業を促進し、町は急速に発展して[52]インド洋西部で並ぶものがないほど重要な場所となった。

カルカッタはガンジス川のデルタ地帯に位置しているが、一六九〇年にイギリス東インド会社によって築かれ、十年後にウイリアム要塞が建設されて守りを固めた。カルカッタはインド東部におけるイギリスの商業的関心の中心となった。その後の何世紀間かにイギリスはインド亜大陸全域にだんだんと勢力を拡大していった。カルカッタは一七七二年にインドにおけるイギリス植民地の首都となり、インド最大の都市に発展した。

ビルマ

イギリスに征服される前のビルマの首都であったパガン（マンダレーの南西約百五十キロのイラワディー川河畔）、アワ（マンダレーの南数キロ）、そしてマンダレーはいずれも北部にあり、海岸や港町から遠かった。ラングーン（現在のヤンゴン）はイラワディー川河口のモン族の古い入植地で、第一次英緬戦争（一八二四〜一八二六）の最中とその後にイギリスに占領された。[53] イギリスは一八八五年に第三次英緬戦争に勝つと、首都をラングーンに移した。[54] ラングーンは初めは小さな植民都市であったが、すぐにビルマの商業と政治の中心地となり、重要な大都市になった。

タイ

タイは東南アジアの国の中で唯一ヨーロッパの植民地や政治的支配を免れた国である。おそらくタイ人が早めに危険を察知して経済的・政治的状況の変化に反応したからであろう。アユッタヤー（アヨーディヤ）は海から約百キロのところにあるが（ただし、実際は小型船で川から入ることができる）、一七六七年にビルマ人によって侵略・破壊されるまでタイの首都であった。[55] その後にまた王国の再征服があり、そのとき、タイ王のタクシンは首都をチャオプラヤー川の港町で「海から二十キロしか離れておらず海上通商により適している トンブリー」[56] に遷した。タクシンの後を継いだラーマ一世（在位一七八二〜一八〇九）は、首都を川の反対側のバンコクに遷した。何よりもタクシンとラーマが首都を早くに沿岸地域に遷したことによって、タイはヨーロッパの植民地にならずに済んだという可能性がある。[57] バンコクは人口も大きくなり富も蓄積されたが、アユッタヤーのほうは、かつてのタイ王室の壮麗さが崩れて遺跡の田舎町となった。

マラヤ

シンガポールはイギリスの行政官トーマス・ラッフルズ卿によって一八一九年に当時人口も千人しかなかったその地方の活気のない小さな港町に築かれた。[58] そこは、戦略的にマレー半島の南の先、南シナ海の南端で、西のインド洋につながる主要な航路であるマラッカ海峡の入口に位置していた。[59] 交通量の多いヨーロッパ支配の海洋航路上の中国とインド間の中程に位置していたため、商業上の重要性においてインド・中国間のどの都市をもすぐに凌ぐようになった。

中国

北京にあった清朝の首都は、十九世紀の終わりには中国第一の文化的・商業的都市としての地位を急成長していた海岸沿いのヨーロッパの貿易港に譲り渡した。外国人や満漢政府に対する中国の大衆暴動である義和団の乱は大きくなりつつあり、それに加わった者たちは北京に入った。西太后は帝国の軍隊を出して乱を援助した。彼らはそこで外国の公使館を襲撃し、多くの外国人やキリスト教改宗者が殺された。ロシア、イギリス、フランス、アメリカ、イタリア、日本を主とした連合軍が義和団と政府軍を一九〇〇年八月に打ち負かし、北京などの町はその過程で一部が破壊された。[60] 国際同盟は清朝に巨額の賠償金を課し、またさらに国を支配した。国際的な港湾都市は成長し続けたが、北京は官僚の腐敗、無気力、排外主義の重圧に沈んだ。北京はそれでもまだ過去と大陸の中央ユーラシアにある自らのルーツに向いていた。

十九世紀の終わりにはヨーロッパと日本が中国の全海岸に権勢を振るっていただけでなく、全海岸を何らかのヨーロッパ勢力が事実上支配していた。一八四一年にはポルトガル領マカオから珠江の入り江の向こう側の香港島をイギリスが手に入れた。[61] 世紀末には中国の海岸の何十もの都市が外国人に開放されたが、群を抜いて重要だったのは上海の港であった。そこは一八四三年にヨーロッパ人の入植者に開放され、南の広東と北の天津と日本の中間に位置する揚子江デルタにあるというその位置条件によって「小さな田舎町」から「中国の中心都市」へと成長した。[62] そして、政治的に独立した外国の「租界」に分離された。租界はそれぞれの国の文化の前哨基地であった。清朝の衰退とともに上海はその大きさと影響力において急速に成長し、すぐに中国の商業と金融の中心地で世界の大都市のひとつとなっていった。現在では中国人も中国研究者も同じように、勢力が沿岸地域へ移ったのはヨーロッパ人によると見ているが、それは正しい。しかし、その原因は帝国主義的植民地化ではなく、国際通商であった。中国人官吏の一部はそれが分かっていたが、政府を説得して何らかのことを行わせることはできなかった。政権の大陸との結びつきは揺るがなかったのである。[63]

日本

古都京都は関西地方の奥深くで山に囲まれている。ポルトガルが半世紀間日本と貿易を行なった後の時代まで日本のほとんどの都はその地域にあった。その後、徳川幕府の都は関東地方の港町江戸に築かれた。それに続く自主的な鎖国の間、日本の帝都は京都のままであったが、事実上の首都は江戸にあり、江戸は大中心都市に成長した。アメリカ人が強制的に日本を開国させてまもなくの一八六七年、徳川幕府は消滅し、翌年、江戸は公式に首都となり、東京と改名された。かつての徳川家の城は皇居となった。[64] 京都は第二の都として残ったが、大きくは変わらなかった。東京に比べかなり小さいが、歴史的建造物、伝統文化の保持、自由主義の政治で知られた重要な都市であり続けた。

ロシア

サンクトペテルブルグの町は一七〇三年にピョートル大帝によってその年にスウェーデンから奪った領土に築かれた。ピョートルは一七一二年にロシアの帝都をそこに移した。[65] スウェーデンに勝利するとロシアはヨーロッパにおいて小規模な海軍国となった。ロシア帝国の東端はオホーツク海まで達していた。オホーツク海という名前は小さな港湾都市オホーツクにちなんで付けられた。港は一年の多くを氷で閉ざされていたが、十九世紀半ばまでそこが太平洋におけるロシアの主要な港だった。[66] 一六八九年のネルチンスク条約で満洲人に割り当てられていたプリモーリエ（プリモールスキー・クライ「沿海地方」）が一八五八年にロシアの支配下に入った。一八六〇年にロシアはウラジオストクを日本海沿岸の朝鮮と中国に近いプリモーリエの南端に築いた。[67] その町は急速に発展し、一八八〇年には都市になった。一九〇三年にシベリア横断鉄道が完成すると、ウラジオストクは大きな繁栄した都市かつロシアの太平洋の主要な港となった。[68]

†シルクロード網と海洋交易網

大陸の陸上の国際交易システムの発達は有史以前にさかのぼる。海上の国際交易も非常に早く始まったが、船による交易が地中海、さらに延びて大西洋を渡ってブリテン島まで広がった青銅器時代まではかなりローカルなものであったようだ。東方では海上ルートはあまり保護されず、おそらくそのために長いことそれぞれの海域の範囲を超えることはなかったが、古典古代までには地域の海上交易はアジアの沿岸地帯全体で栄え、間接的に東アジアと近東を繋いだ。つまり、船が海岸沿いに隣の港との間を行ったり来たりしていたのであって、東アジアとインドの間でさえ同じ船が直接に航行したのではなかった。ただし、中国の唐の時代の半ばには多くのアラブやペルシャの商人が広東（広州）に住んでおり、個人の商人が全行程を旅し始めた。しかし、各地域における「内部の」二地点間の交易はシルクロードという大陸の「内部の」交易と異なるものではない。

近世までの歴史を通じて、陸上の国際交易と河川や海による国際交易ははっきりと区別されるものではなかった。しかし、中央ユーラシアが分割されて、ユーラシア経済全体における重要なリンクとしてのその地域は事実上消滅し、この二つの交易が区別されるようになった。シルクロード網は、事実上はもう存在していなかったが、そのとき真にユーラシアの海上通商に対するものとなった。海上通商はそのとき以来適切に海洋交易網として知られている。シルクロード交易ルートと沿岸地域交易ルートは同じぐらい重要だと考えるのが理想的かもしれないが、それ以前はそれらは同等ではなかった。例えば、中世やシルクロード閉鎖までの漢文、アラビア語、ペルシャ語の主要な史料をさっとでも見れば、それらの史料は著者の出身地域の内政を除けば何よりも中央ユーラシアに焦点が置かれ、驚くほど多くの詳しい記述があることが分かる。それに対して、沿岸地域についてはほとんど記述がなく、外部の（主にヨーロッパの）史料を除いてはそれについて多くを調べることは難しい。[69] この著しい違いは注目に値する。

ユーラシアの周縁の大国家はスキュタイの時代からジューンガル帝国の終わりまで中央ユーラシア、とりわけ中央アジアに強い関心を抱いており、その地域に対する政策に莫大な時間、金、エネルギーをつぎ込んだが、海洋交易ルートにおけるユーラシアの沿岸国にはそういうことはなかった。ビザンツ帝国は、ずば抜けて優れた沿海国家であったと思われ、国際海洋交易で利益を得ていたのは確かであるが、その建設と存続はそれによるものではなく、どちらかというとローマが征服しビザンツが保持ないし再征服した土地の従属民に課した税によるのである。同様に、ムガル帝国は、インドと近東の間で同じムスリムの商人が国際交易（主に陸上）を活発に行なっていたが、歳入のかなりの部分を国内から得ていた。そして、中国はすでに漢の時代から広東を通して沿岸地域のルートによる海上交易に関わっていた。しかし、唐の時代においても広東は遠く離れて遅れた辺境の町で、北部の大都市に比べると規模も小さく、知られていたのは（もしそうだったとしても）漢人以外の人口が多かったという理由からだけであるということは強調されなければならない。

イギリスから（地中海経由で）エジプト、そしてアラビアから日本への昔からある海洋ルート上で知られている港すべてについて同じことが言える。大きな首都や大中心都市は概して主要な川沿いにあり、港に近いものもいくつもあったが、それら自体が港湾都市であったことはなかった。ヨーロッパではコンスタンティノープルが飛び抜けた例外として思い浮かび、ロンドンは航行可能な川から行くことができ[70]、川が港となっているが、今日においても東西ヨーロッパのほとんどの首都は大陸的である。パリは内陸で、ベルリンもローマもアテネもマドリードもそうである[71]。近東の主要な首都は、ペルシャの首都となってきた諸都市（スーサ、ペルセポリス、クテシフォン、イスファハーン、テヘラーンなど）だけでなく、カイロ、イェルサレム、ダマスクス、メッカ、バグダード、全て内陸にある。さらに東に行って、インドのデリー、ビルマのパガン、タウングー、アワ、マンダレー、タイのアヨーディヤ（アユッタヤー）、中国の長安（現在の西安）、洛陽、北京、朝鮮の平壌とソウル、日本の奈良と京都、それらは全て内陸にある。もし沿岸ルートの通商がこれらのどの国にとっても不可欠なものであったら、この分布は全く理解できないし、紀元第二千年紀の終わりの数世紀における動きも理解不可能だろう。商業都市国家アテーナイの場合も、ギリシャの他の古い都市の場合と同様に海賊に襲われないようにその位置は十五キロ内陸に選ばれたとトゥキュディデスが記している。[72]海洋交易網が世界において重要なものとなる以前は、海と海賊やそこに住む生物に対する恐れから、ほとんどの国家はそれとあまり関わらなかった。

海岸沿いに行う交易は非常に長いこと存在してきたが、ほとんど注目されなかったという事実がこれによって説明されるだろう。歴史上かなり後になるまでだれもそれに多くの注意を払ってこなかったのである。『千一夜物語』のシンドバッドの話などのロマン溢れる物語によってだけでなく実際の歴史的・地理的記述によっても立証されるように、海洋交易はそれを行なっている商人にとっては確かに利益の得られるものであったが、ユーラシア大陸の海岸線を持つさまざまな形態と規模の国家は大都市をそこには作らなかったということが見落とされているようだ。それらの国の人々は支配者も含めて全体として交易に関心を持っていた。（それを公言することはまれな場合もあった。特に中国とローマは商人や商業を低く見て商業について記すことはほとんどなかった。）ヨーロッパの大航海時代の初めには政治的に重要なアジアの都市[73]はひとつとして海岸地域になく、いくつかの国（最も顕著なのはムガル帝国）は自分たちの領土の沿岸部の多くに直接の支配を確立しようとさえしなかったという事実は変わらない。それらの国は名目上服属していた現地の権力者に支配させていた。それと対照的に、メッカ、ダマスクス、バグダード、デリー、長安などの首都は内陸にあったが、中央ユーラシアの全ての都市がそうであったように、政治権力の中心地であると同時に商人の町であった。

ユーラシアのどこにおいても伝統的な国家の関心の中心は土地の支配であった。その目的を達するためには周囲を城壁で守られた都市のある領土を保持する必要があった。これらの都市については英語では要塞に相当する fort やそれより規模の大きい fortress といった語で訳される場合がよくあるが不正確である。この二つの英語の概念に対して中世初期にはユーラシア全土でふつう一つの語しかなかった。それは、強固な壁に囲まれた都市化された地域という一つのものしかなかったからである。アラビア語のマディーナ、ペルシャ語のシャフリスターン、古代チベット語のムカル、中国語の「城」、古代高句麗語のクルなどである。それらの「守りを固めた都市」によってできた支配を最大限に行い、敵による占領や都市への逃亡からよりよく守れるようにする、もしくはそれらをしっかりとおさえておいて独立しようとするのを防ぐためには、それらは国の領土のずっと内側のほうに位置しているのが一番であった。従って、それぞれの国の国境は当然のことながら政治的な支配勢力から最も離れたところということになる。商人はその結果、いつものように、障害すなわち納める税をできるだけ少なく交易を行うという自由を享受していた。国境地帯ではあまり注意を払われることなく商売をすることができたのである。

西ヨーロッパ、アラビア、東南アジア、東北アジアでは、単に自然地理学的な理由から、大帝国の建設や維持が難しかった。そのことによって、より多くの国境が作られ、同時にそれぞれの地域における国際海上交易が促進させられた。日本人と朝鮮人は互いにかなり集中的に交易を行なってきたことが最古の記録から知られており、彼らは中国ともいくらか取引をしていたが、それより遠くまで船を出すことはなかった。遠く南方にはまた、広東から東南アジアへ、東南アジアからインドへといった海上によるかなりの地域交易があったのである。ベンガルから南下してセイロンやインド南部の港へ、そこからさらにインド西海岸、ペルシャ、アラビア、そしてエジプトの港への交易は常に陸地に近い海域を通るものであった。東南アジア南部の諸王国、特にスマトラとマレー半島南部に中心をおき長く続いたシュリーヴィジャヤ王国では商業は非常に重要であったが、アジアの他の地域と同様にその諸王国の勢力は農業に、富の多くは資源（特に金）に、そして軍事力は主に陸軍によっていた。ヨーロッパでは、かなりの量の取引がバルト海と北海で、そして中世前半からは（やや後の時代まで都市と言える規模ではなかったが）多くの重要な交易町があった。しかし、船が南の地中海に行くことはめったになかった。遠く危険な航海だったのである。

さらに、沿岸地帯のどこにも大きな制海国、すなわち海洋帝国は存在しなかった。[74] 古代ギリシャ人（「制海国」という語を造った）の建てた国のいくつかは例外であったかもしれないが、それらはあまり大きくなかったし、商業を発展させそれによって繁栄したが、いずれにしても商業に基盤をおいていたとは思えない。[75] 鉄器時代初期の大商人であったフェニキア人はスペインまで行って交易を行なっていたが、交易を支えるための帝国は築かなかったようだ。[76] 後に広範囲にわたって活動したヴァイキングもインド洋のムスリム商人も同様である。それぞれの事例において、交易の中心地から政治的組織が発達したときもそれはまったくその地域だけの出来事であった。例えば、ノルマンディーにできたヴァイキングの政権はブリテン島、アイルランド、ロシアなどに作られたヴァイキングの国々とは最初から無関係であった。

要するに、海洋ルートはヨーロッパ人が外洋を越えてアフリカ、アジア、アメリカ大陸に行くようになる以前にも約二千年間存在していたが、それらは「政治的に」また「文化的に」重要ではなく、従ってほとんど気に留められなかった。沿岸地帯が真に重要となったのは、ヨーロッパ人が交易所を作り、国際貿易で莫大な利益を得始めたときである。港湾都市（中には全く新しく築かれたものもある）は、成長して大きく豊かになり、そのときユーラシアの周囲の国際海洋貿易は新しい海洋交易網として生まれ変わったのである。それは最終的には経済の上で非常に重要となり、アジアの小規模な周縁国家の中には政治の中心をそこに移したものもある。

目立たなかった昔の海洋ルートの交易とまったく同じように、大陸を横断して行われる交易は有史以前に始まっていた。それは初めから直接的な長距離交易ではなく地域的な交易が繋がって間接的に行われ、草原の遊牧民による中央ユーラシアの初期の大帝国、つまりスキュタイや匈奴の時代まで注目されることなく続いた。それらの帝国はこの交易でかなり豊かになった。その時代以降、中央ユーラシア草原の遊牧民と中央ユーラシア諸都市の繁栄はその内部の経済的繁栄と切り離せない。それには国際通商の部分も含まれており、これらが合わさってシルクロード経済システムを形成していたのである。

昔の海洋ルート上にある港とは異なって、中央ユーラシアの商業中心地は大陸にあった。従って、シルクロード上の城壁で守られた都市は大きくて政治的に重要なことが多かった。しかし、海洋ルートによる交易はその多くがアジアのある国から近隣の別の国へというその地域内での船舶輸送からなっており(ヨーロッパが沿岸地帯を征服しヨーロッパの船が地元のアジアの船に多く取って代わった後でもそうであった)、それと同様に、中央ユーラシアにおける商業のかなりの部分は普通の商人が地元で小規模に行うことによるものであった。[77] それゆえ、海洋交易網において制海国が存在していなかったのと全く同様に、中央ユーラシアにおいてソグド帝国とかユダヤ帝国といったものはだれも聞いたことがない。そういうものは存在しなかったからである。ソグディアナの歴史の顕著な特徴のひとつはその非統一性である。その歴史を通じてそこが統一されたのは征服によってのみで、その短期間だけであった。しかし、そこはほとんど常にアケメネス朝ペルシャ、匈奴、クシャーナ朝、突厥、アラブといった帝国の宗主権下にあり、それらの帝国はその地域の事実上独立していた都市国家の間の交易が滞らないようにしていた。タメルランはかつてのソグディアナの中心にあるサマルカンド近郊の町の出だが、イラン系でもなければ商人でもなかった。おそらくそれがサマルカンドにおかれた首都から大帝国を作ることができた理由であろう。しかし、いずれにしても帝国は彼の死後すぐに分裂してしまった。

シルクロードの大都市について政治的な面で注目に値する事実（少なくとも古代と中世前期においては、それらがみな都市国家であったということである。どの小王国も二つ以上の重要な都市からなるということはまずなかった。自分たちで自由にやっていたので、中央ユーラシアの町の政治と商業は、沿岸地帯の町の場合と同じように、繋がりがなかった。近代以前に何回か物理的な面を始めとして全ての面で町が縮小し、中央アジア人が歴史から消え去ったことがあったのはそのためである。この繋がりの喪失とそこから来る経済的衰退の原因は明らかに草原帝国による支配がなかったことである。草原の民の生産基盤と行き届いた保護と育成がなかったため、シルクロードは衰退に向かった。[78]

古くから周辺地域に存在したギリシャ・ローマ帝国、ペルシャ帝国、中華帝国が強大になりすぎて中央ユーラシアの遊牧国家を征服したり混乱をもたらしたりしたときの記録ではどの場合においても、中央アジアには少なくとも経済の衰退が起った。[79] 漢が匈奴を倒したことは中央ユーラシアの多くの地域に混乱をもたらした。東部草原においては鮮卑が匈奴に取って代わったが、それはシルクロードを理解していた次の遊牧民である突厥がそのシステムを回復させる数世紀前のことであった。唐は中央アジアに広大な植民地を持つ巨大な繁栄した帝国を建設することに成功したが、中央アジアそれ自体の繁栄が後退したことは否定できない。チベットと西テュルクのテュルギシュの帝国に対する中国とアラブの同盟が成功し、テュルギシュが完全に粉砕されたとき、結果として、中央ユーラシアのその地域は混乱し、ひどい経済不況が起り、ソグド人などの商業民族の率いる反乱や革命が勃発し、それらは大陸のほぼ全域に影響した。最終的に、満漢人とロシア人が中央ユーラシアを分割し、清が中央ユーラシア最後の大遊牧国家ジューンガル帝国を滅ぼしたとき、中央ユーラシアそのものの内部における経済的荒廃は全面に及んでいたので新しい千年紀に入る紀元二〇〇〇年においてもその地域は回復していなかった。それとともにユーラシア全体が経済的に崩壊しなかった唯一の理由は、ヨーロッパ人の管理のもとで沿岸ルートが成熟した海洋交易網に発達し、いくつかの点においてシルクロードに完全に取って代わったからである。

遊牧国家はシルクロードの存在にとって決定的に重要なものであったが、交易は遊牧国家の存在にとって単に極めて重要であったというだけではない。遊牧民と都市の定住民は中央ユーラシアで繁栄したどの帝国においても互いに切り離すことのできない構成要素であった[80]。そのような帝国はいずれも牧畜遊牧民、農耕民、そして都市を持っていなければならなかった。従って、遊牧民は帝国内の農耕民と都市住民と同様に、交易に加わり、それを発展させ、育成した。君主はふつう草原の遊牧民であったが、そのことによって彼らが何よりもまず周辺の諸帝国に交易を許可させるために戦争を行なったということに変わりはない[81]。中央ユーラシアの草原の民は、この点において、海洋交易網を作ってそれを維持した西ヨーロッパの海洋の民のまさに鏡像である。草原の民の努力の結果、中央ユーラシアの内部の交易と中央ユーラシアと外の世界の間の交易による経済、すなわちシルクロードが栄えた。政治家、顧問、歴史家がいかにも分かったかのようなことを言ったが、周辺の諸帝国はシルクロードについて実際には全く理解していなかった。シルクロードは、彼らが諺にある黄金の卵を産むガチョウと見るほどまで成長した。彼らは何回もシルクロードを占領してその所有者の遊牧民を排除しようとした。彼らがそれに成功するまでは中央ユーラシア経済（シルクロード）は繁栄した。彼らが最終的に成功すると、その繁栄は終わった[82]。

アジアへの外海ルートを発達させていた西ヨーロッパの国々はその頃には遊牧民が以前に陸で行なったことと全く同じことをしていた。ヨーロッパ人も貿易に熱心で、それを発展させ、保護し、参加した。彼らの興味は利益であり、それは遊牧民と同じであった。どちらの場合もそれを保護する為政者は他者の利益のために尽力するということはなかったが、それは伝統的に東西の歴史学者が中央ユーラシアの遊牧民とヨーロッパの海洋交易商人の活動について言っていたような「バルバロイの強欲さ」ではなかった。それはむしろ「利己主義の美徳」とでもいうものであった。商人と商品の供給者を保護するというのはヨーロッパ君主の自身の利益のためであった。そのような経済的利益が海洋交易網を支配するヨーロッパ諸国にとって最終的に不可欠なものとなったとき、遊牧民とその軍隊がかつて中央ユーラシアの草原地帯を覆ったのと同じようにヨーロッパ諸国の海軍が外洋を覆った。そして、海洋交易網は、最終的にヨーロッパの大部分とヨーロッパ人に支配ないし管理されていた、インドの海岸地帯、東南アジアのほとんど、そして中国に存在していた港湾都市と後背地、さらに日本にあった商館を結び、その真価を発揮した。

その量と価値にもかかわらず国際海洋貿易は長いこと陸上貿易よりだいぶ影響が小さいままであった。主な理由のひとつは、ヨーロッパ人に征服されるまでは、沿岸地帯の交易はそれに携わる商人によって結ばれた地域経済において独特かつ基本的な要素ではなかったことである。それはまた中央ユーラシアの大陸経済地帯とは独立した別の経済地域を構成したこともなく、中央ユーラシア、すなわちシルクロード経済を核とする大陸のシステムに完全に統合されていたのである。[83]

商品を二つ以上のルートで手に入れられることによって値下げ競争が起きたかもしれないが、かつての海洋交易ルートと大陸交易ルートは対立するものではなかった。その二つは歴史を通して存在していたが、ひとつのユーラシア大陸交易網の中における輸送と流通の別々の下位網としてのみであった。そのユーラシア大陸交易網の中心はシルクロード、すなわち中央ユーラシア経済であった。その二つの交易ルートが出会い最も強く影響し合った地域は西南アジア、主としてイラン、イラク、エジプト、シリア、アナトリアであった。ある程度ではあるが、歴史を通してペルシャの政治的勢力は陸上でも海上でも東方、南方、西方の間にあるというその戦略上の位置から切り離せるものではなかった。同じことが東ローマ帝国、ビザンツ帝国、オスマン帝国を支えたアナトリアとギリシャについても言える。[84]

ヨーロッパが管理する新しい海洋交易路網の絶頂期にはユーラシアの国際貿易の多くは海によって行われた。その頃には陸上の交易は遠方までは行っていなかった。現地の少額の交易が細々と行われ、まれに隊商が行き交う以外にはシルクロードの商業は既に存在していなかった。その理由は、草原地帯とその地で生まれたほとんどの中央ユーラシア国家が周辺勢力によって征服・占領されたことによって現地の中央ユーラシア諸政権が倒され、周辺諸帝国の植民地行政官に取って代わられたことにある。中央ユーラシアにおいて国が独立を失い、独立を目指す指導者たちが完全に弾圧されたことによって、支配者とその臣下、護衛団(コミタートゥスの末期の形)、その他多くが消え去った。それによって絹などの高価な国際交易商品に対する中央ユーラシア経済内部での需要のほとんどが失われた。ロシア人と満漢人は公的な国境交易所を設置したが、それはロシアと中国の厳密に二国間の「公的な」貿易をコントロールし、中央ユーラシア人に交易をさせないために特別に作られたものであった。中央ユーラシア内の経済基盤だけでなく既に縮小していた隊商貿易が続く可能性も破壊され、十九世紀半ばまでにシルクロードは衰退して意味を持たないものとなり、中央ユーラシアは貧困に陥った。

この過程は中央ユーラシアの主要な地域全てに影響した。現在の名称で言えば、モンゴル、チベット、アフガニスタン、西中央アジア(すなわち西トルキスタン)、そして東トルキスタン(すなわち新疆)である。東トルキスタンは、近年学術的にかなり注目されているところであるが、それを例として見てみよう。

ジューンガル帝国の拡大は満漢帝国、ロシア帝国、英領インド帝国の拡大と同時期であった。しかし、周辺の勢力が「新疆と中央ユーラシアの他の地域をうまく取り囲み、草原の遊牧帝国は終わりを告げた」。ジューンガル自体は周辺の諸国から商品や技術を取り入れ、中央ユーラシアを「より広い世界と初めて接触させた」[85]が、ジューンガルが崩壊し、中央ユーラシアが満漢人とロシア人に征服され隷属させられると、反対のことが起った。現地の経済は次第に苦境を迎え、十九世紀の中頃には中国の「磚茶と布」、ロシアの「家畜、皮革、毛皮、加工品」[86]のように国際貿易を厳しく規制されたものが存在するほどであった。清による征服以後、早くも十八世紀の乾隆帝の頃には「新疆はその保持のための軍隊を支えるのに充分な収入を生み出すことができず、兵士の給料を払うために毎年何百万オンスという銀が中国から新疆に運ばれた」[87]。十九世紀半ばの東トルキスタンにおいて「最後の細々とした交易」は「中国茶、銀、その他の品物の再輸出」[88]であった。二十世紀初頭、「新疆の市場では、ロシアの酒、金属製品、織物、照明器具、陶磁器、時計、タバコなどは全て中国製のものよりもだいぶ安かった」[89]。これらはみな単価の低い安い品物であった。価値の高い贅沢品がそこにないのが目立つが、それは古代から中世末期、さらには後のジューンガル帝国の最盛期頃の遅い時代の状況とは著しく対照的である。贅沢品がないことは中央ユーラシアが破滅的な経済的衰退に苦しんでいたことの直接の証拠である。

東トルキスタンは一八六四年にこの耐えがたい状態に反発して、ヤクブ・ベグ（在位一八六五〜一八七七）の支配下に入った。彼の明敏な外交でその地域は国際的に注目された。不運なことに、清朝はそこを手放そうとしなかった。満漢人による再征服は一八七八年に完了したが、その後、一八八四年にその領土全体が新疆省として併合された。[90]十九世紀の終わりには、何らかの意味を持つ小規模な交易はまだ存在しており、それはロシアと中国の商人によるものであった。東トルキスタンにおける文化面での停滞と遅れは、少数の外国人旅行者によって述べられている。[91]彼らは、現地の危険さはもちろん周辺帝国の指導者たちの反対に立ち向かってその地域に入ってそれを記したのである。全ての戦争と長期にわたる清の不適切な政策によって経済、社会基盤、実質的に全てが破壊された。[92]

中央ユーラシアはどの方向からも接近が厳しくコントロールされ、文化的に孤立し、当時世界のほとんどの地域に起っていた技術その他の変化についていくことができなくなってしまった。特に、工業・商業の革新とそれに伴う文化面での変化は中央ユーラシアには全く及ばなかった。そしてそこは次第に未発達な困窮した取り残された植民地となり、かつては世界文化の中心であったのに、もはや中央アフリカやアマゾンのジャングルのようであった。

こういった状況により中央ユーラシアは大部分のロシア人や満漢人にとってほとんど魅力のない、興味をそそらないところとなった。彼らが欧米人をそこに行けないようにしていたのだが、自分たちも次第にこれらの植民地にほとんど注意を向けなくなった。確かに、アフガニスタン、東西トルキスタン、モンゴル、チベットを含む中央ユーラシアへの旅行はほとんど全面的に禁じられていたので、そこに関する情報は他の地域ではほとんど存在しなくなった。中央ユーラシア内においてでさえ、この孤立と貧困は人々の教育レベルを下げ、自分たちの領土、歴史、文化についての無知が広がる結果となった。

このシルクロードの不可解な消失は新しい海洋交易路網の出現と同時であった。従って、二つの別々の商業体系と思われていたものの出現と消失の間に歴史学者が因果関係を見つけようとするのは自然であった。実際に、独立と交易に熱心な現地の支配者たちを奪われて中央ユーラシアは世界の歴史において最も厳しく長い経済不況に苦しんだ。貿易に熱心なヨーロッパの海軍によって育まれたユーラシアの海岸地域は以前にはなかったほど繁栄したが、中央ユーラシアは衰退し忘れ去られた。

1 後註89を見よ。仏教的な意味を持つ民族名を意識的に選んだことはタグバチ*Taghbač（拓跋）の行なったことと驚くほど似ている（Beckwith 2005b 参照）。

2 Perdue (2005: 140)。

3 Perdue (2005: 140–141)。

4 Perdue (2005: 148–149)、Bergholz (1993: 260–261, 267–269)。

5 Perdue (2005: 150)。

6 Perdue (2005: 138, 161–171)。

7 Perdue (2005: 151)。「清の旗は元々は国からの俸給と土地の授与によって支えられた三百人の男から成っていた」(Liu and Smith 1980: 202)。

8 サンギェー・ギャムツォは、ダライ・ラマは深い瞑想の最中であると言っていた。

9 Perdue (2005: 151)。

10 Spence (2002: 154)。

11 パーデュー（Perdue 2005: 152–159）は、そのとき両者は互いに策略で相手の裏をかこうとしたと言うが、ジューンガルがこの趣意で何かを行なったとは思えない。

12 Spence (2002: 155)。ガルダンの息子はハミの現地の支配者に捕えられたが、満洲人に引き渡された。

13 Perdue (2005: 202)。ガルダンは毒殺されたようだ（Perdue 2005: 202–203）。アフマド（Ahmad 1970: 322）によれば、彼は一六九七年六月三日に自殺を図ったが、この日付はガルダンの死の知らせが満漢帝国の陣営に届いた日の誤りである（Perdue 2005: 202）。

14 Perdue (2005: 178)。

15 Perdue (2005: 192)。

16 Hoffmann (1961)。

17 ダライ・ラマ第六世の作ったラブソングには多くの翻訳がある。

18 確かにガルダン・カンはそう感じていた。東モンゴルの中心的な化身ラマであるジェブツンダンバ・クトゥクトゥが自分に従わず、ダライ・ラマを軽視していたことをジューンガル人が感じとっていたことに対し、彼は怒って対応した。

19 Perdue (2005: 234–235)。

20 Perdue (2005: 234–235)、Hoffmann (1961: 178–181)。

21 しかし、チベット本土はココノール地域と違って、満漢帝国、すなわち清朝の国家に組み込まれなかった。チベットは一九一一年の清朝崩壊まで「保護領」のままであった。それは満洲人の保護官（といくつかの満漢部隊からなるその個人的護衛団）の居住する独立国家であった。保護官は宗主国による監視を行なったが、正式の支配権があるわけでもなかったし、チベット人の自らの国の政権を事実上管理することができたわけでもなかった。当時の一般の人たちの勝手な意見は見当違いである。

22 Perdue (2005: 263–264)。

23 Perdue (2005: 265)。テール、すなわち中国の質量の単位である両は四十グラムよりわずかに軽く、一トロイオンスよりやや重い。

24 Perdue (2005: 392–393)。

25 Millward (2007: 92–94) を参照。

26 Perdue (2005: 256–265)、Millward (2007: 94–95)。

27 Perdue (2005: 275–288)。

28 Perdue (2005: 291)。

29 Perdue (2005: 32)、Millward (2007: 97)。

30 Perdue (2005: 392–393)、Millward (2007: 103, 116)。

31 インドにいたイギリス人はまだ中央ユーラシアと交易をしたがっていたが、アジアの政治家には我慢がならなかった。一九〇四年にイギリスはチベットに侵攻し、対抗するチベット軍を打倒し、自分たちの条件を押し付けた。

32 Perdue (2005: 161)。

33 確かにシルクロード経済は完全に消えてしまったのではない。実質的には完全になくなったものは何もなく、ある種の隊商は現在まで続いてきている。しかし、そのことは何人か（例えば、Millward 2007: 76–77）が言うようにシルクロード経済が近代までかつての重要性を持ち続けていたことを意味するのではない。ミルワードは、中央ユーラシアの交易はジューンガル帝国の壊滅後に実際急激に衰退した、ということを示す多くの明白な例を提供している。中央アジアを含む中央ユーラシア、すなわちシルクロード経済の中心が二十世紀よりずっと以前に貧困化し、技術の面で（学問や芸術の面におけるのと同様に）著しく遅れたと見ないことは難しい。

34 Pearson (1987: 26–27)。

35 ミルワード（Millward 2007）は、満漢の役人の中には内陸から沿岸に目を向けようと主張する者もいたが、それまでの慣習と戦略上の不安から清政府は中央ユーラシアに集中し続けた。史料にある戦略上の不安というのは実際にその時代にあった脅威ではなく、昔のものであるようだ、と言う。
36　Elisonas (1991: 302)。
37　Hall (1991: 4)。これは桃山時代で、都は依然として関西で、秀吉の城にあった。
38　Elisonas (1991: 360–363)。
39　Elisonas (1991: 363–364)。
40　Asao (1991: 70–73)。
41　Elisonas (1991: 369)。
42　Beasley (1989: 270–271)。
43　こうして「都」を意味する古い帝都「京都」に対して「東の都」を意味する「東京」ができた。
44　実際、明治というのは彼の統治時代の名称であるので、正しくは、中国の満漢皇帝についての伝統的なやり方に沿って、英語ではEmperor Meijiではなく、the Meiji emperorと呼ばれるべきである。
45　日本はさらに以前に一八九四〜一八九五年の日清戦争に勝っている。日本の清からの最も重要な獲得領土は朝鮮、遼東半島、そして台湾であった。
46　Savory (1995: 772)、Matthee (1999: 105–106)。
47　一部はサファヴィー政権が商業と工業を管理していたことである。上記を見よ。
48　Savory (1995: 772–773)。
49　Issawi (1971: 86) を引用しているSavory (1995: 774)。
50　スエズ運河（最初から最後までヨーロッパの事業であった）の開通によっても中東そのものにおける商業を復活させることはできなかった。知的・芸術的生活については言うまでもない。サファヴィー朝の衰退以降、ペルシャにおけるこの暗闇への歩みの唯一重要な例外（ただし、短期間に終わった）は二十世紀中葉のパフラヴィー朝であった。その政権の運命は今日までの中東問題を要約している。
51　Newitt (2005: 245, 258)。
52　Conlon (1985)。
53　Thant Myint-U (2001: 18–20)。
54　Bečka (1995: 217)。
55　Wyatt (2003: 122)。「一五一一年にポルトガルがマラッカを占拠したとき、彼らはすぐに交渉団をアユッタヤーに派遣した……。一五一八年に三回目の交渉団が一五一一年に結ばれた平和協定を承認した。……シャムの国際交易は後に続く海上貿易の着実な成長に遅れずに付いていったに違いなく、一五〇〇年から一五六〇年の間あたりで倍増した」（Wyatt

2003: 74、強調は筆者が加えたもの)。
56 Wyatt (2003: 124)。
57 ヨーロッパ人のアユッタヤーとの商業上・政治上の初期の関係については、Wyatt (2003: 95–104)を見よ。
58 Joo-Jock (1991: 6)。
59 Joo-Jock (1991: 12)。
60 Hsu (1980: 118–125)。
61 Wakeman (1978: 199–201)。
62 Fairbank (1978: 224, 237 以降)。
63 Millward (2007: 126–127)。ミルワードは、その結びつきは現在までかなりの程度続いていると言うが、それは全く正しい。
64 Frédéric (2002: 624)。Jansen (1989) 参照。
65 GSE (14: 380)。サンクトペテルブルグは一七一二〜一七二八年、一七三二〜一九一八年に帝都であった。
66 GSE (19: 116)。
67 それからしばらくして一八六七年にロシアはアラスカをアメリカに売り、ヨーロッパ人によるアメリカ大陸征服への直接の関与を終わりにした。
68 GSE (5: 539)。
69 古代についても同じことが言える。
70 しかし、中世初期においては主要なアングロサクソン系の王国であったマーシアの首都は完全に内陸にあった。
71 奇妙なことに、スカンディナビアの国々は全て港町を都としていたが、どの国も大航海時代において、そして海洋交易網を確立させる過程において卓越したところはなかった。他方、ポルトガルの首都で中心的な都市であったリスボンは、歴史的には大主要都市ではなかったが、過去においても現在においても港町で、ポルトガルの先駆的な探検と征服において目立った存在であった。ポルトガル人は究極的にはアジアの沿岸地域にヨーロッパの勢力を確立するのに貢献したのである。
72 ラティモア (Lattimore 1998: 6) が訳しているが、「都市に関して言えば、後の、航海が増大し、より豊かな富を持つようになった時代に築かれたものは沿岸部における要塞で、近隣の人々からの防衛だけでなく交易のために地峡に位置を占めていた。しかし、古い都市は海賊行為から長いこと生き延びてきたということで、島であっても大陸であっても普通は海から離れたところに築かれており(海賊はお互いと沿岸の非航海民を襲ったのである）、現在でもなお内陸の居住地である」。

73　徳川家康は当時同盟者であった豊臣秀吉との間の政治的取引の一環として関東の江戸に移った。家康が一六〇〇年に日本の唯一の支配者となったときに江戸は事実上の首都となった。後の東京である江戸は、軍隊に重要な馬で知られていたが、当時はまだ地元の港にすぎなかった。現在でも東京の中心部のいくつかの著名な場所は馬の飼育と関わる名称を持っている。

74　東南アジアの大きな国のいくつかは、とりわけシュリーヴィジャヤがそうであるが、制海国と言われてきた。しかし、おそらくここで意図されている意味でではないだろう。

75　本当の制海国に最も近いのは古代のアテーナイ「帝国」であったと思われる。

76　彼らの後裔のいくつか（特にカルタゴ人）は帝国を築いたが、本来のフェニキア人の全盛期を過ぎてだいぶ経ってからであった。

77　真に国際的な交易のほとんどは、国境を越えることができるということでソグド人やユダヤ人などの「第三者」である商業民族によって行われた。そして、彼らはすぐにそうと分かる際立って中立的な民族アイデンティティーを保つことどの政治組織とも表立っては関係していないと知られることが最優先であったと考えられることがある。しかし、これは少なくともソグド人、テュルク人、ヴァイキングに関しては正確でないように思われる。de la Vaissière (2005a) と de la Vaissière and Trombert (2005) における諸論文を見よ。

78　このことは、通常それとなくであるが、多くの人が示唆している。例えばミルワード（Millward 2007: 93–94）は「このように内陸アジアの遊牧国家に対して隊商交易が重要であることについて、詳細な記録のある良い例をジューンガル人は提供している」と言う。

79　アラブによる征服は中央アジアに経済的衰退をもたらさなかった、と反論されるかもしれない。それはそうかもしれないが、それには相当の理由があると思われる。アラビアは昔からの沿岸地域経済に属しており、アラブ人は歴史を通して強く商業を支持しており、アラビアには重要な遊牧的要素があった。帝国の時代（から九世紀初めに直接的なカリフの支配権が崩壊するまで）のアラブによる征服も多くの点で草原遊牧民による征服と類似している。

80 これは、チベット帝国の崩壊と後のチベット人が再び大国家を作ることができなかったことの説明を示唆しているのではないかと考えられるかもしれない。しかし、チベットがモンゴルの支配下に置かれ（正確には、モンゴルに降伏し）、より大きいモンゴル帝国に組み込まれたのは歴史的事実である。短い空位期間を例外として、チベットは何らかのモンゴル系の国の支配下でかなり統一されていた。それは満漢人によってジューンガルが打倒されるまでであるが、ジューンガルの保護のもとでチベットは依然としてかなり統一された国であった。従って、チベットは例外ではない。国家を基盤としたチベット民族の歴史はまだ書かれていない。

81 エピローグを見よ。

82 シルクロードは実際には衰退しなかったという近年の論については後註90の考察を見よ。

83 これはクリスチャン（David Christian 1998）が自ら新たに作った「外ユーラシア（Outer Eurasia）」と「内ユーラシア（Inner Eurasia）」という用語で意味するものとは異なる。私はこの用法には賛成できない。特に中央ユーラシア研究において現存する用語の混乱を考慮するとそうである。クリスチャンは後に「アフロユーラシア地域」に言及している（Christian 2000: 2）。

84 ヒッタイト王国と同様にトロイア王国を含めることができるであろうが、ヒッタイトは中央アナトリアに本拠を置いていた。

85 Millward (2007: 79–80)。

86 Millward (2007: 156)。

87 Millward (2007: 102–103)。

88 Millward (2007: 121)。

89 Millward (2007: 158)。

90 Millward (2007: 130–137)。清帝国の中国（伝統的に「中国本土」とよく言われるもの）とチベットを除いた他の部分は全て本質的に同じ政治的情勢にあったという議論があるが、実際はそうではなかった。モンゴリアの情勢は東トルキスタンの情勢とは異なっていたし、どちらもチベットの情勢と違っていた。新疆が公式に一人前の省に変わったが、それは意図的な政治的動きであった。最初はそこに住んでいる一般の人たちにとってそれはあまり重要な意味を持たなかったが、長い期間での影響は甚大であった。ミルワード（Millward 2007: 158）による東トルキスタンについての解説を参照。次の註を見よ。

91　Millward (2007: 159)。ミルワードは、西洋人による観察は「帝国主義者の独善的な人種差別」と見ている。それらの西洋人と同時代の中国の帝国主義者たちの独善的な人種差別がその頃の西洋人によって記されていることを付け加えなければならない。その西洋人たちはそれを声高に訴えたが、中国や世界の他のほとんどの地域で注目されないままになっている。それは現在まで続いており、その庇護のもとで東トルキスタンの罪のない人々は抗議の機会もなくひとつの強大な外国政府から圧迫を受けている。

92　現在においても「新疆は……まだ国庫補助金を必要としている」(Millward 2007: 103)。ソ連においても同様である。中央アジアの貧困化した連邦共和国が独立を宣言したとき、破産したそれらの国を繋ぎ止めておくためにロシア人は何もしなかったが、それはバルト海諸国を繋ぎ止めておくために努力を行なったのとは対照的である。ロシア人にとっては、経済的に中央アジアは底なしの穴であった。

第11章　中心なきユーラシア

April is the cruelest month,
Breeding lilacs out of the dead land.
—T. S. Eliot, *The Waste Land*

四月はもっとも非情な月だ
命を失っていた大地からライラックを芽吹かせる
T・S・エリオット『荒地』[1]

モダニズム、戦争、そして文化の衰退

二十世紀は、革新的運動であるモダニズムの全盛期で、モダニズムは文化のあらゆる分野、レベル、側面において伝統、自然法則、そして自然そのものに対抗した。ヨーロッパではそれは特に破滅的で、さまざまな種類のモダニズム革命が大衆主義、全体主義、原理主義の独裁国家を作り出し、それまでにないレベルでの破滅的な戦争と大量殺戮をもたらした。モダニストによる破滅的な経済政策は現代における最悪の世界不況である世界大恐慌を生んだ。それは多くの国で一九二九年から第二次世界大戦まで続いた。文化の面では、過激な「革命」の綱領を情け容赦なく適用したことによって中央ユーラシアに文化的荒廃が生じた。書物が破壊され、聖職者が拷問を受けたり処刑されたりしただけでなく、何千もの僧院、寺院、モスク、教会、シナゴーグ、そして仏教、イスラーム、キリスト教、ユダヤ教に関連する教育施設が破壊された。中央ユーラシアは世界のどの地域よりもモダニズムの脅威に苦しんだ。

モンゴルとチベットは一九一一年に清朝が崩壊したときに独立を取り戻し、東トルキスタンの一部は数十年後に少しの間ではあったがそれに続いた。しかし、第二次世界大戦からまもなく、共産党が中国の内戦に勝利し、中国は瞬く間に内モンゴル、東トルキスタン、そして最後にチベット（一九五一年）を獲得した。その三つの国は軍の占領下となり、漢人の入植者であふれた。

第二次世界大戦と中国の侵攻の後、中央ユーラシアは以前よりももっと孤立化した。ユーラシアの東端と西端は非ユーラシア国家であるアメリカ合衆国に支配され、世界は共産主義陣営と資本主義陣営に分けられた。両陣営の長期にわたる戦いは、互いに直接に無統制に軍事力を行使することはまれであったために「冷戦」と言われたが、ユーラシアの支配にとりわけ重点を置いて

いた。[2] ソビエト社会主義共和国連邦（ソ連）と中華人民共和国（共産中国）という巨大な共産主義帝国の反商業主義の「社会主義」体制は、全体として両国に、そして特にほとんどを両国が軍事的に占領していた中央ユーラシアに、貧困と孤立をもたらした。

†海洋交易路網とシルクロード

モダニズムの時代において、ユーラシアでは海洋交易網が優位を占め続けた。その海洋交易網は、元はずっと以前の沿岸地帯の通商から発達したものである。かつての通商を無視したりその重要性に疑問をいだくことはできないのは確かであるが、アジアの海洋通商は単に大陸のシルクロード通商と同様に重要というのではなく、それよりもっと重要であると言われてきた。そのような議論は最も伝統的なものですら、シルクロードとは何であったのかというポイントを捕えておらず、そこに何が起っていたのかをはっきりと示していない。

シルクロードは実際には沿岸地帯における何とも比べられない。ポルトガルがヨーロッパからの直接の海洋ルートを発見し、それを支配し発展させる以前、沿岸地帯の海洋交易網は本質的には、商業輸送のネットワーク、より正確に言えば、互いに接続された地域内輸送ネットワークのシステムとでも言うべきものにすぎなかった。それと対照的に、シルクロードは本質的に商業輸送ネットワークではない。それは中央ユーラシア経済全体、もしくは社会・経済・政治・文化のシステムで、その大きな繁栄は古代と中世の人々に影響を与え、その記録と遺跡は現代の人々にも感銘を与える。

近代において最後の草原帝国が崩壊し周辺諸国によってその地域が分割されるまで、中央ユーラシアの社会、経済、政治組織、そして文化は全体として（牧畜民、農耕民、都市住民、それと戦士、芸術家、知識人などを含む）同時代のユーラシアの他の主要な地域、すなわち東アジア、東南アジア、南アジア、西南アジア、そしてヨーロッパに匹敵するものであった。モダニズムのはじまる時代には第10章で示したように中央ユーラシアは貧困化し取り残された地域となった。モダニズムの時代になってもそのままだったが、状態はさらに悪化し、世界全体の中において最も大きく衰退し貧困に喘ぐ地域のひとつとなった。それは、政治面での征服だけから予想されるものを遥かに越えており、かつての偉大な文化を思い出させてくれる遺跡などはほとんどない。なぜそういうことが起ったのかという問いに答えなければならない。

ここで挙げる理由は、近世のヨーロッパとアジアの周辺国による中央ユーラシアの征服と分割である。モダニズムの時代において中央ユーラシアはもはや独立の存在、もしくはその集合としては存在していなかった。その地域の国々は宗主国にとっての「国境問題」となった。[3]従って、二十世紀においてその地域全体はほとんど無視され、モダニズムの時代においてはほとんど完全にその脅威による被害者となっている。そのため、二十世紀の中央ユーラシアの歴史はユーラシア周辺部、特に西ヨーロッパ、ロシア、中国の歴史よりかなり重要度が低いものとされている。[4]本章はそのユーラシア周辺部の歴史を、それが中央ユーラシアに及ぼした影響とその結果二十世紀末に始まった帝国の新しい秩序に注意を向けて概観する。

†急進的なモダニズム革命

第一次世界大戦以前、共和制を統治制度として導入した国々から生まれた大衆主義の勢力が増大してきたにもかかわらず、君主制と貴族文化の伝統の規範が名目上はヨーロッパ支配の世界のほとんどで優勢であった。悲惨な第一次世界大戦の後、ヨーロッパに残っていた君主国は大部分が倒され、絶対君主は保っていた実権を奪われた。[5]それらは公然たるモダニストによる「民主主義」に取って代わられ、少なくとも建前上はすべてが共和国であった。近代の共和国のいずれにおいても、子供たちは国民の義務教育機関において「民主主義」のイデオロギーのもとに教化されたので、彼らは政治的実権を持つ者の綱領に反対することなく、無意識のうちにそれを支持したのであった。

中国における最初のモダニズム革命

二十世紀の最初の重要なモダニズム革命は中国で始まった。それは孫逸仙《そんいつせん》（孫文、一八六六〜一九二五）によって率いられた。孫は幼少時にハワイに移住し、中国に戻った後、香港、日本、イギリス、アメリカに暮らした広東の知識人である。[6] 革命家たちは目標として、彼らが「よそ者」扱いしていた満洲人（満洲人はその頃には文化、言語、国民のアイデンティティーにおいて漢人と実際は区別がつかなくなっていた）の打倒と「民主」政権の確立を掲げた。当時のこの二つの急進的な目標はヨーロッパの、そして特にアメリカの影響から来たものであった。清朝の打倒は最終的に一九一一年に成功した。中央ユーラシアの保護国であったモンゴルとチベットは、自分たちの政治的関係は漢人とのものではなく、非漢人の「よそ者」である満洲人とのものであったので、自分たちは再び完全に独立したのだ、と即座に宣言した。東トルキスタンでは、帝国の占領軍は新しい共和国に引き継がれた。国が多民族から構成されており、そのために国家としての政治的統一が充分でなかったこともあって、軍はその支配を続けた。[7]

この新しい中国の共和制国家は弱く、各地の軍閥が国の多くの地域を奪った。蔣介石《しょうかいせき》[8]（一八八七〜一九七五［在任一九二八〜一九四九中国、一九四九〜一九七五台湾］）が当時の首都北京を占拠して国民党[9]の党首となったとき、首都は南の南京に移された。南京は船の航行が可能な揚子江の河畔にあり、上海の西、わずか二百三十キロであった。上海は列強によって支配されていた大きな港を持ち、当時既に中国で最も大きく最も繁栄した都会となっていた。

†第一次世界大戦

ヨーロッパ列強の間では前世紀から相互不信が続いており、それが戦争に対する真の欲求と相まって、緊張と軍備が爆発寸前にまで増大していた。バルカンで起った事件が戦争の口実となり、多国間同盟が結ばれ、第一次世界大戦(一九一四~一九一八)が始まった。戦闘国は二つの陣営に分かれた。連合国は、イギリス、フランス、セルビア、ロシア、日本で、途中からイタリア(一九一五)、ポルトガルとルーマニア(一九一六)、ギリシャとアメリカ(一九一七)が加わった。同盟国は、ドイツ、オーストリア=ハンガリー帝国、オスマン帝国で、後からブルガリア(一九一五)が加わった。[10] 戦いはヨーロッパ西北部で特に激しく、そこでは大戦闘などの破壊的行為が行われた。数週間の戦いで百万人の若者が死んだ。

広範囲の同盟によって武力衝突は南東のオスマン帝国まで及んだ。オスマン帝国では大きな影響を受け、それが体制の崩壊にまでつながったが、正面から戦争に取り組んでいたのはほぼヨーロッパの国々だけであった。従って、本当の「世界」大戦ではなかったが、主な参戦国はヨーロッパとそこに隣接する近東だけが重要な世界だと考えていたため、そう呼ばれた。[11]

アメリカは一九一七年に参戦した。一九一八年春のアメリカ軍の戦闘への参入は形勢をイギリスなどの連合国側に有利な方向へと変えた。第一次世界大戦はその年にドイツをはじめとする同盟国側が破れたことで終結した。戦勝国は戦争のすべてを同盟国の責任とし、過酷な制裁を課した。ドイツ帝国とオーストリア=ハンガリー帝国はベルサイユ条約(一九一九)の条項によって解体した。さらなる大戦争を避けるために国際連盟が設立されたが、アメリカは参加を拒否した。アメリカ議会はそれまで通り大衆主義者たちの中でも最もひどく無教養で利己的な者たちに牛耳られていたのであった。このことによって国際連盟の有効性は著しく低くなった。

第一次世界大戦を終結させた条約はヨーロッパにとっては惨事で、第二次世界大戦の主要な原因のひとつとなった。ヨーロッパ経済全体に対するドイツの重要性は当時は充分に認識されていなかった。第一次世界大戦による物質的な被害は、ヨーロッパの主要国に課せられた過重な戦債、そして特に無謀な経済政策とともに世界恐慌の要因の一部となった。一方、戦争の賠償、条約の制限事項、屈辱によって、敗北した同盟国であるドイツとオーストリアがすぐに再武装するのは政治的に見て明らかであった。第一次世界大戦が終わろうとしていた頃、急進的な社会主義もしくは共産主義の革命がいくつかの主要戦争参加国で起った。中でも最も重要なのはロシアとドイツであった。

†第一次世界大戦後の急進的なモダニズム革命

ロシア革命

長らく悪化していたロシア国内の社会経済問題は第一次世界大戦で一層ひどくなり、戦争に対する不満が高まった。一九一七年三月の民主革命によってロマノフ王朝が倒れたが、[12] 新政府はなお戦争から抜け出せなかった。新政府の脆弱さと戦争による損害が続いたことにより、より急進的な革命に大衆の支持が集まった。一九一七年十一月七日（ユリウス暦一九一七年十月二十五日）、マルクス主義革命家レーニン（ウラジーミル・イリイチ・ウリヤノフ、一八七〇～一九二四［在任一九一七～一九二四］）はロシア臨時政府の崩壊を発表し、その翌日、新しい社会主義の「ソビエト」政府を宣言した。[13] しかし、レーニンはロシアをすぐには戦争から撤退させず、一九一八年二月にドイツの攻撃再開により更なる被害が出た後に、首都はサンクトペテルブルグからかつての都であった内陸都市モスクワに戻された。
新しい社会主義政権が宣言された直後と言ってもよい頃に、社会主義の赤軍と反社会主義の白軍の間だけでなく、革命思想の異なる派閥間で内戦（一九一七〜一九二〇）が勃発した。レーニンとその支持者たちは、国内の反対派と欧米勢力と戦うために新しい軍隊へ兵士を徴兵する間、権力を保持するためにテロと集団処刑を利用した。欧米は赤軍派に対抗する白軍派を支持してさまざまな時点でかなりの軍を送り込んでいたのである。しかし、社会主義者たちは急進的なモダニズムの力を背景に優勢となった。

ソビエト政権は、巨大な帝国全域において急激な変化をもたらした。そのいくつかは有益なものであった。識字と教育は小さな部族も含めてすべての民族に広がった。その最初の主たる理由は全国民に「社会主義」のイデオロギーを教え込むためであったが、進んだヨーロッパの科学と技術も北ユーラシア、ソビエト中央アジア、そしてソビエトの依存国家であったモンゴルに広まった。

レーニンが一九二四年に死に、グルジア人のヨシフ・スターリン（ヨシフ・ヴィッサリオノヴィチ・ジュガシュヴィリ、一八七九〜一九五三［在任一九二九頃〜一九五三］）が後を継いだ。スターリン派は一九二七年に対抗派閥に勝利したのである。スターリンは一九二九年には全権力を掌握し、絶対的な独裁者となった。その、世界の歴史に前例を見ない恐怖と大量殺戮の治世に何百万もの人々が死んだ。特に、知識人は処刑され、農民は推定一千万人が餓死した。[14]

ドイツ革命

一九一八年末に第一次世界大戦が終わる頃、強く社会主義に傾いた大衆主義革命運動がドイツで起った。皇帝ヴィルヘルム二世（一八五九〜一九四一［在位一八八八〜一九一八］）が退位し、ホーエンツォレルン王朝の治世が終わった。社会主義・共産主義の勢力は中道・民族主義の勢力に負け、一九一九年にドイツ「ヴァイマール」共和国が誕生した。しかし、その新しい政府は脆弱で、経済は荒廃したままであり、ヨーロッパのいくつかの国がドイツを二流国家として扱い続けたことが過激なナショナリズムの成長を促した。

ドイツが世界恐慌によって深刻な影響を受けたとき、アドルフ・ヒトラー（一八八九〜一九四五［在任一九三三〜一九四五］）はそれをチャンスと見た。彼は、オーストリア生まれで、十年前に革命を起そうとして失敗し、しばらく投獄されていたが、急進的な国家社会主義ドイツ労働者党、すなわちナチスの指導者となっていた。彼は、世界恐慌の苦悩からドイツを救い、かつてのような偉大さを取り戻すと約束した。何回か続いた選挙でナチスは次第に多くの票を得ていった。第二位の得票数を得た後、最終的に一九三三年に彼は正式にドイツ共和国の首相に指名された。ナチスは急速に全権を掌握し、その革命計画を実行し始めた。

その新しい政府の計画のいくつかはすばらしいものであった。安価でしかも進んだ技術の新しい車フォルクスワーゲンすなわち「国民車」はドイツ人がみな所有できるように設計され[15]、国民が国内を縦横に移動するための高速道路網の建設が始まった。他の変革も納得のいくものであった。ヒトラーはベルサイユ条約を破って密かにドイツ軍の再建を始めた。彼は自分の力を確信すると、戦争の賠償の支払いをやめた。ドイツの科学は当時世界で最も進んだものであったが、それにドイツの産業が結びついて、ドイツを軍事大国・経済大国に築いていった。

しかし、ヒトラーはさらにその先へと進んだ。彼は大集会を通じて自身の力を伸ばした。大集会では、人に感銘を与える演説のうまさと煽動的な言葉遣いでいかなる話題であっても人々を激しく興奮させた。ヒトラーとその支持者たちは当時の欧米の他の多くの人々と同様、国の苦悩を少数集団のせいにしていた。ヒトラーは権力を掌握するとすぐに政府に組織的にユダヤ人を排除する計画を指示した。極端な人種差別と経済的圧迫が始まって、多くの人が自分も家族も支えることができないほどまでになった。安全な場所を求めて難民がドイツから流れ出た。[16] ナチスが第二次世界大戦中にドイツの支配下に入った地域にまでその計画を広げたので、それは組織化された大量虐殺作戦となり、そのために最終的には推定六百万人の人々が殺された。その中にはドイツとポーランドに残っていたユダヤ系住民のほとんどが含まれていた。[17]

トルコ革命

第一次世界大戦では、オスマン帝国はドイツとオーストリア＝ハンガリー帝国と同盟していたため、エジプトにいたイギリス軍は直接オスマン帝国と戦った。また近東全域においては、アラブ人ら反逆的なオスマン帝国の隷属民でイギリスと同盟していた人々を媒介としてイギリスは間接的にもオスマン帝国と戦った。

オスマントルコが敗北し植民地帝国のほとんどを失ったことで「青年トルコ」革命への道が開かれた。それはカリスマ的な民族主義指導者ケマル・アタテュルク（ムスタファ・ケマル、一八八一～一九三八［在任一九二三～一九三八］）によって率いられた。一九二二年、オスマン朝は廃され、世俗の「民主的」なヨーロッパ志向のトルコ共和国がそれに代わった。一九二三年にアタテュルクは首都をコンスタンティノープル（イスタンブルと改名された）[18]から内陸のアナトリアの町アンゴラ（古代のアンキュラ）に遷し、そこはアンカラと改名された。

連合国側はオスマントルコに対して報復を行なったが、イギリスは望み通りにその地域に長期間宗主国として君臨することはできなかった。イギリスは、第二次世界大戦直後までエジプトだけでなくパレスティナ、ヨルダン、そしてイラクを支配したが、大戦後に国力が大きく衰退していたので植民地のほとんどを断念せざるを得なかった。一九四七年にパレスティナから撤退すると、内戦が勃発し、急進的なユダヤ民族主義（「シオニスト」）の国家が形成された。その結果、紛争がもたらされることとなった[19]。

第一次世界大戦後、イギリス主導でオスマン帝国が解体され、トルコ人が自身を守るため民族主義的で内向きのトルコ共和国を建てたことは、西南アジアに長期にわたって深刻な結果を招いた[20]。ペルシャも引き続き弱いままであり、従って、中心をギリシャもしくはコンスタンティノープルにおいた大国とそれをペルシャにおいた大国とで西南アジアを二分する昔からの区分は復活できなかった。中東における分断と憎しみはより悪化し、二十世紀後半にはかつてないほど不安定さが増大した。

✝第二次世界大戦以前の近代中央ユーラシア

テュルク系の言語が話される中央ユーラシアでは、ジャディード運動（ウスーリ・ジャディード、「新しい方法」の意[21]）として知られる改革運動が一八八〇年頃タタルスタンのカザン[22]で始まったが、そこから他の主要なイスラーム諸都市へ広がった。東トルキスタンの知識人は近代的な西洋式の学校と教育課程、定期刊行物などの近代的なメディア、そしてそれらとともに近代の民族主義的思想を導入した。その改革が中央アジアに及ぶとジャディード運動家の中には革命の早い段階でボリシェヴィキ運動に関与する者も出た。彼らは保守派ムスリムの指導者と古い体制下の現地の支配者たちの圧政から自分たちの故国を解放するのにはそれが役立つと考えていた[23]。

第一次世界大戦の間接的な結果のひとつは、一九二一年のモンゴルにおける共産主義革命であった。モンゴルはその後ますますロシアの強い影響を受けることとなり、それは二十世紀の間続いた。

東トルキスタンでは、一九三〇年代に勃発した内戦をソビエトが鎮圧し、ウルムチに中国の軍閥を投入した。カシュガルに本拠を置いた第一次東トルキスタン共和国（一九三三年十一月から一九三四年二月）はすぐに倒され短命に終わった。[24] しかし、その地におけるソビエト連邦の影響も広がった。

チベットは、東の地方では中国のいずれかの軍閥が断続的に破壊行為を行なっていたが、完全な独立が半世紀近く続いていた。

†ソビエト連邦と世界恐慌

戦後のヨーロッパの疲弊した経済は旧ロシア帝国内で行われたレーニンの新経済政策が終わり、ヨシフ・スターリンの破滅的な社会主義経済政策に変わったことでさらに悪化した。その政策は一九二九年の中央集権的な第一次五か年計画と翌年に始まった農業の強制的な「集団化」によって特徴付けられる。[25] 外国との貿易は厳しく制限され、通貨が交換不能とされた（一九二六〜一九二八以降）だけでなく、交換することは犯罪となった。その結果、ソビエト経済は大幅に縮小し、ソビエト連邦（ロシアとほとんどすべての中央ユーラシアを含む）は「資本主義」世界の通商からほとんど完全に切り離された。[26]

第一次世界大戦と戦後のドイツとオーストリアに課された経済的な賠償、そしておそらくソビエト連邦（ロシアと中央ユーラシアのほとんどを含む）が世界貿易に対する門戸を閉ざしたことによる欧州経済へのダメージを考えると、一九二九年末に世界恐慌が襲ったことは驚くべきことではない。それは、それまで経験したことがない世界的不況であった。[27] 何百万もの人々が貯蓄、仕事、そして家を失い、餓死寸前となっていた。世界恐慌は、それ以前の不況と異なり、最も激しい影響を受けた国々では何年も続いた。世界恐慌と第一次世界大戦後の制裁による持続効果の直接的結果として、ドイツでは全く「民主的に」新しい政府が選ばれた。新しい首相アドルフ・ヒトラーは国家社会（ナチ）党の指導者で、自分が任された国とヨーロッパ全体を再び戦争へと向けていった。しかし、狂信的だったのはヒトラーだけではなかった。

二十世紀初頭、西洋の知識人と芸術家は、賛成でも反対でも政治的、知的、芸術的なさまざまな問題と戦うことに価値があると考えていた。理由はいろいろであったが、彼らの多くは当時の世界の社会政治的な秩序を拒否し、全体主義体制を好んだ。彼らの中には二十世紀はじめから半ばにかけての最もすぐれた英文作家も何人か含まれていた。[28] 中でもエズラ・パウンドは第二次世界大戦中から戦後の自らの裁判に至るまでファシズムとナチ主義を公然と支持していた。[29] パウンドの親友T・S・エリオットはフランスのファシズム思想に非常に強く影響を受け、その二人はD・H・ローレンスと同様、反ユダヤ主義を表明していた。[30] W・B・イェイツは一九二〇年代と三〇年代の西ヨーロッパの社会政治的秩序を徹底的にひっくり返そうという思想に引かれた。彼は、当時の多くの指導的な知識人と同じように、その秩序は完全に腐敗したものでそれを救えるのは全面戦争以外にないと考えた。この作家たちは、その時代の世界の状態では偉大なる芸術は生まれず、彼らが考えた芸術の生まれやすい状態を作り出すには思い切った処置が必要だという考えを共有していた。次の大戦争は避けられず、前と同様、多くの人は実際にそれを歓迎した。

✝ユーラシア周辺部における第二次世界大戦

ユーラシア（特にヨーロッパと東アジア・東南アジア）は再び戦争の中心的な場所となったが、今回は全世界的な戦争と言えるものであった。戦いは、ヨーロッパのほとんどと北アフリカ（一九三九〜一九四五）に加えて東北アジア、東アジア、東南アジア、オセアニア（一九三七〜一九四五）も荒廃させたばかりでなく、アメリカ大陸やオーストラリアの植民領土にも広がり、世界各地の部隊が加わった。

東アジアでは一九三一〜一九三二年の日本の満洲侵略によって戦争は予期されていた。満洲は以前は中央ユーラシアの東端の地域であったが、その頃には漢人入植者によってかなり漢化されていた。日本は一九三二年に傀儡の満洲人の王国である満洲国を建て、溥儀《ふぎ》を皇帝とした。溥儀は満漢人の清朝の最後の皇帝を退位させられた人物であった。植民地であった朝鮮と満洲東部の現地の日本軍の指導者たちはその地における第二次世界大戦の始まりの原因を作った。彼らや他の軍国主義支持者たちは次第に日本政府を支配するようになり、日本は事実上軍事政権下に入った。北京の盧溝橋で小規模な軍事衝突が起り(一九三七年七月七日)、それが全面戦争の引き金となった。一九三九年までに日本は満洲の残りの地域に加えて中国の沿岸部と東北部も占領した。

一九三九年八月にはソ連とドイツが不可侵条約であるモロトフ＝リッベントロップ協定を結んだが、それには二国間でのポーランドの分割も含まれていた。九月に両者がポーランドに侵攻すると、ポーランドの同盟国であったイギリスとフランスはドイツに宣戦布告した。第二次世界大戦はヨーロッパではこうして始まった。一九四〇年の夏、計画していた侵略の準備としてドイツはイギリスに空爆を開始した。ヒトラーのソ連との関係が大きく変わり、ヒトラーは一九四一年六月二十二日にソ連侵攻を開始した。一九四一年の終わりまでにはナチスは西ヨーロッパの大陸部のほとんどすべてを占領した。ドイツの占領地域は東はドン川の東部草原地域と黒海沿岸部に広がり、枢軸国のイタリアとフランス南部の他に中立国のスウェーデン、スイス、スペインを除いた地域に拡大した。枢軸国側は北アフリカの多くの地域も掌握した。

一九四一年六月に日本は仏領インドシナの軍事的占拠を完了した。その夏、アメリカ(そのときはまだ公式には中立であった)[31]を含む西側諸国は、表向きは日本を強制的に中国から撤退させようということで、日本の海外資産を凍結し、輸出禁止を宣告した。日本の軍部はその頃には戦争と国政の両方を司っていたが、石油の輸入ができないと全くやっていけなかった。彼らにとって唯一の選択肢は、アジアの石油供給をコントロールしていたアメリカ、イギリス、オランダと戦争をすることであった。[32]一九四一年十二月七日、日本はアメリカの属領であったハワイ[33]の真珠湾の海軍基地を爆撃し、海軍の兵士を始めとする二千人以上の要員を殺し、太平洋艦隊の一部を破壊した。この行為によってついにアメリカは枢軸国に対して宣戦した。[34]

この真珠湾攻撃は、ときどき言われるような単独の攻撃でも計画不充分な攻撃でも行き当たりばったりの攻撃でもなかったということは強調されねばならない。日本は真珠湾攻撃と全く同時にイギリスの植民地香港とマラヤ、当時まだアメリカの植民地であったフィリピンも攻撃したのである。[35]五月には彼らはアメリカを破ってフィリピンを占拠した。[36]日本は抵抗勢力を破ってマレー半島を南進し、五十五日で戦略上重要な港湾都市シンガポールを占領した。[37]さらに真珠湾攻撃のわずか一か月後の一九四二年一月に日本はイギリスの植民地ビルマに侵攻した。そして、三月にはラングーンを占拠し、四月には中央ビルマを占領し、連合国の中国への残された唯一の陸路であったビルマ公路を断った。五月には日本は残った連合軍をビルマから追い出した。[38]

当時これらの国は全て欧米の植民地であった。中国も一部植民地化されていた。戦争中に日本が占領したのは、中国の植民地化された沿岸部と中国の植民地の満洲であった。タイは当時南アジア、東南アジアにおいて唯一植民地化されなかった独立国であった。日本は力でタイを占領するのではなく、同盟を結んだ(一九四一年十二月二十一日)。このように、東洋における戦争はすべて、東南アジアと太平洋の国々をめぐって戦われた。それらの国は、植民地化されていたり、四世紀前にポルトガルが開始した商業的拡大の時代の終わりにヨーロッパの支配下に入っていたりしていたのであった。

アメリカが参戦すると、連合国はゆっくりと枢軸国を押し戻し始めた。西部戦線では各戦域においてアメリカとイギリスが海と空でドイツに対して優位を獲得した。一九四二年十一月には英米軍が仏領モロッコと仏領アルジェリアに上陸した。枢軸国軍は一九四三年五月、仏領チュニジアで降伏した。連合国軍は北アフリカから一九四三年七月にイタリアへ侵攻したが、空を制したにもかかわらずそこでの軍事行動は遅々とした困難なもので、連合国のドイツに対する後の勝利にあまり貢献しなかった。

西部戦線における形勢は一九四四年六月六日に連合軍がノルマンディーの海岸に大軍勢を上陸させたのをきっかけに決定的に変わった。[39]その部隊には、アメリカ、イギリス、フランス、そして占領下にあった他のヨーロッパ諸国、特にポーランドと、アメリカ大陸、アフリカ、オーストラレーシアにあった連合国の植民地と旧植民地からの兵士が加わった。彼らはどんどん前進した。一九四四年八月十五日にアメリカとフランスはフランス南部のニースとマルセイユの間の海岸に上陸し、ローヌ川流域に沿って北へ攻撃を続けた。ノルマンディーからの連合軍は八月二十五日にパリを、九月四日にベルギーを、そして九月十一日にルクセンブルクを占拠した。[40]

西洋の連合国は枢軸国の国土を西と南から侵攻していったが、東部戦線ではソビエトが犠牲者を多く出した長い包囲攻撃による戦闘を繰り返しながらドイツ軍を食い止めた。最もひどかったのは一九四二年八月から一九四三年二月のスターリングラード（スターリン以前はツァリーツィン、現在のヴォルゴグラード）の戦いであった。ソビエトの勝利はさらに続いた。[41]アメリカとイギリスからの軍事的、工業的、その他の供給に支えられてソビエト軍はドイツへ向かって西へと押し進んでいった。

戦いにおいて連合国は枢軸国にはない二つの技術の発達によって大いに助けられた。ドイツと日本双方の極秘の通信網の暗号を解読し、[42]一九四〇年には充分に機能するレーダー防衛システムを開発したのである。これらがあって連合国は急速に勝利できた。一九四五年一月末までに連合軍は、バルジの戦い（一九四四年十二月十六日～一九四五年一月二十五日）として知られるドイツの強力な反撃によって失った領土を取り戻した。彼らは残るドイツ軍の抵抗を次々と打ち破り、東西からドイツに進軍した。一九四五年四月二十八日に、イタリアのファシスト党の党首であったベニート・ムッソリーニが捕えられ、コモ湖の近くでイタリアの反ファシスト党の人々により銃殺された。二日後の一九四五年四月三十日、アドルフ・ヒトラーがベルリンで自殺した。[43]

東アジアでは第二次世界大戦によって大日本帝国が終わった。アメリカ軍が上海などの中国の沿岸都市を占拠し、軍隊を北平（北京）と天津に送った。彼らは韓国の釜山も占拠した。アメリカが広島（一九四五年八月六日）と長崎（一九四五年八月九日）に原子爆弾を落とし、日本は一九四五年八月十四日に無条件降伏し（公式に署名されたのは一九四五年九月二日）、アメリカ軍が日本を占領した。一九四五年九月八日にアメリカ軍は朝鮮半島南部を占領し、国家は南のアメリカ統治地域と北のソビエト統治地域に分断された。[44] その後何十年も続く朝鮮半島の悲惨な状況は、かつての大日本帝国に勝利した西洋とソビエトがそのおおもとを作った。

✝中央ユーラシアにおける第二次世界大戦

中央ユーラシア東部では、当時日本の支配下にあった内モンゴルとソビエト連邦の同盟国モンゴル人民共和国との間の確定されていなかった国境線沿いに勃発したいくつかの小規模な武力衝突が、ノモンハン（ハルハ河）の戦いに発展し、モンゴル人民共和国は約三万のソビエト軍が国内に入ることを認めた。戦闘は一九三九年の春に始まり、七月には全面戦争となった。ソビエト軍は八月末には日本軍を壊滅させた。九月十六日に停戦となり、一九四一年五月に不可侵条約が結ばれた。[45] その条約は大戦の終わり頃まで守られた。

中央ユーラシア西部は戦争を免れなかった。ドイツ軍はウクライナの奥やロシア南部の草原地帯まで侵攻し、東はヴォルガ川まで、東南はカフカスまで達した。一九四二年末にドイツがカルムイク共和国に入ったとき、カルムイク人の中には残忍なスターリン政権から民族の解放を達成するためのひとつの方法としてドイツ軍に協力を働きかける者がいた。少数がドイツ軍に付き、ドイツ軍の撤退の際に後衛となった。ソビエトが戻ると、カルムイク自治ソビエト社会主義共和国は廃止され（一九四三年十二月二十七日）、カルムイク国民は背信行為を非難され、全カルムイク・モンゴル人はシベリア、中央アジア、サハリンの「特別入植地」に追放された。[46] そこは実質的に強制収容所であった。同様に、ソビエトは、一九四四年五月十七〜十八日にドイツからクリミアを取り戻すとすぐに全てのクリミア・タタル人を家畜運搬車で中央アジアに送った。その過程で二十万もの人が死んだと考えられている。戦争中ソビエト軍にいたタタル人は同胞のいる中央アジアの「特別入植地」に送られた。ソビエト政府はクリミア・タタル人の歴史、文化、言語、固有性を消し去ろうとした。[47]

東トルキスタンでは、その北部に第二次の「社会主義」による東トルキスタン共和国が一九四五年の夏に建国された。その国はソビエト連邦の強い影響下にあり、支援を受けていた。[48] 学校はさらに近代化され、若い東トルキスタン人は第二言語としてロシア語を学んだ。[49]

チベットは、日本と戦っていた中国とイギリスという二つの敵に挟まれ、戦争中は中立を保った。

†第二次世界大戦後の革命

インド革命

第一次世界大戦が世界中に与えた衝撃は英領インドに大きな影響を及ぼした。インド人は支配者のイギリスが戦争で弱体化したと見て、非常な勢いで独立に向かって進んでいった。一九一九年にイギリスはデリーの植民地政府のもとで制限付きでイギリス式の議会「民主主義」による自治を認めた。

第二次世界大戦中、日本はタイを除く東南アジアのほとんどを占領し、イギリス領だったマラヤとビルマもそこに含まれ、インドを脅かしていた。イギリスは日本が北アフリカでドイツ軍に合流するのを防ぐために自分たちのインド人部隊に頼った。そして彼らはインド人にさらなる自治を認めた。

一九四六年にとうとうイギリスはインドに完全な独立を許した。一九四七年八月十五日にインド本土はインドとパキスタンの二つの国に分かれた。ビルマとセイロンは翌年独立した。歴史上初めてインドは単に地理的・文化的な地域のことではなく、亜大陸の小さな部分でもなく、少なくとも名目上は国となった。不運なことに、政治家たちは政治的なモンスターを作り上げてしまった。インドのムスリムは自分たち独自の国を求め、イギリスは亜大陸をはっきりと宗教的な二つの国に分割したのである。これはひどく短絡的な行動であった。中でも最もひどかったのはインドのムスリムのために建国されたパキスタンで、約千三百キロ離れた二つの部分に分けられた。イギリスとインドの政治家によるこういった思慮の足りない決定によって、日常的な戦争、国内の流血の惨事、その他必要のない苦しみが一九四七年以降続いている。

第二の中国革命

一九二七年に国民党と共産党の間で起こった内戦は、一九四五年に日本の降伏によってアジアにおける第二次世界大戦が終わるとすぐ再開した。毛沢東の率いる共産党中国は、中国北部で降伏した日本軍の近代的な武器と、共産党軍に降伏して寝返った国民党兵士の持っていたアメリカの近代的な武器を手に入れた。初め国民党が優勢であったが、その後、共産党が最終的に国民党を軍事力で破り、一九四九年十月一日に北京で中華人民共和国を宣言した。[50] 毛とその支持者たちは急進的なモダニストであった。彼らは近代の「科学的」共産主義以外の欧米の影響を全て拒否した。首都を沿岸地帯の南京から内陸の北京に戻し、中国の注意を沿岸地帯と外の世界から大陸と中央ユーラシアに向けた。

モンゴルと中国の共産主義革命家たちは一九四九年にはすでに内モンゴルを支配していた。一九四九年十二月三日に毛沢東はその地が中華人民共和国の一部であると宣言した。

東トルキスタン共和国は一九四九年の終わりに共産中国の軍が侵攻し国を占領するまで続いたが、新疆の植民地に再び組み込まれた。

中国共産党は侵略すると言ってチベットを公然と脅かしていたので、チベット人は、共産党の勢力拡大に神経質になっていた。国内に権力闘争があったし、新しいダライ・ラマはまだ若かったし、何ら有効な手だてが取れず、取れるようになったときには既に遅すぎた。

一九五〇～一九五一年、中国は近代的装備の大軍を率いてチベットに侵攻した。[51] 兵士も武器も少ないチベットは降伏するしかなかった。しかし、いかなる場合でもチベット人は中国共産党に抵抗することはできなかった。共産党が一九四九年に国民党に勝った頃には、共産党軍は世界でも最も大きく最も近代的で実戦で鍛えられた軍隊のひとつであったのである。

中国はこれらの国を新しい共産帝国に名目上の「自治区」として組み込んだ。それは表面的にはソビエトのシステムに基づいていたが、実際は至る所ですぐに公然と漢化政策を進め、モダニスト的近代化を強制した。それは、無神論を含むマルクス主義の教義の押しつけを意味し、中央ユーラシア諸文化がほとんど完全に破壊されるほどであった。

内モンゴルの人々で中国人になりたくない人たちは遮るもののない草原と砂漠を越えて密かにモンゴルへ逃げた。モンゴルではソビエト軍が駐屯していて中国人は入れなかったのである。内モンゴルは人口、言語、文化において急速に漢化した。

同様に、東トルキスタンもすぐに何百万もの漢人でいっぱいとなった。ウイグル人などの民族は漢人にその国土を奪われたが、どこにも逃げ場はなく、アメリカのような世界的な大国や国連などの国際機関から気にかけられることもなかった。ウイグル人はときおり反撃したが、漢人は数で勝り、圧倒的な軍事力を制限なく使用した。

中国がチベットの東部と東北部で同じ政策を実行し始めたとき、現地のチベット人は反乱を起した。一九五九年に公然とした反乱が首都ラサで起り、チベットの政治的・精神的指導者である若い第十四代ダライ・ラマの命が中国によって脅かされた。土壇場で彼は密かにラサから出され、わずかな護衛とともにヒマラヤを越えてインドに逃げた。中国政府はその反乱を容赦なく粉砕し、その地により弾圧的な政権を設けた。チベットの中国政府の発表によると、チベットにあった二千七百の僧院の八〇パーセントが一九六五年までに破壊された。[52] 中国によってチベットの罪のない平和的な人々に課された恐怖は中央ユーラシアの近代史において先例のないものであった。

中国がその反乱の鎮圧に成功し国境を再び封鎖する前、約十万人のチベット人がヒマラヤ山脈を越えてインド、ネパール、そしてその周辺国に逃れた。中には中国による破壊から自文化を守るために書物だけを持って逃げた者もあった。ダライ・ラマとその支持者たちは亡命先のインドから世界中の注意を引いた。同情する人たちは政治家に働きかけた。一九五九年、国連の国際法律家委員会はチベットにおける中国の行動を調査し、「チベットで大虐殺が行われた」と宣言した。その後、国連総会は一九五九年、一九六一年、一九六五年にチベット人に対する人権侵害行為をやめるよう求めた決議を出した。[53]

東トルキスタンへの大量の漢人移民と大躍進政策（一九五八〜一九六一）によって飢饉が起り、約六万人のカザフ人やウイグル人らが国境を越えてソビエト連邦のカザフスタンに逃れた。[54] しかし、軍事的占領とウイグル人に対する抑圧は弱まることなく続いた。

急進的なモダニストのテロである中国の文化大革命(一九六六頃~一九七六)により、特にチベット、東トルキスタン、そして内モンゴルは大きく荒廃した。一九六七年の宣伝ポスターに見られる「古い世界を粉々に砕け! 新しい世界を作れ!」というスローガンは何が宣伝され何が行われたかを簡潔に示している。そこに描かれていたのは共産中国の服を着た男が十字架、仏像、漢籍などの文明の産物の山の上に立ち、それらを大きなハンマーでたたき壊そうとしている絵であった。[55] 何千かのチベット僧院のうち残った二〇パーセントはチベット自治区にある十三を除いて全て文化大革命のときに破壊された。四旧を打破しようという運動はチベットで容赦なく遂行された。チベットの文化的な慣行、工芸品、信仰は公式に禁止され、従わない者は罰せられた。[56]

一九八九年にダライ・ラマがノーベル平和賞を受賞したことは世界が中国政府に対してチベットの軍事占拠と抑圧をやめるよう圧力をかけ続けることには役に立ったが、ほとんど何も変わらなかった。

イラン革命

ガージャール朝(一七七九頃~一九二一)[57]は腐敗して弱体化していたが、一九二一年にレザー・シャー(在位一九二五~一九四一)がそれを倒し、パフラヴィー朝を創設した。レザー・シャーは第二次世界大戦中の一九四一年に退位させられ、息子のモハンマド・レザー・シャーが後を継いだ。戦後、若いシャーは広範囲にわたってイランの自由化と近代化をだんだんと推し進めた。一九七〇年代初め、イランは繁栄、安定、成長の速さにおいて周囲の全ての国々を遥かに凌いでいた。シャーはアメリカおよび西ヨーロッパの強国と固い同盟を結び、イランもその地域で経済、政治、軍事の面で主要な勢力となった。

しかし、自由化、経済成長、世俗化は、超保守的なシーア派ムスリムの聖職者を追いやることとなった。彼らは、地方でほとんど読み書きのできない大衆に対してほとんど全ての権力を振るっていたのである。急進的な原理主義者アーヤトッラー・ホメイニー（一九〇二〜一九八九［在任一九七九〜一九八九］）はイラクに亡命していたが、その指揮のもとでイラン国民はシャーを打倒してイランにモダニスト的「民主主義」を確立するために動き始めた。病気のシャーは、かつての「民主的」な西洋の同盟国からの支援をすべて失った。それらの国々はその「民主主義」運動を公に支援していたのである。シャーは最終的には国を追われた。ホメイニーは一九七九年二月一日にイランにもどり、支持者とともに瞬く間に実権を握った。十一月十五日に新たなイラン・イスラーム共和国の憲法が公布された。予想通り「共和国」は実際はアーヤトッラー・ホメイニーとその支持者に完全に支配された専制君主国家であった。ホメイニーの死後、「共和国」の元首は最高の指導者ワリー・ファキーフに任命された。宗教原理主義者たちは自分たちの支配に反対する者は容赦なく除外し、彼らを支持してしまっていた商人階級を弾圧して、[58] イランを文明世界から孤立させた。[59]

冷戦

ヨーロッパでは勝利した連合国がドイツをアメリカ、イギリス、フランス、ソビエトの占領区域に分割した。[60] ベルリンはソビエト占領区域の中に入ったが、それ自体が四つの占領区域に分けられた。しかし、ソビエトがその占領下にあった中央ヨーロッパと東ヨーロッパの社会主義「革命」を支援し、その全域に傀儡政権（西側諸国では「衛星国」として知られた）を打ち立てたため、連合国はドイツ占領直後にソビエトとそれ以外に分裂した。「資本主義」の西ヨーロッパ、アメリカ、日本、その他多くの国々と、「社会主義」のソビエト連邦、中国、そしてその衛星国の関係は時間とともに悪化した。第二次世界大戦後のユーラシアにおけるこの二つの大きな社会経済体制の間にできた深い対立は全面的な戦争には発展しなかった。その理由は地球上の全ての生命を死に至らしめる破壊力を持つ核兵器が開発されたことによると一般に考えられている。世界を覆った核戦争の恐怖が逆説的に実際の戦争の勃発を防いだのである。二つの陣営のこの対立は冷戦と呼ばれるようになった。それは最終的にはソビエトが率いる「共産主義国」をアメリカが率いる反社会主義国、すなわち「資本主義国」に対抗させることとなった。

冷戦の間、この二つの陣営の間の最も緊張した境界はドイツにあった。特にベルリンのソビエト占領区域とそれ以外の区域の間であった。後者はソビエト占領区域の一部によってドイツの他の西側区域から切り離されていた。西側諸国は非ソビエト占領区域を合併してドイツ連邦共和国（西ドイツ）を建国することに同意すると（一九四八年六月一日）、ソビエトは西ベルリンへの全ての陸路と水路を閉鎖した。しかし、この行動により西側諸国の結びつきは却って強くなり、ソビエトブロックに対して厳しい制裁措置をとった。

アメリカと西ヨーロッパ諸国は、ベルリンに物資を空輸して、ソビエトによる十一か月に及んだ封鎖（一九四八年六月二十四日から一九四九年五月十一日）に耐えた。一九四九年五月八日、封鎖解除に向けてのソビエト連邦との交渉のさなかにドイツ連邦共和国（西ドイツ）が建国され、首都は旧イギリス占領区域のケルンの近くの小さな町ボンとなった。三日後、スターリンは封鎖を解いたが、[61]ソビエトは対抗してその年のうちに首都を東ベルリンとする共産主義国家、ドイツ民主共和国、すなわち東ドイツを建国した。

ヨーロッパ諸国とアメリカの支援を受けて西ドイツは戦争の荒廃から立ち直り、最終的に西ヨーロッパ一の経済大国になった。東ドイツを始めとする東ヨーロッパの国々は戦後の長い不況からなかなか抜け出せず、西ヨーロッパに大きく遅れをとった。政治的に、または経済的にだけでも自由になろうと繰り返し試みられたが、毎回ソビエト軍につぶされた。一九五五年、アメリカの支持を受けた北大西洋条約機構に西ドイツが加盟すると、ソビエト連邦はすぐにそれに対抗してワルシャワ条約機構を結成した。こうしてヨーロッパはアメリカの勢力圏とソビエトの勢力圏に分裂した状態が続き、西側にはアメリカ軍の基地、東側にはソビエト軍の基地が置かれた。

ソビエト連邦では、スターリンが死ぬと(一九五三年三月五日)、カルムイク人など中央アジアやシベリアに追放されていた人々は一部ではあるが解放された。一九五七年一月七日、カルムイク自治州はほぼ元の地域に再建され、カルムイク人はヴォルガ川デルタ地帯の西の故地にもどることが許された。[62] クリミア・タタル人とヴォルガ・ドイツ人はソビエト連邦が崩壊するまで、完全に解放されることはなく、故地は回復されず、圧迫が続いた。[63]

戦後、ロシアは中央ユーラシアの植民国家を救おうと時折試みたが、手遅れで、その地域は孤立したままで、より厳しい貧困へと向かい続けた。同時に、ロシアの教育制度が広がって、中央ユーラシアの人々も新しい科学や世界についての知識を得るようになり、指導者の中には多民族国家ソビエト連邦の中で高い地位につく者も現れた。

中国式の共産主義である毛沢東主義はアメリカからはほとんど相手にされなかった。アメリカは中国を孤立させたままにしようとしていたのである。しかし、毛沢東体制は中国人にとって不幸であっただけでなく、中国の軍事占領下にあった中央ユーラシア人にも打撃を与えた。中華人民共和国の近隣の国や文化もこの新しい危険な大衆主義的モダニズムの魅力のとりことなった。[64] 東南アジアは恐怖に落ちていった。このアジア版の共産主義は、カンボジアに伝わってさらに危険な様相を呈し、ポル・ポト（サロット・サル［在任一九七五～一九七九］）政権下でクメール・ルージュ革命家によって百万から二百万のカンボジア人の大虐殺が引き起こされた。ビルマでは非ビルマ系国民に対する大量虐殺作戦が抑圧的な民族主義的軍事政権（一九五八年以降）のもとで行われ、他にも悲劇的な出来事が次の世紀にも続いた。

二十世紀の他の戦争はユーラシアに更なる死と破壊をもたらした。特に、スペイン内戦（一九三六～一九三九）、朝鮮戦争（一九五〇～一九五三）、ベトナム戦争（一九五六～一九七五）、イラン・イラク戦争（一九八〇～一九八八）、かつてのユーゴスラビアの分裂を引き起こすこととなったバルカンの諸紛争（一九九一～一九九五）、そして中央ユーラシアではアフガニスタン紛争（一九七八年頃から）である。これらのほとんどは内戦と考えられていた、もしくは考えられているが、いずれも外国の軍隊が大きく関与していた。

ヨーロッパとほとんどのユーラシアを荒廃させた二十世紀の国家間や国内での戦いは、ユーラシア起源のアメリカの従属文化の勢力をかつてヨーロッパ諸国が支配していた世界のどの地域にも広めるという効果があった。他の多くのものと一緒にアメリカは独自のモダニストイデオロギーをもたらした。それによれば、アメリカのいう「民主主義」（共和制統治制度のひとつの形態[65]）のみがよく、他の統治形態はすべて悪いものであった。アメリカは世界中の正統な政府を打倒して、それらを英米式のモダニズムの共和国にしようと積極的に努力した。二十世紀の終わりには共和制統治制度が全世界を支配し、いくつか残っているネパールのような君主制国家[66]と唯一残っている大共産主義国家である中国も英米モデルの影響を強く受けた。

✝中央ユーラシアの急進的モダニズム

満漢人とロシア人による征服から二十世紀の最後の最後まで中央ユーラシアはユーラシアにおける政治的に独立した下位地域として存在したのではなかった。そこは征服者たちの私有財産として統治されていた。彼らは好き勝手に何でも押し付けたが、中央ユーラシア人がそれに抵抗すると力で鎮圧した。急進的な社会主義（共産主義）が新たな黒死病のようにユーラシアに広がると、それに触れた文化はいずれも感染した。中央ユーラシア人は伝統的な生活様式、衣装、文化、全てを捨てざるを得なかった。よい変化もあった。衛生、科学教育、政教分離などが広がったことは間違いなく歓迎されるべきことであった。しかし、あまりにも多くが破壊された。チベットは共産中国を追い出そうと試みたが失敗し、その圧政的な侵略者はチベット人とその文化を押しつぶした。西洋では中国の文化的大量殺戮に対して声明を出したり非難を表明したりして正義のために声を上げて支援したが、中央ユーラシアに対するその暴行は止められなかった。

中央ユーラシアのほとんどの地域は二つの世界大戦に直接巻き込まれたわけではなかったが、その文化は世界のどの地域よりも二十世紀のモダニズムによる破壊に苦しんだ。それはなぜであろうか。理由は中央ユーラシアの外、支配者の元々の文化にある。従って、この問いに答えるには二十世紀のユーラシア全体に起った痛みを伴う諸変革を理解する必要がある。

その始まりは、ヨーロッパとヨーロッパの支配する海洋交易網において工業化と都市化とともに起った経済、人口、政治、知性の変化の連鎖であった。ヨーロッパの沿岸地域の大都市の存在理由は結局のところ当初から商業と工業であったが、極度の商業化と激しい工業化が起り、それに伴って人口が爆発的に増加した。二十世紀の初め、世界で最大の、最も工業化された、最も豊かな、そして最も影響力の大きい都市は、ヨーロッパ、ユーラシアの沿岸地域、世界各地のヨーロッパの植民地にある大都市であった。そのように人間が激しく集中した中で、科学や技術において大きな変化がそれまでになかったような速さで起っているという意識は、知的・芸術的な生活において「古代」に対する「現代」の側に立つ人たちを後押しした。大衆都市文化のリーダーたちも、啓蒙主義の思想家と革命家が発展させた思想である大衆主義に賛同した。他の思想や動向とともにその意識は政治的、社会的、文化的変革の背後にある本質的な原動力となったモダニズムへと発展し、大陸全体に大きな影響を与えた。[67]

モダニズムの中核的な考え方は、現代的なもの、すなわち新しくファッショナブルなものはそれが取って代わる古いものよりよい、という単純なもので、それ自体は害を及ぼすものではないと思われる。単にファッションとか技術の進歩とかについての一般的な感覚である限り、また古典主義（すなわち、新しいものより古いもののほうがよいとする考え方）が拮抗力として働いている間は、近世以前の近代主義が世界に与える影響はほとんどなかった。しかし、近代の工業的、都会的なものを作りだしている非貴族がヨーロッパ、北アメリカ、そして遂にはユーラシアの他の地域のほとんどを支配するようになると、工業化と都市化の広がりとともに古典的、貴族的というものが近代的、非貴族的の反対の概念として見られるようになった。古典的なもの、非都市的で貴族的なもののための余地はもはやまったく残っていなかった。しかし、モダニズムは新しいもの（工業的、都会的）が古いもの（貴族的、非都会的）に取って代わって終了というのでなく、取って代わることそのものだけなのであった。新しいものだけがいいというのであれば、定義上、絶えず新しいものを作ったり新しいことを行なったりする必要がある。成熟したモダニズムは永遠の改革、すなわち伝統的もしくはその時点での政治的、社会的、芸術的、知的秩序を否定し続けることを意味していたし、今でもそれを意味している。

永遠の改革というのは、過去のどんな改革も（そしてその結果も）含めて、以前のものは悪く、拒否されなければならないということを意味していた。自由な探求、自立的思考、論理、問いといった理性でさえ、古い貴族的知識人の古びた思考と実践のひとつとされ、「保守派の」宗教的指導者、政治家、ジャーナリストから容赦のない攻撃を受けたが、そのような「保守派」はしばしば最も狂信的なモダニストであった。その社会政治的な結果として生まれたファシズム、共産主義、そして政治宗教的原理主義の専制国家は、どこも指導者の説く過激な思想を大衆が無条件に信じることを要求したが、それがモダニズムの典型であった。二十世紀における恐ろしい世界大戦と大量殺戮によってモダニズムが非常に大きな成功を収めたというのは驚くべきことではない。[68]

君主制は古い形の政治であるというモダニスト的な考えで、大衆主義者たち[69]は、一九五一年までにユーラシアのほとんどすべての国においてモダニズムによる非君主制の統治形態（全体主義的なファシズムや共産主義の独裁制から「民主的な」共和制までのさまざまな形態はあったにせよ）を制度化することに成功した。[70]その政治体制は名ばかりであったにもかかわらず、全ては「人民」「大衆」の名において行われた。極めてステレオタイプ的にいうと、「大衆文化」は「科学的共産主義」のもとで受け入れられる唯一のものであった。

社会的、政治的、知的（むしろ反知的）、そして芸術的（実は反芸術的）な面における革命的なモダニズムは、ヨーロッパ人による海洋交易路網の本拠地であるヨーロッパで始まった。政治におけるモダニズムの中心的源、すなわち近年の政治勢力の獲得と喪失の原動力は啓蒙運動に見られる。最も影響力のあった思想家はジャン・ジャック・ルソー（一七一二～一七七八）で、人生のほぼ全ての側面で革命的な考えを提出し、その多くは非常に優れたものであった。しかし、それらは煽動的な考えだということが明らかになった。フランス革命（一七八九～一七九九頃）は、啓蒙主義思想家の「民主主義」「自由」といった考えの素晴らしさを巧みに説く煽動政治家によって指揮された、言葉では表せない残酷さと大量殺戮の統治を引き起こしたが（他の人々が自分たちの名前で恐怖を引き起こすことを啓蒙主義思想家が想像もしなかったのは確かである）、ヨーロッパにおいてモダニズムによって実際に与えられた最初の大きな打撃と見なせる。それはさらに悪いことの前触れであった。十九世紀には新しい技術によって、より多くの人をより簡単に殺すことができるようになり、恐ろしい戦争がいくつか起ったが、同時に産業革命の猛襲があり、それに伴って西ヨーロッパ、北アメリカ、そして日本に急速な都市化が起った。軍隊、工業、そして都市、この三つの発展により、昔からの非都市的な上流階級とその高度な文化の規範とは関係のない人たちに勢力が移った。モダニズムは十九世紀末までには大体において勝利を収め、二十世紀には完全に発展した状態に達した。

沿岸地域の大国（イギリス、フランス、およびヨーロッパにおけるそれらの同盟国とアメリカ、そしてアジアでは日本）は第一次世界大戦で大陸の大国を打ち負かし、賠償を負わせた。その結果、ドイツ、ロシア、中国を含むユーラシアの大陸部において急進的な革命が次々に起ったことは驚くべきことではない。（中国では初期の共産主義革命が一九二七年に大虐殺によって鎮圧された。）二十世紀の間ずっと、科学理論、技術、そしてイデオロギーが絶えず新しいものに換えられた。大衆主義的な「民主主義」の政府が全面的に勝利したことによって、意気込んで新しい可能性を巧みに利用した無節操な支配者たちの手にこれまでにない力が集中することとなった。その結果、ユーラシアにおいて罪のない何千万もの人々の大量殺戮が意図的に行われ、中央ユーラシアの全域に文化面でのモダニズムが最も激しく破壊的な形で広がった。

†モダニズムと芸術の破壊

モダニズムはヨーロッパとそれが支配する沿岸地帯の工業化された大都市に出現した。それは、都市化し商業的で工業化された沿岸地帯の人々の、内陸をベースとした大陸のエリート的な上流階級の人々に対する反発という面もあったので、植民地支配者のなすがままであった中央ユーラシアに大きく影響せざるを得なかった。

ソビエト連邦では特に一九三〇年代にスターリンのもとで、また後に中華人民共和国では特に一九六六年から一九七六年まで毛沢東のもとで、マルクス主義的社会主義による支配に抑制がきかなくなり、その間に急進的なモダニズムが中央ユーラシアに吹き荒れた。[71] 中央ユーラシアの人々の芸術と建築の遺産を持つ修道院、寺院、教会、モスク、マドラサ、神殿、シナゴーグが何千も閉鎖されたり破壊されたりした。例えば、ソビエト連邦では一九三〇年代終わりまでに「目に見える形の宗教生活は事実上破壊された。ロシア帝国で革命直前に五万あった正教会のうち、続いていたのは数百に過ぎなかった[72]」。ロシア帝国には多くのシナゴーグがあったが、一九六六年にソビエト連邦全土で残っていたのは「たったの六十二[73]」であった。モスクは一九一七年に帝国に二万六千二百七十九あったが、ブレジネフ（在任一九六四〜一九八二）時代の終わりのソビエト連邦では二十ほどであった。アゼルバイジャンだけでも一九一七年には約二千のモスクがあったが、一九九〇年には五十五しかなかった。[74] 中国政府の数字によると、チベット自治区（チベットの約半分の地域、残りは分割されて隣接の省に入っている）の約二千七百の寺のうち八〇パーセントが一九六五年までに破壊された。そして、文化大革命の後にはた
った十三しか残っていなかった。[75] スターリン時代にはモンゴルでも同様であった。[76] 寺院にいたのは長年の知を具現化している人たちであったが、強制的に追い出され、還俗させられ、即座に殺されなかった場合でも投獄されたり労働収容所に送られることがよくあった。[77] 彼らの書物や美術品は破壊された。後にソビエトと中国の共産主義者たちによって中央ユーラシアに建てられたモダニズムによる学校や大学は、学問や科学に対する新しい貢献については言うまでもなく、教育のレベルに

おいても欧米の弱小な大学にさえ及ばなかったし、今でも及んでいない。[78] かつてのエリートの非宗教的文化を代表する人々は、貴族であれ下級の「ブルジョア」であれ知識人であれ、一般に、よりひどい扱いを受けた。彼らは投獄されたか即座に処刑されたのである。文化の面では、モダニズムはこうして中央ユーラシアを世界のどの地域よりもひどく荒廃させたのである。

芸術においては、政治においてと同じように、モダニズムの始まりは十八世紀の啓蒙思想までさかのぼる。しかし、二十世紀より以前は、ほとんど全ての偉大な芸術家は伝統と戦い、時にはルールを破ることによって成功を成し遂げていたが、その二つの力の間はバランスが取れていた。貴族体制は上を目指すものであり、その目標は自然の秩序に基づいた伝統的なルールの範囲内でできるだけ完璧に近い作品を創ることによって成功を得ることだった。下に向かう新しい動きが目指していたものは、伝統的な、すなわちかつて従っていたルールをうまく変える作品を創ることによって成功を成し遂げることであった。これら二つの力のバランスが取れていたので、過去の偉大な芸術家は存在しているルールを破壊するのではなく、拡張するかそうでなければ変更を加えるかであった。しかし、二十世紀初めに西洋の政治や文化の体制がモダニズムにシフトしたとき、拒絶されたのは君主制だけではなかった。それといっしょに退けられたものは宮殿や王女を始めとする古くからの文化の諸要素、特に伝統的な知的、芸術的規範であった。貴族的な規範が大衆主義的規範に取って代わられたことは文化的模範という概念を必然的に除去した。身分の高い人々は、イェイツの言葉で言うと、「金の布をまとって歩き、彼らの熱き心を見せ、それによって下々の者たちは魂が気高くなったように感じるだろう」。[79] 社会のどの領域においても目指すべき高い模範はもはや存在しなかった。金と力は賢さか無慈悲さを充分に持っていればだれでも得ることができ、それらを得ることによって十九世紀末と二十世紀初頭に新しく現れた金持ちの「悪徳資本家」は見かけはほぼかつての貴族に代わるものとなった。

しかし、彼らと新たな大衆主義の政治的指導者はだいたいは凡庸な強欲にかき立てられていた。彼らはまた、貴族の臣民に対する責任という伝統を持たなかった。それは、封建制度から、そして、中央ユーラシア文化複合体のコミタートゥスの結びつきに由来する宮廷文化から消えつつある最後の文化的記憶のひとつであった。見識あるパトロン、文化的模範といった貴族的発想は、古い秩序に属する他のもの全てと同様に投げ捨てられた。芸術作品を創造するためには自然界の秩序に基づいた一般に認められた一連のルールが存在していた、もしくは存在しているべきである、という考えも投げ捨てられたもののひとつである。[80]

従って、完璧であろうとするエリートと平凡であろうとする庶民の二分をなくすことによって、エリート的な上流階級が一般の「平民」より階層的に上の地位にあることの社会政治的除去と社会の支配力としての大衆主義が知的、芸術的生活に反映された。近代の詩人は散文との関連で詩からそのエリート的な地位を奪い取った。散文を少し変えた形にすればだれもが書け、だれにでも分かる自由詩が詩に取って代わったのである。絵画は訓練や美的感覚をほとんど必要としなかった（し、実際、モダニズムはその抑制を求めた）。それが要求するのはキャンバスに絵の具を散らす能力だけだった。高級な芸術の中でも絵画、詩、そして音楽においては伝統的な諸形式は拒否され、古いものに代わるべく現れた新しい形式をさらに放棄させようとする執拗な圧力が存在した。[81]その結果、芸術の意味、そして美の意味さえ文字通り喪失し、[82]エリートの多くは同時代の芸術を集団的に拒否し、代わりに前時代の芸術の形式を保存・育成しはじめた。単純なメロディー、単純なハーモニー、単純なリズムでだれでも演奏し歌うことができると思われる新しい形式の大衆音楽であるロックンロールがエリートの音楽に取って代わった。[83]モダニズムは芸術全般に広がって、そこからの生き残りは美術館と大学にあるものだけとなった。そこにはそれらと廃れたエリート文化が葬られている。

画家を始めとする絵画芸術家は、ほとんどが自分の作品を直接売ることに頼っていたが、(顧客を得て芸術市場で成功するために) 注目してもらうのに最も簡単な方法は他の芸術家よりも何らかの方法で攻めに出ることだと分かった。初めのうち、これは、モダニズム以前の芸術的活動や慣例を捨てることによってかなり容易に、しばしば全く意図せずに達成できた。衝撃値が知名度を、そして最終的には市場価値を生み出すまで、以前よりもさらに攻めに出ることがすぐに必要となった。具象的描写の美術がよいということではなく、画家たちがそれを拒否したことが問題だった。具象的描写それ自体には、芸術家が自然の視覚的秩序の (抽象的であってもそうでないにしても何らかの意味で) 完成形として思い描かれた美の観念をはっきりと拒絶したという問題といかなる関係もない。[84] モダニストの美学者アドルノは鋭い洞察力を持ってこう言う。「自然の美は……［美学の］理論のテーマとしてでさえ、ほとんど存在しない。」しかし、自然の美と芸術的な美は互いに結びついており、「自然の美について考察することは芸術の理論にとって決定的な必要条件であり」、その実践にとってはそれ以上でさえある。[85]

モダニズムは永久革命としての「反応現象[86]」であったから、芸術家たちにとっては既存のものを退けることによって変化し続ける必要があった。二十世紀の最も偉大なモダニストの画家だと一般には考えられているパブロ・ピカソ (一八八一～一九七三) は、イーゴリ・ストラヴィンスキーが音楽において行なったのと同じ理由で何回かスタイルを変えている。彼らにとって、モダニストであり続け、作品を売るために、他の人たちと、さらには過去の自分と異なっているように変わることが必要であったのである。この過程は予期せぬ効果を生んだ。モダンアートの、より早い時期の作品がモダニズム以前の時代の作品と比べて芸術として低く評価されることになったのである。ピカソの中期の作品は当時大きな衝撃的効果を与えたが、二十世紀の終わりに、商業的[87]ないし主として歴史的な価値 (たとえば彼の最も有名な絵であるゲルニカ）[88]に対して、芸術的に大きな価値を持ち続けたのはおそらく彼の最も初期の作品だけであろう。それらは、写実的で本質的に伝統的であったが、衝撃度によって成功しようというあからさまな試み、すなわち非芸術的ないし反芸術的なやり方は採らなかった。発表当時、衝撃度によって有名になった作品がその後も知られ続けたのは、学校や美術館がモダニズム芸術を支配していたからで、そうでなかったら何十年も前に忘れられていたであろう。

芸術におけるモダニズムはこのように二十世紀の間にある種のうわべだけの永久革命の体系へと発展していったが、それは共和制による政府のうわべだけの永久革命（理論的には選挙制度によって達成される）に類似している。どちらの場合も結果は永久的な凡庸さである。[89]芸術において、モダニストは先人の考えや活動にそれほど反応しなかった。[90]彼らはそれらをひっくり返し、まったく新しいものと取り換えただけである。石盤をきれいに拭いて、やり直したかったのである。「すでに確立されたもの」をこのように絶えず除外することによる必然的な結果は「完全なる貧困化、すなわち貧しい者の叫び、力なき身振り[91]」であった。石盤がきれいに拭われて伝統的な芸術活動がなくなると、芸術的とされる残された唯一の活動は出来の悪い者が石盤を拭くという仕事である。その結果、芸術家は必然的に他の芸術家のかつての仕事も自分の以前の作品も退け、全く異なったやり方の物でそれらに換えようと試みた。多くの芸術家が屈した論理的に極端なやり方は石盤を割って捨ててしまうことであった。彼らは知られているもしくは考えられるいかなる定義による芸術そのものも退けたのである。芸術の意味の喪失の結果は「芸術家」の作品に意味がなくなるということにしかならないだろう。[92]

詩人は、詩という文学作品を定義していた伝統的な要素を捨て、自由詩を好んで受け入れた。それは、韻律や強勢の型に基づいた規則的なリズム、さまざまなタイプの韻（いくつかの言語においては主に子音韻と母音韻）、その他の音楽的要素、といった世界のほとんどの地域において歴史上（散文から区別され）詩とされていた特徴を欠いたものであった。ヨーロッパの諸文化においてはモダニズムが襲う前から既に詩を詠唱するという伝統が失われて散文のように読まれていたため、この転換は容易に進んだ。西洋のモダニストの詩人のほとんどは詩が伝統的な方法で詠唱されるのを聞いたことがない。彼らは詩が叙情詩も叙事詩もかつて歌われるために書かれた言葉と規定されていたということをほとんどもしくは全く理解していないのである。自由詩はモダニストの詩人が自分たちの作品を「詩的」とするために使う変わった句読法、語彙、文法によってのみ散文と区別される。[93]詩人は自己の作品を自分たち特有の変わった口調で声に出して朗誦した。従って、モダニストの詩人にとって知られているどんな定義からしても本質的に散文でない詩を書くのが難しいというのは不思議ではない。英語で執筆した最も偉大な世紀のモダニストの詩人と一般に考えられている米英のT・S・エリオット（一八八八～一九六五）は、友人でやはりモダニストの詩人エズラ・パウンド（一八八五～一九七二）が編集をかなり手助けしてくれなかったら名作『荒地』（一九二二）を作り出すことはできなかった。それでも、それは芸術としては、よく言っても重大な欠陥がある。[94]エリオットの作品は一般に、他の言語による二十世紀の詩人の作品や、アイルランドの詩人W・B・イェイツ（一八六五～一九三九）、ウェールズの詩人ディラン・トマス（一九一四～一九五三）といった英語による何人かの詩人にも超えられているが、エリオットは二十世紀の英語の詩人のだれよりも注目されている。[95]それは彼の作品が芸術としてより優れているからではなく、初め彼が名をなしたとき、より刺激的で挑戦的であり、従ってよりモダニズム的で、[96]モダニズム運動において非常に早い段階で聖典とされたからである。

　モダニストの作曲家の「無調」の作品はしばしば音楽以外の人を引きつける知的要素を持っていた。典型的には、聴覚的というより本質的に数学的、図形的、言語的、哲学的要素である。[97]しかし、彼らが作った「音楽」は事実上世界の文化全てにおいて音楽を定義しているまさにその要素が欠けている。

リズム、メロディー（特に、豊かな旋律）、そして自然界のハーモニーである。[98] 特に、音楽家は、人間の言語の音質を含む自然界の音響に基づいた倍音の体系を基礎に築かれた和音とメロディー・ライン が優勢であることに反発し、また自然界のリズムを拒否した。古典的伝統そのものとともに西洋の新しい芸術音楽を聞く人たちをモダニストの作曲家が全滅させてしまったことは驚くべきことではない。人間の聴覚能力の構造から言って、自然界の倍音体系と一致しなさすぎる音はどれも身体的に苦痛なのである。芸術家が芸術家としてやっていくために民衆の支持を獲得する必要があった時期、モダニストの音楽家の作曲によって他のモダニスト作曲家を含めた観客はコンサートホールから逃げ出した。[99] 彼らの作曲は非知的ないしあからさまに反知的な「大衆音楽」と反対のものを表していた。「大衆音楽」は極度に非大衆的なモダニズム芸術音楽に対比して呼ばれた適切な表現である。第一次世界大戦の頃には、大衆音楽は十九世紀にはそういうものを聞くことを認めなかったであろう人々の中にさえ支持者を獲得し始めた。ジャズを聴くことはすぐに、よりモダニズム的でしゃれたことになった。そして、それは、ほとんどのモダニストの作曲家の作品の「表面的な難解さ」の退屈さと聴覚的拷問に耐えることよりも明らかに楽しいことであった。[100]

世紀の大モダニスト作曲家と広く認められているロシアのイーゴリ・ストラヴィンスキー（一八八二〜一九七一）は長い生涯の間に何回か、他のモダニスト作曲家によって導入された新しいスタイルを取り入れた。初期の頃のバレエ『春の祭典』[101] は一九一三年のパリでの初演で騒動を引き起こしたが、その衝撃効果を得ようと繰り返し試みた結果、最終的にモダニスト作曲家以外の事実上全ての人を遠ざけることに成功した。モダニスト作曲家のほとんどにとってはストラヴィンスキーのすることはよいことであったのである。二十世紀の終わりにおいては、ストラヴィンスキーの演目の中で飛び抜けて広く受け入れられた作品は初期の頃のバレエであり、それらの中にはまだ本質的には広い意味で調性を有していた『春の祭典』も含まれていた。[102] セリエル音楽は自然界の倍音体系に基づく和音を明確に拒否したが、その流行がプロの作曲家の間で非常に長く続いたことにより新しい芸術音楽を聴く伝統的なコンサートの観客がいなくなった。

モダニズム芸術の味気なさと意図的な反耽美主義はその時代全体の知的不毛さの直接の結果である。人間は自然の生き物であるわけであるから、人間自らが生産したもの（特に機械）を崇拝することも含めて自然に対する反抗をしてもそれはむなしいことで、矛盾と破壊に行き着くことは分かっていた。モダニズムは理性という規範に特徴付けられた啓蒙主義の時代に始まったが、モダニズムが次第に大衆主義と融合し、一般人の特徴ではない知性と合理性の規則が伝統的秩序と見なされるようになった。それが今度は上流階級的なエリートと等しくなったため、理性という規範は秩序と美という伝統芸術の規範とともに否定された。おそらくこれが知の世界においてモダニズムがポストモダニズムへと変わっていった源であろう。

自然界の秩序もしくはそれに基づいたかつての作品に全く影響されない新しいスタイルを創造することは不可能だということが証明されたのにもかかわらず、モダニズムは芸術家たちに自らの作品にそういった影響関係はないと公然と言うようにさせた。その結果、彼らは、自分たちが行なった「芸術的な」ことはそもそも何だったのか、芸術家がすべきことは何なのか、そしてなぜするのかを規定することはできなかった。彼らは芸術、音楽、そして詩という語の意味を定義することが全くできなかった。

芸術という概念が何が芸術作品かということに対して何の内部拘束も意味しないのは芸術史における今の時代の特徴である。従って、あるものが芸術作品かどうかをもはや区別できない。さらに悪いことに、あるものは芸術作品であり得るが、それとよく似たものがそうではない。というのは、目に映るものは何もその違いを明らかにしないからである。このことは、あるものが芸術作品であるかどうかの判断が恣意的であるということではなく、伝統的な基準がもはや適用できないというだけのことである。[103]

大衆的芸術家がモダニストの反芸術家が作った空洞を最初に埋めようとし始めたとき、彼らはだいたいにおいて全く芸術家とは認められなかった。大衆的芸術家（主に音楽家と舞踏家）が芸術家という言葉を使い始めたのは、市場価値と芸術的価値の均衡がしっかりと打ち立てられたときであった。[104]しかし、彼らの実際の作品を鑑定することはできるかもしれない。彼らは少なくとも自分たちを芸術家と考えており、それは芸術、美、そして芸術家という言葉の全ての定義を拒否するほとんどのモダニスト「芸術家」と異なり、美しいものを作ることに身を捧げた人というその言葉本来の意味でそうなのである。

これまで創造的な仕事を行う人々にとって生活は疑う余地なく常に大変であったが、貴族階級が必要としたために芸術家と職人にはかなり固定した社会経済的な地位があった。貴族は、現実もしくは実際面では悪いところもあったかもしれないが、理想も示した。それは人々が尊敬するものであるだけでなく、貴族が自身に期待するものであった。上を見て、彼らは完璧もしくはできる限りそれに近いものを求め、そのために最高の芸術家と職人を雇い、彼らのために働く者たちはそれを達成するために最善を尽くした。もし芸術家が大望を持って神に仕えるために最善を尽くすのでないとすれば「より良い」と彼らが考えた人たちに仕えるために最善を尽くしていた。それは教会や貴族が実際に他よりよかったのかということとは関係ない。物事を逆さにして、劣った人を上に据えようとしても本質的に低い人を尊敬する人はおらず、実際には古い秩序に取って代わることはできず、結果として秩序自体がなくなってしまう。今日では、芸術家・職人の社会経済的な地位はもはや存在せず（若い芸術家に聞いてみればよい）、実際それに取って代わったものは何もない。しかし、どちらにしても芸術の目的や目標全体は大部分なくなってしまった。モダニズムの完全勝利とは、理性、芸術的秩序、そして美の伝統的価値を意識的に拒否することであった。

＊＊＊

モダニズムは哲学や動向というより全体の世界観であったため、生活の全ての面に当てはまった。急進的な政治モダニズム、具体的にはマルクス・レーニンの社会主義がロシアと（一九一七年）中国で（一九四九年）勝利したことにより、全体主義的な計略が中央ユーラシアの至る所で実行された。中央ユーラシアの人々の抵抗にはあったが、ロシアと中国の独裁的な共産主義指導者は最終的には有形の工芸品を含む伝統文化のほとんどすべてを破壊するのに成功した。

中央ユーラシアと西ヨーロッパにおけるモダニズムの歴史は違いが著しい。ヨーロッパでは、第二次世界大戦があったり近代的な建物がいくつか建てられたりしたが、パリは未だに美しい古い伝統建築が特徴的だし、図書館や美術館は混み合っている。モダニズムは主に新しい芸術作品を作ることを妨げたのであって、継承された文化的伝統はほとんど破壊されなかった。それに対して中央ユーラシアでは、破壊されなかったのはいくつかの有名な記念建造物だけで、かつて大量にあった古い書物も残されたのはほんの何パーセントかだけであった。二十世紀の終わりにはモダニズムと「発展」の名のもとに行われた悪事により中央ユーラシア人はその過去のほとんどを奪われてしまった。

1　エリオットの作品は多くの点で二十世紀のモダニズムと、大衆主義の勝利を最もよく特徴付けている。ロサ（Rossa 2006）は「この詩は出版当初から大きなインパクトがあった。評論家のローレンス・レイニーは『荒地』の出版はモダニズムが少数者の文化から制度化された財源を持つ重要な組織に支えられたものへと移行していく中で極めて重要な瞬間を記した」と言う。http://www.lib.udel.edu/ud/spec/exhibits/pound/wasteland.htm より引用し、強調を加えた。

2　ソビエトと中国の共産主義者たちが敵対したとき、結果として生じた中ソの冷戦は一九六九年のウスリー江事件の際に一時的に「冷」ではなく「熱」になった。

3　中央ユーラシアの研究は「国境研究」とさえ言う学者がいたが、彼らは中央ユーラシアの諸言語について何も知識を持っておらず、ほとんど全てが自分が専門とする周縁国家、特に中国とロシアの著作物から得た見解である。

4　モダニズムの時代について、ここで使用した資料については後註91を見よ。

5　この理由の一部は、大衆主義の政治家たちがスケープゴートを必要としていたことである。君主、そして君主制それ自体が不当にも戦争の責任を負わせられていたのである。

6　Dillon (1998: 302)。

7　Millward (2004: 4)。

8　北京は蔣介石の軍に占拠された（一九二八年六月八日）後、北平と改名された。それは、首都の地位から降格し、新しい首都南京に代わられたことを示すものであった。

9　Dillon (1998: 160)。一九二七年六月八日に南京において中国国民党政府が宣言された（Eastman 1986: 116）。

10　Teed (1992: 506)。

11　第一次世界大戦ならびにほとんど変わらないヨーロッパ中心的な世界史の見方については後註92を見よ。

12　最後の皇帝ニコライ二世は一九一七年二月（ユリウス暦）に退位した。彼とロシアにいた家族は遠い親戚も含めて全員が一九一八年七月十七日にボリシェヴィキに殺害された（Millar 2003: 1298）。

13　当時ロシアではまだユリウス暦が使用されていたので、その出来事は伝統的に十月革命と呼ばれた。

14　Stearns (2002)、Florinsky (1961)。スターリンの恐怖行為（粛清）と大飢饉についてはかなりの文献がある。とりわけ Conquest (1968, 1986, 1990) を見よ。

15　しかし、実際には第二次世界大戦が始まる前には生産に入らなかった。

16　逃れることのできたアルバート・アインシュタインを始めとする多くの一流の科学者たちは、第二次世界大戦の際にその知識と能力を連合国がドイツとその同盟国である枢軸国のイタリアと日本を打倒するのを助けるのに使用した。

17　Weiss (2000)。ナチスは自分たちが特別嫌っていた他の民族言語集団、特にロマ（ジプシー）も同性愛者や手足が不自由といった障害者などと同様に標的とした。

18　イスタンブルという名前の語源については後註93を見よ。

19　イギリスの外相ジャック・ストローはイギリス政府が西南アジアと南アジアの多くの国の中でも特にパレスティナとインドで「非常に重大な過ち」を犯したと公然と認めた（http://news.bbc.co.uk/2/hi/europe/2481371.stm)。

20　「［中東における］ヨーロッパの介入の最も広範囲にわたる結果は、第一次世界大戦後にオスマン帝国が崩壊したことである。以前統一されていた地においてヨーロッパ人は全く新しい国家体制の基礎を築き、それは人為的なものであったにもかかわらずほとんど変わることなく二十世紀末まで続いた」(Stearns 2002: 751、強調は原文のもの)。「新しい」と「人為的な」というのはここでほとんど充分とは言えない。

21　その名称は modernism「近代主義」と訳すことも可能で、その目的を「近代化」と呼ぶことができるだろうが、この運動は本書で Modernism（モダニズム）と記述した二十世紀の西洋における運動とは何の関係もない。ジャディード主義は本質的には進歩的なイスラームのコンテクストにおける西洋化ないしヨーロッパ化を指すもうひとつの名称である。

22　現在のタタルスタンの首都であるカザンは、十九世紀末にはロシアとヨーロッパ一般の主要な知的中心のひとつであった。当時の大学者の何人かがその大学で教鞭をとっていた。

23　Khalid (2007)。

24　Millward (2004: 4–5)。

25　出来事が正確にどのような順番で起ったかは明らかになっていないが、一九三二～一九三三年の厳しい飢饉で何百万人もの人が死んだのは確かである。その飢饉は政策が原因とは言わないまでも、それによって一層悪くなった。

26　Florinsky (1961)。

27　大恐慌はまた、理由は分からないが、北アメリカとオーストラリアに異常に激しく影響した。大恐慌の原因は未だに概して盛んに議論されている。

28　Harrison (1966)。

29　パウンドと異なり、ウィンダム・ルイスは戦争前にファシズムを支持するのをやめた。それは、「ファシズムがかき立てた集団ヒステリーを見た」からであった。そして、ルイスは特にナチス政権が「ルイスが民主主義と呼ぶものと共通の特徴を持っていた」ことに気がついた（Harrison 1966: 93–94, 103）。

30　この問題に関する彼らの発言は丁寧な言い方をすれば、おぞましい、と言うところであろう。

31　アメリカ合衆国は既に日本に対抗する中国国民政府を援助しており、内密に飛行隊と航空機をアジアに送り、中国国民政府の旗のもとに日本と戦った。それらの部隊は真珠湾攻撃が行われるまで実際には中国で戦闘に参加しなかったが、日本はこの動きについて全てでないにしても多くのことに気づかなかったということはまずなかった。

32　Dunnigan and Nofi (1998: 164–165)。

33　一八九三年一月十七日にアメリカのクーデターは女王リリウオカラニを打倒した。一八九四年七月四日、ハワイにおけるアメリカ人の指導者は「共和国」を宣言し、一八九八年にはハワイを「併合した」（Brune 2003）。

34　攻撃の背景が知られていたという真珠湾陰謀説ならびにその攻撃はアメリカの指導部にとって驚きであったのかどうかということについては後註94を見よ。

35　侵攻はフィリピン時間の十二月八日に始まったが、ハワイ時間では十二月七日であった。米西戦争でアメリカが勝つと、フィリピンはそこを植民地支配していたスペインによって一八九八年にアメリカに譲渡された。

36　Whitman (2001)。

37　Dunnigan and Nofi (1998: 387–388)。

38　Dunnigan and Nofi (1998: 120–121)。

39 Dear and Foot (1995)。
40 Brune (2003)。
41 しかし、ソ連はどの国よりも苦しんだということを認識しなければならない。推定二千万のソビエト市民がその戦争で死んだのである。
42 Layton (1999: 1193)。
43 Brune (2003)。
44 Stearns (2002: 781)。
45 Atwood (2004: 302)。
46 Atwood (2004: 291–292)。収容された者は spetsposelenie「特別移住地（強制収容所）」から五キロ以上離れることを禁止されていた。
47 ソビエトのタタル人に対するひどい扱いについては Lazzerini (1996) を見よ。他の国籍の者、特にヴォルガ・ドイツ人も残忍な扱いを受けた（Hyman 1996）。第二次大戦中においてアメリカが日系アメリカ人を強制収容所に拘留したこと、そしてその日系アメリカ人の「解決策」を一部直接のモデルとした、アメリカインディアンに対するモダニスト的な人種差別的「解決策」が後に行われたことについては Drinnon (1987) を見よ。他に、アメリカの企業や政府が外国の人種差別的計画に関わっていたことを示唆している研究がある。歴史学者による慎重な研究が求められる。
48 Millward (2004: 5)。
49 石からの口頭伝達、台北、1974。
50 Buck (2002)、Buell (2002)。
51 侵略軍の兵士の数はチベットの成人男性全体の数と同じかそれより多かったと推定される。
52 Shakya (1999: 512 n. 24)。
53 Van Walt van Praag (1987: 169, 195–196)。
54 Millward (2004: 6)。
55 作者不詳、http://buddhism.2be.net/Image:Destroy_old_world.jpg。
56 Shakya (1999: 320–323)。かつてチベットの最大の寺院のひとつであったガンデン寺のほとんどが文化大革命で廃墟となったが、広く公表されたその写真（例えば、Shakya 1999、図版15）を見よ。
57 Hambly (1991: 114 以降)。
58 例えば、革命前にアメリカのソフトドリンクであるペプシの瓶詰めをしていたザムザムという会社はすぐに「被抑圧者財団の管理下に入った。被抑圧者財団は、アーヤトッラー・ルーホッラー・ホメイニーがイランの経済を準国有化するのに利用した多くの宗教的慈善団体のひとつである強大なボンヤードであった。……ボンヤードは権力の側にとって金鉱となった。ザムザムの場合、イランの最高指導者アーヤトッラー・アリー・ハーメネイーの管理下に入っていた」(Ellis 2007)。

59 Calmard (1993: 300)。

60 オーストリアは同様に分割されたが一九五五年に完全な独立を取り戻した。

61 Brune (2003)。

62 Atwood (2004: 291–292)。翌年には再びカルムイク自治ソビエト社会主義共和国となった。

63 クリミアはスターリンの死後に権力の座についたフルシチョフによってウクライナの領土とされ、故地におけるタタルの政治的立場はさらに難しいものとなった。その後、多くのクリミア・タタル人は、公式・非公式の抵抗と厳しい物資の欠乏に立ち向かって帰郷した(Lazzerini 1996)。ソビエト連邦崩壊以降、ヴォルガ・ドイツ人の多くは絶望してあきらめ、ドイツに移住した(Hyman 1996)。どちらの民族の自治共和国も復活しなかった。

64 共産主義をベトナムに入れないようにというフランスとアメリカによる一連の努力は成功した。

65 正確に言えば、政府の形態としてこれは「民主制」ではなかったし、今でもそうではなく、「共和制」である。これらの二つの用語がアメリカ合衆国の二大政党の名前でもあることは偶然の一致で、それらは名前だけのものである。アメリカ合衆国は名目上は共和国であるが、二大政党の現実の政策は政府に関する実際の民主制ないし共和制の思想とはほとんど関係ない。アメリカがそのモダニズム体制を世界の他の地域に強制しようとする試みは共産主義者が自分たちの体制を強制しようとしている試みと不気味なほど似ていた(似ている)。

66 ネパールの君主制は二〇〇六年に権力闘争に敗れた。それはいくつかの要因が重なったことによるが、その中で何よりも重要なのはカトマンドゥにおいて国際マスメディアによる大衆主義的「民主主義」のプロパガンダがおおっぴらに広がっていたことである。マスメディアは明らかにモダニズムに洗脳されており、おそらく自分たちがしていることが何か分かっていなかったであろう。君主制は悪く、モダニズム的な「民主制」はいいのである。

67 現代の歴史記述におけるモダニズムについては、後註95を見よ。

68　最もひどい恐怖の後でさえ、芸術におけるモダニズムは特に建築を通じて中央ユーラシア全域に広がった。それは、外からの支配者たちが伝統的な中央ユーラシア様式の建築物を取り壊し、モダニズム的な建物に替えたからである。中央ユーラシア諸都市の外観は激変し、その結果、その地域の文化的遺産はだめになった。

69　大衆主義という用語はいくつかの異なった意味で使われてきた。私の使い方はここでの議論から明らかであろう。宗教的政治的原理主義、とりわけモダニズムの大衆主義の有害な形が中東や他のいくつかに地域に広まったことは、未来にとって良いことではない。

70　二十世紀の終わりまでには大衆主義者が他の形式の政府に完全に取って代わってしまった。いくつかの国（ほとんどが孤立した小国である）を除いて、世界の全ての国は現在モダニズムの民主主義国であると主張している。実際は、どの国も真の民主主義国ではなく、ほとんどは真の共和国ですらなく、独裁国家か、良くても少数独裁国家である。

71　それは中国自体をもかなり破壊した。

72　Walters (1993 : 16)。多くは倉庫や貯蔵庫など他の目的に使用された。

73　Rothenberg (1978 : 190)。政府の資料によると「一九一七年から一九二七年の間にシナゴーグの二三［正しくは二六］パーセント（千四百のうちの三百六十六）と教会が閉鎖されたが、これらの数字は小さすぎる。百以上のシナゴーグがある都市もいくつかあり、没収された数も全体の数ももっと大きかった」。千四百という数値は明らかにウクライナだけのもので、そこではシナゴーグの数は「一九二七年までに千三十四に減った」(Levin 1988 : 82)。非スターリン化にもかかわらず、一九八〇年にはソビエト連邦全土でシナゴーグは九十二しかなかった(Levin 1988 : 774)。

74　Ramet (1993 : 40)。

75　Shakya (1999 : 512)。「中国では内モンゴルの寺院は一九五八〜一九六〇年の大躍進政策のもとでほとんど閉鎖された。一九六〇年までに機能している寺院はひとつも残っていなかったのではないかと思われる」(Christopher Atwood、口頭伝達、2007)。ソビエト連邦では「ブリヤートでは仏教を撲滅しようという運動が一九三二年頃に始まり、一九三七年頃には機能している寺院はなくなっていた。イヴォルガ・ダツァン寺は第二次世界大戦後に復活した。カルムイクで起ったことは似ているが、一九八〇年代末まで復活した寺院はなかった」(Christopher Atwood、口頭伝達、2007)。

76 「モンゴルでは一九三二年に武装反乱のため政府が後退しなければならなかったが、一九三六年には再び圧制が始まり、一九三九年には最後まで機能していた寺院が閉鎖された。ガンダン・テクツェンリン寺は一九四四年に復活した」(Christopher Atwood、口頭伝達、2007)。

77 モンゴルとその近隣地域における還俗の強制については後註96を見よ。

78 外国の非政府組織が改善に努めているが、残念ながら未だに太刀打ちできていない。

79 Harrison (1966: 47)。

80 芸術家がルールの必要性に気づいていなかったというのではない。主にオーストリアの作曲家アルノルド・シェーンベルク(一八七四〜一九五一)によって発展させられたセリエルまたは十二音技法は、セリエルの作品において従うべき形式的なルールを規定している。しかし、それらのルールは自然界の倍音体系に基づいた伝統的なルールから派生していない。それらはその伝統的なルールとそれらが作り出す自然界のハーモニーに対する明確な抵抗である。

81 大きく話題となった「ポストモダニズム」はモダニズムに代わるものでは全くない。「第二次世界大戦後の何年間かにおいて「ポストモダン」という言葉が流行りだしたが、理路整然とした「ポストモダン」美学は現れていない」(Teed 1992: 309)。確かに、いくつかの分野(特に文学)においてポストモダニズムは別の意味を持つようになったが、理路整然とした美学の拒絶は一般にその特徴のひとつである。究極的には「古い」前衛的モダニストと区別するために自分たちを新しい前衛として確立しようとする人たちの試みの結果であるということにおいて、それは主に変異するモダニズムのウイルスが別の変化をしたものにすぎない。

82 この問題のさまざまな面についてのアドルノ(Adorno 1997)による広範囲にわたる議論を見よ。

83 社会全体においてロックミュージックが概して成功したことは、ほとんどがロックミュージックとフォークミュージックも聞いている若いエリートの間でバロック音楽が復活したことと同等である。バロック音楽の強いリズムとはっきりとしたメロディーラインはしばしばロックミュージックと比べられる。後註101も見よ。
84　アドルノ（Adorno 1997）は、グラフィックアートの推移していく焦点と「醜」の概念（「美」という概念にとっての必須要件）の相対的優位性について詳細に論評している。
85　Adorno (1997: 61, 62, 65)。
86　Botstein (1998: 255)。
87　現実のモダニズム的な見方は、芸術作品は市場で最も高い値段がついているものが「最も優れた」作品であるというものである。その結果、一部の芸術作品に信じられないほど高い値段がつくことによって人々はそれらが優れた芸術作品であると考えてしまうのである。
88　ピカソの一連の作品に対して多くの人は美的価値があると考えるが、ピカソの作品のほとんどに対する私の見解は明らかに良くないものである。しかし、どのような美的価値を持っていたとしてもそれは根本的に歴史的、もしくはアカデミックな美であると私は考える。ゲルニカは正統な絵画であるが（おそらくアカデミックな美の規範による最も優れたモダニズム芸術作品で、芸術の歴史にとって確実に重要である）、そのことは芸術として、それが優れた作品である（であった）ということを意味しない。芸術家ではなく純粋に芸術それ自体について言えば、アメリカの抽象画家ジャクソン・ポロック（一九一二〜一九五六）の作品はおそらくピカソのものより典型的なモダニズムの作品であるが、ピカソのほうが真の偉大なモダニズム芸術家としての個人崇拝を生むことに成功した。
89　Adorno (1997: 29–30) 参照。
90　反応は、消えたものを製錬し改良したことに終わったかもしれない。
91　Adorno (1997: 30)。
92　急進的モダニズムによって芸術そのものが喪失したことについては後註97を見よ。
93　ヨーロッパなどのモダニズムの流派において詩と音楽のつながりが失われたことに関しては後註98を見よ。
94　多くの鋭い読者はエズラ・パウンドがエリオットの原稿にかなり手を入れたものが発見され出版される前にその欠陥に気づいていた。一方、何人かの評論家は既に「『荒地』でさえ損なわれた」と記していた（Dyson 1968: 627）。

95　英語で活動している詩人の数の非常な多さを考えると、そのうちでなぜだれも優れた詩を生み出していないのかは確かにモダニズムの制約によって説明される。

96　このことは彼の最初の主要な作品『J・アルフレッド・プルフロックのラブソング』(一九一五)にも当てはまる。その作品は『荒地』よりも多くの点で詩としては優れているが、おそらく美的にはさらに不快なものである。

97　同じことはリヒャルト・シュトラウス(一八六四〜一九四九)の音詩のような保守的な和声の音楽についても言えるだろう。しかし、シュトラウスは別の面では異なっていた。彼は、オペラ『エレクトラ』を最後とする前衛的な芸術音楽を多く作曲した後で、ヨーロッパの芸術音楽は方向を誤っていると判断し、既に反音楽的なモダニズム的アカデミシズムに向かっていた音楽構造における「進歩」というモダニストの信条を拒絶し、死ぬまで優れた音楽を書き続けた。後註99を参照。

98　これは二十世紀後半に前衛作曲家のジョン・ケージによって論理的な極まで行った。ケージの非常に有名な作品『4′33″』(4分33秒)は無音のみからなっていた。(これは絵画では「白の上の白」、「黒の正方形」などの一九一〇年代半ばのカズィミール・マレーヴィチの絵画に比べられる。)他のモダニズム的アプローチの中で最も成功したのはミニマリズムで、それは、セリエル音楽に反発して長々と続いてほとんど変化せずに何回も繰り返される少数のピッチや単純な音楽フレーズから成る曲を作ったフィリップ・グラスのような音楽家の作品に典型的なものである。「自然界のハーモニー」という言葉で私は伝統的なヨーロッパ、アジア、その他の地域に見られる特定の和声体系をではなく、単に自然界の倍音体系に基づいた和音を意味していることに注意せよ。

99　音楽は例外であると考える学者もいるが、それは正確でないように思える。後註100を見よ。

100　モダニズムの音楽は「表面的な難解さの結果として暗に奨励された。そして、二十世紀終わりの知識人や芸術家の間では、高い地位と批評家の注目に値するとしてポピュラー音楽や商業音楽に対する情熱が取り戻された」(Botstein 1998: 259)。ボトスタインの言う「表面的な難解さ」は、直接的に言えば、倍音による自然界の和音体系に従わない「音楽」は、世界のどの地域においても理論や受けた教育や個人の好みではなく純粋に自然の身体的理由によってほとんどの人にとって耳障りで苦痛でさえある、ということになるが、そこから注意をそらすための婉曲的な表現である。

101 『春の祭典』の初演において観客はその音楽だけでなくあからさまに性的な踊りによっても激怒させられた。音楽も踊りも観客に衝撃を与えるために意識的に丹念に計画されたものであった。ストラヴィンスキーの音楽に影響を与えた可能性のあるものについては後註101を見よ。

102 シェーンベルクはセリエル音楽の先駆者で、『混声合唱のための三つの風刺、作品28』においてストラヴィンスキーのことを公然とモダンスキーと皮肉っていたが、ストラヴィンスキーはシェーンベルクの死後一時期セリエル音楽を取り入れていた。

103 Danto (2003: 17)。アドルノ（Adorno 1997: 1）の「芸術に関するもので自明のものは何もないということは自明である、その精神生活、その世界への結びつき、その存在の権利でさえ自明ではない」を参照。

104 何人かの人気の高い芸術家（特に音楽家）の作品の市場価値は、次第に学校教育で扱われるようになった現代のモダニズム派の芸術家による最も価値の高いどんな作品よりも遥かに大きい。それはまたモダニズム以前のほとんどの芸術作品よりも大きい。何人かの人気の高い音楽家や舞踏家などは自分たちの芸術に真に献身しており、「芸術家」という名に値する。残念なことに、彼らの作品のほとんどにはエリート的な要素（例えば、優雅さ、美しさ、完全を目指して努力すること）が欠けており、そのために「高尚な」芸術のレベルに上がることが妨げられ、最終的にモダニズム芸術（ほとんどが珍品の美術館にある）に取って代われない。

第12章 よみがえった中央ユーラシア

ياش ئىدۇق ئۇزۇن سەپەرگە ئاتلىنىپ ماڭغاندا بىز،
ئەمدى ئاتقا مىنگىدەك بوپ قالدى ئەنە نەۋرىمىز.
ئاز ئىدۇق مۈشكۈل سەپەرگە ئاتلىنىپ چىققاندا بىز،
ئەمدى چوڭ كارۋان ئاتالدۇق، قالدۇرۇپ چۆللەردە ئىز.
قالدى ئىز چۆللەر ئارا، گايى داۋانلاردا يەنە،
قالدى نى-نى ئارسلانلار دەشت-چۆلدە قەۋرىسىز.
قەۋرىسىز قالدى دېمەڭ يۇلغۇن قىزارغان دالىدا،
گۈل-چېچەككە پۈركىنۇر تاڭنا باھاردا قەۋرىمىز.
قالدى ئىز، قالدى مەنزىل، قالدى ئۇزاقتا ھەممىسى،
چىقسا بوران، كۆچسە قۇملار ھەم كۆمۈلمەس ئىزىمىز.
توختىماس كارۋان يولىدىن گەرچە ئاتلار بەك ئورۇق،
تاپقۇسى ھېچبولمىسا بۇ ئىزنى بىر كۈن نەۋرىمىز،
يا ئەۋرىمىز.

ئابدۇرېھىم ئۆتكۈر، “ئىز”

私たちは若かった　馬で長い旅路を行ったとき
今、私たちの孫が馬に乗るようになった
私たちは少なかった　馬で困難な旅路に出たとき
今　私たちは大きな隊商と呼ばれ　砂漠に足跡を残した
足跡は　砂漠の間に　ときには峠にもまた残った
最強の英雄たちが荒れた砂漠の地に墓もなしに残された
タマリスクが赤くなった野外に　墓もなしに残されたと
　　言うことなかれ
私たちの墓は　春の暁に　花に覆われているのだ
足跡が残った　行く先が残った　すべてが永遠に残った
風が出ても　砂が動いても　私たちの足跡は埋もれない
馬たちがやせていても　隊商は道中で止まらない
どうあろうとも見つけるであろう　ある日この足跡を
　　私たちの孫が
あるいは私たちの曾孫が

アブドゥレヒム・オトキュル『足跡』[1]

第四の地域帝国の時代

二十世紀の終わり頃、中国とインドに資本主義が広がり、それらの帝国的国家の経済は非常に急速に成長したが、どちらの国も政治的にはほとんど変わらなかった。一九九一年にソビエト連邦が崩壊したとき、冷戦の緊張は和らいだように見えた。かつてのロシア・ソビエト社会主義共和国は独立のロシアの国民・帝国的国家として再建された。西中央アジア、カフカス、黒海草原西部のかつての連邦共和国も独立を取り戻した。中央ユーラシアのほとんどが突然、予期せずに、再び独立を得たのである。

この時期の最も顕著な発展のひとつは、EUの参加国数、結束力、経済力が増大したことである。二〇〇七年にはロシア、ベラルーシ、ウクライナより西のほとんど全ての国が加わった。大衆主義の政治家の利己的で先見の明のない政策によってしばしば阻止されたが、EUと新興・再建の帝国的国家はユーラシア周辺部における経済的発展とともに政治的にも発展し、そこに新しい帝国的世界秩序を作った。中央ユーラシアを囲む大政治組織（中国、インド、EU、ロシア）はいずれも急速に成長した。

しかし、中央ユーラシア自体はあまり幸運ではなかった。中央ユーラシアの主な国家の半分以上が独立を取り戻したが、政府であれEUのような経済・政治ブロックであれ、中央ユーラシアの政治組織は統合を欠いたままで、弱体性、貧困、後進性、そして外国による支配が続いた。近東やパキスタンと同様に、ペルシャ語地域の中央アジア南部（アフガニスタン）と西南アジア（イランとクルディスタン）は宗教的かつ民族主義的な専制政治によって支配されたままであった。その地域全体の弱さは、隣接の西中央アジア、つまりかつてのソビエト中央アジアが経済的、政治的に脆弱であることの大きな要因となった。

残念ながらロシアも、支配下においていた他の中央ユーラシア国家（カルムイク、トゥヴァ、サハ、エヴェンキ、[2] 北カフカス地域のチェチェン）を解放しなかった。ロシアの経済が回復すると、新しい大衆主義の独裁政治が発展し始め、再び内外の批判者を力で脅した。それと同時に中国は恐怖と暴力の無差別な使用を強化して東トルキスタン、内モンゴル、そしてチベットを軍事的に占領し続けた。この時期、ロシアも中国も経済的回復のために中央ユーラシア全体を衰退させる直接の原因となった。[3]

中央ユーラシアは周辺諸国による長い圧政によって文化的にも破壊された。特に共産主義帝国に支配されてきたか支配され続けている地域がそうである。急進的なモダニズムの襲来はその地域の伝統的な芸術や科学のほとんどを破壊し、それに代わる効力のあるものを提供することができなかった。芸術においてはヨーロッパの最盛期のモダニズムが政権によって長いこと抑圧されていたが、中央ユーラシアのほとんどの地域では独立ないし資本主義の到来とともにそれが終わった。そして、芸術のモダニズムは、それに抵抗する伝統文化の体系がほとんどなかったため、広がった。一方、宗教団体は喜んだ。まだ残っていた古くからある教会、モスク、シナゴーグ、その他の宗教的建造物の多くは修復され再開され、それ以外にも新しいものが建てられ始めた。

†ユーラシア復興の始まり

共産主義陣営と資本主義陣営の間の世界的な冷戦は、ソビエト連邦が最終的に崩壊したとき、[4] 資本主義側が勝利した。ソ連崩壊の要因は、ひとつには内部の構造的破綻があり、また巨大な軍隊を維持し資本主義国に遅れをとらないよう新しい軍事技術を開発していたことに加えて、次第に貧困化していった中央ユーラシア諸国を支えるといった過重な負担があったことによる。一九九〇年にソビエト連邦の連邦共和国のうち小さなバルト三国が相次いで独立を宣言し始めたとき、連邦政府はそれを弾圧しようとした。一九九一年八月に起ったクーデターが失敗して、さらに別の連邦共和国も独立を宣言した。最終的に、ミハイル・ゴルバチョフ大統領（一九三一生［在任一九八五〜一九九一］）は一九九一年十二月二十一日にソビエト社会主義共和国連邦の崩壊を宣言した。[5]

ソ連を構成する連邦共和国はカフカスや西中央アジアのものを含めて、突然全く予期せず独立することになった。ロシアはまたモンゴルや第二次大戦以降ソビエトの占領下にあった中央ヨーロッパ、東ヨーロッパの国々から軍隊を撤退させた。しかし、不運なことに、「第二ランク」の自治ソビエト共和国や自治州はいずれも解放されなかった。ソビエト連邦の崩壊にもかかわらず、[6]多くのロシア人は結果がどうであれ帝政ロシアと社会主義の祖先による征服地を手放さないと決めていた。ロシア人は資本主義を受け入れることを決定したが、政府はほとんど全てが以前の共産主義者で構成され続けていたため、実際の独立事業を合法的に展開することはゆっくりとしか許可されないと考えていた。従って、ロシア人の資本主義受け入れは、初めは実践的というより理論的なものであった。しかし、中国が国際的な貿易と投資を再開すると、二十世紀末にはユーラシアのほとんどは、実際には真の資本主義とは言えなくとも、経済システムとしては資本主義に転換した。

二十世紀の政治におけるモダニズムの成功は驚異的であった。一九五一年までにユーラシアのほとんど全ての国において、大衆主義者たちは、[7]全体主義的ファシスト政権ないし共産主義独裁政権から自由主義的「民主的」共和国まで何らかの形のモダニズムによる非君主制の政府を作ることに成功した。二十世紀の終わりには、大衆主義は他の形式の政権に完全に取って代わった。世界のどの国も（少数の孤立した小国を除いて）モダニズムによる民主主義を主張した。実のところ、いずれも実際の民主主義ではなく、ほとんどは共和国でさえなく、それらは、よく言っても独裁国家ないし寡頭政治国家であった。モダニズムの勝利は完了した。

中国の経済的復興

毛沢東の死から二年しか経っていない一九七八年、中国の指導者たちは自分たちのひどく貧しい国をゆっくりと資本主義に戻し始めた。まず、資本主義国からの小規模の投資を許可した。それはほとんどが中国を製造業の安い労働力の提供地として使っていた外国の企業によるものであった。その戦略は成功で、外国人の投資家にとってだけでなく、同時に共産党の指導者たちにとっても有益であった。彼らは権力を持っていた上に急に金持ちとなったのである。中国はある種の「国家資本主義」を発達させ、それはすぐに国家の管理する本格的な資本主義へと成長した。中国の経済は、科学や技術と同様に、急速に成長し、それによってたった三十年の間に中国は貧困の後進国から強力な宇宙計画を持つ世界の主要な経済圏へと移行した。中国の経済成長の将来は明るいと思われた。しかし、ロシアと違って中国は、占領している中央ユーラシアの国々を解放しなかった。それどころか、圧迫を強めたのである。特に東トルキスタンでそうであった。[8] さらに悪いことに、多くの中国人が文明世界に加わることを強く望んでいる一方で、政権の指導者たちは、中国に「属していた」とする周囲の独立国家を脅かしていた。これは中国が既に軍事的に占領した国々に使用したのと同じ考え方であった。千年紀の変わり目に、中国人民が政府の洗脳を認識し、それに抵抗し、打ち勝つことができなかったことは、世界の他の地域にとってよくない前触れであった。

インドの経済的復興

ほとんど注意されていないが、二十世紀の終わりにはインドは経済的に中国とほとんど同じくらい急速に成長していた。その頃、人口の伸びは中国より速いくらいであった。世界におけるインドの経済的、政治的存在感は否定できないものとなっていた。残念なことに、ヒンドゥー原理主義が広がって、政治的な安定と、相対的な未発達段階（地方の大部分が未だ惨めな状態でいる）を超える文化的発展の可能性が脅かされた。それに加えて、中央ユーラシアのチベットのヒマラヤ南側のフロンティアにあってヒンドゥー教が支配するネパールにおいて毛沢東主義の共産主義がさらにその地域の安定を脅かしている。それでもなお、急速な経済成長と技術的進歩によって、インドは新しい二十一世紀の世界において確実に大きな役割を果たすであろう。

ロシアの復興

ソビエト連邦が解体するに当たってロシア人は周辺地域への責任を放棄したが、最も価値のある帝政時代からの占領地は保ち続けた。それらのうち最も重要なものはロシアのものとなっていた。バルト海に面したサンクトペテルブルグとその隣接地域の港湾都市、ソチ港と黒海の北東部海岸と内陸のカスピ海の北部海岸、太平洋の日本海に面したウラジオストックのあるロシア極東地方、北極海のバレンツ海のムルマンスク、である。[9]

ソビエト連邦が解体されると、ロシア人は自分たちの荒廃した経済に注意を向けた。国は公式には非共産主義の「民主的」政治システムを採用し、大体において共産主義者であった政治家たちの反対によって非常に困難を伴いはしたが、ある種の合法的な資本主義的経済活動を非常にゆっくりと認めていった。しかし、期待されていた復興の始まりは、ボリス・エリツィン大統領（一九三一〜二〇〇七［在任一九九一〜一九九九］）の政府のメンバーが、ロシア通貨の安定と新生の金融制度を支えるための外国からの援助金数十億ドルを横領したことによって打ち砕かれた。その結果、銀行は破綻し、ひどい通貨インフレーションが起り、国家公務員、すなわち未だ国有企業から給料をもらっていた何千万もの人々に政府は給料を支払えなくなった。いくつかの地域、特にシベリアと極東の一部では何年間か冬に多くの人が餓死したり凍死したりし、ロシアの人口は世界一の速さで減少した。

国は、並行して存在し続けた非公式経済によって救われた。それは本質的にはブラックマーケットと同じで、共産主義の時代に自然経済として資本主義の不可欠な諸要素を発達させていた。二十一世紀の初め、政府による実業家の迫害、蔓延した組織犯罪による被害（これは政府によるものと明確には区別できない）、超国家主義の広がり（ユダヤ系ロシア人、非ロシア人、そして充分に「ロシア人」と見えない人誰にもに対する人種差別による攻撃もあった）、そして、ソビエト時代の多くの政治的方策や軍事計画の復旧にもかかわらず、新しいロシア経済は急成長した。

中央ユーラシアの多くの地域の再出現

非ロシア系の連邦共和国が独立した際、カフカスのグルジア、アルメニア、アゼルバイジャンは他のソビエト中央ユーラシアの多くとともに独立した。かつて黒海草原の西部地域であったウクライナ[10]は完全に独立したが、黒海草原の東部から黒海のアゾフ海までは、北カフカス草原からカスピ海のアストラハンのあたりまでと同様に、ロシアに残った。それらのうちのいくつかの地域はそれ以来かなりロシア化が進んでいるが、多くの地域、特にヴォルガ下流域とカフカスの間の、モンゴル語系のカルムイク共和国を含む北カフカス地域は文化的にはロシア化されなかった。

中央アジアでは、ロシア系住民を多く含む広大な国カザフスタン、トゥルクメニスタン、ウズベキスタン、タジキスタン、クルグズスタン[11]がみな独立した。これらの国は経済的に成り立っているのがやっとであり、ほとんどが強欲な政治家の犠牲となって、貧しく弱く全ての面で援助がなければどうしようもない状態におかれていた。それにもかかわらず、独立によって希望が与えられ、より広い世界にアクセスできるようになった。

多くの非ロシア系の「自治共和国」と「自治州」の人々も独立を強く要求した。最もうまくいったのは、旧タタル自治ソビエト社会主義共和国のタタル人と、旧ヤクート自治ソビエト社会主義共和国のサハ人であった。これらの共和国は、広大な土地と天然資源に恵まれており、ロシア人との交渉で非常に有利な立場にあったので、その地位は既に連邦共和国に近かった。彼らは、半独立の地位を得たが、彼らにとってそれは完全な独立よりよかったと思われる。というのは、独立国として必要な軍隊を始めとするいくつかの金のかかるものを作る負担がなく、活力を発展のために充てることができたからである。しかし、ロシア経済の回復とともにロシアのナショナリズムと政治的・軍事的帝国主義が盛り返し、タタル人とサハ人の資源の管理を脅かし、独自の民族と文化としての彼らの存在を危うくした。

チェチェン共和国のチェチェン人など他の人々はあまりうまくいかなかった。かつてのチェチェン・イングーシ自治ソビエト社会主義共和国は一九四四年に廃止、現地住民は強制移住させられ、一九五六～一九五七年になってやっと「復帰」した。カフカスの近隣諸民族が独立したとき、チェチェン人も完全な独立を求めた。ロシアとの最初の紛争のあと、彼らは五年後の独立を約束した条約に調印した。にもかかわらず、ロシアはその小国に侵攻し、長期にわたるきわめて破壊的な流血の戦争を始め、多くのチェチェン人を殺害しチェチェンの地の多くを破壊した。一方、チェチェン人は多くのロシア人の兵士や民間人を殺した。[12]

モンゴルは形式的には既に独立していたが、ソビエトの同盟国・衛星国として長い間ソビエトの軍隊に占拠されていた。長引く貧困と遅れ、そしてモンゴルを脅かし続けた中国による危機はモンゴルとロシアの関係を非常に緊密に保った。

EU

この時期の最も注目に値する発展のひとつはEU[13]の形成とその急速な成長であった。ソビエトの勢力が崩壊すると、ソビエト軍に占拠されていた国々は完全な独立を取り戻した。東ドイツは、一九九〇年十月三日にEU創設国のひとつである西ドイツと再び一緒になった。[14]ポーランド、チェコ共和国、スロバキア、スロベニア、ハンガリー、エストニア、ラトビア、リトアニア、キプロス、そしてマルタは二〇〇四年に加盟が認められ、[15]二〇〇七年にはルーマニアとブルガリアが加わった。EUにはこのように、ロシア、ベラルーシ、ウクライナより西のほとんど全ての国が含まれた。実質的な中央政府がないにもかかわらずEUは世界において強大な政治勢力となった。主に大衆主義の政治家による民衆の煽動ないし金の問題によって妨げられたこともあったが、EUは影響力を高め、繁栄し続けた。

終わらない中央ユーラシアの脆弱さ

中央ユーラシアの多くの国が政治的に再び独立し、文化的な独立も回復しようとし始めたが、その地域全体における極度の貧困が長いソビエトの遺産と相まって圧制的な独裁国家を至る所に成立させた。それらはみな民主共和国であると主張していた。ゆっくりでしかなかったが、それらの国家のいくつかはそのような政治的遺産を克服し、圧制の度合いを弱め、よりオープンになった。

東トルキスタンとチベットは中国の軍事的占拠下にとどまったので、圧制に特に苦しんだ。両国の民族主義者は漢人に見つかればいつでもどこでも粉砕された。中国の多くの地域で見られる急速な成長と繁栄は、東トルキスタンとチベットでは侵略的で民族主義的な漢人の入植者たちの間以外にはほとんど見られなかった。

世界中に宗教とは関係のない商取引圏が現れたにもかかわらず、中央ユーラシアにそのような連合は発達しなかった。二〇〇七年にはそのような連合がすぐに発達するとはまだ考えにくかった。それは、狂信的な原理主義者（主としてターリバーンとその同盟者たち）によって引き起こされたアフガニスタンの不安定な状態が続いていたこと、ロシアと他の旧ソ連諸国において圧制的な疑似資本主義者すなわち隠れ共産主義者の政権ができたこと、そして東トルキスタンとチベットにおいて中国の軍事的占拠が継続していたことによる。結果として、中央ユーラシアは全体として、脆弱さ、貧しさ、経済的・文化的発展の不足、政治的な圧制が続く地域のままであった。

二〇〇一年九月十一日、アメリカで数千人の人々がテロリスト集団アル・カーイダ（Al-Qāʿida）が組織した民間人と軍に対するテロ攻撃で殺された。アル・カーイダはアフガニスタンを本拠地とし、そこのターリバーン政府から公然と支援を受けていた。アメリカ政府はその攻撃に反応して「テロに対する戦い」を宣言し、ターリバーンの支配下に入っていない唯一の飛び領土である北東部の州バダフシャーンにいるタジク人らに米軍による支援を充分に行なった。短期間の内戦のあと、二〇〇一年十一月にターリバーン体制は倒され、ハーミド・カルザイ（二〇〇二年、大統領に選出）の指導による民主主義制度が導入された。アル・カーイダのテロリストたちはほとんど活動を抑えられたか追い払われた。不幸なことにアフガニスタンは暴力的な分離主義者たちによってまだ分裂しており、ターリバーンの原理主義者たちはすぐに息を吹き返した。ターリバーンは自分たちの国を再び破壊しようとする際に次第にアル・カーイダのテロ戦術を導入した。[16]

海洋交易網と中央ユーラシア

大陸における新しい地域帝国の時代の始まりの中で、昔からの沿岸国と周縁国の区別は残った。朝鮮は分断され、日本からも大陸からも分離していた。東南アジアは少数の比較的小さな国に分かれたままであった。アラビアの沿岸地域は商業本位の小さな首長国によって分断されていた。レヴァントは少数の国に分かれたままであった。そして、英国は形式的にはEUのメンバーであったが、非協力的で、多くの点で他のヨーロッパ諸国からは一般にかなり距離を置いていた。全体として、新しい時代の始まりの頃には海洋交易網の国々は相対的に繁栄した状態を続け、その規模に比べて政治的な影響力は強かった。

中央ユーラシアの強大な周辺勢力、すなわちインド、中国、ロシア、そしてEUも強かったし、急速に成長していた。東南アジアだけは、現地と外部からの原理主義によって破壊と抑圧が起ったため、強国がなかった。

中央ユーラシアの多くの地域の復興により、ジューンガルが崩壊し中央ユーラシアの他の主な国々が征服される以前の世界秩序をある程度回復した。新たに独立した中央ユーラシア諸国は、基本的に西中央アジアと中央草原(かつてのソビエト中央アジア)、南中央アジア(アフガニスタン)、それと東部草原(モンゴル)であったが、それらは互いに政治的に衝突し、貧しく、外圧に対して弱かった。それらの地域は海洋交易網と比較することができそうに思えるが、中央ユーラシアに以前には存在した商業的繁栄とその商業的な強さによって作られた政治的な強さが今は失われていることを考慮すると、その比較は適切ではないだろう。

✝経済と政治の見通し

新たに独立した中央ユーラシアの国々の政府のほとんどは近代的「民主制」である。それらは疑似共和国で、強欲な君主か煽動政治家によって統治されている。モダニストによる大衆主義の最も有害で破壊力の強い形式である宗教的・政治的原理主義がその地域に広がることの危険性は引き続き非常に大きい。その地域における見解は、原理主義者による権力獲得を防ぐ唯一の方法はソビエト型の政治的・宗教的弾圧であるというものであった。従って、中央ユーラシア復興の見通しは暗い。

中央ユーラシア文化複合体が復活してかつてのシルクロードの内部経済が復元することは明らかにあり得ないであろう。西中央アジアに新たに独立した国々は、石油、ガス、綿、そして（アフガニスタンでは）違法な麻薬といった日用品に完全に頼っている。経済理論によれば最後に挙げたものは純粋な贅沢品である。しかし、その品物の交易に対しては政治的圧力がかかっているので、それがかつてのシルクロード内外の贅沢品の交易に取って代わることは疑いなく阻止されるであろう。中央ユーラシア東部で再び完全独立を成し遂げた唯一の国モンゴルも貧困に苦しみ、国の経済をどう近代化したらいいか分からない利己的な古い政治家に牛耳られていた。東トルキスタンとチベットは中国軍によって占拠され続け、中国はその二国を抑圧し続けている。[17] それらの国はいつか再び独立を得て自分たちの文化と言語を保つことができるのであろうか。

要するに、中央ユーラシアは世界地域として回復できるのか、もしくは貧困に喘ぎ、原理主義の餌食となったままユーラシアの他の地域に影響を与えるかもしれないテロリストの本拠地であり続けるのであろうか。

これらの疑問に対して肯定的な答えを出せるかどうかは中国がチベットの大部分と東トルキスタンの大部分を解放するかどうかにかなりの程度かかっている。そうされれば、そこの人々はすでに解放されている国々に平和的に加わり、新たな中央ユーラシア連合を形成することができる。中央ユーラシアは、経済的に急成長しているロシア、中国、インドに三方を囲まれているため、堅固な経済成長、文化的復興、潜在的に衝突の起りやすいその地域の安定が結果として確実に見込まれるであろう。しかし、中央ユーラシアそのものが復興するのは、そこに比較的まとまりのある統一的な政治体制の発達があってこそであろう。それは、連邦内の国々を押しつぶしてしまう巨大な主権ではなく、かつて遊牧帝国がふるった慈善的支配力のような寛容な主権、みなが共に働いて中央ユーラシアの経済と政治的状況を改善するのを助けるような主権である。独立した中央ユーラシア諸国が最終的にこれを理解し、ＥＵのような見識を持った自由主義的な連合をうまく作ることができれば、彼らは東トルキスタンとチベットの民族言語地域の解放に向けて中国に働きかけることがおそらくできるであろう。

同様に、中東、といっても本質的にはイランと近東であるが、そこの人々がＥＵのような平和的で繁栄的で着実な多文化連合を協力して作ることに同意して初めて中東は復興を始めるだろう。中東の国々がそのようにする可能性は非常に薄いように思われる。安定性、経済成長、そして自由主義、もしくは少なくとも政教の事実上の分離がアラビア語世界の中心から遠いいくつかの国にはっきりと存在し、それが可能なことを証明しているが、中東のほとんどは、憎しみと、イスラーム、ユダヤ教、キリスト教のさまざまな形式のモダニズム的原理主義者の大衆主義による狂信的な言葉に支配されたままである。

†現代中央ユーラシアにおけるモダニズムと芸術

今日の中央ユーラシア諸都市において、モダニズムが芸術における支配的な力となっている証拠を見つけるのはむずかしくない。実際、モダニズムの襲来によってなくならずに残ったものを見つけるのが次第にむずかしくなっている。タシュケント[18]、ウルムチといった主要都市の建築は、それを飾る

「芸術」と同様、圧倒的にモダニスト的である。ラサはかつてチベットの住宅建築の最高にすばらしいものがたくさんあったが、ポタラ宮殿（博物館と観光名所として保存されている）はモダニズム建築のコンクリートの中国の町を見下ろしている。[19] 中央ユーラシアにおいては、各地の伝統的文化の古い記念建造物はまれで、モダニズム建築物の大きさと挑戦的なスタイルの中では伝統的な建築物は場違いに見える。若い芸術家たちは大学や美術学校で学び、そこではモダニズムが講じられている。モダニズムは新しく、従って古いものより優れている、と常に提示されるのである。

中央ユーラシアは経済的にすっかり衰退し、政治的・文化的には世界の他の地域から孤立していたので、そこではモダニズムはまだ完全には成功していなかった。共産主義帝国においては、何十年もの間、唯一受け入れられる芸術は、いくつかのモダニズム思想と西ヨーロッパのモダニズム以前のエリート文化の諸要素を混合した「社会主義リアリズム」であって、モダニズム芸術の最も極端な形式は禁じられていた。その理由で、中央ユーラシアでは芸術におけるモダニズムはまだ新しい。つまり、モダニズムのウイルスが非常に力の強い段階にあるが、一方、伝統芸術に対する関心も、比較的高いままであり、特に宗教の信奉者の間でそうであった。中央ユーラシア人の伝統においては芸術と美が歴史的な意味を持っているが、彼らがその伝統を評価するようになれば、そして特に彼らがモダニズムを理解し、その真の姿を見極めれば、まだ芸術を救う時間がある。

芸術におけるモダニズムの始まりは、ヨーロッパ、そして沿岸地域や世界各地におけるその文化的な分派にある。モダニズムは所詮一世紀前の「革新」運動であるが、それについて依然として語る必要があるという事実は、提起する必要がないと思われる他の多くの疑問を提起する。特に次のような疑問である。

モダニスト芸術家は革命と実験をまるまる一世紀行なっても、なぜ真の芸術を多く生み出すことができなかったのか。

モダニズムの基準はなぜ変わらず、明らかに、人々にとって不可解なものであるのか。

一世紀の間、モダニストの芸術家は新しい世代が登場するごとに、前の時代の芸術（モダニズム芸術）は芸術として失敗であったと公然と主張した。したがって、モダニズムのスタイルもしくは運動のほとんどは、最大でもそれに取って代わる次の前衛運動によって流行遅れ（非芸術もしくは悪い芸術）にされるまでの短期間だけファッショナブル（芸術もしくは良い芸術）であった。今のところ、芸術におけるこの悪しきサイクル、すなわちモダニズムが終わる兆しはない。

モダニズムと芸術の破壊という現象は二十世紀初頭の急進的な作家兼画家によってすでに取り上げられていた。彼は一九五四年に「過激思想」と先行するものの終わりなき否定が四十年間続いて、若き芸術家たちは意識的にか無意識的にか前に行われたことをただ繰り返し、それが新しく挑発的な独創だと考えた。芸術家は「進歩という偉大なる神、非常に嫉妬心の強い神の奴隷[20]」となった。その後、本書執筆の時点でさらに五十三年が経ったが、何も変わっていない。

芸術はなぜ復興しなかったのであろうか。なぜ現代世界の相対的な社会政治的安定性に合致する安定性を回復するいかなる傾向も示さないまま二十世紀初頭から永久革命の状態であり続けているのか。芸術家の社会や政治に対する感情の表現が彼らの芸術に反映される一方、彼らの生活と芸術の評価は社会に依存しているが、それ以外には芸術と社会というこの二つの活動領域が結びついていないのは明らかである。芸術の世界はモダニズムを全面的に受け入れたが、今、モダンで最新で前衛的であり続けるためにすぐ前に行われたことは何でも拒絶しなければならない永久革命という悪魔の虜になっている。芸術家にとっては、この悪しき拒絶のサイクル以外に「許されているものは何もない」。[21] この拒絶は今ではほとんど全面的になっている。すなわち、「実験的な」前衛芸術家によって試されていないものはおそらくなく、芸術の本質は実質的に何も残っていない。「考えられることの限界はすでに越えられた。期待されるものはもう何もない。到達されたものは規範と化す。[22]」グラフィックアートに最もはっきりと見られるように、うわべだけのラベリングしか残っていない。グラフィックアートでは、署名（唯一欠かせない要素）、フレーム（ない場合もあり）、タイトル（任意）以外は何も要求されない。芸術としての詩は、はっきりとしない言葉遣い、題名（よく省略される）、そして不揃いの余白からなる文学のひとつである。芸術音楽は、ハーモニー、メロディー（省略されることあり）、そしてリズムが、「大衆的な」ものは言うまでもなく、自然界における何ものとも極端に一致しない故意に作られた音である。「芸術家」にとって社会において占める地位とか行動の型は残っているが（経済面での支援はない）、彼らが作り出すものはもはや文字通りの美術、詩、音楽ではない。というのは、それらの実際の定義、そしてそれらを再定義する能力が失われているからである。グラフィックアーティストは美術を定義できず、詩人は詩を定義できず、作曲家は音楽を定義できず、現状を支えている批評家の一団もそうである。言い換えれば、プロが美術、音楽、詩が彼らにとって何なのかを説明できない。[23] 彼らはそれが何であるかを知らないのでそれが何かを説明できない。モダニズムが以前のすべての芸術形式だけでなく、芸術的理性、すなわち自然の序列化原理を受け入れること、もしくは少なくともそのような原理が存在するという考えさえも拒絶することは、必然的に、本物の芸術を作り出す方法としての伝統的芸術の破壊につながった。

安定と繁栄の達成、そして芸術家（商業的に成功した芸術家）への支援でさえ、芸術のモダニズムを制度化した。真の永久改革なのである。それは破滅的なことだ。「かなり前から、今の時代の現実を指摘することは非常に歓迎されないこととなっているので、ある種の沈黙の共謀が生じている。多数の貧しい芸術家、専門の評論家、画商らを含めて誰もが取り繕い、誰もがわれわれは普通の状況にあることを装い、芸術は花開いているというふりさえしている。[24]」しかし、実際は我々の今の世界に本物の新しい芸術はない。永久の革命は実は停滞を意味しているのである。

モダニズムに批判的な文献が認めているのは、何よりも必要なのは本物の芸術（グラフィックアート、音楽、詩、その他の芸術）を創ることだということだけである。本物の優れた芸術は長いこと創られてきておらず、未だに創られていない。画家、音楽家、詩人がそのことを自覚し、新しい優れた芸術の伝統を作ることに意識を集中しようと決心するまでは、世界は過去の芸術家に頼り続けることになる。その過去には、近年のモダニズムも含まれる。それは現在、学者によって認められ、美術館、コンサートホール、図書館でホルマリン漬けにされ、研究されて知的に見せられ、いっそう知的にされて生命がなく学校で教えられる反芸術に向かう出発点とされたものであった。[25]

モダニズムは、新しいものを発展させるための「石板消し」という、芸術の発展において必要な段階であったと議論されてきた。必要であろうとなかろうと、それは成功した。すべての偉大な芸術の根底にある美、自然界の秩序、その他の原理の規範を明白に拒否し、まるまる一世紀の間それらを単純と醜悪の規範に置き換えたことによって、（プロの芸術家の間で）美術館の工芸品、鑑定家の宝、そして財政投資対象となっていたモダニズム以前の芸術に対するどんな正当性も最終的に取り除かれた。

しかしながら、モダニズム（その政治的メッセージも含み、多くにとってしばしばそれが芸術よりも重要であった）の呪文のもとに行われたプロの芸術家による芸術の自滅により石板は拭かれたが、モダニストの前衛芸術家による新しい秩序はまだ作られていない。彼らは石板を拭くことをやめられず、現在に至るまでそれを繰り返し行なってきた。[26]

モダニズムは全ての序列を排除し、それらを「同等」というもので置き換えたわけだが、美という概念を理解できない、芸術とがらくたの判別が付かない「非芸術家」の時代を生み出した。この有害な動きは世界のほとんどの地域で芸術を悩まし続け、ほとんどの「芸術」を体験する価値のないものとし続けている。文字通りにそして明白に美の世界を奪うことに献身してきたモダニストによって生活が支配されているということを芸術家らが自覚するまで、新しい美は偶然以外には生まれないだろう。それは悲しい見通しである。[27]

しかし、新しい一流の芸術に当てはまるものがないということがおそらく予期しなかった結果をもたらした。芸術の新しい形式が現れ、古い形式に取って代わった。写真や映画といった技術革新の結果として導入された全く新しい芸術形式に加えて、昔からの芸術の新しい形式が出現した。最も際立っているのは音楽の分野においてで、ポピュラー音楽のユニークな新しい形式であるロックンロールは半世紀前のアメリカに突然爆発するように現れた。十年の間にそれは世界のほとんどをとりこにした。

二十世紀の終わりにモンゴル、チベットなどの中央ユーラシア諸国では、世界の他の地域と同様、地元のロック、すなわち「ポップロック」のバンドが本質的に同じ音楽を演奏していた。その音楽は民族音楽に強く影響を与え、中央ユーラシア諸都市の日常生活においてかなりの程度それに取って代わった。それを「優れた」芸術と呼ぶことはまだできないが、少なくともそれは明らかに音楽である。おそらくいつかそれは一流の芸術となるであろう。[28]

芸術への希望は今は大部分学校で教育されていない新しい大衆芸術にある。その大衆芸術は、モダニズムとその変異体の催眠術にかかり続けている、専門の訓練を受け学校教育に組み込まれた前衛的エリートの指導なしに発達した。まだ原始的である新しい芸術を受け入れ理解し、それを内側から発展させ始め、その中にある芸術性を破壊せずに新しい芸術を創造することが必要である。それは、訓練を受けた芸術家が新しい芸術を採用し、新しい芸術の先駆者となることであろう。しかし、ここでこの「新しい」という語が形容詞であるということを強調しなければならない。「芸術」という名詞が最重要であるということを曖昧にしてはいけない。つまり、新しい芸術は学校の「芸術家」によって自然界や従来の伝統を考慮することなしにゼロから作られた全く新しいルールに従うことはできない。偉大な芸術家は芸術を創るが、そのための何らかの基礎が必要である。何もないところから芸術を創ることができる人はいない。石板は既にきれいに拭かれている。もうそれを拭き取ることは必要ない。

芸術家にとって、モダニズムによる死の支配を拒絶し、自分たちが愛する芸術の形式を再び採用し、芸術そのもので大きな成果を上げるよう努力するときである。中央ユーラシアにおいて、新しくそこに文化が花開いている中で、かつて栄えたようにそれが起るであろうか。それは真の革命となるだろう。もしそうなれば世界は繁栄した満足のいく芸術的生活を再び経験するであろう。

考古学的に知られる古代の大文明であるナイル、メソポタミア、インダス、黄河の諸文化はユーラシア周辺部の肥沃な農耕地域で誕生した。しかし、現在の世界文化はそれらから派生したものではない。それは中央ユーラシアの魅力的な端の諸地域から出たのである。

原始インドヨーロッパ人の文化はそこで生まれ、活動的でたゆむことのない彼らは、現地の人々と混ざり合い、ギリシャ・ローマ、イラン、インド、そして中国の古典文明を創りながら、旧世界を移動して、それを「発見」した。中世とルネサンス期において彼らの子孫と他の中央ユーラシア人はさらに征服し、探求し、調査し、新しい世界システム、高度な芸術、進んだ科学を作り出した。エジプト人やシュメール人などではなく中央ユーラシア人が我々の祖先である。中央ユーラシアは我々の故郷で、我々の文明が始まったところである。

二十一世紀、そして第三千年紀の始まるとき、ユーラシアは繁栄と知的・芸術的成長の偉大なる新たな時代となり得るときの始まりにある。深刻な問題はたくさんあるが、明るい光も少し見えており、最も期待できるのは、政治面ではEU、技術面では強い啓発的な影響力を持ってきているインターネットである。

中央ユーラシア、そしてヨーロッパ、ロシア、中東、インド、中国の人々は過去から学ぶであろうか。それとも過ちを繰り返し続けるであろうか。モダニズム、原理主義、民族主義的人種差別によって作られた不幸から自身と他の世界を滅ぼさずに立ち直ることができるだろうか。我々の共通の中心地である中央ユーラシアを現在支配しているヨーロッパ人、ロシア人、イラン人、中国人は最終的に創造性の泉に再繁栄のための自由を与えるであろうか。

それは彼らが理性の支配を取り戻し、大衆主義的な大衆煽動というモダニストの遺産を拒絶し、狂信者や君主としてではなくパートナーとして世界に加わることを確約することができるかどうかにかかっている。

1　この原文は、この詩が最初に出たオトキュルの小説『足跡』（1985/1986）の初めの部分から取ったが、後にRudelson（1997：174）に採録された普及版のとわずかに異なっている。オトキュル（一九二三

〜一九九五）は、この詩の最初の版が示しているように、偉大なウイグル人作家である。
2　エヴェンキ人（Evenkis）は英語で間違ってよくエヴェンク人（Evenks）と呼ばれる。それはその名称 Evenki の末尾の -i がロシア人によってロシア語の複数と誤って分析されることがよくあるからである。言語学の著作においてもそうである（そういった著作の著者はよく知っているはずである）。
3　第10章を見よ。
4　ソビエト連邦の崩壊は勇気あるソビエトの作家アンドレイ・アマーリリク（一九三八〜一九八〇）によって予測されていた。アマーリリクは一九六九年に『ソビエト連邦は一九八四年まで持つか』という随筆を出版した。しかしながら、西洋のソビエト学者はほとんどがアマーリリクとその予測に取り合わず、ソ連解体が実際に宣言されるまでソ連は経済的にうまく行っていると主張しさえしていた。実際に行ってみれば誰の目にも明らかなほど経済が不毛な状態になっていたにもかかわらず（私が行った一九七二年には確実にそうだった）このように頑固に主張するのは信じがたい。アマーリリクは投獄され、一九七六年に国外追放となった。自著の書名にある皮肉な年のたった七年後に予想が現実のものとなったが、その前に死んでしまった。
5　一九九一年十二月二十五日に大統領を辞任した。
6　上の註4を見よ。
7　大衆主義という用語については第11章の註69を見よ。
8　特に Bovingdon (2004) を見よ。
9　一九九一年六月十二日にレニングラード市民は町の名前をサンクトペテルブルグに戻すことを投票で決めた。その町は一九二四年にレーニンにちなんだ名前に変えられていたのであった。
10　Ukraina は Ukraine とも書かれる。もともと英語では *the* Ukraine と言われていた。ここでは新たに独立した国を指すのに現地語の Ukraina を使用する。
11　Kirghizstan というのは英語で以前から使用されている形である。現在は一般にキルギズ語のキリル文字表記（Кыргызстан）がロシア式に Kyrgyzstan とローマ字転写される。
12　Nichols (2004)。
13　かつては（一九六七年より）欧州共同体（EC）と言ったが、一九九三年に名称が欧州連合（EU）

に変わった。
14 一九九一年にベルリンは再統一ドイツの首都になった。
15 McGeveran (2006)。
16 McGeveran (2006)。
17 中国の共産党政権は、自国の軍隊が占領した外国の領土を支配していることを正当化するために、中国が中央ユーラシアを歴史的に支配していたという新たな神話を広めている。モンゴル人がかつて中国の領土を征服したので彼らは中国の領土はモンゴルに「属する」と主張できる（そして現在中国となっているところをかつて支配した他の民族についても同様のことが言える）という反対の見方は中国では述べられていない。中国政府の方針は明らかにプロパガンダであるが、モダニズムによる義務教育制度が絶対的に管理しているので、中国国民はしっかりと洗脳されており、その政策について反対する者はもちろん考えたり疑問を持ったりする者もほとんどいない。Bovingdon and Tursun (2004) 参照。
18 町の古い建築物の多くが一九六六年の大きな地震によって破壊された。町が再建されたとき、傷ついた古い建物の多くはモダニズム建築の厳しい反芸術的な指令によってモダニズム建築物に変わっていた。
19 Shakya (1999: plate 17) の一九九六年の日付の写真を見よ。その写真が撮られてから、状況はさらに悪くなった。
20 Lewis (1954: 40)。この本には『芸術における進歩という悪魔』というふさわしい書名がついているが、芸術には全く影響を与えず、芸術は半世紀以上後にもその悪魔にしっかりと支配されたままである。モダニズムによるいかなる変化にもかかわらず、変わったものは何もなかった。
21 Lewis (1954: 40)。
22 Lewis (1954: 37)。
23 それが「本当に」何であるのかはおそらく哲学者以外にとっては主要な関心事であるべきでない。少なくとも芸術家がこの線に沿った質問をし始めるとしても、現時点では何かを傷つけるということはほとんどないであろう。
24 Lewis (1954: 27)。
25 学者や学校で訓練された芸術家によって芸術が知的にされすぎていることは、美学についてのアドルノの古典的なモダニズム的著作のほとんど全てのページで明らかであるが、私が感じているのはアドルノ自身のとははっきりと異なる。後註102を見よ。

26 モダニズムは、新しくて以前のものに代わるものだと公然と宣言し、古いものに代わることに成功し、そして非常に長く続いたために、今度はそれ自体が必然的に古いものとなった。モダニズムはまだ終わっていないが、芸術家と芸術史学者はモダニズムの様式を旧式なものと見なし、取り替える必要があると考えはじめた。その結果、彼らの一部はモダニズムの様式を拒絶すると宣言し、ポストモダニズムを公表した。しかし、そのハイパーモダニズムももちろんモダニズムの別の形の変異に過ぎない。それは美術そのものではなく、建築、そして例えば文芸批評や思想史といった芸術に付随する分野において流行として非常に成功してきた。現在プロとして訓練された芸術家は大学やそれと同等の機関で教育を受けている。そこでは、モダニズム（とポストモダニズム）が聖典化され、無批判に彼らの頭の中に叩き込まれている。

27 モダニストの見解が芸術史に拡張され、その結果として彼らの誤った考えが過去の芸術に投影されることによって、芸術史学者を芸術家の世界の社会学、心理学、数学、その他、つまり芸術そのものではないものの議論に向かわせた。それはモダニストの観点から研究されておらず、また研究できないままであるし、モダニズム自体も現象としてはほとんど研究されていない。近年におけるモダニストと反モダニストの間の学問上の対立の考察については後註103を見よ。

28 事実、芸術家と知識人も、ビジネスマンと労働者も、世界中のあらゆる身分の人々が毎日この音楽を聴く。しかし、音楽家が音楽に何が起ったのかに気づき、反芸術家ではなく芸術家であろうと決心し、ロックミュージックから出たポピュラー音楽という新しい世界語を取り上げてそれを（少しずつ慎重に）芸術に発展させるまで、世界には新しい本物の芸術音楽は存在せず、その代わりとなる新しい種類の原始的なポピュラーサウンドがあるだけであろう。一部の音楽家によるこの試みとそれをどう行うかのルネサンス的模範については後註104を見よ。

エピローグ　バルバロイ

Και τώρα τι θα γένουμε χωρίς βαρβάρους.
Οι άνθρωποι αυτοί ήσαν μιά κάποια λύσις.
—K. Π. Καβάφης, *Περιμένοντας τους Βαρβάρους*

そして、今、バルバロイ無しで我々はどうなるのであろうか。
彼らが何らかの解決策であったのに。
K・P・カヴァフィス『バルバロイを待つ』

現代文明の諸起源は四千年前にユーラシアの中心部で始まったインドヨーロッパ人の移住にさかのぼる。原始インドヨーロッパ人はユーラシアの周縁地域に居住したが、その地域の他の人々には見られない速さで革新を行なった。もとからの住人はみなそれに対する適応が間に合わず、インドヨーロッパ人の支配から領土を守れなかった。インドヨーロッパ人の持つ力強いダイナミズムは他の人々に通常直接伝播したが、それは多くの場合、徹底的な征服によってであった。プロローグに記したように、支配下におかれた中央ユーラシア地域の人々は（そして、一時的にとは言え、その周辺地域の人々も）、服従することによって「最初の物語」を知り、中央ユーラシア文化複合体を受け入れた。そうする際にインドヨーロッパ人は、どの移住先でも現地の人々と混ざり合い、それぞれの土地特有のクレオール（インドヨーロッパ語から直接分岐した言語、すなわち語派の元となる言語）を発達させ、原始インドヨーロッパ人と早い時期に彼らから分れ出た中央ユーラシアの諸民族のダイナミズムによって特徴付けられる文化を持っていた。

中央ユーラシア文化複合体の基本的な特徴のひとつとして、支配者とその臣下の権力者がコミタートゥス戦士を養い、彼らに豪華な品々を提供することが政治的に必要であるということがあった。それは交易によってしか満たされないであろう大きな経済的需要を生み出した。遊牧民が支配する帝国の建国とともに、交易志向の中央ユーラシア経済圏が生まれ、牧畜・遊牧民、農耕民、中央アジアの都市住民の活動と生産物が結びついた。よく使われる「シルクロード」というのは誤解を招きやすい用語であるが、シルクロードの経済的原動力を推進したのはまず第一に中央ユーラシア内の交易であり、それはそこの生産物に対してだけでなく近隣の中央ユーラシア諸国と周辺諸国の生産物に対する内需に基づいたものであるということが理解されている限りにおいて、その経済活動の中の国外交易の部分に言及する用語としてはまだ使用に耐える。周辺諸国との交易によって、中央ユーラシア諸国の産物や中央ユーラシア諸国を通して得た産物への需要がそこに生み出された。地域間の交易によってできた経済的な結びつきによって堅固な国際貿易が作られた。シルクロードというシステムの中心部には現地諸国の中央ユーラシア貴族社会があり、それらの国々の支配者はほとんどが草原の遊牧民出身であった。

シルクロードの崩壊は謎ではないし、そうであるはずがない。それについては詳細な記録がある。十七世紀の終わりにロシア人と満漢人は中央ユーラシアを分割し合った。清朝はその後最後の遊牧帝国であるジューンガルを滅ぼし、領土を奪い、ほとんどのジューンガル人を虐殺した。ロシアは中央ユーラシアの残りの大部分を征服し植民地化した。そして、中央ユーラシアの真ん中には閉ざされた国境が引かれた。シルクロード経済、すなわちユーラシア中心部の経済が崩壊し、中央アジアとチベットのかつての偉大で高度な文明を含めた中央ユーラシアの人々が貧困と後れに向かって沈んでいったことはまったく驚くべきことではない。

かつて中央ユーラシアの歴史を支配したスキュタイと匈奴、フン、テュルク、チベット、モンゴル、ジューンガル、満洲などの人々と彼らの子孫は世界の歴史意識から長いこと消えている。現在、いくつかの民族は近代のヨーロッパ型国民国家の中でしばしば異なる名称を持って再び現れたが、ほとんど全ての場合実権は奪われている。我々には少なくとも「かつての中央ユーラシア人に何が起ったのか」と尋ねる権利がある。不当な言い方をすれば、「全てのバルバロイに何が起ったのか」という問いである。[1]

✝バルバロイという概念

中央ユーラシアについて書かれた歴史は、ヘーロドトスから現代に至るまで、ステレオタイプ、昔からある概念、そして強い偏見に支配されてきた。この問題は究極的にはバルバロイという考えが発達して、世界の人々と文化を良いものと悪いものに分けるようになったことにさかのぼる。こう述べただけではもちろん不充分なので、本章では、そのレトリック、そして中央ユーラシア（特に牧畜・遊牧の生活様式を持つ人々によって形成され統治された帝国）について議論するときに現れがちな論拠の主なものについて分析する。

牧畜・遊牧民によって支配された中央ユーラシア諸国家とそうでない周辺諸国家の間の根本的な違いは、前者が草原地帯に住んでいたことであった。草原は馬の生息地で、ユーラシアにおける最良の牧地であった。牧畜・遊牧民は馬のいる環境で馬に乗って育った。彼らは機動性が高く、短時間で遠距離を簡単に移動することができた。彼らはまた複合弓を使って家畜の群れを守ることや狩りをすることも学んだので、すでに戦争で役に立つ技術をある程度持っていた。このようなことはみなよく知られており、疑いのない事実である。しかし、「環境の特徴と結びついた身体的・精神的特性」という古代および中世の考え方に基づいた自然戦士説ではさらに進んで、草原の気候が厳しいので中央ユーラシア人は乗馬や弓にたけているだけでなく、屈強で勇敢で慈悲の心がなく好戦的で、かなりの程度「定住国家の武装貴族・武装農民より優れている」[2]というのである。古代・中世の気候と気質についての説などはそのステレオタイプが疑問視されて、もはやまともに扱われないが、自然戦士説にはさらに深刻な問題がある。この一見何でもない特徴付けは、単に二千五百年前のバルバロイという考え方を浄化し、軽蔑的ニュアンスをなくし、近代的にしたものにすぎないのである。

通常、中央ユーラシア人は、武力侵略を行い、非情な残酷さを持ち、一般的に暴力を好むと仮定され、非難されている。結局のところ、それがバルバロイという考え方の中核となっているのである。中央ユーラシアについて書かれたもののほとんどにおいて、支配者は残忍な大虐殺や残酷な殺人などを行なって初めて権力を握ることができると記されている。草原の帝国は、「遊牧民族形成の中の激しく長期にわたる闘争」[3]、いわゆる「流血の後継者選定」[4]によって形成された。中央ユーラシアの支配者たちがこういったことを含めて多くの場合において多数の死者を出した張本人であったことは否定できない。しかし、これもまた全体的な視野で見なければならない。中国、ペルシャ、ギリシャ・ローマの歴史上の帝国や王朝もすべて全く同じように長期にわたる流血を伴う反逆の内乱を経て形成されたのである。帝国建設のあと、どちらの側の帝国もその「最も偉大な」支配者は、ほとんどの場合、まず初めに英雄を攻略する。つまり、ライバルや敵を殺した。それは自らの手で行うこともあった。そして、その次に、優れた行政官を殺した。ヨーロッパで最も有名な帝国建設者であるローマ人は、「慈悲のない政治を行なった、もしくは他民族や奴隷に対して頻繁に残虐行為を行なったという点」で「道徳的に言えば、バルバロイと同じかそれより悪いくらいである」[5]。「偉大なる」王国はみな「進化した」霊長類社会一般が作られているのと同じ原理、すなわち、群れを支配する雄を頂点とした階層制に基づいてできていたし、できている。従って、この点について中央ユーラシア人だけを取り上げる理由はない。

それにもかかわらず、アッティラ、チンギス、タメルランの流血の勝利は未だに厳しく非難されているが、ギリシャ・ローマ、ペルシャ、中国の皇帝の同程度の流血の勝利は過去・現在の歴史学者によって熱い意欲によるものとされている。中央ユーラシア以外の歴史学者は古代から現代まで自身の先祖の残忍な行為とたゆまぬ武力侵略が目に入っていない。いちばん有名な、ないし悪名高い例であるローマ人は非難の対象となっているが、それは奴隷を残忍に扱い、非常に多くの人を一般向けの娯楽のためにひどいやり方で痛めつけて殺したからではなく、彼らが痛めつけて殺した者の中にキリスト教徒が混じっていたからである[6]。古代と中世の史料は、古代の「文明の高い」文化による武力侵略、裏切り行為、制度化された残虐行為の程度を明らかにしているが、現代の歴史学者はそれらの人々が中央ユーラシア人に勝利した事柄に対して彼らをたたえ続け、代わりに中央ユーラシア人を暴力的で残忍だと非難する。確かに、中央ユーラシア人が互いに、また周辺民族に対して行なった残忍な行為もたくさんあるが、この上ない残忍さと慈悲のない攻撃については、ローマ人、ペルシャ人、中国人、そして現代に至る彼らの継承者とは比べものにならない。

スキュタイ人に関する最近の二つの考古学的研究論文を評して、ある人は、スキュタイの墳墓で発見された金の工芸品のよく知られた美しさにコメントしたあとで、次のように述べている。

支配階級が購買力を持っていたのはチーズや羊毛の生産が組織化されていたためではなかった。それは暴力に価値を認め、それで引き合う社会なのであった。書かれたものや発掘されたものが豊かだったのでスキュタイの真の姿が我々には見えなくなっていたのかもしれない。ギリシャ人の記述（特にヘーロドトスとヒッポクラテース）[7]と考古学的記録の諸相が驚くほど一致することは解決すべき大きな問題はないということを示唆しているだろう。[8]

これはスキュタイ人を始めとする遊牧民が暴力を巧みに使って富のほとんどを獲得したという昔からの見方を繰り返しており、我々の彼らに対する理解に間違った点はまずないと断言している。しかし、古代ギリシャの史料からでさえスキュタイ人は富のほとんどを戦争からではなく交易と税収から得ていたことが分かる。ヘーロドトスより四世紀後、ストラボーンは遊牧民の農業生産物の輸出について かなり詳細に論じ、彼らが戦争を回避していたことについて次のように述べる。

遊牧民は盗賊というより戦士であるが、戦争に行くのは彼らに支払われるべき貢ぎ物のためだけであった。それは、彼らは自分たちの土地を耕したい人には誰にでもそれを譲り、その見返りに課した貢ぎ物を受け取れば満足であったからである。その貢物は高価なものではなかった……しかし、貢ぎ物が納められなかった場合、遊牧民は彼らを相手に戦いを行なった……貢ぎ物が定期的に納められれば、彼らが戦争という手段に出ることはないであろう。[9]

スキュタイなどの草原地帯の人々に対する今日の誤解には、一般的に、多くの人が持っている「貧しい遊牧民」という考え方がその根底にある。それによれば、草原地帯の中央ユーラシア人は自分たちでは生活必需品を充分に生産できず、周辺の隣接する人々の農産物や織物などに頼っており、彼らの富を求めていた。[10]周囲の「進んだ」帝国は、遊牧民の大したことのない粗末な生産物は必要でもなければ欲しいと思ってもなかったが、中央ユーラシア人は、自分たちが必要なもの、望むものを家畜などの品物の交易によって得ることができなかったとき、侵略によって力ずくでそれらを奪った、というのである。この考えに対してはニコラ・ディ・コズモによる詳細で正当な批判がある。彼は文献にも出土品にもそれを支持する材料はないという。中央ユーラシア人は自ら農業を営んでおり、必要なものや欲しいもので自分たちが生産しないものは課税や交易によって平和的に手に入れたことが現在では立証されている。遊牧民が周縁の地域を攻撃したときは、それがどんな理由によるものであれ、常に農産物ではなく家畜と人々を奪ったのである。[11]中央ユーラシア人、特に遊牧民は実際には必要以上の食糧を生産していたということをここで強調しておく必要がある。結果として、彼らは一般に周辺の農耕民よりも体格がよく健康であった。

彼らはまた日常の衣服、宝飾品、道具、荷車、住居、馬具、武器を自ら生産し、金属加工に熟達していた。ここでの問題は生産様式（例えば、農業、金属加工、商業、遊牧）を国と一致させてしまっていること、すなわち、社会の中の一集団の基本的生活手段を民族全体もしくは国全体と一致させてしまっていることである。このアプローチに従うと、実際の国家形成はどこであろうと不可能であろう。農耕民が多くを占める社会でも支配者は全ての時間を農耕ではなく統治に使わなくてはならないし、武器の生産を行なっている者であれば大切な時間をその専業以外に使ってはならないのである。要するに、間違っているのは、中央ユーラシアの草原地帯を本拠地とする国々は「純粋な」遊牧民のみから成り立っており、「単純」であるに違いないとしていることである。もしそれが本当であれば、完全に機能している社会に必要とされるもの全てを充分に生産できる実際の生産様式は知られていないので、貧しい遊牧民という考え方は正しいだろう。しかし、それは事実ではない。少しでも知られている牧畜・遊牧民支配の国々は、スキュタイからジューンガルまで、全て複合的であったのである。スキュタイの地に住むさまざまなスキュタイ人についてある程度詳細に論じたヘーロドトスの文章だけでも、「経済的に自立していない遊牧民」とか「困窮した遊牧民」という考え、そこから派生したさらにひどい考えが成り立ち得ないことを示すのに充分である。スキュタイ人は非常に多くの種類の生産様式を持っていただけでなく、周辺民族と全く同じ生産様式を持っていた。この双方の地域の国は通常的に力によってお互いの領土に拡大し、農耕と牧畜を行う人々はどちらの種類の国にも見られたのである。

　中央ユーラシアの国々はまた多民族国家で、紛争の多くはおそらくその多民族性、多文化性によると思われる。それはひとつの民族言語集団によって支配されるという現代の理想的な国民国家とは大きく異なっている。理想の国民国家は比較的小規模な（帝国規模ではない）近世以前のヨーロッパの典型的な多民族国家から発達した。[12] この国家の型が周辺の強国によって中央ユーラシア全域に押し付けられることによって、中央ユーラシアの状況はその近世以前と比べて原形をとどめないほどに変化した。しかし、近代の情勢や考えを過去に投影することは歴史学者の行うことではない。

牧畜遊牧民を含む中央ユーラシア人は、近隣の国々から希少で豪華な品々を望んだ。彼らは、おそらく、戦時中でも欲しいものを手に入れるために余剰生産物やどこかで買い入れた品物の交易を進んで熱心に行なったが[13]、その点を除けば、そういった品々を手に入れたいという彼らの願望が周辺民族の同様の願望と異なっていた[14]という証拠はない。

中世のアラブの地理学者たちは自分の記述した地域において作られ、売られ、買われた商品について大きな関心を持っていた。中央アジアの大商業中心地で取引された品物の一覧には、その土地で加工・製造されたりあちこちから輸入されたりした品物だけに限らず、あらゆる種類の原料が載っている。リストの全てに草原地帯の民族の生産したものが多く見られる。例えば、十世紀に中央アジアから輸出されたものの記述には、次のようなものが含まれている。

> ホラズムからクロテン、ミニバー、オコジョ。そして、コサックギツネ、テン、キツネ、ビーバー、マダラウサギ、ヤギの毛皮。さらに、ろう、矢、樺の樹皮、毛皮の帽子、魚を原料とする糊、魚の歯、海狸香《カストリウム》、琥珀《こはく》、加工済みの馬の皮、蜂蜜、ヘーゼルナッツ、タカ、刀、鎧、ハランジ木材、スラブ人奴隷[15]、ヒツジ、ウシ。これらはみなブルガルから来たが、ホラズムからもブドウ、レーズン、アーモンドペーストリー、ゴマ、縞模様の布、カーペット、毛布、王族の贈り物としてのサテン、ムルハム織物の覆い、錠前、アーランジ織物、強者しか引くことができないであろう弓、ラフビーン（チーズの一種）、酵母菌、魚、船を輸出していた。（最後のものはテルメズからも輸出されていた。）サマルカンドからは、銀色の織物（スィームグーン）とサマルカンド織、銅

製の大容器、芸術品としてのゴブレット、天幕、あぶみ、頭絡、そして、ストラップ。ディーザクからは、きめ細かい羊毛と毛織物。バナーカスからは、トルキスタン織。シャーシ（タシュケント）からは、馬の皮でできた高い鞍、矢筒、天幕、皮革（テュルク人から買ってなめしたもの）、マント、礼拝用カーペット、革製の肩マント、亜麻仁、弦楽器の弓、質の悪い針、テュルク人に売るための木綿、そしてはさみ。再びサマルカンドからは、テュルク人に売られるサテン、ムマルジャルという名で知られる赤い織物、スィーニーズ布、多くの絹衣や絹織物、ヘーゼルナッツなどのナッツ類。ファルガーナとイスフィージャーブからは、テュルク人奴隷[16]、白い織物、武器、刀、銀、鉄。タラーズ（タラス）からは、ヤギの皮。シャルジからは、銀。トルキスタンから、またフッタルからも、ウマとラバがこれらの地に乗られてきた。[17]

バルトリドは「遊牧民との交易の最大の利益はホラズム人が得た。イスタフリーによれば、彼らの繁栄はもっぱらテュルク人との交易関係の上に築かれた[18]」と記している。右記リストにある交易品がかなりの程度草原の人々（その記述にあるテュルク人）と関連しているということは、理論上は三つの異なる生態的・文化的地域に暮らして三つの異なる生活様式を持っていた中央ユーラシア人が互いに交易を行なっていただけではなくひとつの経済圏の中で相互に密接につながっていたという事実を直接反映するものである。伝統的なシルクロードの概念は、周辺諸国に及ぶ国際的な部分のみに注目し、中央ユーラシアには貧しい遊牧民といくつかの「オアシス」都市以外に価値のあるものは何もなく、シルクロードの一方の端に現れた貴重な品々は長距離輸送のキャラバンによってパイプラインを通るように通り抜けてきたと仮定する。[19] 中央ユーラシアについてもっとずっとバランスの取れた考え方をしている人たちでさえ、シルクロードを本質的に交易路ないし交易路の集合体と見ている。例えば、クリスチャンは「シルクロードはアフロ・ユーラシアの主な地域間で物、思想、人が交流した長距離ないし中距離の陸路[20]」と定義した。その定義はいくらか改良されたにもかかわらず、「シルクロード［Silk Roads］はさまざまなタイプの交流のために常に動いている交通路のネットワークであるので複数形で言うことが重要である」として、「シルクロード［Silk Roads］」をあくまで「交流のための交通路網」として言及し続けている。この特徴付けは、それ以前の多くのものに比べるとおそらくよくなっているが、まだ修正が必要である。シルクロードは、交易路網でもなければ、文化交流システムでさえない。それは、中央ユーラシアの政治・経済・文化全体のシステムで、そこでは対内・対外の通商が非常に重要視され精力的に行われた。その意味で「シルクロード」と「中央ユーラシア」は本質的に、同じものに対する二つの名称である。より狭い経済的な意味に限って言えば、シルクロードは中央ユーラシア経済圏であった。

　中国、ギリシャ、アラブの史料はいずれも、草原の人々は何よりも交易に関心を持っていたと言っている。中央ユーラシア人が一般に征服を始めるときの慎重なやり方も記している。彼らは争いを避けようとし、町を平和的に服従させようとした。抵抗や反乱が起ったときのみ、当時の法（古代ヨーロッパにもあった法[21]）に従った報復が必要であった。しかし、そのような場合でさえ中央ユーラシア人は全員を殺すようなことは普通なかった。彼らは商人、職人など特に生産性の高い人間は大目に見たし、女性や子どもは奴隷としたのである。このことは、それらの史料は少なくとも次の点で正しいということをはっきりと示している。すなわち、中央ユーラシア人の征服行為は交易路や交易都市を獲得するために計画されたものである。しかし、なぜ獲得したかったかというと、それは、支配者たちの社会政治的基盤に対して支払いを行なうために課税しうる占領地を守るためであった。これら全てが定住周辺諸国の行なっていることと全く同じに聞こえるなら、それは実際同じだからである[22]。

遊牧民は略奪と寄生の民であるという古いモデルは何人かの学者によって支持され続けている。最もよく引用されるのはバーフィールドである。例えば、彼はこのように述べる。

テュルク人の勃興は匈奴の場合と同じように軍事力によるものである。彼らは地歩を固めるなり中国北部の対抗する二つの宮廷、北周と北斉から貢ぎ物を強要し始めた。テュルク人は中国を侵略して強い影響を与える必要はなかった。両宮廷は以前に柔然(アヴァール)が行なった破壊行為や草原地帯において行われた侵略行為に脅えていたのである。テュルク人はそれぞれの宮廷から豪華な品々を受け取った。……テュルク人は馬を絹と換え、交易は栄えた。五五三年にテュルク人は五万頭の馬を国境に運んだ。ムカンの治世(五五三〜五七二)の間、北周の宮廷は毎年十万反の絹をカガンに献上し、友好の意思表示として首都に大勢のテュルク人訪問者を贅沢に住まわせることを強制された。北斉も負けず劣らず賄賂を贈った。……東部のテュルク人は中国から絹を強要し、西部のテュルク人はそれをイランやビザンティウムに売った。[23]

この例におけるステレオタイプに満ちた見方は、漢文史料の最も偏向したものをさらに歪曲した解釈に基づいている。それらの史料に偏見と内部矛盾が見られることや、全く同じ史料に、より信頼できる別の記述があり、それとこの見方との間に明らかに矛盾があるという問題を考慮していないのである。このことは中央ユーラシア史の専門家から批判されてきた。[24]

しかし、遊牧民がもし本当に強い攻撃的なバルバロイでなければ、そして、もし平和を愛する「定住」民族と本当に交易を望んでいるだけなら、なぜ定住民は長城などの砦を造って中央ユーラシア人から自分たちを守らなければならなかったのかという異議が出るかもしれない。

多くの長城は確かに周辺地域の国によって古代に建設された。中国では戦国時代に当時のさまざまな政権（ほとんどが「漢人」のものであったが、全てがそうであったわけではない）がそのような長城をたくさん造った。それらは第一には近隣国から奪った領土を保ち、人口が向こう側に流れるのを抑えるために設計された。（程度の違いはあるが近代のベルリンの壁とちょうど同じようである。）北部の複数の長城を連結・延長させてひとつの大長城にした秦の始皇帝の偉業は、当然のことながら、同様の目的であった。匈奴から奪った広大な領土[25]を維持し、漢人人口が彼らの側に流れるのを阻止するためであったのである。武帝による平和条約「放棄」のあと、匈奴の中国領土に対する「急襲」が頻繁にあったが、驚くことではない。皇帝が一方的に条約を破棄したということは匈奴に対する宣戦であったのである。[26]従って、急襲は暴力的な匈奴による気まぐれな行為ではなく、より強大で暴力的で拡張主義的な人々、すなわち漢人による宣戦に対する決死の軍事行動であった。

プサラス[27]は、条約の破棄は主として内政上の理由で両方の側に起ったと言う。しかし、これについて匈奴の側でどうであったか確かなことは言えない。というのは、匈奴側の史料がなく、漢文史料の行間を読んで再解釈しなければならないからである。他のところにも記したように、充分に詳細な漢文史料がある場合、匈奴の行動はほとんど常に防衛のためか中国の侵略的政治行動に対するものであったことがよく分かる。[28]

確かに匈奴は、大国を建設した他の中央ユーラシア人と同様に（また大国を築いた漢人などの周辺諸民族とも同様に）国家形成の段階では隣接の民族に対して攻撃的であり、それには周辺諸国に対する攻撃もあったと考えるだろう。しかし、歴史的にもっとよく知られている後の時代の事例、例えばジューンガルの場合のような事例では、草原地帯の人々はほとんどもっぱら自分たちの間でのみ争い、普通は危険な周縁諸国家と争うことは避けようと努めた。[29]ジューンガルは中国の領土を侵略しようとしたことはないようだが、その反対のケースは確かにある。満漢人による憤りや怒りの独善的な主張と、チベット人やウイグル人[30]によってと同様にジューンガル人によって行われたとされるあらゆる犯罪行為に対する非難の中で、ひとつの事実が注目される。それは、満漢王朝の間、ジューンガルの軍は中国に侵攻したことはないということだ。チベットの軍も東トルキスタンの軍も同様である。これらの人々が満漢人に対抗して行なった唯一のことは「服従」しないこと、自身の中央ユーラシアの地の独立の支配者であり続けることを断固として主張したことである。それにもかかわらず満漢人は中央ユーラシアのバルバロイの罪なき被害者である公正で見識のある文明人として描き続けられた。

西洋においては、フンの東ローマ帝国への侵攻は結局のところゴート人の帝国建設のための戦争の結果であったことは明らかなようである。ゴート人はフンを攻撃したが、敗北したようだ。フンは降参しなかったゴート人を追ってローマ帝国に入り、そこでローマ人と争いとなった。ローマ人はゴート人を傭兵として使いたかったのである。ローマの歴史家たちが、ローマ人がゴート人を、続いてフンをどう虐待したか、そしてその犠牲者たちのローマ人への報復がどうもたらされたかを語っている。

中央ユーラシア人の周縁諸民族に対する攻撃は貧困と強欲によるものであるとしばしば主張される。[31]しかし、プサラス[32]は次のように述べる。バーフィールドは「『和親[33]』は漢を恐喝する手段として匈奴が始めたと主張するにもかかわらず、漢の実際の経費は例えば国境警備隊の維持費に比べて低かったことを示している。そうであれば、なぜバーフィールドはそんなに少しの見返りのために匈奴が『恐喝』を行うと思ったのか、当然誰もが疑問に思う」。同じことが、フンがローマに強制した笑ってしまうほど少ない貢ぎ物についても言える。それらは象徴として行われたもので、実質的なものではなく、一般にそれが正当なものと見なされていたのである。もし中央ユーラシア人がごく貧しくお金や食糧などを必要としていたなら、それを求めたであろう。

さらに、もし草原では生活がそれほど厳しく人々が非常に貧しかったなら、周縁国家の農民はなぜ彼らのほうに逃亡したいと思う必要があったのだろうか。理由は、ほとんどの遊牧民は貧しかったかもしれないが、ほとんどの農民はもっと貧しく、[34]餓死しないために考えられないほど激しい労働をしていたからである。それは論理的にそう考えられるだけでなく中国の歴史文献の明確な記述（ローマ帝国に関する全く同様の記述と似ている）からも明らかである。逃亡した中にどんな人たちがいたのかを知って驚く人もいるかもしれない。

漢王朝の初期の時代、匈奴へ逃亡した中国人の中には韓信（韓王）、盧綰（燕王）、陳豨（代の大臣）といった重要人物がいた。……漢の国境の司令官たちの中にはかつては商人であった者もいたため、おそらく匈奴と通商関係を保ったであろう。[35]

中国の匈奴に関する初期の記述は、後のギリシャのフンに関する記述と同様に、周縁諸民族の幾つか（特に国境地域に住んでいた民族）は、遊牧民支配の国々の生活は農民が奴隷と同然に扱われていた周縁の農業国の生活より楽で自由であることをよく知っていた。[36]タキトゥスはゲルマン人が相対的に自由であったことについて述べているし、農耕民のひどい状況は古代西洋の歴史家たちによく知られていた。

トーティラ［東ゴート族の王（在位五四一～五五二）］は奴隷とコロヌスを（それもおそらく多数を）ゴート軍に受け入れただけでなく、自由と土地所有を約束することによって元老院議員である彼らの主人に背かせた。その際、彼は、ローマの下級階層が三世紀から望んでいたことを許し、その口実を与えた。それは、経済的状況に対する絶望から「ゴート人になること」であった[37]。

中国の「正史」にも類似の記述がたくさんある。どちらの国の歴史家にも自分の帝国の政府についての自らの批判を隠そうとして他の民族が語ったように書く者がいることは疑いない事実である。しかし、彼らが同じようなことを一貫して言い、中央ユーラシアの言語で書かれた初期の文章（古代突厥碑文など）にも同じことが書かれているということは、その批判は真実であるということを示している。要するに、国境防衛説は史料によって支持されないのである。

国境守備隊は、自国からの逃亡防止という目標を支援すること、また漢人による罪のない匈奴への攻撃を防ぐこと、国境地帯の漢人の役人が国境内で漢人に雇われている現地の非漢人を虐待しないようにすること、その他類似の目的を意図していた。人口、勢力、そして富を中央ユーラシアに持っていかれるのを防ぐ唯一の方法は、長城を造り、国境の町における交易を制限し、必要な限り頻繁に草原の民を攻撃して彼らを粉砕するか遠ざけておくことであった。そのようにすることによってのみ、征服した領土を保ち、征服した人々を同化させることができた。匈奴の急襲を防御することは実際は漢人たちの懸念のうちの最も些細なものであった。それは北方の国境要塞について述べている漢王朝の公式記録にはっきりと詳述されている[38]。その資料は長城や国境の要塞は実際の攻撃があったときはほとんどもしくは全く役に立たないとさえ記している。すなわち、その目的が中央ユーラシア人の攻撃を防ぐためであったなら、攻撃はいつも防げなかったということになる。中央ユーラシア人が言われているように本当に攻撃的で危険であったなら、絶えず周辺国家を侵攻して征服していたであろう。そうであれば、中華帝国もペルシャ帝国もローマ帝国もなく、中国、ペルシャ、ローマを構成部分とする中央ユーラシア諸帝国のみが存在していたであろう。

もうひとつ証拠がある。満洲南部と朝鮮半島北部の高句麗王国は漢人を入れないようにするために長城を造った。しかし、それらはその目的のためには高句麗の役に立たなかった。漢人は長城によって阻止されなかったのである。高句麗の軍隊の総力を挙げての努力とその優れた将軍たちによってのみ隋と唐の大軍によって繰り返された侵略を何とか撃退できたのである。その侵略行為は全ていわれのない不当なものであった。漢人は最終的に高句麗王国を粉砕し高句麗人を全滅させることに成功したが、それはひとえに高句麗において政治的な内紛と謀反があったためであった。長城が防御のためには役立たず、その本当の目的についてそれを造った人々によってはっきりと述べられていることにより[39]、中央ユーラシア神話のもうひとつの土台が壊される。

中央ユーラシアの草原の民は、中国、ペルシャ、ローマの諸帝国、すなわち定義上の統一国家にとって、正真正銘の軍事的な脅威であったという考えが広まっている。この神話は中国の正史において何度も繰り返されている。その結果、現代に書かれた歴史においても事情は同じである[40]。しかしながら、それは正しくない。中央ユーラシアの人々は、分裂や内戦のとき以外は、実際に巨大で非常に人口の多いそれらの進んだ国を侵略・征服したことはないし、そのようなときでさえそれはまれであった。中国の場合、中国の史書がある程度詳しく述べているが、そういった時期には中央ユーラシア人は一般的に中国の何らかの閥に加わることを求められていた。同じことは最もよく知られたローマの事例、すなわちゴート人やフンの場合にも当てはまる。最も新しい諸事例においては、中央ユーラシアの諸言語で書かれたものも含む、より詳細な資料があるので非常にはっきりしているが、時代をさかのぼってもそれは明らかである。

例えば、満洲人は弱体化し腐敗した明王朝から反乱の鎮圧を依頼されて中国に入った。彼らは求められた通り反逆者たちから北京を奪い取ったが、史書に記述されているところでは、彼らは現地の人々から新たな支配者に選ばれた。後半については本当かもしれないし作り話かもしれないが、満洲は長いこと明の敵であり、両者は攻撃し、打倒し、殺戮し合った。請われて入国し約束したことを成し遂げると、満洲人は中国に留まり、そこで明に代わる新しい強大な王朝を築いた。

それより数世紀前にモンゴルはチンギス・カンの卓越した統率力のもと、稲妻のごとく駆け抜ける軍事遠征によって西洋で知られるようになった。しかし、チンギス・カンは主に華北の女真の金王朝に関心があった。金はモンゴリアにおけるモンゴルの敵を支援し、チンギスとその臣下を従属させていた。女真とその草原の同盟者たちはモンゴル人にとって身に迫る危険であった。しかし、迅速さで知られたモンゴル人であるが、北方中国と満洲で女真を征服するのに何年もかかった。モンゴルがかつての女真の領土に確固たる支配を最終的に確立し、南宋を征服しようと決めたのは、もっと後のことでチンギス・カンの死後何十年か後になってからであった。信じられないことだが、南宋はモンゴルを攻撃し続けその使節を虐待していたのであった。

それよりさらに以前、テュルク系のウイグルは安禄山の乱の鎮圧を求められて初めて七五七年に中原(何百年にもわたって漢人が暮らしてきた地域)に入った。そこでの破壊行動、特に東の都洛陽の何回にも及ぶ略奪は、経済的に苦しかった唐の宮廷からウイグル人の役務に対する謝礼ないし支払いとして特別に認められた。[41] 記録されているウイグルの中原における他の破壊行動はすべて唐による条約破棄、詐欺行為、外交的非礼、侮辱的行動に対する報復であった。[42]

唐の時代の史料は現代の歴史書と同様に、遊牧民は危険で中国は彼らを寄せ付けないようにしておく必要があったと繰り返している。[43] 近隣諸民族は危険であり、そのため中国の拡大と征服地保持の助けとなった制度改革は防衛的な性格のものであったという理由で、唐が近隣に対して攻撃的であったことは正当化されている。

唐は七世紀の終わりの数十年と八世紀初頭にいくつかの大きな敗北を喫したが、その後、満洲南部からパミール高原、内モンゴルからベトナムまで拡大した帝国を維持するために新しい制度的枠組みを導入した。これらの変革は……外国、主に復興した東突厥、契丹、チベットからの軍事的圧力の増大に応じて生れたものである。これらの強大で高度に組織化された近隣諸国との間で頻発する紛争に直面して、唐政権はだんだんと永久的で大規模な防衛システムを構築せざるを得なくなった。そのシステムはやがてかなりの攻撃能力を持つようになり、当初の防衛のためという目的は曖昧になりつつあった。……しかし、批評家は、中国に漢人居住地の範囲を超えて軍事力を拡大させた基本的な戦略的配慮をたびたび見落としていた。機動力の優れた近隣の遊牧民が迅速な破壊力を持って国内に侵入するのを阻止するにはこのような方法しかなかったのである。[44]

実際、ここで言及されている新設の「制度的枠組み」は、ビザンツ帝国のテマ制に非常によく似た軍管区制度で、(唐の場合は)征服した外国の領土を保ち、それをさらに次の侵略の拠点とするというように作られた。それは初めから完全に攻撃的な性質のもので、服従した中央ユーラシア人を軍政府長官に任命するのが多かったのは彼らが戦術に優れていたことや中国が彼らを恐れていたことによるだけでなく、彼らが漢人よりも相対的に忠誠心が強かったことによる。[45]

真実は、唐こそが危険な「何をしでかすか分からない輩《やから》」であるということであった。漢文史料は、唐の英雄とその軍隊によって中央ユーラシア人に加えられた破壊行為を喜んで示している。初期の唐はチベット(何とかかろうじて絶頂期の唐を撃退することができた)は別として、それ以外の周辺諸民族全てを折につけ侵略し打倒し服従させた。唐の軍隊は秦や漢よりも中央ユーラシアの深くにまで広がり、より大きな負の結果をもたらした。ローマ、ペルシャ、そして中国は、中央ユーラシア諸国が強大で団結していたときもそれらを頻繁に侵略し打倒し、征服した土地と人々を自身の帝国に組み込んだ。[46] 統一されたモンゴル民族でさえ軍事力が最高のときに金王朝を征服するのに十九年かかった(一二一五〜一二三四)。宋王朝が一二七九年に最終的にクビライ・カアンに屈服させられるまでさらに四十五年を要した。これは稲妻のような侵攻・征服とはとても呼べるものではない。最終的にモンゴルの勝利に終わった戦争の前、最中、後の複雑な条件を無視することはできない。史料には、戦争が全くない安定した平和な関係と交易をモンゴル人が繰り返し求めていたことがはっきりと記録されている。「モンゴル人の目的は、愚かにも抵抗する国や要塞都市はどれも打倒することで、それらを占拠し統治することではない」という誤った考えは、またしてもモンゴル人を荒っぽい侵略者のバルバロイとして示している。[47] モンゴル人は支配の始めから終わりまで(可能なら平和的に)交易や課税を行うことに一番の関心を持っていたということを強調する史料を前にしてそのようなイメージは支持できない。

中央ユーラシアの領土は、紀元前第一千年紀の中頃から歴史を通して縮小し続け、近世にはほとんど完全になくなってしまった。中央ユーラシアの強大な国々でさえ強大な周縁諸国によって打倒され得たし事実打倒された。それは秦と漢、そして初期の唐の歴史から明らかである。漢の後の金王朝や末期の西ローマ帝国のように比較的弱い周縁諸国でさえしばしば強い中央ユーラシア諸国を打倒することができた。それとは対照的に、周縁地域の一部への中央ユーラシアからの攻撃や占拠はたまに成功することはあったが、中央ユーラシアの強大な統一国家が周縁地域の強大な統一国家を征服したということはなかった。

中央ユーラシアの牧畜遊牧民を、荒々しく屈強で怖いもの知らずで事実上征服不可能な生まれながらの戦士とする考えは、中央ユーラシアについて書かれた全ての歴史に暗示されている穏やかで弱く怯えた周縁国家の農民兵の存在を必要とする。しかし、ローマの歴史家は、兵士でもあったローマの農民が弱く苦難に耐えることができないとは誰も全く主張しないであろう。中国の秦の始皇帝と武帝の兵士は自分たちの支配者のために多くの帝国を征服したし、弱い人間ではなかった。ローマと中国の農民は一般兵士の部隊を形成し、それらの巨大帝国の戦闘で勝利したが、その戦闘の中には周縁諸国の軍が中央ユーラシアの軍に勝利を収めた戦いが多くある。既に記したが、ユーラシアの伝統的農耕社会の農民は奴隷のように働き、ごくわずかな食糧で生きていかねばならなかった。その結果、彼らは体が小さく寿命も短かったにもかかわらず、本当に強く、困難に慣れていた。ユーラシアの周縁帝国の充分に訓練された武装兵士は中央ユーラシアの草原の遊牧民と同じかそれ以上に恐れられていた。確かに遊牧民は戦争において不屈で、生涯の早いうちに草原での戦いに役立つ技術（主に弓と乗馬）を学んだ。彼らは軍人としての勇敢さを褒めたたえ、戦いの英雄を称讃し、自分たちの残忍な行為を告げることで周辺の人々を恐れさせた。しかし、中央ユーラシア人に直接会ったヘーロドトス以来の旅行者たちの記述では、恐ろしいという評判に比して実際の中央ユーラシア人が普通で非好戦的であることが繰り返し強調されている。こうした諸事実および特に長期的な歴史は、語られていることと合っていない。中央ユーラシア人はいくつかの戦闘には勝ったが、最終的に戦争には負けたのである。全体として、周縁地域の人々は、実際、中央ユーラシア人について思い描かれていたよりももっと強く、危険、非情、残忍であった。

　周縁の農耕帝国と比べて牧畜遊牧民の支配する中央ユーラシア諸国家にはいくつかの重大な弱点があった[48]。広大な地域にわずかな数の遊牧民しかおらず、畜産物は家畜が死んだ不運な年のために蓄えておくことができず、農民よりも気候に翻弄されながら生活していた。遊牧民国家の支配下にある都市は、まれにあるわずかな例外を除いて、草原地帯の中には位置しておらず、どんな場合でも牧畜遊牧民は、攻撃されたとき家畜の巨大な群れを町の城郭の中に入れておくことはできなかった。[49] そのことが遊牧民を決然とした周縁地域の敵から非常に攻撃されやすいものとしていた。敵は勝利すると、通常何十万もの羊や牛を戦利品として取り、所有者であった中央ユーラシア人は馬で逃げて餓死に直面するのであった。

　草原地帯の中央ユーラシア人はまた自分たちだけで（すなわち、歩兵の援助無しに）全面的な戦闘を多く行わないようにかなり注意していなければならなかった。もし大きな敗北を喫したら兵士を充分に補充できないからである。彼らにとっては、恐れさせることによって敵を服従させ、武力は必要なとき以外は使わないということが必要であった。このことは、スキュタイやフンの昔からモンゴル時代までの歴史の記述から分かる。遊牧民の軍隊の攻撃が突然行われるのは衝撃効果のためで、主として心理的なものである。そのような軍隊は城郭都市を攻略することはできない。大きな都市（みな城郭で囲まれている）は戦利品となっていたが、では、彼らはどうやって抵抗する都市を占拠することができたのだろうか。彼らは、周縁国が行なったのと同様に、歩兵と包囲攻撃兵器を使用したのである。問題は、彼らは遊牧民で、そのような兵器を持っていなかったことである。つまり、彼らは、全面戦争においてのみ武力で都市を占拠できたということである。そのような戦争では、臣下の非遊牧民を動員して目標の都市まで行進させて自分たちのために攻撃を行わせることができた。その結果、真の奇襲という可能性はなくなった。「急襲と破壊」という構図は神話である。さらに、軍事史ではよく知られていることだが、他の要素がほとんど同じであれば、歩兵軍団は常に騎兵軍団（遊牧民型であろうとそうでなかろうと）より強かったのである。陽動と小戦闘というゲリラ戦術は、自分の領土内でより強い敵と遭遇したときの古典的な抵抗作戦である。[50] それは侵攻してくる歩兵軍団を正面から攻撃することができない遊牧民が取る唯一の防衛手段であった。
中央ユーラシア人が周縁民族を恐れるのは当然である。周縁民族は繰り返し彼らを侵略・打倒し領土のかなりの部分を占拠したのである。[51]東部草原の古代突厥碑文は唐によって突厥第一帝国が征服されたあとのテュルク人の運命を沈痛に思い起こしている。「威厳のある息子は漢人の奴隷となり、上品な娘は妾となった。[52]」

ローマのガリア征服の歴史は好例である。ローマ人によって、ケルト系のガリア人は粉砕され、領土は植民地化された。生き残ったケルト人は最終的にローマ人となった。[53]これは単にローマのガリアの地への拡大である。それは軍事的もしくは政治的観点からは、巨大な帝国を築く過程でローマから遠く離れた多くの国へローマ人が軍事力で拡大していったのと何も変わらない。しかし、ひとつの点でそれは違っていた。ガリアは以前は文化的には典型的に中央ユーラシアであったが、それが地中海化され、中央ユーラシア文化地域から追い出されてしまったのである。そこがゲルマーニアのほとんどの地域と異なるところで、ゲルマーニアはうまくローマに抵抗して中世まで地中海化（すなわちヨーロッパ化）されなかった。

ユーラシアの文明化された周縁部はどの部分も中央ユーラシアの文化・経済地域に永久的に加えられることはこれまでなかった。それと対照的に、周縁諸民族の攻撃に対する中央ユーラシア人の抵抗は何世紀にもわたってさまざまな形態を取ったが、結果は同じで、中央ユーラシア人の敗北であった。

歴史でよくあるように、本当の姿は両極の中間あたりのどこかにある。ここでの場合、極は、暴力的で貧しく半餓死状態の原始的な中央ユーラシア人に対して優しく豊かで栄養のとれた見識ある漢人、ペルシャ人、ギリシャ・ローマ人というステレオタイプである。このステレオタイプは多くの誤解に基づいており、そのうちのいくつかは既に述べた。最も重大な誤解のひとつは中央ユーラシア史の専門家にある程度認識されているが、その認識も部分的に過ぎず、その予期せぬ影響については理解されていない。その誤解は、中央ユーラシア人は草原の遊牧戦士であり、その敵は定住農耕民と都市住民であるというものである。

専門家の間ではよく知られるようになったが、考古学と歴史学の研究の双方から、草原地帯には実際かなりの数の町があり、都市さえいくつかあったということが示されている。[54] それらの町の住民の文化はそこの農耕民の文化と同様に牧民のものと大きく違うものではなかった。従って、草原地帯に帝国を築いた者は自身の都会的・農耕的資源があり、周縁帝国の人々から食料[55]などの必需品を奪う必要はなく、実際そのような行為があったという証拠はない、[56]と正しい結論が導き出されてきた。これは一般に受け入れられている見方を正すものだが、草原の遊牧民支配の帝国の知られている限りでの完全な記述から抜け落ちていることがまだ多すぎる。

中央ユーラシア人は牧畜民、農耕民、都市住民で、彼らの帝国の領土には牧地でない広大な土地が含まれていた。確かに牧民は牧草が食べ尽くされないようにかなり移動して回るのだが、知られている中央ユーラシア諸帝国の構造には三つの社会経済的要素が全て含まれていた。牧畜遊牧民は本質的には「蹄《ひづめ》のある作物」[57]の農業従事者であるから、中央ユーラシアの帝国の社会経済構造は、周縁文化のものと大きく違わなかった。周縁文化のものは、主に三つの要素からなる。それは、都会、郊外(都市や大きな町の近くに住んでそのニーズにかなり応え、しばしば農耕以外の経済活動にも従事する農民)、田舎(都市や大きな町からある程度離れたところに住む農民)である。中央ユーラシアにおけるひとつの大きな違いは、都市住民と近郊の農業従事者(定住した農耕民)の民族言語学的アイデンティティーが遠隔地の農業従事者(牧畜遊牧民)とたいてい異なっていたことである。[58] 牧畜民はまた当然他の人たちより移動性が高く、社会の中で一番移動のない周縁地域の遠隔地の農耕民と正反対であった。他の点では、中央ユーラシア諸都市の洗練された都会の文化（都市生活者）とより質素な田舎の文化（農耕民と牧畜民）の対比は、周縁地域諸都市の洗練された都市文化と周縁地域の農耕民（近郊も遠隔地も）のより質素な田舎文化の対比と同じである。別の言い方をすれば、牧畜遊牧民族集団に属する人々の支配する帝国と農業民族集団に属する人々の支配する帝国の間には経済的・政治的構造の上で根本的な違いはなかったということである。[59]

歴史学者は牧民を国の他の構成要素から分離して架空の「純粋な」遊牧民、そしてそれと同時に説明無しで都市と農耕民が存在するとした。同様に、完全に神秘的な存在としてのシルクロードも作り出した。シルクロードは一般に、中国からローマに通じるパイプラインであるかのように扱われ、両者の間の土地は（商人が日常的に遊牧民から略奪を受けていたと考えられていること以外では）関係がないとされている。中央アジアの国々のその三つの構成要素は実は早くはヘーロドトスも記している（が、この点に関して自分が記述したものを明らかに理解していなかった）。都市の住民はふつう牧畜遊牧民と民族言語学的に同じではなかったという事実は何を変えるものでもない。重要なのは、草原の遊牧民の支配する帝国は常に多くの都市を（軽い宗主権を持つという形で）支配していたということである。スキュタイは、住民のほとんどがギリシャ人やトラキア人であった黒海沿岸などの地域の諸都市をこのような形で支配していた。匈奴はシルクロードの諸都市に同様の宗主権を持ち、漢の軍隊や総督が存在していてもそれを維持した。といったことが、突厥、モンゴル、ジューンガルの諸帝国を通して続いた。奥地の田舎、つまり都市から遠いところに住んでいる遠隔の周縁農業従事者が当然のことながら都市を持ったり築いたりしなかったように、牧畜遊牧民が自ら都市を建設したり個人で占領したりするのはまれであった。遊牧民の場合、都市に住んで草原の放牧地で家畜の群れを追うというのを想像するのはむずかしい。だから、遊牧民は草原地帯にほとんど都市を持たなかったのである。

しかし、彼らの帝国には都市が必要で、いつもそれがあった。つまり、中央ユーラシアの帝国では、周縁の諸帝国におけるのと全く同様に、都市の部分は田舎の部分と切り離すことができなかったのである。

一方的な国境設定（常に、以前の国境をかなり越えた先の方に設定される）、新しい国境維持のための要塞建設（侵略者による一方的な「国土」の宣言）、そして国境の封鎖と外部との交易関係の断絶は、明白な戦争行為である。[60] それらを何か別のものと解釈することはできない。中央ユーラシア人がそのことを理解し、それに応じて行動したのみならず、侵略者である周縁諸国家もそれを理解した。彼らの歴史記述がこのことを率直に指摘することはまれであるが、そうすることもあり、反対意見の者の言葉として残すこともある（通常はその人物を反逆者、敵への同調者といった悪人として非難するために）。

中央ユーラシア人は周縁諸国からの危険を非常に意識しており、中央ユーラシアの領土内に長城が作られる、軍隊が国境に移動する、交易が断絶される、といった戦争行為が行われたとき、相手の交戦の意図をすばやく察した。周縁諸国が中央ユーラシア人とそのような戦争状態にないときはいつも平和と繁栄が続いた。しかし、平和と繁栄は帝国建設者の目標ではなかった。彼らの目指すところは、争うもののない絶対的な力、そして領土と支配下の人々をできる限り拡大することであった。中央ユーラシア人が帝国を建設したとき、やはり同じ目標を持っていたが、それは一時的であった。中央ユーラシアの帝国は、固定した国境と安定した国内政治体制（つまり平和）だけでなく、地域経済、そして国際経済を支援・拡大して万人の繁栄を増大させるよう築かれた。

中央ユーラシア人が、戦争中でさえどこにおいても都市に対して明確で注意深い政策を取っていたのに加えて、近隣の周縁地域の帝国諸都市との交易関係を強調したことは、都市と交易関係が彼らにとってどれだけ重要であったかを示している。それはまた国境沿いの紛争の主な理由のひとつを説明する。周縁国の農耕民が市の立つ町に行けることが必要であったのと全く同様に、遊牧民は、自分たちが居合わせたところで直接交易を行えることが必要であった。さらに、少なくとも古典期以前から中国とローマの中央ユーラシアとの国境の通常の状態は、そこの市の立つ町において遊牧民が中国やローマと交易を行うというものであった。周縁地域の国家が命令により国境の町を遊牧民に対して閉ざすか、そこでの交易を事実上不可能にし、交渉をしようとした遊牧民を虐待すると、中央ユーラシア人はそういった行為を戦争を起そうとするものと見た。彼らには加害者を攻撃することぐらいしか選択肢はなかった。意図的に作り出されたこの種の争いは十七〜十八世紀の中央ユーラシア分割のときまで起った[61]。

何千年にもわたって中央ユーラシアの至る所で民族言語的な違いと関係なく、中央ユーラシア人が国境の市場での自由交易を常に主張してきたことは注目に値する。このことを伝える周縁国家の史料も、反中央ユーラシア人と強い反商業の偏見に満ちていたが、それは驚くべきことではない。史料の書き手は土地所有の上流階級で、商人階級ではなかったし、また同時に彼らは中央ユーラシア人が商業を混乱させたと非難し、それを中央ユーラシア人の領土への侵略の口実としたからである。現代の歴史学者は周縁国家の史料にある中央ユーラシアに対する否定的な見方を好んだ。

パーデューは、十六世紀初頭の明とモンゴルの間の争いについて、「強硬論者は、救いがたいほど凶暴なモンゴル人との交易や交渉を不可能なものと見なした[62]」と言う。しかし、一ページ後で「一五五一年に［明の］皇帝は、違反すると死刑に処すという条件でモンゴルとの交易を全て禁止した[63]」と述べ、次のように続ける。

バトゥモンケの孫のアルタン・カーン（一五〇七〜一五八二）は十六世紀半ばに政権につき、中華帝国に対するモンゴルの偉大なる次の侵略者となった。彼はモンゴル人を統一しなかったが自己の支配下の十二のテュメド（一万人の単位）を陝西と山西の北で率い、国境沿いに攻撃を続け、朝貢貿易の許可を求めたが、中国側はほとんど毎回それを拒否した。この繰り返された「要求、拒否、攻撃」というサイクルは一五七〇年まで四十年間続いた。[64]

当時、明の宮廷ではモンゴルとの交易か戦争かでその相対的メリットについて大いに議論が続いた。「やっと次の皇帝の治世（隆慶帝、一五六七〜一五七二）に明は国境外交の素晴らしい努力で国境に関する平和交渉をする気になった。[65]」この非凡な洞察は、モンゴルが中国に自分たちの市場を開放する必要があると繰り返し言い続けた数十年間の後に「アルタン・カーンは平和的な交易関係を望んでおり、貢ぎ物が拒否された場合だけ攻撃した[66]」という認識である。交易を再び認めるという最終決定の後、「商人は絹、毛皮、穀物、そして鍋をモンゴル人に売るために国境に群がった。政府は交易から税を徴し、その収入を遊牧民から質の悪い馬を高い値で買うのに使った[67]」。元の史料が何であれ、最後の蔑んだ内容は信じがたい。パーデューはその少し前に次のように言っている。「明は長城を強化し、駐屯軍の機動性のためモンゴルから主に馬を入手することが必要だった。[68]」

以上のことは次のように要約できる。中国人は中央ユーラシアに広大な領土を占領し、中央ユーラシア人を市の立つ町に近づけないようにすることによって貧困化しようとした。中国人の中央ユーラシア人に対する好戦的で攻撃的な姿勢と相まって、その結果ははたして戦争であり、中央ユーラシア人も中国人を攻撃した。しかし、中央ユーラシア人は戦争はしたくなく、交易を望んでおり、中国との平和的な交易関係を繰り返し求めた。中国人は戦争の費用と辛さにうんざりし、中央ユーラシア人との交易関係を再開した。国境の両側に平和と繁栄が訪れた。

このように、モンゴルと明の間の紛争の源は中国が意図的に交易を禁止したことであり、それは秘密にされていたことではない。それは中国の宮廷で公然と議論されたことで、中国が軍事的に解決しようとする試み（モンゴル人を打倒すること）が失敗して禁が解かれ、平和が訪れたのである。[69]

同様に、ジューンガルと清朝の間の唯一の本当の問題は、清が交易を定期的に制限した、もしくは禁止したことであったはずである。その制限が取り除かれるとすぐに平和になったからである。[70] 近年、満漢の歴史についてはよい研究がたくさんなされているが、ジューンガルと清の紛争の全体像について書かれたもののほとんど全てとその資料となったと思われるものは誤解を招く。紛争の本当の源は満漢人が中央ユーラシアにさらに拡大しようとしたことにある。当時中央ユーラシアの支配者であったジューンガルは満漢人がその目的を達するのを阻止しようとしたので、清は全力を挙げて彼らを打倒したのである。軍事的解決を試みて失敗したときはいつでも彼らはジューンガルと講和し、交易を許可した。清はジューンガルを軍事的に打破する機会があるとすぐにそれを行い、紛争が再開した。最終的には、満漢人が勝ち、ほとんどのジューンガル人が殺戮され、ジューンガルが守ってきた中央ユーラシアの多くを清が征服した。その歴史の細部はほとんどが個人的な対立に関わっており、出来事やその原因の流れを覆い隠してしまっているが、ジューンガルを破滅に至らせたのは満漢人の拡張主義である。清に対するジューンガルの攻撃はなかったし、「強欲のバルバロイ」の交易者は関与していなかった。確かにジューンガル人は天使ではなく、彼らの過ちもときどきあったが、全体としてユーラシア史のこの重大な出来事に別の解釈をするのは不可能である。[71]

周縁地域の国がその国境の都市を草原の民族に対して閉ざしてしまうのは、その国内の市場を自国の農耕民に閉ざしてしまうのと全く同等のことで、地域の経済を意図的に破壊しようとすることである。それを実行にうつす力によって周縁諸国は国境の町での交易を政治・経済的な武器として使う力を持ち、中央ユーラシア人に生きるための交渉をさせた。余英時がおそらく無意識に（というのは、同じ論文の中で国境地域の中国と匈奴の間の全面的な商業関係について言及しているので）言うように、「漢人と匈奴の間の個人交易は国境沿いに非常に長い間行われていたが、大規模な国営の市場制度は文帝の治世［前一八〇～一五七］まで生まれなかった」[72]。両帝国の国境地帯は中央ユーラシアの深くに位置していたので、中央ユーラシア人が交易をするときに侵略したという考えは親中国的な偏見を持たない限り意味をなさない。さらに、遊牧民が国境の市場を暴力を振るいたいとか略奪したいという以外の何の理由もなく不当に攻撃したという考えは、史料によって支持されないだけでなく、それと矛盾する。トンプソンは（フンについて書いているほとんどの人と同様に）反フンの偏見があり、フンの経済、社会、政治的目的について根本的な誤解があるが、それにもかかわらず、フンの指導者の主な関心は、ローマの市《いち》の立つ町が「フンに対して開かれ、……そうあり続けるべきで、そこでの条件は公平であるべきで、市場への道はフンにとって危険が伴ってはいけない」ということを保証することにあった、と正しく述べている[73]。

これに関連して言えば、ヘーロドトスがスキュタイ人を恐ろしい戦士と言いながら、それ以外の点では非常に好意的に書いていることが、困惑を持って記されてきた。同様に、第一次世界大戦の後の時代、モンゴル人は、「十三世紀の祖先と実質上おそらく変わらない生活状態にあった」が、モンゴルにいたアメリカ人のスパイによって「非好戦的な人々」と見なされている。この両事例において、それらの食い違いを記した学者は、中央ユーラシア人について一般に受け入れられている考え方が正しかった場合にのみ論理的と思われる結論を導きだしている。すなわち、スキュタイ人は全く異なった民族であったに違いなく[74]、モンゴル人は長く続いた平和の間に変わったか、もしかすると仏教か中国の支配によって変わったに違いない[75]、というものである。同じことがとりわけチベット帝国時代より後のチベット人について常に言われている。しかし、例外的な（平和的な）中央ユーラシア人と考えられるもののこれらの記述は、中央ユーラシア史において最も恐ろしい二人の戦士、フン王アッティラとタメルランについての実際に直接見聞きした人による記述と驚くほど似ている。その記述では二人とも知的、謙虚、慎重、寛大、そして公正な支配者であった。

中央ユーラシア人についての関連した見方に、周縁地域文化の都市の贅沢品と楽な生活に目を奪われたとき「かつてたくましかった遊牧民が精神的・肉体的に減退した」という仮定がある。それは、「そのようにして勇敢な精神が弱まり、現地の民衆ないし他のいずれかの弱体化していない遊牧民の力によって打倒され、草原の厳しい生活を」捨てたためという。[76] 贅沢を好む怠惰な堕落した中央ユーラシア人は、広く受け入れられている「本当の」中央ユーラシア人像には当てはまらず、何かが変わったに違いない。近年中央ユーラシアを訪れ牧畜遊牧民を研究した人類学などの分野の学者は、実際遊牧民は比較的楽な生活をしており一般に幾分怠惰であることを明らかにしている。彼らはまた周囲の農業国の農民よりも衣食の面で優っていた。これは特別新しい情報ではない。中央ユーラシアの牧畜遊牧民と出会った近世以前の周縁国の使節の報告によると、中央ユーラシア人は馬から下りようとせず馬に乗ったままリラックスして交渉事をするのを好んだ。タキトゥスは古代のゲルマン人について「戦争以外のときは狩猟に一定の時間を使っているが、寝る事と食べる事以外考えないで怠惰にしていることがずっと多い」と記している。彼らはそのように「同時に怠惰を好み平和を憎むというおかしな矛盾を示す」[77]。同様に、近年中央ユーラシアを訪れた人たちは遊牧民が同じ移動地の二つのテント式家屋の間の短い距離でさえ歩くより馬で行くことを好むと述べている。しかし、反対の極端な見解に走る理由もない。社会経済的に脆弱ではあるが中央ユーラシアの牧畜遊牧民を特別弱いとか他の社会の人間に比べて怠惰であると見なす理由はいかなる場合も存在しないのである。

中央ユーラシア人の伝統的な歴史的記述は、かなりの程度まで指導者などの人物の記述における彼らの性格に焦点が置かれている。そういった記述は、ある指導者（中央ユーラシア国家のか周縁国家のかというのは重要ではない）が隣国に戦争を仕掛けるときのしばしば感情的に聞こえる決断であふれている。我々の目には充分な正当化が欠けていることがよくある。我々は周縁地域に比べて中央ユーラシアに関しては知識がずっと乏しく、我々が知っていることはほとんど周縁地域の歴史家が書いたものなので、中央ユーラシア人は、ほとんど例外なく、正当な理由がない、衝動的、攻撃的、強欲[78]、といった行動をしているように描かれている。周縁地域の指導者がしばしば全く同じことをすると、バランスの取れた、注意深い、よく考えられた決定がなされると言われるが、彼らはそうは言われないのである。一般に我々は単に当該の中央ユーラシア人の歴史や心理、もしくは行動についての善し悪しの判断に際して彼らに影響している背景にある状況について充分に知らない。しかし、充分に知れば、彼らの行動は通常理解可能であり、また正当化も可能である。これは彼らは何でも許されるということではなく、この点において中央ユーラシアと周縁地域の国家に違いはないというだけである。戦争をするかどうかは一人の指導者によって、しばしば個人的な理由もしくは単なる過ちによって決められることがよくある[79]。えこひいきはおそらく避けられないが（歴史学者も人間である）、事実をほとんど反映していないという程度にまで最終的な姿をゆがめてしまってはだめである。しかし、中央ユーラシア史ではそのゆがみは実際にあったことで、中央ユーラシア人は加害者であろうと犠牲者であろうと関係なしに悪者扱いされた。攻撃的なバルバロイではないことが非常に明確であったとき、彼らは必然的に中央ユーラシア人では全くなく、別の民族であるという結論が導かれた。

これらの誤解と関連して、フンやモンゴルといった中央ユーラシアの民族は周縁地域の罪のない文化的な諸民族を突然、挑発や理由なく攻撃したという神話も広まっている。ここにはいくつか問題がある。大きな誤りは、罪のない平和を好む被害者として扱われた隣国人を犠牲にして領土を拡大しようとする点で中央ユーラシア人は類を見ないというものである。とりわけ、中国、ペルシャ、ギリシャ・ローマの征服者たちの理不尽な敵対行為は都合よく忘れられ、中央ユーラシア人だけが人間の自然な勢いに従って、必然的に隣国人を服従させる行為を伴う国家形成を行なったと非難されている。中央ユーラシアの国家形成についての歴史学者の妄想によって、周縁地域の人たちも歴史時代以前から国家を形成したという事実に対して、みんなの目が覆われてしまってはいけない。周縁地域での国家形成も周囲の人々を支配下においたのである。周りの人々を力で征服せずに建国された帝国があったという証拠はないが、どこの王朝でも創設者は本拠地において対抗する者を特にひどいやり方で殺したという証拠はたくさんある。したがって、なぜ中央ユーラシアにおけるこういったことの歴史が学者によってそんなに困惑の主題になるのか不思議に思えるのである。さらに、既に述べたように、中央ユーラシア国家が全く挑発されていないのに周縁の大国を攻撃したという検証可能な証拠はまずない。

すでに帝国を築き、自分たちと近隣の周縁国との間の関係が敵対的なものとなっていたとき、中央ユーラシア人は特定の戦いの原因だったともされている。そのような場合、その戦いの原因について原資料がなく、存在するどんな史料にも通常偏見があって、自信を持ってその理由をはっきりさせられる人はいない。ほとんどの場合、問題となっている中央ユーラシア人の初期の歴史と彼らの周縁諸民族との接触について単に史料が全くなく、それでこの神話が信じられ続けることとなっている。しかし、史料にその種の戦いの詳細な記録がある場合は、それが非中央ユーラシア人によって書かれたものであっても、その記録は中央ユーラシア人は自己防衛をしているか敵の背信行為（一般には周縁民族による先制攻撃やあからさまな侵略行為）に報復しているかであることを通常示している。ローマ人自身の史料は中央ユーラシア人（ゲルマン系の民族を含む）との戦争がローマ人自身によってどう引き起こされたかを幾度となく伝えている。ローマ人は、自分たちの敵を攻撃するために中央ユーラシア人を雇い、その後彼らをだますかひどく虐待するかしたので、彼らには反逆する以外の選択肢はなかったのである。それは、中央ユーラシア人が背信行為に全く咎《とが》めがないということではない。要点は、そのような悪事に対して、中央ユーラシア人だけに、もしくは通常中央ユーラシア人に罪があるということを歴史的に打ち立てるのは不可能だし、おそらく周縁諸民族だけに責めを帰すのも無理だろうということである。双方が領土拡張の願望を持っていたことがいけないのである。

このことは中央ユーラシア人や周縁諸民族の殺人行為全てを免除するということではない。とは言っても、双方に責任があるわけで、通常の周縁諸民族寄りの観点を単純に受け入れることはできない。フンの側の言い分を伝えるフンによる資料はないが、ローマ側の一番の目撃者であるプリスクスは誤解のない言葉ではっきりと記述する。非常に短い間に行われた裏切り行為の繰り返し、殺人の企て、その他、ローマ人のフンに対する攻撃は、フンの宮廷へローマの公式外交使節として行った彼自身の話として扱われている。近代初頭に周縁の大国によって中央ユーラシアが分割・征服されるまで、同じことが他のほとんどの中央ユーラシア人について言える。使用できる資料において一般的に見られる周縁地域寄りの見方には次の理由で疑問がある。詳しい原資料（普通その周縁地域の史料中に見られる）がある場合、そこには、戦争の原因は複雑であるが周縁諸帝国は草原地帯と都市国家地域に軍事的拡大を試みようとしたことで最終的に責任があること、そして中央ユーラシア人は自己を防衛するか周縁国から奪われた領土を取り返そうとしていたことが常に（そう記述するつもりでなかったこともしばしばであるが）示されている。

唐の時代末期の中国北方の国境地帯に関する歴史的記述は、集団間の急襲、攻撃、略奪などに満ちており、犠牲者は通常罪のない中国人とされている。しかし、彼らの苦しみの中で、いくつかの記述が事の反対の面を暴くこととなった。

部族の家畜が増えて豊かになったことが中国人の国境官吏の強欲を刺激し、彼らは不公正な市場活動を行なったり公然と家畜を押収したり搾取したりしたということが非常に多くの出来事によって示されている。その報復として、タングート人はしばしばチベット人の援護を受けて夏州延安地域の国境地帯を襲った。中国人とその軍隊にとって家畜の生産と馬の供給の管理は不可欠であったが、それがタングートの手に渡ったのとちょうど同時期に唐の霊州への交通はそれまで以上に安定しなくなった。[80]

前述のように、一般に理由は記録されているものとは異なるが、中央ユーラシア人は、周縁諸民族とだけでなく、互いに攻撃し合ったこともよくあった。周縁諸民族も互いに襲撃し合ったし、中央ユーラシア人も攻撃した。ローマ人にとってはマルキアノポリス[81]辺りでゴート人に勝利したことが誇らしかった。

多くの王がとらえられ、さまざまな部族の高貴な女性は捕虜となり、ローマの州はバルバロイの奴隷とスキュタイ人の農耕民で満たされた。ゴート人はバルバロイとの国境地帯で耕作をさせられ、強制労働をさせられているゴート人奴隷のいない地区はひとつとしてなかった。我々の祖先はバルバロイからどのくらいの牛が奪われるのを見たであろうか。羊はどのくらいか。名声が高くなっていたケルトの雌馬はどのくらいか。[82]

どちらの側も人間で、ごく最近まで戦争は生活の中において受け入れられた普通のことであった。平和も局地的にはあったが、大陸レベルの規模では、あったとしても非常にまれであった。[83] 原始インドヨーロッパ時代以降、中央ユーラシア人にとって不正に家畜を奪った隣人を攻撃することは、近年であろうと過去のいつであろうと、英雄的な行為であって、右の引用や東西どちらにも見られる多くの同様の記述は周縁諸民族もそれを英雄的と考えていたことを示している。

戦いで勝つことは、ごくまれな例外を除いて、ユーラシアのどの社会においてもいつの時代においても英雄を特徴づけるものであった。もしあるギリシャ人が敵を殺したという理由で英雄なら、全く同じ理由でなぜ中央ユーラシア人が英雄とならないのであろうか。いや、むしろ、なぜどちらも英雄となるのであろうか。さらに、ユーラシアのほとんどの文化に血の復讐があることは、道徳的な心の痛み無しに攻撃できる敵が常にいたということである。中央ユーラシア人と周縁地域の人々との間の相互の攻撃の長い歴史のほとんどは、周縁地域民に奪われたかつての中央ユーラシア人の領土内で実際に起ったので、中央ユーラシア人の観点を考慮しないのはむずかしい。攻撃されたときの中央ユーラシア人の反撃に対する周縁民族の怒りも彼らが使う侮蔑語と同様に理解できる。ギリシャ語・ラテン語の世界では βάρβαροι ないし barbari「バルバロイ」[84]、中国語の世界では外部の人間にだけでなく漢人にも使われた「虜」その他の包括的な侮蔑語である。[85] しかし、今日はこれによって欺かれてはいけない。

スキュタイ人を始めとする中央ユーラシア人は戦争においては、古代ではゲルマン人とフンの人々、中世ではモンゴル人がそうだったように、それ以上ないほど荒々しく周縁民族に恐怖心を持たせたというのも疑いない事実である。タキトゥスは北東のスエービー族の一派について次のように述べる。

ハリイーについて言えば、彼らは今述べた諸部族を力において凌駕しているだけでなく、凶暴な素質を策略と賢いタイミングによってさらに強いものとする。彼らは盾を黒くし、体に色を付け、真っ暗な夜を戦いに選んだ。そのようなおぞましい軍隊の、正体のはっきりしない畏敬の念を抱かせる姿は死のパニックを引き起こす。非常に奇妙な地獄のような光景に耐えられる敵はいないからである。戦いにおいてまず打倒しなければならないものは常に視覚であったのである。[86]

周縁の民族、主にギリシャ人、ローマ人、ペルシャ人、そして中国人もまた荒々しく、今日までのペルシャや中国のむごたらしい歴史はもちろん、例えばローマの信じられないほどむごたらしい歴史をさっと一瞥しただけですぐに分かるように、実際互いや他の人々に対して自分たちがバルバロイと呼ぶ人たちよりも残忍で粗野であったが、それがなぜ見過ごされてきたようであるのか問わなければならない。さらに、戦争において中央ユーラシアがたまに目を見張るほどの勝利を収めることもあったが、周縁帝国は通常中央ユーラシアよりもかなり多くの勝利を収めていた。そして、双方が虚勢を張っていたが、周縁諸民族は確実に敵の中央ユーラシア人を恐れさせた。中央ユーラシア人の装う荒々しさは見せかけで実際の歴史によって裏付けられない。中国人が匈奴のスパイと分かった者を中国に住まわせ、結婚させ、子を持たせ、すぐに殺さないのを想像することはむずかしい。だが、匈奴は中国のスパイと分かった張騫を二回匈奴の領土内に入ってそのように暮らすことを許した。中央ユーラシア人は、服従した国が反乱を起して新しい国の代表者を殺害したり、戦争で包囲された都市が平和的な降伏を拒否したときのみ本当に暴力的になり、それにはほとんど例外がない。[87]

しかし、ローマによる征服は未だに称讃されているが、フンによる征服は非難されている。ローマのフンに対する勝利はよいが、フンのローマに対する勝利は悪いことであった。フンの場合は、他の中央ユーラシア人と同様に、ほとんど知られていない遠方の異邦人についての曖昧でステレオタイプ的な見方だらけの言及ではなく詳細な歴史的記述のある時代以降、ローマに対する攻撃の全ては東ローマにしても西ローマにしても、ローマの侵略、条約破棄といった暴挙への報復であったことがはっきりと分かっている。フンが勝利したとき、ローマは講和を求めさせられ、保証金を支払わされた。全く同じことがユーラシアの東側で匈奴と中国の間で起った。しかし、このことで、ローマ人もペルシャ人も中国人もバルバロイによる単なる罪のない犠牲者だと今日誰にも思わせてはならない。

中央ユーラシア人が人間として生まれつき強いとか異常に凶暴だとか特に戦争に長けているといったバルバロイの特徴を持っているというのは歴史学、考古学、人類学によって支持されない。中央ユーラシア人は、地上の全ての人間と全く同じように、都市の住民と田舎の住民、強者と弱者、凶暴な者と温和な者、酒飲みとそうでない者、愛情を持つ者と憎しみを持つ者、よい者、悪い者、そしてそれらの中間全てである。[88]

†東ユーラシアにバルバロイが存在しないこと

ある種の人たちはバルバロイで、中央ユーラシアはバルバロイの故郷である、というヨーロッパの古代と中世における考えは、近代においてバルバロイという語の意味が少し変わったけれども、明確にせよそうでないにせよ、近代の歴史学者に引き継がれている。また古典中国語で異邦人を意味するいくつもの語がバルバロイと訳され、最も広まった誤訳となっている。古典中国語のそれらの語はバルバロイという発想とは関係ないのである。古代のギリシャ人が外の人々、特にペルシャ人（ギリシャ人は何回も戦争で戦ったが、彼らを尊敬し手本とした）[89]と遭遇したときに使ったこの言葉が残存して、中央ユーラシア人に対する歴史学者の見方を今日まで支配し続けている。

現代の歴史学者の中には、その語とその関連語の明らかに侮辱的な意味に当惑してその用語を括弧付きで使った人もいる。しかし、それで誤りが正されるわけではない。古代、中世、近代の書物においてその語が使用されたことによって分かるのは、だれがその言葉を使ったかということだけであって、それ以上何も有益な情報をもたらさない。従って、状況は既に充分に悪くなっていると思われるだろうが、実際には想像以上に悪い。特に東アジア研究者は「バルバロイ」（現在は通常括弧に入れる）の使用に慣れ親しんでおり、非常に多くの人がそれをやめようとしない。

バルバロイという名称もその背後にある概念も、過去もしくは近代においてそう呼ばれた人々に当てはまるものではない、ということが理解されなければならない。その概念全体は、大衆向けの欧米のフィクションおよび映画『コナン・ザ・バーバリアン』に最もよく充分適切に表現されている。実際、自らの国民をバルバロイと見なした国は知られていない。西ローマ帝国滅亡後の西ヨーロッパの諸王国でさえそうである。それらの新しい国々は近代の歴史学者によってまだ「バルバロイの王国」と一般に言われているが、その時代の著述家が他の民族集団の構成員をバルバロイと呼んだことはあっても自分たちについてそのように言ったことはない。この点だけでも決定的だろう。バルバロイというのは侮蔑的な語で使用すべきでないということは一般的に認識されるようになったが、それにもかかわらず東アジア史の専門家のほとんどはそれを使い続けている。このことは一見そう思われるよりもずっと重大な問題で、もっとよく考えてみる必要がある。

近世以前の中国人は一般に自分たち以外の人間が嫌いであり、文化的に劣っているとして彼らを見下していたことは誰も否定しないであろう。従って、中国人が自分たち以外の民族や民族のカテゴリーの名称の一部を否定的な意味を持つ漢字を使ってよく書いていたことは驚くべきことではない。ただ、知られる限り、実際その名称全ては元の名称の音写であったことを強調しておかなければならない。これは何も問題ではない。問題は次のことである。

漢人が自分たち以外の多くの民族とその種類に対して使用した多くの語がある。中国の歴史を通して普通に使われているものが二ダースほどあろう。そのいずれもが全くの総称語というわけではない。その漢字の中には語源が分かるものもあるが、ほとんどの名称の元の意味は実際「民族Xの名称Yの音写」によるだけの単純なものである（これは、「他の民族」を表す語の音写が一定していないものがあることによっても証明される）。漢人は民族Xが好きではなく否定的な意味を持つ漢字を選んでその民族名の発音を表した、というのは見当はずれである。[90] さらに、上に述べたように、中央ユーラシアのほとんどの人々、少なくとも何を考えていたか我々が充分に知っている人たちは、漢人を猛烈に嫌い、漢文化を見下していた。つまり、匈奴、突厥、モンゴルなどは一般に反対に漢人を軽蔑した。このことは歴史文献で充分に実証される。

今論じているヨーロッパ文化の語の英語形は barbarian である。いくつか派生形があるが、形容詞は barbaric である。元のギリシャ語の単語 βάρβαρος（bárbaros）は初期のギリシャ語では単にギリシャ語を話せない人（もしくは正しく話せない人）[91] であったと考えられており、そこから barbarism という言葉が生まれた。しかし、約二千五百年前、ギリシャ人はペルシャ人と戦争をし、βάρβαρος という語の意味が変化した。ギリシャ人は、その特定の民族、すなわちペルシャ人がギリシャ語が話せないだけでなく、強く、戦いに長けており、気性が荒く、しばしば敵に対して残忍であり、自己の独自の文化を持っている（ギリシャ人の目にはギリシャ文化ほど洗練されていないと映ったが）、と考えた。この特定の複合概念は最終的にこのひとつの特定の言語形式、barbar- という語根に溶け込んで、同じ概念を表すのにヨーロッパの言語はみなこの単語を借りてそれぞれの言語の語を作らなければならなかった。この語と概念の広がりはローマ人から始まり、彼らはこの語をギリシャ語やラテン語を話さない人たち、戦いに熟練した人たち、敵に対して凶暴で残忍な人たち、ギリシャ・ローマ以外の文化の人たちについて用いた。この複合した概念の広がりは近代まで続いた。

しかし、中国人はまだギリシャ語の barbar- を借りていない。中国語には、どんなに軽蔑的なものであろうと、「中国語を話すことができない」、「戦いに長けている」、「敵に対して凶暴・残忍である」、「文化的に漢ではない」といった概念の複合である「自分たち以外の人間」を表す固有の単一の語はない。今日においても中国語にはそれにわずかに近いものもない。中国人が barbarian という語やそれと同源の語のひとつを借りるか、同じ基本的概念を明確に含む新しい語を作るまでは中国語で barbarian という概念を表すことはできない。この語は現代官話では通常「野蛮人」と訳されるが、それは実際は「wild man, savage（未開の人間）」を意味する。[92] それは barbarian と同じでは全くない。英語の wild man, savage, barbarian はみな意味が異なる。要するに、barbarian を中国語に訳すことはできない。中国語にその概念が存在しないからである。少なくともローマ人以降、barbarian と呼ばれた人たち、特に破れた異邦の英雄たちは西洋では讃えられた。このような賛美の面はフィクションや映画での使用に見られるように今日もこの単語の意味に受け継がれている。フィクションの登場人物『コナン・ザ・バーバリアン』は実際に barbarian とは何かというのにかなり近い概念を表している。少なくともごく最近までこの概念も中国語には全く存在しなかった。

それを別の方向から見ても結果は同じである。中国の歴史を通して外のさまざまな人間に対して使われてきた二ダースほどの一部総称的な語を中英辞典で見ると、ほとんどの英語訳が事実上「a kind of barbarian（バルバロイのひとつ）」となっているのが分かる。カールグレンなどのよく知られた辞書編纂者によるものでさえそうしている。これは特定の植物や鳥を指す多くの言葉を引いて「くさの一種」とか「鳥の一種」といった定義が与えられているのと似ている。それらの単語は実際には「くさの一種」とか一般的な「くさ」を意味するのではなく、「ハマムギ」というような特定の種類のくさか「干しくさ（麦わら）」というように特定の状態の草を意味しているので、辞書編纂者はその語が何を意味するか分からなかったか、正確な定義を与える努力をしなかったのである。中国語の総称的な「草」という語だけが英語の総称的な語grassとよく一致する（「草」は「くさの一種」ではない）。これはbarbarianの状況に比較できるが、中国語にはbarbarianに対応する総称語はなく、それに近い意味の語すらない。一方、英語には古典中国語の「胡」、「夷」、「蛮」といった語によって表される多くの異邦人を指す語がないので、この場合はもっとむずかしい。[93]

漢人が純粋な概念としての異邦人についてバルバロイという概念の集合体を持っていなかったことをさらに示すことができる。古典中国語の著作ではときどき、他の文化の人々を称賛する文章が見られる。それは、たいていは都市に住んで書き言葉を持つなどしている人々で、専門的に言うと文明化された人々である。都市住民、遊牧民、その他を含むその地域の人々一般に対してよく使われる総称的な語を使用して、「異邦人」の中では「この上なく漢人のようだ」と書かれているのである。漢人の文人は他の文化の特定の部分を漢人の文化における対応のものと比較する。それらの文化がbarbaricであったら、なぜそのようなことをしたであろうか。その記述をした漢人の目にはそれらの文化は確実にbarbaricではなかったのである。しかし、称賛する他の民族とその文化に対して使われた中国語の単語は、漢人が通常称賛しない匈奴などの中央ユーラシア人に使われたものと同じであった。例えば、「胡」という語は、西の文明化された都市住民についても、同じ地域やもっと北の匈奴などの遊牧民についても使われた。その語を正しく翻訳したら、barbarianとはなり得ない。

唐の時代には、「異邦人」や「異邦」にたいして本当の総称的語「番」がある。[94]現代の辞書の定義では「foreign, barbarous」となっているが、唐の時代の文章では「番」という語そのものに否定的な含みはない。それは唐代の豊富な漢文資料から明らかである。唐代の著作においてこの言葉は今日 abroad と言うのと同じように特定の地に言及せずに使われることがよくあった。それはまた、他の侮蔑的ともなりうる語の代わりに二言語併記の外交文書にも使用された。例えば、八二一～八二二年の唐とチベットの間の盟約では、八二三年にラサに立てられた碑の言葉はそういったことに関してきわめて丁重で神経質であった。言い換えれば、異邦人を指すこの特定の総称的な語は漢文文献においてどの時代においてもおそらく唯一の真の総称的語で、実質的に barbarian という語の反対語であった。それは単に「異邦の、異邦人」を意味し、侮蔑的な意味はなかった。

　ウイグルの支援によって唐王朝の中国支配が回復したのにもかかわらず、そしてほとんど知られていないがウイグルの貢献に報いる手段として唐の政府は略奪を許可していたという事実があった[95]にもかかわらず、彼らによって洛陽の略奪が繰り返された後は、唐代の文献にウイグル人が憎しみをもって書かれるのも無理はなかった。その憎しみは、明白に、また暗黙に、さまざまな形でその時からウイグル帝国の滅亡まで続いたが、彼らはまだ大抵においてウイグルを「番」と呼んでいた。漢人を悩ませるウイグル人など他の民族を怒って呼ぶときの通常の語は「虜」で、それは捕えられた人の意味であるが[96]、問題の異邦人が明らかにだれの奴隷でも捕虜でもないときでも使われた。文章から汲み取れる概念は、「拘留する必要のある悪党」のようなものである。これが中国語に欠けているという barbarian に当たる語ではないかと思う人もいるといけないので指摘しておかなければならないが、同じ文章でしばしばその語を国内の漢人の無法者、反逆者、そして単に「拘留する必要のある悪党」を指すのに使っている[97]。この語は「異邦人」さえ意味せず、まして barbarian など意味しない。

　要するに、barbarian という語は複合的なヨーロッパの文化的構成概念を統合している。それは、

「戦いに長けており幾分勇敢だが凶暴で残忍な傾向があり、粗野で未開で非都市的な文化を持つ強い異邦人」で、「野蛮人」や「野性的な人間」とは異なる者に対する総称的な侮蔑語である。barbarianという概念は中国には単に存在せず、中国語にはそれに対応する語がなかったし、今でもない。中国の歴史文献を読むと、異邦人を表す多くの中国語の単語の中で中央ユーラシア人を指すものは、文明化された都市住民（漢人はときどき称讃していた）、遊牧民、漁師（満洲、南シナ海など）、村に住む農耕民、その他を含んでいた。彼らを意味する言葉のいずれもが武勇、非都市的・非農耕的生活形態、そして粗野な文化というヨーロッパ語の単語barbarianの主たる三つの意味を含んでいない。従って、barbarianという語は古代と中世の中国語において中央ユーラシア人を含む異邦人を指した多くの単語のどれとも一致しない。

漢文史料における中央ユーラシア人について書いたことのある多くの、いや、おそらく全ての学者がその人々に関連して英語のbarbarianという語を使ったことがあるだろうが、だれもそのような過去の罪をとがめられる必要はない。[98] しかし、今、その問題は本書で指摘した。漢文史料に基づいた歴史になぜその用語が使えないかについてのここでの説明はユーラシアのその地域に特有なことであるが、世界の他の地域にとっても原理は同じである。ジェームズは言う。「おかしなことだが、過去二世紀間において多くの歴史学者は、ケルト戦士の個人的勇敢さよりも戦いに規律と冷酷さを強調した画一化されたローマ人を称賛した。ファシズム以後の意識を持つ植民地独立後の世界においてはもっと理解しがたい。[99]」それでも洋の東西を問わずbarbarianに関する学術書が現れ続けた。

barbarianという語の意味と含意ははっきりしている。注意を引くための引用符に入れられていても、それを、多かれ少なかれ究極的には他民族の名前の音写であって侮蔑的な意味を持っていない中国語の語の訳語として使うことにより、強烈なヨーロッパ独自の概念を漢文史料に重ね合わせ、中央ユーラシア人に対して漢人もヨーロッパ人と同じ概念を持っていたという誤った印象を与えてしまう。その用語やそれと同源の語を使っている西洋の文献の逐語訳、ヨーロッパ語による資料や以前にその語を使用した学者の著作物から直接引用する場合を除いて、その単語はもうだれによっても用語として使われるべきではない。

✝中央ユーラシア人の運命

では、多くの人がbarbarianと呼ぶ人々に何が起ったのであろうか。彼らは多くの場合全く消え去ったわけではない。周縁諸民族とその文化が押し寄せたが、少数はそれに抵抗して伝統的文化や生活スタイルを守った。再び独立し、荒廃した国を再建しようとエネルギッシュに活動している民族もある。しかし、多くは未だ他の政権の圧政下にあり、ゆっくりと滅亡への道をたどっている。彼らの言語と文化が、場合によっては民族そのものが重大な危機にさらされている。

最も重大な事例は、チベット（と漢人がその国を分割してできた多くの「自治」区）のチベット人と東トルキスタンのウイグル人である。彼らは自分たち自身の国に住んでいるが、そこでは政治、軍事、経済、人口、言語、文化の面で中国の厳しい抑圧があり、中国によって「少数民族」というレッテルを貼られている。もっと人口が少なく知名度の低い民族はさらに緊急に脅かされている。ロシアの支配下におかれ続けているアルタイ地方のテュルク系のトゥヴァ人と北カフカス草原のモンゴル系のカルムイク人は、シベリアのエヴェンキ人などとともにロシアの支配下のままで領土も人口も縮小し、自分たちの政治的運命に対して何もできなくなっているので、彼らの文化も深刻な危機的状況にある。

満漢人とロシア人による中央ユーラシアの悲惨な征服と分割はこのように完全には覆されていない一方、南中央アジア（現在はほとんどがアフガニスタン）は、三十年間、その国のあちこちを支配してきたモダニズムの極端な現れである原理主義に関連した内戦がほとんど止まず破壊が続いてきた。

周縁地域の大国が中央ユーラシアの正当な歴史的地域をユーラシアの中心地であると認めなければ、中央ユーラシアは貧困が続き、次第に幻滅を感じ、危険となる可能性が充分にある。

1 本章における中国語の用語の考察の背景については後註105を見よ。

2 Di Cosmo (2002b: 4)。中央ユーラシア人について一般に受け入れられているこの見方は広く蔓延したままである。実質的に全ての専門家・非専門家がそのような見方を表明している。

3 Di Cosmo (2002b: 7)。前の註を見よ。

4 Di Cosmo (2002a: 185) に引用された Joseph Fletcher。

5 James (2001: 19)。

6 ローマ寄りの偏見は必ずしも全ての歴史家に当てはまるわけではない（例えば、ギボン）。とは言っても、近年の古典学者のほとんどは反キリスト教であるが（この点ではギボンも含まれる）、少なくとも親キケロという意味では親ローマである。

7 偽ヒポクラテスの文章については Rolle (1989) の公正な批判的論評を見よ。

8 Taylor (2003)。強調は筆者が付加したもの。

9 Jones (1924: 242–245)。

10 ハザーノフ (Khazanov 1984) の広く受け入れられた見解の批判については、後註106を見よ。

11 Di Cosmo (2002a: 168–171)。ディ・コズモは「国境地帯における遊牧民と農耕民の関係史の多くが襲撃と戦いの歴史であることが事実である一方、双方は相手の人間、経済資源（土地や家畜など）、領土の一部を取り込む傾向があった」と言う。その両者の間の地域は「純粋に遊牧的でもなければ純粋に定住的でもなく、それらが混合していたのである。」同様に Psarras (1994: 5) 参照。

12 Tilly (1975, 1990) と Hui (2005) を参照。

13 オルセン（Allsen 1989: 92）は、「道士である長春の旅行記を書いた李志常は、一行がヒンドゥークシュ山脈で珊瑚商人に出くわしたとき、同伴のモンゴル人役人が商品を公正な商取引によって購入したことを記録している。力ずくで取ろうとするようなことはなかった」と述べる。

14 ディ・コズモ（Di Cosmo 2002a: 170）は、中央ユーラシアの遊牧国家自体に「農業生産ならびに手工業と交易など他の経済活動の」中心地が存在することは「内陸アジアの諸帝国は遊牧民が必要とし望む生産物、すなわち穀物や贅沢品を軍事力（もしくはそれに対する恐怖）によって農耕民から提供させるために築かれたという前提に基づいた説の歴史的妥当性に疑問を」投げかける、と正しく述べている。ディ・コズモの論はその説が誤りであることを効果的に証明している。

15 マクディスィーの原文（de Goeje 1877/1967: 325, 3行目）にはal-raqīq「奴隷」とある。この単語は「財産としての奴隷」を意味し、コミタートゥス戦士を指すのには使われない。自由のない人たちを指す中世のアラビア語の用語の研究は非常に必要とされている。そういった人々を指すアラビア語の単語はたくさんあり（それらは英語ではふつう全てがslaveという一語で訳される）、中世イスラーム社会においてそれぞれが異なった意味を持っていた。

16 マクディスィーの原文（de Goeje 1877/1967: 325, 15行目）にはal-raqīqとある。

17 マクディスィー（de Goeje 1877/1967: 323–326）のバルトリドによる翻訳（Barthold 1977: 235–236）より引用した。Christian (1998: 320–321) 参照。バルトリドは魚の歯というのは明らかにセイウチの牙であると言う。

18 イスタフリー（de Goeje 1870/1967: 305）を引用しているBarthold (1977: 237)。

19 オルセンによるさらなる論評については後註107を見よ。

20 Christian (2000: 2–3)。シルクロードという用語自体が既に充分に誤解を招く恐れがある。複数形で言うのはさらにいっそう避けなければならない。複数形を使うことによって中央ユーラシアを単なる交易路網としてのみ捕える誤解を強調してしまうからである。同様に、フランクとブラウンストーン（Franck and Brownstone 1986: 7–9）は、草原地帯の人々と「シルクロード［複数形］」や関連の「ルート［複数形］」に沿った地域の人々との間での交易などの取引について述べる際に、横断ルート［複数形］は主要ルート［複数形］に単に連結しているのではなかった。それらは主要ルートよりも古く、常にシルクロード［複数形］の機能に不可欠であった」と言う。

21 例えばアレクサンドロス大王の軍隊は、抵抗した都市を占拠したとき、生き残っている者を全て組織的に処刑した。

22 ディ・コズモ（Di Cosmo 2002a: 170）は、内部経済ないし政治組織において「遊牧民と定住民の間に大きな区別はなかった」と正しく述べている。

23 Barfield (1989: 133)。引用した節は純粋に無作為に選ばれたものである。もうひとつのものについては、後註108を見よ。

24 Psarras (2003)、Di Cosmo (2002a)、Noonan (1997) による研究を見よ。中世初期におけるテュルクの馬と中国の絹の交易の経済に関する詳細な検討については Beckwith (1991) を見よ。

25 内モンゴルの辺りに本拠地を置いていた。内モンゴルは中国の共産党支配のもとでほとんど完全に漢化している。

26 Psarras (2003: 141 以降)。

27 Psarras (2003: 141)。

28 中国による侵略の理由はさまざまであるが、中国史においては極めて一貫している。「匈奴は漢以降、注意を払われたが、それは中国に対して脅威であったからではなく中国と対等であったから注意されるに値するものであったことを私は見出した。中国に対して脅威が想定されたのは対等であったからである」(Psarras 2003: 60)。

29 中央ユーラシア人が軍事的に優っているという説には専門家も含めたほとんど全ての人が従っている（例えば、Drompp 2005: 11–12）。

30 これは東トルキスタンにいる現代のテュルク系ムスリムの都市農耕民に対する現在の名称である。彼らの言語であるウイグル語はウズベク語と互いに方言の関係にある。近世より以前にはウイグルというのは他のテュルク系の言語を指していた。

31 ハザーノフ（Khazanov 1984）に従ってバーフィールド（Barfield 1989）は、中央ユーラシア人の生活様式は周辺の農耕民族からの「強奪」をベースとしているという考えに焦点を当てる。この主張についてはさらに後註109を見よ。

32　Barfield (1989: 46–47) を引用している Psarras (2003: 300)。

33　中国語の「和親」は、王朝間の結婚によって調印される通常の和平条約のこと。

34　ほとんどのアメリカ人は実際に貧しいか少なくとも裕福ではないが、さらに貧しい人たちがよりよい生活を期待してアメリカに移住したいと思うことがそのことによってなくなるわけではない。

35　Yü (1986: 385)。司令官の中には、戦闘で負けたことで、また宮廷政治で敗者側となったことで漢政府から処刑されるのを避けるために匈奴に逃れた者がいる。

36　中国やギリシャ・ローマの役人が中国でもギリシャ・ローマでもない中央ユーラシアの人たちの文化より自分たちの文化のほうが優れていると宣言する動機を与えたように思われる。描かれた歴史は曇らされている。中国では政府は儒者によって支配されており、彼らが書いた公式の記録が我々の唯一の史料であることがよくあるからである。儒者たちは、自分たちを含めた中国人が優れた者であり、品位を落として交易のような嫌な活動をする必要はないと主張していた。ローマのエリートも交易に関して全く同様の見解を持っていた。商人は元老院議員にはなれなかったのである。

37　Wolfram (1988: 8)。

38　『漢書』94b: 3803–3804。全く同じ懸念が唐の時代にも存在し、もっと情報の少ない時代においても明らかにそうであった。その懸念は中国と中央ユーラシアの関係史全体にわたって近代まで存在していた。

39　そのような長城を築いた人たちのほとんどが持っていた主な意図は明らかに征服した領土を要塞化して一緒に獲得したそこの従属民を含めてそれを維持すること、また征服国の軍人、入植者、その他の臣下を国境内に留めておくことであった（Di Cosmo 2002a 参照）。そのように彼らは第一に攻めであって、守りではなかった。既に述べたこと以外に、ビザンツ人、サーサーン朝のペルシャ人、ルーシもまた長城を築いた。

40　例えば、Sinor (1990a)、Barfield (1989)、Drompp (2005)。一般に受け入れられている考えはディ・コズモ（Di Cosmo 2002b: 7）によって簡潔に示されている。「彼らの襲撃は、国境の安全、交易、そして周辺地域における移住にとってかなり重大な脅威であった。そして、集団移住の場合は危機的な割合に膨れ上がる可能性があった。」

41 唐とその同盟者のウイグルが西の都である長安を再び取り戻した戦いの前に、唐はウイグルに「都を取り戻せたら略奪してよいという権利を」与えた(Mackerras 1972: 18–20)。東の都である洛陽はまだ反逆者の手にあったため、中国はウイグルにその町を取り戻すまで報酬を延期することを依頼した。洛陽は再び反逆者の手に落ちたが、七六二年にそれをウイグルの援助で再び取り戻したとき、同じ報酬が与えられた。マッケラスの中国に対する共感とウイグルに対する反感には漢文史料の感情が反映しているが、全く同じ史料から知ることができる実際の出来事に基づくとそれは正当とは認められない。

42 このことは全てウイグルに関する唐の公式記録のマッケラスによる有益な翻訳への序論(Mackerras 1972: 14以降)にある出来事のまとめに極めてはっきりと示されている。そこでは、実際には中国の行動や姿勢に批判的であろうとした場合であっても(ウイグルに対してかなりはっきりと同情的なものもある)史料に見られる親中国、反ウイグルの強い心情が繰り返されたが、それにもかかわらず、である。マッケラスの文章の批判的分析はこのエピローグで論じられたほぼ全ての点について良い例を提供するだろう。

43 Peterson (1979: 467)。これらの誤認は他の中国史学者のほとんどが持っているが、文献ではほとんどもしくは全く問題とされていない。

44 Peterson (1979: 464–465)。

45 唐の漢人のこの判断は、九世紀初頭以降、アラブ人が中央ユーラシア人とアラブ人に関して行なった判断と実質的に同じである。

46 周辺諸国家の中央ユーラシアへの武力侵略は他にも記されたものがある。Golden (1987–1991, 1991) 参照。

47 Mote (1994: 622)。この文献では、中国におけるモンゴルの歴史の扱いは一般的に言ってかなりバランスがとれており、史料をよく読み込んでいる。

48 同様の問題の議論についてはDi Cosmo (2002b: 5–7) を見よ。

49 遊牧国家の都市はほとんどが本土の草原地帯の外に位置していたが、中には草原地帯にあったものもあり(地域と時代によって数に偏りがある)、そのうちのいくつかは考古学的調査が行われている。

調査の行われたもので最もよく知られているのはスキュタイの都市のひとつで、それについてはRolle (1989) を見よ。註58も見よ。

50　第2章のスキュタイの地へのペルシャの侵攻についての記述を見よ。Arreguín-Toft (2005) 参照。

51　中国では非常に早くに始まった。「北部において中央の諸国［すなわち中国］がだんだんと侵入し、狄など国境地帯に住む人々を服従させ取り込んだことにより、中国は主にオルドス地域において遊牧民と直接接することとなった」(Di Cosmo 1999a: 950–951)。

52　キョル・ティギン（キュル・ティギン）碑文、東面、七行目（Tekin 1968: 233。翻訳については264を見よ）。

53　この過程はイギリス系アメリカ人の北アメリカ征服とインディアンの土地の没収と全く並行的である。Drinnon (1987) 参照。

54　Di Cosmo (2002a)、Nagrodzka-Majchrzyk (1978)。

55　しかし、中央ユーラシアの人々は異郷の地の食材にかなり関心を持っており、以下に示すように交易に積極的であった。彼らが穀物を使う主な方法のひとつは粉にしてこねるもので、中国人との接触によってそれを好むようになった。Golden (1995) を見よ。

56　ディ・コズモ（Di Cosmo 2002a: 169–170）は「遊牧民の襲撃団は軍隊ほど大きな場合もあったが、動物と人間を連れ去り農産物は持ち去らなかった。それは史料に繰り返し示されている」と言う。遊牧民の「襲撃」については後註110を見よ。

57　人類学者のエクヴァルのチベット遊牧民に関する著作（Robert Ekvall 1968）のうまい書名『蹄のある畑（*Fields on the Hoof*）』に注意せよ。

58　ヌーナン（Noonan 1997）によるハザールの経済の綿密な分析を見よ。また、ウイグル帝国の草原地帯そのもの（首都の周辺ではない）における広範な農業についてのタミーム・イブン・バフルの記述（Minorsky 1942）に注意せよ。バーフィールド（Barfield 1989: 157以降）には悪いが、広範な農業は草原地帯やその周辺における中央ユーラシア諸都市の典型的な自然の特徴であった。ヌーナンのハザール経済についての研究と、ある程度であるがプレトニョーヴァの研究（Pletneva 1958, 1967）は、一部は元遊牧民や半遊牧民に由来することが明らかな農耕的諸要素を持つ、かなり複雑な混合経済に注意を向けている。

59　このことはボスワース（Bosworth 1968: 4-5）によってかなり早くに指摘され、「牧畜遊牧民」と「非都市部の農民、さらにはトランスオクスィアナの都市住民」という「生来反感を持っている二つの集団」が存在すると昔から考えられてきたのは「アラブの地理学者によって引き出された経済上の事実」によって誤って伝えられたためであるという。その地理学者たちは「草原の牧畜民であるテュルク人の経済は、イラン系タジク人の農耕オアシスと都市の経済と相補的かつ相互依存的であると言っている」。ボスワースはやや正確さは落ちるがさらに「定住地域は遊牧民に穀物、製造品、そして武器を供給し、遊牧民は家畜を飼育し乳製品、皮革、毛皮を農耕民にもたらした」と言う。これらの一連の生産物や交換品はどちらの側のものも完全には正しくない。例えば、草原の人々は武器などの金属製品を生産し、自分たちが必要とする以上の物の交易を広範に行なっていた。また、彼らが穀物を非常に好んで食べるということもほとんど知られていない。しかし、本質的なところはよく捕えられている。

60　中国が中央ユーラシアへこのように拡大したのは、ロシアが草原地帯を通って中央アジアに拡大したのと似ている。

61　「交易か襲撃か」説はディ・コズモ（Di Cosmo 1999b: 11 n. 32）によって批判的に要約されており、「中国と遊牧民の間で繰り返された衝突は、中国が交易を認めたり貢ぎ物をもって遊牧経済を支援したりすることをしたがらなかったことに起因する。中国がそれをしなかったために遊牧民は自分たちで襲撃団を組織し交易の経済機能を発揮させようと軍事的優位性を利用した。平和と戦争が交互に来たことの理由とされているもののいくつかに取り組むに当たって、この説は遊牧国家の隆興を説明できず、反対に例外として片付けてしまう」という。私の分析は「交易か襲撃か」説とは異なる。

62　Perdue (2005: 63)。

63　Perdue (2005: 64)。

64　Perdue (2005: 64)。

65　Perdue (2005: 65)。

66　Perdue (2005: 65)。ここで「tribute（貢ぎ物）」というのは公的に認可された交易に対するバイアスのかかった中国語の用語「貢」の文字通りの英訳である。

67 Perdue (2005: 66)。

68 Perdue (2005: 65)。その政策の変更はおそらくこれが必要だったことによって説明される。

69 Perdue (2005: 63–66)。

70 Perdue (2005: 256–265)。

71 従って、ヨーロッパ人に直面したときの中国の弱さを嘆く中国学者に同情することは難しい。ヨーロッパ人は満漢側の同じやり方や偏見に出くわした。

72 Yü (1986: 388)。強調は筆者が付加したもの。

73 Thompson (1996: 195)。トンプソンはまたこのことに関連して鋭く次のように述べる。「フンの帝国が引き続き存在することはローマの多くの臣民によって自分たちの繁栄にとって不可欠なことと認められたに違いないという印象に抗するのは難しい」(Thompson 1996: 194)。

74 ドゥルーズ (Drews 2004: 122) によれば、ヘーロドトスは「ポントス・カスピ海草原の先住民は自分たちのことをスコロトイと呼び、ギリシャ人だけが彼らを「スキュタイ人」と呼んだ。……しかし、黒海北部の遊牧スコロトイとイラン西部のスキュタイ人の間には非常に重要な違いがあった。スコロトイは牧畜民で、侵略者ではなかったのである。もてなし好きで親しみやすい黒海北部の「スキュタイ人」が一世代の間近東の多くを怖がらせた本当のスキュタイ人と同じ民族であることは全くあり得そうにない」と言う。中央ユーラシアの遊牧民に関してふつうに見られる誤った考えによって「牧畜遊牧民」が「恐ろしい侵略者」と同一視されるとしてもこの結論は奇妙である。ヘーロドトスのこの記述において疑わしい唯一のことはスキュタイ人が正当な理由なく誰かを恐れさせたということである（ストラボーンによってはっきりと記されているように）。実際、だいたいの場合、我々は彼らの軍事行動の理由が何であったか単に知らないのである。いずれにせよ、その二つの名称は同じひとつの名前の異なった発音にすぎず、実際には同じ民族を指している (Szemerényi 1980) ことがはっきりと知られている。付録Bを参照。

75 Di Cosmo (2002b: 9)。しかし、ディ・コズモも生まれながらの戦士説の正しさについてある疑問を呈している。

76 Di Cosmo (2002b: 8–9)。

77 Mattingly (1970: 114)。

78 「バルバロイの貪欲さ」の歴史的論点について

は Sinor (1978) を見よ。

79 そのことは未だにそうであり、例えば現代の多くの武力衝突を見ても分かる。

80 Dunnell (1994: 161)。

81 マルキアノポリスはローマの属州の低地モエシアの首都であった。低地モエシアはドナウ川下流の右岸（南岸）に沿って東に黒海まで延びた地である（Vailhé 1910）。現在のブルガリアのデヴニャで、ヴァルナから遠くない町である。

82 『ローマ皇帝群像』を引用している Burns (1984: 17–18)。

83 ブライス（Bryce 2002: 98）は「記録された歴史の始まり以来、かろうじて三百年を越えるくらいの期間は大きな戦争がなかった。別の言い方をすれば、過去五千年間のうちのどこかの百年間をアトランダムに選ぶとすると、平均して百年のうちの九十四年は世界の一か所以上のところで大規模な紛争が起っているということになる」と述べる。

84 βάρβαρος「バルバロス［単数形］」という語は元々は軽蔑的な意味を持っておらず、単にギリシャ語を話せない人を意味するだけだった。ヘーロドトスは煽情的なことを書いているにもかかわらず、スキュタイ人に対して偏見を持っておらず、この単語を軽蔑を込めた意味では使っていない。その語の現在の意味に繋がる否定的な意味合いはギリシャ人が後にペルシャ戦争の後でペルシャ人（ギリシャ人はペルシャ人のことも βάρβαροι「バルバロイ［複数形］」と呼んだ）に対して持った感情から主に出てきている（Liddell et al. 1968: 306）。例えば、アリストテレースは『ニコマコス倫理学』の第7巻において「人間において野蛮な性質は稀である。それはバルバロイの間で（ἐν τοῖς βάρβαροις）最も頻繁に見られる」と言っている（Rackham 1934: 376–377）。バルバロイが「粗野な」ものではあるが文化を持っている（つまり、彼らは未開や野生ではない）という考えもおそらくペルシャとの関連で出てきたものであろう。

85 下に説明するように、西洋の barbarian という用語や概念に相当する中国語の語や表現は存在しなかったし、今も存在しない。

86 『ゲルマーニア』xliii（Mattingly 1970: 137）。

87 そのような場合に被告人のほとんどを虐殺するという慣行はほぼ全てのユーラシアの民族の間で近世以前まで実証されている。この慣行、絶え間ない戦争と希少な平和、そして戦争を生死の当たり前の部分として受け入れることについてのブライスの論評（Bryce 2002: 98 以降）は古代にだけでなくほとんどの時代に当てはまる。これは人間同士虐殺することの口実ではなく、自分たちだけが有徳であるという国民は存在しないことを主張する。

88　同様にオルセン（Allsen 1997: 4–5）は、「近世以前の帝国はモンゴル帝国を含めて全て「多重人格」を持ち」、「そのときどきで破壊的か建設的、野獣的か父親的、搾取的か慈善的、威圧的か魅力的、保守的か革新的であった」と述べる。私はこの性格付けから「近世以前」という語のみを削除したい。

89　Miller (1999)。

90　多くの国の多くの人たちは特定の国籍の人たちに偏見を持っており、彼らの名前を挙げることすら嫌がる。しかし、これは名前そのものが、つまりそれを書くのに使われる文字ではなくその単語が軽蔑的ということであろうか。外国の人々が自分たち自身を蔑むか、自分たちを軽蔑する人たちよりも高潔さや文化において自身が劣っていると考え、その結果、自身にそのような感情を表す名前を付けるかした場合のみ、その可能性があろう。これはほとんど考えられない。

91　Liddell et al. (1968: 306)。

92　語源的にはそれは文字通り「野生の蛮の人間」という意味で、その中では「蛮」だけが中国の中心地域より南に住む異邦人を指すのに通常使用される（しばしば「南」と結合して「南蛮」となる）。北方の中国人は異邦人ばかりでなく南部の人間一般を昔から見下してきた。中国語の「蛮」という語は古代中国語で ⋆mal か ⋆bal のように発音されていたと思われる。

93　これらを含む用語について Michael Drompp (2005: 172–175) の注意深い考察を参照。

94　「蕃」とも書かれる。

95　ウイグル人に敵意を表している同じ中国の史書に書かれている。

96　これは通常 caitiff というばかげた訳語が与えられる。この訳語は古風な英語で、語源的には「捕虜」の意味であるが、現在の文章語としての使い方では「卑劣な」とか「卑しむべき」と定義される。これはもちろんその中国語の単語の意味ではない。

97　現代の中国学者の多くは、異邦人を表す二ダースほども普通に使われる中国語の単語を barbarian と訳すことに未だに強い愛着を持っている。それらの中国語の単語には barbarian といった意味を持っていたとされるものはない。この訳語の使用は、barbarian という語、もしくはそういう概念を持ったことがなく、今も持っていない中国人に対して忠実ではない。中国人ないしシナ語派の人々の文化、そして同様に彼らの近隣の人々の文化をできるだけ正確に表すほうがいいことは確かである。

98 私は最初に書いた本のいくつかの例においてはこのことに〔ママ〕(Beckwith 1987a/1993: 153)、またおそらく他のところにおいても、「虜」を barbarian と訳してしまったことに気をとがめている。この問題について私が啓発されたのは(Beckwith 1987c)その本が既に印刷に回った後であった(一九八六年以前)と思われる。ペーパーバック版が準備されていたとき私はその誤りに気づかなかった。「虜」や他の軽蔑的な語が異邦人に使われるのと同じくらい中国人(特に反逆者)に使われていることと、異邦人を指すほとんどの語が意味的には中立であることについて、Drompp (2005: 172–175) を見よ。

99 James (2001: 19)。純粋にヨーロッパ的文脈においては barbarian という語は通常は重大な「人種差別的な」意味を持っていないことに注意する必要がある(ただし、中央ユーラシアに焦点を当てた古い著作の中にはそのような意味を持つものがある)。しかし、近世とそれ以前の東アジアの文脈、すなわち東アジアに関する著作の圧倒的多数においては、ヨーロッパの barbarian という語はヨーロッパの白人に対して明確にそして程度の差はあるがもっぱら侮蔑用語としてよく使われた。そのことによってその語が文字通り人種差別的な用語にされている。

付録A　原始インドヨーロッパ人とその離散

インドヨーロッパ人の移動とインドヨーロッパ語から分岐した諸言語の発展については膨大な文献があるが、それらは究極的には全て、再建された大元の言語であるインドヨーロッパ祖語を基に行われている。[1] 祖語がどういう言語でそこからどのようにして現在知られている言語（すなわち、分かれ出たゲルマン、イタリック、スラブ、インドなどの語族）に変化してきたかについての結論を導くには何よりも歴史音韻論によらなくてはならないが、伝統的に行われてきたインドヨーロッパ祖語の音韻体系の再建は根本的な誤りを含んでいる（それは最初ヘルマン・グラスマンが一八六三年に発表したすばらしい論文で暗示された）ため、多くの場合結論は誤ったものであった。グラスマンは自身の貢献[2]にもかかわらずインドヨーロッパ語再建の基本的な問題を解決することはできなかった。その主たる理由は、彼は音素[3]が発見もしくは考案される以前に論文を書いたことにある。

　その問題は、現在すべてのインドヨーロッパ研究者が認識しているように、伝統的な再建ではインドヨーロッパ祖語の閉鎖子音に無声無気の系列（例えば、*p, *t, *k）、有声無気の系列（[*b], *d, *g）、有声有気の系列（*bh, *dh, *gh）を立てていることである。これは類型論的に不可能とは言わないまでもありそうもない音韻体系であり、他にも重大な問題を含んでいる（最も重要なのはこの理論では語頭の*bが再建されないことである）ことが認識されるに至ったとき、再建を修正する必要があるということになった。問題解決のためにいくつかの試みがなされ、実際、それらはインドヨーロッパ言語学の大きなテーマであった。例えば、セメレーニの試みに加えてガムクレリゼとイワノフの声門化音説[4]に関する記念碑的著作がある。しかし、どの提案もうまくいかず一般に受け入れられるに至らなかった。どれも実際にその問題に解答を与えるものではなかったからである。何人かの著名な言語学者がガムクレリゼとイワノフの提案を受け入れたが、その提案によって問題はすぐに解決されないだけでなく実際はさらに悪くなった。

この問題の解決法は、[5]伝統的に閉鎖音に三系列あると考えられてきたものは関係する音の音素的地位の観点から見て誤った再建であるとするものである。推定されたそれらの音素がどの位置においても自由に生起するのではないことは少なくとも一世紀近く前から知られていた。[6]一般に認められているその諸制約を分析すると、二つの有声音系列（[*b]: *bh, *d : *dh, *g : *gh）は相補的分布をなしているので、それらは単一の有声音音素系列（*b, *d, *g）の異音である。それは、一時的な異音の区別で、分岐したいくつかの言語において後に音素レベルの違いとなったものである。その閉鎖音の不自然な体系は実証される全ての言語において自然な二系列もしくは四系列の対立となった。それゆえ、その区別は閉鎖音に再建可能な三系列の対立があるという特徴を持つ言語からなる一時的な収斂的グループにしか再建できない。従って、インドヨーロッパ祖語は閉鎖音音素に二つの系列、すなわち*p: *b, *t: *d, *k: *g（*b も存在する）しか持っておらず、三系列の体系は再建できないのである。分岐した他のインドヨーロッパ諸言語の閉鎖音は二系列、もしくはかつて二系列体系であったことの証拠を残す一系列（すなわち、音素としての*p, *t, *k のみ）であったため、インドヨーロッパ祖語の閉鎖音音素は二系列でしかあり得ないであろう。

結果として、知られている全てのインドヨーロッパ諸言語は三つのシュプラーハブント（言語連合）的なグループのいずれかに属すということを示すのは非常に簡単なことである。グループのメンバーはそれぞれの分岐した言語の語派において実証されるか内的再建されるかした閉鎖音音素の体系にいくつのカテゴリーがあるかによって決定される。グループAの第一波の諸言語（閉鎖音に無声の音素しかないもの。ただし、かつて無声と有声を持っていたという証拠はある）はアナトリア語派とトカラ語派である。グループBの第二波の言語（無声、有声、有声有気の音素を持つもの）はゲルマン語派、イタリック語派、ギリシャ語派、インド語派、アルメニア語派である。グループCの第三波の言語（閉鎖音に無声と有声の音素を持つ）はケルト語派、スラブ語派、バルト語派、アルバニア語派、イラン語派である。[7]

「アナトリア語は、語頭以外では、もともと無声と有声の閉鎖音を区別していた」[8]というのは正しく、アナトリア語派のその区別は祖語においてはそのように再建可能であるが、「語頭以外では」というのがキーポイントである。同じグループAのもうひとつのメンバーであるトカラ語にも閉鎖音に二系列の対立があったことを示唆する特徴が見られるが、アナトリア語と同様に語頭に有声閉鎖音はない。その二つの言語は実証された共時的なものとしては有声と無声の閉鎖音に音素的な区別はない。語中に保たれた過去に用いられた区別は異音的なものである。従って、分岐したその二つの語派は、考古学（それに基づくと、分岐した両言語は紀元前二〇〇〇年頃にインドヨーロッパ語の原郷を離れたと思われる）だけでなく基準となる根本的に重要な言語現象、すなわち閉鎖音の分布の観点からも同じグループに属する。しかし、アナトリア語とトカラ語に保存されたその区別はグループCでもっとよく知られている閉鎖音の二系列、すなわち、インドヨーロッパ祖語に同様の二極体系を再建することを支持する。

†アヴェスター語とヴェーダ語、問題の諸相

イラン語の「実証される最古の」形と考えられているアヴェスター語は、驚くべきことに、音韻、形態、統語、語彙の面で「実証される最古の」インド語であるヴェーダ・サンスクリット語に近いとよく言われる。これらの言語的特徴に加えて、テクストの内容や宗教的目的もいくつかの点でかなり類似しており（宗教の教義の顕在的な内容はもちろん根本的に異なっているが）、その証拠に基づいてインド・イラン祖語だけでなくその文化も再建することが可能であった。もっと具体的に言えば、アヴェスター語とヴェーダ語のテクストの言語は、インドヨーロッパ祖語とそこから分岐したインド祖語、イラン祖語の中間の段階を示している初期のインド・イラン祖語と考えられているものに非常に近い言語であると考えられている。従って、アヴェスター語とヴェーダ語のテクストは、推定されるインド・イラン祖語の話者そのものでないにしても、それぞれ後期イラン祖語と後期インド祖語の話し手の言語を正確に保存し、かなりの程度文化も保存しているとされている。現在ではそのテクストそのものは三千五百年ほど前から口承によってほとんど変更なく伝えられてきたと一般に考えられている。[9]

しかし、このような見方にはいくつかの問題がある。まず、アヴェスター語のテクストとヴェーダ語のテクストが実証されるのは古くても一千年前からである。[10] それらのテクストとしての年代を三千から四千年前と考えるのはロマンがあるが多くの証拠があるとは到底言えない。アヴェスター語とヴェーダ語のテクストについては、それぞれの言語の最も古く実証される形であるというのが慣例となっているが、全くの歪曲である。アヴェスター語の最も古い写本は、実際の年代は紀元十三世紀で、それよりわずか三世紀ほど前の原型に基づいたものである。[11] それと対照的に、古代ペルシャ語は紀元前一千年紀の中頃に記録されている。しかし、何よりもインド・イラン語派説のせいでアヴェスター

語は年代的に古代ペルシャ語のテクストよりも遥かに古い形のイラン語であるとされている。[12]アヴェスターはゾロアスター教の聖典で、推定されるインド・イラン人の共通の神や原始インド・イラン人に共通の信仰や文化的慣行についての言及が保存されていると考えられてもいる。しかし、古代ペルシャ語碑文を含めてイラン人の宗教的信条についての実証される最も古いデータにはゾロアスター教自体が反映されたものは何もない。初期のアヴェスターのテクストに見える信念体系は古代末期になるまで実証されない。

第二に、イラン語の真に実証される最も古い形は北（もしくは「東」）イラン語と南（もしくは「西」）イラン語の単語と句で、アッシリア語とギリシャ語のテクストの中に見られるものである。イラン語で書かれた最初のテクストは紀元前六世紀と五世紀の古代ペルシャ語のもの（碑文、粘土板、印章）である。これらのイラン諸言語はアヴェスター語とは非常に異なっている。

第三に、アヴェスター語は東イラン語と言われているが、それ（とゾロアスターの故郷）を中央アジアに位置づけるという現在一般に行われている議論は空想にすぎないことが示されている。アヴェスター語の明らかに「東イラン語」的な特徴はテクストが伝播の途中で東イラン語の影響を受けたことによる。[13]アヴェスターのテクストが中期ペルシャ文字で書かれる以前は、アヴェスター語は、知られているイラン語世界のどこにも、さらに言えば、どの時代にもしっかりと位置を与えられることができない。

第四に、アヴェスター語以外はイラン語全般に（すなわち、古代ペルシャ語を始めとする古い形においても、中期イラン諸言語においても、現代イラン諸言語においても）音韻的には閉鎖音に明確な二系列の音素的対立があり、はっきり、疑いなくグループCの第三波の言語であるが、それは非常に奇妙である。グループBのシュプラーハブント（言語連合）に属するヴェーダ・サンスクリット語を基に再建されるのと並行的な三系列の閉鎖音体系がアヴェスター語だけに時折反映されているのである。

最後に、これまで見落とされてきたと思われるアヴェスター語のひとつの大きな問題によって、その言語学的関係についての伝統的な考え方とそこから派生する諸理論は無意味なものになるか少なくとも重大な疑問を投げかけられる。右に述べたように「アヴェスター語はサンスクリット語と非常に密接な関係があり」、実際驚くほど近いので「どの単語でも片方の言語からもう片方の言語へ特定の音声法則を適用して置き換えることができる」[14]。アヴェスター語の豊富な格体系と動詞の活用体系はヴェーダ・サンスクリット語のものと単に類似しているというのではなく、ほとんど同一なのである。それはきわめておかしなことである。その二言語の類似性を示すためにインド・イラン語の専門家はアヴェスター語の節をヴェーダ・サンスクリット語、すなわち「古代インド語」に訳した。たとえば、次のアヴェスター語の文（「ヤシュト」10.6より）である。[15]

アヴェスター語	təm amanvantəm yazatəm
古代インド語	tám ámanvantam yajatám
インド・イラン祖語	*tám ámanvantam yaǰatám
日本語訳	この強大な神

アヴェスター語	sūrəm dāmōhu səvištəm
古代インド語	śū́ram dhā́masu śáviṣṭham
インド・イラン祖語	*ćū́ram dhā́masu ćávištham
日本語訳	強く、生けるもののうち最強の

アヴェスター語　miθrəm yazāi zaoθrābyō
古代インド語　mitrám yajāi hótrābhyaḥ
インド・イラン祖語　*mitrám yăȷ̌āi jháutrābhyas
日本語訳　ミスラを我は献酒で讃える

この驚くべき類を見ない近さにより、インドヨーロッパ学者は「インド・イラン諸言語はインドヨーロッパ祖語と最も初期のイラン系とインド・アーリア系の個々の言語との中間の段階の言語から派生したことは明らかで、インド・イラン祖語を再建できる」と考えている。[16]

しかし、アヴェスター語とヴェーダ・サンスクリット語の驚異的な近さは右に示した他の点とともに非常に異なった結論を許す、というよりおそらくそれを要求する。アヴェスター語は音韻的にイラン化したインド語よりもイラン語的ではなく見える。[17] アヴェスター語の説明できない多くの問題とアヴェスターのテクストに表れていると考えられる文化は、古代インド語の方言から口承の宗教テクスト（ヴェーダと比べると、明らかに異端のもの）を取り入れたイラン人が人工的に作り出したものとして説明され得る。インドの宗教修行者に求められているように、彼らはそれを正確に暗記したが、その過程で、もしくはその後でイラン語の話し手である暗唱者の口の中で特定のイラン語の音への推移が起った。右に記したように、アヴェスター語はもっぱらゾロアスター教の文章語として知られるのみで、話された場所や実際に話されたかどうか（話されていたとは思われない）さえも知られておらず、かなり新しい時代になって実証されたのである。[18] このように古代インド語方言のテクストを口頭で長期間保とうとするイラン語話者に起因する単純な音韻変化ということでアヴェスター語に関するすべてが実際に説明されるであろう。それでもなおアヴェスター語が純粋なイラン系の言語であると疑いなく示されるのであれば（そういったことはありそうもないが）、それはそれ自体が独立の下位語派を形成しなければならないだろう。そうでなければ、そしてその言語がイラン語の系統樹から完全に取り除かれるのであれば、イラン語はそれ自体がインドヨーロッパ語から分岐した語派として言語学的に意味をなすだろう。インドヨーロッパ語から分岐した語派は他のところでは分かれ出て節点なしにもっぱら放射状に広がるシュタムバウム（系統樹）であるが（他のモデルを作り上げようという試みが多くなされたが）、インド・イラン祖語説はその顕著な例外で、その説に基づいた他の多くの事柄とともに放棄されねばならないだろう。とりわけ、想定されたインド・イラン祖語の文化に関する説とインド祖語話者とイラン祖語話者の移動の年代に関する説が全面的に改訂される必要があるだろう。それは初期のインド・イラン研究のほとんどすべてについてもそうであろう。

†インドヨーロッパ語のクレオール

インドヨーロッパ語の分岐言語（現代インドヨーロッパ諸言語の祖先）はそれぞれがインドヨーロッパ語の基礎語彙の大部分とインドヨーロッパ語のかなりの量の形態を保っているが、現地語からのいくらかの借用語と特に独自の音韻を持っている。特徴のこのような分布の仕方はクレオールに特徴的なものである。「クレオール」という用語は特定の特徴によってはっきりと範囲を定められるものではないことを理解すべきである。それは、借用語を含むだけの言語（知られている全ての言語は借用語を含む）から他の言語との収斂《しゅうれん》によって構造的に大きな変化を被った言語まで全てについて使われる。

本書では「クレオール」を、他の言語との収斂によって重大な変化を被った言語をいうのに使うが、クレオールの特徴を示すときにステレオタイプ的に示されるような、構造が激しく単純化したもの、例えば（唯一のとは言わないまでも）よく挙げられるフランス語の一形式であるハイチ・クレオールのようなものを言うのではない。多くの人が言っているように、現代インド英語は、原話者[19]は完全な英語の文法と語彙を持っていてインド系の借用語はわずかであるが、音韻的な構造は英語や他のゲルマン系諸言語よりもインド諸言語に近い。これはイギリスの植民地政策によって作られたものであると言う人がいるが[20]、なぜ北アメリカでは同じ（実際はより悪い）政策によって別のクレオールが生まれなかったのか考えてみなければならない。そのような意見に含まれる政治的側面は置いておくと、前者の場合は英語話者はある程度英語を押し付けることに成功したが、後者の場合と違って支配した人々を殺戮することはなかった。前者の結果は、クレオールであった。ほとんど同じことが英語が侵入した世界のあちこちの地域で話されるさまざまな種類の現代英語について言え、「クレオール化」の度合いはいろいろである。

観察・記録された現在の接触状況から、クレオールは何百年も何千年もかかってではなく非常に短期間のうちに生まれることが知られている。言語は何千年も変わらないのではないし、大きな変化が起るのに何千年もかかるわけでもない。ということは、インドヨーロッパ語から分岐した語族は、インドヨーロッパ語に関する古い考え方やほとんどのインドヨーロッパ語学者が未だに考えているところとは異なり、氷河のようにゆっくりと何千年もかけてできたものではないだろう。伝統的な説は類型的には例を見ないものであり、従って本質的に成り立つものではないことは、変化を被っている言語についての現代の研究によってだけでなく現代語に見られる証拠によっても示されている。言語は非常にゆっくりと時間をかけて内部変化を起すこともあるが、そういった変化は外からの影響から切り離された状態ではいられないため、外からの刺激なしに純粋にそれだけでゆっくりとした時間上の変化が起ることは示すことすらできない[21]。しかし、後者のタイプの可能性があることはさておき、大きな言語変化が接触の結果として起るというのはまぎれもない事実である。インドヨーロッパ祖語から分岐した言語や語派は程度の差はあるがクレオールで、記録された最も古いインドヨーロッパ系の言語であるヒッタイト語、古代インド語、ミュケーナイ・ギリシャ語もそうである。これは全くおかしなことではない。「成熟した言語は全てクレオールである」[22]と言われているのである。

おかしいのは、世界の言語の中でインドヨーロッパ語だけが祖形（インドヨーロッパ祖語）を何千年も保存していたはずで、後にさらに数千年をかけて内部変化だけによって分裂して、最終的に実証される言語へと変化し、その間、全くクレオール化は起していないという考え方である。分岐した諸言語は互いに大きく離れた地域で初めて実証されており、インドヨーロッパ祖語の原郷の地域では他の地域で実証された後もひとつも実証されていない。これは、インドヨーロッパ語の話し手がまず他の民族が既に住んでいたところに落ち着いて、彼らと混ざり合った結果、受け継いだ言語のそれぞれ異なったクレオールができ、後にそれが初めて実証される言語となったということを意味する。それにもかかわらずインドヨーロッパ語が複数の言語に分裂する過程においてクレオール化は要因としてはっきりと拒否された。[23]

さらに、インドヨーロッパ語が分岐して現れた言語は最初に実証されたところ以外では話されていなかったという驚くべき事実（伝統的な理論にとって）はこれまでのように見落とされてはならない。初期のイタリック語はイタリア以外、ギリシャ語はギリシャ以外、トカラ語は東トルキスタンのトカラ地方以外では知られていないといった具合なのである。[24] その上、等語線情報による分岐言語の空間的な配置は地理上の空間配置、すなわち実証された最も古い位置に対応する。[25] 伝統的な説は類型的に見て世界にこれまでに例がなく、証拠と一致しないのである。

インドヨーロッパ語からの分岐言語（それぞれインドヨーロッパからの分岐語派の祖語）は移住した

人たちが異なった言語を話す現地の人々と混ざり合った結果できたクレオールである。移住者のインドヨーロッパ語は現地の妻や子にその土地の訛りやいくつかの文法的変化をもって話され、支配的なインドヨーロッパ語の現地における単なる変化形である方言ないしクレオールを生み出したのだ。

インドヨーロッパ祖語の形態を再建することができることは他の言語に比べてインドヨーロッパ諸語が信じられないほど保守的であることの証拠とされてきた。しかし、インドヨーロッパ語の信じられないほどの（もっと正確には、本当とは考えられない）保守性と何千年もかかるゆっくりとした音韻変化（ヒッタイト語を始めとするアナトリア語派の言語）という考えに反するかなりの証拠がある。アナトリア語派の言語は記録され始める以前にアナトリアで何千年も話されていたというしばしば繰り返される理論は、変化は時間的にゆっくりであるとする古い考えに基づいている。しかし、アナトリア語派の言語と文化は現地の非インドヨーロッパ的要素で満ちており、インドヨーロッパの宗教的信仰や社会政治的慣例の痕跡をそこに見ることはできない。非インドヨーロッパ人からそれほど多くを取り入れたのに、何人かの学者が考えるように、何か魔法のように初期の「純粋な」インドヨーロッパ語もしくは「インド・ヒッタイト語」ないしは「前インドヨーロッパ祖語」を保存するということがどうやってできたのであろうか。インドヨーロッパ祖語に再建されたいくつかの複雑な形態音韻的特徴はグループBの諸言語に限られていることが示され[26]、またインドヨーロッパ祖語はまさにそれらの言語（ギリシャ語、ラテン語、ゲルマン諸語、サンスクリット語）の初期の形に主に基づいて再建されていて、かなり限定されているはずなので、アナトリア語派の言語にそれらの特徴がなくても驚くことではない。インドヨーロッパ祖語の形態音韻の推定される保守性は実際は諸言語に分岐した年代が新しいということの証拠なのである。それらはアナトリア祖語の話し手が移住を始めた後で分岐したかもしれないが、彼らがアナトリアに現れたのを紀元前十九世紀よりかなり前に定めることはできない。重要な音韻的・語彙的変化は、インドヨーロッパ人のグループが言語の異なる地域に侵入した時点で（一世代か長くても二世代のうちに）、すなわち、グループBの形成で起ったように、彼らが非インドヨーロッパ人に言語の面で強い影響を受けたときに起った。このように、それぞれの分岐言語を互いに、またインドヨーロッパ祖語から区別する主な構造的変化は、何世紀もかかって行われたものではない。確かに、中には一度始まると何世紀もかかる変化もあったが、それは別の問題である。近代における分岐言語の音韻の発達の仕方を観察すると、インド英語はよく知られた例のひとつであるが、ここで示した筋道のようにクレオール化がその主な原動力である。[27] インドヨーロッパ語の変化が複雑であることは移住の段階によって説明できるだろう。その段階は、インドヨーロッパ語から分岐した言語のほとんど、いや、全てに少なくとも二回あったであろう。一回は共通の故郷から中間的な場所に移ったとき（これはグループBにおいて非常にはっきりしている）、そしてもう一回はそれらの言語が初めて実証された最終的な到着地に移動したときである。

インドヨーロッパ人、特にそのうちの戦士たちは、家父長制の著しく強い男性優位の社会を形成していた。多くの場合、彼らとその混血の子孫は元からの住民に比べて圧倒的に数が少なく、最終的には消え去ったが、王や神の名など文化的な語（古代の近東におけるミタンニ王国など）や、少数の短い碑文（南ヨーロッパで話されていた多くの言語）のように言語の面で少しだけ痕跡を残した。それ以外の場合は、インドヨーロッパ人は自分たちの言語を押し付け、それを長く保ったので、その言語は比較的よく記録された。どちらのシナリオも何回も繰り返された。これらの二つの言語史のプロセスでより重要なのは後者であるが、それは入念な再建に充分な資料を提供するからである。[28]

中央ユーラシア史との関連性は明らかである。インドヨーロッパ人は中央ユーラシアにある故郷から中央ユーラシアの他の地域やユーラシアの周縁地域に広がった。彼らは現地の文化の諸要素を受け入れ、混ざり合い、また自身の文化の重要なものを広めた。そうする中で彼らは中央ユーラシア文化複合体の最も初期の形を大きく広めたのでそれは消えずに残り、原史時代や歴史時代の初期の頃に中央ユーラシア諸民族の支配的文化となった。これについては本書のプロローグその他の部分で記した。

1　すぐれた分かりやすい概説として Mallory (1989) を見よ。競合する説については Mallory and Adams (1997, 2006) を見よ。

2　グラスマン（Grassmann 1863）の貢献のひとつは、厳密な意味でグラスマンの法則（インドヨーロッパ言語学において最も重要な発見のひとつ）によって説明される諸現象を論じていたが、それらがギリシャ語とサンスクリット語にのみ当てはまることを示したことであった。それらの現象はインドヨーロッパ祖語に遡るとすることはできない。このようにグラスマンは、インドヨーロッパ語の最初の分岐が起った後、系統によらない下位グループに収斂する現象が作用したことを形式の上ではっきり示した。私が立てたインドヨーロッパ人の分岐の三つのグループ、すなわち「波」（Beckwith 2007c）は究極的にはグラスマンの研究によっている。

3　音素は意味を区別する働きを持つ言語音の単位で、対立によって定義される。例えば、英語の pat, bat, fat は語頭の子音によって区別されている。従って、英語には /p/（無声両唇閉鎖音）、/b/（有声両唇閉鎖音）、/f/（無声唇歯摩擦音）の音素的区別があると言われ、それらは英語において全て音素である。異音は音素より下位の区別によるもので、例えば、pot と spot において p で表される音は音声としては同じではなく pot の p は有気音の $[p^h]$ で、spot の p は無気音の [p] である。しかし、これら二つの異音の違いは英語においては意味がない（音素的でない）。従って、音素 /p/ を表すのに文字はひとつでよいのである。

4　Szemerényi (1996)、Gamkrelidze and Ivanov (1995)。

5　この付録はBeckwith (2007c) に示された考察とデータの簡潔で非常に簡略化された要約である。詳しくはBeckwith (2007c) 参照。

6　Szemerényi (1996)。

7　アヴェスター語は例外である。しかし、イラン語がグループBに属していたということに対して想定されるアヴェスター語の証拠について以下を見よ。きちんと実証されていない言語は含まれていない。

8　この論評は本書を原稿の段階で審査した匿名の人によるものである。

9　個々の学者の意見は過去一世紀の間かなりさまざまであった。それより千年ぐらい遅いとする人もあれば数千年早いとする人もいた。そういった見解に関する議論については、インドのナショナリズムの影響を受けたものも含め、Bryant (2001) を見よ。

10　EIEC 306–307。どちらの言語も「後から」入り込んだ要素があることが示されている。ブライアントは、T・Y・エリザレンコヴァが示した、いくつかの中期インド・アーリア語の特徴が「ヴェーダ語にはあるがサンスクリット語にはない」というのを引用し（Bryant 2001: 138）、伝わる間に後世の方言形による口頭伝承が混入したことを示唆している。残念なことに、後から入った要素からは、原文が作られた年代、もしくは記憶されたか記録されたかした最も早い年代を確実に知ることはできない。

11　EIEC 307。中期ペルシャ語などの中期イラン諸言語でさえアヴェスター語よりもかなり早い時期に実証されており、その多くは書かれたテクストを豊富に持つ。存在したと伝えられるアヴェスター語と中期ペルシャ語の書物の図書館については、後註111を見よ。

12　インド・イラン語説が受け入れられるとすれば、アヴェスター語は確実に古代ペルシャ語より「古い」形のイラン語であるが、ペルシャ人がゾロアスター教を受け入れてアヴェスター語がイラン語社会一般に知られるようになる以前、非常に長いこと孤立した地域で話されていた（ために古い「インド・イラン祖語」の構造の多くを保った）であろう。しかし、まず、アヴェスター語が本当にイラン系の言語かどうかはっきりしない。

13　Schmitt (1989: 28)。同じ本に収められているKellens (1989) の鋭い考察を参照。

14　早くもRemy (1907) によって記され、広く繰り返し言及された。Bryant (2001: 131) 参照。

15　EIEC 304。Mallory (1989: 35) 参照。Schmitt (1989: 26–27) の論評を参照。

16　EIEC 303–304。

17　初期のインドヨーロッパ学者はアヴェスター語を古代インド語の方言と見たが、それについては第1章における議論とその註を見られたい。アヴェスター語はおそらく古代インド語のイラン語化したクレオール、つまり、かつて実際に話されていた言語と考えられるかもしれないが、これはもっとありそうにない。インド語化したイラン語というもうひとつの可能性は、古代インド語には典型的だが他のどのイラン語にも見られない多くの要素を説明するのが難しいことから除外される。

18　ここで私は、アヴェスターの中に表されていると考えられているヴェーダの宗教的要素への反感は初期のインド人とイラン人の間の言語民族的な反目を示唆しているという見解に従っているが、ヴェーダの要素をあからさまに悪いものとしているのは全体を通じて一貫してはいないと論じられてきた。この点の解決もアヴェスターとアヴェスター語を再考した結果次第である。

19　インド英語を話すインド人は、その多くはそれを第二言語として獲得したのであり、あまりうまくは話せない。

20　Hock (1999b: 149) における論評と参考文献を参照。インド北部のインド・アーリア化と英領インドの英国化の比較はたいてい歴史に基づかない先入観を含んでいる。イギリス人はインドから遠く離れた地から来たが、少なくとも通常の意味ではインドを「征服」していないし、確かにそれは突然のことではなかった。彼らは少しずつ何世紀かをかけて支配者の地位を得、最終的にインドを占領したのである。

21　さらなる考察と参考文献についてはBeckwith (2006a) を見よ。

22　Haiman (1994: 1636)。

23　インドヨーロッパ語の年代についての議論は全てが多かれ少なかれ漸次変化説に基づいており、それは、そこから直接分岐した言語とその話し手の年代についての激しい議論と同様である。学問的でないものは置いておくとして、インド・アーリア人の移動についての議論の多くは言語についての素朴な考えの上に行われている（例えば、Bryant 1999, 2001）。

24　上述のように、古代インド語は上部メソポタミアとレヴァントの地域でまず実証され、インドでは後になって実証されるが、それは明らかに移住するインド語話者が移動するイラン語話者によって分離されたことによる。

25 Hock (1999a: 13–16)。

26 Grassmann (1863)、Beckwith (2007c)。

27 Lefebvre et al. (2006) 参照。

28 インドヨーロッパ諸言語、特に英語、スペイン語、ロシア語は世界の多くの地域で現地の言語を滅ぼしつつ広がり続けているので、今日においても同じ過程を観察することができる。インドヨーロッパ諸言語は現在アフリカを除く全大陸において領土の面で支配的であるが、人口の面では、主な例外は東アジアと東南アジアである。

付録B　古代中央ユーラシア民族の名称

古代中央ユーラシアの多くの民族の名称をどう読むかやどう解釈するかは議論の多いところで、そのため、民族自体がどの民族かということがしばしば論争となる。それはあまり知られていない国についても、また非常に有名ないくつかの帝国についてもそうである。この付録では問題のある名称のいくつかについて論じる。

†羌　*Klānk-「御者」

中国の商王朝の主な外敵「羌」の名称については、他の言語による名称の漢字音写であるか、中国語で「羊飼い」を意味する語であると言われてきた。中国語の「羌」という語は「羊飼い」を意味する普通名詞として使われたことがないので、後者の説明[1]は中国語の用法に合わない。この語は常にほぼ特定の民族を指しているのである。従って、彼らの侵入の時期が非常に早いこと（そして、二輪戦車を操る技術を持っていたことや「馬」を意味するチベット・ビルマ語の単語がほとんど後の中国語からの借用語であること）[2]を考えれば、初期の羌は、一般に考えられているようなチベット・ビルマ人ではなく、インドヨーロッパ語の話し手である可能性があると思われる。[3]彼らの名称である「羌」（新官話 qiâng）は中期中国語の *kʰɨaŋ (Pul. 251)、古代中国語の *klaŋ[4]で、インドヨーロッパ語の語源を持つかもしれない。トカラ語の単語 klānk- は「二輪馬車で狩りをしに行く」というときの「乗る、馬車で行く」[5]という意味を持つ。従って、「羌」は実際には「二輪馬車の御者」の意味であろう。「姜」（新官話 jiāŋ、古代中国語 ★klaŋ）は、一般的には「羌」と関係があるか元々「羌」と同一であると考えられている。「羌」という名の民族は周王朝の元々の母方の氏族だったので、周の時代にはタブー視されていたか、（女偏の）「姜」で書かれたのかもしれない。[6]

†烏孫 ★*Aświn*「騎馬兵士」

「烏孫」の現代中国語（官話）の発音は Wu-sun で、それは古代中国語の現在一般に行われている再建によれば、中期中国語 ☆əswən (Pul. 325, 297)、古代中国語 ★âswin から来た。しかし、古代中国語の音節頭の ★ś- は中期中国語で ☆χ- になった（Beckwith 2006c）と思われる。その再建が正しければ、ここでの ś- も中期中国語で ☆χ- になっていたはずである。では、現代語の Wu-sun の s の元は何であろうか。同じ語根から派生している中国語の多くの単語の場合、例えば、「三」（新官話 sân、中期中国語 ☆sam(Pul. 271)）という語と三つの物を表す多くの語（すなわち、「三」を表す語と韻を踏む多くの語）などの場合、サガール（Sagart 1999: 150）が言うように、「ここで語根の頭に ś- を仮定することは不可能であろう」。「三」（新官話 sân）の場合、初期古代中国語では ★s 以外の何らかの音で始まっており、それはおそらく ★tr- か破擦音であった可能性が高いだろう（Sagart 1999: 148–152）。Wu-sun の s は ★s のようではあるが何か異なった音から来たに違いない。他にもいろいろな要素を考慮する必要があるので、この場合の可能性はいくつかに狭められ、その中で ★ś [ɕ]〔訳者註—現代日本語のシの子音と同じ音〕が最もあり得そうである。これによって根底にある名前は ★Aświn となり、それは古代インドの aśvin「騎手〔複数〕」、すなわち双子の騎手の神である。「烏孫」の人たちは外見は顕著なユーロポイドで、[7]古代インド語を話していた可能性が高いであろう。

「昆莫」K'un-mu～K'un-mo（新官話 kûnmù～kûnmò）という名称は中期中国語の☆kwənmɔ か☆kwənmak（Pul. 179, 220, 218）から来たが、それは明らかに人名ではなく★Aśvin 王を表す語もしくはその称号である。それは、『漢書』の烏孫王国に関する記述[8]から明らかで、そこには「昆彌」K'un-mi、新官話 kûnmí、中期中国語☆kwənmji（Pul. 179, 212）という形でも書かれている。伝統的には第二音節を中期中国語☆mak から来た新官話の mò によって「K'un-mo」と読まれるが、もうひとつの形「昆彌」新官話 kûnmí には二番目の読みの方が明らかによく対応し、より望ましい。第一音節は漢の時代の古代中国語で★k^{w}in（か、もしかすると★k^{w}il～★k^{w}ir もしくは★k^{w}ēr 等）であったはずで、他の言語の★kin/★kēn（もしかすると★kil/★kēl～★kir/★kēr）もしくは★kon（もしかすると★kol～★kor）を音写した可能性がある。第二音節の「莫」、新官話 mù～mó、中期中国語☆mɔ もしくは☆mak（Pul. 220）については、声符は「日」（新官話 rì）で、おそらく初期古代中国語★mē(r)(e)k から来た後期古代中国語方言の★ñĭ(r)ēk～★mīk（中央方言★ñĭč、後に★ñĭt）と再建される。現在の再建に基づけば、中期中国語の☆mɔ は、★meks に由来する後期古代中国語の★mâh もしくは★meh から来たに違いない。交替形「彌」新官話 mí、中期中国語☆mjiă/mji（Pul. 212）は後期古代中国語の★mē を反映している。しかし、漢の時代、理論的にたてられた初期中期中国語の☆m- は音価として★^{m}b- を持っていることがよくあり、他の言語の★b- を写すのに使われた。それは実証される（「後期」）中期中国語における場合と同様である。従って、これらの漢字音写は他の言語の★mē～★bē かあるいは★meh～★beh という音節を表している。民族名★Aśvin の語源が古代インド語であることを考えると、王の称号も語源が古代インド語であると示されそうである。

† Sai～*Śak～Saka～Śaka～ソグド人～スキュタイ人「射手」

Σκύθας（後の Σκύθης）「スキュタイ人」という名称は、セメレーニが示すように、北イラン語の *Skuδa、さらにインド・イラン祖語の *Skuda、そして *skeud-o「射手」に由来する[9]インドヨーロッパ祖語の *skud-o と再建されるであろう。ヘーロドトスが述べるスキュタイ人の起源伝説（プロローグを参照）では、後のスキュタイ人の祖先となる三男の名前に二つの変異形がある。ひとつは Κολάξαϊς (Colaxaïs) でアビヒトの言うように *Σκολάξαϊς (*Skoláxaïs) の書き誤りである（ただし、アビヒトはここと違った形に直している[10]）。ルグラン[11]はアビヒトを引用しておらず、神話のこのバージョンの文章に頭を悩ませた。それはスキュタイ人が自身を自分たちの王、つまり上述の Κολάξαϊς Colaxaïs（すなわち、*Σκολάξαϊς *Skoláxaïs）の名前にちなんで Σκολόται (Skolótai) と呼んでいたからである。Σκολόται (Skolótai) は Σκύθης (Scythês) という名称の単に新しい形であり、より以前はヘーシオドス（前七〇〇頃）によって Σκύθας (Scythas) と書かれていた[12]。これは、セメレーニが示すように swγδa～sγwδa (Sugda～Sguda) と同じで（古代ペルシャ語では音が添加されて *Suguda）、ソグディアナとソグド人の名称である。さらに、ヘーロドトスは、ペルシャ人はスキュタイ人を Saka と呼ぶと言い、それは古代ペルシャの碑文で確かめられている。漢文史料で最もよく知られている北イランの民族の名前は「塞 Sai」、新官話 sâi、中期中国語 ☆sək で、*sak「サカ Saka」に由来し、インド・イラン語の名前における語末の短母音 -a は通常脱落するが、それが表れている。その語は他の名前に見られる -δ- から来た -l- を通常欠いている。しかし、同じ名称がもっと古い音写では別の形でも現れている。例えば、サカの町の名「莎車 So-chü（新官話 suōjū）」*Saγlâ「ヤルカンド[13]」と、建国神話によると[14]扶余・高句麗の人々が出た北の国の名である「索離 So-li」*Saklai がそうで、どちらも明らかに *Sakla から来ている。この名前は、*Skula と明らかに関係している。*Skula は、ヘーロドトスに見られるスキュタイ人を表す語形で、セメレーニによって北イラン語において後に規則的な音声変化を被ってできた形のひとつであると示されたものである。[15] *Skula と同様に、*Sakla において軟口蓋子音は無声で、*d は l となっているが、[16] この場合、*Sugda「ソグド」と同じように、元の語頭の子音結合 *sk の子音の間に母音が挿入されている。*Sugda「ソグド」は、同じ名前が別の規則的変化をした形である（が、軟口蓋子音が有声で歯音がまだ l に変化していない）。しかし、それと違って、この場合の挿入母音は明らかに a で、u ではない。このように *Sakla の子音はスキュタイの支配者の Σκύλης (Skulēs) と同じで、語根 *Skula は、ヘーロドトスがスキュタイ人の自称として挙げている Σκολόται (Scolótai) の語根 *Skula と同一である。[17] セメレーニによって論じられているペルシャ語の形 Skudra は同じ[18] *Skuδa という名前のもうひとつの形である。残念ながら彼は古い考え（おそらく民衆語源）に従い、Saka はスキュタイ人を意味するペルシャ語の名前で、ペルシャ語の動詞 sak-「行く、流れる、走る」から派生し、おそらく「放浪する者、動き回る遊牧民」を意味した、[19] としている。しかし、Skudra という名前に関する彼の結論は、それは「スキュタイ人の名前である Skuδa の派生語である」[20] というものである。古代ペルシャ語はこの地域の名前に、より古い形の *Skuδa を実際に保っているので、これはスキュタイ人を指す通常のペルシャ語の名称はある時点で *Skuδa から Saka へと変わったことを意味する。セメレーニが論じているように、*Sayla〜*Saklai という形を考慮すると、Saka は、史料から分かるように全スキュタイ人を表す「ペルシャ語の」名称であるが、[21] 全く別の語というより、まさにその同じ民族名 *Skuδa のひとつの形で、知られている途中段階の *Skula という形を介してできたものであることは明らかだと思われる。その変化は、他の場合と同じように、間に母音 a を挿入して語頭の子音結合 sk を解消することによって起ったことは確かである。他の言語（ペルシャ語以外）の名称 *Sakula は、おそらく途中段階の ★Sakla、もしかすると ★Sak(u)ða～★Sak(u)ra を介して、このようにペルシャ語で Saka となった。[22] 全ての資料においてサカがはっきりとスキュタイ（はっきりと ★Skula と同じであるとされる）と同じであるとされていることが重要である。sak-「行く、歩き回る」という動詞があったことが Saka という名称のペルシャ語による解釈を促進したか、それを起させたかもしれないが、もともとはこの民族の習性を記述するペルシャ語の単語であり得ないことは明らかである。その名称はギリシャの史料でもペルシャの史料でも特定の民族の名前であって総称的な用語ではなく、もちろんペルシャ人ではなく別の民族の名前である。より古い ★Sakla という形が最東端の諸方言に保存されているということは、青銅器時代末期か鉄器時代初期に北イラン人、まさに「スキュタイ人」によって草原地帯全体が征服されたことの史実性を支持する。それは、考古学的に示され、第2章で論じたように、歴史上のものも含め Saka（通常 ★Sak と音写される）という名のさまざまな人々は漢文史料において古代から中世初期にかけて東部草原全体の北の部分、さらには南のジューンガリアとタリム盆地に実証される。セメレーニの言うように、「初め草原地帯の北イランの諸部族はひとつの元々の共通の名前、すなわち Skuða「射手」を持っていた」[23]。その漢字音写は、古代中国語の ★s が、中期中国語で ☆χ に変わり、古代中国語の ★ś [ɕ] が中期中国語の s に変化したことによって ★s が復活してからの時代を反映しているようである。[24]

†月氏～★Tokʷar／★Togʷar「トカラ人」

英語などのヨーロッパ諸言語で現在使われている Tokharian（ないし Tocharian）「トカラ人」という名称についてはかなり議論されてきた。古い時代の中央ユーラシアと中国を専門とする文献学者の間では、いくつか未解決の問題はあるが、主な問題点に関してはずっと以前に意見の一致に達している。

しかし、資料は主に中国語で書かれた歴史的・地理的文献で、そこでは固有名詞はきわめて難解な分野である中国語歴史音韻論によって解釈されねばならない。そういった資料の性質により、中国語の文献学と音韻論をよく知らない学者にとってはよく分からない分野で、このトピックに関する研究はかなり異論の多いままとなっている。その結果、トカラ人という呼称については、近世以前の中央ユーラシア史におけるどの固有名詞よりも混乱が多い。

Tokharoi と「月氏」民族（people）が同一であるということはきわめて確かなことで、このことは、初期の中央ユーラシアや初期の中国の歴史学・言語学の数少ない研究者以外には広く知られることはなかったが、少なくとも半世紀前から明らかになっている。[25] 彼らについて記述しているどの史料にも、バクトリアの Tokharoi・Tokhwar・月氏・Tukhâr とタリム盆地の Tukhâr・Toχar・Toγar・月氏は同一の民族とされているので、Tokharoi とトカラ人は同じ民族であることが分かっている。その主たる事実は以下のようである。[26]

・東トルキスタンとその周辺の地域のいくつかの言語で「四つの Toghar～Tokhar（Toγar～Toχar、綴りは twγr）[27] の地」という表現は、マニ教文献に「クチャとカラシャフルからコチョとベシュバリクまで」[28] の地域の名称として現れる。これが中世初期にまだ話されていた現在トカラ語と呼ばれる言語がちょうど分布していた地域である。ウイグル人はその言語から多くの仏典を翻訳したが、それを twγry tyly「Toχari～Toγari の言語」と呼ぶ。この呼称はF・W・K・ミューラーによって Toχrï tili と読まれ、彼はそれを Tocharisch、つまり「トカラ語」と訳した。[29] それは古代テュルク語で Toχarï tili ないし Toγarï tili と読まれるべきであったが、[30] ミューラーの同定は文献学的には申し分なかった。しかし、トカーリスターン「トカールの地」（バクトリア）という名称の存在、その Tóχαροι（Tokharoi）とのつながり、そして、後にトカーリスターンに住んでいたことが実証される民族が現在バクトリア語と呼ばれるイラン系の言語で書いたものを残したという事実のために、何人かの学者から疑問が提出された。しかし、バクトリアを征服した初期の人々で言語がはっきり分かっている民族はギリシャ人、テュルク人、アラブ人を含め全てが征服後しばらくして現地のイラン系言語であるバクトリア語にシフトしたというよく知られた事実によって、その異論は無効となる。この事実と、バクトリアを征服した民族連合においてトカラ人の数が少なかったこと（三つの民族のうちの一つでしかない）から考えると、彼らが自分たちの言語を保ったとは非常に考えにくい。彼らはその地に入る前にすでにイラン系の言語にシフトしていたかもしれない。

・Toχʷar～Toχâr「トカラ（人）」という名称とその変異形で中国語による「月氏（もしくは月支）」の初めの部分「月」（新官話 yuè、中期中国語 ɦgwar [ᵑgʷar]、Tak. 372–373；Pul. 388 ☆ŋuat）を明らかに関連づけることができないことが専門家の結論を受け入れる際の大きな障害のひとつとなっていた。[31] 中期古代中国語では「月」と「夕」として区別されるようになったが甲骨文字ではこの二つの同音異議語を一つの文字で表しており、その音価は「月氏」の問題とは無関係に初期古代中国語で ★nokwet と再建された。[32] しかし、初期古代中国語の頭の ★n はその後例外のない音声変化によって古代中国語の中期までに ★d か ★t か ★l になった。そして、再建された古代中国語の末尾の ★t は遅くとも初期中期中国語の頃には中央の諸方言で ★r となったが、西北諸方言（古代の月氏の本拠地の近くで話されていた）では古代中国語において末尾の ★t は末尾の ★r に合流し[33]（または、その音素の変異形となり）中期中国語でそれは ★n となったようだ。さらに、「月」という語において母音間の ★k は最終的に ★g に（そしてさらに ★ŋ に）なった。その結果、古代における古代中国語の国境地帯のかなり古風な方言[34]で「月」は ★tokwar か ★togwar と発音されていたであろう。この古代の形（すなわち、「月氏」という名前の最初の部分）がバクトリア語の名前の Τοχοαρ（Toχwar～Tuχwar）と中世の名前の Toχar～Toχâr（下記参照）と同一であるのは偶然の一致ではあり得ない。

語頭の ★n- > ★t- と語末の ★-t > ★-r の変化が起った初期の古代中国語の方言において、「月」古代中国語 ★nok^{w}at（Beckwith 2006c）は ★tok^{w}ar と発音されたかそう読まれていた。それは、中央ユーラシアの月氏に支配されていた地域に接していた中国語地域の北部国境地帯に当時（紀元前三世紀頃）住んでいた民族の資料によって実証される。この単語は中期中国語で ɦgwar [^{N}g^{w}ar]（Takata 1988: 372–373）となり、それは近代官話の yüeh（新官話 yuè）となった。

（1）中国語のこの国境地帯の方言の話し手から「月」★tok^{w}er という語が日本祖語を話す倭人（当時、遼西、すなわち現在の内モンゴルの東南部に住んでいた）の言語に入り、最終的に現代日本語の tsuki「月」になった。途中の古代日本語では ☆tukï～★tukwi［「都紀」、「都奇」と書かれた］（Omodaka 1967: 461）で、中期中国語の読みは「紀」は ☆kɨ^2（Pul. 141）、「奇」は ☆kiă（Pul. 137）～☆giă（Pul. 245）と再建される。「紀」は、古代高句麗語（☆kuər（上古高句麗語の ★kuru「呰、城壁都市」より）と同源と知られている古代日本語の ☆kɨ（城）「呰、城壁都市」を音写するのに使われる文字のひとつである。語末の ★-r は古代高句麗語と上古高句麗語のいくつかの同源語に実証され、それについては既に詳しく示されている（Beckwith 2007a: 41 n. 32, 170–171）。これも示されていることだが、中期中国語の上声は通常古代中国語の（★-ʔ ではなく）★-ʁ に遡るので後期古代中国語で「紀」はだいたい ★kɨəʁ のように発音されていた。従って、古代日本語の ☆tukï は古代日本語以前の言語において完全に規則的に ★tukwiy [tuk^{w}ɨj]～★tukwəy と再建され（Martin 1987: 554「★tukiy < ★tuku-Ci」）、日本祖語の ★tukwer～★tokwer から来た。再

建された「月」を表す日本語の単語が古代中国語に再建された語と類似していることを考慮すれば、この日本語の単語は、古代中国語の短い ★e が ★a に変化する前に（すなわち、初期古代中国語 ★nokwet～★tokwer の母音 ★e が後期古代中国語の ★tokwar において ★a に変化する前に）古代中国語から借用されたか、その変化を受けなかった方言から借用されたに違いない。

（2）同じ中国語方言の話し手が東部草原を支配していた人々の名前を「月」シナ祖語 ★tok^{w}ar＋「氏」★kē（王）（Beckwith 2007a 参照）、「★Tok^{w}ar の諸王」と記録している。漢文史料にあるように、これらの月氏の支配者たちが打倒され、隷属していた匈奴に代わったとき、月氏はよく知られているように遥か西に移動し、同盟者や従属者とともにバクトリアを征服し、そこに落ち着いた。その話は中国とギリシャの史料に独立に、そしてほぼ同じように記されているので完璧な証拠で[35]、月氏という名称はギリシャ語で Τοχαρ-（Tokhar-）、やや遅れてバクトリア語で（ギリシャ文字で書かれた）Τοχοαρα（Tokhwara～Tukhwara）と音写されたということが確認された。

音写に使われた二番目の漢字「氏」もしくは「支」については、古代中国語で通常 ★ke（Sta. 567）と再建される。「月氏」という名称におけるのと同じ接尾辞すなわち終わりの複合要素「氏」は同じ変わった読み（新官話 zhī＜古代中国語 ★kē）[36] で匈奴の王族の名前にも現れる。匈奴は以前の君主であった月氏を倒したので[37]、匈奴が「王族の」接尾辞ないし複合要素である ★ke を自分たちの君主である月氏すなわち ★Tok^{w}ar-ke に対して使い、月氏打倒の後、それを自分たちの王族に使用したということは考えられる。どうであるにせよ、それは中国語以外の音写からよく知られているように、明らかに民族名の一部ではない。民族名は ★Tok^{w}ar のみである。

・漢文史料は、明確に一貫して「小月氏」という名称を（東トルキスタン南東の「小月氏」の地ならびに同じ地域にあった「月氏」の本拠地と関連付けて）サンスクリット語のTukhāra、すなわちトカーラ人やトカーリスターンのインド系の名称と同じだとする。この結びつけは、有名な学者でインドと中国に旅したクマーラジーヴァ（鳩摩羅什三四四〜四一三）も行なっており、彼はクチャの出でクチャの王女の息子で、西トカラ語（トカラ語B）の母語話者であったことは確かで、自分が知るところを述べたものである。

・クロライナ（楼蘭）のプラークリット語の文書にあるトカラ語要素の同定[38]（例えば、クロライナ語（トカラ語C）のkilme「地区」は東トカラ語（トカラ語A）のkälyme「方向」に対応する）は、それらがともにトカラ語の形態を持っているという事実によって確実なものとなっている[39]。このことにより、クロライナを含む月氏の本土はユーラシア東部におけるトカラ人とその言語の本土とされる。

結論として、現在「月氏」と言われている名称は*Tok^{w}arkeの音写で、それはタリム地域の北部と東南部から出た民族で、一世紀前にミューラーが示したように、トカラ語という独自のインドヨーロッパ語を話す人々の名前である。したがって、ミューラーがその言語に与えたTocharisch「トカラ語」という現代の名称は、意味は不明で他称なのかどうかも分からないが、トカラ人とその言語の現地における呼び名である。

1 例えば、Beckwith (1993: 5)。

2 Beckwith (2002a: 129–133; 2007a: 145–146) を見よ。

3 この考えは、その語が現在の甘粛とアムド（チベット北部）の辺りにいた初期のチベット・ビルマ系の人々を指すという漢王朝以降の中国語の用法に基づいている。しかし、このことによって初期古代中国語の用法について分かるわけではない。中国人は、古代の多くの民族と同様に、ある地域にかつて住んでいた民族の名称を、実際に関係があったかどうかとは関係なく、ほぼ同じ地域に後から住むようになった人々の名称として使うことがしばしばあったからである。

4 この語だけでなく他の多くの語においても、中期中国語の閉鎖音と破擦音の音素における有気・無気の区別がどこから来たのかがまだ説明されていない。少なくともいくつかの場合は、商の後の時代に語根に前接された ⋆s(V)-（Sagart 1999 参照）による。

5 Adams (1999: 220)。

6 充分な証拠のある先例として、後註44の「婦好〜婦子」の議論を見よ。

7 『漢書』(96b: 3901)。

8 『漢書』(96b: 3901–3910)。

9 Szemerényi (1980: 16–21)。この名称はアテーナイのスキュタイ人警官隊の名称 οἱ Τοξόται「射手」によってギリシャ語で注釈されている。この名称は「スキュタイ人」と言い換えても同じである（Szemerényi 1980: 19)。

10 Abicht (1886: 8)。Macan (1895: 4–5 n. 6) 参照。

11 Legrand (1949: 50–51 n. 5)。

12 Szemerényi (1980: 16 以降)。

13 Hill (2009) を見よ。

14 So「索」（新官話 suǒ＜中期中国語 ☆sak）を含むテクスト上の問題については後註13を見よ。テュルク人も So「索」「サカ人」の後裔であると言われる。後註53を見よ。

15 Szemerényi (1980)。

16 この d は後にソグド語においても推移した。古代中国語 ⋆soklik〜⋆soglik「ソグドの地」から来た名称 Su-i「粟弋」新官話 sùyì、中期中国語 ☆suawk-jiik（Pul. 295, 369）参照。

17 Szemerényi (1980: 22 n. 47)。セメレーニはここで「Skolotai における -ta が複数を表す形態素かどうかは重要ではない」と言う。

18 Szemerényi (1980: 23 以降)。

19 Szemerényi (1980: 45)。

20 Szemerényi (1980: 46)。

21 Szemerényi (1980: 23)。

22 *-l- ないし *-ul- が脱落したことは明らかであるが、これについてはイラン語の専門家に取り組んでもらう必要がある。

23 Szemerényi (1980: 46)。

24 これらの音変化はかなりはっきりしているが、さらにしっかりと確立するためにはまだ多くの研究が必要である。

25 例えば、あるインドヨーロッパ学の重要な研究は次のように主張する。「トカーロイを「トカラ人」だとする証拠は全くないわけではないが僅かで、その二つが同一の民族を指すというのはどちらかと言えばふつう否定される。しかし、よりよい名称がないのでその名称が引き続き使用されている」(EIEC 590)。

26 この付録は、その問題のいくつかの主な点を簡単にまとめたものである。このことについては私が近い将来完成させたいと思っている研究の中でかなり詳細に扱っている。以前の文献に関する広範な議論と引用は Hill (2009) を見よ。

27 この名前はミューラー以来ふつう Toχrï であるが、Toγrï と読まれることもある。しかし、ソグド文字やその地域のソグド系文字（ウイグル文字など）では、よく知られているように、非常に多くの語が一つあるいはそれ以上の母音を落として書かれる。東トルキスタンのソグド系文字体系では、舌背音に使われる文字が曖昧である（γ にも χ にも読める）。初期古代中国語やシナ祖語では「月」（少なくとも「夕」の意味では）の発音は *-k- を持っていた（Beckwith 2006b）。それが後に、元となるいくつかの語において *-g- ~ *-ŋ- となった。従って、この名前の古代中国語の音写は原語の *k~*χ ではなく *g~*γ を反映し、中世初期の東トルキスタンではその名前は -γ- を持っていたかもしれないことを示唆する。

28 Clark (2000)。この四都市は Tört Küsän「四つのクチャ」ないし「四つのクシャン」と呼ばれる。クチャの現地の名称は Küsän で、クシャンという名前の一形式である。クシャンの変異形については二十世紀初頭から学術雑誌に大量に論文が書かれている。

29 Müller (1907)。英語による学術的著作ではこの名称に Tokharian と Tocharian の二つの綴りがある。英語で書かれたものにドイツ語風の綴りである Tocharian が一般的に好まれるのは不可解である。kh や ch が表すのはその名前における χ [x] の音〔訳者註—現代日本語のハによく現れる子音と同じ音〕で、普通ドイツ語では ch で英語では kh で表されるものである。

30 現代の学者はミューラーに従ってふつう Toχrï tili と読む。

31 第二音節に関しては、見たところもっともらしい解決法が多く提案されている。従って、それほど解決が難しいとは見られていなかった。

32 Beckwith (2006b)。私は「無関係に」と言ったが、その理由は、私がこの論文を書いていたとき、その語をトカラ人の名称の音写に使用するということは思いもしなかったからである。

33 Arsak「アルサケス」とアレクサンドリアという名称の古い同時代における音写で外国語の -r と -n を音写するのに中国語の同じ音節末子音（中期中国語と官話で -n）を使っている。このことは（少なくとも）これらの音節末の舌頂音が合流したことを示している（Beckwith 2005b 参照）。他にも多くの例があり、例えば、★Tumen と Mo-tun（★Baγtur）では古代中国語の「同じ」音節末子音（すなわち、中期中国語や官話の発音においても同じ音）が外国語の異なった舌頂音を表すのに使われている。

34 ある匈奴の亡命者の中国語の名前に北部方言の古風な性格を示すいい例がある。その名前には「日」という漢字が含まれ、それはふつう新官話 rì、中期中国語 ☆ñit（Pul. 266）だが、この場合は新官話 mì、中期中国語 ☆mɛjk（Pul. 213）で、伝統的に再建される古代中国語の ★mik「日」（Beckwith 2002a:142-143）に対応し、明らかに初期古代中国語の ★mērk〜★wērk〜★bērk から来ている。

35 最近このテーマについて書かれたものの多くは不明瞭だったり混同があったり学問的な流行りだったりに支配されているが、それは史料が不明瞭だとか混同されていたりということを意味しない。

36 これは、中世の西トカラ語に実証される「民族名を表す」接尾辞 -ke（例えば Kaṣake「カシュガル人」）にぴったり対応するが（Adams 1999: 148）、インド・イラン語の借用語だけにとは言わないまでも主としてそこに現れる。やはりあり得そうもないが、西トカラ語の動作主を表す接尾辞 -ike（Adams 1999: 141）を参照。

37 プロローグに概略を示したように、「最初の物語」の通りに従ってこれを行なった。

38 Burrow (1935, 1937)。

39 Mallory and Mair (2000: 278–279)。

後註

1 古代や中世の専門家の間では、ほぼ同時代に書かれた主要な歴史的著作を一般に「一次」史料と呼んでいるが、それらは実際はほとんどすべて古代や中世の人々によって書かれた二次史料か編集資料か著作物で、すでに著者の認識や意図によって作り変えられたものである。従って、そのテーマについての資料の中で一番古い（唯一のこともある）ものであるという意味においてのみ一次的なのである。このことは中国の「実録」や古代テュルク碑文などについても言える。現代に書かれたモダニズム時代の歴史の場合は、歴史家は膨大な量の一次史料を使用できるが、それでももちろん同様のことが言える。本書を書くにあたって私は時代を問わず多くの部分を二次史料に頼らなければならなかった。これはとりわけモダニストにとっては当然のことかもしれないが、私が資料へどうアプローチするかは、本書の規模の大きさによって決められたのであって、どの時代を扱うかによって実際異なることはない。しかし、私は例えば古代の民族名や現代の美術などいくつかの問題については詳しく扱い、そのような場合は必要もしくは可能な限り一次史料を、例えば、前者の場合は碑文、写本、それらを引用した研究を、後者の場合は芸術作品と芸術理論の著作を参照した。

2 受け入れられている見方を繰り返すようにとは言わないが、関連する重要な論文や書物が全て引用された論評付きの文献紹介の形で書かれた中央ユーラシア史は大きな貢献であろう。そのようなものの例として、地理的にも時代的にも民族言語的にもテーマ的にも限られてはいるが、Sinor (1963) がある。そのような本を書くことに興味がある人には是非それをやってほしい。それは当然百科事典的な何巻にも及ぶものにならざるを得ず、おそらく完成までに何年も何十年も要するであろう。ユネスコの『中央アジア文明史（*History of Civilizations of Central Asia*）』（Dani et al. 1992–2005）はそのようなものとなっていたはずであるが、残念なことに内容の質や客観性がばらばらで、中央ユーラシアという概念がなく（そこでは「中央アジア」である）、挙げられている文献も一般的に最少限である。

3 その地域全体もしくはその下位区分された地域に対する「中央ユーラシア」、「内陸アジア」、「中央アジア」などの用語には相反する定義や用法がたくさんあり、それについては多くの人が書いているが、充分にアカデミックに論じたらかなり大きな書物となるだろう。ここでは、中央ユーラシアは中央アジアを含むということが重要である。現在の用語はソビエト時代の遺物で、カザフスタンは中央アジアの国家と見なされているが、実際現在においてさえ文化や生態の点で中央アジアではない。トゥルクメニスタンの多くとキルギズスタンのほとんども同様である。（そうではあるが、第11章と第12章では混乱を避けるために現在の用法に従った。）それらの地域は、モンゴル国やソビエト連邦崩壊後もロシアに留まっているいくつかの国（特にカルムイク共和国とトゥヴァ共和国）とともに近世以前の遊牧草原地帯が近代に続いたものとなっている。そこでは依然牧畜が行われているが、伝統的な遊牧はほとんど消えてしまったようである。

4 以前は、ヒッタイトの神話はその性質上まったく非インドヨーロッパ的である（すなわち、借りられたものであって継承したものではない）と言われていた。しかし、マゾワイエ（Mazoyer 2003）は、ヒッタイトはハッティの神テリピヌの名前と教団を借用したが、その神に建国者の性格を付与して自分たちの中央ユーラシアの嵐の神の神話に合わせたことを示した。マゾワイエ（Mazoyer 2003: 27）によれば、ゴネ（H. Gonnet 1990）は「建国者としてのテリピヌの機能に初めて注意を引いたという点で功績があった」。非インドヨーロッパ系のハッティはその王国をヒッタイトに奪われたが、テリピヌは、ハッティの最後の支配者たちが自分の教団をおろそかにしたため、故郷の町（ハットゥシャではなかった）の自分の神殿から逃亡した（Mazoyer 2003: 27,

111–120, 149–150, 193–196)。彼の建国者としての経歴は、アポローン、カドモス、ロムルスの建国神話と類似している(Mazoyer 2003: 156–158)。それはまた、穀物の神で中国の周王朝の建国者后稷の話や、穀物の実りの神で満洲南部と朝鮮半島の扶余、高句麗、百済の諸王国の建国者であるテュメン(*Tümen)の話にも近い。

5 建国の英雄は豊穣の神でもあることがよくあるようだ(扶余高句麗神話を参照)。英雄と豊穣の神を結合して建国者とすることは二つの異なった民族の歴史的な併合を反映すると広く考えられているが、「神聖な」フランクの諸王が同じ組み合わせを体現しており、それが古代から保たれているものと考えられているのは注目すべきである。

6 ここに示す話はヘーロドトスの示す複数の起源神話(Godley 1972: 202–213)を合成したものである。ある版ではこれはゼウスの息子ヘーラクレースである。もうひとつの版では父はタルギタオスという名で、ゼウスとドニエプル川の娘の間の息子であった。馬泥棒の話を含む版では、英雄はヘーラクレースで、彼は洞窟に住む半分(上半身)女性で半分(下半身)ヘビの生き物と寝るのである。祖先の女性は必然的にヘスティアー、スキュタイ語でタビティと呼ばれるスキュタイの中心的な女神であるだろうと思われる。ペルシャがスキュティアを侵略したときスキュタイの支配者がダレイオスに返答したが、スキュタイは「我が主君としては、我が祖先ゼウスとスキュタイの女王ヘスティアー以外にはない」(Godley 1972: 328–329; cf. Rawlinson 1992: 347)と言う。他のところでヘーロドトスは「彼らが崇拝するは、次のものだけである。特にヘスティアー、次にゼウスと地の神で、彼らは地の神をゼウスの妻と考えている。続いて、アポローン、天上のアプロディーテー、ヘーラクレース、アレスが来る。スキュタイ人はみなこれらを神として崇拝する。王族スキュタイ人は、ポセイドーンにも犠牲をささげる。スキュティアの言葉では、ヘスティアーはタビティと言われる。ゼウスは(私の判断では最も妥当な名称の)パパイオス[全父(Godley 1972: 257 n. 3)]、地の神はアピ、アポローンはゴイトシュロス、天上のアプロディーテーはアルギンパサ、そしてポセイドーンはタギマサダスと言う」(Godley 1972: 256–259; Legrand 1949: 82 を参照)。ローリンソン (Rawlinson 1992: 347) は明らかにアビヒト (Abicht 1886: 54 n. 5) の「…ゼンドでは、テメは海、マズダーオは神であるから」に従って「タミマサダス」としている。

7 彼の匈奴の称号は漢文史料で「単于」と書かれ、昔から新官話で shànyú ないし chányú (Pul. 48) と読まれている。古代中国語におけるそれらの漢字の発音は ★Dar-γa (初期) ないし ★Dan-γa (後期) で、現代語の読みのどちらともあまりつながりがない。前者は、中世のテュルク・モンゴルのさまざまな役割を持つ高位の役人を指すよく知られた称号 Daruγači を暗示する。その称号は匈奴に遡るとしてもおかしくない。匈奴自身がその称号を借りた可能性はもちろんあるが。

8 モトゥン (Mo-tun) という名前「冒頓」は、新官話で mòdùn だが、中期中国語で ☆mək (Pul. 217–218) -☆twən^{3} (Pul. 84) である。特定はされていないが、古代中国語の発音は、他民族語の ★baγtur、すなわち、後に現れる中央ユーラシアの文化語 bayatur「英雄」と同源の語を表していると言う人もある。その語の語源は分からないが、最初の音節はイラン語の単語 ★bay「神、主」である可能性が高く、それは後の中央ユーラシアにおける多くの称号に見られる要素である。モトゥンは漢文資料に見える話の中で建国の英雄として現れるが、実際は建国者 (トゥメン ★Tumen) の息子であった。彼は乗馬と弓に優れ、王 (★Tumen) とそのお気に入りの息子は彼を殺害する企みを立てたが、警告が間に合って彼は奇跡的に脱出し、勇敢な兵士からなる私的な護衛団を得、最終的にその悪い王を殺して、公正な繁栄した王国を築いた。

9 『史記』の説明によると (Watson 1961, II: 161; Di Cosmo 2002a: 176 を参照、漢文資料の引用無し)、彼は烏孫に送られたというが、それは全くあり得そうにない。理由は、史料には一般にその方角の匈奴の敵は月氏であったとあり、匈奴が月氏を攻撃したために月氏は後に烏孫の西に移動したからだ。烏孫の支配者は月氏の攻撃で父親を殺され、次の話に述べられているように、その復讐として後に彼らを攻撃した。

10　古代テュルク語の**tümen**「一万、万人隊（一万人からなる単位）」はしばしば★**Tumen**という名前と同じだとされてきた（「プロローグ」の註12および後註17参照）。古代突厥帝国の建国者トゥムン（★Tumïn）の名も**tümen**という語も他の言語からの借用であることは明らかである。形の上でもともとのテュルク語から来たものではあり得ないからである。古代テュルク語の数詞**tümen**は西トカラ語の**t(u)māne**「一万、多数」、東トカラ語**tmāṃ**「同」、現代ペルシャ語の出典不明の**tumân**「一万」（Adams 1999: 301）と同じ語であることは確かである。ふつう見過ごされているが、中国語の「萬」（新官話**wàn**）は、中期中国語の☆**man**（Pul. 318 ☆muan³）で**ɦban**（Tak. 370–371）として実証され、★**man**に由来する。これら全ての語の起源と借用のルートははっきりしないままである。その中国語の単語は周王朝時代の碑文に実証されるが、必ずしもそれが本源とは限らない。その漢字「萬」（絵と字の組み合わせで、文字としては虫を表す）は、古代中国語の★**mrāć**（Sta. 574）～★**mrats**（Bax. 775）から来たと思われる「邁」（新官話**mài**）「行く」、古代中国語に推定される★**srhāć**（Sta. 574）～★**hrjats**（Bax. 749）から来た「蠆」（新官話**chài**）「さそり」だけでなく、古代中国語の★**rać**（Sta. 573）～★**C-rjats**（Bax. 773）から来た「勵」（新官話**lì**）「はげむ」においても声符である。後の三つにおける音節末子音の再建形はかなり疑わしく、音節頭子音の再建形も似たようなものである。

11　ディ・コズモ（Di Cosmo 2002a: 176, 176 n. 50）は、モトゥン（Mo-tun）は「完全に忠誠な護衛団」を作ったと言い、「司馬遷の記述には伝説的で美化された部分があるが、モドゥン（Modun）が歴史上存在したことを受け入れる限りでは、彼が有能な護衛団を作り上げたことと自分の父親を殺害したことによって権力の座についたことを除外することはできない」と結論している。これに加えて、『史記』にある単于の埋葬についての次の記述を加えることができるだろう。「支配者が死ぬと、そのお気に入りで後を追って死ぬことが義務づけられている臣下や側室の数は何百、さらには何千となることがある」（Watson 1961, II: 164）。この記述がコミタートゥスの埋葬とそれ以外の者（妻、奴隷など）の埋葬を混同しているか（当時、中国人は明らかにコミタートゥスに馴染みがなかったので、驚くことではない）、匈奴は実際、王族の埋葬にそれらを一緒に行なっていたのかどちらかである。モトゥンについての注釈とそのコミタートゥスの心理的条件付けとしての訓練については、Krueger (1961b) を見よ。

12 ローマの物語ではその鳥はキツツキであるが、烏孫の物語ではその鳥は明らかにカラスだと言われている。これは漢字で「烏孫」と書かれる民族名を説明するために中国人が作ったものである可能性があるが、もともとは発音を表したものであることは確かである。一方、ロムルスとレムスの物語のキツツキは、その話のプルータルコスの版ではその二人の男の子の父親である戦いの神マールスにとって神聖なものであるので、重要である。カラスは神と結びついていることがよくあるようだが、それに比べてキツツキはあり得そうにない鳥である。いずれにせよ、必須モチーフが鳥であることは確かである。それ以上に限定できるかどうかは明確ではない。

13 ★saklai「索離」新官話 suǒlí 後期古代中国語 ★saklai は、スキュタイ、ソグド、サカの元々の名称の後の時代の形である。それについては付録Bを参照。Beckwith (2004a: 31–32) で私は残念なことに他の学者たちによる誤った校訂に従ってしまった。「正しい」と推定される ★Ko（朝鮮漢字音）では ★Koryŏ となるが、ほとんどの版に見られる最初の漢字「索」中期中国語 ☆sak（いくつかの版では「橐」中期中国語 ☆tak）は、それとは繋がらない音写で、高句麗（＝高麗）神話と扶余神話の双方にとって意味をなさない。使用した「版」を信用してしまったのは私の誤りであったが、残念なことに、それらの原典の真の校訂版（注釈などのついた）は存在せず、実を言うと私の知る限りはただひとつの例外（Thompson 1979）を除いてどの中国語原典の校訂本もない。ギリシャ語とラテン語の原典の校訂版はアラビア語や他の中世の西洋諸言語のものと同様に十九世紀以降作成されてきたが、トンプソン（Thompson 1979: xvii）が指摘するように中国学者は、中国人であろうとそうでなかろうと、校訂版が何であるかということすら知らない場合がほとんどで、知っていると考えている人たちは強固に彼らと対立している。この残念な状況が変わるまで中国語の原文は信頼できないままで、中国学はこの点で遅れた分野であり続けるだろう。

14 王子が人間の子として生まれたとする版もある。他にも、生まれた卵を王が割ることができずにあきらめ、その後、その卵から王子が生まれるという版もある。私は以前その卵の版のほうが古いという考えを述べたことがあるが（Beckwith 2004a: 29）、現在は二つの物語が混ざり合ったと考えている。基本となる話はいずれにしても起源は中央ユーラシア的で、王子は英雄戦士で天空神の子孫である。その話は他のいくつかの版、特に人間の子として生まれたという中国の「后稷」神話に非常に似ている。卵から生まれたという点は東アジアから東北アジアのモチーフが入り込んだもののようである。それは、日本の、川から流れてきた大きな桃から生まれた英雄桃太郎の昔話に反映されている。そして、多くの点でテュメンの話に近い。その話の中世後期の朝鮮の版は明らかに言い伝えに基づくものだが、邪悪な王はキム（金）という姓のカエルである。この部分は簡略な古代の版には見られないが、元からあったものでありそうである。この誕生神話は、異なった二つの話（ひとつはより「南方」のもの）が合成された結果だけでなく、異なった二つの民族の混合であることを表している可能性がある。その二つの民族のうちのひとつが祖先がカエルで、息子が卵から生まれた英雄であるという話を持っているのである。しかし、早い時代の版にはどれもカエルが登場しない。

15 原典ではその名は高句麗語で「巧みに射る」という意味だと言う。第二音節の語句注釈（「よい、すばらしい」）が正しいことは他の高句麗語の資料で確かめられており、もうひとつの音節についても正しいことを示しているが、同じ歴史上の役割に同じ名前が繰り返し現れることを考慮すると、この名前を国家起源の物語に持つ民族の少なくとも二つがそれをどこか別の民族から借りたということは明らかである。ここの語句注釈は解決のむずかしい名前を説明するために作られた民衆語源である可能性を示唆している。従って、テュメン

（★Tümen）という名前は起源的には扶余高句麗ではない可能性がある。他方、スキュタイという名前は北イラン語の★Skuδa「射手」から変化してきたものであるという現在一般に受け入れられている語源解釈と、「北方の」扶余高句麗の人々の故地の名として実証される形★Saklaiがスキュタイのその名称の一つの形であるということ（付録Bを見よ）は、「優れた射手」という名前は★Sakla-「射手」という名前を扶余高句麗が訳したものであるかもしれないことを示している。この問題は更に注意されるべきである。

16 現在Alligator sinensisは希少な絶滅危惧動物で、安徽省の揚子江下流域にしか見られないが、古代においては黄河流域にも見られた（Ho 1999）。山東の新石器時代の大汶口文化（およそ前四三〇〇～二五〇〇）の第十墳墓にはワニの骨が八十四見つかっており、その墳墓内の骨の大部分を占める。それ以外の骨は、鹿の歯が二つ、豚の頭蓋骨が二つ、豚の体の骨が十五である（http://depts.washington.edu/chinaciv/archae/2dwkmain.htm）。ワニをかたどった青銅が山西省の石楼で一九五九年に発見されている。それは長さが四十一・五センチで、商時代の後期のものである（Gyllensvärd 1974: 48–49）。

17 トゥメン「土門」T'u-men＜中期中国語☆thuman（Pul. 312, 211 ☆tʰɔ²-mən¹）はオルホン渓谷の古代テュルク語碑文ではブムン（Bumïn）と書かれている。現代の学者はほとんど皆これが正しい形だと考えている。例えば、リバツキ（Rybatzki 2000: 206–208, 218）はBumïnはインド・イラン語（古代ペルシャ語būmi「地」、ソグド語βwm「世界」、古代インド語bhūmi「地、土、土地」）からの借用語と言っている。それは中国語の形は半分翻訳借用であるとしなければならないだろうということになろうが、それは極めてありそうにない。クリャシュトルヌイとリフシツ（Klyashtornyi and Livshits 1972）はブグトのソグド語碑文（五八二頃、突厥帝国の歴史について年代の分かる最も古い資料）にブムンという名前が書かれていると言うが、吉田と森安によるその碑文の最近の研究（Yoshida and Moriyasu 1999）ではそのような名前は見られないと言い、否定されている。私自身がその碑文を調べたところではこの点において吉田と森安に同意する。漢字で書かれた形が時代的に前であり、簡単で明瞭な日常使用する漢字で音写されている、テュルクのタブーとして避けられた形（すなわち、本来の Bumïn という形を避けるための Tumïn）が漢字で写されていることはあり得そうもない、中央ユーラシアの帝国建設者が「地、世界」といった意味の名前を持つことは全くあり得そうもない（テュルク語としては、存在しない語末の -n を補っていることも奇妙である）、匈奴と高句麗はテュルクと文化的な諸要素が共通しており、中でも特に祖先を祀る洞窟というところが一緒だが、特に、彼らの建国神話において帝国建設者に同じ名前が繰り返し使われている。これらのことは全て古代テュルク語の名前が *Bumïn ではなく Tumïn であることを示している。古代テュルク語碑文において誤った形の Bumïn が使用されている理由は分からない。建国者の名前のタブー忌避か、もしかしたら書写上の誤りが碑文から碑文へと繰り返された可能性もある。原文の大部分が互いの逐語的な繰り返しからなっているので、後者のほうが現実的な可能性であろう。さらに Beckwith (2005b) を見よ。

18 アヴァールという名称は漢文では「柔然」、「茹茹」、「蠕蠕」のようにさまざまに書かれたが、他で知られているどの民族名と同じであるのか分かっていないし、言語も特定されていない。柔然とアヴァールを同一と考えることの論争に関して言えば、ビザンツ帝国のギリシャ人が東方からの新参者を最初に接したときから Ἄβαροι「アヴァール人」と呼び、突厥は彼らを自分たちの以前の君主として知っていた。（突厥が勝利した後でもアヴァールはカガン「皇帝」の称号を捨てず、突厥はそれが不快であった。）「偽アヴァール」問題について論じた際、ポール（Pohl 1988 : 34）はアヴァールがいくつかの異なった民族言語集団に属する人々から成っていたことは確かであるので、彼らを何らかのひとつの特定の東方の民族と同定しようという試みは誤っているとしたが、それは正しい。しかし、ひとつの要点は（その重要性は充分に正しく理解されていないが）アヴァールがカガンの称号を持っていたということである。その称号は、突厥がアヴァールを破り彼らをユーラシア中を追撃する以前には東部草原と華北を越えて使われたことが知られておらず、アヴァールの王族は柔然の王族かその正統な継承者のひとつあるいはいくつかと見なすことができるに違いない。彼らはパンノニアに定住した民族の支配者であり、西洋の史料でアヴァールとして知られるようになったので、私は彼らをずっとアヴァールと呼んできた。その論争については Dobrovits (2004) を見よ。漢文史料における柔然の名称の入念な研究によって柔然の民族言語上の類縁性に光が当てられるであろう。それまでは、この問題について考えるのは時期尚早である。

19　サーサーン朝のコミタートゥスとそのメンバーはいくつかの名称で呼ばれるが、最も重要な名前は gyânawspâr（新ペルシャ語 jânsipâr）「命を捧げる者」と adiyârân（または adyâwarân もしくは yârân、新ペルシャ語 ayyârân）「友、助力者、補佐」である。彼らは荒々しい騎馬戦士、熟練した射手、剣士からなる精鋭部隊で、君主と親密であることとその地位を示す金の装飾品（特に、腕輪、帯、耳飾り）によって際立っていた。それらの強く勇ましい好戦的な人々は君主の友であり、宴会や謁見の際は御殿の広間で君主の近くに座した。ペルシャのコミタートゥスは「宣誓の儀式によって自発的に君主に忠実であり続け、君主の臣下で追随者となる自由の身の戦士の集団である。その集団に属すことは利点があり、敬意と威厳がもたらされた。他方、そのメンバーの増加は君主の威信を高めることになったであろう。そのような集団を形成するために必要な条件は、君主の戦士として成功を収めた名声であり、おそらく貴族の家系と豊かな物質的基盤もそうであろう。君主とその部下は、武器を持つことができる多数の自由戦士の中でも充分な装備を持ついつでも戦いに備えた精鋭集団を形成した」(Zakeri 1995: 87)。この記述は実質的に古典的なコミタートゥスの定義に等しい。しかし、ドゥ・ラ・ヴェシエール（de la Vaissière 2005a: 143–144）はサーサーン朝にチャーカル（châkar）やグラーム（ghulâm）はなかったと断言する。文字通りに言えば、彼の言っていることは正しい。サーサーン朝時代にそれらがそういった名称で存在していたことを支持するザケリの引用した文献は時代錯誤で、ザケリの議論は遺憾な点が多いことがある。それにもかかわらず、サーサーン朝、そしてその前のアケメネス朝について同時代の史料からの証拠は確かにあり、それはかなりはっきりしている。ペルシャ人は間違いなくコミタートゥスを持っていたのである。そのことは、彼らがその精鋭護衛部隊のメンバーであった戦士たちを持っていたということであり、関連史料の文献は、いくつかの点で信頼性に欠けてはいるが、gyânawspâr や adiyâr などの代わりに誤って後の時代のペルシャ語ではないチャーカルやグラームという用語を使っていたとしても、サーサーン朝国家にコミタートゥスのメンバーがいたことに言及している点では正しい。

20 モンゴル系の民族である契丹の初期の時代のコミタートゥスは安禄山の乱の記述から知られる。契丹の遼王朝の後期について、その帝国護衛部隊の議論も含めて詳細に扱ったものとしてウィットフォーゲルとファンによる早い時期の優れた研究（Wittfogel and Fêng 1949）を見よ。「それぞれの［契丹の遼王朝の］皇帝は別々のオルド、つまり陣営をもっており、そこには一万から二万戸の「腹心の護衛団」がいる。……その護衛団のメンバー、特に契丹人以外のメンバーは皇帝の私的奴隷であったが、皇帝に近いということで高い地位を与えられていた。皇帝の死後、次の皇帝が新しいオルドと護衛団を創設している間、彼らは皇帝の廟を護衛した」（Atwood 2004: 297）。遼国は五つの首都（オルド）があり、理論上は、理想の「カンと四人のベイ」制度を中心に組織化されていたようだ。ケレイトのカンはテムジンが権力の座に就く際のライバルであったが、「優秀なバアトゥル「英雄」の軍隊と、後にチンギス・カンがまねることになる制度である一千人の昼の護衛隊を持ち」（Atwood 2004: 296）、彼らと結びついた黄金の天幕（オルド）があった。

21 原典によると、犠牲となる人々は殺され、「従って、［二十の埋葬］室のどれが彼の墓であるか知られないであろう」。似たようなことがアッティラの埋葬に立ち会ったローマ人によって書かれている。処された者たちはアッティラの墓の場所を分からなくするために殺されたという説明はまず信じることはできない。もし外国人でさえも埋葬に立ち会えたのであれば（彼らはそれについてかなり詳しく書いている）、墓の場所は秘密ではなかった。コミタートゥスの宣誓によって結束した中央ユーラシア人は、自らの君主と共に埋葬されるべく、実際に自殺を図った（彼らは実にそれを強く望んだのである）か、儀式として死に処された（Beckwith 1984a）。

22　八四〇年頃に作られたビザンツ帝国のコミタートゥスは、ヘタイレイア（Hetaireia）と呼ばれ、「三つの部隊から成っていた。そのうちのひとつは、ほとんどがハザール人とフェルガーナ人（Φαργάνοι）の傭兵から構成されていた」（Golden 2004: 283–284）。ドゥ・ラ・ヴェシエール（de la Vaissière 2005a: 285 n. 82）とダンロップ（Dunlop 1954: 219）に引用されているツッカーマン（Constantin Zuckerman）を参照。唐の皇帝の太宗は東突厥を降し、テンリ・カガン（Tängri Kaghan）の称号を得、多くのテュルク人兵士を皇帝の護衛とした。彼らが少なくとも自身の意識において単に普通の中国式の護衛ではなかったことは、皇帝が死んだとき主要な二人の将軍が自殺をして一緒に埋葬してもらえないかと願い出たことから明らかである（Beckwith 1984a: 33–34）。

23　「チンギス・カン自身の住居、特に護衛（ケシク）に関するチンギス・カンの法令において」書かれたものでは、「［オルド・ゲル（ordo ger）「オルド天幕」という用語］は「宮殿天幕」と訳される。……そのオルドという語はテュルク語における重要な語で、それが契丹語、モンゴル語などに入った。元々オルドはカンの精鋭騎馬護衛隊［すなわちコミタートゥス］の陣営を指すもので、その陣営の真ん中にカンのテント、すなわちユルトが建っていた」（de Rachewiltz 2004: 453–454）。

24　スラブのコミタートゥスのドゥルジーナ（družina）のキエフ・ルーシの形ドゥルジンニキ（druzinniki）「従者ら」（Christian 1998: 390 参照）と比較せよ。スラブ語のコミタートゥスを表す語は共通ゲルマン語の⋆druhtiz「コミタートゥス」と同源で、（伝統的な）PIE の⋆dhereugh（Lindow 1976: 17–18）であり、それは PIE の⋆dereug である。『ベーオウルフ』でコミタートゥスは（weorod〜weorod〜werod と言われることもよくあるが）ふつう古英語の gedryht という語で呼ばれ、その語は「軍隊」という一般的な意味に発展し、さらに後期の古英語では単に「一団の人」という意味になった（Lindow 1976: 24–26）。

25　そのコミタートゥスは彼より長く生き（『資治通鑑』220：7047）、「曳落河」と呼ばれ、それは「胡の言語」で「壮士」、すなわち強い戦士を意味する（『資治通鑑』216：6905）。この用語は中期中国語の北方方言の古い発音で★yerlak χa を表し、テュルク語からの借用語であるモンゴル語の erlik qaghan「地獄の帝王」に対応する。文字通りには「強大な君主」で地獄の支配者の通称である古代テュルク語 ärklig khan（Clauson 1967: 224）を参照。★qa（すなわち Kha）「カン」が「河」★χa（高田 1988：304 参照）で音写されていることを考慮すると、これは契丹語（モンゴル系）の形であるように思われる。多くの例が存在するモンゴル語の形 qa「カン」（de Rachewiltz 2004：457, 521 とそこに挙げられている参考文献）を参照されたい。唐において「胡」という語は「インドヨーロッパ人」を指す場合がほとんどで、一般に考えられているように単に「中央アジアのイラン人」だけでなく（例えば、Pulleyblank 1991：126–127）インドのインド人も指し、また、北の国境地域のウイグル人、モンゴル人なども（そして、もっと前の時代には匈奴やそこから満洲の東までの近隣諸民族も）指した。「胡の言語」というのは、従って、その時代にその地域で話されていた契丹語、古代テュルク語、ソグド語などの言語を指すことがある。森部は『資治通鑑』の引用（この註の初めの部分を参照）を見落とし、安禄山の乱の際の中国におけるチャーカルに関する議論は他の点では価値があるが、「曳落河」についてはそれを間違って民族名としている（Moribe 2005：244）。ドゥ・ラ・ヴェシエール（de la Vaissière 2003）によれば、安禄山の反乱軍は「柘羯（チャーカル）」とも呼ばれた。中国におけるソグドのチャーカルについての彼の論文（de la Vaissière 2005c）を参照。ソグド人以外の中央ユーラシア人の間のコミタートゥスが実証される例は、ソグド人についてかソグド人の間に見られるチャーカル制度とは関係のないシステムについての言及であるとドゥ・ラ・ヴェシエール（de la Vaissière 2007）によって詳細に論じられた。ソグド人の行なっていたことがテュルク人、ゲルマン人、チベット人などが同じときに同じ目的で行なっていたことと同一でないことは明らかに事実であるが、ひとつの民族言語的集団内においても文化的要素に全くの同一性を見いだす必要はないし、そう期待したりすることもない。フランク人、チベット人、モンゴル人などはソグドのチャーカルとは異なっを望みたい。

た制度を持っていたが、それらはみな中央ユーラシア文化複合体の中心をなす要素のひとつであるコミタートゥスの単なる地域的な変異であったと考えられる。残念なことに、以前刊行予定とされていた彼の研究論文が実際に出版されたのを知る前に本書は製作に入ってしまったので、私はその論文にさっと目を通して、これともうひとつの短いコメントを付け加える以上のことはできなかった。彼の見解を間違って理解していないことを望みたい。

26 中国の正史によれば、皇帝の玄宗（明皇と呼ばれることもある）の黄金時代の間、馬一頭の値段はたった一片の絹と同じであったという。これは当時の中国の歴史家によってもそれ以降の学者によってもそのまま受け取られてきた。この記述と矛盾する実際の商取引のデータは正史では除かれていたようである。つまり、途方もなく安く馬を買っていたことを玄宗の功績とするため、そして、玄宗の後の時代にはテュルク人は漢人に自分たちの弱くやせた馬を買うことを強制し、漢人はテュルク人に良質の絹で必要以上に支払っていたという政府の主張を守るために実際の価格を公表しないのである。それにもかかわらず、いくつかの情報は失われずに残った（Beckwith 1991 を見よ）。それに反して、漢人がテュルク人への支払いに使った絹の多く（もちろん全てではないが）は質が悪かったようである。漢人はさまざまな種類の絹の生産を独占していたのである。

27 オルセン（Allsen 1997）らは、戦いに勝利したときに職人を捕え高価な財宝を奪った事例を挙げているが、それらは中央ユーラシア人による戦争だけでなく、古代と中世においてユーラシア全域における戦争でそのようなことが行われていたということのよい例である。国境の市場における実際の交易の過程において著しい強制は行われなかったようであるが、交易の権利の取得はしばしば外交問題で、今日と同様に戦争の危険性を孕んでいた。さらに、遊牧国家にしろ何にしろ全ての国は、現在と同じように、武力ないし武力や投獄の脅しを使って被支配民から税や貢ぎ物の取り立てを確実に行えるようにしていた。

28 ドゥ・ラ・ヴェシエール（de la Vaissière 2005a: 283 n. 73）は特に仏教建築が宮殿の設計に影響を与えたという可能性は支持できないと言っているが、それは正しい。アラブ、ペルシャ、中国の資料からナウバハールは元々イランの王宮都市として建てられたものであったことが分かる。それは私が論文（Beckwith 1984b: 150–151）の一番最後の段落で指摘している通りである。ナウバハール（ナヴァ・ヴィハーラ）の設計に直接（ということは「平和の町」に間接的に）仏教の影響があった可能性を私は論文に括弧に入れて示したが、私が見落としていたフドゥード・アル・アーラムの節に出くわしたとき論文は既に印刷にかかるところで（編集者が加えてくれた括弧以外には）中身を変えることができなかったので、その部分を消すことはできなかった。ナウバハールの仏教的な点に関しては、複合建築の中央のドームを持つ高い建物の名称がイブン・アル・ファキーフの写本に出ている。それについて私は以前 al-Ašbat と解釈したが（Beckwith 1984b: 148）、それは誤っており、訂正されねばならない。その名称というのは、一九二一年にヘルツフェルトが示唆したように、ストゥーパ（stûpa 仏舎利塔）という語の現地の言い方の音写であることは確かである（Beckwith 1984b: 159 n. 64）。従って、それは al-Istub（stûpa に定冠詞 al が付いたもの）のように読まれるべきである。ストゥーパの中には、この例のように非常に大きくて中に仏像が入っているものもあり、その複合建築物の他の部分と同様、その巨大なストゥーパも元々はイラン帝国の建造物で、仏教とは全く関係がない。

29 実際、中国が中央ユーラシアに対して行なった遠征でうまくいったものの記述は全て獲得した戦利品について記しているが、そのことは現代の歴史学者からは一般に無視されており、どちらに共感を持っているかとは関係なく、中央ユーラシア人が中国に対して行なった「略奪のための襲撃」の数だけを並べるのが一般的である。例えば、林（Hayashi 1984: 86–92）の「匈奴による略奪年表」である。林は匈奴の襲撃は草原帝国における農業労働力の主要な供給源となっていたとも言っている。その論文で示されている原資料と、林自身のある程度までの議論は、当該の中国人は中国からの難民で、自分の意志によってかあるいは当該の匈奴の襲撃を機に逃れてきた者であることを示している。ディ・コズモ（Di Cosmo 2002a: 202, 204）を参照。

30 遠隔通信の出現する以前は、統一的な言語は話者どうしの間に途切れのない直接的な相互のコミュニケーションが保たれている場合にのみ可能であったことを理解しなければならない。インドヨーロッパのさまざまな子孫言語はただそれぞれの地域で最初に実証された土着の原初の言語であったというだけである。例えば、ファン・デ・ミロープ（Van de Mieroop 2004: 112–113）は次のように言う。

インドヨーロッパ人の故地がインドの北方のどこかにあったという時代遅れの十九世紀の考えの影響で、インドヨーロッパ人がいつどこでアナトリアに入ったかを解明し侵入の証拠を見つけようと多くの注意が払われてきた。しかし、その探求は無駄である。インドヨーロッパ諸言語の話し手がずっとアナトリアにいたことを否定する理由はないし、彼らが第二千年紀までにはっきりと確認できる集団であったということもできない。

この主張は言語の面からも歴史の面からも意味をなさない。

31 本文に示されている状況は、アヴェスター語がイラン語の最古の形であるという考えに基づいたインド・イラン語についての伝統的な見方を受け入れたものである。しかし、私にはこの見方は間違っているように思われる。初期のインドヨーロッパ学者の中にはアヴェスター語をイラン語のひとつとは考えていなかった人たちがいたことは興味深い。「その二つの言語の間の類似性が非常に大きいので、アヴェスター語はサンスクリット語の一方言にすぎないと考えた人たちもいた」（Mallory and Adams 2006: 6–7）。もしアヴェスター語の言語的な位置に関する伝統的な考えが本当に間違っているのなら、インド・イラン語派のかなり例外的な性格、ゾロアスターの早期性、共通していたと推定される初期のインド・イランの宗教的信仰、その他多くのものを支持することができないであろう。もし現在の説が間違っているなら、共通と推定されるインド・イランの宗教的信仰全てはインド語派だけに属する。しかし、音韻上の問題が発見され、従来の説の批判は言語学者がその問題を詳細に探求するまで議論のあるものであることは確かなので、私はここの本文をいじることを控えた。

さらなる議論は付録Aを見よ。

32 現在意見が一致しているところでは、原始インドヨーロッパ人の故地は、北はウラル山脈南部とヴォルガ川中流域、南は北カフカスと黒海、その間のどこかであるというものである。しかし、子孫言語における★mori「湖、海」の分布（Mallory and Adams 1997 : 503-504 ; 2006 : 127）は、この語がインドヨーロッパ人の最初の広がりのときに獲得されたものであることを示しており、ここで仮定されたように、それはウラル山脈とヴォルガ川中流域であったであろうことを意味し、その地域は現在多くの学者から故地であると認められている。

33 文献ではそれは一般的にバクトリア＝マルギアナ考古学的複合体（the Bactria-Margiana Archaeological Complex）、略してBMACとして知られている。ヴィッツェル（Witzel 2003）を見よ。そこでは、「インド語とイラン語の最も古い文書にそれぞれ独立に保存されている借用語で、北イランと北アフガニスタンの接する地域、すなわちバクトリア＝マルギアナ考古学的複合体において話されていた前インド・イラン語を反映しているもの」について論じ、「その借用語には農耕、村と町の生活、動植物、儀式と宗教に関する語が含まれている」と言う。右に記したように、そこに示された状況はかなりの程度インド・イラン語について受け入れられている諸見解によっており、特にアヴェスターとゾロアスター教の年代についてはそうである。とりわけ、ゾロアスター教はインド的と考えられたものの多くを悪魔化しているというかつて受け入れられていた考えに基づいて出された結論は現在はかなり疑わしい。現在受け入れられている見方がもし間違っていれば、この状況は改訂されなければならない。

34 後に中国となる地域の、より古い遺跡から家畜馬の骨が出ないことと、家畜馬の遺伝子構造にユーラシア東部の野生馬（プルジェヴァリスキーの馬）が関わっていないことから、現在受け入れられているように家畜馬はインドヨーロッパ人によって、後に中国となる地域の西部にもたらされたものである。以下に記すように、おそらく原始トカラ人がその馬をつれて来たのであろう。ただし、彼らは第一に食用として馬を飼っていたようである。第二波のインドヨーロッパ人は戦車そのものや多くの文化的革新とともに戦車用の馬をもたらしたようだ。

35 古代の近東の諸言語による記録は、これらの言及よりも何世紀も前であるが、インドヨーロッパ人についてはどこにも全く書かれておらず、ちょうどその時点までインドヨーロッパ語の単語が出てこない。上に記したようにインドヨーロッパ語の原始トカラ方言を話していたはずの人々の遺体が紀元前二〇〇〇年頃からタリム盆地東部に埋葬されたことと、原始アナトリア方言が原始トカラ語と同様にインドヨーロッパ語のグループAの言語であったことを考慮すると、この二つのグループはほぼ同時期に移動したのであろう。彼らは第一波の言語の話し手で、彼らの言語はずっと残って後に記録された。三つのグループのいずれかに属しているということが系統上の下位グループを形成することを意味するわけではないことを強調しなければならない。例えば、インド語派（グループB）とイラン語派（グループC）はインド・イラン語派という系統上同じ下位グループに属すると伝統的に考えられているが、それについては付録Aを見よ。

36 ヒッタイトは最も古くはネシリ（Nešili）という名で知られており、ヒッタイト語で自分たちをそう呼んだが、その名前はアッシリアの植民都市カネシュ（Kaneš または Kanes）から派生したもので、それは単に「（カ）ネシュの人」という意味である。メルチャートは「ヒッタイト語はどの点からも間違いなくインドヨーロッパ語である」と言うが、それは正しい。しかし、彼はまた「以前、ヒッタイト語には非インドヨーロッパ語の基層ないし傍層の強い影響があるという主張があったが、……それはかなり誇張されたものだ」（Melchert 1995: 2152）とも述べている。この考えについての問題点は、インドヨーロッパ祖語そのものは実証されておらず、そこから派生した全ての言語（もしくは語派）はインドヨーロッパ祖語からだけでなく互いにかなり異なっているということである。それらの言語がなぜ大きく違うかは、それだけとは言わないまでも、多かれ少なかれ統一されていた元々の言語が個別のクレオール化によって形成されたと仮定することによって最もうまく説明できる。この説明は古代から現代までの記録に見られる言語変化について知られていることと合致する。ガレット（Garrett 1999, 2006）、ベックウィズ（Beckwith 2006a）、付録Aを見よ。

37 ミタンニにおける古代インドの馬車戦士マリヤンヌ（ma-ri-ia-an-nu と記録）は古代インド語の **márya**「若い戦士」（それにフルリ語の複数語尾 -nnu が付いたもの）から来ているが、それと古代インド語の **marut**「馬車戦士」はどちらも明確に馬と戦闘用馬車に関連している（EIEC 277）。このような戦士を意味する語は古代ペルシャ語に「従者の一員」（EIEC 630）、すなわち君主に付き添う戦士の一団を意味する **marika**（インド・イラン祖語の ★**mariyaka** から）という同源語がある。「古代インド語の **márya**「若い男」（アヴェスター語の **mairyō**「悪党」）はヴェーダにおいてインドラやルドラの周りに集まった激しく攻撃的な戦闘集団［マルト神群―筆者註］を指すのに使用された。そのインド・イラン語の形はふつう他のインドヨーロッパ語に同源語を持つ e- 階梯の ★**merio-** から派生するが（例えば、Mayrhofer 1986–2000: 329–330）、マコーンは基底形は古アイルランド語にぴったりの同源語 **muire**「指導者、族長」がある o- 階梯（★**morios**）であろうと示唆している」（EIEC 31）。これらの形の対応は、その「若い戦士」を表す語はインドヨーロッパ祖語の「死ぬ、死、死ぬ運命にある、若さ」などを表すゼロ階梯の語根 ★**mr̥-** と o- 階梯の語根 ★**mor** から来ているが（EIEC 150; Pok. 735: ★**mer-**, ★**moro-s**; Wat. 42: ★**mer**）、派生語 ★**marko**（かなり生産的な接尾辞 ★**-ko** の付いた形）「馬」（EIEC 274 ★**márkos**; Pok. 700 ★**marko-**; Wat. 38 ★**marko-**）と関係があることを示しており、その語は英語の **mare** の古い形で、ケルト語とゲルマン語の ★**marko**「馬」にのみ実証され、それは元々は「馬車戦士の馬」を意味した。

38 古代インド人がその地域に最初に現れたのはいつかという点に関して考古学的にはっきりと示されないままであるので、古代インドの馬車戦士がインダス文明の崩壊に関わっていたとリグ・ヴェーダで言われていると考えている人もいるがそれは本当だろうかという疑問が残る。バルビエリロウ（Barbieri-Low 2000：7）は「紀元前一五〇〇年頃のハラッパー文明の崩壊に付随してアーリア人として知られる人々が北から流入した。このインドヨーロッパ語を話す集団は自分たちの儀礼と文化をリグ・ヴェーダとして知られる叙事詩に残して不朽のものとした。リグ・ヴェーダにおいて、アーリア人は何種類かの車の付いた乗り物を使っているが、彼らが一番尊重しているのは馬に引かせた戦車であった」と言っている。もしこれが正しくなければ、（インダス文明崩壊の年代と理由については現在のところ意見の一致がないようであるが）ヴェーダが記述したと思われるように、どんなインド土着の非インドヨーロッパの都市文明がインド西北部にあり、そこの町が紀元前第二千年紀の中頃に非都市地域の古代インドの馬車戦士によって打倒されたのであろうか。この問題は、現在一般的に無視されているが、そのままにはしておけない。古代インド人がインドに入った件に関するこの問題や他の問題についての議論は、かなり政治的な動機付けによるものであるが、ブライアント（Bryant 2001）、ブライアントとパットン（Bryant and Patton 2005）そして、特にホック（Hock 1999a, 1999b）を見よ。さらに、インドヨーロッパ語に関する近年の著作（Mallory 1989; Gamkrelidze and Ivanov 1995; Mallory and Adams 1997, 2006）はこの議論に関連する重要な資料を含んでいる。

39 ミュケーナイの印章指輪のデザイン（Drews 1988：161）には馬車に乗った射手が狩りをする光景が示されている。ミュケーナイの描画は竪穴式墳墓より何世紀か後だが、そのほとんどが弓矢ではなく槍を持った戦士を描いている。ミュケーナイの戦闘用馬車については他にも多くの資料がある。M・A・リタウアー、J・H・クルウェル、ピーター・ロールウィングは数十年にわたって発表してきた多くの著作において（例えば、Littauer and Crouwel 2002; Raulwing 2000）、ミュケーナイ人がインドヨーロッパ語を話す侵略者で、馬車をもたらし、それを戦争に用いたという考えに激しく反対している。彼らにとって、かなり侵入的な竪穴式墳墓文化は新しい人々が現れた証拠ではなく、理由は「よく分からない」が不思議と力を付けた「現地の活力ある族長が隆盛してきたこと」（Littauer and Crouwel 2002：70）の証拠に過ぎなかった。彼らはまた、馬車は主に「人目を引く展示物」として使われ、当時の軍隊の重要な武器としてではなく「大きな軍隊の補助として」使われていた、と主張する。文書と絵画双方の証拠から、それは確かにアナトリアと近東の近隣地域で使われていた方法である。さらに、彼らは馬車は「征服者によってミュケーナイにもたらされたのではない」が、より後になって入ってきた可能性があるとも言い、車付きの乗物が初めて作られた古代の近東の王族からの「贈り物」であったことを示唆し、馬車より前の乗物が初めて実証されたと主張している。御者と射手の乗った馬車が描かれた上記のミュケーナイの印章指輪のような直接の証拠があるにもかかわらず、彼らは「ギリシャでは、近東とエジプトで充分に立証されているような軍事用の馬車と弓の間の関連性の証拠はない。それよりむしろ、車の上からではなく地上で至近距離用の武器で戦う兵士たちを運ぶ手段として機能していた」と強く主張する（Littauer and Crouwel 2002: 70–71)。馬車の上からの狩猟はそれを戦いに使うのと同じであった。「紀元前一六〇〇年頃からミュケーナイで確認され、さらに以前に草原地域で見つかっている馬の頬に付ける円盤型の馬具」（EIEC 245）は竪穴式墳墓の埋葬と北カフカス草原の埋葬の間の他の相互の関連と一致するが、彼らはその証拠も無視している。リタウアー、クルウェル、ロールウィングの議論は歴史的に見て意味をなさない。馬車は考古学的にはヴォルガ・ウラル地域で紀元前二十世紀頃と実証され、絵画からは近東のカネシュ（Littauer and Crouwel 2002: 45–46, figure 1）の紀元前一九五〇～一八五〇年頃のカネシュ・カルム第二号遺跡（EIEC 245）に見られ、その情報は彼らや他の人たちが示しているが、彼らの言うことはそれと一致しない。右の遺跡は、インドヨーロッパ語のひとつヒッタイト語の言語学的証拠が最初に見つかったところである。ヒッタイト人はまた紀元前十七世紀に戦いに馬車を使ったことで知られる最初の人々である。ミュケーナイのギリシャ人はおそらく馬車を発明しておらず、草原からギリシャへ馬車に乗ってやってきたのでもなかった。しかし、明らかにミュケーナイ人が出た地域、いずれにしても通過した地域であるカフカス地方では充分に長いこと馬車が知られていたので、ミュケーナイ人はそれを持っていなかったとしても得ることができた。ミュケーナイの独自の文化は何もないところから自発的に生まれたというリタウアーとクルウェルの考えは考古学によって反証される。ドゥルーズ（Drews 1988 : 176）が指摘するように、ミュケーナイの竪穴式墳墓はギリシャには全く先例がなく、「竪穴式墳墓を土着の支配層の発展の結果として説明するのは循環論である。そういった階層の発展の唯一の証拠が竪穴式墳墓なのである」。戦争で馬車がどのように使われたかに関する彼の以前の議論のいくつかの修正についてはDrews (2004)を見よ。馬と戦闘用馬車の起源、拡散、使用についての近東中心の議論のほとんどは証拠と一致せず、退けられなければならない。

40 「中国」という名称を、紀元前二二一年に秦の始皇帝のもとに秦（英語のChinaなどはここから来ている）が国を統一する以前の東アジアの政治形態を指すのに使用するのは時代錯誤であるとしばしば言われる。広がる中国人に後に組み込まれた他の諸文化は少なくとも紀元前一千年紀までは独自の言語を保ち、商や周の支配者層が中国語を話していたかということすら確かではないという議論が行われてきた。しかし、英語のChinaなどの名称が秦王朝より古くないことは（統一されていないが民族言語的に関係のある部分からなる統一国家という考えと同様に）事実であるが、中国人の故地である華北平原の黄河流域にもっと以前から統一国家がなかったというのは正しくない。秦帝国、漢帝国の祖先は同じ地域に中心を持つ商王朝や周王朝であった。商や周の人々の言語が中国語でなかったと主張することも正しくない。紀元前一〇四六年か一〇四五年に建てられた周も、それに取って代わられたその前の商も、中国語を唯一の書き言葉として持つ統一国家であった。商と周を建てた征服者の元々の話し言葉が征服した地の地元の言葉と異なっていたかどうかが分かっていないのは事実であるが、オッカムの剃刀《かみそり》［訳者註―ある事柄を説明するのに必要以上の仮定をおかないという指針］からそれは異なっていたはずであると考えられる。言語学的に重要なのは、商と周の碑文は（おそらく方言や時代によっていくつかの点で小さな違いはあっても）本質的にひとつの言語で記録されており、その言語は現代中国諸言語の祖先であるということである。従って、「中国」という名称は、これ以上なんだかんだ言わずに、（商の国は非常に小さな領土しかなかったことを忘れずに）商の時代から現代まで歴史上のどの時期においても中国語の一形態を母語としていた人たちが居住していた地域を指すのに使用してよい。しかし、その言語の元となったものは類型的に見て明らかにその「故地」に外から入ってきたもので、少なくとも一部はインドヨーロッパ人がその地域に侵入した結果によることは疑いないが、それがどこから来たかというのは現在のところ不明のままである。つまり、中国語が究極的にインドヨーロッパ語が最低限に保たれたものか、現地の言語がインドヨーロッパ語に影響されたものかはまだ分からない。これまでほとんど放置されてきたこの問題は慎重に注意が払われるに値する。それを扱った試みについてはBeckwith (2002a, 2004b, 2006a) を見よ。

41 現在一致している考えに対して、バルビエリロウ（Barbieri-Low 2000：8–9以降）によって異議が唱えられた。「車付きの乗り物について以前から広範囲な経験を持っていなければ、どんな社会も馬に引かせた車のような精巧な機械的な完成品を非常にスムーズに受け入れ適応させることはできないだろう」というのである。しかし、中国本土ではそれ以前には車の付いた乗物はどんなものも見つかっていない。「実際、安陽において馬車以外の乗物の実際の遺物は発掘されていない」（Barbieri-Low 2000：48）。さらに、現代の自動車と飛行機の歴史が示すように、関連の技術を何も持たない社会に進んだ技術を導入するためには、後から侵入した人々がその技術を持ち込み、使い、その使用法を現地の人に習わせればよい。疑いなくこれが、馬車が発見されたか記されたかした中国を含む中央ユーラシアの外の地域全てにおいて紀元前第二千年紀に馬車の技術と文化が伝わった方法である。彼の引用する考古学などの証拠の疑わしさ（Barbieri-Low 2000：14–17）はこの説をさらに説得力のないものにするだけである。バルビエリロウ（Barbieri-Low 2000：37）自身、完成された馬車は商の時代「商の武丁の治世の頃、すなわち紀元前一二〇〇年頃に」外から中国にかなり突然にもたらされたということに同意している。他のところで彼は、馬車の部品の技術的・美術的な扱いがすでに現地化していたこと（Barbieri-Low 2000：19 n. 40）、そして商が馬車を持っていた外部の民族と戦っていた事実を説明するのにより相応しい一世紀早い年代を提示している。初期の古代中国語の碑文のひとつに「敵の一団から他の武器や捕虜とともに二台の馬車」を捕えたという記録がある（Barbieri-Low 2000：47）。ピゴット（Piggott 1992：65）は「中国の馬車は、セム語にしろインドヨーロッパ語にしろ言語上何らのつながりもなしに偶然に獲得した馬と車の基本的な技術的必要条件から黄河流域で作られた「ひとまとまりの完成品」であった」と言う。必然的に何らかの言語、この場合は明らかに西方の言語を話していた人々による広範囲の長期間にわたる訓練なしにそのようなことを行うというのが不可能なことは、ピゴット（Piggott 1992: 45–48）自身を含めた誰もが認めているが、この驚くべき主張はそれを無視している。さらにピゴット（Piggott 1992: 45–47）が言うように、馬車を獲得することは「物だけではなく人も含めた……セットとしての技術的複合体の獲得が必要であった」。

42 とりわけ先が青銅でできた無数の矢が武器の中に含まれるが（馬車は何らかの形で槍や斧槍とともに使用されていたと通常言われており——斧槍の使用は実際上不可能だが——、従って、これはその予想と異なる）、その武器の中に、ある種の「先に輪か細かく彫られた動物の彫刻が付いている半月型のナイフ」がある。「商の青銅器の装飾の主流のモチーフと比較すると、そういったナイフはあまりその土地の物のようには見えない。しかし、それらの動物様式の美術は安陽の北と西まで延びる北方地区において非常に一般的である。技術的な問題を挙げると、それらのナイフのいくつかは形と質感から言って鋳造には失蝋法が使用されたようである。商の器は通常、金型鋳造法によって作られている。従って、これらのナイフもまた、中原〔すなわち、古代の本来の中国—筆者〕ではなく草原地帯に起源を持つ商の馬車戦士によって作られたものの一部であるように思われる」（Barbieri-Low 2000: 42–43）。実際、そのようなナイフは中国の北とさらに西方の草原地帯の至る所に見られる典型的なものであり、北方から中国に入ってきたよく知られた要素として多く言及され論じられてきた（Bagley 1999: 222–226; cf. Di Cosmo 1999a: 893–894）。

43 中国語の最も初期の文字である甲骨文字が当時古代の近東の文字の最も典型的なものと全く同じような構造を持っていたのは驚きである。それは単一の象形文字ではなく、ほとんどが象形文字（「ゾディオグラフ」）を基にした字形、当て字、音声的要素と意味的要素の結合、その他から構成されるという構造である。より詳細な用語や分析についてはボルツ（Boltz 1994）を見よ。全く関連のない文字体系は構造において全く関連性がないと思うだろうが、甲骨文字の体系についてはボルツが示すようにそうではない。ボルツは中国人自身がいかなる外来の影響も無しで新しくその文字体系を発明したと言う。「間接的にであろうとも中国の外からの何らかの刺激拡散の結果漢字ができた……ということを示す明らかな証拠は現在のところない」(Boltz 1994 : 34)。しかし、漢字体系は充分に整えられた形で紀元前十三世紀になってようやく現れた。それは西方で文字が発明されてから二千年ほど経ってからであり、完成された二輪馬車が現れるのと同じ頃で、その二輪馬車も西方でずっと以前に発明されたものである。人間は発明するよりも模倣するのが一般的である。その時代まで中国に車輪付きの乗物はなかった。中国人は二輪馬車を持って西北からやってきた人々からその完成された工作物を取り入れたのである。従って、中国の文字体系の背後にある発想(おそらく体系そのものではないだろうが)の大元はその同じ方角から来たという可能性のほうがずっとありそうである。ボルツ(Boltz 1994 : 35以降)自身、新石器時代の土器に付けられたさまざまな印が漢字の先駆けとなるものであるという説が本質的に誤っていることを証明している。

44 商と初期の周では、女性を表す語は、「男、人」を表す字を「女」という字に代えたり「女」という字を加えたりして書かれた。このことに関するいい例はチャイルズジョンソン(Elizabeth Childs-Johnson 2003)の「婦子」ないし「婦好」(この人名は通常「ふこう」と読む)についての論文にある。ここでの例では、「姜」という語(新官話 jiāng)は「羌」(新官話 qiāng)における「男」を表す義符の代わりに「女」を表す義符を持っている。この場合、「姜」は単にタブー形である可能性がある。つまり、実際の氏族名の「羌」は、周の母系がこの氏族の出だったため、周王朝の時代に書くことができなかった。この変則的な書き方は周王朝の時代にだけ行われていたようなので、この二つの民族名(「姜」と「羌」)は事実上同一のものであることは明らかなようである。これらの語は「羊飼い(男、女)」を意味する中国語であると考えられることがある。しかし、そうではなさそうである。というのは、それらはもっぱら民族名で、「羊飼い」の意味で使われたことはないからである。この名称はインドヨーロッパ語から来ている可能性があるが、それについては付録Bを見よ。

45 「馬」という語の古代中国語の方言形は二つ実証されている。古代中国語の★mraγは、さらに前は★mragaで、新官話でmǎとなり、古代中国語の★mraγは、さらに以前は★mraŋaで、それが借用されて古代ビルマ語のmraŋ、★mraŋから来た古代チベット語のrmaŋ、★mraŋから来た日本琉球祖語の★^{m}maŋがある（Beckwith 2007a: 145–146）。後者の方言形の発音は「馮」（北方漢語 píng「踏む、寄りかかる」）という漢字の声符から中国語内部で明確に実証される。それは、中期中国語☆biŋ（Pul. 240）、古代中国語の方言★^{m}brəŋ（Sta. 589: ★brəŋ）で、★mraŋに由来する。方言形はBeckwith (2002a) に示したように、二つとも規則的に派生したもので、より以前は★mragaで、それはさらに初期古代中国語もしくはシナ祖語の★markaであった。語末母音は不明であるが狭母音ではなかったはずで、おそらく★aであったことに注意せよ。古代中国語と中期中国語の方言で音節頭の鼻音が前鼻音化した口音に変わったことに関してはBeckwith (2002a: 121–127; 2006c: 186–188) を見よ。

46 「車輪、馬車」を表す語は中国語で「車」と書かれる。これは元々は象形文字である。中期中国語では☆ʧa と☆kü の二つの読みがあり、二番目のものは理論上の初期古代中国語の★kelé～★kolé～★karé～★kore～その他、古代中国語では★klâ か★krâ であったと再構される。初期古代中国語に仮定された★o と★we～★wa は後に中国語内部で合流したので、★kolé という形は明らかにインドヨーロッパ語で「車」を意味する語であった★kwelé と区別がつかなくなった。車輪は中国には馬車の一部として入り（初期古代中国語でその一つの語が両方の意味を持っている）、★kolé～★kwelé が正しい形のようである。しかし、古代チベット語の「車輪、円」を意味する語 ɦkorlo は前古代チベット語の★kwerlwe～★kewrlew～★kwerlo～★korlew（その他）から規則的に派生した。そこでも以前区別のあった★o と★we～★wa が区別されないという同じ問題があった。これらの形のうち、チベット語がインドヨーロッパ祖語の二番目の★k の代わりに r を持っているという点を除けば、チベット祖語の★kwerlo という形はインドヨーロッパ祖語の★kweklo「車輪」と完全に対応する。この変則は興味深いが、古代中国語が介在したことによるかもしれない。音節末の★γ は古代中国語のある時点で音声的には明らかに [ʁ]（フランス語やドイツ語の標準語における /r/ の発音）に近かった。それは、共通日本高句麗語の話し手がそれを/r/と聞いたからである。例えば、古代中国語「鳥」は⋆tewrという形で借用した（Beckwith 2007a: 138、⋆tawrは⋆tewrと訂正）。従って、古代チベット語の形は古代中国語の⋆kweʁloという形を前提とする。それは⋆kweɣlo、さらに初期古代中国語の⋆kweklo「車輪、馬車」に遡る。中国語の「車」の読みがどちらも平声の声調を持っており、上声（通常、古代中国語の音節末の⋆ɣを反映する）でないことは中部古代中国語内でどちらの音節も開音節であり続け、⋆ɣは第一音節の尾子音としてではなく（つまり、第一音節は⋆kweɣではなく）依然として第二音節（⋆ɣlo）の頭子音と知覚されていた。しかし、古代チベット語にその語を供給した方言では、⋆ɣは第一音節（⋆kweɣ）の末尾子音として知覚されており、⋆kweʁと変わり、原始チベット人に⋆kwerと聞かれた。また、チベット人がこの語を初期のインドヨーロッパ人から直接取り入れ、チベット語の動詞語根√kor「曲がる、回る」（とその使役形√skor「回転させる、取り囲む」）に基づいて作り替えた可能性もある。この語根はインドヨーロッパ祖語の⋆(s)ker「回す、曲げる」（Wat. 78）のo-階梯に対応するであろう。いずれにせよ、シナ祖語で「車輪、馬車」を意味する語は明らかにインドヨーロッパ語からの借用語であり、インドヨーロッパ祖語の⋆kwekloから⋆kweɣlwe～⋆kweɣloと再建できるようだ。それでもなお、このテーマについては更なる研究が必要である。

47 中国語学者（考え方が偏狭ではなくなった考古学者とは違う）の間で現在受け入れられている見方によれば、中国文化は本質的に野生動物とバルバロイの住む荒野に囲まれて孤立したものとして発達した。唯一認められる外部の影響は南からのもので、ほとんどの議論はモン語とミャオ・ヤオ祖語の影響を想定したものであった。しかし、当時、中国文化はどの言語が話されていたにせよ、明らかに東アジア地域で他よりも遥かに進んだものであった。そのような推測、特に（ミャオ・ヤオ語などから中国語へという）借用の方向のいくつかの提案は、結果として信じることのできないものであったが、そのことは注意されていないようである。プリーブランクを例外として、現在の中国語学者はトカラ語の「蜜」を意味する語ただ一つしか古代中国語にインドヨーロッパ語の単語（借用語）の存在を認めていない。彼らは現在議論の余地がない考古学的証拠に目を向ける、もしくはそれを言語学的な証拠と結びつけることを拒否するが、それは不可解である。

48 ミッシュシュプラーへ（Mischsprache）、すなわち「混合言語」は、元の言語がはっきりしているクレオールと違って混合が進みすぎて系統的にどの言語が元であったかがはっきりしないものを言うのであろう。Mischsprache という考え方が誤りであることは再び証明された（Beckwith 2007a: 195–213; Mous 1996）。世界で唯一推定される例としてトマソンとカウフマン（Thomason and Kaufman 1988）によって混合言語と論じられたマア語（またはンブグ語）に関する本の中で、マウス（Mous 2003）は、その問題を曖昧にし、ンブグ語話者は単にマア語をひとつのコードとして使うのではないと言う。彼らは実際には文法を同じくする二つの言語、ンブグ語とマア語を話しているのである。（それはイギリスのロマと全く同じである。トマソンとカウフマン（Thomason and Kaufman 1988）によって明確に示されているように、彼らは英語を話すが、他人に分からないようにしたり民族の団結を強めたりするために、かなりロマ語を混ぜた英語の変種も話すのである。）これは一歩後退である。マウスの論文（Mous 1996）で明確に述べられているのはンブグ語とマア語についての単純なありのままの真実で、マア語はひとつの言語としてではなくンブグ語の場面による変種と考えられなければならない。

49 シンタシュタ・ペトロフカ文化の馬車は儀礼用で実際に走らせたらおそらく安定しないであろうと思われるため、近東の馬車を中央ユーラシア人が「模倣」したものであって、馬に引かせた戦闘戦車は中央ユーラシアではなく古代の近東で発明されたと論じられてきた。しかし、この議論はかなり疑わしい二つの論点によっている。まず、初期の馬車は軍事的目的で実際に使用するのではなく「威厳」を誇示するためにこのように発展し広まったと論じられる。そして、第二に、何だかよく分からない動物が二輪の乗り物に結びつけられている描画が古代近東にあり、識別できないほど粗いものであるが、それが二輪馬車だと言う（Littauer and Crouwel 2002: 45–52）。シンタシュタ・ペトロフカ文化の二輪馬車に関してはそれと反対のことを仮定したほうがいいだろう。つまり、埋葬に使われた儀礼用の物品は、元々その土地のものであったかどうかにかかわらず、その文化で長いこと実際に使用されたものに基づいているであろう。それに対して、墓に入れられた何だか分からない外来の物はおそらく儀式用ではなく実際に使われたもの（例えば安陽で埋葬された二輪馬車のように）であろう。しかし、この問題は考古学者に取り組んでもらわなければならない。

50 ヘーロドトスは「アジアに居住する遊牧スキュタイ人はマッサゲタイ人からの戦いで苦しい思いをし、アラクセス川を渡ってキンメリアの地に逃げた。（現在スキュタイ人が住む土地はかつてはキンメリア人の所有であったと言われるからである。）……そして、現在でもスキュティアにはキンメリアの砦やキンメリアの渡しがあり、キンメリアという地域やキンメリアという名の海峡もある。さらに、キンメリア人がスキュタイ人から逃れてアジアに入って、現在ギリシャ人の町スィノーペーの築かれている半島に植民したことははっきりと見て取れる。そして、スキュタイ人が彼らの後を追って道を誤り、メディアに侵入したことも明らかである。キンメリア人は常に海岸沿いに逃げ、スキュタイ人はカフカスを右手に追い、途中で内陸に向かってメディアの地に至ったのである」（Godley 1972: 210–213; cf. Rawlinson 1992: 299–300）。ゴッドレー（Godley 1972: 213, n. 1）はキンメリアについて「その名称は「クリミア」に残っており、ヘーロドトスの言う「キンメリアという名の海峡」は（文字通り）「キンメリアのボスポロス」である」とコメントしている。この説明の一部は後のペルシャの話によっているが、考古学的な記録は大方ヘーロドトスの正しさを支持している。

51 ここに示した見方はドゥ・ラ・ヴェシエールの論文（de la Vaissière 2005d）を知る前に書かれた。その論文では、フンは匈奴とは関係ないという中央ユーラシア学者の間でほぼ一致している説をきっぱりと退ける。匈奴はイラン人（Bailey 1985: 25 以降）、ケット人（Pulleyblank 2000; Vovin 2000）などと説明されている。確かに彼らは少なくとも文化的には北イラン人の東の分派であるサカ人の影響を強く受けており、実際、匈奴という名称が北イランの民族名 *skuδa「射手」の音写である可能性が充分にあるが、この仮説が正しいかどうかを判断するには古代中国語の再構をさらに進めなければならない。ドゥ・ラ・ヴェシエールは現在のところ両者の間に関係があると最も強く最も説得的に主張しているが、残念なことに彼がまだ解決していない問題が多く残っている。最も重大な問題は、音写に使われた漢字の音韻について論じられていないことである。結局のところ、そこが重要な問題なのだ。それに関しては、いくつかある中期中国語の形との大きな違いの中でも、匈奴の名称の古代中国語形が語頭に子音結合を持っているということを示す証拠がある。しかしながら、ドゥ・ラ・ヴェシエールは以前の行ったり来たりの議論では使用されなかったデータを使用しているので、その論は詳しく検討する必要がある。後註52も見よ。

52 ★sC(C)- という子音結合で始まる少なくとも いくつかの音節が遅くとも初期中期中国語の時代までに単純化して☆χ- となったことは認められている。中部方言においてそのような音節頭の子音結合が全てそのように単純化した可能性があり、単純な音節頭子音の★s- さえおそらく☆χ- に変わったであろう（いくつか確実にそのような例がある）。その変化は中部諸方言では中期中国語の時代までに完了していたが、プリーブランク（Pulleyblank 1984）らによって示されているようにインド語の用語の漢字音写に現れているので、★s は紀元後の最初の何世紀かにはいくつかの位置で存在していた。従って、古代中国語の★s は前漢時代の初期にはまだ保存されていた可能性が高い。匈奴という名称の音韻の点から見ると、音節頭の子音が★s でなかったということはあり得そうもない。従って、最初の音節の始まりは★sV- ないし★sCV- という形を持っていた。前漢の首都は長安にあったので、当時の中国語の公用方言は鼻音が非鼻音化していた（例えば、Mo-tun は★Maγtur ではなく★Baγtur を表していた）。従って、匈奴という音写は★Soγdâ、★Soγlâ、★Sâk(a)dâ、さらには★Skla(C)da などと発音されていたかもしれない。付録Bを見よ。

53 サカ（Saka）という名称の漢字音写で最もよく知られているものは「塞」、中期中国語☆sək（Pul. 271）である。この語の声符（カールグレンは見落としたか無視した）が現れている他の所を見ると、Ŝâka〜Sâka から来たその名称のプラークリット語の形 Śak に一致してその語は語頭に ★ś- が再建されるかもしれない。サカ〜スキュタイという名称はヤルカンドの古名 So-chü〜Sha-ch'e 莎車 ★Saklâ〜★Śaklâ にも保存されている。しかし、時代的に後のため、その音写が表したのは ★ś- ではなく ★s- であったかもしれない。★s- か ★ś- かの問題はさらに研究が進められなければならない。ヤルカンドのかつての名称については Hill (2009) を見よ。匈奴のサカとの関係の可能性に関しては、『周書』ではテュルク人の起源について、二つの話のうちのひとつが元々は匈奴の一民族であるとし、もうひとつは匈奴の北の「サカの国」(「索国」新官話 suǒ＜中期中国語 ☆sak; Pul. 1990: 298) の王国に由来する (『周書』50: 907–908; cf. Sinor 1990a: 287–288) と言っているのは重要である。「索国」の「索」のかなり非現実的な意味解釈がいくつか提案されているが、Saka の音写であると考えるのが最も確実である。同じ見解がメナンドロスによってギリシャ語で (Blockley 1985: 116–117)、「テュルク人は以前はサカエと呼ばれ……」(すなわち、サカ人) と書かれている。これらは全く独立の資料なので、この情報は重要である。

54 ダキアは、トラキアないしフリギア民族であるダキア人とかゲタエ人と呼ばれる人々の地で、紀元前一世紀の初めに現在のルーマニアとモルドヴァの領域にあった強大な地域国家であった。ダキア人は東の黒海草原から黒海へ勢力を広げ、ユリウス・カエサル (前四四没) は彼らを攻撃しようとした。それは、もしかすると彼らがローマに対して脅威と考えられたからかもしれないが、そこの金鉱 (現在のトランシルヴァニアにある) のためだという方が可能性が高い。ローマ人とダキア人の間に断続的に繰り返された争いは、トラヤヌス (在位九八〜一一七) が最終的に一〇一年から一〇七年にその国を支配下におき、大勢のローマ人を移住させてローマ帝国の領土に合併するまで続いた。現代ルーマニア語はそのローマ人の植民者が話したラテン語の直接の子孫である。その州は後にゴート人のものとなった。タキトゥス『ゲルマーニア』x, xliii, xlvi (Mattingly 1970: 101, 136–137, 140) を参照。

55 この半行は写本にあるもので、ドビー（Dobbie 1953）で提案されている修正版ではない。他の修正提案についても同じ文献を見よ。引用された節は彼の版の81bから90aまでの行で、Beckwith (2003) で与えられている解釈に従って訳されている。そこでは、他の解決法も論じられており、この半行のよくある修正と解釈が正しいことはあり得ないことが示されている。ここでの訳は、この点において元の句が何を言おうとしたかに対する私の推測を表すべく与えられたものであり、古英語がどう再建されるかというのは別の問題である。

56 歴史学者はしばしば西部草原と東ヨーロッパのフンを中央アジアのエフタル、すなわち「白いフン」と同じだとする。エフタルは五世紀にサーサーン朝を倒し、バクトリアとトランスオクスィアナの広い地域を占拠した。エフタルはおそらくフンではなく、フンの名称が使用されたのは誤称か包括的にそう呼ばれたのだと思われる。近年発見されたエフタル時代のバクトリアの文書にエフタル（ηβοδαλο）は出てくるが、フンは出てこない（de la Vaissière 2005d: 19）。キオニタエはあまり知られていない民族であるが、シャープール二世（在位三〇九～三七九）の治下でサーサーン帝国の東の国境で活動しており、シャープール二世は三五六～三五七年に彼らに対して軍を送った。そのキオニタエがフンである、もしくはフンと関係していると言われることがあるが（例えば、Frye 1983: 137; Bivar 1983b: 211–212）、それもおそらく間違っている。パフラビー語ではアヴェスター語のHyaonaに由来するHyonと呼ばれることに基づいて、キオニタエはイラン系だと論じられている（Felix 1992: 485、他）。しかし、イラン系でないことは説得力をもって証明されており（de la Vaissière 2005d: 5–10）、民族言語的な属性は分からない。

57 交易市場についてはプリスクスによって各所で記されている（Blockley 1983 II: 230, 243）。ひとつの記述では、フンが市場でローマ人を襲撃した。ローマが使節を送って抗議すると、フンは、襲撃は自分たちに対する重大な侮辱行為に対する報復だと説明した。マルグス（現在はセルビアのポジャレヴァッ）のローマ司祭が国境を越えてフンの領土に入り、王墓を盗掘したのであった。プリスクスとそれ以後の論評のほとんどはフンの主張を退けたが、その司祭が後に保身のためにフンに投降したという事実は、このケースではフンが本当に犠牲者であったということを（おそらく直感に反して）示している。この結論は、ローマ帝国において、いやそれどころではなく中央ユーラシアの東から西までの全ての国境地帯において有力者が中央ユーラシア人に対して示す行動パターンによって支持されている。

58 タグバチを含めて言語が分かっている鮮卑同盟の民族はモンゴル系の言語を話していたが、アヴァール人はその鮮卑同盟に属しておらず、漢文史料にある起源に関する話では従属という形で関係していた。その話はアヴァールに対する偏見があり、彼らの敵のひとつと関係していることがあちこちから見てとれる一方、アヴァール人が他とは異なる民族で異なった言語を話していたということを強く示唆している。アヴァールの名前と称号の中にはモンゴル系のように「聞こえる」ものがあるが、名前や称号は借用されることがよくある。（よく知られた例として、フンの多くはゴート語の名前を持ち、初期のテュルク人はイラン語もしくはインド語の名前を持っていた。）最後のアヴァール・カガンの名前である「阿那瓌 A-na-kuei」、すなわち★Anagai（『周書』50：908）は、遥か西のメナンドロスの記述にはテュルク系と推定されるウティグル人の支配者の名前が Ἀνάγαιος（Anagaios）と実証される（Chavannes 1903：240 を参照）。アヴァールのほとんどの名前と称号は音韻の面から言ってはっきりとモンゴル系ではないようだ。アヴァールについての主要な問題は、現在のところ史料の不足というより彼らについての学問的研究の不足である。その課題は放置されすぎている。ここで注意しなければならないのは、中期中国語の外国の固有名詞（A-na-kuei など）に見られる語中の再建された☆w は実際の「元の」形においては何も対応するものがないことがよくあるということである。

59 初期の朝鮮と日本の民族言語史に関する論争は、韓国・朝鮮のナショナリズム（これについては Pai 2000 を見よ）を含む現代の政治に一部原因がある。また、韓国・朝鮮、日本、そしてその他の国の学者が主たる史料とその研究を怠ってきたこともその原因である。そして、東アジア研究一般の分野において歴史言語学と文献学の科学的方法に対する深い誤解が広まっていることやその方法を全く拒絶していることも原因のひとつである。関連の史料や問題についてはBeckwith (2005a, 2006e, 2007a; cf. Kiyose and Beckwith 2006) で検討されている。

60 この時代は日本における「日本」文化の始まりとされており、一般に紀元前四世紀から三世紀に始まると考えられている。近年、放射性炭素年代測定に基づいてそれよりかなり古かったという学者もいる。問題は歴史のこの時代に対してはよく知られているように放射性炭素年代測定の信頼性が欠けることである。入念な年輪年代学的年代が紀元前第一千年紀と紀元第一千年紀前半の朝鮮半島と日本列島に対して確立されるまでは弥生時代の年代を正確に決めることはできない。Kiyose and Beckwith (2008) を見よ。

61 世界史はこの動きがユーラシアの周辺諸文化、特に西ローマ帝国に与えた表面的な影響についてはかなり注目しているが、その原因について注目することはずっと少ない。通常、考え得る原因が挙げられるが、説明の根本は変わらない。中央ユーラシア人は飢えて貧しく冷酷であるが同時に攻撃的で力強く生まれつき戦いの準備ができている。そして、南方の弱い農耕民を略奪し、その地域に自らの帝国を築くことができたという予期せぬ成功を収めるというのである。その時代の歴史をこのように特徴付けることは、よく言っても誤解を招くものである。それは、中央ユーラシア人（もちろん戦争難民は除く）は本拠地では実際飢えていたり貧しかったりするという誤った考えに多かれ少なかれ完全に基づいており、証拠もないのに彼らが動機を持っていたとしている。（エピローグを参照。）人間であるから、中央ユーラシア人も敵を攻撃したというのは疑いないが、それは近隣民族が彼らを攻撃したのと同程度である。しかし、単純な事実は、なぜ民族大移動が起ったのか分からないということである。それにもかかわらず、周辺文化において起った出来事自体については充分に知られており、理由を発見できる可能性がある。

62 アラブの内外交易、ムハンマド、そして初期のイスラームの拡大の歴史は非常に異論の多い分野である。Shaban (1970, 1971, 1976)、Crone (1987)、Peters (1994) において扱いが異なっているのを見よ。ここでの扱いはシャバンのものにだいたい従っているが、特にアラビアの外への拡大の背後にある主たる原動力についてはクローンの結論にもよった。クローンは、起るべくして起ったと推定されるアラブ人の戦争状態（後註63を参照）ということではイスラームの創設とそれに続く征服のユニークな歴史を説明できず、アラビアの「外部からの侵入」がその唯一の説明となる、と消去法によって論じ（Crone 1987 : 245–250）、「こうしてムハンマドのアラビアは近代においてさえ見られないような規模で外国の支配下に置かれた」（Crone 1987 : 246）と言う。初期の征服については Donner (1981) も見よ。

63 クローン（Crone 1987 : 243–245）らはアラブ人は欲深く貪欲な征服者であると言う。「部族国家は存続するために征服しなければならない。略奪を行う部族民がそのメンバーを構成し、彼らは一般に自制するより戦う傾向にある」（Crone 1987 : 243）というのである。彼女の見方ではムスリムも同様である。「ムハンマドは征服しなければならず、彼に従う者は征服を好み、神は彼に征服を命じた。我々はもっと必要か、と」（Crone 1987 : 244）。これらの見解は科学的に正当化されないように思える。エピローグで論じた中央ユーラシア人について受け入れられている見方とこれらが驚くほど類似しているのは偶然ではない。イスラームのコミタートゥスについての同様の見方に関する議論については Beckwith (1984a) を見よ。

64 アラブ人が「クテシフォンの大図書館」を破壊してしまったため、中期ペルシャ語や新ペルシャ語以前のどのペルシャ語で書かれた本もほとんど存在しないとよく言われる。実際は、初期のペルシャ人は、イスラームを受容しアラブ人から書記の習慣を学ぶ以前は、少なくともペルシャ語ではほとんど本を書かなかったので、初期のペルシャ語で書かれた本はほとんど残っていないのである。九世紀初めにアラブ帝国が崩壊し始めたとき、アラビア語の影響を大きく受けた文語である新ペルシャ語が発達した。そのとき以来ペルシャ人はアラブ人と同様におびただしい量の書物を書いた。右の話はアラビア語や後の新ペルシャ語と比べて中期ペルシャ語の本が乏しいことを説明しようとして現れたと思われる。その神話は、アラブ人がアレクサンドリアの大図書館を破壊した（実際はアラブが侵入する何世紀も前になくなっていた）というものと並んで歴史のかなたに消えたものである。

65 中央アジアの西と南の地域は、歴史の記録によるとペルシャの諸帝国によって数回にわたって征服されたが、それらの地域は彼らによって長いこと直接支配されたことはない。現地の人々は文化も言語もペルシャではなかった。実際、彼らは全く異なる言語（バクトリア語、ソグド語など）を話していた。それらの言語はイラン語派に属しペルシャ語と関係があったが、ペルシャ語とは別の下位グループに属している。混乱の多くは、イラン語という名前によるが、それは現在のイラン（かつてのペルシャ）とは特定の関係はない。それは、その語派とそれらの言語を話す人々に対する学問上の用語なのである。ペルシャ人と同様、アラブ人も西中央アジアと南中央アジアを素早く侵略したが、彼らもしっかりと支配したわけではなく、かなり早くに支配を失った。中国人も同様に中央アジアの東部地域に確固たる支配を築くのは困難だった。

66 玄奘はバルフのナウバハールでその一月を費やして説一切有部《せついっさいうぶ》の重要な著作のひとつである「婆沙《ばしゃ》論」を学んだ（TSFC 2: 33）。それは、「仏教哲学の百科事典で、異なる宗派の古代と当代の哲学の考えを入念に記録し論じてある」（Ch'en 1992: 95 n. 9）。幸運にも、玄奘は写しを中国に持ち帰り、それを翻訳した。その後、他の言語のものは全て失われたのであった。最近その著作とそれに関連するものについて優れた研究がなされた（Takeda and Cox 2010; Willemen et al. 1998）。

67 その新しいアラブ帝国の第三代カリフのウスマーン（在位六四四～六五六）が殺害された後、内戦が勃発した。預言者ムハンマドの従兄弟のアリー（在位六五六～六六一）が後を継いだが、ウスマーンの政策に対する不満が続いたのと、ウスマーンの従兄弟でシリア総督のムアーウィヤが復讐を望んだため、国は内戦に突入したのであった。アリーの長男アル・ハサンは後を継いだが、すぐに退いてムアーウィヤに継がせた。ホラーサーンにおける暴動はアラブ人が初めてそこを侵略したすぐ後に起った。アラブ人は鎮圧のため何度か遠征隊を送ったが内戦後まではほとんどうまくいかなかった（Shaban 1970 : 26–27）。

68 プギェルという称号は通常「プの王」を意味するとされている（Beckwith 1993）。しかし、おそらくそれは誤りであろう。プはチベットの初期の王朝の名前である可能性があると思われ、その称号は帝国時代の文書に現れているが、実際のところその意味は分からない。最近チベット人とチベット学者は「プギェル」という称号を「チベット帝国」の意味で使い始めた。これは歴史を無視した用法のようで、実際、二言語（古代チベット語と中国語）対訳の史料と矛盾する。そこでは国をポー・チェン「大チベット」と言っており、それは、例えば「大唐」といった中国語の用法と完全に並行して（明らかにそれをモデルとして）いる。この問題は学問的に注目される。

69 帝国後のチベットの記述に基づいて、皇女の文成公主（『古代チベット編年記』ではMun caŋ koŋcoと書かれる）は皇帝ティ・ソンツェン[Khri Srong Rtsan]（Khri Srong Brtsan、別名ソンツェン・ガンポ）自身と結婚することになっていたと言われ続けている。これは『古代チベット編年記』の初めの記述と八世紀に中国との間で結ばれたもうひとつの結婚による条約の歴史によって誤りであることが証明される。二つの可能性がある。皇女は皇太子のグンソン・グンツェンと結婚したが、皇太子は皇帝になって六年治めたところで死んでしまった。ティ・ソンツェンが復位し、中央ユーラシアの慣習であるレビレート婚に従ってその中国人の皇女を自分の配偶者の一人にし、六四九～六五〇年に死んだ。この見方は『古代チベット編年記』の初めの部分の断片にティ・ソンツェンは死ぬ前に「三年間彼女とともに暮らした」とはっきり書いてあることによって支持される。しかし、その同じ文書はその皇帝をそのチュン「（皇帝の）弟」であるツェンソンと並んで二回ツェンポ・チェン「皇帝、兄」と言及している。グンソン・グンツェンが今は失われている部分に言及されていたという可能性はあるが、残っている部分に基づけば、言及されていない可能性が高いと思われる。そうすると、弟のツェンソンが結婚相手であった可能性が残る。『古代チベット年代記』はティ・ソンツェンの父の治下での同種の二重統治に言及しており、同じ状況は後の十八世紀に再び唐の皇女の金成公主が政略により現在ツェンポ・チェン・ラ「皇帝、兄ラ」とのみ知られている支配者に嫁ぐことになっていた。しかし、どの場合でも彼女はティデ・ツクツェン（「メエ・アクツォム」）に嫁ぐことになっていたのでないことは明らかである。彼女のための交渉は彼が候補者になるずっと以前に始まっていたからである。Beckwith (1993: 69–70) を見よ。中央ユーラシアの各地において二頭政治が広まっていたということを考えるとこの課題は更なる研究の価値がある。

70 フランク人はラテン語の称号 imperator「皇帝」を八〇〇年のクリスマスの日に採用したが、それはローマ教皇によって突然与えられたものであった。フランク人はそのことにより王の権威を教皇に負うこととなると考え、それが彼らが教皇に対して不快感を持つようになった本当の源と思われる。その不快感はフランクの史料に現れている。フランク人は自分たちの帝国の最高の支配者の称号として独自のものをすでに二つ持っていた。ラテン語の rex と、英語の king に相当するフランク語の単語である。どちらも近隣のビザンツやアラブの皇帝の称号と区別されていたが、シャルルマーニュの時代には imperator という称号はもはやもっぱら「imperial（帝国の）」ではなかったのである。より小さなアヴァールの王国の支配者は東部草原において自らの歴史の早い段階からカガン「皇帝」の称号を保っていたが、彼らの国は七九六年にシャルルマーニュの軍に征服された。

71 突厥の王族はメナンドロスではアルシラス（Ἀρσίλας/Arsilas）と呼ばれている（Blockley 1985: 172–173）。漢文史料ではそれは「阿史那」で、中期中国語の発音 ☆Arṣinas は異国の ★Aršinas～★Aršilaš を表している。末尾の⋆sは標準的な中期中国語で「去声」となったが、それは初期の中期中国語にも存在したということが他の音写から知られる（Pulleyblank 1984）。現代の中国語の **n** はその時期に **n** か **l** か **d** で発音されていた。ギリシャ文字はこれらについての曖昧さはなかったが、漢字音写で区別されていたsとśについてははっきりしなかった。漢字音写とメナンドロスのギリシャ字音写はこのようによく一致し、⋆Aršilas～⋆Aršilaš を表している。この名称の語源は長く議論されてきたが、一部の人が望むように（後註72参照）碑文にある古代テュルク語の形容辞 **kök**「空色の」と結びつけることはできない。**kök** が青い空、すなわち、天、天の神の住まうところ、突厥の支配者たちの出たテンリ（Tängri）を言うことは確かである。碑文には次のようにある。「上に青い天、下に褐色の地が創られたとき、その二つの間に人の子が創られた」。天の神テンリと地の女神ウマイは明らかに作者が考えていたものである。従って、**Kök Türk** は学者がずっと考えてきたように「天の青きテュルク」を意味する可能性がある。ドゥ・ラ・ヴェシエール（de la Vaissière 2007：199–200）は「テュルクの王族の名前はソグド語で **ʼšnʼs** と音写されていることは知られている……つまり、極めて正確には Ashinās」と言うが、Beckwith (2005b) に示されたように、それが現れると言われてきた二つの碑文にそのような形は実際には現れない。彼はギリシャ字音写と私が「テュルクの王族について」というタイトルの付録（Beckwith 1987a/1993：206–208）においてテュルクの王族の名前に関して行なった議論のほとんどを無視して、「それは称号ではなく（ベックウィズには申し訳ないが）氏族の名称である」とだけ言うが、それは明らかに私がそこで挙げてテュルクのその氏族名の「源かもしれない」と示唆したトカラの称号のことを指している。それ以後私はその示唆が実際正しく、その単語はトカラ語Aからの借用語であることを詳しく示した。次の註を参照。

72　クリャシュトルヌイ（Klyashtornyi 1994：445–448）らは A-shih-na 阿史那（新官話 Ashina）という名称はホータン語の āṣṣeiṇa「青い」（Rastorgueva and Ėdelʼman 2000, I：285 参照）かトカラ語の âśna で、古代テュルク語の **kök**「青い」に対応すると論じてきた。その **kök** というのは伝統的には古代テュルク語で書かれた突厥帝国のオルコン碑文の **Kök Türk**「青いテュルク」の形容辞として使用されたと考えられてきた。クリャシュトルヌイらの考えはテュルク学者の間である程度受け入れられたが、克服できない問題がある。kök を A-shih-na と同一だと見るのは、kök が形容詞として türk を修飾しなければならないという事実を無視している。しかし、皇帝の一族の名称は名詞でなければならない。kök「青い」を使うと Kök Türk を「青とテュルク」といった意味に解釈しなければならないが、碑文の文脈やテュルク史においてそれでは意味をなさない。A-shih-na を āṣṣeina だとする見方は、現代中国語読みに基づいており、テュルク語の形が千五百年前の中期中国語の時代に音写されたもので、かなり異なった発音であったことが考慮されていない。また中期中国語の音写ときれいに一致する極めて明瞭な同時代のギリシャ語の音写 Ἀρσίλας（Arsilas）を無視しており、同様に傍系貴族のトニュクク氏の名前の A-shih-te を無視している。A-shih-na という名前を古代テュルク語やソグド語に見つけたというのは根拠のない主張であり、そのことは Beckwith (2005b) に示されている。最後に、A-shih-na をテュルク語、アラビア語などの史料にある音声的に類似した名前と同じであるとする試みもまたかなり疑って見なければならない。この名前は初期のテュルクの名前のほとんどがそうであるように音韻の面でかなりテュルク語的ではない。「漢文史料において突厥の支配者たちに与えられている五十の風変わりな名前のうち、ほんの一握りしかテュルク語のものに対応せず、純粋にテュルク系のものはさらに少ない」(Sinor 1990a: 290)。漢字音写がギリシャ語やトカラ語Aの ārśilāñci という複合形容詞（実際 ārśilāñcinaṃ「ārśi 王のように（韻律）」として実証される）に類似していることが既に一九八七年に指摘されている（Beckwith 1987a/1993: 206–208)。当時 ārśi の意味についていろいろ議論されたが、その後、サンスクリット語の形容辞 ārya「高貴な」がトカラ語化した形であるということが示された（Adams 1999: 53)。さらに後になって私はトカラ語Aに lāś があるのを偶然見つけた。それはトカラ語Aに実証される wäl「王」という名詞の複数主格形二つのうちの一つであった。従って、ārśilāś「高貴な（ārśi）王（lāś）」は実証される形容詞 ārśilāñci「高貴な王のごとき」に対応する男性名詞複数主格形である。これによって、六世紀に漢字とギリシャ文字による音写に見られるそのテュルク語の形は古代テュルク語の Arsilaš で、トカラ語の単語と一音一音同じであることが確実となった。（トカラ語に長母音はなく、ā は表記上のものであることに注意。）これで A-shih-te の解決も示される。トニュククは別の貴族に属していたので、arśi という形態素はそれが修飾する不明な二番目の語（漢字「徳」で音写される）が貴族的性質を備えていることを示していると思われ、それもトカラ語Aの語であろう。詳しくは私の論文（The pronunciation, origin, and meaning of *A-shih-na* in early Old Turkic. In: István Zimonyi and Osman Karatay, eds., *Central Eurasia in the Middle Ages. Studies in Honour of Peter B. Golden*. Turcologica 104. Wiesbaden: Harrassowitz, 2016, pp. 39–46）を見られたい。

73 チベット帝国の七五五年の反乱に関連する資料はほとんどが後の時代のもので、チベット帝国の歴史に対する誤解に満ちているが、公式の『古代チベット編年記』の表面的な記述の裏にあると思われる何かを反映している。暗殺された皇帝の妃たちの中には中国人の皇女の金城公主も含まれているが、彼女はその反乱のずっと以前に死んでいた。彼の祖父の妃の中にはアルシラスの家系の西テュルクの王女がいたが、その人物は古代テュルク語の称号カトゥン（qatun）「王妃」でしか知られていない。皇帝は子どものときにティ・マローの助けによって帝位につくことができた。ティ・マローはおそらく「兄」ツェンポ・ラとしか知られていない皇帝を退位させた人物であろう。この反乱について詳しくは Beckwith (1983) を見よ。

74 いろいろな師や翻訳者が外国から来たとよく述べられている。確かにそういうこともあったが、ほとんどの場合、それらの人は当時チベット帝国の国境の内側に住んでいた。帝国が拡大して彼らの家も帝国内にあったのである。名高い師パドマサンバヴァは（全くとは言わないまでも）かなり伝説的な人物であるが、当時チベット帝国の属国であったウディヤーナから中央チベットに赴いた。中央アジアの仏教、タズィグ（「アラブ」）仏教がチベット西部のかつてのシャンシュン王国のあたりに伝わったと推定され、そこで後にボンという名称となった（史実とは思えないが、あり得る筋書きである）。Beckwith (2011) を見よ。これが単に可能性ではなく歴史的事実であったら、それは確かに同じ形で、つまり、当時完全に仏教国であったトカーリスターン東部（現在のアフガニスタン東部、ウズベキスタン南部、タジキスタンの辺り）においてチベットが力を持っていた間に起ったであろう。

75 この七四〇年という年はイェフダ・ハレヴィのヘブライ語の著作（一一四〇年にムスリム統治下のスペインで書かれた）の中ではっきりと述べられている。しかし、その年についてはかなり議論がある。アル・マスウーディーは（自著『ムルージ・アル・ザハブ』の中で）ハザール人はハールーン・アル・ラシード（七八六〜八〇九）の治下でユダヤ教に改宗したと言っているが、そのように同じ世紀のもっと遅い時期というのもあり、また、八三七〜八三八年の「モーゼ硬貨」に基づいて次の世紀だという説もある。ただし、モーゼ硬貨については現れたのがハールーン・アル・ラシードの死後約三十年経ってからであるので、その治世においてハザール人が改宗したとそれによって確認することはむずかしい。改宗時期は八三七／八三八年以前のいつでも可能性があるからである（Kovalev 2005）。さらに、ハザールの改宗は目立った出来事で、それには何か目立った原因が必要だと思われる。その原因は、すでに議論されているように（Dunlop 1954: 86）、七三〇年代にアラブのもとでハザールが肉体的苦痛、宗教面での抑圧、精神的な屈辱に苦しんでいたことであるのは確かである。そして、すでに記したように、ユーラシアの主たる国々は、理由はまだはっきりしないが、八世紀半ばにいずれかの世界宗教を受け入れた。従って、ちょうどいい時期であった。資料について確かな情報に基づく詳しい考察と議論についてはGolden (2007) を見よ。そこでは改宗について九世紀初めを支持している。

76 「イスラームのインドの半世紀」という表現は昔のイスラーム文化史の学者によって作られた。残念なことに、この並外れて感覚の鋭い学者が誰であったか思い出せない。そして、いろいろ調べてみたが、その学者がこれについて書いた著作を見つけることはできなかった。（私が知っている、もしくは会ったことのある初期のイスラーム研究の優れた専門家何人もにも聞いてみたが、どの文献か分からなかった。）アッバース朝の最初の半世紀はいろいろな点でイスラームの知的文化の形成期であるが、私の知る限り、その学者はそれをインドの強い影響下に入ったものとして特に扱おうとした唯一の人である。彼の研究は、明らかに完全に見落とされているか忘れられている。それは、イスラーム学者の間には、イスラーム文化の形成期においてイスラーム文明に中央アジアやインドの重要な影響があるという示唆に対する強い反発と結びついている。そのことは彼の研究が正しい方向にあったことが確認されたということかもしれない。古代近東の専門家や中国学者が自分たちの専門分野に対する外からの影響に関して示した同様の反応については既に記したが、それと比べてみられたい。

77 ファフリー（Fakhry 1983: 34）は「毘婆沙師と経量部の二つの仏教の学派、ニヤーヤとヴァイシェーシカの二つのバラモンの学派、そしてジャイナ学派は五世紀までに、おそらくギリシャとは独立に原子論を発達させた。そこでは、物質、時間、空間の原子的な特質が説明され、世界がその構成から生じる壊れやすい性質を持っていることが強調される」と言う。ファフリーは考察の中に仏教の宗派を含め、それは正しいのであるが、一般的にこれらのテーマに関する研究はヒンドゥー教に焦点が置かれ続け、アラブ人が七世紀末には中央アジアのほとんどを侵略して従属させ、そのためその地の高度な仏教文化に強く密接に接していたことは無視している。中央アジアの仏教文化については、中国の僧、玄奘がそれよりたった二十年ほど前にインドへ行く途中に通過し、詳しい記述を残している。同様のことは、ホラーサーン西部出身の中央アジア人アブー・ヤズィード・アル・ビスターミー（八七四没）による独特の高度に神秘的だが「非イスラーム的なスーフィズム」の発展についても言えるであろう。彼のグルは非ムスリムのアブー・アリー・アル・スィンディーで、名前から自身もしくは家系が元々スィンドの出であることがわかる（Fakhry 1983: 241, 243–244）。

78 初期のアラブの文法家に対してインドの影響がどの程度あったかに関して学者の意見は一致しない。最も優れた専門家のカーターは数多くの出版物（例えばCarter 1997）においてシリアの影響のみを論じている。しかし、この見解はシリア語から母音記号を取り入れたことにおおかた基づいているようである。その母音記号については疑う余地がないが、それは正書法に関するもので、『アル・キターブ』における音論そのものがインド式に扱われていることとは関係がない。初期の文法家の中にシリア人がいなかったことは注目すべきである。出身が分かっている学者はほとんど全てアラブ人ではなく、記したように、その著作の実際の著者は中央アジアの仏教学の中心地バルフの出身であった。この問題は、インドとアラブ双方の伝統文法に詳しい学者による再検討を必要とする。

79 ボンという語はボン教徒の教典においてチョー「法」と全く同じ意味で使われている。従って、チベット語の中では語源が分からないであろう。その元が何だか分からないのである。チベット帝国時代にボンと呼ばれる仏教とは異なる宗教が存在していたと一般に考えられ続けているにもかかわらず、その考えを支持する証拠は断片さえないということにも注意しなければならない。ボン教（とボン教徒）の存在を示す最初の文字による証拠は帝国以後の時代のものである。いくつかの点で他の宗派と異なっているが、それはすでにかなり確実に仏教の一形態であった。Beckwith (2011) を見よ。

80 トゥウィチェットとティーツェ（Twitchett and Tietze 1994: 45–46）は契丹語が言語学的にどのグループに属するのかはっきりしないと述べているが、それがモンゴル系の言語であることはずっと以前から確固たるものとなっている。このことは契丹文字の解読が進む中でさらに確認されてきた。近年、契丹語や他の初期のモンゴル系の諸言語に対して言語学用語ではない「パラ・モンゴル系」という用語（Janhunen 2003: 391–402）や、近隣の諸言語に対して類似の用語が導入されているが、それは言語的関係の性質が不明瞭であるということを示しており、そのことはユーラシア東部一般の言語学の問題である。Mischsprache、すなわち「混合言語」というようなものは存在しないということが再び示されたので（Beckwith 2007a: 195–213）、契丹語はモンゴル系かそうでないかのいずれかである。

81 哲学思想を含むイスラーム文明の黄金時代は終っていないし衰退してもおらず、現在まで続いている、という主張が近年なされている。イスラーム世界における falsafa「哲学」の抑圧に関する Nasr (2006) の擁護的な発言について、その抑圧の証拠の提示が議論と矛盾していることと併せて留意されたい。彼は、哲学のいくつかの面は、シーアの諸学派において、(教義の解釈に献身している) 神学者の間で、そして他の宗教的保守主義の砦において、ある程度保たれている、と至る所で強調する。西洋の影響 (彼の言う「近代思想」) によって自由をいくらか取り戻したが、彼はこれを批判し (Nasr 2006: 259 以降)、近代までイスラーム世界において思想の自由がほとんど完全に失われていることをなおさら強く確認するだけである。

82 タングート人は言語がチベット語と関係があったにもかかわらず、簡単なチベット語のアルファベット書記体系を取り入れたり適応させたりしなかったのは不思議である。ただ、彼らや他の人々がタングート語を音写するのにときたまそれを使用することはあった。彼らはおそらく政治的な理由で中国語式の完全に新しい文字体系を作るほうを選んだのであろう。しかし、彼らはまた仏教経典をチベット語からではなく中国語から翻訳したということも注目に値する。いずれにしても結果としてタングート語の音韻研究は難しい分野のままである。Nevsky (1926) 以来、このテーマの研究のほとんどは行間に書かれたチベット文字による音写を使用せず、解釈にかなり議論の余地がある複雑な韻書のシステムによっている。その韻書はタングート人が中国語のものをモデルに作成したものである。タングートと中国の韻書の伝統は分節音単位の音写や通常の言語学より優れていると言われ続けている。

83 チンギス・カン (欧米では伝統的にジンギス・カン) という称号は、「大洋の [世界の] 支配者」という意味だと考えられている。これはラムステッドとペリオの説 (de Rachewiltz 2004: 460 に引用されている) に従うもので、チンギス [čiŋgis] はテュルク語の teŋiz (『モンゴル秘史』の中期モンゴル語の teŋgis「海」)「海、大洋」かその方言形であるというものである。テュルク語の tegin「王子」がモンゴル語に *tigin として借用されてそれが čigin となったのと同じように、第一音節の母音はテュルク語の -e- が -i- に変わったモンゴル語の方言を反映しているか、そうでなければ čingis という形が第一音節に既に -i- を持っていたテュルク語の方言に由来する。称号はそれまでの対抗する支配者たちを視野に入れて注意深く選ばれなければならなかったに違いない。近年、この čingis は「強力な、屈強な」という意味の形容詞で、テムジンの称号は「強大な支配者」を意味するという説が出されている。この説は何人かの優れた学者が採っている。その議論と参考文献については de Rachewiltz (2004: 460) を見よ。しかしながら、私はこの考えを受け入れるのはむずかしいと思う。伝統的な中央ユーラシアの称号は、天上起源、天命、世界支配などに触れている。チンギスとその後継者たちはこれらのことにおいて明確な信条があることで知られている。既に述べたように、テムジンのライバルであるジャムカに与えられた称号ギュル・カンは「世界の支配者」の意味で、テムジンのライバルであるキュチリュグが中央アジアの国家カラ・キタイの政権を握ったときに同じ称号を取ったが（Biran 2005 参照）、そこでは建国以来それが支配者の称号であった。テムジンはジャムカやキュチリュグよりも偉大な中央ユーラシアの支配者であったかそうであることを意図していたが、それが下位の称号を得るということはほとんどあり得そうもない。「大洋」と「世界」が等価であったことは後にモンゴル人が改宗したばかりのチベット仏教ゲルク派の最高位者にダライ・ラマ「大洋ラマ」、すなわち「世界のラマ」という称号を授与したことによって支持されるであろう。さらに、祖先の狼と鹿が Tengis「大洋」「海」を渡って安全な新天地に至り、そこで最初のモンゴル人を生んだという伝説は誰もが間違いなく知っている。従って、チンギス・カンという名前はテムジンをモンゴル民族の一番始まりと結びつけたものである。

84 マルコ・ポーロは中国にもユーラシア東部のどこにも行っていないと証明しようと学者たちが何世代にもわたって努力してきたが、それらは、出版された彼の旅行記はマルコ自身の真正な供述であるという完全に誤った仮定に基づいている。彼は実際にはその Il Milione という本を書いていないし、自身による記録として最終的に出版されたものに対して発言権がなかった可能性が高い。また、その本を書いた人物であるピサのルスティケッロは評判の高い小説家であったということもよく分かっている。そのようなものとして、ルスティケッロは自分の著書をできるだけ多く売ることに関心があったと仮定することができるかもしれない。彼の書いた小説から取られた「物語部分の節全体」を含めてその本の多くの部分は彼自身の著述であるということが非常に詳しく示された（Latham 1958: 17）。一般的に言って、現在我々にはどこまでがマルコの手になるものでどこまでがルスティケッロによるものか、そして、多くの場合、誤った情報の出所はどこかを知る方法はない。さらに、口頭で伝えたもので正確に報告されるものはほとんどなく、実際全くゆがめられてしまうことが非常に多いということは誰もが個人的な経験から知っている、いや、知っているはずだろう。これらの問題を考慮すると、非常に多くの正確な資料をルスティケッロが保っていたことは驚異的であるばかりでなく、マルコ・ポーロ自身の記述（我々は持っていない）が本質的に真実で正確であったことを疑う合理的な理由はない。Il Milione に見られる中国や東洋全般についての詳しい説明はそれが書かれた時代としては深さと正確さにおいて類を見ないものであったし、そうであり続けている。中国や特定の歴史的人物や特定の土地についての詳しい情報を拾い集めることができたであろうと思われる文献は、その本が出版されて長い年月が経つまで西洋にはなく、その本は出版後数世紀の間は他のものに取って代わられることはなかった。クリーブスの論文（Cleaves 1976）は、——その後に一九八五年の楊志玖『元史三論』が続くが（Rossabi 1994: 463 n. 83）——、マルコ・ポーロはクビライ治下の大カン国にいたということを最終的に示した。

85 世界の歴史にはっきり区分される時代があるということは、多くの人が認めるが（ただし、その境界に関して意見が一致することはほとんどない）、それは時代と時代の間に分水地点とか分水嶺があったことを示唆する。しかし、歴史的変化は第一に堆積していく過程であるから、それは同じ率で起るものではない。多くの重要な関連した出来事が短い期間に起ることがある。よい例のひとつが八世紀中葉で、ユーラシアのあちこちで起った反乱や革命などによって特徴付けられる。そのような時代は分水地点であろうが、それらの時代自体がもちろんそれぞれひとつの時代である。そのように歴史上のいくつかの時代は他の時代に比べて短い間に重要な変化が多く詰め込まれているのである。モンゴルによる征服はそれ自体重要な時代であり、それ自体研究する価値がある。しかし、それは、知識が東方から西方へ、そしてそれより少ないが西方から東方へ伝播したという重要事項を例外として、ユーラシアにおいてどのような種類の根本的な変化ももたらさなかった。

86 ピアソン（Pearson 1987: 14）は、次のように論じる。

産業革命とそれに関連する科学と技術の発達があった。従って、ポルトガルを十八世紀に世界を制覇することとなるヨーロッパの優勢にとって不可欠な先駆者として見ることはできない。要点は、間違いなくこの場合も科学と技術の発達が少なくとも一時の間ヨーロッパ西部の優勢性を生んだに違いないということである。ポルトガル人がそれより約二世紀半前に喜望峰を回ったということはその結果と関係ない。十五世紀にポルトガルが航海において勝利したことは厳密には「偉業」として見なければならない。

これは正しくない。ヨーロッパ人は十八世紀の「産業革命」以前に世界を支配していた。その理由は、ポルトガル、スペイン、その他の国が世界中を航海し、作れるところにはどこにでも交易所と植民地を作ったからである。彼らはすでに技術的に優れた武器と船を持ち、実用志向の科学的伝統があり（それによって、現れたときにチャンスをものにした）、世界に対する飽くことのない好奇心を抱いていたことによって、大抵の場合成功した。コロンブス、ダ・ガマらの探検家による航海とともにヨーロッパの勢力が世界に広がった。十八世紀ヨーロッパの「産業革命」はそういった探検家たちが航海を行わなくても起ったのであろうか、という疑問がおそらく出るだろう。一四〇五年から一四三三年の間、明朝はムスリムの武将である鄭和《ていわ》を海洋探検に送った。探検隊はアフリカの東海岸にまで達したが、一四三四年に彼が死んで以降は全く送らなかった。明は衰退し、二世紀後には満洲人に屈した。中国は文化的にも技術的にも高いレベルにあったが、二十世紀まで「産業革命」は起らず、それが起ったのは西洋の非常に強い影響を受けてであった。

87 贅沢品は単位ないし量あたりの値段が比較的高い品物と考えられている。それらの交易は、単位ないし量あたりの値段が比較的低い穀物、材木、無地の綿布といった生活必需品の大量の交易（例えばPearson 1987:

24-25）と対照的である。前者のような交易品が「贅沢品」とされる表の基準は、それらは日常生活に必要なく、そのために「真の商取引」の存在を示すものではないという考えである。その裏の基準は、それらが何かしら不道徳であるというものである。今日においても、コンピューター、携帯電話、自動車、ジェット機といった贅沢品が国際的な貿易と金融において優勢であるという事実が存在しているのに、歴史経済学者は古代に遡るであろう古い道徳に基づいた考えを繰り返している。「粗い布地」の交易の事例がピアソン（Pearson 1987：25）によって論じられているが、ピアソンは「アジア東南部のスパイスの多くに対して払われたのはこれらの布であった。確かに、十六世紀にポルトガルと供給者の間に結ばれたいくつかの協定においては、スパイスの値段はお金ではなく布で決められていた」と述べる。この布地の多く、おそらくほとんどは、中国で長いことそうであったように（Beckwith 1991）、通貨の一種として実際に使われた標準化された日用品であった可能性が高いと思われる。

88　十七世紀に西洋の天文学と数学が中国に紹介されたが、それは始まりに過ぎなかった。技術においてヨーロッパに遅れをとっているということをアジア人が認識するまでには長い時間がかかった。しかし、実際は、十九世紀までに技術だけでなく学問のほとんど全ての分野において遅れていたのである。今日においても人文系の学問において多くの点でアジアは未だかなり遅れていることを多くの人は認識していない。それはヨーロッパから東へ行くほど当てはまるようだ。中東において、そして西洋の中東研究においては、近代以前の著作を科学的に校訂するという概念は知られ、専門家の間で受け入れられているだけでなく、それが存在することが期待されている。インドにおいて、そして外国のインド学者の間においては、校訂版の概念は知られ受け入れられているが、現代のレベルには達していない。東アジアと外国の東アジア研究者の間においては、科学的な校訂版は本質的に知られていない。（後註13も見よ。）二十世紀の終わりにエドワード・サイード（Edward Said 1978）を代表とする何人かのアジア人著述家は西洋の学者についてアジア人の文化を研究することによってそれを「盗んだ」と非難した。この行き過ぎた反知性主義はずいぶんと批判された（Lewis 1982）。残念なことに、多くの東洋学者《オリエンタリスト》は無意識のうちにサイードの考え方を受け入れ、昔からある「東洋学者《オリエンタリスト》」という言葉をどうも何か悪いものとして放棄した。このような立場からは、真の学者は真実を求め世界を啓蒙するので、みな悪いということになる。

89 ヌルハチの息子ホン・タイジ（「アバハイ」、在位一六二七〜一六四三、初め後金王朝のカン、すなわち「皇帝」、後に一六三六年から満洲清王朝の皇帝）の時代までに、満洲人はチベット仏教に改宗した。それは主にモンゴル帝国時代にチベット仏教に改宗していたモンゴル人とウイグル人の働きかけによるものであった。満洲人は、ダライ・ラマに率いられた「改革派の」ゲルク派（「徳行派」）に属していた。ダライ・ラマは東モンゴル人と西モンゴル人の双方を含めたモンゴル人の援助により、政治的に重要な化身の血筋となっていた。王朝の名称の「清」は山西の聖なる山「清涼山」と明らかに関係がある。その山にはマンジュシュリー（文殊菩薩）が住んでいたと満洲人、モンゴル人、ウイグル人、チベット人、中国人の仏教徒は信じていた。仏教の転輪聖王（チャクラヴァルティン）、すなわち法王（ダルマラージャ）の支配者として宣言されることの正統性は、中国人以外の人々から満洲人支配者に強い支持を与えるであろう。**Grupper (1980)** と **Farquhar (1978)** を見よ。**Manju**（満洲）という名称の語源については他によく議論された説がいくつかあり（例えば、**Stary 1990**）、満洲人が自分たちの帝国を形成している民族の間で異なった解釈を意図的に作り出していた可能性も大いにあるが、満洲人自身は、仏教への熱心な改宗者であったので、智慧を司るボディサトヴァ（菩薩）であるマンジュ（文殊）以外のものと考えるほとんどの解釈は想像しがたいものであった。

90 近年、シルクロードは実際には衰退しなかったと論じた学者がいる。彼らは交易路は完全に閉ざされたわけではないと言うのである。これは驚くべきことではない。というのはこの種の大きな現象が完全に消え去るということはまずないからである。そして、彼らは方向転換が行われたと言うのである（例えば、**Levi 2002, 2007c** を見よ）。この重要な新しい研究は、十六世紀から十九世紀にかけて交易路の発展と交易商人のインドから中央アジアとロシアへの移動に焦点を当て、ユーラシア史に注目に値する新しい地平を開いている。しかしながら、交易路そのものとそれに付随する交易商人は、本書で論じられているように、実は決定的に重要なものではない。さらに、中央アジアはティムール時代以後衰退していないという新しい主張は、その提唱者たちが引用している中央アジアの専門家には支持されていない（例えば、Levi 2007a: 3-4; Markovits 2007: 124-125）。都市や人口が縮小したことが実証されるので、その主張は誤っていることが証明される（Levi 2007b: 110、レヴィが指摘するように、人口は変動し、いくつかの都市は単に近くに移動しただけであるが）。科学、技術、芸術、文学、哲学は刷新することをやめ（これらはすでに偏狭なものになっていた。右記本文を参照）、技術、そして実質的には人間の活動の全ての分野において世界の他の地域に遅れずについて行くことができなかったのである。確かに中央アジアのカン国は十九世紀のロシア帝国の拡張に対してよく戦ったが、その地域は既に遅れと貧しさが目立っていたので、軍事面においても何においても差をつけられた。西中央アジアをロシアが最終的に完全に征服し、東中央アジアを満漢人が征服し植民地化したのは、中央アジアと他の中央ユーラシア地域の経済と文化にとって完全に壊滅的なもので、それ以来急激に「深刻な衰退」に向かい（Markovits 2007: 144）、十九世紀末から二十世紀末まで壊滅的な状態になったのはよく知られている。西ヨーロッパ人によってヨーロッパとアジアの間に直接の海上交易路が開かれたことによって陸上交易が衰退したという伝統的な見方に反対する議論についてもいくらか書かれている（例えば、Levi 2007a; Gommans 2007）。これについては本文の議論を見よ。

91　すでに述べたように、本書は中央ユーラシアとそれに関連するユーラシアの隣接地域の歴史について一般に受け入れられている見方を修正しようという試みである。第11章は私が近代の重要な諸問題と考えるものに焦点を当てている。細かな事実について（膨大な量があるが、その中のほんの）少しにしか言及しなかったのは、本書の概略的な歴史記述をなんとか現代まで持ってきて、議論のいくつかについて特定の証拠を提供しようとしたからである。しかし、それもできるところまでである。近代は全ての歴史記述において中心となっている。それは近代史については詳しい情報がたくさんある（近代以前の歴史の専門家である私は疑う余地のない明瞭な事実が比較的少数しかないことに慣れており、少なくともその目から見るとそうである）ことが理由のひとつである。近代の歴史研究の細かな事項、なおさらそれらの史料に溺れてしまわないように、私はほとんどの場合、多くの標準的な事典の類によって直に事実を得た。例えば、第二次世界大戦については主にSandler (2001)、Dear and Foot (1995)、Dunnigan and Nofi (1998)、Goralski (1981)、Mowat (1968) によった。しかし、そのまま引用したり私の議論のかなりの部分を頼ったりした場合を除いてそのような史料の引用をはっきりとは示さなかった。必要な場合（ほとんどは、他の人が言及していないか少なくとも指示していないと思われる事実を探すため）、私は参考文献に引いてある専門的な著作に加えて、一般書のStearns (2002)、Alexander et al. (1998)、Cook and Stevenson (1998) を使用した。ポストモダニストによる事実の拒絶と批判的思考の放棄については序論を見よ。

92 世界史を執筆する者は世界のどの国の人間であろうとほとんど全てがヨーロッパに固執している。それは、統一した「世界史」を書くという考えはヨーロッパで始まりヨーロッパに焦点を当てているからであろう。イル・カン朝の偉大なる学者で大臣のラシード・アル・ディーン（ラシード・ウッディーン）の『ジャーミイ・アル・タワーリフ』は、その名前が示すように「歴史を集めたもの」であって世界史ではないのである。多くの歴史記述者は歪んだ見方をしている。第一次世界大戦は壊滅的ではあった。しかし、実際に世界的な戦争であったということを信じてはいけない。今日通常与えられている名称とは関係ないのである。それはヨーロッパの戦争であり（Vyvyan 1968: 140; Teed 1992: 506）、隣接する近東のオスマン帝国とヨーロッパの植民領土に広がった。従って、かつて普通に行われていたように「大戦争」と呼ぶか、もっと適切には「大欧州戦争」と呼んだほうがより正確で、おそらく、より明瞭であろう。そうすると、第二次世界大戦は「世界戦争」と呼ぶことができるだろう。しかし、混乱を起さないように私は現在行われている用語に従う。

93 ギリシャ語のコンスタンティヌポリスという名前は何世紀もの間に日常会話で短くなったり変わったりして、さまざまな口語形ができ、その中に「イスタンブル」に近いものがいくつかあった。イスタンブルという名前はギリシャ語の「町へ」という意味的な関連を持たない表現から生まれたという通説を言う学者がいるが（Inalcik 1997：224）、それは正しくない。ギリシャ語のその表現は明らかに、その町の名前の口語形を説明しようとして生まれた民間語源である。

94 陰謀説、そしてアメリカの指導部が真珠湾攻撃を事前に知っていたという「重要な状況証拠」（Heidenreich 2003：579–582）についての反対意見は、証拠の誤った解釈とか相反する証拠が存在するとかいうことを主張するのではなく、必要な事柄がかなり込み入った形で連続していたのでアメリカ政権にそれを計画し遂行するだけの能力があったと考えることができないと論じる。その日の悲惨な過ちは、一般人か軍人か、地方か国かを問わず、主にアメリカの指導部の愚かさ、無知、そして傲慢さによると考える方がずっと分かりやすいし、アメリカ史により合致している。それに対して、脱出できた幸運は陸軍・海軍・空軍の将校や兵士の英雄的な行動によるものであった。アメリカの暗黙の同盟国はヨーロッパにおいて枢軸国と既に戦っていたが、その事実が見落とされていることが多いようだ。それらの連合国は日本に対して禁輸措置を宣言したが、それには現代の国家には欠かすことのできない鉱物である石油も含まれており（日本は石油を産しなかった）、それは宣戦布告と同じだった。（一九九〇〜一九九一年の最初の湾岸戦争は具体的にはイラクがクウェートとその油田を押さえたことが原因であることに留意せよ。）日本の真珠湾攻撃を正当化することはできないが、しかしこのような観点から考察されるべきである。それは時間の問題であって、アメリカの政治指導者たちにとってはほとんど驚きではあり得ず、実際本当に驚いたようには思えない。

95 モダニズムは世界史の中で最も理解されていない現象のひとつかもしれないが、それを理解せずにモダニズムの時代を歴史として理解することはできない。この節は二十世紀に何が起きたか、そしてなぜそれが未だに起っているのかを説明しようとするものである。私の目指すところは、現在まで続くある歴史上の問題と私が考えるものについての思考を促すことで、それに対して取組みがなされ、もしかしたらその解決策が見つかるかもしれない。モダニズムは歴史学者から概して非常に寛容に扱われている。彼らは人類の、技術による自然の征服、科学の発達の一般に肯定的な見方、といったことを強調する。しかし、それは近代史における影響力（主にマイナスの影響力）としてのモダニズムとはほとんど関係がない。進歩、哲学的実証主義、といったものを信じることは、聡明な歴史学者によって通常記されるように、時には確かに卓越した要素であるが、モダニズムのあからさまに否定的な性質は、聡明な歴史学者のモダニズムに対するかなり肯定的な姿勢と整合しない。スコット（Scott 1998 : 4–5）は、「高度にモダニスト的なイデオロギー」と呼ぶモダニズムに関する通常の見解について優れた洞察力に富んだ概観を与えている。「それは、科学と技術の進歩、生産の拡大、人間の要求の満足度の増大、自然の支配（人間性も含めて）、そして何よりも、自然の法則の科学的理解と比例した社会的秩序の合理的設計についての、強い、たくましいとさえ言える自信として捕えると一番よい。それは科学と産業の前例を見ない進歩の副産物としてもちろん西洋に現れた」と言う。彼は、モダニストが自らの計画、特に「巨大なダム、通信と輸送の集中的拠点、大規模な工場と農場、方格設計都市」といった「高度にモダニスト的な考えにぴったり当てはまり、また政府当局者としての政治的利益にかなう」事業を遂行するために国の支持が必要な限りにおいて、このイデオロギーを政治権力と結びつける。この「高度なモダニズム」の中心人物は「都市計画立案者、技術者、建築家、科学者、技師で、モダニズムは新しい秩序の設計者としてその技能と地位を讃える。高度なモダニストの信条は、伝統的な政治的境界を重視しないということであった。それは左翼から右翼までの政治的スペクトルの中にあったが、特に、人々の労働習慣、生活パターン、道徳的行為、世界観に巨大な理想的変革をもたらすために国家権力を利用しようと考えていた人々の中にあった」。最後に、彼は言う。「この理想的な考えはそれ自体としては危険ではなかった。進歩的な議会制社会において計画に生命を吹き込むところで、そして計画の立案者が組織化された市民と交渉しなければならないところで、それは改革に拍車をかけることができた。」しかし、もし独裁国家が「高度にモダニスト的な」イデオロギーを受け入れ、「これらの高度にモダニスト的な設計を生み出すためにその強制力を充分に活用しようとし、それをすることができ」たら、「その組合せは壊滅を秘めたものとなる」だろう。

96 中央ユーラシア東部では「還俗を強制されることはほとんどのラマ僧の運命であったが、モンゴルでは、集団処刑が記録された（集団墓地の発掘、記録文書などを通して）。おそらくブリヤートとカルムイクでも同様であっただろうが、私はそちらの方についてはよく知らない。一九三〇年代に物的なインフラ構造はかなり損なわれたが（著しい抵抗によって）、その後の何十年間かでほとんどなくなった」（Christopher Atwood、口頭伝達、2007）。

97 アドルノ（Adorno 1997 : 29）は「急進主義自体がもはや急進的でないという代償を支払わねばならない。……芸術は、既に確立されたものを排除すればするほど、いわばそうして遠く離れて無縁となってしまったものから何も借りることなくやっていくと表明するものに頼らなければならない」と言う。しかし、重要なのは流行性を失うこと、すなわち以前の芸術の伝統の妥当性に寄りかかることの危険性ではない。抽象主義であれ表現主義であれ何であれ、いかなる伝統においても偉大な芸術家が偉大な芸術を生み出せない理由はない。しかし、芸術自体を排除したら、どんな流儀、どんな様式であろうと、芸術家は芸術を創れない。

98 ヨーロッパ化された伝統の中で創作している現代の非ヨーロッパ系の詩人の大多数は、自身の文化で未だ存在している詩と音楽の伝統的な結びつきを放棄している。例えば、中国語のモダニズムの詩が散文のように読まれるのを聞くのは今では普通であり、それは全く非審美的な体験である。過去の本物の漢詩は詠唱されたもので、現在でも数少ない伝統主義の人たちにはそうされている。同じことはペルシャ語や日本語の詩にも言える。それらの文化においては詠唱の伝統は古典的な詩に関してはまだだいぶ残っているが、現代詩は読まれ、一般の英語の詩のように概して惨めに聞こえる。モダニズムの詩のほとんどが散文として読まれるのは全く合理的で適切であり、本当にほとんどがそうであるが、それは私たち自身の時代に本当の詩の世界を全て空にする。詩を読むという慣例はモダニズム以前の詩にも広げられ、未だ伝統芸術の存在する文化においてもそれを破壊した。もし詩と見せかけた散文を書くことを好む詩人が何人かいても、それはそれでいいが、他の詩人が問題に気づいてそのギャップを埋めるために再び本当の詩を書き、さらには詠唱し始めることを人は望むだろう。モダニスト作家の中にはエズラ・パウンドやカール・サンドバーグのように、詩を歌ったり詠唱したりすることを推奨し、実際にそのようなことを試みた人がいたが、結果は悲惨でうまくいかなかった。モダニズムの詩は一般に認められている音楽の伝統から既に完全に分離しており、彼らも他の誰もその二つを再び結合させることはできなかったのである。

99 無調性への更なる動きから遠ざかった後、シュトラウスは自身の最高の『薔薇の騎士』というオペラを創作した。セゲディマサーク（Szegedy-Maszák 2001 : 250）が的確に述べているが、「破壊か保守かは見方の問題である。『エレクトラ』の作曲家は前衛音楽家であったし、『四つの最後の歌』の作曲家は保守的な芸術家であった」。しかし、「大局」から見ると、『エレクトラ』が進歩的で『薔薇の騎士』が保守的であるというのは全く問題ではない。結局のところ、どちらのオペラも音楽的にはかなり革新的でシュトラウスのユニークで見事な音が特徴的なのである。重要なのは、彼が自身の生涯の間に西洋の芸術音楽の伝統破壊の頂点に達した運動であるモダニズム自体を認識し拒絶したということである。それが、シュトラウスが二十世紀において偉大な芸術音楽の創作に成功した数少ない作曲家のひとりである理由である。

100 「大衆と向き合った音楽におけるモダニズムが失敗したのは二十世紀のモダニズム一般に関しておそらくユニークなことである。建築、絵画、そして文学におけるモダニズムと違って、音楽のモダニズムは、上位文化の昔からの聴衆を取り込むことができなかったおかげで、大衆文化においてどのような形の一般化も模倣も経験しなかった」(Botstein 1998 : 259)。ボトスタインの意見は、大衆が視環境の選択を行うことが頻繁にある住宅の建築にはあまり当てはまらない。一般に、住宅の建築は、様式が単純化し、古い形式の模倣が次第に生気がなくなっていくのを経験した。また、絵画と文学においてモダニズムが成功したことに関しても、ボトスタインの言う「一般化も模倣も」、エリオットの『荒地』のような、発表されてすぐに認められた初期のいくつかの作品を例外として、かなり表面的である。

101 『春の祭典』は、その音楽や物語の展開において、バロック音楽の作曲家ジャンフェリ・ルベル（Jean-Fery Rebel 一六六六〜一七四七）の、当時忘れられていたバレエ『四大元素』の音楽と演目を部分的に模倣したものらしいことは注目に値する。『四大元素』は極めて不協和なポリコードに支配されたシーン「カオス」で始まるのである。そのバレエはロシアではルベルの全盛期に演じられた。ストラヴィンスキーはバロック音楽文献に深い関心を持っており、その作品を知っていた可能性が非常に高い。皮肉にも、二十世紀後半における芸術音楽の最も著しい出来事のひとつはバロック音楽の非常な人気であった。

102 アドルノの著作にはすばらしい閃きの洞察がたくさん含まれているが、そこには「威厳を主張するモダニズム芸術は、冷酷なまでにイデオロギー的である。威厳をもって振る舞うために、それは、気取ったり、見せかけたり、実際とは違う何か別のものだと主張したりしなければならないだろう。まさに真剣さがあるからこそモダニズム芸術はワーグナー流の芸術信仰によって長いことどうしようもない程に傷つけられていた見せかけを放棄するのである。いかめしい調子は、威厳や権力を表す身振りと同様に芸術作品を滑稽なものにしてしまうだろう。……今日、急進的な芸術は陰鬱な芸術のことで、その基本的な色は黒である。現代の多くの作品は、そのことに注意を払わず子どものように色彩に喜びを感じているので、当てはまらない。……人を楽しませる全ての芸術、特に演芸によって犯された不正は、おそらく死者に対する不正、すなわち蓄積された無言の痛みに対する不正である」（Adorno 1997 : 39–40）といった主張も含まれる。芸術の美学を徹底的に作り上げようというアドルノの意図は彼の芸術に対する情熱と同じくらいすばらしいが、それは芸術そのものの創造と実際には関係ない。根本的な問題は、依然として変わらず残っているモダニズムである。

103　現在のところモダニズムの唯一の検証は内側からのものである。つまりモダニストや隠れモダニストによるモダニズムの分析があり、それらはほとんど大した意味をなさないが、他の検証は存在しない。いわゆるポストモダニストによる批判と理論は、実際のところは単にモダニズムを超えたものであるが、もっと検証されていない。ここで提起された問題点は、何世紀も前にさかのぼる文学や批評の作品におけるような、古典の作家と当代の作家との間に昔から見られる論争とは異なる。「オッカムのウイリアムによる作品はもちろん中世の思想と文化の危機におけるひとつの要素に過ぎなかったが、知性の面では、via moderna（新しい道）のトマス主義者やスコトゥス主義者らに対する勝利が広がったことに現れた。彼らの教義はひとまとめにして via antiqua「古い道」と名付けられた」（Fairweather 1970：372）。同様に、「スウィフトは古典の作家を蜜蜂に、当代の作家を蜘蛛にたとえた。生産するものと寄生するものの対立を創造的独創性と模倣の違いを示唆するのに使ったのである。そして、一七〇四年に『セントジェームス図書館で古典書籍と現代書籍の間で先週の金曜日に戦われた合戦についての詳しい本当の話』と題して出版された著作において「双方のうちで現代作家はより古典的である」と強調するまでに至った」（Szegedy-Maszák 2001：61）。上の引用で言及されたその二つの動きの間の緊張は、芸術の創造において概して有益であった。芸術家はゴール（すなわち芸術）と理想としての美（いかに定義されようと）に同意した。その二つがどう達成されるべきかについて意見が合わなかっただけである。

104　ロックミュージシャンの中には、自分たちの音楽の芸術的レベルを上げようという立派な試みを行なった人たちもいるが、モダニズム以前の古いモデルを復活したり、モダニズムのネガティブなものをポジティブなものに変えようと試みることはうまくいかなかった。フランク・ザッパはモダニズムの要素を自らの音楽に導入した中でおそらく最もよく知られたアーティストである。多くの熟練ミュージシャンは彼の仕事を高く評価するが、ザッパの仕事にはユーモアと知性があるにもかかわらず、彼のモダニスト的なハーモニーとメロディーラインは多くの聞き手を遠ざけた。彼がもしその方向にさらに少し先へ進んでいたら、モダニズムの芸術音楽作曲家が同じ理由でそうであったように、事実上全ての聞き手を失っていただろう。その新しい音楽を受け入れ、内側からそれを改良することは必要である。しかし、それを何か別のものに作り変えることは、古典的芸術音楽がそうであったように、その本質を失うことになるのである。アーティストの創造的注意を引くような目標は、優しく扱われ、育まれ、洗練さと審美眼の養成に注意深く関心を払って育てられなければならない。本質的にはまだそれ自体の規則や伝統に従いながら、ロックミュージック、すなわち大衆音楽の芸術的レベルを上げることが必要である。ルネサンスの音楽家たちはちょうどそれを行なった。大衆的な踊りや歌の旋律を取り上げてそれらをより芸術的に奏で、ルネサンスの多声音楽を当てはめるなどし、よいものを取り上げて少し改良して、古典音楽が誕生したのである。

105 エピローグの中国語の用語に関する節は一九八七年にボストンで行われたアジア研究学会のシンポジウムで発表した論文「中国歴史学における「バルバロイ」の概念と西洋の中国学——レトリックと内陸アジアにおける第四世界諸国の創造」における議論をほぼ繰り返したものである。長いこと出版されると言われ続けていたシンポジウムの論文集が出ず、出ないことが正式に決まる前に私は他のテーマに興味を持った。残念なことに、その論文は青銅器時代のコンピューターで書かれており、本書執筆のとき、私はその論文の写しを持っていなかった。持っている人は確かにいるのだが（それはその後ずっと地下出版の形で配布され、著者の許可なく引用しないようにとはっきり表に書いてあったにもかかわらず、引用されてきたのである）、私はここでこの論を全て新しく書き直した。

106 ハザーノフの説（Khazanov 1984）は専門家（例えば、Drompp 2005: 10–12、Di Cosmo 1999a）を含む多くの人に受け入れられ、専門家でない人たち、特にバーフィールド（Barfield 1989）によって論理的に突き詰められた。オルセン（Allsen 1989: 83）はハザーノフの「遊牧民の経済は「非自立的」、つまり牧畜生産に特化されているので必要な多くのものが欠けている」という説に従う。さらに具体的に言うと、彼は「牧畜遊牧民は必需品の全ては自分たちの持つ資源から供給することはないし、それはできない。……彼らは必要とする経済資源を定期的に定住民世界から獲得し、定住文化のさまざまな面を利用していた」（Allsen 1997: 101）。ハザーノフは、ある生産様式（牧畜遊牧）を選ぶにあたって、それを専門に行う者は他の生産様式においても専門的でなくてはならず、そうでないと「非自立的」である、と主張する。この基準から言うと、全ての社会のほぼ全ての人が非自立的で、ローマや中国の農耕民、都市住民などもそうである。狩猟採集民以外は（もしかすると彼らも）いつの時代のどこの人々も本当に「自立的」であったか確かに疑問である。バーフィールドはさらに論を進め、「匈奴の中央政権の主たる目的は、中国から戦利品や貢ぎ物という形で資産を得ること、もしくは有利な条件で交易を強制することであった」（Barfield 1989: 83）と言う。

107　オルセン（Allsen 1997: 106）は「草原の民族は、文明の中心地の間を行ったり来たりして欲得なしに商品を運ぶ近世以前の宅配便業者のようなものではなかった。もし我々がこの重要な東西交渉を理解しようとするなら、彼らがどのように暮らしてきたのか、彼らにとって最も重要であったことは何か、について充分に議論しなければならない」と適切に論評している。彼の著書は「古代から近世にかけて日用品や思想の多くがユーラシアを遠く無事に運ばれたのは、媒介となった「フエルトの天幕に住む人たち」、最盛期には金襴緞子をまとっていた人たちがそれらを自分たちの文化的伝統の中で意味があるものと考えたからである」と結論する。

108　バーフィールドの研究のうちもうひとつの無作為に選んだ例において、彼は、唐王朝設立者の息子である李世民（唐の太宗）は「彼自身兄弟のうちの二人を殺害し、その二人は彼を毒殺しようとした。彼は自分の父親を帝位から退かせた」と言う（Barfield 1989: 142）。ここはなかなかいいように聞こえるが、さらに読み進むと、バーフィールドは中国人はテュルク人以上とは言わないまでも同じぐらい残忍であると言っているのではなく、全く正反対であることが明らかになる。彼の結論は「唐は後の時代にその宮廷文化によって知られていたと言っていいが、その文化によってある事実が隠されてはならない。すなわち、唐王朝初期の西北地域の支配層は国境付近のテュルク人とさまざまな形で親密であったために李世民はそのままで彼らのカガンになることができただろう」というものである。この根底にある誤解については本文を見よ。

109「遊牧帝国同盟は自分たちを中国の経済と結びつけることが可能な時代になって初めて現れた。遊牧民は強奪という戦略を使って交易権や税を中国から得ていた。彼らは国境を襲って、その後、中国の宮廷と平和条約の交渉を行なった。土着の中国の王朝はすすんで遊牧民に支払いをした。そうした方が報復を避けて移動してしまう民族と戦うより安上がりだったからである」(Barfield 1989 : 9)。サイナー (Sinor 1978, 1990b : 4 以降) は貪欲さに焦点を当てる。Biran (2005 : 14)、Drompp(2005 : 10 以降)、その他多くを参照。バーフィールド (Barfield 1989 : 11) は、モンゴル人は例外だとして、「草原帝国を建てて中国と協力して国境をうまく支配したモンゴリアの遊牧民と、中国の中に王朝を建てたが草原には強大な帝国を築かなかった満洲の遊牧民」の間に興味深い区別を行う。しかし、「満洲人」は大部分遊牧民ではなかった。

110 襲撃の動機 (すなわち、どこどこの地で「急襲」が行われただろうというありのままの事実以外) を明らかにするのに充分な史料のあるほとんどの (全部ではないとしても) 事例において、彼らは実際軍団であった。ディ・コズモ (Di Cosmo 1999b : 23 以降) がかつて示した見解では、遊牧帝国は資源がかなり限られていたにもかかわらず、かなりの軍事力を持ち、襲撃によって周辺国から富を奪い、貢ぎ物を強要したというが、その見解はおそらくハザーノフ (Khazanov 1984) によるものであろう。戦争で中央ユーラシア人や周辺諸民族によって捕えられた人々は、国内の奴隷としてその地に留められた者もいたが、最後は故地から遠く離れた奴隷市場に連れて行かれた。中央ユーラシアにおける奴隷制について、その歴史はまだよく分かっていない。

111　イランの他の多くの伝承と同じく、何千巻もの、すなわち何百万行ものゾロアスター教典のテクスト（おそらくアヴェスター語で書かれていた）は、かつて存在したと言われている。しかし、侵入した外部の民の悪行によってペルシャの王たちの巨大な図書館は破壊され、書物は全て失われた。教典の本文の年代は論の多いテーマであるが、テクストの面から言うと、物理的に実証される原文、その中に見られる証拠、特定の外的証拠（例えば年代の記されている文章における引用）よりも早い年代はどれも仮説的なものである。

日本語版への追記

本書『ユーラシア帝国の興亡（*Empires of the Silk Road*）』の原稿を出版社に渡したのと同じ二〇〇七年に、私は『高句麗語―大陸で話されていた日本語の同系語（*Koguryo, the Language of Japan's Continental Relatives*）』の改訂第二版を出版した。[1] そこでは完全に資料のみに基づき、原始日本語について、それが中央ユーラシア起源であること、扶余高句麗諸語と関係があること、そして、日本高句麗諸語が韓の諸言語（朝鮮語を含む）と関係がないことを示した。同じ年に、私は「類別詞」とその関連の現象について新しい研究論文を発表した。[2]

本書を執筆している間に私は「スコラ学的方法」と呼ばれたもの、より正確に言うと quaestiones disputatae「討議された問い（問答）」という、議論を体系化する方法に興味を持ち、本書を書き終えた後、このテーマに集中した。この研究は最終的に二〇一二年出版の『修道院の戦士たち（*Warriors of the Cloisters*）』という専門書として完結し、スコラ学的方法はその起源が古代末期の中央アジア仏教世界にあり、ヴィハーラ（vihāra、精舎、僧院）とともにイスラーム化したことを示した。その方法はマドラサ（madrasa、イスラーム化したヴィハーラ）とともに十二世紀末期の十字軍の時代の西ヨーロッパに伝わった。ヨーロッパではそれが新たな生命を帯び、中世とルネサンスの時代を通して多くの研究で行われた科学的な方法に発展した。それは今日でも実験報告の一部として使用されている。

ヴィハーラと関連して、私は朝鮮語に入った古代中国語の単語についての論文を二〇一〇年に執筆した。そこでは、「寺」古代中国語 *dēra という語（古代以前の日本語にも借用された）も扱い、当時私はそれは外来の言葉である「ヴィハーラ」を翻訳するのに使われた中国語固有の単語であると考えていた。しかし、僅か一年ほど後に、中東一帯では「キリスト教の修道院」を指すのにアラム語の単語 dēra が使われていた（今でも使われている）ことに気が付いた。そこで、私はこのテーマについて詳しい研究を行い、それを二〇一四年に出版したが、そこでも修道院や修道院における修行はクシャーナ時代の中央アジアに源を発するに違いないことを示した。

この研究は、私が『修道院の戦士たち』を執筆していたときに一部関係していた別のテーマ、すなわち初期の仏教の歴史と、私の言う「初期ピュロニズム」として仏教が古代のギリシャに伝播したことの問題と結びついた。二〇一一年に私は古典哲学の学術雑誌 *Elenchos* に論文を発表し、要となるギリシャ語の関連のテクストとその学問を詳しく分析した。しかし、そのテーマは考えていたよりもかなり大きなものだということが分かり、次のいくつかの問題について広範な考察をしなければならなかった。ガンダーラ（中央アジア西南部とインド西北部、すなわち現在のアフガニスタン東部とパキスタン北部の古代国家）の初期の宗派、インド語の初期の碑文、啓蒙主義運動におけるデイヴィッド・ヒュームによる後期ピュロニズムの復活、などである。そうして二〇一五年に『ギリシャの仏陀 (*Greek Buddha*)』が出版された。

ギリシャについて取り組んだことによって、スキュタイなど多くの関連のテーマに再び興味をかき立てられた。その結果、十年前に書きかけていた論文に戻り、当時解決できなかった多くの大きな問題に解答を与えることができた。そのひとつが初期のテュルクの支配氏族に使用されていたトカラ語の称号もしくは通称であるアシナ（阿史那）で、その起源と意味を最終的に解決した（Beckwith 2016a）。それと関連して、「中国人」や「中国」を指す古い名称（「夏」や「華」で書かれる）となった中央ユーラシア起源の語、すなわちHaryaが借用語として初めは「高貴な者たち」といった意味であったことを示した（Beckwith 2016b）。

1　Beckwith (2007a)。初版は二〇〇四年に出たが、ソフトウェアの互換性の問題があり印刷で非常に多くの誤りが出てひどいことになってしまった。その誤りを正し、他にも手直しを加えて二〇〇七年版を出版した。このテーマについてのさらなる議論はBeckwith (2010a)を参照されたい。この本の初版の韓国語訳は二〇〇六年に出されたが残念な事情によりほとんど入手できない状況である。

2　これは主に中国語、日本語、タイ語のデータに基づいているが、ウズベク語、チベット語、フィンランド語、ハンガリー語といった中央ユーラシアのあまり注目されていない言語も扱っている。ここでは、「類別詞」はそれ自体は実際には何も「類別」していないこと、そして、ほとんどの言語が何らかの「類別詞」を持っていることを示した。

参考文献

Beckwith, Christopher I. 2007a. *Koguryo, the Language of Japan's Continental Relatives: An Introduction to the Historical-Comparative Study of the Japanese-Koguryoic Languages, with a Preliminary Description of Archaic Northeastern Middle Chinese*. Second Edition. Leiden: Brill. First Edition, 2004. 韓国語訳（2004年版の翻訳）『고구려어：일본을 대륙과 연결시켜 주는 언어』서울：고구려연구재단, 2006.

——2007b. *Phoronyms: Classifiers, Class Nouns, and the Pseudopartitive Construction*. New York: Peter Lang.

——2010a. Could There Be a Korean-Japanese Linguistic Relationship Theory? Science, the Data, and the Alternatives. A State-of-the-Field Article. *International Journal of Asian Studies* 7, 2: 201–219.

——2010b. Old Chinese Loanwords in Korean. In: Sang-Oak Lee, ed., *Contemporary Korean Linguistics: International Perspectives*. Seoul: Thaehaksa, 1–22.

——2011. Pyrrho's Logic: A Reexamination of Aristocles' Record of Timon's Account. *Elenchos* xxxii. 2 (2011) 287–327.

——2012. *Warriors of the Cloisters: The Central Asian Origins of Science in the Medieval World*. Princeton: Princeton University Press.

——2014. The Aramaic Source of the East Asian Word for 'Buddhist Monastery': On the Spread of Central Asian Monasticism in the Kushan Period. *Journal Asiatique* 302.1: 109–136.

——2015. *Greek Buddha: Pyrrho's Encounter with Early Buddhism in Central Asia*. Princeton: Princeton University

Press.

——— 2016a. The Pronunciation, Origin, and Meaning of *A-shih-na* in Early Old Turkic. In : István Zimonyi and Osman Karatay, eds., *Central Eurasia in the Middle Ages. Studies in Honour of Peter B. Golden*. Turcologica 104. Wiesbaden : Harrassowitz, 39–46.

——— 2016b. The Earliest Chinese Words for 'the Chinese' : The Phonology, Meaning, and Origin of the Epithet *Ḥarya ~ Ārya* in East Asia. *Journal Asiatique* 304. 2 : 231–248.

訳者あとがき

本書は Christopher I. Beckwith, *Empires of the Silk Road: A History of Central Eurasia from the Bronze Age to the Present*, Princeton University Press, 2009 (Paperback edition 2011) の全訳である。本書の初版は二〇〇九年に出版され、その年にアメリカ出版社協会より世界史・伝記部門の優秀賞を受賞した。著者のベックウィズ氏は歴史学者で、中央ユーラシア研究で知られるインディアナ大学の教授である。同大学の中央ユーラシア研究科はその前身をウラル・アルタイ研究科といったが、そこは「中央ユーラシア」という用語を造った歴史学者デニス・サイナー氏が長いこと科長を務めていたところで、ウラル・アルタイといいながらもチベット研究も含んでいた。ベックウィズ氏はオハイオ州立大学で中国学を学んだ後、インディアナ大学の大学院でデニス・サイナー氏率いるスタッフのもと、チベット学を中心に中央ユーラシア研究を行なったが、氏の守備範囲は驚くほど広く、ヨーロッパから東アジアに及ぶ広大な地域をカバーしている。幾多の民族が興亡を繰り返した地域の研究、特に歴史研究には多くの言語の知識が要求されるが、ベックウィズ氏はユーラシアの多数の言語に通じており、それと持ち前の優れた分析力を武器に次から次へと新しい見解を発表し、今日に至っている。本書では、シルクロードを単なる通り道ではなく経済システムと解釈し、中央ユーラシアの歴史を独自の視点をもって古代から現代まで概観すると同時に、これまでの研究が中央ユーラシア人に対していかに偏った見方をしているかを随所で指摘している。日本に関しても独自の見解の一端が示されている。本書によって中央ユーラシアへの理解が深くなることを望みたい。

ここで翻訳について少し述べておきたい。

・固有名詞の片仮名による音写に当たっては、できるだけ著者の表記の発音に基づき、ü はユ、ï はウのようにした。例えば、チンギス・カンの孫の Hülegü は Hülegu と簡略に書かれることも多く、日本語で「フレグ」と呼ばれるのが一般的であるが、本訳書では著者の Hülegü に従って「ヒュレギュ」とした。

・アラビア語の定冠詞 'al- は後続の音によって l の発音が変化することがあるが、本訳書では形態素表記で「アル」に統一した。

・ドイツ語やロシア語では有声破裂音が語末で無声化するが、それも形態素表記で有声音で示した。

・唇歯摩擦音の v は日本語では両唇破裂音の b で置き換えられるので訳者は通常は「ヴ」を使用しないのだが、本訳書ではいくつかの固有名詞にそれを使用した。また、後から v が b に合流したという言語の場合でも、過去において唇歯摩擦音であったと考えられればやはり「ヴ」を使った。

・Proto- は、人間の場合には「原始〜人」とした。言語の場合には「原始〜語」と「〜祖語」の二通りの訳が混在している。使い分けようとした部分もあるが、一貫しているわけではない。

・「史料」と「資料」、「周辺」と「周縁」、「漢人」と「中国人」、「子孫言語」と「分岐言語」もそれぞれ元の英語は一語で、どちらを使用しても問題のない文脈も多いが、文脈によって使い分けた場合もある。「子孫言語」と「分岐言語」の原語 daughter languages は直訳の「娘言語」が馴染んだ用語ではないので、多少意味がずれることもあるがこの二語を使用した。

・各章のはじめに引用されている詩などについては、ヴェーダ語（第1章）、古英語（第4章）、トカラ語（第6章）のものはもっぱら著者の現代英語訳によった。ギリシャ語（第2章、エピローグ）のものは部分的に原文の語彙を確認したが、やはり基本的には著者の英訳に基づいている。その他のものは全て原文を見てできるだけそこから訳すようにしたが、著者の英訳と照らし合わせ、著者独自の解釈を失わないようにした。なお、日本語訳が出版されているものはそれも参考にした。

本書の翻訳は言語学者でハワイ大学名誉教授の清瀬義三郎則府氏に勧められた。このような機会をいただいて感謝している。初め、本書を手に取って中身を見たとき自分には難しいと思ったので一旦はお断りしたが、著者のベックウィズ氏から「一般の教養人向けに書いたものなので大丈夫だろう」と言われ、引き受けた。しかし、そうは言っても、本書の扱う範囲は地域的にも分野的にも非常に広く、特に訳者の専門から遠い分野については理解に自信を持てない部分が多くあったため、数多くの疑問点を著者に質問すると同時に、書かれている内容や訳語について次の方々にお世話になった。

（五十音順、敬称略）

赤司英一郎、有澤知乃、井上治、川手圭一、高木小苗、武内紹人、松村一男、渡辺純成

これらの方々にご教示いただいた部分については正しく訳されているはずだが、私が分かったつもりになって（また、余計なことでわずらわせまいと思って遠慮して）質問しなかった箇所も多くあるので、その部分に関しては誤りがあるかもしれない。その場合は全て私の責任である。

なお、著者からは本書出版後の新たな見解などについて「日本語版への追記」をいただいたが、「付録B」の月氏に関する項目と「後註」72の阿史那に関する部分はその新たな見解に基づいて一部書き改められている。また、参考文献のうち中国語や日本語のものはローマ字を漢字と仮名に直し、英語版で近刊となっていたもので既に出版されたものはその出版年を入れた。リンクの切れてしまっているURLは混乱を招くだけなので、著者の指示によって削除した。従って、本書は日本語訳であ

ると同時に日本版となっている。原書に見られた細かな誤りも訂正してあるので、訳の不備さえなければ原書よりいいものになっているはずである。

最後になってしまったが、筑摩書房の伊藤大五郎氏には本書の出版だけでなく、訳文についてもお世話になった。こなれた日本語にするのが非常に難しい部分が何か所もあったが、訳者の凄まじい訳文を見事なやり方で組み立て直して読みやすい日本語にしてくださった。また、有能な校閲者の方により、原文を含めた古典ギリシャ語や人物・出来事の年号をはじめとする多くの重要な箇所の不備を指摘していただけたことは、著書にとっても訳者にとっても幸運だった。

斎藤純男

人名索引

【あ行】

【か行】

【さ行】

【た行】

【な行】

【は行】

【ま行】

【や行】

【ら行】

【わ行】

事項索引

【た行】

【な行】

【は行】

【ま行】

【や行】

【ら行】

参考文献

Abicht, Karl Ernst 1886. *Herodotos, für den Schulgebrauch*. Zweiter Band. Zweites Heft: Buch IV. Dritte verbesserte Aufage. Leipzig: Teubner.

Adams, Douglas Q. 1999. *A Dictionary of Tocharian B*. Amsterdam: Rodopi.

Adorno, Theodor, et al., 1997. *Aesthetic Theory*. Trans. Robert Hullot-Kentor. Minneapolis: University of Minnesota Press.

Ahmad, Zahiruddin 1970. *Sino-Tibetan Relations in the Seventeenth Century*. Rome: Istituto Italiano per il Medio ed Estremo Oriente.

Alexander, Fran, et al., eds. 1998. *Encyclopedia of World History*. Oxford: Oxford University Press.

Allsen, Thomas T. 1987. *Mongol Imperialism: The Policies of the Grand Qan Möngke in China, Russia, and the Islamic Lands, 1251–1259*. Berkeley: University of California Press.

—— 1989. Mongolian Princes and Their Merchant Partners, 1200–1260. *Asia Major*, 3rd ser., 2.2: 83–126.

—— 1994. The Rise of the Mongolian Empire and Mongolian Rule in North China. In Herbert Franke and Denis Twitchett, eds., *The Cambridge History of China*, vol. 6: *Alien Regimes and Border States, 907–1368*, 321–413. Cambridge: Cambridge University Press.

—— 1997. *Commodity and Exchange in the Mongol Empire: A Cultural History of Islamic Textiles*. Cambridge: Cambridge University Press.

—— 2006. *The Royal Hunt in Eurasian History*. Philadelphia: University of Pennsylvania Press.

Anderson, Graham 2004. *King Arthur in Antiquity*. London: Routledge.

Anonymous（編者名なし）1990. *Жаңһр: хальмг баатрлг эпос* (=*Джангар: калмыцкий героический эпос*). Moscow: Glavnaja redakcija vostočnoj literatury.

Arkenberg, J. S., ed. 1998. *The* Karnamik-i-Ardashir, *or* The Records of Ardashir. Fordham University. http://www.fordham.edu/halsall/ancient/ardashir.html.

Arreguín-Toft, Ivan 2005. *How the Weak Win Wars: A Theory of Asymmetric Conflict*. New York: Cambridge University Press.

Asao, Naohiro 1991. The Sixteenth-Century Unification. Trans. Bernard Susser. In John W. Hall, ed., *The Cambridge History of Japan*, vol. 4: *Early Modern Japan*, 40–95. Cambridge: Cambridge University Press.

Atwood, Christopher P. 2004. *Encyclopedia of Mongolia and the Mongol Empire*. New York: Facts on File.

Audi, Robert, ed. 1999. *The Cambridge Dictionary of Philosophy*. 2nd ed. Cambridge: Cambridge University Press.

Babcock, Michael A. 2005. *The Night Attila Died: Solving the Murder of Attila the Hun*. New York: Berkley Books.

Bachrach, Bernard S. 1973. *A History of the Alans in the West: From Their First Appearance in the Sources of Classical Antiquity through the Early Middle Ages*. Minneapolis: University of Minnesota Press.

——— 1977. *Early Medieval Jewish Policy in Western Europe*. Minneapolis: University of Minnesota Press.

Bagley, Robert 1999. Shang Archaeology. In Michael Loewe and Edward L. Shaughnessy, eds., *The Cambridge History of Ancient China: From the Origins of Civilization to 221 B.C.*, 124–231. Cambridge: Cambridge University Press.

Bailey, H. W. 1985. *Indo-Scythian Studies, Being Khotanese Texts, VII*. Cambridge: Cambridge University Press.

Barber, Elizabeth Wayland 1999. *The Mummies of Ürümchi*. New York: W. W. Norton.

Barbieri-Low, Anthony J. 2000. *Wheeled Vehicles in the Chinese Bronze Age (c. 2000–741 B.C.)*. Sino-Platonic Papers No. 99. Philadelphia: Department of Asian and Middle Eastern Studies, University of Pennsylvania.

Barfield, Thomas J. 1989. *The Perilous Frontier: Nomadic Empires and China*. Cambridge, Mass.: Basil Blackwell.

Barthold, W. W. 1977. *Turkestan down to the Mongol Invasion*. Trans. T. Minorsky. 4th ed. London: E. J. W. Gibb Memorial Trust.

Baxter, William H. 1992. *A Handbook of Old Chinese Phonology*. Berlin: Mouton de Gruyter.

Beasley, W. G. 1989. The Foreign Threat and the Opening of the Ports. In Marius B. Jansen, ed., *The Cambridge History of Japan*, vol. 5: *The Nineteenth Century*, 259–307. Cambridge: Cambridge University Press.

Bečka, Jan 1995. *Historical Dictionary of Myanmar*. London: Scarecrow Press.

Beckwith, Christopher I. 1983. The Revolt of 755 in Tibet. *Wiener Studien zur Tibetologie und*

Buddhismuskunde 10: 1–16.

—— 1984a. Aspects of the Early History of the Central Asian Guard Corps in Islam. *Archivum Eurasiae Medii Aevi* 4: 29–43.

—— 1984b. The Plan of the City of Peace: Central Asian Iranian Factors in Early ʿAbbâsid Design. *Acta Orientalia Academiae Scientiarum Hungaricae* 38: 143–164.

—— 1987a. *The Tibetan Empire in Central Asia: A History of the Struggle for Great Power among Tibetans, Turks, Arabs, and Chinese during the Early Middle Ages*. Princeton: Princeton University Press (=Beckwith 1987a/1993).

—— 1987b. The Tibetans in the Ordos and North China: Considerations on the Role of the Tibetan Empire in World History. In C. I. Beckwith, ed., *Silver on Lapis*, 3–11. Bloomington: Tibet Society.

—— 1987c. The Concept of the 'Barbarian' in Chinese Historiography and Western Sinology: Rhetoric and the Creation of Fourth World Nations in Inner Asia. Paper presented at the Association for Asian Studies annual meeting, Boston.

——, ed. 1987d. *Silver on Lapis*. Bloomington: Tibet Society.

—— 1989. The Location and Population of Tibet According to Early Islamic Sources. *Acta Orientalia Academiae Scientiarum Hungaricae* 43: 163–170.

—— 1991. The Impact of the Horse and Silk Trade on the Economies of T'ang China and the Uighur Empire: On the Importance of International Commerce in the Early Middle Ages. *Journal of the Economic and Social History of the Orient* 34: 183–198.

—— 1993. *The Tibetan Empire in Central Asia: A History of the Struggle for Great Power among Tibetans, Turks, Arabs, and Chinese during the Early Middle Ages*. Paperback edition, slightly revised, with a new afterword. Princeton: Princeton University Press (=Beckwith 1987a/1993).

—— 1996. The Morphological Argument for the Existence of Sino-Tibetan. *Pan-Asiatic Linguistics*, vol. 3, 812–826. Proceedings of the Fourth International Symposium on Languages and Linguistics, January 8–10. Bangkok: Mahidol University at Salaya.

—— 2002a. The Sino-Tibetan Problem. In C. I. Beckwith, ed., *Medieval Tibeto-Burman Languages*, 113–157. Leiden: Brill.

——, ed. 2002b. *Medieval Tibeto-Burman Languages*. Leiden: Brill.

—— 2003. Introducing Grendel. In R. Aczel and P. Nemes, eds., *The Finer Grain: Essays in Honor of Mihály Szegedy-Maszák*, 301–311. Uralic and Altaic Series, vol. 169. Bloomington: Indiana University.

——— 2004a. *Koguryo, the Language of Japan's Continental Relatives : An Introduction to the Historical-Comparative Study of the Japanese-Koguryoic Languages, with a Preliminary Description of Archaic Northeastern Middle Chinese*. Leiden : Brill. (2nd ed., Leiden : Brill, 2007.)

——— 2004b. Old Chinese. In Philipp Strazny, ed., *Encyclopedia of Linguistics*, vol. 2, 771–774. New York : Fitzroy Dearborn.

——— 2005a. The Ethnolinguistic History of the Early Korean Peninsula Region : Japanese-Koguryoic and Other Languages in the Koguryo, Paekche, and Silla Kingdoms. *Journal of Inner and East Asian Studies* 2.2 : 34–64.

——— 2005b. On the Chinese Names for Tibet, Tabghatch, and the Turks. *Archivum Eurasiae Medii Aevi* 14 : 7–22.

——— 2006a. Introduction : Toward a Tibeto-Burman Theory. In C. I. Beckwith, ed., *Medieval Tibeto-Burman Languages* II, 1–38. Leiden : Brill.

——— 2006b. The Sonority Sequencing Principle and Old Tibetan Syllable Margins. In C. I. Beckwith, ed., *Medieval Tibeto-Burman Languages* II, 45–55. Leiden : Brill.

——— 2006c. Old Tibetan and the Dialects and Periodization of Old Chinese. In C. I. Beckwith, ed., *Medieval Tibeto-Burman Languages* II, 179–200. Leiden : Brill.

——— 2006d. Comparative Morphology and Japanese-Koguryoic History : Toward an Ethnolinguistic Solution of the Altaic Problem. In 中島幹起 編『アルタイ語研究 I (語学教育フォーラム第 10 号)』, 121–137. 東京：大東文化大学.

——— 2006e. Methodological Observations on Some Recent Studies of the Early Ethnolinguistic History of Korea and Vicinity. *Altai Hakpo* 16 : 199–234.

———, ed. 2006f. *Medieval Tibeto-Burman Languages* II. Leiden : Brill.

——— 2006/7. The Frankish Name of the King of the Turks. *Archivum Eurasiae Medii Aevi* 15, 5–11.

——— 2007a. *Koguryo, the Language of Japan's Continental Relatives : An Introduction to the Historical-Comparative Study of the Japanese-Koguryoic Languages, with a Preliminary Description of Archaic Northeastern Middle Chinese*. 2nd ed. Leiden : Brill. (1st edition, Leiden : Brill, 2004.)

——— 2007b. *Phoronyms : Classifiers, Class Nouns, and the Pseudopartitive Construction*. New York : Peter Lang.

——— 2007c. On the Proto-Indo-European Obstruent System. *Historische Sprachforschung* 120 : 1–19.

——— 2007d. A Note on the Name and Identity of the Junghars. *Mongolian Studies* 27, 41–46.

——— 2011. On Zhangzhung and Bon. In Henk Blezer, ed., *Emerging Bon*, 164–184. Halle: IITBS GmbH.

——— 2016a. The Pronunciation, Origin, and Meaning of *A-shih-na* in Early Old Turkic. *In*: István Zimonyi and Osman Karatay, eds., *Central Eurasia in the Middle Ages. Studies in Honour of Peter B. Golden*. Turcologica 104. Wiesbaden: Harrassowitz, 39–46.

——— 2016b. The Earliest Chinese Words for 'the Chinese': The Phonology, Meaning, and Origin of the Epithet *Ḥarya* ~ *Ārya* in East Asia. *Journal Asiatique*, 2016. 2.

Benedict, Paul 1972. *Sino-Tibetan: A Conspectus*. Cambridge: Cambridge University Press.

Benjamin, Craig 2003. The Yuezhi Migration and Sogdia. In Matteo Compareti, Paola Raffetta, and Gianroberto Scarcia, eds., *Erān ud Anērān: Studies Presented to Boris Ilich Marshak on the Occasion of His 70th Birthday*. http://www.trans-oxiana.org/Eran/(= *Erān ud Anērān. Studies Presented to Boris Il'ic Marsak on the Occasion of His 70th Birthday*. Venice: Libreria Editrice Cafoscarina, 2006).

Bergh, Simon van den, trans. 1954. Averroës, *Tahâfut al-Tahâfut* (*The Incoherence of the Incoherence*). London: Luzac. http://www.muslimphilosophy.com/ir/tt/index.html.

Bergholz, Fred W. 1993. *The Partition of the Steppe: The Struggle of the Russians, Manchus, and the Zunghar Mongols for Empire in Central Asia, 1619–1758*. New York: Peter Lang.

Bilimoria, Purushottama 1998. Kauṭilya (*fl. c.* 321–*c.* 296 BC). In Edward Craig, ed., *Routledge Encyclopedia of Philosophy*, 220–222. London: Routledge.

Biran, Michal 2005. *The Empire of the Qara Khitai in Eurasian History: Between China and the Islamic World*. Cambridge: Cambridge University Press.

Bivar, A. D. H. 1983a. The Political History of Iran under the Arsacids. In Ehsan Yarshater, ed., *Cambridge History of Iran*, vol. 3: *The Seleucid, Parthian and Sasanian Periods*, Part 1, 21–99. Cambridge: Cambridge University Press.

——— 1983b. The History of Eastern Iran. In Ehsan Yarshater, ed., *Cambridge History of Iran*, vol. 3: *The Seleucid, Parthian and Sasanian Periods*, Part 1, 181–231. Cambridge: Cambridge University Press.

Blair, Peter Hunter 2003. *An Introduction to Anglo-Saxon England*. 3rd ed. Cambridge: Cambridge University Press.

Blockley, R. C., trans. 1983. *The Fragmentary Classicising Historians of the Later Roman Empire: Eunapius, Olympiodorus, Priscus and Malchus*. 2 vols. Liverpool: Cairns.

——, ed. and transl. 1985. *The History of Menander the Guardsman*. Liverpool: Francis Cairns.

Boltz, William G. 1994. *The Origin and Early Development of the Chinese Writing System*. New Haven: American Oriental Society.

Bosworth, C. E. 1968. The Political and Dynastic History of the Iranian World (A.D. 1000–1217). In John A. Boyle, ed., *Cambridge History of Iran*, vol. 5: *The Saljuq and Mongol Periods*, 1–202. Cambridge: Cambridge University Press.

—— 1994. Abū Ḥafṣ ‘Umar al-Kirmānī and the Rise of the Barmakids. *Bulletin of the School of Oriental and African Studies* 57.2: 262–282.

—— 1997. Kh^{w}ārazm. *E.I.*2 IV: 1060–1065.

—— 2007. Ḳarā Khiṭāy. In P. Bearman, Th. Bianquis, C. E. Bosworth, E. van Donzel, and W. P. Heinrichs, eds., *Encyclopaedia of Islam*. Online edition. Leiden: Brill.

Bosworth, Clifford Edmund, et al. 1995. ‘Othmānlī. *The Encyclopaedia of Islam, New Edition*, vol. 8, 120–231. Leiden: Brill.

Botstein, Leon 1998. Modern Music. In Michael Kelly, ed., *Encyclopedia of Aesthetics*, vol. 3, 254–259. New York: Oxford University Press.

Bovingdon, Gardner 2004. *Autonomy in Xinjiang: Han Nationalist Imperatives and Uyghur Discontent*. Washington, D.C.: East-West Center Washington.

Bovingdon, Gardner, and Nebijan Tursun 2004. Contested Histories. In S. F. Starr, ed., *Xinjiang: China's Muslim Frontier*, 353–374. Armonk: M. E. Sharpe.

Boyle, John Andrew 1968. Dynastic and Political History of the Il-Khans. In John Andrew Boyle, ed., *The Cambridge History of Iran*, vol. 5: *The Saljuq and Mongol periods*, 303–421. Cambridge: Cambridge University Press.

Brooks, E. Bruce 1999. *Alexandrian Motifs in Chinese Texts*. Sino-Platonic Papers, No. 96. Philadelphia: University of Pennsylvania.

Brooks, E. Bruce and A. Taeko Brooks. 2015. *The Emergence of China: From Confucius to the Empire*. Amherst: Warring States Project.

Brulet, Raymond 1997. La tombe de Childéric et la topographie funéraire de Tournai à la fin du Ve siècle. In Michel Rouche, ed., *Clovis: histoire & mémoire*, 59–78. Paris: Presses de l'Université de Paris-Sorbonne.

Brune, Lester H. 2003. *Chronological History of U.S. Foreign Relations*. New York: Routledge.

Bryant, Edwin F. 1999. Linguistic Substrata and the Indigenous Aryan Debate. In Johannes Bronkhorst and Madhav M. Deshpande, eds., *Aryan and Non-Aryan in South Asia: Evi-*

dence, Interpretation and Ideology, 59–83. Proceedings of the International Seminar on Aryan and Non-Aryan in South Asia, University of Michigan, Ann Arbor, 25–27 October 1996. Cambridge, Mass.: Harvard University Department of Sanskrit and Indian Studies.

——— 2001. *The Quest for the Origins of Vedic Culture: The Indo-Aryan Migration Debate*. Oxford: Oxford University Press.

Bryant, Edwin F., and Laurie L. Patton 2005. *The Indo-Aryan Controversy: Evidence and Inference in Indian History*. London: Routledge.

Bryce, Trevor 2002. *Life and Society in the Hittite World*. Oxford: Oxford University Press.

——— 2005. *The Kingdom of the Hittites*. New ed. Oxford: Oxford University Press.

Buck, David D. 2002. Chinese Civil War of 1945–1949. In David Levinson and Karen Christensen, eds., *Encyclopedia of Modern Asia*, 29–31. New York: Charles Scribner's Sons.

Buell, Paul 2002. Chinese Communist Party. In David Levinson and Karen Christensen, eds., *Encyclopedia of Modern Asia*, 31–32. New York: Charles Scribner's Sons.

Burney, Charles 2004. *Historical Dictionary of the Hittites*. Lanham, Md.: Scarecrow Press.

Burrow, Thomas 1935. Tokharian Elements in the Kharosthi Documents from Chinese Turkestan. *Journal of the Royal Asiatic Society* 1935: 665–675.

——— 1937. *The Language of the Kharoṣṭhī Documents from Chinese Turkestan*. Cambridge: Cambridge University Press.

Burns, Thomas S. 1980. *The Ostrogoths: Kingship and Society*. Wiesbaden: F. Steiner.

Byington, Mark E. 2003. A History of the Puyo State, Its People, and Its Legacy. Ph.D. dissertation, Harvard University.

Calmard, J. 1993. Mudjtahid. *E.I.*2 VII: 295–304.

Cancik, Hubert, and Helmuth Schneider, eds. 1996. *Der Neue Pauly: Enzyklopädie der Antike. Altertum*. Band I. Stuttgart: Metzler.

Carter, M. G. 1997. Sībawayhi. *E.I.*2 IX: 524–531.

Chadwick, John 1958. *The Decipherment of Linear B*. Cambridge: Cambridge University Press.

Chavannes, Édouard 1903. *Documents sur les Tou-kiue (Turcs) occidentaux*. St. Petersburg: Commissionnaires de l'Académie impériale des sciences; repr. Taipei: Ch'eng-wen, 1969.

Ch'en, Mei-Chin 1992. The Eminent Chinese Monk Hsuan-Tsang: His Contributions to Buddhist Scripture Translation and to the Propagation of Buddhism in China. Ph.D. dissertation, University of Wisconsin, Madison.

Childs-Johnson, Elizabeth 2003. Fu zi 婦子（好）the Shang 商 Woman Warrior. Paper presented at the Fourth International Conference on Chinese Paleography, Chinese University

of Hong Kong, October 15–17.

Christian, David 1998. *A History of Russia, Central Asia and Mongolia*, vol. 1: *Inner Eurasia from Prehistory to the Mongol Empire*. Oxford: Blackwell.

——— 2000. Silk Roads or Steppe Roads? The Silk Roads in World History. *Journal of World History* 2.1: 1–26.

Clark, Larry V. 1998a. Chuvash. In Lars Johanson and Éva Á. Csató, eds., *The Turkic Languages*, 434–452. London: Routledge.

——— 1998b. *Turkmen Reference Grammar*. Wiesbaden: Harrassowitz.

——— 2000. The Conversion of Bügü Khan to Manichaeism. In Ronald E. Emmerick, Werner Sundermann, and Peter Zieme, eds., *Studia Manichaica*. IV. *Internationaler Kongress zum Manichäismus, Berlin, 14.–18. Juli 1997*, 83–123. Berlin: Akademie Verlag.

Clauson, Gerard 1967. *An Etymological Dictionary of Pre-Thirteenth Century Turkish*. Oxford: Clarendon Press.

Cleaves, Francis Woodman 1976. A Chinese Source Bearing on Marco Polo's Departure from China and His Arrival in Persia. *Harvard Journal of Asiatic Studies* 36: 181–203.

Coblin, W. South 2006. *A Handbook of 'Phags-pa Chinese*. Honolulu: University of Hawai'i Press.

Colarusso, John 2002. *Nart Sagas from the Caucasus: Myths and Legends from the Circassians, Abazas, Abkhaz, and Ubykhs*. Princeton: Princeton University Press.

Combs, Kristie 2006. A Study of Merit and Power in Tibetan Thangka Painting. M. A. thesis, Indiana University, Bloomington.

Conlon, Frank F. 1985. Caste, Community and Colonialism: Elements of Population Recruitment and Rule in British Bombay, 1665–1830. *Journal of Urban History* 11: 181–208.

Conquest, Robert 1968. *The Great Terror: Stalin's Purge of the Thirties*. New York: Macmillan.

——— 1986. *The Harvest of Sorrow: Soviet Collectivization and the Terror-Famine*. New York: Oxford University Press.

——— 1990. *The Great Terror: A Reassessment*. New York: Oxford University Press.

Cook, Chris, and John Stevenson 1998. *The Longman Handbook of Modern European History, 1763–1997*. 3rd ed. London: Longman.

Coward, Harold G., and K. Kunjunni Raja 1990. *Encyclopedia of Indian Philosophies: The Philosophy of the Grammarians*. Delhi: Motilal Banarsidass.

Crone, Patricia 1987. *Meccan Trade and the Rise of Islam*. Princeton: Princeton University Press.

Čunakovskij, O. M., ed. and trans. 1987. *Книга деяний Ардашира сына Папака*. Moscow: Nauka.

Czeglédy, K. 1983. From East to West: The Age of Nomadic Migrations in Eurasia. Trans. P. Golden. *Archivum Eurasiae Medii Aevi* 3: 25–125.

Dalby, Michael T. 1979. Court Politics in Late T'ang Times. In Denis Twitchett, ed., *The Cambridge History of China*, vol. 3: *Sui and T'ang China, 589–906,* Part 1, 561–681. Cambridge: Cambridge University Press.

Dani, Ahmad Hasan, et al., eds. 1992–2005. *History of Civilizations of Central Asia*. Paris: Unesco.

Daniel, Elton L. 1979. *The Political and Social History of Khurasan under Abbasid Rule, 747–820*. Minneapolis: Bibliotheca Islamica.

Danto, Arthur C. 2003. *The Abuse of Beauty: Aesthetics and the Concept of Art*. Chicago: Open Court.

Dawson, Christopher, ed. 1955. *The Mongol Mission: Narratives and Letters of the Franciscan Missionaries in Mongolia and China in the Thirteenth and Fourteenth Centuries*. London: Sheed and Ward.

Dear, I. C. B., and M. R. D. Foot, eds. 1995. *The Oxford Companion to World War II*. Oxford: Oxford University Press.

de Goeje, M. J. ed. 1870. Abû Isḥâq al-Fârisî al Iṣṭakhrî, كتاب مسالك الممالك (*Kitâb masâlik al-mamâlik*). Repr., Leiden: Brill, 1967.

—— 1877. Muḥammad b. Aḥmad al-Maqdisî, كتاب احسن التقاسيم فى معرفة الاقاليم (*Kitâb 'aḥsan al-taqâsîm, fî ma'rifat al-'aqâlîm*). Repr., Leiden: Brill, 1967.

de la Vaissière, Étienne 2003. Sogdians in China: A Short History and Some New Discoveries. *The Silk Road Foundation Newsletter* 1.2. http://www.silk-road.com/newsletter/december/new_discoveries.htm.

—— 2005a. *Sogdian Traders: A History*. Trans. James Ward. Leiden: Brill.

—— 2005b. Châkars d'Asie centrale: à propos d'ouvrages récents. *Studia Iranica* 34: 139–149.

—— 2005c. Čākar sogdiens en Chine. In Étienne de la Vaissière and Éric Trombert, eds., *Les Sogdiens en Chine*, 255–256. Paris: École française d'Extrême-Orient.

—— 2005d. Huns et Xiongnu. *Central Asiatic Journal* 49.1: 3–26.

—— 2007. *Samarcande et Samarra: Élites d'Asie centrale dans l'empire abbasside*. Paris: Association pour l'avancement des études iraniennes.

de la Vaissière, Étienne, and Éric Trombert, eds. 2005. *Les Sogdiens en Chine*. Paris: École française d'Extrême-Orient.

Demiéville, Paul 1952. *Le concile de Lhasa: une controverse sur le quiétisme entre bouddhistes de l'Inde et de la Chine au VIIIe siècle de l'ère chrétienne*. Bibliothèque de l'Institut des Hautes études Chinoises, vol. 7. Paris: Imprimerie nationale de France.

Denifle, Henricus 1899. *Chartularium Universitatis Parisiensis*. Paris; repr., Brussels: Culture et Civilisation, 1964.

de Rachewiltz, Igor 2004. *The Secret History of the Mongols: A Mongolian Epic Chronicle of the Thirteenth Century, Translated with a Historical and Philological Commentary*. Leiden: Brill.

Des Rotours, Robert 1962. *Histoire de Ngan Lou-chan (Ngan Lou-chan che tsi)*. Paris: Presses Universitaires de France.

Dewing, H. B., ed. and trans. 1914. *Procopius: History of the Wars*. Cambridge, Mass.: Harvard University Press.

Di Cosmo, Nicola 1999a. The Northern Frontier in Pre-imperial China. In Michael Loewe and Edward L. Shaughnessy, eds., *The Cambridge History of Ancient China: From the Origins of Civilization to 221 B.C.*, 885–966. Cambridge: Cambridge University Press.

——— 1999b. State Formation and Periodization in Inner Asian History. *Journal of World History* 10.1: 1–40.

——— 2002a. *Ancient China and Its Enemies: The Rise of Nomadic Power in East Asian History*. Cambridge: Cambridge University Press.

——— ed. 2002b. *Warfare in Inner Asian History (500–1800)*. Leiden: Brill.

Di Cosmo, Nicola, and Dalizhabu Bao 2003. *Manchu-Mongol Relations on the Eve of the Qing Conquest: A Documentary History*. Leiden: Brill.

Dillon, Michael, ed. 1998. *China: A Historical and Cultural Dictionary*. Richmond, Surrey: Curzon.

Dobbie, Elliot van Kirk, ed. 1953. *Beowulf and Judith*. New York: Columbia University Press.

Dobrovits, Mihály 2004. "They called themselves Avar"—Considering the Pseudo-Avar Question in the Work of Theophylaktos. In Matteo Compareti, Paola Raffetta, Gianroberto Scarcia, eds., *Ērān ud Anērān: Webfestschrift Marshak 2003. Studies Presented to Boris Ilich Marshak on the Occasion of His 70th Birthday*. http://www.transoxiana.org/Eran/Articles/dobrovits.html (= *Ērān ud Anērān. Studies Presented to Boris Il'ic Marsak on the Occasion of His 70th Birthday*. Venice: Libreria Editrice Cafoscarina, 2006).

Donner, F. 1981. *The Early Islamic Conquests*. Princeton: Princeton University Press.

Drabble, Margaret, ed. 2006. *The Oxford Companion to English Literature*. 6th ed., rev. Oxford: Oxford University Press.

Drews, Robert 1988. *The Coming of the Greeks: Indo-European Conquests in the Aegean and the Ancient Near East*. Princeton: Princeton University Press.

——— 1993. *The End of the Bronze Age: Changes in Warfare and the Catastrophe, ca. 1200 B.C.* Princeton: Princeton University Press.

——— 2004. *Early Riders: The Beginnings of Mounted Warfare in Asia and Europe*. London: Routledge.

Drinnon, Richard 1987. *Keeper of Concentration Camps: Dillon S. Myer and American Racism*. Berkeley: University of California Press.

Drompp, Michael R. 2005. *Tang China and the Collapse of the Uighur Empire: A Documentary History*. Leiden: Brill.

Dunlop, D. M. 1954. *The History of the Jewish Khazars*. Princeton: Princeton University Press.

Dunnell, Ruth 1994. The Hsi Hsia. In Herbert Francke and Denis Twitchett, eds., *Cambridge History of China*, vol. 6: *Alien Regimes and Border States, 907–1368*, 154–214. Cambridge: Cambridge University Press.

——— 1996. *The Great State of White and High: Buddhism and State Formation in Eleventh-Century Xia*. Honolulu: University of Hawai'i Press.

Dunnigan, James F., and Albert A. Nofi 1998. *The Pacific War Encyclopedia*. New York: Facts on File.

Dyson, A. E. 1968. Literature, 1895–1939. In C. L. Mowat, ed., *The New Cambridge Modern History*, vol. XII: *The Shifting Balance of World Forces, 1898–1945*; 2nd ed., vol. XII: *The Era of Violence*, 613–643. Cambridge: Cambridge University Press.

Eastman, Lloyd E. 1986. Nationalist China during the Nanking Decade, 1927–1937. In John K. Fairbank and Albert Feuerwerker, eds., *Cambridge History of China*, vol. 13: *Republican China, 1912–1942*, Part 2, 116–167. Cambridge: Cambridge University Press.

Ebrey, Patricia Buckley 2001. *A Visual Sourcebook of Chinese Civilization*. http://depts.washington.edu/chinaciv/tindex.htm.

Edwards, I. E. S., C. J. Gadd, and N. G. L. Hammond, eds. 1971. *The Cambridge Ancient History*, vol. I, part 2: *Early History of the Middle East*. 3rd ed. Cambridge: Cambridge University Press.

Edwards, I. E. S., C. J. Gadd, N. G. L. Hammond, and E. Sollberger, eds. 1973. *The Cam-*

bridge Ancient History, vol. II, part 1: *The Middle East and the Aegean Region, c. 1800–1380 B.C.* 3rd ed. Cambridge: Cambridge University Press.

Egami, Namio（江上波夫）1964. The Formation of the People and the Origin of the State in Japan. *Memoirs of the Research Department of the Toyo Bunko* 23: 35–70.

Eide, Elling O. 1973. On Li Po. In Arthur F. Wright and Denis Twitchett, ed., *Perspectives on the T'ang*. New Haven: Yale University Press, 367–403.

Ekvall, Robert B. 1968. *Fields on the Hoof: Nexus of Tibetan Nomadic Pastoralism*. New York: Holt, Rinehart and Winston.

Elisonas, Jurgis 1991. Christianity and the Daimyo. In John Whitney Hall, ed., *The Cambridge History of Japan*, vol. 4: *Early Modern Japan*, 301–372. Cambridge: Cambridge University Press.

Ellis, Eric 2007. Iran's Cola War. *Fortune*, February 6, 2007. http://money.cnn.com/magazines/fortune/fortune_archive/2007/02/19/8400167/index.htm.

Endicott-West, Elizabeth 1989. Merchant Associations in Yüan China: The *Ortoγ*. *Asia Major*, 3rd ser., 2.2: 127–154.

Enoki, K., G. A. Koshelenko, and Z. Haidary 1994. The Yüeh-chih and Their Migrations. In János Harmatta, ed., *History of Civilizations of Central Asia*, vol. II: *The Development of Sedentary and Nomadic Civilizations, 700 B.C. to A.D. 250*, 171–189. Paris: Unesco.

Ewig, Eugen 1997. Le myth troyen et l'histoire des Francs. In Michel Rouche, ed., *Clovis: histoire & mémoire*, 817–847. Paris: Presses de l'Université de Paris-Sorbonne.

Fairbank, John K. 1978. The Creation of the Treaty System. In John K. Fairbank, ed., *The Cambridge History of China*, vol. 10: *Late Ch'ing, 1800–1911*, Part 1, 213–263. Cambridge: Cambridge University Press.

Fairweather, Eugene R. 1970. *A Scholastic Miscellany: Anselm to Ockham*. New York: Macmillan.

Fakhry, Majid 1983. *A History of Islamic Philosophy*. 2nd ed. New York: Columbia University Press.

Fan Yeh（范曄）1965.『後漢書』北京：中華書局.

Farquhar, David 1978. Emperor as Bodhisattva in the Governance of the Ch'ing Empire. *Harvard Journal of Asiatic Studies* 38.1: 5–34.

Farris, William Wayne 1995. *Heavenly Warriors: The Evolution of Japan's Military, 500–1300*. Cambridge, Mass.: Harvard University, Council on East Asian Studies.

Felix, Wolfgang 1992. Chionites. In Ehsan Yarshater, ed., *Encyclopaedia Iranica*, 5. Costa

Mesa: Mazda Publishers.

Fletcher, Joseph 1978. Sino-Russian Relations, 1800–62. In John K. Fairbank, ed., *Cambridge History of China*, vol. 10: *Late Ch'ing, 1800–1911*, Part 1, 318–350. Cambridge: Cambridge University Press.

Florinsky, Michael T., ed. 1961. *The McGraw-Hill Encyclopedia of Russia and the Soviet Union*. New York: McGraw-Hill.

Foster, B. O., trans. 1988. *Livy*. Vol. 1: *Books I and II*. Cambridge, Mass.: Harvard University Press.

Fowler, H. W. and F. G. Fowler 1905. *The Works of Lucian of Samosata*. Oxford: Clarendon Press.

Franck, I. M., and D. M. Brownstone 1986. *The Silk Road: A History*. New York: Facts on File.

Francke, Herbert 1994. The Chin Dynasty. In Herbert Francke and Denis Twitchett, eds. *Cambridge History of China*, vol. 6: *Alien Regimes and Border States, 907–1368*, 215–320. Cambridge: Cambridge University Press.

Francke, Herbert, and Denis Twitchett 1994. Introduction. In Herbert Francke and Denis Twitchett, eds., *Cambridge History of China*, vol. 6: *Alien Regimes and Border States, 907–1368*, 1–42. Cambridge: Cambridge University Press.

Frédéric, Louis 2002. *Japan Encyclopedia*. Trans. Käthe Roth. Cambridge: Cambridge University Press.

Frendo, Joseph D. 1975. *Agathias: The Histories*. Berlin: Walter de Gruyter.

Freu, Jacques 2003. *Histoire du Mitanni*. Paris: L'Harmattan.

Frye, R. N. 1983. *The Political History of Iran under the Sasanians*. In Ehsan Yarshater, ed., *The Cambridge History of Iran*, vol. 3: *The Seleucid, Parthian and Sasanian Periods,* Part 1, 116–180. Cambridge: Cambridge University Press.

——— 2005. *Ibn Fadlan's Journey to Russia*. Princeton: Markus Wiener.

Gamkrelidze, Thomas V., and Vjaceslav V. Ivanov 1995. *Indo-European and the Indo-Europeans: A Reconstruction and Historical Analysis of a Proto-Language and a Proto-Culture*. Trans. Johanna Nichols. Berlin: Mouton de Gruyter.

Garrett, Andrew 1999. A New Model of Indo-European Subgrouping and Dispersal. In Steve S. Chang, Lily Liaw, and Josef Ruppenhofer, eds., *Proceedings of the Twenty-Fifth Annual Meeting of the Berkeley Linguistics Society, February 12–15, 1999*, 146–156 (=http://socrates.berkeley.edu/~garrett/BLS1999.pdf).

——2006. Convergence in the Formation of Indo-European Subgroups: Phylogeny and Chronology. In Peter Forster and Colin Renfrew, eds., *Phylogenetic Methods and the Prehistory of Languages*, 139–151. Cambridge: McDonald Institute for Archaeological Research.

Gerberding, Richard A. 1987. *The Rise of the Carolingians and the Liber Historiae Francorum*. Oxford: Clarendon.

Gernet, Jacques 1996. *A History of Chinese Civilization*. Trans. J. R. Foster and Charles Hartman. 2nd ed. Cambridge: Cambridge University Press.

Gershevitch, Ilya, ed. 1985. *The Cambridge History of Iran*, vol. 2: *The Median and Achaemenian Periods*. Cambridge: Cambridge University Press.

Gibb, H. A. R., et al., eds. 1960–2002. *The Encyclopaedia of Islam*. New ed. Leiden: Brill.

Godley, A. D., trans. 1972. *Herodotus*. Cambridge, Mass.: Harvard University Press.

Golden, Peter 1980. *Khazar Studies*. Budapest: Akadémiai Kiadó.

——1982. The Question of the Rus' Qağanate. *Archivum Eurasiae Medii Aevi* 2: 77–97.

——1987–1991. Nomads and Their Sedentary Neighbors in Pre-Činggisid Eurasia. *Archivum Eurasiae Medii Aevi* 7: 41–81.

——1991. Aspects of the Nomadic Factor in the Economic Development of Kievan Rus. In I. S. Koropeckyj, ed., *Ukrainian Economic History: Interpretative Essays*, 58–101. Cambridge, Mass. Harvard Ukrainian Research Institute.

——1992. *An Introduction to the History of the Turkic Peoples: Ethnogenesis and State-Formation in Medieval and Early Modern Eurasia and the Middle East*. Wiesbaden: Harrassowitz.

——1995. Chopsticks and Pasta in Medieval Turkic Cuisine. *Rocznik Orientalistyczny* 49.2: 73–82.

——2001. Some Notes on the Comitatus in Medieval Eurasia with Special Reference to the Khazars. *Russian History/Histoire Russe* 28.1–4: 153–170.

——2002. War and Warfare in the Pre-Chinggisid Western Steppes of Eurasia. In Nicola di Cosmo, ed., *Warfare in Inner Asian History (500–1800)*, 105–172. Leiden: Brill.

——2002–2003. Khazar Turkic ghulâms in Caliphal Service: Onomastic Notes. *Archivum Eurasiae Medii Aevi* 12: 15–27.

——2004. Khazar Turkic ghulâms in Caliphal Service. *Journal Asiatique* 292.1–2: 279–309.

——2006. Some Thoughts on the Origins of the Turks and the Shaping of the Turkic Peo-

ples. In Victor H Mair, ed., *Contact and Exchange in the Ancient World*, 136–157. Honolulu: University of Hawai'i Press.

—— 2007. The Conversion of the Khazars to Judaism. In Peter B. Golden, H. Ben-Shammai, and A. Róna-Tas, eds., *The World of the Khazars: New Perspectives*, 123–162. Leiden: Brill.

Gommans, Jos 2007. Mughal India and Central Asia in the Eighteenth Century: An Introduction to a Wider Perspective. In Scott C. Levi, ed., *India and Central Asia. Commerce and Culture, 1500–1800*, 39–63. New Delhi: Oxford University Press.

Gonnet, H. 1990. Telibinu et l'organisation de l'espace chez les Hittites. In *Tracés de fondation, Bib. EPHE* XCIII: 51–57. (Cited in Mazoyer 2003: 27.)

Goralski, Robert 1981. *World War II Almanac: 1931–1945; A Political and Military Record.* New York: G. P. Putnam's Sons.

Gowing, Lawrence, ed. 1983. *A Biographical Dictionary of Artists*. New York: Facts on File.

Grant, Edward, ed. 1974. *A Source Book in Medieval Science*. Cambridge, Mass.: Harvard University Press.

Grassmann, Hermann 1863. Ueber die Aspiraten und ihr gleichzeitiges Vorhandensein im An- und Auslaute der Wurzeln. *Zeitschrift für vergleichende Sprachforschung auf dem Gebiete des Deutschen, Griechischen und Lateinischen* 12.2: 81–138. (Partial translation, "Concerning the Aspirates and Their Simultaneous Presence in the Initial and Final of Roots," in Lehmann 1967: 109–131.)

Grenet, Frantz 2003. *La geste d'Ardashir fils de Pâbag*. Die: Editions A Die.

—— 2005. The Self-Image of the Sogdians. In Étienne de la Vaissière and Éric Trombert, eds., *Les Sogdiens en Chine*, 123–140. Paris: École française d'Extrême-Orient.

Grupper, Samuel M. 1980. The Manchu Imperial Cult of the Early Ch'ing Dynasty: Texts and Studies on the Tantric Sanctuary of Mahākāla at Mukden. Ph.D. dissertation, Indiana University, Bloomington.

Güterbock, Hans G., and Theo P. J. van den Hout 1991. *The Hittite Instruction for the Royal Bodyguard.* Assyriological Studies No. 24. Chicago: Oriental Institute of the University of Chicago.

Gyllensvärd, Bo, ed. 1974. *Arkeologiska Fynd från Folkrepubliken Kina*. Katalog 19. Stockholm: Östasiatiska Museet.

Haiman, J. 1994. Iconicity and Syntactic Change. In R. E. Asher, ed., *The Encyclopedia of Language and Linguistics*, 1633–1637. Oxford: Pergamon.

Hall, John Whitney 1991. Introduction. In John Whitney Hall, ed., *The Cambridge History of Japan*, vol. 4: *Early Modern Japan*, 1–39. Cambridge: Cambridge University Press, 1991.

Hambly, Gavin R. G. 1991. Āghā Muḥammad Khān and the Establishment of the Qājār Dynasty. In Peter Avery et al., eds., *The Cambridge History of Iran*, vol. 7: *From Nadir Shah to the Islamic Republic*, 104–143. Cambridge: Cambridge University Press.

Harrison, John R. 1966. *The Reactionaries: A Study of the Anti-democratic Intelligentsia*. New York: Schocken.

Hayashi, Toshio（林俊雄）1984. Agriculture and Settlements in the Hsiung-nu. *Bulletin of the Ancient Orient Museum* 6: 51–92.

Heidenreich, Donald E., Jr. 2003. Pearl Harbor. In Peter Knight, ed., *Conspiracy Theories in American History*, 579–582. Santa Barbara: ABC-CLIO.

Hicks, Robert Drew, trans. 1980. *Diogenes Laertius: Lives of Eminent Philosophers*. Cambridge, Mass.: Harvard University Press.

Hildinger, Erik 2001. *Warriors of the Steppe: A Military History of Central Asia, 500 B.C. to 1700 A.D.* Cambridge, Mass.: Da Capo.

Hill, John E. 2003. The Western Regions according to the *Hou Hanshu*: The *Xiyu juan* "Chapter on the Western Regions" from *Hou Hanshu* 88, 2nd ed. http://depts.washington.edu/uwch/silkroad/texts/hhshu/hou_han_shu.html#sec8.

——— 2009. *Through the Jade Gate to Rome: A Study of the Silk Routes during the Later Han Dynasty, 1st to 2nd Centuries* CE. *An Annotated Translation of The Chapter on the "Western Regions" from the* Hou Hanshu. BookSurge Publishing.

Ho, Yeh-huan（何業恆）1999.「揚子鰐在黄河中下游的地理分布及其南移的原因」『歴史地理』15: 125–131.

Hock, Hans Heinrich 1999a. Out of India? The Linguistic Evidence. In Johannes Bronkhorst and Madhav M. Deshpande, eds., *Aryan and Non-Aryan in South Asia: Evidence, Interpretation and Ideology*, 1–18. Proceedings of the International Seminar on Aryan and Non-Aryan in South Asia, University of Michigan, Ann Arbor, 25–27 October 1996. Cambridge, Mass.: Harvard University Department of Sanskrit and Indian Studies.

——— 1999b. Through a Glass Darkly: Modern "Racial" Interpretations vs. Textual and General Prehistoric Evidence on *ārya* and *dāsa/dasyu* in Vedic Society. In Johannes Bronkhorst and Madhav M. Deshpande, eds., *Aryan and Non-Aryan in South Asia: Evidence, Interpretation and Ideology*, 145–174. Proceedings of the International Seminar on Aryan and Non-Aryan in South Asia, University of Michigan, Ann Arbor, 25–27 October 1996.

Cambridge, Mass.: Harvard University Department of Sanskrit and Indian Studies.
Hoffmann, Helmut 1961. *The Religions of Tibet*. New York: Macmillan.
Holmes, Richard, ed. 2001. *The Oxford Companion to Military History*. Oxford: Oxford University Press.
Hornblower, Simon, and Antony Spawforth, eds. 2003. *The Oxford Classical Dictionary*. 3rd ed., rev. Oxford: Oxford University Press.
Horne, Charles F., ed. 1917. *The Sacred Books and Early Literature of the East*, vol. VII: *Ancient Persia*. New York: Parke, Austin, & Lipscomb.
Hosking, Geoffrey 2001. *Russia and the Russians: A History*. Cambridge, Mass.: Belknap Press of Harvard University Press.
Howarth, Patrick 1994. *Attila, King of the Huns: Man and Myth*. London: Constable.
Hsu, Immanuel C. Y. 1980. Late Ch'ing Foreign Relations, 1866–1905. In John K. Fairbank and Kwang-ching Liu, eds., *Cambridge History of China*, vol. 11: *Late Ch'ing, 1800–1911*, Part 2, 70–141. Cambridge: Cambridge University Press.
Hudson, Mark J. 1999. *Ruins of Identity: Ethnogenesis in the Japanese Islands*. Honolulu: University of Hawai'i Press.
Hui Li（慧立）2000.『大慈恩寺三藏法師傳』Ed. Sun Yü-t'ang and Hsieh Fang. 孫毓棠、謝方點校。北京：中華書局.
Hui, Victoria Tin-bor 2005. *War and State Formation in Ancient China and Early Modern Europe*. New York: Cambridge University Press.
Hutton, M. 1970. Tacitus. In M. Hutton et al., *Tacitus: Agricola, Germania, Dialogus*, 127–215. Cambridge, Mass.: Harvard University Press.
Hyman, Anthony 1996. Volga Germans. In Graham Smith, ed., *The Nationalities Question in the Post-Soviet States*, 462–476. London: Longman.
İnalcik, H. 1997. Istanbul. *E.I.2* IV: 224–248.
Issawi, Charles Philip 1971. *The Economic History of Iran, 1800–1914*. Chicago: University of Chicago Press.
Jagchid, Sechin, and Van Jay Symons 1989. *Peace, War, and Trade along the Great Wall: Nomadic-Chinese Interaction through Two Millennia*. Bloomington: Indiana University Press.
James, Edward 2001. *Britain in the First Millennium*. New York: Oxford University Press.
Janhunen, Juha, ed. 2003. *The Mongolic Languages*. London: Routledge.
Jansen, Marius B. 1989. The Meiji Restoration. In Marius B. Jansen, ed., *The Cambridge History of Japan*, vol. 5: *The Nineteenth Century*, 308–366. Cambridge: Cambridge Universi-

ty Press.

Jansen, Thomas, Peter Forster, Marsha A. Levine, Hardy Oelke, Matthew Hurles, Colin Renfrew, Jurgen Weber, and Klaus Olek 2002. Mitochondrial DNA and the Origins of the Domestic Horse. *Proceedings of the National Academy of Sciences* 99.16 : 10905–10910.

Johanson, Lars, and Éva Á. Csató, eds. 1998. *The Turkic Languages*. London : Routledge.

Jones, Horace Leonard 1924. *The Geography of Strabo*. Vol. 3. London : William Heinemann.

Joo-Jock, Arthur Lim 1991. Geographical Setting. In Ernest C. T. Chew and Edwin Lee, eds. *A History of Singapore*, 3–14. Oxford : Oxford University Press.

Kafadar, Cemal 1995. *Between Two Worlds : The Construction of the Ottoman State*. Berkeley : University of California Press.

Kazanski, Michel 2000. L'or des princes barbares. *Archéologia*, No. 371 (October): 20–31.

Keightley, David N. 1999. The Shang : China's First Historical Dynasty. In Michael Loewe and Edward L. Shaughnessy, eds., *The Cambridge History of Ancient China : From the Origins of Civilization to 221 B.C.*, 232–291. Cambridge : Cambridge University Press.

Kellens, Jean 1989. Avestique. In Rüdiger Schmitt, ed., *Compendium Linguarum Iranicarum*, 32–55. Wiesbaden : Dr. Ludwig Reichert Verlag.

Keydell, Rudolf, ed. 1967. *Agathiae Myrinaei historiarum libri quinque*. Corpus fontium historiae Byzantinae, vol. II. Berlin : Walter de Gruyter.

Khalid, Adeeb 2007. *Islam after Communism : Religion and Politics in Central Asia*. Berkeley : University of California Press.

Khazanov, Anatoly M. 1984. *Nomads and the Outside World*. Cambridge : Cambridge University Press.

King, Anya H. 2007. The Musk Trade and the Near East in the Early Medieval Period. Ph.D. dissertation. Indiana University, Bloomington.

Kiyose, Gisaburo N.（清瀬義三郎則府）1977. *A Study of the Jurchen Language and Script : Reconstruction and Decipherment*. 京都：法律文化社.

Kiyose, Gisaburo N., and Christopher I. Beckwith 2006. The Silla Word for 'Walled City' and the Ancestor of Modern Korean.『アルタイ語研究』1 : 1–10.

—— 2008. The Origin of the Old Japanese Twelve Animal Cycle.『アルタイ語研究』2 : 1–18.

Klyashtornyi, S. G. 1994. The Royal Clan of the Turks and the Problem of Early Turkic-Iranian Contacts. *Acta Orientalia Academiae Scientiarum Hungaricae* 47.3 : 445–448.

Klyashtornyi, S. G., and B. A. Livshits 1972. The Sogdian Inscription of Bugut Revised. *Acta*

Orientalia Academiae Scientiarum Hungaricae 26: 69–102.

Kochnev, B. D. 1996. The Origins of the Karakhanids: A Reconsideration. *Der Islam* 73: 352–357.

Kohl, Philip L. 1995. Central Asia and the Caucasus in the Bronze Age. In Jack M. Sasson, ed., *Civilizations of the Ancient Near East*, 2: 1051–1065. New York: Charles Scribner's Sons.

Kovalev, R. K. 2005. Creating Khazar Identity through Coins: The Special Issue Dirhams of 837/8. In F. Curta, ed., *East Central Europe in the Early Middle Ages*, 220–253. Ann Arbor: University of Michigan Press.

Kramers, J. H., and M. Morony 1991. Marzpān. *E.I.2* VI: 633–634.

Krause, Wolfgang, and Werner Thomas 1960–1964. *Tocharisches Elementarbuch*. Heidelberg: C. Winter.

Krueger, John R. 1961a. *Chuvash Manual*. Uralic and Altaic Series, vol. 7. Bloomington: Indiana University.

——— 1961b. An Early Instance of Conditioning from the Chinese Dynastic Histories. *Psychological Reports* 9: 117.

Kyzlasov, I. L. 1994. *Рунические письменности евразийских степей*. Moscow: Vostočnaja literatura.

Labov, William 1982. *The Social Stratification of English in New York City*. Washington, D.C.: Center for Applied Linguistics.

Langlois, John D., Jr. 1981. Introduction. In John D. Langlois Jr., ed., *China under Mongol Rule*. Princeton: Princeton University Press.

Latham, Ronald, trans. 1958. *The Travels of Marco Polo*. Harmondsworth: Penguin.

Lattimore, Steven, trans. 1998. *Thucydides: The Peloponnesian War*. Indianapolis: Hackett.

Layton, Ronald V., Jr. 1999. Cryptography. In David T. Zabecki et al., eds., *World War II in Europe: An Encyclopedia*, 1192–1194. New York: Garland.

Lazzerini, Edward J. 1996. Crimean Tatars. In Graham Smith, ed., *The Nationalities Question in the Post-Soviet States*, 412–435. London: Longman.

Ledyard, Gari 1975. Galloping Along with the Horseriders: Looking for the Founders of Japan. *Journal of Japanese Studies* 1.2: 217–254.

Lefebvre, Claire, Lydia White, and Christine Jourdan, eds. 2006. *L2 Acquisition and Creole Genesis: Dialogues*. Amsterdam: Benjamins.

Legge, James, ed. and trans. 1935. *The Chinese Classics, with a Translation, Critical and Exe-*

getical Notes, Prolegomena, and Copious Indexes, vol. IV: *The She King*. Second edition with minor text corrections and a table of concordances. Shanghai; repr., Taipei: Wen-hsing shu-tien, 1966.

Legrand, Ph.-E., ed. and trans. 1949. *Hérodote: histoires, livre IV, Melpomène*. Paris: Société d'édition "les belles lettres".

Lehmann, Clayton M. 2006. Dacia. http://www.usd.edu/~clehmann/pir/dacia.htm.

Lehmann, Winfred P., ed. 1967. *A Reader in Nineteenth Century Historical Indo-European Linguistics*. Bloomington: Indiana University Press.

—— 1973. *Historical Linguistics: An Introduction*. 2nd ed. New York: Holt, Rinehart and Winston.

—— 1993. *Theoretical Bases of Indo-European Linguistics*. London: Routledge.

Levi, Scott C. 2002. *The Indian Diaspora in Central Asia and Its Trade, 1550–1900*. Leiden: Brill.

——, ed. 2007a. Introduction. In Scott C. Levi, ed., *India and Central Asia: Commerce and Culture, 1500–1800*, 1–36. New Delhi: Oxford University Press.

——, ed. 2007b. India, Russia, and the Eighteenth-Century Transformation of the Central Asian Caravan Trade. In Scott C. Levi, ed., *India and Central Asia: Commerce and Culture, 1500–1800*, 93–122. New Delhi: Oxford University Press.

——, ed. 2007c. *India and Central Asia: Commerce and Culture, 1500–1800*. New Delhi: Oxford University Press.

Levin, Nora 1988. *The Jews in the Soviet Union since 1917: Paradox of Survival*. New York: New York University Press.

Lewis, Bernard 1982. The Question of Orientalism. *New York Review of Books* 29.11 (June 24): 49–56.

Lewis, Wyndham 1954. *The Demon of Progress in the Arts*. London: Methuen.

Li, Rongxi, trans. 1995. *A Biography of the Tripiṭaka Master of the Great Ci'en Monastery of the Great Tang Dynasty*. Berkeley: Numata Center for Buddhist Translation and Research.

Liddell, Henry George, Robert Scott, and Henry Stuart Jones 1968. *A Greek-English Lexicon*. Oxford: Clarendon Press.

Lincoln, Bruce 1991. *Death, War, and Sacrifice: Studies in Ideology and Practice*. Chicago: University of Chicago Press.

Lindner, Rudi Paul 1981. Nomadism, Horses and Huns. *Past and Present* 92: 3–19.

—— 1982. What Was a Nomadic Tribe? *Comparative Studies in Society and History* 24.4:

689–711.

—— 2005. *Explorations in Ottoman Prehistory*. Ann Arbor: University of Michigan Press.

Lindow, John 1976. *Comitatus, Individual and Honor: Studies in North Germanic Institutional Vocabulary*. Berkeley: University of California Press.

Ling-hu Te-fen（令狐德棻）1971.『周書』北京：中華書局 .

Littauer, Mary Aiken, and Joost H. Crouwel 2002. *Selected Writings on Chariots and Other Early Vehicles, Riding and Harness*. Ed. Peter Raulwing. Leiden: Brill.

Littleton, C. Scott, and Linda A. Malcor 1994. *From Scythia to Camelot: A Radical Reassessment of the Legends of King Arthur, the Knights of the Round Table, and the Holy Grail*. New York: Garland.

Litvinsky, Boris A., and Tamara I. Zeimal 1971. *Аджина-Тепа*. Moscow: Iskusstvo.

Liu Hsü（劉昫）et al. 1975.『舊唐書』北京：中華書局 .

Liu Kwang-ching and Richard J. Smith 1980. The Military Challenge: The North-west and the Coast. In John K. Fairbank and Kwang-ching Liu, eds., *The Cambridge History of China*, vol. 11: *Late Ch'ing, 1800–1911*, Part 2, 202–273. Cambridge: Cambridge University Press.

Liu Yingsheng 1989. Zur Urheimat und Umsiedlung der Toba. *Central Asiatic Journal* 33.1–2: 86–107.

Loewe, Michael 1986. The Former Han Dynasty. In Denis Crispin Twitchett and Michael Loewe, eds., *The Cambridge History of China*, vol. 1: *The Ch'in and Han Empires, 221 B.C.–A.D. 220*, 103–222. Cambridge: Cambridge University Press.

Lowry, Heath W. 2003. *The Nature of the Early Ottoman State*. Albany: State University of New York Press.

Lyon, Bryce D. 1972. *The Origins of the Middle Ages: Pirenne's Challenge to Gibbon*. New York: Norton.

Macan, Reginald Walter 1895. *Herodotus. The Fourth, Fifth, and Sixth Books*. Vol. I, *Introduction, Text with Notes*. London: Macmillan.

Mackerras, Colin 1972. *The Uighur Empire According to the T'ang Dynastic Histories: A Study in Sino-Uighur Relations, 744–840*. Columbia: University of South Carolina Press.

—— 1990. The Uighurs. In Denis Sinor, ed., *The Cambridge History of Early Inner Asia*, 317–342. Cambridge: Cambridge University Press.

Mair, Victor, ed. 1998. *The Bronze Age and Early Iron Age Peoples of Eastern Central Asia*. Philadelphia: Institute for the Study of Man.

Makdisi, George 1981. *The Rise of Colleges: Institutions of Learning in Islam and the West*. Edinburgh: Edinburgh University Press.

Mallory, J. P. 1989. *In Search of the Indo-Europeans: Language, Archaeology and Myth*. London: Thames & Hudson.

Mallory, J. P., and D. Q. Adams, eds. 1997. *Encyclopedia of Indo-European Culture*. London: Fitzroy Dearborn.

—— 2006. *The Oxford Introduction to Proto-Indo-European and the Proto-Indo-European World*. Oxford: Oxford University Press.

Mallory, J. P., and Victor Mair 2000. *The Tarim Mummies: Ancient China and the Mystery of the Earliest Peoples from the West*. New York: Thames & Hudson.

Manz, Beatrice Forbes 1989. *The Rise and Rule of Tamerlane*. Cambridge: Cambridge University Press.

—— 2000. Tīmūr Lang. *E.I.2* X: 510–513.

Markovits, Claude 2007. Indian Merchants in Central Asia: The Debate. In Scott C. Levi, ed., *India and Central Asia: Commerce and Culture, 1500–1800*, 123–151. New Delhi: Oxford University Press.

Martin, Samuel 1987. *The Japanese Language through Time*. New Haven: Yale University Press.

Mathews, R. H. 1943. *Mathews' Chinese-English Dictionary*. Rev. American ed. Cambridge, Mass.: Harvard University Press.

Matthee, Rudolph P. 1999. *The Politics of Trade in Safavid Iran: Silk for Silver, 1600–1730*. Cambridge: Cambridge University Press.

Mattingly, H., trans. 1970. *Tacitus: The Agricola and the Germania*. Rev. S. A. Handford. Harmondsworth: Penguin.

Mayrhofer, M. 1986–2000. *Etymologisches Wörterbuch des Altindoarischen*. Heidelberg: Carl Winter.

Mazoyer, Michel 2003. *Télipinu, le dieu au marécage: Essai sur les mythes fondateurs du royaume hittite*. Paris: L'Harmattan, Association Kubaba.

McGeveran, William A., Jr. 2006. *The World Almanac and Book of Facts, 2006*. New York: World Almanac Books.

McNeill, William H. 1977. *Plagues and Peoples*. New York: Anchor Books.

Melchert, H. Craig 1995. Indo-European Languages of Anatolia. In Jack M. Sasson, ed., *Civilizations of the Ancient Near East*, 4: 2151–2159. New York: Charles Scribner's Sons.

Melyukova, A. I. 1990. The Scythians and Sarmatians. In Denis Sinor, ed., *The Cambridge History of Early Inner Asia*, 97–117. Cambridge: Cambridge University Press.

Millar, James R., ed. 2003. *Encyclopedia of Russian History*. Indianapolis: Macmillan USA.

Miller, Margaret C. 1999. *Athens and Persia in the Fifth Century BC: A Study in Cultural Receptivity*. Cambridge: Cambridge University Press.

Millward, James A. 2004. *Violent Separatism in Xinjiang: A Critical Assessment*. Washington, D.C.: East-West Center Washington.

—— 2007. *Eurasian Crossroads: A History of Xinjiang*. New York: Columbia University Press.

Minorsky, Vladimir 1942. *Sharaf al-Zamān Ṭāhir Marvazī on China, the Turks and India: Arabic Text (circa A.D. 1120)*. London: Royal Asiatic Society.

—— 1948. Tamīm ibn Baḥr's Journey to the Uyghurs. *Bulletin of the School of Oriental and African Studies, University of London* 12.2: 275–305.

Molè, Gabriella 1970. *The T'u-yü-hun from the Northern Wei to the Time of the Five Dynasties*. Serie Orientale Roma, vol. 41. Rome: Istituto Italiano per il Medio ed Estremo Oriente.

Moribe, Yutaka（森部豊）2005. Military Officers of Sogdian Origin from the Late T'ang Dynasty to the Period of the Five Dynasties. In Étienne de la Vaissière and Éric Trombert, eds., *Les Sogdiens en Chine*, 243–254. Paris: École française d'Extrême-Orient.

Mote, Frederick W. 1994. Chinese Society under Mongol Rule, 1215–1388. In Herbert Franke and Denis Twitchett, eds., *The Cambridge History of China*, vol. 6: *Alien Regimes and Border States, 907–1368*, 616–664. Cambridge: Cambridge University Press.

Moule, A. C., and Paul Pelliot 1938. *Marco Polo: The Description of the World*. London: Routledge.

Mous, Maarten 1996. Was There Ever a Southern Cushitic Language (Pre-) Ma'a? In Catherine Griefenow-Mewis and Rainer M. Voigt, eds., *Cushitic and Omotic Languages*, 201–211. Proceedings of the Third International Symposium. Berlin, March 17–19, 1994. Cologne: Rüdiger Köppe.

—— 2003. *The Making of a Mixed Language: The Case of Ma'a/Mbugu*. Amsterdam: Benjamins.

Mowat, C. L., ed. 1968. *The New Cambridge Modern History*, vol. XII: *The Shifting Balance of World Forces, 1898–1945*; 2nd ed., vol. XII: *The Era of Violence*. Cambridge: Cambridge University Press.

Müller, F. Max 1891. *Vedic Hymns*. Vol. 1. Oxford: Clarendon Press.

Müller, F. W. K. 1907. Beitrag zur genaueren Bestimmung der unbekannten Sprachen Mittelasiens. *Sitzungsberichte der Preussischen Akademie der Wissenschaften, philosophisch-historische Klasse* 19 : 958–960.

Nagrodzka-Majchrzyk, Teresa. 1978. *Geneza miast u dawnych ludów tureckich (VII–XII w.)*. Wrocław : Zaklad Narodowy im. Ossolinskich.

Nasr, Seyyed Hossein 2006. *Islamic Philosophy from Its Origin to the Present : Philosophy in the Land of Prophecy*. Albany : State University of New York Press.

Nevsky, Nicolas 1926. *A Brief Manual of the Si-hia Characters with Tibetan Transcriptions*. Osaka : Osaka Oriental Society.

Newitt, M. D. D. 2005. *A History of Portuguese Overseas Expansion, 1400–1668*. London : Routledge.

Nichols, Johanna 1997a. The Epicentre of the Indo-European Linguistic Spread. In Roger Blench and Matthew Spriggs, eds., *Archaeology and Language* I : *Theoretical and Methodological Orientations*, 122–148. London : Routledge.

—— 1997b. Modeling Ancient Population Structures and Movement in Linguistics. *Annual Review of Anthropology* 26 : 359–384.

—— 2004. Chechnya and Chechens. In James R. Millar, ed., *Encyclopedia of Russian History*, 232–235. New York : Macmillan Reference.

Noonan, Thomas S. 1981. Ninth-Century Dirham Hoards from European Russia : A Preliminary Analysis. In M. A. S. Blackburn and D. M. Metcalf, eds., *Viking Age Coinage in the Northern Lands*, 47–117. The Sixth Oxford Symposium on Coinage and Monetary History. British Archaeological Reports, International Series 122. Oxford : B. A. R. (Reprinted in Noonan 1998.)

—— 1997. The Khazar Economy. *Archivum Eurasiae Medii Aevi* 9 : 253–318.

—— 1998. *The Islamic World, Russia and the Vikings, 750–900*. Aldershot, Hampshire : Ashgate Variorum.

Northedge, A. 1995. Sāmarrā'. *E.I.*2 VIII : 1039–1041.

Omodaka, Hisataka（澤瀉久孝）et al. 1967.『時代別国語大辞典 上代編』東京：三省堂.

Oren, Eliezer D., ed. 2000. *The Sea Peoples and Their World : A Reassessment*. Philadelphia : University Museum, University of Pennsylvania.

Ostrogorsky, George 1968. *History of the Byzantine state*. Translated by Joan Hussey. 2nd edition. Oxford : Blackwell.

Ötkur, Abdurehim 1985. (*Iz*). Ürümchi : Shinjang Khälq Näshriyati. (3rd printing, 1986.)

Ou-yang Hsiu and Sung Ch'i（欧陽脩、宋祁）1975.『新唐書』北京：中華書局.

Owen, Stephen 1981. *The Great Age of Chinese Poetry: The High T'ang*. New Haven: Yale University Press.

Pai, Hyung Il 2000. *Constructing "Korean" Origins. A Critical Review of Archaeology, Historiography, and Racial Myth in Korean State-Formation Theories*. Cambridge, Mass.: Harvard University Asia Center.

Pan Ku（班固）et al. 1962.『漢書』北京：中華書局.

Pearson, M. N. 1987. *The New Cambridge History of India*, I, 1: *The Portuguese in India*. Cambridge: Cambridge University Press.

Pedersen, J., George Makdisi, Munibur Rahman, and R. Hillenbrand 1986. Madrasa. *E.I.2* V: 1123–1154.

Pegolotti, Francesco Balducci 1936. *La pratica della mercatura*. Ed. Allan Evans. Cambridge: Medieval Academy of America.

Pelliot, Paul 1961. *Histoire ancienne du Tibet*. Paris: Maisonneuve.

——— 1959–1963. *Notes on Marco Polo*. Paris: Maisonneuve.

Perdue, Peter C. 2005. *China Marches West: The Qing Conquest of Central Eurasia*. Cambridge, Mass.: Belknap Press of Harvard University Press.

Perrin, Bernadotte, trans. 1998. *Plutarch's Lives*. Vol. 1. Cambridge, Mass.: Harvard University Press.

Petech, Luciano 1952. *I missionari italiani nel Tibet e nel Nepal*. Parte II. Rome: Libreria dello Stato.

——— 1954. *I missionari italiani nel Tibet e nel Nepal*. Parte V. Rome: Libreria dello Stato.

——— 1955. *I missionari italiani nel Tibet e nel Nepal*. Parte VI. Rome: Libreria dello Stato.

——— 1983. Tibetan Relations with Sung China and with the Mongols. In Morris Rossabi, ed., *China among Equals: The Middle Kingdom and its Neighbors, 10th–14th Centuries, 173–203*. Berkeley: University of California Press.

Peters, F. E. 1994. *Muhammad and the Origins of Islam*. Albany: State University of New York Press.

Peterson, C. A. 1979. Court and Province in Mid- and Late T'ang. In Denis Twitchett, ed., *The Cambridge History of China*, vol. 3: *Sui and T'ang China, 589–906*, Part 1, 464–560. Cambridge: Cambridge University Press.

Picken, Laurence, et al. 1981. *Music from the Tang Court*. Vol. 1. London: Oxford University Press.

—— 1985–2000. *Music from the T'ang Court*. Vols. 2–7. Cambridge: Cambridge University Press.

Piggott, Stuart 1992. *Wagon, Chariot and Carriage: Symbol and Status in the History of Transport*. London: Thames and Hudson.

Pirenne, Henri 1939. *Mohammed and Charlemagne*. London: Allen & Unwin.

Pletneva, S. A. 1958. Печенеги, Торки и Половцы в южнорусских степях. *Trudy Volgo-Donskoi Arkheologicheskoi Ekspeditsii, Materialy i issledovaniia po arkheologii SSSR* 62: 151–226.

—— 1967. *От кочевии к городам; салтово-маяцкая культура*. Moscow: Nauka.

Pohl, Walter 1988. *Die Awaren: Ein Steppenvolk im Mitteleuropa, 567–822 n. Chr.* Munich: Beck.

Pokorny, Julius 1959. *Indogermanisches etymologisches Wörterbuch*. I. Band. Bern: Francke Verlag.

Psarras, Sophia-Karin 1994. Exploring the North: Non-Chinese Cultures of the Late Warring States and Han. *Monumenta Serica* 42: 1–125.

—— 2003. Han and Xiongnu: A Reexamination of Cultural and Political Relations (I). *Monumenta Serica* 51: 55–236.

—— 2004. Han and Xiongnu: A Reexamination of Cultural and Political Relations (II). *Monumenta Serica* 52: 95–112.

Pulleyblank, Edwin G. 1955. *The Background of the Rebellion of An Lu-shan*. Oxford: Oxford University Press.

—— 1984. *Middle Chinese: A Study in Historical Phonology*. Vancouver: University of British Columbia Press.

—— 1991. *Lexicon of Reconstructed Pronunciation in Early Middle Chinese, Late Middle Chinese, and Early Mandarin*. Vancouver: UBC Press.

—— 1995. The Historical and Prehistorical Relationships of Chinese. In William S. Y. Wang, ed., *Languages and Dialects of China*, 145–194. Journal of Chinese Linguistics Monograph Series, No. 8.

—— 1996. Early Contacts between Indo-Europeans and Chinese. *International Review of Chinese Linguistics* 1.1: 1–25.

—— 2000. The Hsiung-nu. In Hans Robert Roemer, ed., *Philologiae et Historiae Turcicae Fundamenta*, vol. 3, 52–75. Berlin: Klaus Schwartz Verlag.

Rackham, H., ed. and trans. 1934. *Aristotle: The Nicomachean Ethics*. Cambridge, Mass.: Har-

vard University Press.

Ramet, Sabrina Petra 1993. Religious Policy in the Era of Gorbachev. In Sabrina P. Ramet, ed., *Religious Policy in the Soviet Union*, 31–52. Cambridge: Cambridge University Press.

Rastorgueva, V. S., and D. I. Ėdel'man 2000. *Этимологический словарь иранских языков*, I–II. Moscow: Vostočnaja literatura.

Raulwing, Peter 2000. *Horses, Chariots, and Indo-Europeans: Foundations and Methods of Chariotry Research from the Viewpoint of Comparative Indo-European Linguistics*. Budapest: Archaeolingua.

Rawlinson, George, trans. 1992. *Herodotus: The Histories*. London: J. M. Dent & Sons.

Remy, Arthur F. J. 1907. The Avesta. *The Catholic Encyclopedia*, vol. II. New York: Robert Appleton. Online edition, http://www.newadvent.org/cathen/02151b.htm.

Richards, John F. 1993. *The New Cambridge History of India*, I, 5: *The Mughal Empire*. Cambridge: Cambridge University Press.

Rolle, Renate 1989. *The World of the Scythians*. Trans. F. G. Walls. Berkeley: University of California Press.

Róna-Tas, András, and S. Fodor 1973. *Epigraphica Bulgarica*. Szeged: Studia Uralo-Altaica.

Rossa, Jesse 2006. *Ezra Pound in His Time and Beyond: The Influence of Ezra Pound on Twentieth-Century Poetry*. Newark: University of Delaware Library.

Rossabi, Morris 1981. The Muslims in the Early Yüan Dynasty. In John D. Langlois Jr., ed., *China under Mongol Rule*, 257–295. Princeton: Princeton University Press.

—— ed. 1983. *China among Equals: The Middle Kingdom and Its Neighbors, 10th–14th Centuries*. Berkeley: University of California Press.

—— 1988. *Khubilai Khan: His Life and Times*. Berkeley: University of California Press.

—— 1994. The Reign of Khubilai Khan. In Herbert Francke and Denis Twitchett, eds., *Cambridge History of China*, vol. 6: *Alien Regimes and Border States, 907–1368*, 414–489. Cambridge: Cambridge University Press.

Rothenberg, Joshua 1978. Jewish Religion in the Soviet Union. In Lionel Kochan, ed., *The Jews in Soviet Russia since 1917*, 168–196. Oxford: Oxford University Press.

Rudelson, Justin J. 1997. *Oasis Identities: Uyghur Nationalism along China's Silk Road*. New York: Columbia University Press.

Russell-Wood, A. J. R. 1998. *The Portuguese Empire, 1415–1808: A World on the Move*. Baltimore: Johns Hopkins Press.

Rybatzki, Volker 2000. Titles of Türk and Uigur Rulers in the Old Turkic Inscriptions. *Central*

Asiatic Journal 44.2 : 205–292.

Sadie, Stanley, and John Tyrell, eds. 2001. *The New Grove Dictionary of Music and Musicians*. 2nd ed. London : Macmillan.

Sagart, Laurent 1999. *The Roots of Old Chinese*. Amsterdam : John Benjamins.

Said, Edward 1978. *Orientalism*. New York : Pantheon Books.

Sandler, Stanley, ed. 2001. *World War II in the Pacific : An Encyclopedia*. New York : Garland.

Sasson, Jack M., ed. 1995. *Civilizations of the Ancient Near East*. New York : Charles Scribner's Sons.

Savory, R. M., et al. 1995. Ṣafawids. *E.I.2* VIII : 765–793.

Schamiloglu, Uli 1984a. The *Qaraçi* Beys of the Later Golden Horde : Notes on the Organization of the Mongol World Empire. *Archivum Eurasiae Medii Aevi* 4 : 283–297.

—— 1984b. The Name of the Pechenegs in Ibn Ḥayyân's *Al-Muqtabas*. *Journal of Turkish Studies* 8 : 215–222.

—— 1991. The End of Volga Bulgarian. In *Varia Eurasiatica : Festschrift für Professor András Róna-Tas*, 157–163. Szeged : Department of Altaic Studies.

Scherman, Katharine 1987. *The Birth of France : Warriors, Bishops, and Long-Haired Kings*. New York : Random House.

Schmitt, Rüdiger 1989. *Altiranische Sprachen im Überblick*. In Rüdiger Schmitt, ed., *Compendium Linguarum Iranicarum*, 25–31. Wiesbaden : Dr. Ludwig Reichert Verlag.

Scott, James C. 1998. *Seeing Like a State : How Certain Schemes to Improve the Human Condition Have Failed*. New Haven : Yale University Press.

Sezgin, Fuat 1978. *Geschichte des Arabischen Schrifttums*, Band VI. *Astronomie, bis ca. 430 H.* Leiden : Brill.

—— 1984. *Geschichte des Arabischen Schrifttums*, Band IX. *Grammatik, bis ca. 430 H.* Leiden : Brill.

Shaban, M. A. 1970. *The 'Abbāsid Revolution*. Cambridge : Cambridge University Press.

—— 1971. *Islamic History : A New Interpretation*, I. Cambridge : Cambridge University Press.

—— 1976. *Islamic History : A New Interpretation*, II. Cambridge : Cambridge University Press.

Shaked, Shaul 2004. *Le satrape de Bactriane et son gouverneur : documents araméens du IVe s. avant notre ère provenant de Bactriane*. Paris : De Boccard.

Shakya, Tsering 1999. *The Dragon in the Land of Snows : A History of Modern Tibet since 1947.*

New York: Columbia University Press.

Shaughnessy, Edward L. 1988. Historical Perspectives on the Introduction of the Chariot into China. *Harvard Journal of Asiatic Studies* 48.1: 189–237.

Shcherbak, A. M. 2001. *Тюркская руника.* St. Petersburg: Nauka.

Shiba, Yoshinobu（斯波義信）1983. Sung Foreign Trade: Its Scope and Organization. In Morris Rossabi, ed., *China among Equals: The Middle Kingdom and Its Neighbors, 10th–14th Centuries*, 89–115. Berkeley: University of California Press.

Sieg, Emil, Wilhelm Siegling, and Werner Thomas 1953. *Tocharische Sprachreste, Sprache B. Heft 2: Fragmente Nr. 71–633.* Göttingen: Vandenhoeck & Ruprecht.

Sinor, Denis 1959. *History of Hungary.* New York: Praeger.

——— 1963. *Introduction à l'étude de l'Eurasie centrale.* Wiesbaden: Harrassowitz.

——— 1978. The Greed of the Northern Barbarians. In Larry V. Clark and Paul A. Draghi, eds., *Aspects of Altaic Civilizations II*, 171–182. Bloomington: Indiana University.

——— 1982. The Legendary Origin of the Turks. In E. V. Žygas and P. Voorheis, eds., *Folklorica: Festschrift for Felix J. Oinas*, 223–257. Uralic and Altaic Series, vol. 141. Bloomington: Indiana University.

——— 1990a. The Establishment and Dissolution of the Türk Empire. In Denis Sinor, ed., *The Cambridge History of Early Inner Asia*, 285–316. Cambridge: Cambridge University Press.

——— 1990b. Introduction: The Concept of Inner Asia. In Denis Sinor, ed., *The Cambridge History of Early Inner Asia*, 1–18. Cambridge: Cambridge University Press.

———, ed. 1990c. *The Cambridge History of Early Inner Asia.* Cambridge: Cambridge University Press.

Somers, Robert M. 1979. The End of the T'ang. In Denis Crispin Twitchett, ed., *The Cambridge History of China*, vol. 3: *Sui and T'ang China, 589–906*, Part 1, 682–789. Cambridge: Cambridge University Press.

Speck, Paul 1981. *Artabasdos, der rechtgläubige Vorkämpfer der göttlichen Lehren: Untersuchungen zur Revolte des Artabasdos und ihrer Darstellung in der byzantinischen Historiographie.* Bonn: Habelt.

Spence, Jonathan 2002. The K'ang-hsi Reign. In Willard J. Peterson, ed., *The Cambridge History of China*, vol. 9: *The Ch'ing Empire to 1800*, Part 1, 120–182. Cambridge: Cambridge University Press.

Ssu-ma Kuang（司馬光）1956.『資治通鑑』香港：中華書局.

Starostin, Sergei A. 1989. *Реконструкция древнекитайской фонологической системы*. Moscow: Nauka.

Stary, Giovanni 1990. The Meaning of the Word 'Manchu': A New Solution to an Old Problem. *Central Asiatic Journal* 34.1-2: 109-119.

Stearns, Peter N., ed. 2002. *The Encyclopedia of World History: Ancient, Medieval, and Modern, Chronologically Arranged*. Sixth ed. A completely revised and updated edition of the classic reference work originally compiled and edited by William L. Langer. Boston: Houghton Mifflin.

Struve, Lynn A. 1984. *The Southern Ming, 1644-1662*. New Haven: Yale University Press.

——— 1988. The Southern Ming, 1644-1662. In Frederick W. Mote and Denis Twitchett, eds., *The Cambridge History of China*, vol. 7: *The Ming Dynasty, 1368-1644*, Part 1, 641-725. Cambridge: Cambridge University Press.

Sullivan, Alan, and Timothy Murphy, trans. 2004. *Beowulf*. New York: Pearson/Longman.

Szádeczky-Kardoss, Samuel 1990. The Avars. In Denis Sinor, ed., *The Cambridge History of Early Inner Asia*, 206-228. Cambridge: Cambridge University Press.

Szegedy-Maszák, Mihály 2001. *Literary Canons: National and International*. Budapest: Akadémiai Kiado.

Szerb, János 1983. A Note on the Tibetan-Uighur Treaty of 822/823 A.D.. In Ernst Steinkellner and Helmut Tauscher, eds., *Proceedings of the Csoma de Kőrös Memorial Symposium Held at Velm-Vienna, Austria, 13-19 September 1981*, vol. 1, 375-387. Vienna: Arbeitskreis für Tibetische und Buddhistische Studien, Universität Wien.

Szemerényi, Oswald J. L. 1980. *Four Old Iranian Ethnic Names: Scythian—Skudra—Sogdian—Saka*. Österreichischen Akademie der Wissenschaften, Philosophisch-Historische Klasse, Sitzungsberichte, 371 Band. Vienna: Verlag der Österreichischen Akademie der Wissenschaften.

——— 1996. *Introduction to Indo-European Linguistics*. Oxford: Oxford University Press.

Syme, Ronald 1939. *The Roman Revolution*. Oxford: Oxford University Press.

Ṭabarî: Abû Ja'far Muḥammad b. Jarîr al-Ṭabarî 1879-1901. (*Târîkh al-rusul wa al-mulûk*). Ed. M. J. de Goeje et al. Repr., Leiden: E. J. Brill, 1964-1965.

Takakusu Junjirô, Watanabe Kaikyoku, Ono Genmyô（高楠順次郎・渡辺海旭・小野玄妙）1932-1934.『大正新脩大藏經』東京：大蔵出版.

Takata, Tokio（高田時雄）1988.『敦煌資料による中國語史の研究—九・十世紀の河西方言』東京：創文社.

Takeda, Hiromichi, and Collett Cox, trans. 2010. Existence in the Three Time Periods **Abhidharmamahāvibhāṣāśāstra* (T. 1545 pp. 393a9–396b23).

Takeuchi, Tsuguhito（武内紹人）2002. The Old Zhangzhung Manuscript Stein Or 8212/188. In C. I. Beckwith, ed., *Medieval Tibeto-Burman Languages*, 1–11. Leiden: Brill.

Taylor, Timothy 2003. A Platform for Studying the Scythians. *Antiquity* 77. 296: 413–415.

Teed, Peter 1992. *A Dictionary of Twentieth Century History, 1914–1990*. Oxford: Oxford University Press.

Tekin, Talat 1968. *A Grammar of Orkhon Turkic*. Uralic and Altaic Series, vol. 69. Bloomington: Indiana University.

Thant Myint-U 2001. *The Making of Modern Burma*. Cambridge: Cambridge University Press.

Thomas, F. W. 1948. *Nam: An Ancient Language of the Sino-Tibetan Borderland*. London: Oxford University Press.

Thomason, Sarah Grey, and Terrence Kaufman 1988. *Language Contact, Creolization, and Genetic Linguistics*. Berkeley: University of California Press.

Thompson, E. A. 1996. *The Huns*. Revised and with an afterword by Peter Heather. Oxford: Blackwell.

Thompson, P. M. 1979. *The* Shen Tzu *Fragments*. Oxford: Oxford University Press.

Tilly, Charles 1975. Reflections on the History of European State-Making. In Charles Tilly, ed., *The Formation of the National States in Western Europe*, 3–83. Princeton: Princeton University Press.

—— 1990. *Coercion, Capital, and European States, AD 990–1990*. Cambridge, Mass.: Basil Blackwell.

Treadgold, Warren 1997. *A History of the Byzantine State and Society*. Stanford: Stanford University Press.

Tu Yu（杜佑）1988.『通典』北京：中華書局.

Turnbull, Stephen R. 2003. *Samurai: The World of the Warrior*. Oxford: Osprey. http://www.ospreysamurai.com/samurai_death02.htm.

Turner, Jane, ed. 1996. *The Dictionary of Art*. London: Macmillan.

Twitchett, Denis, and Michael Loewe, eds. 1986. *The Cambridge History of China*, vol. 1: *The Ch'in and Han Empires, 221 B.C.–A.D. 220*. Cambridge: Cambridge University Press.

Twitchett, Denis, and Frederick W. Mote, eds. 1988. *The Cambridge History of China*, vol. 7: *The Ming Dynasty, 1368–1644*, Part 1. Cambridge: Cambridge University Press.

Twitchett, Denis, and Klaus-Peter Tietze 1994. The Liao. In Herbert Francke and Denis

Twitchett, eds., *Cambridge History of China*, vol. 6: *Alien Regimes and Border States, 907–1368*, 43–153. Cambridge: Cambridge University Press.

Twitchett, Denis, and Howard J. Wechsler 1979. Kao-tsung (reign 649–83) and the Empress Wu: The Inheritor and the Usurper. In Denis Crispin Twitchett, ed., *The Cambridge History of China*, vol. 3: *Sui and T'ang China, 589–906*, Part 1, 242–289. Cambridge: Cambridge University Press.

Uray, Géza 1960. The Four Horns of Tibet. According to the Royal Annals. *Acta Orientalia Academiae Hungaricae* 10: 31–57.

——— 1961. Notes on a Tibetan Military Document from Tun-huang. *Acta Orientalia Academiae Hungaricae* 12: 223–230.

Valentino, Benjamin A. 2004. *Final Solutions: Mass Killing and Genocide in the 20th Century*. Ithaca: Cornell University Press.

Vailhé, S. 1910. Marcianopolis. *The Catholic Encyclopedia*. Vol. IX. New York: Robert Appleton. http://www.newadvent.org/cathen/09645b.htm.

Van de Mieroop, Marc 2004. *A History of the Ancient Near East, ca. 3000–323* BC. Oxford: Blackwell.

Van Walt van Praag, Michael C. 1987. *The Status of Tibet: History, Rights, and Prospects in International Law*. Boulder: Westview Press.

Vernet, J. 1997. Al-Kh^{w}ārazmī. *E.I.₂* IV: 1070–1071.

Vladimirtsov, B. I. 1948. *Le régime social des Mongols: le féodalisme nomade*. Paris: Maisonneuve.

——— 2002. *Работы по истории и этнографии монгольских народов*. Moscow: Vostočnaja literatura.

Vovin, Alexander 2000. Did the Xiong-nu Speak a Yeniseian Language? *Central Asiatic Journal* 44.1: 87–104.

Vyvyan, J. M. K. 1968. The Approach of the War of 1914. In C. L. Mowat, ed. *The New Cambridge Modern History*, vol. XII: *The Shifting Balance of World Forces, 1898–1945*, 2nd ed., vol. XII: *The Era of Violence*, 140–170. Cambridge: Cambridge University Press.

Wakeman, Frederic, Jr. 1978. The Canton Trade and the Opium War. In John K. Fairbank, ed., *The Cambridge History of China*, vol. 10: *Late Ch'ing, 1800–1911*, Part 1, 163–212. Cambridge: Cambridge University Press.

——— 1985. *The Great Enterprise: The Manchu Reconstruction of Imperial Order in Seventeenth-Century China*. Berkeley: University of California Press.

Walter, Michael 2009. *Buddhism and Empire: The Political and Religious Culture of Early Tibet*. Leiden: Brill.

Walters, Philip 1993. A Survey of Soviet Religious Policy. In Sabrina P. Ramet, ed., *Religious Policy in the Soviet Union*, 3–30. Cambridge: Cambridge University Press.

Wang Ch'in-jo（王欽若）et al., eds. 1960『冊府元龜』香港：中華書局.

Watkins, Calvert 1995. *How to Kill a Dragon: Aspects of Indo-European Poetics*. Oxford: Oxford University Press.

—— 2000. *The American Heritage Dictionary of Indo-European Roots*. 2nd ed. Boston: Houghton Mifflin.

Watson, Burton 1961. *Records of the Grand Historian of China: Translated from the* Shih chi *of Ssu-ma Ch'ien*. 2 vols. New York: Columbia University Press.

Watt, W. Montgomery 1991. Al-Ghazālī. *E.I.₂* II: 1038–1041.

Wechsler, Howard J. 1979a. The Founding of the T'ang Dynasty: Kao-tsu (reign 618–26). In Denis Twitchett, ed., *The Cambridge History of China*, vol. 3: *Sui and T'ang China, 589–906*, Part 1, 150–187. Cambridge: Cambridge University Press.

—— 1979b. T'ai-tsung (reign 626–49) the Consolidator. In Denis Twitchett, ed., *The Cambridge History of China*, vol. 3: *Sui and T'ang China, 589–906*, Part 1, 188–241. Cambridge: Cambridge University Press.

Weinstein, Stanley 1987. *Buddhism under the T'ang*. Cambridge: Cambridge University Press.

Weiss, Aharon 2000. The Destruction of European Jewry, 1933–1945. In Robert Rozett and Shmuel Spector, eds., *Encyclopedia of the Holocaust*, 46–55. New York: Facts on File.

Whitman, John W. 2001. Fall of the Philippines. In Stanley Sandler, ed., *World War II in the Pacific: An Encyclopedia*, 478–483. New York: Garland.

Willemen, Charles, Bart Dessein, and Collett Cox 1998. *Sarvāstivāda Buddhist Scholasticism*. Leiden: Brill.

Wills, John E., Jr. 1998. Relations with Maritime Europeans, 1514–1662. In Denis Twitchett and Frederick W. Mote, eds., *The Cambridge History of China*, vol. 8: *The Ming Dynasty, 1368–1644*, Part 2, 333–375. Cambridge: Cambridge University Press.

Wittfogel, Karl, and Chia-shêng Fêng 1949. *History of Chinese Society: Liao, 907–1125*. Philadelphia: American Philosophical Society.

Witzel, Michael 2001. Autochthonous Aryans? The Evidence from Old Indian and Iranian Texts. *Electronic Journal of Vedic Studies* 7.3: 1–115.

—— 2003. *Linguistic Evidence for Cultural Exchange in Prehistoric Western Central Asia*. Si-

no-Platonic Papers No. 129. Philadelphia.

Wolfram, Herwig 1988. *History of the Goths*. Trans. Thomas J. Dunlap. Berkeley: University of California Press.

Wood, Ian 1994. *The Merovingian Kingdoms, 450–751*. London: Longman.

Wyatt, David K. 2003. *Thailand: A Short History*. 2nd ed. New Haven: Yale University Press.

Wylie, Turrell V. 1964. Mar-pa's Tower: Notes on Local Hegemons in Tibet. *History of Religions* 3: 278–291.

Yakubovskii, A. Y., and C. E. Bosworth 1991. Marw al-Shāhidjān. *E.I.*2 VI: 618–621.

Yamada Katsumi（山田勝美）, ed. and trans. 1976. 王充『論衡 上』新釈漢文大系 68. 東京：明治書院.

Yang Chih-chiu（楊志玖）1985.『元史三論』北京：人民出版社.

Yang Po-chün（楊伯峻）ed. 1990.『春秋佐傳注』2nd rev. ed. 北京：中華書局.

Yarshater, Ehsan, ed. 1983. *The Cambridge History of Iran*, vol. 3: *The Seleucid, Parthian and Sasanian Periods*. 2 vols. Cambridge: Cambridge University Press.

Yoshida, Yutaka and Moriyasu Takao（吉田豊、森安孝夫）1999.「ブグト碑文」、森安孝夫・オチル 編『モンゴル国現存遺蹟・碑文調査研究報告 (*Provisional Report of Researches on Historical Sites and Inscriptions in Mongolia from 1996 to 1998*)』122–125. 大阪：中央ユーラシア学研究会.（大阪大学リポジトリー）

Yü Ying-shih（余英時）1967. *Trade and Expansion in Han China: A Study in the Structure of Sino-Barbarian Relations*. Berkeley: University of California Press.

——— 1986. Han Foreign Relations. In Denis Crispin Twitchett and Michael Loewe, eds., *The Cambridge History of China*, vol. 1: *The Ch'in and Han Empires, 221 B.C.–A.D. 220*, 377–462. Cambridge: Cambridge University Press.

——— 1990. The Hsiung-nu. In Denis Sinor, ed., *The Cambridge History of Early Inner Asia*, 118–149. Cambridge: Cambridge University Press.

Zabecki, David T., et al., eds. 1999. *World War II in Europe: An Encyclopedia*. New York: Garland.

Zakeri, Mohsen 1995. *Sāsānid Soldiers in Early Muslim Society: The Origins of 'Ayyārān and Futuwwa*. Wiesbaden: Harrassowitz.

Zlatkin, I. Ja. 1983. *История Джунгарского ханства*, 1635–1758. Издание второе. Moscow: Nauka.

Zuckerman, Constantine 1997. Two Notes on the Early History of the *Thema* of Cherson. *Byzantine and Modern Greek Studies* 21: 210–222.

著者　クリストファー・ベックウィズ
Christopher I. Beckwith
インディアナ大学中央ユーラシア研究科教授。中央ユーラシアおよび東アジアの歴史・言語・思想に通じ、いくつもの新しい見解を提出している。『高句麗語―大陸で話されていた日本語の同系語』（ブリル出版社）、『中央アジアのチベット帝国』、『修道院の戦士たち―中央アジア起源の中世科学』（以上、プリンストン大学出版局）などの著書の他、多数の論文がある。

訳者　斎藤純男（さいとう・よしお）
東京学芸大学教授。著書に『中期モンゴル語の文字と音声』（松香堂）、『言語学入門』（三省堂）などがある。

ユーラシア帝国《ていこく》の興亡《こうぼう》　世界史《せかいし》四〇〇〇年《よんせんねん》の震源地《しんげんち》

二〇一七年三月一五日　初版第一刷発行

著　者　クリストファー・ベックウィズ
訳　者　斎藤純男
発行者　山野浩一
発行所　株式会社　筑摩書房
東京都台東区蔵前二―五―三　郵便番号一一一―八七五五
振替　〇〇一六〇―八―四一二三
装幀者　岩瀬聡
印　刷　株式会社精興社
製　本　株式会社積信堂

筑摩書房サービスセンター
さいたま市北区櫛引町二―六〇四　〒三三一―八五〇七
電話　〇四八―六五一―〇〇五三

ISBN978-4-480-85808-5　C0022

◉筑摩書房の本◉

ローマ劫掠
1527年、聖都の悲劇

アンドレ・シャステル
越川倫明ほか訳

一五二七年五月六日。聖都ローマは皇帝軍の急襲を受けて陥落し、凄惨な掠奪と文化破壊の一年が始まる。ルネサンスの9・11ともいえる歴史の大転換を描いた傑作。

イングランド社会史

エイザ・ブリッグズ
今井宏／中野春夫／中野香織訳

ヨーロッパ辺境の小国を世界帝国へと発展させた歴史の原動力の源を政治、経済、宗教、戦争、衣食住の細部に尋ね、克明に描ききったイングランド社会史の金字塔。

コンスタンティヌス大帝の時代
衰微する古典世界からキリスト教中世へ

✻第三九回日本翻訳家協会日本翻訳文化賞翻訳特別賞受賞

ヤーコプ・ブルクハルト
新井靖一訳

ディオクレティアヌス帝からコンスタンティヌス帝に至る五〇年間がローマ帝国の歴史を決めた。内的変質を伴って中世社会が現れる過程を活写した文化史の金字塔。

イタリア・ルネサンスの文化

ヤーコプ・ブルクハルト
新井靖一訳

陰謀、同盟、裏切り、買収、冷徹な打算に基づく精緻な構築体としての国家の成立――ルネサンス期のイタリアを舞台に、近代的な文化と社会の出現を描く名著新訳。